中 国 现 实 经 济 重 大 课 题

"十一五"国家重点图书出版规划项目

振兴东北老工业基地
科技支撑战略研究

吕 政 主编

经济管理出版社
ECONOMY & MANAGEMENT PUBLISHING HOUSE

图书在版编目（CIP）数据

振兴东北老工业基地科技支撑战略研究/吕政主编. —北京：经济管理出版社，2012.4
ISBN 978-7-5096-1881-3

Ⅰ．①振… Ⅱ．①吕… Ⅲ．①老工业基地－经济发展－战略－研究－东北地区
Ⅳ．①F427.3

中国版本图书馆CIP数据核字(2012)第075092号

责任编辑：张　艳
责任印制：黄　铄
责任校对：超　凡

出版发行：经济管理出版社（北京市海淀区北蜂窝8号中雅大厦11层　100038）
网　　　址：www.E-mp.com.cn
电　　　话：(010)51915602
印　　　刷：三河市延风印装厂
经　　　销：新华书店
开　　　本：720mm×1000mm/16
印　　　张：40
字　　　数：653千字
版　　　次：2012年6月第1版　2012年6月第1次印刷
书　　　号：ISBN 978-7-5096-1881-3
定　　　价：79.00元

序

东北地区拥有丰富的自然资源，发达的交通运输基础，完整的重化工业体系。东北地区的教育事业发展水平和科技力量也高于全国平均水平。东北地区作为我国重要的老工业基地，为新中国的工业化建设作出过巨大贡献。1980 年到 20 世纪 90 年代末，东北地区的经济增长明显低于长江三角洲和珠江三角洲等沿海地区，既有当时需求和生产结构变化的原因，也有传统计划经济体制改革滞后的原因。但是东北老工业基地在国民经济体系中的战略地位并没有改变。特别是进入工业化中期阶段以后，东北作为我国重要的能源、原材料生产基地和机械装备制造业基地，更显示出东北地区经济的重要作用。

党的"十六大"决定实施振兴东北老工业基地战略。这一战略的主要目标和任务是按照科学发展观和走新型工业化道路的要求，充分发挥东北老工业基地在自然资源、工业基础、农业生产规模、科技队伍等方面的优势，解决好传统计划经济体制下遗留的问题，建立起社会主义市场经济新体制，增强东北地区资本和技术密集型产业以及现代农业在国内外市场的竞争力，把东北建设成为我国重要的现代化的能源、原材料生产基地、先进装备制造业基地、优质农产品的生产与供应基地，大幅度地提高高新技术产业在经济构成中的比重，并运用高新技术加强对传统产业的改造，从而实现东北经济的持续、稳定和协调的快速增长。实现振兴东北老工业基地的战略目标，既要通过深化体制改革，推进制度创新，完善社会保障体系，转变思想观念，以解决上层建筑不适应经济基础、生产关系不适应生产力发展的各种矛盾，同时要调整和优化产业结构，依靠科技创新，推进技术进步，提高产业竞争力。

振兴东北老工业基地的战略目标与我国其他区域的发展战略和目标有着显著区别。认清这种区别，是明确和制定振兴东北老工业基地战略任务的前提。资本和技术密集型的重化工业仍然是东北老工业基地的优势所在。

　　振兴东北老工业基地的产业发展目标不是"截长补短"，即加快劳动密集型的轻纺工业的发展，降低重化工业的比重，甚至听任重化工业的自然衰退，而是要通过深化改革、结构调整、技术进步和扩大开放，提高东北资本与技术密集型产业的竞争力。东北老工业基地的产业构成与长江三角洲、珠江三角洲的产业构成有显著区别，东北的能源、原材料工业和重型机械装备制造业具有显著优势，以劳动密集型产业为主导的长江三角洲和珠江三角洲在短期内难以替代东北在我国国民经济体系中的战略性地位。

　　振兴东北老工业基地既要通过深化改革，解决传统计划经济体制下遗留的各种矛盾，也要通过技术创新，促进东北主导产业的升级。《振兴东北老工业基地科技支撑战略研究》全面、系统地分析了东北三省装备制造业、原材料工业、医药工业、农业和现代服务业的技术水平的现状，揭示了振兴东北老工业基地主导产业的科技需求和发展目标，提出了推进科技创新的政策措施。这项研究成果对振兴东北老工业基地具有一定的指导作用。

吕　政

目　录

总报告 ……………………………………………………………… 1

　一、东北老工业基地在我国经济中的地位 ……………………… 3

　二、振兴东北老工业基地科技支撑战略的目标 ………………… 15

　三、东北科技创新的现状和问题 ………………………………… 19

　四、东北老工业基地区域创新体系的建设 ……………………… 25

　五、振兴东北老工业基地科技支撑的重点领域 ………………… 30

　六、振兴东北老工业基地科技支撑的战略措施 ………………… 36

分报告之一：振兴辽宁老工业基地科技支撑战略研究 ………… 45

　一、辽宁省经济、社会发展现状及其对科技的需求 …………… 47

　二、辽宁省科技发展现状分析 …………………………………… 54

　三、科技支撑的战略思路与目标 ………………………………… 57

　四、重点任务 ……………………………………………………… 60

　五、对策措施 ……………………………………………………… 79

分报告之二：振兴吉林省老工业基地科技支撑战略研究 ……… 83

　一、吉林省老工业基地科技经济发展现状及面临的形势 ……… 85

　二、吉林省老工业基地未来经济发展模式定位 ………………… 98

　三、吉林省老工业基地经济发展对科技的需求研究 …………… 102

　四、吉林省老工业基地科技支撑战略模式研究 ………………… 105

　五、吉林省老工业基地科技支撑重点任务 ……………………… 111

　六、吉林省老工业基地科技支撑战略对策研究 ………………… 123

　七、吉林省老工业基地科技支撑重点项目 ……………………… 130

分报告之三：振兴黑龙江省老工业基地科技支撑战略研究…… 147

　　一、黑龙江省经济发展的总体情况……………………………… 149

　　二、黑龙江省老工业基地发展的优势和困境研究……………… 153

　　三、黑龙江省经济发展滞后的原因分析………………………… 164

　　四、实施东北老工业基地科技支撑战略的思路研究…………… 165

　　五、到 2010 年的战略目标 ……………………………………… 167

　　六、科技支撑的重点领域和主要任务…………………………… 168

　　七、保障措施……………………………………………………… 177

　　八、对策建议……………………………………………………… 179

　　附　件：科技支撑的重点领域和项目………………………… 180

分报告之四—1：东北地区装备制造业科技支撑战略研究 …… 187

　　一、东北装备制造业的优势和地位……………………………… 189

　　二、东北装备制造业产业发展和科技支撑需要解决的问题…… 196

　　三、东北装备制造业的发展方向和科技支撑的重点领域……… 206

　　四、振兴东北装备制造业科技支撑的措施……………………… 242

　　五、振兴东北装备制造业的配套和保障政策…………………… 247

分报告之四—2：东北地区材料制造业科技支撑战略研究 …… 253

　　一、研究范围及目的……………………………………………… 255

　　二、东北发展材料工业环境分析………………………………… 256

　　三、东北材料工业及科技总体状况……………………………… 258

　　四、东北重点材料工业及科技发展特点和问题………………… 273

　　五、东北材料工业发展的科技需求……………………………… 289

　　六、东北材料工业科技支撑战略………………………………… 291

　　附　录………………………………………………………… 311

　　附录一　东北三省材料工业经济数据统计表………………… 311

　　附录二　东北主要材料企业简介……………………………… 313

　　附录三　东北主要材料科研机构简介………………………… 324

分报告之四—3：振兴东北医药工业科技支撑战略研究············ 331

　一、东北医药工业的发展现状及未来发展的目标和重点············· 333

　二、东北医药工业科技创新能力与国际先进水平的比较············· 336

　三、东北医药工业科技支撑的基本思路和主要任务··············· 338

　四、东北医药工业科技支撑的重点领域····················· 344

　五、振兴东北医药工业的科技支撑措施····················· 348

分报告之五：东北现代农业科技支撑战略研究··············· 355

　一、东北发展现代农业的背景与意义······················ 357

　二、东北发展现代农业的战略构想······················· 364

　三、东北发展现代农业的重大科技需求····················· 367

　四、东北现代农业的科技支撑体系······················· 372

　五、保障措施····································· 379

分报告之六：现代服务业发展科技支撑战略研究············· 387

　一、前　言····································· 389

　二、现代服务业发展现状、趋势及重要性··················· 392

　三、东北现代服务业发展现状、差距及原因分析··············· 403

　四、东北现代服务业战略需求分析······················· 412

　五、东北现代服务业发展的科技支撑战略··················· 428

　六、保障措施与政策建议····························· 441

分报告之七：振兴东北老工业基地中的高新区发展战略研究

·· 445

　一、振兴东北老工业基地需要高新区做什么——东北发展中的问题

　　和振兴东北对高新区的基本要求····················· 447

　二、振兴东北老工业基地中高新区能做什么——

　　高新区：区域经济发展的源动力····················· 450

　三、东北高新区在促进东北发展中的主要成就和问题············· 453

　四、东北高新区发展的指导思想、战略目标及功能设计··········· 456

　　五、东北国家高新区的战略重点及区域特色——实施差异化的区
　　　　域、产业发展战略…………………………………………… 458
　　六、促进东北国家高新区发展的战略措施………………… 474
　　附　表：东北高新区基本情况……………………………… 478

分报告之八：东北区域创新体系发展战略研究……………… 481

　　一、引　言……………………………………………………… 483
　　二、东北区域创新体系现状的若干特征……………………… 484
　　三、东北区域创新体系建设的若干基本判断………………… 508
　　四、东北区域创新体系建设的指导思想、原则和目标……… 512
　　五、东北区域创新体系建设的任务…………………………… 515
　　六、政策与保障措施…………………………………………… 534

分报告之八—1：跨行政区创新体系建设初探………………… 541

　　一、跨行政区创新体系的核心特征…………………………… 543
　　二、跨行政区创新体系的作用与意义………………………… 544
　　三、跨行政区创新体系的形成与发展………………………… 545
　　四、跨行政区创新体系建设的障碍与问题…………………… 549
　　五、建立跨行政区创新体系的主要措施……………………… 550

分报告之八—2：跨行政区创新体系发展过程及运行机制研究

　　……………………………………………………………… 553
　　一、前　言……………………………………………………… 555
　　二、跨行政区创新体系的概念与特征………………………… 556
　　三、跨行政区创新体系运行机制分析………………………… 557
　　四、需要重点关注的几个问题………………………………… 560

分报告之八—3：人均 GDP 1000～4000 美元时期发达国家企业
**　　政策分析及其对我国的启示**……………………………… 563

　　一、前　言……………………………………………………… 565
　　二、国外相应政策分析………………………………………… 567
　　三、政策比较与启示…………………………………………… 574

　　四、政策建议···577

分报告之九：东北资源型城市产业转型的科技支撑战略研究

　　···583
　　一、资源型城市的特点及产业转型中存在的问题··················589
　　二、产业转型的基本思路及科技支撑原则·························596
　　三、煤炭资源型城市产业转型的科技支撑战略·····················600
　　四、石油资源型城市产业转型的科技支撑战略·····················614
　　五、林业资源型城市产业转型的科技支撑战略·····················620
　　六、加大国家科技支撑的主要政策措施··························625

后　记···629

总 报 告[①]

中国社会科学院工业经济研究所课题组

---

① 中国社会科学院工业经济研究所：吕政、李海舰、李晓华

　　2002 年召开的党的"十六大"决定实施振兴东北老工业基地战略。这一战略的主要目标和任务是按照科学发展观和走新型工业化道路的要求，充分发挥东北老工业基地在自然资源、工业基础、农业生产规模、科技队伍等方面的优势，解决好传统计划经济体制下遗留问题，建立起社会主义市场经济新体制，增强东北地区资本和技术密集型产业以及现代农业在国内外市场的竞争力，把东北建设成为我国重要的现代化的能源、原材料生产基地、先进装备制造业基地和优质农产品的生产与供应基地，大幅度地提高高新技术产业在经济构成中的比重，并运用高新技术加强对传统产业的改造，从而实现东北经济的持续、稳定和协调的快速增长。实现振兴东北老工业基地的战略目标，既要通过深化体制改革，推进制度创新，完善社会保障体系，转变思想观念，以解决上层建筑不适应经济基础、生产关系不适应生产力发展的各种矛盾，同时要调整和优化产业结构，依靠科技创新，推进技术进步，提高产业竞争力。本课题的研究重点在于论述东北老工业基地主要产业的发展方向和任务，揭示和分析主要产业的生产技术的现状和科技创新能力，提出振兴东北老工业基地的科技支撑的目标、任务及其实现途径。

一、东北老工业基地在我国
经济中的地位

东北三省在我国国民经济中占有重要地位，辽宁、黑龙江的 GDP、工业增加值等指标居于全国前列。东北地区具有完整的重化工业体系和配套能力，石油开采、石油化工、钢铁和有色金属冶炼、重型机械制造、发电设备制造、造船、机车、汽车和飞机制造、机床制造等资本与技术密集型工业在全国都占有重要地位。东北三省在国民经济中的地位是国内其他地区所不能替代的。

（一）东北三省经济的发展基础

东北具有全国大多数地区发展经济难以企及的条件。该地区的经济优势主要表现在：①自然资源丰富，在目前全国已探明的主要矿藏储量中，东北地区的铁矿石储量占 22%，石油储量占 45%，原煤储量占 10%，镁矿、金矿、钼矿、镍矿和铝土矿都居全国前列；东北地区的森林面积 8.67 亿亩，约占全国森林面积总和的 50%。②东北地区具有完整的重化工业体系和配套能力。石油开采、石油化工、钢铁和有色金属冶炼、重型机械制造、发电设备制造、造船、机车、汽车和飞机制造、机床制造等资本与技术密集型工业在全国都占有重要地位。③东北地区具有发达的交通运输条件。铁路营业里程占全国的 18.3%，铁路的密度是全国平均密度的 2.17 倍，公路通车里程占全国公路总里程的 8.8%，大连港和营口港的货物吞吐量占全国沿海主要港口吞吐能力的 8.8%。④东北地区的教育事业发展水平和科技力量也高于全国平均水平。具有初中以上文化程度的人口占该地区人口总数的 48%，比全国平均水平高出近 10 个百分点。东北地区有高等院校 142 所，占全国高等院校总数的 11.6%，每万人中在校的高等院校学生比全国平均水平高 40%。东北地区共有自然科学研究机构 700 多个，国有及国有控股企事业单位的专业技术人员为 215.18 万人，占全国的 9.9%。截至 2004 年年底，东北三省的总人口为 10743 万人，仅比河南省多 10.6%，比山东省多 17.0%，而且东北的人口城市化程度要比全国平均水平高 10 个百分点。

（二）东北三省经济在全国的整体位置

东北三省的经济总量在全国占有较大比重。东北三省以占全国 8.3% 的人口生产了占全国 11.05% 的国内生产总值（地区生产总值，GRP）、占全国 9.58% 的工业增加值（见表 1）。辽宁、黑龙江和吉林的人均 GDP 分别为 16297 元、13897 元和 10932 元，在全国排名分别为第 9 位、10 位和 14 位，东北三个省份的人均 GDP 均高于全国 10561 元的水平（见表 2）。

表 1　　　　2004 年东三省 GRP、工业增加值及其在全国的排名

省份	地区生产总值			工业增加值		
	GRP（亿元）	占全国比重（%）	排名	工业增加值（亿元）	占全国比重（%）	排名
广东	16039.5	11.74	1	8011.2	11.31	1
山东	15490.7	11.34	2	7799.3	11.01	2
江苏	15403.2	11.28	3	7714.4	10.89	3
浙江	11243	8.23	4	5381.4	7.60	4
河南	8815.1	6.45	5	3862.2	5.45	6
河北	8768.8	6.42	6	4086.4	5.77	5
上海	7450.3	5.45	7	3492.9	4.93	7
辽宁	6872.7	5.03	8	2833	4.00	8
黑龙江	5303	3.88	13	2814.4	3.97	9
吉林	2958.2	2.17	20	1142.1	1.61	18
东三省合计	15133.9	11.08	—	6789.5	9.58	—

资料来源：中经专网，http://newibe.cei.gov.cn/index/index.asp。

表2   2004 年东北三省人均 GDP 及其在全国的排名

排　名	地　区	人均 GDP（元）	排　名	地　区	人均 GDP（元）
1	上海	55307	9	辽宁	16297
2	北京	37058	10	黑龙江	13897
3	天津	31550	11	河北	12918
4	浙江	23942	12	内蒙古	11305
5	江苏	20705	13	新疆	11199
6	广东	19707	14	吉林	10932
7	福建	17218	—	全国	10561
8	山东	16925	—	东北三省平均	14087

资料来源：中经专网，http://newibe.cei.gov.cn/index/index.asp。

虽然改革开放以来，东北地区的 GRP 增长速度低于沿海新兴工业区以及全国各地区平均水平，但 1980~2003 年，东北地区的 GRP 年均增长仍保持在 8.82% 的较高水平。而且自 1996 年以来，东北的增长速度与其他地区的差距有缩小的趋势，东北地区 1991~1995 年的 GRP 年均增长 9.64%，比全国各地区平均水平低 4.12 个百分点，比沿海新兴工业区低 8.51 个百分点；到 1996~2003 年，东北地区 GRP 年均增长率提高到 9.32%，仅比全国各地区平均水平低 1.06 个百分点，比沿海新兴工业区低 1.95 个百分点。

（三）东北三省主要产业在全国的地位

从总量上看，东北三省在工业领域的优势主要集中于与资源有关的工业和重化工业领域。无论是从资产占行业的比重还是从销售额占行业的比重来看，东北三省的石油和天然气开采业、石油加工和炼焦业、交通运输设备制造业、黑色金属冶炼及压延加工业、通用设备制造业、医药制造业、专用设备制造业、煤炭开采和洗选业、化学原料及化学制品制造业、黑色金属矿采选业在全国都占有比较重要的地位，而东北的轻工业在全国的地位相对就次要得多。东北三省主要工业子行业资产总额、销售收入及其占全国比重情况如表3和表4所示。

表 3　　　2004 年东北三省主要工业子行业的资产总额及所占比重　　　单位：千元

	全　国	辽宁省	吉林省	黑龙江	东北三省合计	东北三省比重（%）
石油和天然气开采业	548421444	38009155	24870688	85308565	148188408	27.02
石油加工、炼焦及核燃料加工业	477474022	58741510	3363193	33428510	95533213	20.01
交通运输设备制造业	1373896088	90638734	127862948	26293790	244795472	17.82
黑色金属冶炼及压延加工业	1479801849	168008194	16895926	11779968	196684088	13.29
通用设备制造业	803653102	61662056	5339521	31916049	98917626	12.31
农副食品加工业	484316547	24168427	14678909	18762740	57610076	11.90
医药制造业	479802578	15010925	25083139	16002172	56096236	11.69
专用设备制造业	542004943	37255377	4548186	16944807	58748370	10.84
煤炭开采和洗选业	672735752	26968586	7430958	31895543	66295087	9.85
化学原料及化学制品制造业	1211859870	61827771	43383074	11500017	116710862	9.63

注：资产为截至 2004 年 12 月数据。

资料来源：中经专网，http：//newibe.cei.gov.cn/index/index.asp。

表4　　2004 年东北三省主要工业子行业的销售收入总额及所占比重　　单位：千元

	全　国	辽宁省	吉林省	黑龙江	东北三省合计	东北三省比重（%）
石油和天然气开采业	428244880	26491050	13864747	104816699	145172496	33.90
石油加工、炼焦及核燃料加工业	863843503	137398991	4773294	52954290	195126575	22.59
交通运输设备制造业	1327211835	58920478	135117087	18790253	212827818	16.04
黑色金属冶炼及压延加工业	1590712721	153161596	17682399	7983859	178827854	11.24
黑色金属矿采选业	59021844	4521062	1363352	172191	6056605	10.26
农副食品加工业	781096866	34074840	19418767	21088550	74582157	9.55
医药制造业	321300476	8154766	9722538	11068579	28945883	9.01
通用设备制造业	743340428	46584332	2501414	11599195	60684941	8.16
化学原料及化学制品制造业	1198313955	44178488	41917876	10095854	96192218	8.03

注：产品销售收入为 2004 年数据。

资料来源：中经专网，http：//newibe.cei.gov.cn/index/index.asp。

　　从产业结构来看，东北的装备制造业、石化工业、冶金工业、新材料工业、医药工业都具有一批大型骨干企业，其主要产品的占有率在全国位居前茅或者能够生产一些关键性的其他地区不能生产的产品。作为中国的主要粮食产地，东北农业是国家粮食安全的重要保证。

　　总体上看，东北三省在国民经济中居于重要的、不可替代的位置。

　　1. 装备制造业。

　　与国内其他地区比较，东北装备制造业的产业优势集中在重型机械行业、电力设备行业、机床行业、交通运输设备制造业、机械基础件制造业等行业。这些行业具有如下几个方面的特点：

　　东北装备制造业拥有一批行业排头兵企业与大型骨干企业，东北的主要大型骨干企业如表 5 所示。

表5   东北三省装备制造业主要企业

行　业	主要骨干企业
重型设备行业	第一重型机械集团公司、沈阳重型机械集团公司、沈阳矿山机械厂、大连起重·重机集团公司、沈阳风动工具厂
电力设备行业	哈尔滨电站集团公司（三大动力设备厂、哈尔滨绝缘材料厂、阿城继电器厂）、哈尔滨电线电缆厂、沈阳变压器厂、沈阳高压开关及低压开关厂
机床行业	沈阳机床集团公司（沈阳一机床、二机床、三机床）、齐齐哈尔第一机床厂、齐齐哈尔第二机床厂、哈尔滨量具刃具厂、哈尔滨第一工具厂、大连机床集团
交通运输设备行业	中国第一汽车集团公司、金杯汽车股份有限公司、哈航集团、长春客车厂、齐齐哈尔货车厂、大连机车厂、大连新船重工有限责任公司、大连造船重工有限责任公司、哈尔滨东安发动机集团有限责任公司、沈阳飞机工业集团有限公司、沈阳黎明航空发动机集团有限责任公司
机械基础件行业	哈尔滨轴承厂、瓦房店轴承厂、沈阳电机厂

　　从区域分布来看，东北装备制造业形成了以齐齐哈尔、哈尔滨、长春、沈阳和大连为聚集点，各具特色、互有分工的装备制造业产业带。齐齐哈尔的重型机械、铁路货运车辆、大型数控机床在国内处于领先地位；哈尔滨是全国著名的装备制造业基地，电站设备、轴承、工量具、农林机械、工程机械、电工仪表、车辆以及飞机、坦克等民用和军用产品，在全国占有举足轻重的地位；长春以汽车制造、铁路客车制造、光学仪器制造和大型农业机械为特色；沈阳是著名的装备制造业城市，大中型企业集中，门类齐全、配套能力强，机电产品在全国占有重要地位；大连是我国海洋轮船、机车、轴承、组合机床等重要产地，产量在全国居领先地位。

　　东北装备制造业在国内外知名、市场占有率较高，东北三省的一些产品如重型机械、铁路运输车辆、船舶、飞机、数控机床、军事装备等市场占有率达到30%以上。

表6 　　　　　东北三省装备制造业的主要产品及市场占有率

省别	主要工业产品	国内市场占有率
辽宁省	高压输变电设备，履带推土机、挖掘机，大型矿选设备，精整剪切设备，大型炼焦、冶金车辆、方坯连铸等冶金设备，各种起重机，大型斗轮挖掘机，高强度长距离皮带机，橡塑机械，炼化设备，特大和大中型轴承，精密、数控机床，组合机床，电机电器电材，各种风机、工业泵、压缩机，铁道机械车辆，各种大型船舶、飞机等	轴承系列国内市场占有率为15%左右，其中铁路轴承为26%，汽车轴承为29%，冶金矿山轴承为21% 轻型客车、车用柴油发动机系列产品市场占有率分别为24%和21.6% 中央空调和冷冻冷藏系列国内市场占有率为30%以上 铁路内燃机车，累计总产量占全国总拥有量的40%以上，内燃机车中速柴油机国内市场占有率为50% 数控机床国内市场占有率为10.6%，组合机床为35.5%，自动线占70% 航空发动机市场占有率为60%
吉林省	重、中、轻型汽车及轿车、铁路客车、拖拉机、联合收割机、铁道客车、光学仪器、汽车轴承等	铁路客车市场占有率50%，城轨客车市场占有率85%
黑龙江省	以大型型材、板材轧机为主的冶金设备，重型锻压设备，大型铸锻件，60万、30万千瓦火电发电设备及大型水力发电设备，电站自控设备，电线电缆，防爆电机，中小型及微型精密轴承，精密量仪量具，重型机床、联合收割机，铁路大型货车，微型汽车及飞机等	冶金设备市场占有率为44.7% 锻压机械设备（大型）市场占有率为35% 矿山设备市场占有率为100% 石化容器（锻焊结构）市场占有率为95% 大型铸锻件市场占有率为40% 工矿配件市场占有率为25% 专项产品市场占有率为100% 60万、30万发电设备的市场占有率30% 铁路货车市场占有率33%

注：本表资料截至2004年10月底。

资料来源：作者根据相关资料和调研资料整理。

2. 材料工业。

东北地区有着非常完整的材料工业体系，主要材料产业都具有一定的规模，其中石化、冶金等材料体系形成了从上游原材料到最终消费品的完整产业链，石油化工和黑色金属工业的地位尤为突出，这两个产业工业增加值占全国的比重分别在 20% 和 10% 以上。总体来说，东北地区的材料工业在全国的市场份额在 9% 左右。

（1）石化工业。东北拥有石化工业发展所需要的煤、石油、天然气、油页岩、化学矿、海盐等丰富自然资源，原油加工能力和加工量居全国第一；东北三省石化工业产品品种齐全，品种达 200 余种，从原油开采、炼油、乙烯到化工产品已形成了较完整的深加工产业链；东北三省在产业布局上形成了以大庆、吉林、抚顺、大连、锦州、锦西、辽阳等一批大石化产业基地，具有一批位居全国前列的化工企业，其中有 8 家企业排全国化工行业前 20 位，包括抚顺石化（第 4 位）、大连石化（第 6 位）、吉林石化（第 7 位）、大庆石化总公司（第 9 位）、大庆炼化（第 12 位）、锦西石化（第 13 位）、锦州石化（第 16 位）和辽阳石化（第 18 位）。东北石化工业产能大，所占市场份额居国内前列，在国内起着不可替代的作用。东北三省的原油加工量、汽油、柴油和燃料油产量占全国的比重均在 25% 以上，其中汽油、柴油接近 1/3，塑料树脂、合成橡胶产量占全国比重也超过 15%。此外，东北在石化行业的科研力量雄厚，能够为石化工业的发展提供有力的技术支撑。

表7　　　　　　　　　2003 年东北部分石化产品产量　　　　　单位：万吨

	原油加工量	汽　油	柴　油	燃料油	塑料树脂	合成橡胶	焦　炭	化学纤维	塑料制品
辽宁	4446.48	823.04	1567.72	338.28	119.08	2.44	923.01	26.74	86.83
吉林	767.15	172.93	290.52	47.42	51.33	12.99	177.76	18.68	7.28
黑龙江	1456.49	395.43	596.76	63.97	82.51	5.22	298.96	20.88	9.14
三省合计	6670.12	1391.4	2455	449.67	252.92	20.65	1399.73	66.3	103.25
占全国比重（%）	27.5	29.04	28.77	22.43	15.31	15.32	7.87	5.61	6.26

资料来源：2003 年工业统计年报（地区篇），国家统计局。

　　（2）冶金工业。东北的冶金工业在全国具有重要地位。第一，东北地区拥有丰富的矿石资源，例如，鞍山地区已探明铁矿石储量约占全国储量的1/4。第二，东北的冶金工业以辽宁为主，已形成包括勘探、矿山、冶炼及加工等门类比较齐全、配套性较强的完整冶金工业体系。第三，具有一批位居全国前列的冶金企业。例如，钢铁行业的鞍山钢铁集团公司（钢铁行业第3位）、本溪钢铁（集团）有限责任公司（钢铁行业第4位）、辽宁特殊钢集团有限责任公司（现为东北特钢）、凌源钢铁集团有限责任公司、通化钢铁集团公司5家钢铁企业2003年位居中国500强企业之列；有色金属行业的东北轻合金有限公司是中国最大的铝加工基地，抚顺铝厂2003年铝产量居全国第9位，葫芦岛有色金属集团有限公司2003年锌产量居全国第2位。第四，东北三省的冶金工业的产量在全国占有举足轻重的地位。2003年，东北三省的钢和成品钢材产量分别占全国的12.48%和11.9%，其中主要产品薄钢板、优质型钢、普通中型钢的产量分别占全国的21.53%、13.71%和16.83%。

表8　　　　　　　　　2003年东北部分钢铁产品产量　　　　　　单位：万吨

	钢	成品钢材	主要钢材品种			
			薄钢板	优质型钢	普通中型钢	线材
辽宁	2227.77	2359.35	510.97	146.48	92.14	155.82
吉林	381.62	369.05	5.0	38.41	30.64	77.91
黑龙江	165.69	141.43	—	3.94	0.02	—
三省合计	2775.08	2869.83	515.97	188.83	122.8	233.73
占全国比重（%）	12.48	11.9	21.53	13.71	16.83	5.8

资料来源：2003年工业统计年报（地区篇），国家统计局。

　　（3）新材料工业。依托东北自身资源优势、科研与人才优势以及材料产业方面的优势，东北形成了一批在全国具有重要影响的新材料产品、有竞争力的新材料企业和有特色的新材料基地，化工新型材料、无机非金属新材料、金属新材料、汽车材料、光电子材料、纳米材料等产业已经初具规模。

　　一些产品国内市场占有率居于全国前列，例如，营口大石桥的镁质材料，菱镁制品国内市场占有率达90%以上，出口量占国际市场交易量的

55%左右；牡丹江地区的碳化硅、碳化硼材料，硅硼粉体材料占国际市场的40%，占国内市场的80%，工业制成品占国际市场的15%，占国内市场的80%，成为国际绿碳化硅粉体材料的最大出口基地，年出口量达2万多吨，占国际市场的60%。

一些产业和产品，特别是一批围绕军工服务或者是为重型装备配套的材料企业在全国具有不可替代的战略地位。例如，东北轻合金有限责任公司是我国最大的军用轻合金材料生产基地，提供全国60%~70%的军用轻合金材料，在我国航天航空工业中有不可替代的战略地位。

一些新材料产业集群已初具规模。例如，长春在激光材料、显示材料、半导体发光材料、汽车材料，牡丹江在碳化硅、碳化硼材料，大庆在新型化工材料，大连在发光材料，鸡西在石墨材料等领域形成了产业集群或产业集群的雏形。

3. 医药工业。

东北是全国重要的医药生产基地，拥有化学原料药及制剂、生物技术药品、中成药、医疗器械、制药机械和药用包装材料等多门类的医药工业体系。东北三省医药制造业企业单位数为427家，占全国的9.71%；资产5609623.6万元，占全国的11.69%；销售收入2894588.3万元，占全国的9.01%。

拥有哈药集团、东药集团、东软股份、修正药业和敖东药业等一批在全国具有较大影响的骨干企业。这些骨干企业掌握着一大批国内外知名、市场占有率较高的重点产品。例如，东药集团维生素C的生产规模和产量居全国首位，磷霉素钠已占国内市场98%、国际市场70%的份额；沈阳东软股份的CT机占全国20%的市场份额；沈阳三生股份的EPO和α-2a干扰素分别占国内市场45%和20%的份额。东北医药工业的新产品开发数量也居于全国前列。

4. 农业。

具有丰富的自然资源与得天独厚的生态环境。东北三省以平原为主，土壤肥沃，耕地面积和农作物播种面积分别占全国总量的17%和12%（2003年数据），水田面积占耕地总面积的13%左右。东北地区冬季气候寒冷，病虫害相对较少，农药用量较少，农药污染相对较轻，化肥用量也相对较少，东北三省农药和化肥用量分别占全国总用量的7.9%和8.2%（2003年数据）。

具有国有农场的规模优势与农业机械化优势。东北作为我国国有农场最为集中、规模最大、机械化水平最高、技术标准化程度最高的地区，机耕地面积占耕地总面积的61.8%，较全国平均水平高出13.5个百分点。东北三省农作物机播率为57.9%，为全国之最，是全国平均水平的2.2倍。东北三省的国有农场数量、单个农场的耕地面积、农场的机械化程度和管理水平均居于全国前列。

东北地区虽然优势农产品种类少，但规模大、生产布局集中成带。东北的优势农产品包括玉米、大豆、优质稻米、奶牛、肉牛、肉禽、中药材和山野菜（包括野生食用菌）等，是国家重点建设的大豆优势产区，是国家重点扶持的饲用和加工专用玉米产业带、肉牛产业带、奶源基地和优质水稻产业带。

东北的农业在全国具有重要地位，是实现国家粮食安全的重要保障。作为我国人均粮食产量与商品率最高的地区，2003年东北三省共生产粮食6270万吨，约占全国粮食总产量的15%，是我国第三大粮食主产区；人均粮食产量580公斤，较全国平均水平高出247公斤，粮食商品率高达60%以上，居全国首位。

东北粮食生产的发展潜力大。近年来，东北地区粮食生产的贡献明显提高，东北三省粮食产量占全国粮食总产量的比重从1980年的11.1%上升为2003年的14.6%。

（四）东北三省国家高新区在全国高新区的位置

高新区是我国改革开放的产物，也是知识经济发展的客观要求。1991年3月国务院批准设立第一批26个国家高新区，其中有沈阳、长春、哈尔滨、大连4个东北地区的高新区；1992年11月国务院批准设立第二批25个国家高新区，其中东北地区的有大庆、吉林、鞍山3个高新区。东北高新区培养了一批支撑整个东北地区发展的高新产业，其中沈阳高新区的计算机、先进装备制造、生物制药、新材料；长春高新区的生物医药、光电子、汽车电子；哈尔滨高新区的机电一体化、现代制造；大连高新区的软件产业等已初具规模，这批高新技术产业正在成为支撑高新区所在城市甚至整个东北地区发展的支柱产业，推动了整个东北地区新型工业化的进程和经济结构升级。

2004 年我国东北地区 7 个高新区实现营业总收入 3301.2 亿元，较上年增长 28.5%；工业总产值 2828.8 亿元，较上年增长 32.4%；工业增加值 757.5 亿元，较上年增长 30.2%；净利润 166.6 亿元，较上年增长 12.6%；上缴税费 221.3 亿元，较上年增长 27.8%；出口创汇 32 亿美元，较上年增长 37.9%。分别占全国 53 个高新区总量的 12%、12.5%、13.7%、11.7%、17.9%、3.9%（见表9）。

东北 7 个高新区在 6 项主要经济指标中，除营业总收入、净利润和出口创汇低于高新区平均水平以外，工业总产值、工业增加值和上缴税费均高于同期全国的增长速度。

表9　　　　　　　　　　**东北高新区主要经济指标比较**　　　　　单位：亿元

	2003 年	2004 年	年增长率（%）
营业总收入	20938.7	27466.3	31.2
其中：东北	2568.4	3301.2	28.5
其他	18370.3	24165.1	31.5
工业总产值	17257.4	22638.9	31.2
其中：东北	2136.8	2828.8	32.4
其他	15120.6	19810.1	31.0
工业增加值	4361.4	5542.1	27.1
其中：东北	581.9	757.5	30.2
其他	3779.5	4784.6	26.6
净利润	1129.4	1422.8	26.0
其中：东北	148	166.6	12.6
其他	981.4	1256.2	28.0
上缴税费	990.0	1239.6	25.2
其中：东北	173.2	221.3	27.8
其他	816.8	1018.3	24.7
出口创汇	510.2	823.8	61.5
其中：东北	23.2	32.0	37.9
其他	487	791.8	62.6

二、振兴东北老工业基地科技
支撑战略的目标

（一）振兴东北老工业基地科技支撑的对象是东北的主导产业和大型骨干企业

振兴东北老工业基地的任务是调整和优化产业结构，推进产品的升级，全面增强产业和企业的竞争力，把东北建设成现代化的能源、原材料生产基地、先进装备制造业基地、现代农业及商品粮的供应基地。因此，振兴东北老工业基地科技支撑战略的目标必须以支撑产业的振兴和发展为中心，科技支撑的对象是产业和企业，科技支撑项目的选择应当以工程化、产业化和市场化的应用性项目为重点。科技支撑战略实施成效的标准是东北老工业基地主要产业及其企业的创新能力是否显著增强，生产技术水平与国际先进水平的差距是否缩小，大型骨干企业的竞争力是否显著增强，适应市场需求、具有先进技术水平的产品的市场占有率是否大大提高。

（二）振兴东北老工业基地科技支撑的重点是在全国具有优势的重化工业、现代农业和现代服务业

振兴东北老工业基地的战略目标与西部大开发战略及中部崛起战略有显著区别。西部大开发的重点是加快交通运输基础设施建设、治理和保护生态环境，发展地方特色产业，减少和逐步消除贫困；现阶段中部崛起的重点是解决农民、农业和农村问题。东北经济的突出问题是传统的重化工业竞争力较弱，不适应国内和国际市场竞争要求。振兴东北老工业基地的产业发展目标不是"截长补短"，即加快劳动密集型的轻纺工业的发展，降低重化工业的比重，甚至听任重化工业的自然衰退。资本密集型的重化工业仍然是东北老工业基地的优势所在，必须通过深化改革、结构调整、技术进步和扩大开放，重振东北资本与技术密集型产业的竞争力。因为东北老工业基地的产业构成与长江三角洲、珠江三角洲的产业构成有显著区别，

东北的能源、原材料工业和重型机械装备制造业的优势，是以劳动密集型产业为主导的地区在短期内难以替代的。

（三）振兴东北老工业基地的科技支撑战略目标应当适应我国现阶段工业化进程的客观要求

从人均 GDP 水平和产业结构的实际情况判断，我国已进入工业化的中期阶段。这一阶段的显著特点是以满足城乡居民基本生活需求的劳动密集型产业比重逐步下降，资本和技术密集型的重化工业的比重显著上升。我国轻重工业之间比重 1998 年为 45∶55，2004 年已变为 35∶65。2002 年以来，石油和石油化工、冶金、重型机械和成套设备制造、交通运输设备制造业、电子通信设备制造业五大部门实现的增加值和利润占规模以上工业的 53%。

我国重化工业快速增长、比重上升的主要原因是：城乡居民消费需求结构的变化增加了对重化工业产品的需求；城镇化的进程在逐步加快，城镇人口平均每年增加一个百分点，即 1300 万人。各地政府纷纷扩大城区面积，加快旧城改造和城市基础设施建设，从而增加了对钢材、建筑材料的需求；2004 年我国固定资产投资规模已超过 70000 亿元，而且每年的增长率在 20% 以上，这些投资主要是交通运输、能源、经济技术开发区等基础设施建设以及企业的设备更新，导致对能源原材料和机电产品的旺盛需求。

从 20 世纪 80～90 年代中期，由于国内市场对消费品的需求旺盛，在国际分工体系中，我国具有劳动力资源丰富的比较优势，长江三角洲和珠江三角洲地区抓住了这一机遇，使这一地区的经济迅速发展。东北地区的产业构成与我国现阶段经济发展中重化工业市场需求旺盛具有高度的一致性。所以，科技支撑战略目标的选择必须适应工业化进程的客观要求。

（四）科技支撑战略应当促进资源利用效率的提高，着力解决我国资源性产品供给不足的矛盾

2003～2004 年，我国平均每年消耗的煤炭占全球煤炭总产量的 31%，消耗的钢材占 22%，消耗的水泥占 45%，消耗的电力占 13%，这种大量消耗能源、原材料的状况在未来 10～15 年内还将继续保持。因为我国工业化的任务还没有完成，与美国等工业发达国家已进入后工业化时代处于不同的发展阶段。工业化进程对能源、原材料等资源性产品有着巨大的需求。我国自然资源的禀赋条件是能源、原材料供不应求的客观原因。经济增长方式粗放，大多数行业的工艺技术水平落后，降低了资源利用效率。所以，转变经济增长方式，降低能源、原材料等资源性产品的消耗，是实现国民经济持续、稳定和协调发展的一项紧迫性、战略性的任务。

　　振兴东北老工业基地的科技支撑战略对解决资源性产品供给不足的矛盾，需要从四个方面进行：一是提高石油、天然气等优质能源的勘探和开采科技水平，实现东北石油、天然气的可持续发展；二是用新技术改造资源消耗量大的传统产业，降低单位产品的能源、原材料消耗；三是推进机械装备制造业产品的升级换代，用现代化的技术装备改造国民经济的物质技术手段；四是推进产业结构升级，发展消耗能源、原材料少的技术和知识密集型产业。由于东北资源密集型产业的比重高，对能源、原材料的需求量大，目前粗放经营的方式难以长期持续。因此，科技支撑的重点应突出节约资源和发展循环经济所需要的技术。日本在 20 世纪 70 年代初期，曾经遭遇严重的能源危机，国际市场每桶原油价格从 3 美元上涨到 11 美元，但日本产业界变压力为动力，积极推进产业升级，工业结构由 50～60 年代末的重化工业为主导转向机械、电子、汽车、家用电器等附加价值高、消耗能源少的技术密集型产业为主导，顺利渡过了能源危机和此后日圆升值的压力。日本的成功经验值得我们学习和借鉴。

（五）振兴东北老工业基地的科技支撑战略应促进我国在国际经济分工体系中的地位的提升

　　在经济全球化的大趋势下，我国已广泛地参与国际分工和国际交换。目前我国的进出口贸易结构仍然以生产和出口劳动密集型产品为主，进口产品则以附加价值高的技术密集型产品为主。这种结构虽然有利于发挥我国劳动力资源丰富的比较优势，但在国际分工体系中，如果长期局限于这种格局，对我国经济安全和经济利益显然是不利的。中国作为一个发展中的大国，既要继续扩大劳动密集型产品的出口，但同时要依靠科技进步和自主创新，缩小技术密集型产业与工业发达国家之间的差距。沿海劳动密集型产业集中的地区，由于受到资本难以集中、技术力量、产业工人队伍以及社会经济文化传统的制约，在短期内转向资本与技术密集型的机械装备制造业，而东北的工业基础决定了它能够通过体制创新、结构调整和技术进步承担起我国产业升级、发展资本与技术密集型的机械装备制造业，改善贸易条件，提升我国在国际产业分工体系中的地位这一战略任务。

（六）振兴东北老工业基地的科技支撑战略应促进东北农业发展，为我国的粮食安全提供保证

农业仍然是国民经济的基础产业，粮食安全问题是关系到社会经济发展的战略性的问题。东北作为我国重要的商品粮生产与供应基地，对保证国家粮食安全的大局具有重要意义。因此，必须通过科技进步，促进东北农业的稳定、持续发展，为我国的粮食安全提供保证。

（七）科技支撑战略必须高度重视国防科技工业的研制和生产能力的提高

"苏联解体"和"东欧剧变"之后，虽然东西方对峙的"冷战"已经结束，但世界并没有因此而变得太平。事实上，美国敌视中国的基本立场并没有改变，特别是通过联合日本、渗透中亚、支持"台独"等战略，形成对中国的围堵，以遏制中国的发展。因此，我们在抓住战略机遇期、加快经济发展的同时，必须高度重视国防科技工业的发展。东北是我国国防科技工业较为集中的地区。推进国防现代化建设，关键是武器装备的现代化。东北地区的国防科技工业承担着重要任务，必须依靠科技支撑，提高国防科技工业的研发与制造能力，为打赢高技术条件下的局部战争做好准备。

（八）发展现代服务业，提高生产社会化、信息化水平是科技支撑战略的重要任务

现代经济是社会化的大生产，包括生产、流通、分配和消费各个环节。由于长期小农经济生产方式和计划经济的影响，社会再生产的各个环节都存在着自我循环、封闭运行的状况。近年来，服务业虽然有很大发展，但主要集中在商贸、餐饮、娱乐、旅游等传统的消费领域服务业，为生产服务的技术与知识密集型的现代服务业发展缓慢，直接阻碍了资源配置效率的提高，提高了全社会的交易成本。所以，振兴东北老工业基地的科技支撑战略，不仅仅是支撑工业和农业等直接从事物质产品的生产，同时要把发展以信息技术为先导、以提高生产和流通效率为目标的现代服务业，包括社会化的物流配送体系、市场调查、分析与咨询系统、工程设计、企业经营管理服务等技术与知识密集型服务业。

（九）把东北高新区建设成为技术创新基地和区域经济发展的重要引擎

振兴东北老工业基地应以国家高新区为重要依托，发挥高新区技术创新、高新技术产业集聚、国际资源集聚、创新创业文化培育、体制和技术扩散五大功能，把东北高新区建设成为技术创新基地和区域经济发展的重要引擎。具体战略目标包括以下三方面：积聚创新资源，建设创新的国家公共基础设施，提高技术创新能力，使创新成为产业和经济发展的根本动力，成为创新的核心区；进一步壮大高新技术产业，改造传统产业，培育接续产业，成为新型工业化基地；扩散技术、产业、机制，提升传统产业，成为老工业基地改造的辐射源。

三、东北科技创新的现状和问题

（一）东北科技创新的主要进展

1. 拥有一支数量较多、素质较高的科技人员队伍。

从整体上看，东北地区的科技人力资源较为丰富，特别是在制造业方面，如黑色金属冶炼及压延加工业、普通机械制造业、交通运输设备制造业等领域，科技人才充足。2002 年东北地区从事科技活动人员总数为 35.2 万人，平均每万人中有科技人员 31.7 人，其中辽宁省从事科技活动人员总数为 19.7 万人，居全国第 5 位。在黑色金属冶炼及压延加工业方面，仅辽宁科技活动人员就达 19744 人，占全国近 1/5，居全国第 1 位；普通机械制造业方面，辽宁科技活动人员达 7140 人，仅次于江苏和上海；交通运输设备制造业方面，辽宁省科技活动人员达 15075 人，仅次于陕西、湖北、江苏。在高层次人才方面，东北地区总量也不少，如辽宁拥有中国科学院、中国工程院院士 44 人，黑龙江拥有"两院"院士 28 人。

2. 拥有一批实力很强的科研机构，在装备制造业和材料工业等相关领域具有较强的研发优势。

东北三省借助早期工业的发展和国家的支持，沉淀了一批优秀的科技资源，积累了较为雄厚的研发力量。截至 2002 年年底，东北地区共有中直、部属和省属科研开发机构 502 家，其中中直院所 34 家，省级以上工程技术研究中心 69 家，省级以上重点实验室 126 家。这些科研机构中的不少科研院所在所属研究领域内处于国内外领先地位。例如，中科院沈阳金属所在新型纳米材料、金属功能材料等领域居于国际领先地位；中科院长春光机所在光电子材料等领域有很强的技术优势；信息产业部 49 所是全国最大的传感器技术研究基地；航空工业集团 627 所是我国第一个拥有风洞实验室的空气动力学研究基地；中国船舶重工集团 703 所是我国最大的舰船燃气轮机及新型动力研究基地；中国机械研究院哈尔滨焊接技术研究所是我国实力最强、规模最大的焊接技术研究基地；等等。

3. 企业技术研究与开发体系初步形成，企业技术创新能力持续增强。

通过技术引进、自主开发和产学研结合，东北地区企业的技术开发能力、高新技术转化能力和市场竞争力在近些年得到了较大程度的增强，初步形成了企业技术研究与开发体系。到 2002 年年底，东北地区共有省级以上企业技术中心约 280 家，其中吉林和黑龙江各拥有国家级企业技术中心 28 家和 10 家。尤其值得关注的是，在国有企业技术创新能力持续得到增强的同时，东北地区高科技民营企业的群体不断扩大，其自主研发的积极性逐步提高。例如，沈阳大陆激光、哈尔滨威克科技、哈尔滨四海集团和吉林修正药业等民营企业均具有产品科技含量较高，自主研发或与高校、科技院所合作研发的活动较为频繁等共同特点。

4. 高新技术产业发展取得明显成效。

经过近几年来的快速发展，东北地区高新技术产业的发展框架基本形成，高新技术产业化成为科技创新的重要组成部分。2002 年，东北三省高技术产业共完成增加值 222.26 亿元，占规模以上工业增加值的比重为 6.7%。东北地区 7 个国家级高新技术产业开发区的建设取得重要进展，2003 年东北国家高新区 R&D 投入达到 35.6 亿元、拥有授权的发明专利 905 项，均占整个东北地区的 40% 以上。近年来技工贸总收入的年均增长率均高达 40%，是所在城市经济增长的重要引擎。目前，辽宁省的计算机、先进装备制造、生物制药、新材料和软件，吉林省的生物医药、光电子、先进制造技术和新材料，黑龙江省的机电一体化、现代制造、精细化工和现代中药等高新技术产业的发展已初具规模，正逐渐成为东北老工业基地进一步发展的主要接续产业，对改善东北地区的产业结构，推动东北地区新型工业化的进程发挥了积极作用。

5. 主导产业科技水平有较大幅度提高。

近年来，东北地区的装备制造、材料、医药、农产品深加工等主导产业发展迅速，科技水平的提高在其中起到关键作用。例如，在装备制造业科技领域，通过消化吸收与创新，掌握了若干重大成套技术装备的设计与制造技术，计算机辅助设计（CAD）和计算机集成制造系统（CIMS）等一大批共性技术的推广应用，大幅度地提高了装备制造企业的技术创新能力；在材料工业科技领域，自行研发和从国外引进了一批具有国际水平的工艺技术和生产设备，如原油二次加工技术和薄板坯连铸连轧技术等，为材料工业的发展奠定了良好基础；在农产品深加工科技方面，重点研究了玉米深加工技术，在变性淀粉新工艺新产品研究、淀粉高分子材料研究、膜分离技术在淀粉及深加工产品中的应用研究等多个领域取得了显著成绩，为农产品深加工产业的发展提供了有力保障。

（二）东北科技发展水平的总体评价

由于在经济发展阶段、资源结构特征和改革开放程度等方面存在差异，因此我国各地区之间的科技发展水平往往有所不同。对东北地区的科技发展水平进行评价，目的在于从总体上了解该地区的科技发展在全国的地位，与先进地区的差距以及差距所表现的基本方面。

综合考虑评价指标的代表性和统计数据的权威性，这里采用科技部每年发布的对全国及各地区科技进步统计监测的结果作为科技发展水平的评价依据。表 10 是根据 2004 年统计监测结果将全国分为 6 个地区计算的综合科技进步水平指数。由表可见，全国综合科技进步水平指数为41.51%，高于全国水平的是长江三角洲地区和环渤海地区，珠江三角洲地区与全国水平相当，东北地区比全国水平略低，但高于中部和西部地区。按省市区分析，东北地区的辽宁、黑龙江、吉林三省的综合科技进步水平指数分别为 45.19%、35.76% 和 33.2%，在 31 个省市区中分别排在第 6 位、12 位和 15 位。这就表明，目前东北地区的科技发展尚未达到全国平均水平，与先进地区的差距更大；在东北地区内部，三省的科技发展水平也有较大差异，辽宁省较强，黑龙江省次之，吉林省相对较弱。

表 10　　　　　　　　　东北地区科技发展水平与其他地区比较

地　区	综合科技进步水平指数（％）	包含省市区
全国	41.51	31 个省市区
东北地区	38.05	辽、黑、吉
环渤海地区	48.97	京、津、冀、鲁
长江三角洲地区	52.56	沪、苏、浙
珠江三角洲地区	41.41	粤、闽、琼
中部地区	30.12	鄂、湘、皖、豫、赣、晋
西部地区	29.00	陕、川、渝、新、桂、滇、蒙、甘、黔、宁、青、藏

资料来源：根据《2004 年全国及各地区科技进步统计监测结果》计算整理。

　　在综合科技进步水平指数的 12 个二级构成指标中，进一步遴选出科技人力资源、科研物质条件、科技活动财力投入、科技活动产出水平、技术成果市场化和高新技术产业化 6 个指标，以分析东北地区在这些方面与全国水平的差异程度。从表 11 可见，在上述 6 个指标中，东北地区只有科技人力资源指数高于全国水平，前者高于后者 10.44 个百分点。在低于全国水平的其余 5 个指标中，差距较大的是科研物质条件指数和高新技术产业化指数，两者分别低于全国水平 25.55 和 20.44 个百分点；而技术成果市场化指数、科技活动产出水平指数和科技活动财力投入指数则分别低于全国水平 12.08、7.23 和 4.32 个百分点。

表 11   东北地区科技发展主要指标与全国水平的差异

指　标	全国水平（%）	东北地区（%）	东北与全国水平的差异程度
科技人力资源指数	52.45	62.89	10.44
科研物质条件指数	41.13	15.58	−25.55
科技活动财力投入指数	33.94	29.62	−4.32
科技活动产出水平指数	40.80	33.57	−7.23
技术成果市场化指数	30.90	18.82	−12.08
高新技术产业化指数	39.33	18.89	−20.44

资料来源：根据《2004 年全国及各地区科技进步统计监测结果》计算整理。

（三）东北科技创新存在的问题

1. 企业研究开发的投入严重不足。

从全国的情况看，目前全国 R&D 经费的 60% 以上已投向企业，但政府投入非常有限，大部分经费主要靠企业筹集。由于东北地区的多数工业企业社会负担沉重，银行负债率高，自身积累能力弱，很难得到银行的支持，从而造成技术创新和技术改造投入严重不足。国际上一般认为，技术开发资金占销售额 1% 的企业很难生存，占 2% 的可以维持，占 5% 的才有竞争力，而东北地区的这一比重仅为 0.6% 左右。

2. 科技成果与经济发展的需要脱节。

东北地区每年发布的科技成果并不少，2003 年占到全国省部级以上科技成果总量的 18.4%，这一比重大大高于东北地区 GDP 和工业增加值占全国的份额。与此形成对照的是，东北地区科技成果的市场成交额却相对较少，2003 年仅占全国总成交量的 13.1%。这说明东北地区科技创新的努力方向与经济发展的需要存在比较严重的脱节现象，同时也反映了科技创新组织上长期存在的科技机构与生产企业"两张皮"的问题依然突出。

3. 科技创新的动力和激励机制尚未健全。

由于东北地区国有企业的比重大，加上受计划经济的惯性推动，相当一部分企业无论从内部还是从外部都缺乏对科技创新的有效激励，创新主体地位难以确立。从外部机制看，政企不分的情况未能得到根本改善，地方政府没有很好地从计划体制下的直接介入式管理转化为市场经济条件下的宏观调控服务，企业没有充分的决策权，创新的自主性大受影响。从企业内部看，制度再造缓慢，产权界定模糊，法人治理结构存在严重缺陷，企业经营者重速度轻效益，不愿着力向内挖潜、改造和创新。

4. 科技创新资源整合性较弱，缺乏区域联动。

东北地区的科技创新资源丰富，但由于分属于不同的部门和地区，加之受三省行政区各自的约束和政策措施不力等原因，相互之间的联系处于一种相对松散的状态，自成体系，缺乏互动，没有形成相互开放、资源共享、联合攻关的协同网络。科技创新资源的关联性和整体性较差，将会影响到知识、技术和人才等创新要素在区域内的自由流动，最终也将削弱东北地区整体的科技创新能力。

5. 科技创新环境不适应市场竞争的要求。

虽然东北地区整体上已经形成科技机构、大学、企业技术中心、中介服务组织等创新组织体系，但有些环节特别是中介服务组织的服务支撑功能还比较薄弱，经营水平良莠不齐，创新服务体系应具备的可行性论证、融资担保、专利代理、纠纷调节等功能还远未发挥和完善，难以为企业提供全方位的优质服务。另外，东北地区的市场规范化程度较低，对创新成果缺乏有效的知识产权保护，创新企业与跟进企业的利益差别不大，导致企业难以从战略高度上重视技术创新。

6. 高技术产业规划趋同现象严重，专业化分工与协作有待提高。

在东北三省高新技术产业开发区的科技发展规划中，大都把电子信息、生物医药、新材料、先进制造技术等作为各个高新技术产业开发区科技发展的主要方向。在经济技术起点不同的开发区生产相同的产品，彼此之间缺乏合理的产业分工，导致各开发区缺乏产业特色，产业结构雷同。

四、东北老工业基地区域创新体系的建设

所谓区域创新体系建设，就是通过加强区域内的创新主体自身能力建设以及各创新主体之间的互动，实现创新要素的新组合或者高效配置，以提高区域创新能力，形成区域的竞争优势。加强区域创新体系的建设，是提高东北区域创新能力，增强产业国际竞争力，实现老工业基地产业转型，振兴东北地区经济的重要途径和手段。

（一）东北区域创新体系存在的问题

当前，东北地区在创新体系建设方面已经取得了较大进展，初步形成了省、市、县三级创新体系。然而，由于受条块分割体制的影响，各部门和各级政府大都从自身的利益出发，在自己的"小天地"内组织和配置科技资源，缺乏专业化分工和合作，由此造成资源的严重浪费。这具体表现在以下四个方面：一是东北地区产学研各方都有自己的政府主管部门，各方都希望在自己的系统内进行研发和产业化，相互间联动和合作不够；二是军民两大研发和产业体系之间长期处于分离状态，造成两大创新体系的割裂和封闭，一些重要的研发活动往往在军民两个体系之间重复进行，不适应当今军民技术日趋融合、高新技术两用化的趋势；三是跨越行政区划的产学研合作项目还很少，跨行政区划的产学研合作亟待加强；四是要素市场不健全，技术和人才市场分割现象严重，各种创新资源难以有效重组和优化。

为此，打破条块分割，按照发展社会主义市场经济的要求，尽快建立符合市场经济需要的一体化的东北区域创新体系势在必行。

（二）东北区域创新体系建设指导思想和目标

东北区域创新体系建设的指导思想是：按照国家创新体系的总体安排

和科学发展观的要求，以加强企业的学习能力为重点，以提高产业创新效率为核心，以打造"人才高地"和优化制度环境为举措，以加强三省之间的经济科技关联度为建设方向，突破封闭的行政区划的限制，运用市场经济手段，实现各种资源的合理配置，以企业作为创新的主体，以跨行政区的研发平台、孵化平台、中试平台和产业化平台建设为载体，以区域优势产业为核心和突破口，构筑起具有东北特色的、联合、开放、布局合理的区域创新体系，最大限度地发挥区域互补的整体优势和综合比较优势，形成参与国家分工和竞争的合力，为东北新型产业基地建设提供强有力的科技支撑。

东北区域创新体系建设的目标是：到 2010 年把东北建设成为一个结构合理、机制灵活，整体功能完备、特色鲜明的现代化、开放型的具有持续创新能力的网络体系；各创新主体功能明确并形成良好互动；创新资源利用效率高，资源配置基本优化；技术创新的机制和政策环境基本完善；形成具有东北特色的产业集群，成为有效推动东北产业结构优化和促进东北区域经济发展的强大支撑，到 2020 年使东北地区成为与"长三角"、"珠三角"、京津冀鼎足而立的我国四大创新群之一。

（三）东北区域创新体系建设的战略思路

充分发挥地区优势，打破条块分割，按照"平等互利、加强合作、优化资源、有序竞争"的原则，通过培育市场、打造平台、完善网络、加强合作和健全服务体系等途径，推动东北地区各种科技资源的重组和优化配置，构建跨行政区的一体化的东北区域创新体系。

1. 培育市场。

一是建立跨行政区的一体化的东北科技人才市场；二是建立跨行政区的一体化的技术交易市场；三是建立高水平的、统一的产权交易市场和资产评估市场。

2. 打造平台。

一是打造东北科技成果产业化平台。一方面，要充分发挥沈阳、大连、长春、哈尔滨、鞍山、大庆等国家级高新区的作用，引导、提升和激活其他各高新区的聚集、扩散、辐射、带动功能，提高高新区整体发展质量，加快东北科技成果转化基地的建设；另一方面，以沈阳国家高新技术创业服务中心、沈阳市高科技创业中心、大连市高新技术创业服务中心、哈尔滨高新技术创业服务中心、吉林高新技术创业服务中心、长春科技创业服务中心、大连市海外留学人员创业园、东大软件园等科技企业孵化器为基础，统一协调、整合资源、互联互动，加快东北地区企业孵化器的建设。

二是打造东北产业技术支撑平台。根据三省支柱产业发展的需求，侧重在石化、冶金、能源、大型装备及汽车制造领域，开展对重大关键技术的联合攻关，并广泛采用国内外最新科技成果，加强对重点产业、重点企业的改造，促进传统产业结构的优化与升级，着力打造重点行业技术创新平台；联合国内外大学科研机构和企业技术中心，共同建立一批面向东北的公共技术创新平台，包括东北石化工业技术创新平台、精品钢材产业技术创新平台、成套装备制造技术创新平台、东北汽车工艺创新平台、东北光电技术创新平台、北药开发技术创新平台。

3. 完善网络。

一是共同建立东北文献信息共享网络。依托三省科技情报研究机构，联合高校和科研院所，建立由图书文献信息资源体系、文献传送系统和高度完备与枢纽化的文献信息检索系统组成的文献信息共享网络，以及能够针对三省有关政府部门、科研单位和企业的不同需求，提供快速、高效咨询服务的决策支持系统。

二是联合共建东北科技教育信息网。使其不仅成为科技文献信息资源网络服务的支撑平台，而且成为覆盖全东北、辐射全国的科技信息集散地；规划建设高性能宽带信息网 3TNET 示范网，加速东三省信息交流，提高信息利用水平；建立内容广泛的专业化科技基础数据库，包括专家、学者数据库，大型科学仪器数据库，实验动物资源、标本数据库，科研条件供求数据库、东北地区自然资源数据库等，通过三省科技信息网的传播，实现全社会的共享。

三是构建东北区域大型科学仪器协作共享网络。在科技部推动建设的沈阳科学仪器协作共用网、吉林科学仪器协作共用网等大型科学仪器协作共用网的基础上，建立东北地区大型科学仪器装备的协作共用网络；在原有国家大型科研仪器中心的基础上，加强三省共用的各类大型科学仪器中心的建设；以实现地域间的资源共享，全面提高东北三省大型仪器装备社会化水平。

四是以产业为依托发展区域性生产力促进中心网络。为促进技术成果向传统产业转化，提高这些产业的技术水平，东北地区应在现有生产力促进中心的基础上，组建若干个行业生产力促进中心，包括装备制造业、石化工业等行业中心。同时，东北地区各生产力促进中心应加强合作，撤销或并购一些长期亏损的中心，组建跨区域的多级生产力促进中心网络，最终初步形成"组织网络化、功能社会化、服务产业化"的生产力促进中心体系。

五是整合优势资源，形成布局合理的科技企业孵化器网络。针对东北地区产业发展需求，在现有孵化器的基础上，逐步发展一批以专业科技园区为依托的专业型孵化器。要按照"创新群、产业带建设"的战略构想和高新园区专业化发展的趋势，建设光电子、生物制药、新兴原材料、现代农业、环保等专业孵化器，同时构建专业技术平台，逐步形成具有"专业孵化定位、专业技术平台、专业孵化队伍"的特色孵化器群体。

六是构建东北区域技术交易合作网络。以沈阳技术产权交易中心、大连专利产品——技术产权交易中心、哈尔滨技术市场和长春技术产权交易中心为主体，组建东北地区技术产权交易中心，并依托沈阳技术交易网、哈尔滨技术交易市场网，建立东北地区技术产权交易网。在各省技术交易市场的基础上，建设共同的网上技术市场，可以借鉴浙江省交易市场网站建设的过程与经验，三省联合举办各类科技成果交易展览会等，积极推进和开展各种形式的技术交易，特别是组织三省区的科研院所、高校和企业在网上发布科技成果、优势研究领域、学科方向和企业技术难题等信息，参与技术难题的招投标。

4. 加强合作。

在重大科研任务和项目的运作上，应打破条块分割，实现三省合作攻关，形成三省一体化的科技资源配置体系、科技成果评价体系和科技政策法规体系。要推进地方政府间合作，彻底打破行政区划的束缚，摒弃地方保护主义，树立东北"一盘棋"的新理念，真正实现东北三省的大联合、大协作、大创新。

一是联合开展东北科技发展战略和规划研究。在科技部和三省政府的指导下，三省科技部门围绕东北整体经济社会发展需求，研究制定东北科技发展战略和中长期发展规划；同时要联合建立和发展高新技术产业分工体系、装备制造业、石油化工、中医药、信息通信、农业等技术创新和产业分工体系，协同制定科技支撑和引领东北主导产业发展的科技规划，逐步形成各具特色、优势互补的高新技术和主导产业的格局。

二是联合组织科技攻关计划。围绕东北经济社会发展中的重大的关键技术、共性技术，组织三省科技人员开展联合攻关。每个省区每年可以排出一批重大科技项目，组织公开招标，联合研究开发一批具有自主知识产权的新产品、新技术、新工艺；鼓励三省的高校、研究院所、企业等相关单位，联合申报国家重大科技项目和国际科技合作，参与东北的制造业信息化、主导产业技术创新与升级、共同的能源与资源开发、生态环境等重大科技工程和区域支柱、主导产业重大科技攻关专项。

三是实行科技资源的相互开放和共享。相互开放国家级和省级重点实验室、中试基地、技术标准检测机构、科技信息机构、科技经济基础数据、动植物标本、水文资料等科技基础条件。联合共建科技教育信息网、大型公共仪器设备服务网、高技术信息库、国际技术标准库和专家库，实现联网共享。

四是联合共建创新载体。充分发挥各自优势，科学规划，合理布局，联合建设一批研究院、工程技术研发中心、重点实验室、中试基地、生产力促进中心或区域创新服务中心和博士后流动站（工作站）等各类研发机构和科技中介服务机构。此外，还可以采取联合共建的方式，联合共建一些技术市场和技术产权交易中心；联合举办各类科技成果交易展览会和国际性科技学术会议、专业性科技会展。

5. 健全服务体系。

创造一个公开、公正、公平竞争的共同的创新环境，要规范各地区政府的管理、行政和司法行为，努力做到高效管理、依法行政、公正司法，打破地方保护主义，打破部门垄断和行业垄断，不断扩大开放领域，允许和鼓励各类创新主体依法进入与公平竞争。优化服务环境，建立健全统一高效的创新创业服务体系。该体系主要包括：市场信息服务体系、产业孵化基地、融资担保服务体系、科技援助服务体系、科技型中小企业园区建设、中小企业法律援助和权益维护中心等。

五、振兴东北老工业基地科技
支撑的重点领域

科技支撑战略是国家振兴东北老工业基地战略的一个重要组成部分。科技支撑的重点领域需要结合东北地区产业经济发展现状与问题、发展目标以及东北经济发展的科技需求，根据科技支撑的指导思想与原则，选择一些带动性强、社会效益好、需求量大而广的关键技术和共性技术。

（一）农业科技支撑的重点领域

从现代高新技术、产业化技术和生态化技术等不同层次上，根据东北地区规模化优质粮食种植业、集约化养殖业、农产品高效加工业和特种农产品产业的科技需求，在六个重点技术领域部署 20 项关键技术的研发。

（1）粮食生产技术领域。以玉米、大豆、水稻等粮食作物为核心，研究优良品种的选育技术，提高作物遗传潜力的关键技术，发展精准农业技术，挖掘已有品种潜力的综合技术，建立资源高效利用和产地环境保护的规范化技术。其中包括高产优质专用作物育种技术、精准农业技术、粮食作物持续高产稳产栽培技术、资源高效利用与产地生态环境保护技术等。

（2）现代畜牧业生产技术领域。以粮食转化和农副产品资源综合利用为重点，利用生物技术提高畜禽品种的生产潜力，改善品质，发展规模化养殖技术，研发现代畜牧业可持续生产技术，通过技术进步推动瘦肉型猪、肉牛、奶牛等优势产业的发展，延伸粮食产业链，提高现代农业的综合效益。包括优良畜禽品种选育技术、规模化和标准化养殖技术、优质饲料与非常规饲料加工储藏技术、重大畜禽疫病监测与综合防治技术、养殖场废弃物无害化处理与资源化利用技术。

（3）安全绿色加工技术领域。东北地区的农产品加工业不仅要解决好产品的定位问题，也需着力解决加工品的质量安全问题。发展安全绿色农产品加工技术，是促进农民增收和农业增效、提高农业生产综合效益的关键因素。安全绿色加工技术包括粮食精深加工技术、绿色优质畜产品安全加工储藏技术、现代农产品物流技术等。

（4）特色农业与高效农业技术领域。以特色、特种农产品、水产品和绿色无公害农产品的生产和产业化开发为重点，发展相关技术，提升产品的科技含量和附加值，促进区域经济的可持续增长。包括特色高效农业生产技术、绿色食品和有机产品生产技术、生态型设施农业技术、水产养殖与加工技术。

（5）现代农业装备与信息技术领域。包括现代农业装备技术、现代农业信息技术。

（6）新型农业生产资料开发与环境检测技术领域。包括新型农业生物制剂工程技术、新型肥料、农药开发利用与检测及降解技术。

（二）制造业科技支撑的重点领域

制造业涵盖的产业量大面广，科技支撑的重点放在东北的优势产业与主导产业上。具体包括以下 13 个方面：

（1）机床行业要突破一批关键技术，提高尖端和高档数控机床的研发和制造能力。东北机床行业的技术发展水平在一定程度上代表我国机床行业的水平。重点发展高速数控车床，数控铣镗床，高速立式加工中心，龙门五面体加工中心，多轴联动加工中心，车铣中心和柔性自动线，柔性制造系统，智能制造系统、工业 CT 系统产业化，W87K–3000 数控强力旋压机床产业化，大重型落地铣镗加工中心及柔性单元产业化，新一代高速数控立车，新型数控高速精密大重型机床等。促进开发式数控系统、伺服系统和伺服电机等功能部件产业化。

（2）掌握一批高端发电设备的设计、制造技术，主要性能和参数达到或基本达到世界先进水平。充分消化吸收国外先进技术，发展大型抽水蓄能机组和其他大型混流水轮发电机组。进一步提高亚临界 300MW、600MW机组的技术性能和水平。在消化吸收引进技术的基础上，研制开发大型超临界火电机组，并实现国产化，使其技术经济指标达到国际先进水平，尽早占领国内市场。通过国际合作和引进技术，完成 300MW 级循环硫化床锅炉国产化。

掌握大型燃气—蒸汽联合循环发电机组的设计制造技术，形成生产能力。在此基础上，开发自主知识产权的重型燃机技术和产品。掌握1000 ~

1500MW 半转速汽轮机，核岛主设备蒸汽发生器、稳压器，常规岛汽水分离器、冷凝器、高低压加热器和除氧器等关键设备，发电机的设计和制造技术，并逐步形成百万等级核电机组及核电主设备的设计、制造能力。重点发展风力机组，开发完成 600KW ~ 2MW 等级的风力发电机组，形成批量生产能力，形成风电机组的规模化、产业化。

（3）重型机械要全面提升设计技术和制造工艺的信息化水平，研制一批高端产品和成套设备。技术开发的重点包括大型、连续、自动化的金属冶炼、轧制设备制造技术；全断面掘进机的制造技术；高产高效的采煤设备技术；港口码头大型集装箱装卸搬运成套设备技术；矿山、码头散料装卸运输系统成套设备技术；大型自动化立体仓储成套设备及城市大型自动化立体停车设备技术；重型精密成型设备技术、轿车锻造线和冲压线设备技术；大型建筑材料压力设备技术；人造板连续热压成套设备技术。

（4）铁路客货运输装备突破客运高速、货运重载提速的设计、制造和工艺技术，研制一批符合我国铁路运输需求的机车车辆系列产品。客车重点开发 300km/h 高速列车及配套设备，新型大容量、高速度、低能耗、少污染的城轨车辆、地铁车辆及配套设备，高原机车及配套设备，大功率内燃机车。货运列车重点开发高速、重载、轻量化车体和 1 万 ~ 2 万吨单元列车的成套技术，包括重载运煤敞车、粮食漏斗车、双层集装箱平车、凹底平车，160 ~ 200km/h 高速货车、客货混编的高速鲜活货车，长大货物车、特种车。

（5）船舶技术开发以高技术含量、高附加值的高端产品和船舶配套设备为重点。重点开发大型油轮、大型集装箱船、海上钻采平台、FPSO（浮式生产储油船）、大型滚装船、军船等高技术含量、高附加值的高端产品，建设具有世界级规模的造船基地。在消化吸收的基础上提高船舶配套设备的国产化率，支持重点包括：中、高速柴油驱动装置；大马力船用柴油机曲轴；船用辅机（发电机组泵、锚机、舵机、污水消毒和净化装置等）；航行自动化系统（微机控制中心、自动操舵仪、自动定位仪等）；机舱自动化系统（遥控、监测报警装置、电站自动控制设备等）和装卸自动化系统。

（6）航空产品重点提高直升机、支线飞机及飞机发动机等核心部件的设计制造能力。在继续做好军用航空、民用航空预先研究和关键技术研究的同时，加强航空工业基础科研能力建设，加大对航空工业基础、共性技术投入力度，在吸收国外先进技术的基础上研制一批具有自主知识产权的新产品，提高直升机、支线飞机及飞机发动机等核心部件的设计制造能力。

（7）汽车重点是突破自主品牌的整车和发动机等关键零部件的研制技术，全面提升企业的自主研发能力。东北汽车产业发展的任务是轿车、大中型客车、中重型载货卡车和专用车并举，打造一批具有自主品牌、自主知识产权和自主研发能力的主导产品，形成特色鲜明、多系列、规模化的东北汽车制造体系。突破一批整车和发动机等关键零部件的研制技术，改善汽车的环保、节能与安全性能，提高企业设计、生产、营销、管理的信息化水平，增强企业应对国内外市场的快速反应能力。技术支撑政策向零部件企业和模具设计制造企业倾斜，重点支持零部件企业进行大规模、专业化生产，促进整车企业和零部件企业同步开发新产品。

（8）仪器仪表要改进产品的数控水平和稳定性、可靠性，提升行业骨干企业的研发能力和装备水平。重点支持大型齿轮测量中心、齿轮分选机、视觉测量仪、数控并联加工中心、数控刀具及高档量刃具等高新技术产品，以及半导体（有机）照明关键技术、平板彩色液晶显示核心技术研发，全面推进仪器仪表系统的数字化、智能化、网络化，鼓励自动化仪表从模拟技术向数字技术的转变。同时，加快发展仪器仪表元器件产业，尽快开发出一批适销对路、市场效果好的元器件和产品，形成一批专业化协作配套企业。

（9）机器人要在产业化生产和应用上取得更大突破。引导和促进制造企业加大研发投入力度，突破一批机器人共性技术，并朝着智能化和多样化方向发展。工业机器人重点发展点焊、弧焊、喷漆、切割机器人；特种机器人，包括仿人机器人、水下机器人、医用机器人、军用机器人。

（10）石化工业重点是提升现有装置与技术水平，降低能耗与生产成本，提高产品质量与经济效益；促进重大关键技术的突破，推动石化工业向集约化、大型化、高级化和系列化发展。产品重点发展成品油及相关产品，乙烯及三大合成材料，基本有机化工原料，精细化工产品，专用催化剂等。

（11）钢铁工业技术研发要突破和应用一批重大关键技术。加速以液态钢水直接生产薄带钢的近终形、短流程铸轧工艺技术开发，并将研究成果迅速推广、应用；积极开展汽车板生产过程中的控轧控冷技术的开发应用，促进汽车板性能大幅提高，以此带动相关钢铁材料性能、品质的全面提升。加强对超级钢相关技术研究，以中厚板和棒线材为主要对象，大力开展超级钢的开发研究，逐步完善不同规格和品种的超级钢生产技术、超级钢生产企业关键设备的改造；大力加强超级钢应用研究，尽快实现超级钢产品在汽车、机械制造以及建筑行业中的应用。开发新一代钢铁制造流程技术，重点开发钢铁生产的共性平台技术、界面优化技术以及工程化新技术，包括大吨位薄板坯连铸—连轧技术、冷热薄板轧机集成技术、熔融还原—薄带连铸集成技术、钢铁工业内部产生废弃物再资源化及社会大宗废弃物的物质循环技术等。

（12）原材料工业科技支撑的主要任务是加大新材料成果转化和产业化方面的科技支撑力度，促进新材料产业的快速发展，形成东北材料工业的高新技术新的增长点。传统材料工业科技支撑重点应突出精品钢材和石化产品的深加工；新材料重点发展新型化工材料，汽车材料，大型装备关键材料，光电子材料，纳米材料等五大类。

新型材料还应积极研发大型或军工装备配套新材料和新工艺，为重型机床配套的大型铸锻件所需材料及生产工艺的开发；汽轮机、燃气轮机等发电设备配套所需材料的研发；火车车辆所需配套材料的研发和生产工艺；大型矿山机械所需的配套材料。发展汽车用新材料，提高东北汽车材料配套生产能力；围绕汽车的清洁化、轻量化、节能化、燃料多元化开发汽车用新材料，包括高品质镁合金汽车压铸件材料、特种环境下耐蚀合金材料、汽车用 ABS 树脂、非贵金属汽车净化三元催化剂材料、环保型汽车内饰材料、混合动力汽车用材料、新型电动车用材料、汽车电子材料等。

（13）医药技术开发的重点是抗生素、维生素等原料药的大规模生产技术，产品结构的优化调整技术，制剂技术的研究开发，新药研发平台建设。新型药物和疫苗开发，诊断制剂开发，生物技术对传统医药行业的技术改造。中药资源的可持续发展，高寒地区特产道地药材化学成分、活性成分和有效成分的基础研究，中药复方的二次开发，中药提取、分离技术的研究及其自动化、智能化，中药创新药物的研发。

（三）现代服务业科技支撑的重点领域

东北现代服务业以支撑东北老工业基地振兴的生产和市场服务业为发展重点，以发展东北现代物流业、制造服务业和现代信息服务业为突破口。发展现代服务业的科技支撑应在网络基础设施、信息网络综合支撑平台、现代服务业应用三个层次上开展工作。

（1）在网络基础设施层次，根据需要发展面向发达地区的先进通信网络、面向不发达地区的农村通信网络以及数字广播网络，实现多网间的融合，作为发展现代服务业的信息网络基础设施。

（2）在信息网络综合支撑平台层次，需要通过开展创新研究，突破现代服务业所需的共性关键技术，如共享技术、大规模处理技术、协同技术、安全保障技术等，为现代服务业的行业应用系统提供一个通用的开发和运行平台。遵循下一代信息技术的开放标准，实现各种服务资源，如信息、计算、存储、知识、设备的标准化和开放化，通过高速信息网络实现对这些资源的统一访问，为实现不同行业、不同部门、不同组织之间信息系统的无缝集成奠定基础。

（3）在现代服务业应用层次，需要结合本行业的特定技术需求，利用网络综合支撑平台提供的通用功能，通过重大项目的开发，解决行业自身的关键技术问题，建立既有行业特点又能够相互共享和协同的各种行业应用系统。

（四）资源枯竭城市科技支撑的重点

东北资源型城市主要包括煤炭、石油、森林等三大类型。资源型城市发展的主要目标就是要通过调整、改造和产业转型，改变过去长期形成的以资源开采为主的单一经济结构，逐步建成产业适度多元化、市场竞争力较强、人居环境良好的新型产业基地。东北资源型城市要实现这种产业转型将是一个长期的过程，不可能一蹴而就。当前的重点是要以扩大就业和提高竞争力为核心，大力发展接续产业，积极培育新兴产业，走适度多元化的道路。一是依托资源优势，搞好资源精深加工和综合开发利用，不断延长产业链条，逐步形成一批优势主导产业群；二是以市场需求为导向，大力发展接续产业，使之成为未来支撑地区经济增长的新一代主导产业；三是积极培育高新技术产业，使之成为地区经济发展的先导产业，逐步实现资源型城市的产业转型和地区经济持续稳定快速发展。

资源型城市科技支撑的重点是：

（1）接续产业的培育技术。煤炭城市培育接续产业的领域有煤化工、煤层气利用技术的研究与开发、煤共伴生矿物及煤炭副产品和废弃物的开发利用、洁净煤技术；石油城市培育接续产业的领域有天然气化工、装备制造业、电子信息产业、现代中药和保健品产业、农产品加工业；森林城市培育接续产业的领域有木材精深加工、多用途开发森林资源，包括生产绿色食品、开发北药、发展生态畜牧业和发展森林生态旅游等。

（2）生态环境的治理技术。通过污水治理新技术和新工艺的研发，减少污水排放量，实现清洁生产；依靠科技进步减少污水处理厂的建设投资，提高处理效率等，实现从末端治理向源头治理和全过程控制相结合方向转变，逐步实现污染零排放。石油城市生态环境治理的需求主要是土地盐碱化治理。森林城市的重点领域主要是生态系统保护、开发利用技术，天然林动态监测及评价技术，森林主要是病虫鼠害防治技术，林火预报及控制技术，森林资源培育的技术创新等。

六、振兴东北老工业基地科技支撑的战略措施

（一）构筑技术创新融资政策

在财政预算中，划出"传统产业改造专项经费"，重点支持对国家经济安全和国防安全有重大影响的传统产业的共性、关键和前瞻性技术的研究开发。同时，建立"企业技术研究开发与成果转化基金"，将现行企业每年计提的技术研究开发经费并入技术开发与成果转化基金中，并规定企业必须将研究开发基金中的一定比例经费用于科技成果的转化。共同设立中小企业创新基金、科技基础条件平台建设资金等专项资金，支持合作创新项目的开展和科技基础设施的共建。联合建立和发展东北地区风险创业投资协作网络，实现三省风险资本的融合，提高支持新兴高技术企业创建与发展的能力，加速三省高新技术产业化进程。在东北率先建立产权柜台交易市场进行试点，促进东北科技创新的产权交易。

在现有税收优惠政策与财务制度规定的基础上，一是实行低税率的增值税，特别是对装备制造业实行低税率可以在一定程度上减轻装备制造业的成本负担，增强装备制造业的持续创新能力和国际竞争力；二是实行加速折旧制度，对科研单位和企业研究开发、实验用的机械设备、设施以及

装备制造业的固定资产实行加速折旧；三是继续实行和完善出口退税政策，如实行出口产品零税率增值税等，促进东北地区机电等产品出口。

（二）创新人力资源经营体制

实行科技创新人格化战略：一是能够在产权制度的基础上，形成对科技资源创造的超额价值的索取权；二是能够形成对科技生产要素的支配权；三是能够形成对社会资源的整合权。知识经济时代，为了形成科技创新人格化机制，"计时工资制"和"计件工资制"将不再是最主要的激励手段，甚至工资、奖金这些传统的价值分配范畴也失去了原有的效用。建立股权制和年薪制为核心的利益分配机制，把技术纳入分配中，是在利益分配方面建立科技创新人格化机制的重要选择。为此，积极探索包括运用股权、期权在内的多种形式的激励机制，以充分体现科技人员和经营管理人员的创新价值；在保护知识产权等方面，采取奖励、出售、技术折股以及股份期权等方式赋予有突出贡献的技术骨干和管理骨干，同时加大已有政策的实施力度。

（三）改革技术创新组织方式

一是实行系统集成商的模式，即采取"全球采购"模式从事研究开发、自主创新，包括：①集成创新、模块创新、界面联系规则创新。②技术集成、技术组合。部分环节可搞技术引进，直接购买。技术创新经费也可部分用于技术引进。二是采取重大技术创新联盟的模式，包括虚拟经营（外包）、异地研发、海外研发；中方总包，让外国人为我打工等。

关于三省之间技术创新的分工与合作。东北三省及各城市生产布局重复，产业结构同化、特点同化、职能同化现象较为突出。在同一省区范围内，各城市之间产业结构趋同、低水平重复现象也相当明显。加强东北地区的科技合作，不仅能避免重复建设、恶性竞争，提高资源利用率，而且有利于加速提高东北区域经济的整体竞争力。为此，必须解决低水平重复投入、重复研发问题；解决部门分割、地区分割、所有制的分割问题。

关于军民之间技术创新的分工与合作。贯彻"军民结合、寓军于民"的方针，改变军民创新体系分割的局面。积极协调、整合军民科技管理部门的工作，形成军民两大科技系统资源共享、协同配合的机制。除了核心军工技术和武器装备的总成外，军品的一般零部件生产可以实行社会化的采购。选择若干军民两用的重大战略产品和项目作为突破口，通过国家科技计划和政府采购等手段实现优势集成，促进战略技术及产业的持续发展。国防科技工业必须通过组织结构的调整，打破自成体系的"大而全"的企业组织方式，才有可能形成"军民结合、寓军于民"的新体制。

（四）组建重大产业技术创新支撑平台

（1）公共技术创新平台。由于基础研究的不确定性、科技的多方面关联性、投入的庞大、成果的共享性，使得对产业发展将产生深远影响的公共物品类科技活动需要政府关注。不仅需要东北三个地方政府参与，还需要争取中央政府的积极支持。建立公共技术创新平台，为社会提供公共技术的支撑和服务。这里，发展现代服务业的技术支撑将是重中之重。作为搭建创新能力建设的工作重点，国家应予重点支持。

（2）行业技术创新平台。由于现代产品创新的复杂性，需要集成多方面的资源集中攻关，单靠单一企业难以完成，需要与产业发展有关的各个部门的参与，如行业协会、产品质量检查机构等，形成地方特色产业发展的创新平台。行业技术创新平台根据三省支柱产业发展的需求，侧重在石化、冶金、能源、大型装备及汽车制造领域，开展对重大关键技术的联合攻关，并广泛采用国内外最新科技成果，加强对重点产业、重点企业的改造，促进传统产业结构的优化与升级，推动东北地区形成石化产业、现代装备制造产业、汽车产业、优质钢铁产业等产业集群。同时，发挥三省生态优势和自然地理条件优势，集成三省农业科技资源，通过持续不断的联合创新，推进优质、高产、高效、生态、安全的现代农业发展。这里，必须形成产权多元化的"公共技术创新平台"和"行业技术创新平台"企业。一是政府科技投入一块；二是相关资产剥离出来进入"公共平台"，以资产方式入股，不投现金。包括：同类性质大型企业联合出资，相近性质科研院所联合出资。

（3）企业技术创新平台。由企业进行产品或工艺创新的平台，其中大型企业国家（省）级技术工程中心发挥着重要作用。据调查，目前国家正在建设的企业技术创新平台有国家工程研究中心（发展和改革委员会）、企业技术中心（原经济贸易委员会）、国家技术工程中心（科技部）。在企业技术创新平台建设方面，国家应该调整和完善东北地区的国家工程中心、重点实验室布局，突出优势产业与领域，加大对具有战略意义的关键技术和共性技术的研发经费投入，资助并组织实施一批可能对东北装备制造业发展起重大作用、能显著提高产业技术水平的攻关项目，促进基础、共性技术扩散，提高国家工程中心、实验室的持续创新能力。这里，必须避免研发层面上的"大而全"，不在一省范围内搞完整的区域创新体系，建立三省联合研发平台，实行"共赢"、"全赢"。重点在于做大创新体系、做大创新网络，不是各自建立"大而全"的企业研发中心。

（4）加快建设创新创业的国家公共基础设施。要以产业化服务平台建设为主要内容，在政策上，向建设公共平台倾斜，营造民营高科技企业发展的良好环境。建立以大学、科研机构、重点实验室为支撑的知识创新平台，加强主导产业的应用基础中心和核心技术、关键技术的研究，扩大知识创新储备，提升原始创新能力；组建一批以工程技术中心、企业技术中心、技术转移中心、产业化促进中心为支撑的成果转化平台，吸引包括"863"计划在内的科技成果进入高新区转化；建立以创业中心、火炬创业园为依托的产业孵化平台，重点培育创新型中小企业和新兴产业；建立创新服务平台，完善中介服务体系，完善产品检测认证、产权交易、培训等配套服务，加强科技资源信息化建设，促进大型仪器等科技资源共享；开放合作平台，加强跨国科技合作，重点建立对俄罗斯、韩国、日本的科技合作基地，引进跨国公司的地区总部、区域性研发中心，承接全球研发转移，促进跨国公司在东北地区建立研发机构；通过东北地区创新网络建设，整合东北地区以国家高新区和创业中心为重要依托的创业资源，为东北以及到东北的科技创业者提供信息支持和帮助，并为他们搭建共享的资源信息平台。在条件成熟时，实现与全国其他国家高新区和海外相关专业机构的创业资源共享。

（五）调整和完善职能政府科技管理职能

科技创新活动分为科学发现、技术发明和科技成果产业化三个层次。一般而言，知识创新属于科学发现性的创新，目的在于揭示物质世界的存在形式及其运动规律，主要是由从事基础理论研究的机构完成的，其成果形式主要是学术论文，因此不一定都能够工程化；技术创新属于发明性的创新，大多是由具有工程化能力的企业和从事应用研究的院所或高校完成的，其成果多应当能够工程化、产业化和市场化。做出这种区分，有利于在科技管理工作的实践中，正确处理知识创新和技术创新的关系。科技管理部门既要重视属于发现性的基础理论研究，同时又要重视属于发明性的应用研究。因此，科技部门管理的对象和职能，包括对科研院所的管理，同时也要加强对企业技术创新和技术进步工作的管理。特别是在企业行业主管部门已经撤销的情况下，各级科技主管部门必须把科技管理工作向企业延伸。

必须看到，我国是一个发展中国家，仍然具有科技赶超的战略性任务，科技创新活动完全由市场去推动不符合我国的实际情况。市场推动与政府推动相结合对我国的科技发展则是更有效的机制。

（六）加大国企改革力度，推动整个经济体系创新

由于历史的原因，东北地区国有企业的比重高，在经历了多年的改制之后，目前国有企业的资产及其产出的份额仍然在60%以上。另外，由于东北的工业结构的特点是以资本和技术密集型产业为主体。民营经济由于受到资本实力和技术力量的限制，以及资本密集型工业资金回报率比较低的原因，在短期内还不可能全面和大规模地进入资本密集型工业，依靠民营企业替代国有企业则是不现实的。积极推进国有及国有控股的大型企业的改革、改组和改造，仍然是现实的选择。深化东北国有企业改革的途径主要有以下几个方面：一是引进战略投资，稀释国有企业的资本结构，实现国有控股或参股的股权多元化；二是改革对企业经营者的激励和约束机制，提高企业经营者的待遇；三是调整企业的组织结构，龙头骨干企业的产权实行国有控股，大量的零部件加工配套生产按照专业化的原则从大企业分离，民营资本可以从这些环节进入；四是继续完善保障体系，剥离企业办社会的功能，降低企业非经营性成本支出，以增强企业自我积累能力。

（七）深化对外贸易、税收制度改革

我国目前的关税结构表现为整机进口关税较低，零部件进口关税较高，这种关税结构不利于装备制造业采用国外先进的零部件自主开发整机，制约了国内企业和国产装备制造业掌握核心技术，从而进行自主的技术升级。为此，要理顺重大技术装备的进口关税结构，调整现行的进口关税税率结构，提高成套设备、主机的进口关税税率，降低关键零部件、关键原材料的进口关税税率，在关税设置中，采用有效保护结构，对幼稚性的装备制造业采用保护关税，以减轻国外企业对国内企业的压力，使国内企业能够

与国外企业在同一起点上进行竞争，提高成套能力。同时，要取消营业税，全部实行增值税。因为营业税是流转税，企业的专业化程度越高，流转环节越多，重复课税越严重，此外，建议把中国服务业的营业税改为增值税，即将增值税的征收范围向施工作业、技术服务、运输企业延伸。

（八）实施政府采购，推动重大技术市场实现

政府的最大支持不仅在于提供多大的投入，而且在于提供多大的市场。20世纪中叶以来，政府采购成为体现国家意志、扶持本国重大技术发展的政策工具。目前，各国政府采购占 GDP 的比重已达 10% 的平均水平。政府采购支出占财政预算支出的比重国际标准是 30%。近几年来，中国开始运用政府采购手段支持重大技术发展。但是问题在于：一是规模较小，中国政府采购占 GDP 的比重不到 1%；二是规则不全，至今没有一套系统的通过政府采购扶持本国重大技术的行动方案。为此，应尽快将政府采购纳入国家创新体系，发挥政府采购在重大技术市场实现中的作用。WTO 对发展中国家的政府采购有一定的选用本国技术以及产品的优惠空间，大力扶持有自主知识产权的重大技术，政府采购可向这一方向倾斜，以充分利用国际规则。建议国家在京沪高速铁路、核电站建设等重大工程建设领域出台相关政策，引导或明确要求相关工程使用国产装备。当然，在运用政府采购工具时，应注意避免保护本国落后企业和放大技术路线偏差的问题。

（九）大力推进东北地区产业集群的发展

在市场竞争机制的作用下，生产要素不仅向优势企业集中，而且向优势地区集中，因此出现了像广东的东莞和江苏昆山的电子信息设备制造基地，浙江义乌的小商品生产基地，温州的制鞋基地等产业集群带。

所谓产业集群，就是在同一地区集中了大批生产同类产品的企业，这些地区在国内甚至国际市场上都占有很高的市场份额。产业集群的特点是：具有显著的规模效应；实行高度的专业化分工；具有很强的工业配套能力；原材料和零部件采购半径小、物流成本低；具有完善的社会化服务体系；主导着该产业技术进步的方向；具有产品成本低的竞争优势。产业集群的出现，大大促进了专业化分工，并且形成以骨干企业为龙头，大批小企业为核心企业配套的网络化的产业组织结构，既有利于大企业降低生产经营成本，也为更多的小企业提供了生存和发展的机会。

东北地区的大企业比较集中，但还没有形成以大企业主导、众多小企业为其配套、具有特色的产业集群。因此没有形成产业组织网络化所带来的竞争优势。建立产业协作网络，不仅能够在相互信任的基础上实现区域内企业竞争过程中的合作，同时更重要的是能够吸引外来企业（先进技术、管理经验、资金等）及其研发部门机构的进入，并使之更加"黏附"在网络中。不仅如此，产业协作网络内的大企业与中小企业之间的专业化分工协作关系更紧密、更富有弹性。由此，要降低企业交易成本，增强产业的竞争力。关于东北地区的工业园区，园区内的企业之间缺少产业联系，工业园区成为各类企业的简单扎堆，往往"集而不聚"。工业园区不能等同于产业集群。只有工业园区内企业形成了很强的产业关联性，工业园区才会向产业集群转化。纵观国内外工业园区的发展，一些成功的工业园区都是专业化、集聚化的园区，即园区内的企业之间存在着密切的产业联系。因而，东北三省的众多工业园区需要借助产业集群战略予以调整，基于资源共享和专业分工形成协作和产业链条，加快高新技术主导产业的产业链培育，由此突出园区的产业特色和产业协作。

东北高新区要根据高新技术产业发展的需要，进一步完善高新技术产业发展所需的现代城市功能，合理扩大高新区区域范围，高标准地搞好高新区的规划和产业结构选择。一是高新区要逐渐向研发基地、企业地区总部基地、人才交流中心、现代物流、国际化平台、风险投资、中介服务体系等现代城市功能方面发展。二是按照比较优势及"有所为、有所不为"等原则，各高新区选择少数基础较好的产业作为重点产业，以技术创新为基础，通过自主创新和招商引资相结合的方式，加快形成主导产业的产业集群。三是东北各高新区要发挥特色，在装备制造、机电一体化、软件、生物医药、新材料等领域建设一批特色产业基地，培育一批新型产业。四是在技术创新和规范化、市场化运作的前提下，国家给予重点支持，实施一批重点高新技术产业建设项目。

（十）系统解决东北地区交易成本过高问题

计划经济不仅仅是一种经济体制，一种经济运行方式，还是一种生活方式、行为方式、思想方式和观念形态，它的基本原则、它的运作方法和规律、它的精神实质已经深入到人们的日常生活之中，深入到人们的行为方式和思想观念之中，成为人们思考和行为的一种"习惯"。这些并没有也不会随着经济体制的改变而立即发生改变，还会在潜移默化之中发生影响，人们还会不自觉地用计划经济的思想方式来思考市场经济的问题，还会用计划经济的原则方法来处理市场经济的问题，由此导致东北地区包括制度成本、理念成本、社会成本、隐性成本在内的交易成本太高。为此，一是规范政府行为，减少因政府职能转换不到位所导致的交易成本过高问题。在实施振兴东北老工业基地的战略中，政府作用不可低估。但是，一方面，政府在审批、咨询、信息等服务时形成高效的办事机制和透明的潜在规定，倡导"服务政府"；另一方面，政府机构规模必须适度，以减少政府对经济的过度干预。二是发展现代服务，减少经济运行过程中的交易成本过高问题。现代服务产业在经济运行过程中起着"润滑剂"的作用，特别是现代物流产业的发展大大加速了整个经济社会得以运转的效率。同时，加快推进中间性组织的发育、发展，一并将其提上实施振兴东北老工业基地战略的重要议事日程。三是强化诚信建设，减少公民日常生活中的交易成本过高问题。公民和公民之间、公民和企业之间、企业和政府之间的一些"潜规则"要通过一定的制度安排进行重构，旨在创造一个和谐、互信的文化氛围。

分报告之一:振兴辽宁老工业基地科技支撑战略研究[①]

辽宁省科技厅、东北大学课题组

①　辽宁省科学技术厅：刘晓东
辽宁省科学技术厅：栾福森
辽宁省科学技术基金服务中心：牟瑞
辽宁省科学技术情报研究所：吴超群
东北大学：郑文范
辽宁省信息中心：姜健力
大连理工大学：刘风朝
沈阳农业大学：吕杰
辽宁省人才中心：刘晓峰
辽宁大学：林木西
辽宁省科学技术情报研究所：薛丰
辽宁省政府发展研究中心：霍长龙
辽宁省科学技术情报研究所：佟春杰
辽宁省科学技术情报研究所：敖培
辽宁省科学技术情报研究所：李鉴

　　辽宁省作为我国最早建立的老工业基地之一，经过多年建设，已逐步发展成为以能源、装备制造、原材料生产为主要支柱的重工业基地，长期以来，为我国建设独立完整的工业体系和国民经济体系，推动工业化和城市化进程，增强国防实力和综合国力，作出了不可磨灭的历史性贡献。

　　但是，改革开放以来，辽宁的发展与东南沿海先进省市相比相对滞后。党中央、国务院做出加快东北地区等老工业基地振兴的重大战略决策，为辽宁省老工业基地振兴带来了难得的历史性机遇。辽宁振兴，不仅要解决历史积淀和遗留问题，更重要的是要实现经济社会的快速发展。科学技术作为第一生产力，是推动经济社会发展的强大动力，因此，从科技角度探索振兴辽宁老工业基地的方式及途径，成为我们所要深入研究的关键问题。

一、辽宁省经济、社会发展现状及其对科技的需求

（一）"十五"前三年经济、社会发展现状及水平评价

辽宁老工业基地振兴，归根结底是实现经济的发展和社会的进步。因此，探索科学技术对老工业基地振兴的支撑途径，首先应对辽宁省经济社会的发展现状进行深入的剖析。

1. 经济规模总量快速增长，但与发达地区相比差距较大。

"十五"前三年，辽宁经济发展逐年提速，GDP 年均增长 10.2%，比"九五"期间年均增长率提高了 0.9 个百分点，高于全国 1.5 个百分点。然而与国内先进地区相比，辽宁仍存在较大差距。2003 年辽宁的 GDP 为 6000亿元，仅为广东的 44.1%、江苏的 48.2%，人均 GDP 仅为上海的 30.5%、浙江的 70.8%；GDP 增速也低于先进省市，由此使辽宁与广东、江苏、浙江、上海等省市的差距在原有基础上进一步拉大。同时经济运行的质量低、效益差，工业总资产贡献率 2003 年为 7.7%，比全国平均水平低 1.1 个百分点，居全国各省市区的第 27 位。其中装备制造业总资产贡献率仅为全国平均水平的 68.8%、上海的 44.8%，人均利税仅为上海的 56.33%。

2. 支柱产业稳步健康发展，但总体技术落后、竞争力不强。

近年来辽宁支柱产业呈现快速发展态势。装备制造业迅速发展，"十五"前三年产品产值年均增长率达到 15%；装备制造业在国内的地位进一步加强，数控机床、远洋船舶、铁路内燃机车等在全国均具较高市场份额，输变电设备、石化、矿冶设备等许多重大装备相继实现国产化，并已被用于国内重大工程。原材料工业也呈现快速增长，产品产值连续三年年均递增 17%。但就总体而言，这些行业普遍技术落后、产品落后且附加值低，缺乏市场竞争力。制造技术及装备水平与发达国家大体还有 15～20 年的差距，装备制造业只有近 5% 的产品达到了国际先进水平，主导产品在国内市

场适销对路和比较适销对路的只占 50% 左右。原材料生产与制品加工业全员劳动生产率平均值为 8.03 万元/人·年，低于 8.79 元/人·年的全国平均水平；钢铁主业劳动生产率为 100 吨/人·年，仅为美国的 18.5%、日本的 13.5% 和韩国的 15.1%。

3. 高新技术产业迅速发展，传统产业在国民经济中仍占主流。

近年来，辽宁省高新技术产业发展迅速，2000～2003 年，高新技术产品产值每年增长率都在 25% 以上，高于同期 GDP 增长率 15 个百分点。2003 年全省高新技术产品实现增加值 407.3 亿元，占全省工业增加值的 23.7%，为全省 GDP 的 9.6%，高于全国平均水平 5 个百分点。然而以装备制造和原材料生产为主的传统制造业在辽宁工业体系中仍占主导地位。2003 年，装备制造业工业增加值占全省工业的 24.8%，产品出口额占全省工业企业出口额的 44.7%，原材料工业总产值占规模以上工业总产值的 51.8%。

4. 第三产业持续增长，但知识密集度较高的现代服务业所占比重不高。

近年来，辽宁第三产业发展迅速，2003 年第三产业增加值达到 2487.6 亿元，是 1991 年的 5.8 倍，占地区生产总值的比重由 1991 年的 35.7% 提高到 41.4%。但是第三产业中，劳动生产率低的传统批发、零售、贸易、餐饮、交通运输及仓储业仍占主体，而知识密集型的现代服务业所占比重过低，不仅远低于发达国家水平，即便与广东、上海和北京相比也有较大的差距。

5. 民营经济在经济发展中的作用增强，但国有大中型企业仍然是国民经济的重要支柱。

"十五"前三年，全省民营经济总量年均增长 14% 以上，比全省同期年均增长率高 3.8 个百分点。到 2003 年，民营经济总量已占全省经济总量的 45%。而国有企业特别是国有大中型企业在我省国民经济中仍占较大比重。2002 年全省 400 余户国有大中型工业企业，虽然只占规模以上工业企业户数的 7%，但资产总额、销售收入和实现利润分别占 61%、59% 和 61%。这表明国有大中型企业或者说传统产业仍然是我省的重要财源，也是吸纳就业的一大主体。

6. 社会保障体系进一步完善，但就业压力仍然巨大。

辽宁社保体系建设试点工作顺利推进，到 2003 年年末，全省参加基本养老保险人员达 1069.1 万人，占全省非农业人口的 54.4%；企业离退休人员基本养老金社会化发放率达到 100%。国有企业下岗职工基本生活保障向失业保险并轨工作进展顺利，享受失业保险待遇人数大大增加，基本解决了几十年积累的、长期困扰老工业基地的历史性难题，维护了社会的稳定。但是就业压力仍然巨大。2002 年城镇登记失业率达到 6.8%，失业人数达 75.6 万人，占全国的 10%，为全国各地之首；另有 183.3 万职工离岗，占职工总数的 26.7%；新增待业人员数目庞大，就业压力巨大。

7. 能源、水资源消费上升，供需矛盾尖锐成为制约经济社会发展的"瓶颈"。

随着经济的高速发展，辽宁省能源、水资源消费大幅上升，并有不断增高的趋势。2003 年，辽宁能源消费总量达到 11079 万吨标准煤，比上一年增长 7.2%；原油消费量居全国首位，对外依存度逐年上升。电力消费继续增长，供需之间仍有缺口。辽宁本地能源生产仅能满足能源消费需求的 50% 左右，供需矛盾十分突出。另外，辽宁省是全国严重缺水地区之一，人均占有水量仅相当于全国的 1/3 左右。水资源的短缺成为制约城市化、工业化水平提高的"瓶颈"。

8. 资源型城市经济转型工作任重道远，生态环境修复与保护的任务十分艰巨。

以资源开采和利用为主体的工业经济在辽宁占有很大比重，随着资源储量下降和市场竞争的进一步加剧，资源型城市都面临着大致相同的困难和压力，城市产业结构单一、产品附加值低、就业压力大、基础设施建设滞后等矛盾越来越突出，转型的任务紧迫而艰巨。

辽宁环境问题严重，在国内尤为突出。污染物排放量基数大，位居全国前列。生态环境恶化的趋势没有得到有效控制，全省水土流失面积占全省土地总面积的 43%，沙漠化土地面积 2 万平方公里，且有逐步扩大的趋势。环境问题仍然是制约辽宁经济发展、影响人民健康和社会稳定的重要因素。

综上所述，"十五"前三年辽宁经济、社会发展成就巨大，但问题仍然很多；同时，制约经济发展的因素依然存在。我们认为，从体制、机制等角度寻求问题产生的原因及解决的方案是一个重要方面，而依靠科技进步促进经济全面振兴，也必然是一条极为有效的途径。

（二）辽宁老工业基地振兴对科技的需求

进入 21 世纪，科学技术将以其强大的功能和作用，渗透到经济社会乃至人们日常生活中的各个领域，而经济社会发展也必然会对科技产生巨大的需求。

1. 宏观经济与社会发展对科技的需求。

（1）经济结构的战略性调整对科技的需求。辽宁省的一、二、三产业比例失调，而第二产业中，传统重工业和基础工业所占比重较大，新兴产业发展较为缓慢。另外，辽宁支柱产业的优势地位有所下降，技术水平和市场竞争力同发达国家存在很大差距。调整优化产业结构已成为辽宁加快经济发展的当务之急。要推进产业结构的高级化和合理化，就必须依靠科技进步，增强技术要素在促进经济发展中的重要作用。要加快发展具有自主知识产权的高新技术，推进高新技术产业化和传统产业高技术化的步伐，不断调整原有产业结构，实现产业的升级，这是振兴辽宁经济的必由之路。

（2）经济增长方式的转变对科技的需求。尽管辽宁经济增长势头强劲，但历史上形成的依赖资源的过度消耗和以资金、劳动力的大量投入为动力的粗放型经济增长方式并未发生根本性的变化。若想在尽量短的时间内实现经济增长方式的转换，其根本途径在于发展科技。只有依靠科技进步，才能形成少投入、低消耗、高产出、高质量、高效益的"结构—效益型"模式，使经济增长方式实现由"外延式增长"向"内涵式增长"的转变、由"总量增长型"向"质量效率型"的转变以及由"资源投入型"向"资源利用型"的转变。

（3）经济社会与资源环境的全面协调可持续发展对科技的需求。辽宁能源、水资源等短缺已成为制约经济发展的一大"瓶颈"，同时，多年来对资源的过度利用，使得辽宁在环境方面付出了巨大的代价。大气污染、城市噪声、固态废弃物和自然生态等各方面问题不断恶化。根据《2004年中国可持续发展战略报告》，辽宁可持续发展总体能力综合指数为49.44，在全国居第9位。其中，"生存支持系统"和"环境支持系统"居全国第18位和第24位，"区域环境水平"和"区域生态水平"分别居全国第28位和第18位。可见，辽宁环境污染和资源短缺等问题与全国其他省市相比均较严重。为解决这些问题，在很大程度上还得依赖科学技术。通过各种先进技术的采用，减少资源消耗，促进资源再生，降低环境污染，使资源的加工、转换和使用过程达到效率高、无废料、少排放，将成为辽宁科技界的一项重要任务。

（4）满足生存所需和社会生活质量提高对科技的需求。人口老龄化、待业、住房紧张等已成为辽宁不容忽视的重要问题。到 2003 年年末，全省老年人口已达 565 万人，占人口总量的 13.2%，辽宁已成为全国第三个进入老龄化的省份；另外，如上所述，辽宁失业、待业人数庞大，就业与再就业问题日益严重。

为解决上述矛盾，需要政府从政策上进行调节，但也离不开科学技术的有力支撑。社会科学工作者可运用其聪明才智，生产出更高层次的和具有较强实际操作性的科学理论，为问题的解决出谋划策。采用先进的科学技术能够提高生产效率、增加产品种类和产品的功能，满足人们高品质生活所需；开发高新技术和先进适用技术，大力发展新兴产业和现代服务业，可为社会提供更多就业机会。

2. 主要产业发展对科技的需求。

(1) 装备制造业的跨越发展对科技的需求。辽宁装备制造业多以传统技术为主，大多数先进电子信息设备的核心技术和机械产品技术主要依靠国外引进。要实现装备制造从传统向现代的跨越，必须加强信息技术，新材料技术，现代设计技术，超精密、超高速加工制造技术等高新技术向装备制造业的渗透，走科技含量高、以质取胜的集约式发展之路，改变装备产品档次低、附加值低的现状；面对辽宁资源短缺及生态环境恶化的严峻局面，必须广泛采用精密、精确、少能耗、无污染的先进制造技术，减少传统装备制造业在资源与能源、环境等方面所造成的浪费与破坏；为推进装备制造基地建设，形成我国乃至世界现代装备制造中心，要形成很强的自主开发能力和自主创新能力，因此，必须加强以企业为主体的技术创新体系建设。

(2) 原材料工业发展对科技的需求。目前辽宁省原材料工业结构性矛盾突出，资本、资源、能源密集型的重化产业结构特征明显，未能摆脱高投入、高消耗、高污染、低产出粗放经营的状况。产品的深加工普遍不足。

要把辽宁建成重要的原材料工业基地，必须走科技创新之路，推进流程工业的高技术化。要在研究开发若干共性平台技术的基础上优化集成，形成新一代绿色制造流程，开发各种高性能、绿色材料，满足国民经济发展和人民生活所需。针对整体效益低下、竞争力不强的问题，需要开发与应用各种低成本制造技术，缩短流程而不影响甚或提高产品性能、质量的先进工艺技术，以形成较强的竞争能力；为解决材料及其制品品种少、质量差的现象，应开发高性能、多功能或特种功能材料制备技术，综合性能优良的复合材料制备技术以及各种材料性能的检测技术等，以提升材料制造水平，增加新的品种，提高产品质量。

（3）高新技术产业发展对科技的需求。高新技术产业作为国民经济的一大支柱产业，对辽宁老工业基地振兴将发挥举足轻重的作用。然而辽宁省高新技术产业不仅规模不大，而且处于世界高技术产业的下游阶段，关键技术的研发几乎都掌握在发达国家手里，具有自主知识产权的技术还为数不多，产品、产业竞争能力不强，尚不能构成对振兴辽宁老工业基地的有力支撑。因此必须以科技进步为动力，大力发展信息技术、生物技术、先进制造技术、新材料技术和纳米技术，开发具有自主知识产权的高新技术产品，促进具有突破性和重大牵动作用的新兴产业的形成和发展，培育新的经济增长点和成长链，以此提高国民经济的整体实力和经济增量。

（4）能源工业发展对科技的需求。能源工业是国民经济和社会发展不可或缺的生产要素和物质基础。辽宁能源工业供需矛盾突出、能源利用率低、结构不合理以及由此引发的一系列环境问题已严重制约了辽宁经济与社会的发展。随着老工业基地振兴的进一步深入以及人口的不断增加，能源工业面临的挑战将更加严峻，从而形成了对科技的强烈需求。为促进能源工业发展，缓解能源供需矛盾，一是要通过对勘探开发技术的改进，寻找更多的传统能源；二是要重视能源安全技术，避免各种事故的发生；三是开发先进的节能技术，提高能源的利用率；四是发展能源清洁利用技术，减少环境污染；五是开发新能源，促进能源工业的变革。

（5）现代农业发展对科技的需求。辽宁农业生产力发展水平在全国居于领先地位，但近年来由于水资源匮乏、农业新技术应用不够以及滥用农药、化肥造成环境污染等原因而使农产品质量较差、生产规模较小、缺乏市场竞争力。要改变这种落后面貌，必须加强农业新技术的研究开发和推广应用，加快优质、高产、专用农业新品种的培育，发展节水农业，发展无公害农产品和绿色食品，实现农业品种优质化、生产规模化和标准化，以此大幅度提高农产品的品质和国际竞争力。不言而喻，未来农业发展对科技的需求必将日益迫切。

3. 老工业基地振兴对科技支撑能力的需求。

（1）对科技人才的需求。随着振兴辽宁老工业基地行动的不断推进，对科技人才的需求将日益强烈。创新是辽宁发展科技，并依靠科技实现振兴的第一要务，因此对创新型人才需求最为迫切，据初步预测，到 2010 年，辽宁省科技创新人才需求量可达 20 万人以上。辽宁科技人才的具体需求预测如下：具有创新精神、能够参与国际竞争的企业高级经营管理人才 1000 人；具有相当专业知识和学术水平的高层次研发人才 3 万人左右；具有丰富专业知识和实践经验、善于解决生产中实际问题的应用开发人才 13 万人左右；具有中、高级专业技能，能够进入研发与生产第一线的专业人员 15 万人左右；具有较高操作技能，能够优质完成生产任务的技术工人 50 万人；具有较高学术造诣的农业领域学科带头人 150 人；具有初级以上专业技能的农业科技人员 8000 ~ 10000 人；具有较高科学素质、较强市场意识及公关能力的科技中介人才 1000 人左右。

（2）对科技投入的需求。没有科技的高投入，就没有科技水平的不断提升和高回报的科技产出。2003 年辽宁省 R&D 经费占 GDP 的比重为 1.38%，远低于发达国家 3.0% 左右的水平，也无法与北京、上海等地相比。因此，构建投资主体多元化、资金来源多渠道和投资规格多层次的科技投融资体系，扩大科技投资规模，加大科技投资强度，成为满足辽宁省老工业基地改造振兴对科技投入需求的重要选择。根据辽宁经济社会发展需要，到 2010 年，辽宁省全社会科技投入经费占 GDP 的比重必须达到 4% 以上，R&D 经费占 GDP 的比重最低应达到 2%。

（3）对科技中介服务体系的需求。科技中介服务是旨在各市场主体之间促进知识、技术、科技成果、科技信息及其他科技资源转移的中介活动。在辽宁老工业基地调整振兴中发挥着不可替代的关键作用。但辽宁省科技中介机构力量薄弱，发展不平衡、专业化服务程度不高、人才队伍建设滞后等问题仍然突出，无法满足老工业基地振兴对科技中介服务体系的要求。因此加强科技中介机构建设，形成较为完善的科技中介服务体系，将是辽宁科技界的一项重要任务。

（4）对科技创新意识和创新文化的需求。创新意识是决定创新能力最直接的精神动力，并且直接影响到创新的绩效。长期以来，辽宁受计划经济体制束缚和传统文化的影响，多数人思想保守、陈旧，安于现状，缺乏竞争及冒险精神。同时，鼓励创新、宽容失败的社会氛围尚未形成，因此，束缚了人们对新事物的探索和对知识与技术的创新。老工业基地振兴给我省带来了新的挑战，对辽宁省科技水平和创新能力提出了更高的要求。因此，辽宁必须加强对创新意识和创新文化的认识，发展和培育鼓励创新、宽容失败、追求成功、不懈进取的文化氛围，由此推进辽宁省科技进步，促进经济社会的发展，完成国家赋予我省老工业基地振兴的重任。

（5）对科技政策的需求。科技的发展不仅需要良好的物质条件，而且更离不开科技政策的引导和扶植。当前辽宁省在科技人才政策、科技投入政策、知识产权保护政策以及产业政策等诸多方面尚不完善，甚至存在着政策空白，没能有效解决大批人才外流、科研人员积极性缺乏、研发经费投入水平不高、产业比较优势下降等问题，并使这些问题在一定程度上有所加剧。因此，必须逐步完善我省的科技政策，综合运用产权配置、财政、税收、金融、产业、教育培训等政策手段和法律措施，营造自由宽松的创新创业环境、有序的竞争环境和知识产权的保护环境，促进科学事业发展，为辽宁老工业基地的振兴提供必要支持。

二、辽宁省科技发展现状分析

辽宁作为一个科技大省，科技优势在国内较为突出，曾经创造出了许多让世人瞩目的科研成果，为辽宁乃至全国经济的发展作出了重要贡献。

（一）辽宁科技的主要优势

1. 拥有一支数量较多、素质较高的科技人才队伍。

辽宁科技人才的数量和密集度均处于全国前列。2003 年，从事科技活动的人员为 15.9 万人，其中科学家和工程师 11.7 万人，占科技活动人员比例为 73.6%，位居全国第三。每万人口从事科技活动人员 37.8 人，仅次于北京、上海、江苏、浙江，居全国第 5 位。拥有两院院士 51 人，居全国第 4 位。

2. 科技创新实力在国内具有较强优势。

辽宁现有中科院和国家部门属科研机、高等院校属科研机构和大中型工业企业属科研机构 630 余家，建有企业技术中心 124 个；全省拥有国家级和省级重点实验室 21 个，工程中心 40 个，其中国家级工程中心数量在全国居第 2 位；拥有生产力促进中心 41 家，各类科技企业孵化器 26 家，孵化面积达 74 万平方米；拥有 3 个国家级和 4 个省级高新区，2 个国家级农业科技园区。这表明辽宁省在科学研究与技术开发、工程化技术开发与扩散、高新技术企业孵化等方面均具有较强的实力和条件。另外，沈阳是国家先进装备制造基地建设试点城市，大连是国家软件产业国际化示范城市，营口是国家镁质材料产业化基地，这表明辽宁在先进装备制造、软件、新材料等领域均具较强技术优势。

3. 拥有大量高水平的科技成果。

最近几年，辽宁省获得国家科学技术奖的成果数量，始终处于全国前四的位置，2003 年，全省共取得科技成果 3871 项，有 13 项获得国家级奖励。全部成果中，达到国内领先和先进水平以上的为 2140 项，占总数的 55.3%。

专利申请和授权量在国内均居较前位次。2003 年全省共受理专利申请 13545 项，授权专利 5656 项，其中发明专利授权量位居北京、广东、上海之后，居全国第 4 位。科技论文和著作数量在国内也位居前列。2002 年全省共发表科技论文 60552 篇、出版科技著作 4306 部，被国外主要检索工具（SCI、EI、ISTP）收录的科技论文数量为 3071 篇，占全国比重 4.9%，居全国第 5 位。

4. 科技活动经费自主筹集能力较强。

近年来，辽宁省科技活动经费的筹集总额稳步增长，2003 年全省科技活动经费筹集总额达 151.3 亿元，比 2000 年增长 44.3%，年均增长率为 14.8%。科技活动经费的主要来源是企业自筹，所占比重已达 65.4%。R&D 经费内部支出额 83.0 亿元，位居全国第 6 位。R&D 经费内部支出额占 GDP 比重 1.38%，高于全国平均水平，其中基础研究和应用研究所占比重同上年相比分别提高了 4.3% 和 28.7%，特别是应用研究在辽宁省 R&D 经费中投入中所占比重有了明显的提升，为辽宁省的技术创新注入了强大的动力。

（二）科技对经济发展的作用分析

为了从整体上把握辽宁省科技对经济社会发展的作用，特选择辽宁省科技进步对经济的贡献率和对三次产业的贡献率两项指标进行测算。另外，采用主成分分析与回归分析相结合的综合评价模型对辽宁经济—科技协调程度进行分析，得出以下结论：

1. 科技进步对经济发展具有较大贡献率。

1991～2002 年，辽宁省科技进步贡献率的年平均值达到 50.36%，分阶段来看，"八五"、"九五" 和 "十五" 头两年期间作为辽宁省科技进步的主要时期，其科技进步贡献率分别为 41.8%、56.43% 和 45.04%，在 "九五" 期间高达 56.43%，这充分说明科技进步在辽宁省经济高速发展过程中已起到十分重要的作用。

2. 科技进步促进了二、三次产业的快速发展。

1998～2002 年，辽宁省科技进步对第二产业贡献率达到了 77.19%，已成为推动辽宁省第二产业发展的重要因素；科技进步对第三产业的贡献率为 32.43%，并且呈逐年增长态势。但科技进步对第一产业贡献率为负值，表明近些年辽宁省第一产业的增长主要靠生产要素投入的增加，今后加强科技在第一产业中的应用推广是当务之急。

3. 辽宁老工业基地经济—科技协调程度有待进一步提升。

（1）1995～2002 年，辽宁经济—科技系统不是总处在协调发展的轨迹上。1995 年处于协调发展状态，1998 年处于基本不协调发展状态，其余年份均处于基本协调发展状态，而经济系统综合发展水平的增长速度远远高于资源系统综合发展水平的增长速度。因此，要想实现科技对未来经济发展的持续、有效支撑，应进一步加大对科技的投入，同时还要调整经费投向和投入方式，合理配置资源，有效提高科技经费的使用效率。

（2）就辽宁经济系统与科技系统的协调状况来看，除 1998 年外，两者的发展基本呈现良好的相关协调性，也就是说，从当前经济发展和科技的角度分析，科技状况基本上可以支撑经济发展的速度和规模。但着眼未来，如何在实现经济发展的同时继续保持经济系统与科技系统的高度协调，应引起相关政府部门的持续关注。

（三）科技发展存在的问题

1. 人才结构和分布不尽合理，缺少高层次创新人才。

主要表现为一是地区分布不平衡，沈阳、大连两市集中了全省科技活动人员总量的 50% 以上，而营口、阜新、铁岭等六市之和仅占全省的 15%；二是产业分布不平衡，第一、三产业科技人员比重明显偏低；三是人才结构不合理，高级人才相对较少，重点发展的高新技术领域拔尖人才短缺，农业科技人员断层现象严重，高级农业技术人才仅占农业技术人员总数的

5.88%，尤其缺少高水平学科带头人；四是企业自主创新的人才匮乏，特别是复合型科技人才严重短缺。

2. 科技成果转化的中间环节薄弱，技术优势不能转变为产业优势。

中介机构和支撑服务体系还很薄弱，相当一部分科技中介机构服务水平、服务质量和人员素质偏低；支持科技中介机构发展的公共信息基础设施不够完善，公共信息流通不够畅通，市场秩序不够规范；缺乏既懂科技又懂市场、懂管理的科技成果转化人才。这些都导致了辽宁省科技成果转化的中间环节比较薄弱，大量具有发展前景的科技成果滞留在大学、科研院所之中，其转化率不足 40%。良好的技术优势不能充分地转化为产业优势。

3. 科技投入不足，难以形成对科技发展的有力支撑。

科技投入总体水平和相对水平仍然较低，无论是人均 R&D 经费还是 R&D 经费占 GDP 的比重，都远远落后于世界发达国家，这与社会经济快速发展的需求和全面参与国际竞争的要求相比，还有较大的差距。另外，辽宁省科技投入结构还不完善，科技资源的使用效率较低，科技资源尚不能真正流向富有活力和最有效率的科技活动中，从而难以形成对科技发展的有力支撑。

4. 现行体制和机制不完善，不利于促进科技与经济的结合。

现行的科技管理体制和机制还不完善，在一定程度上还延续了计划经济的模式。由于体制和机制的障碍，造成了产学研脱节，科技成果产业化程度较低，科技工作者的创造性没有充分发挥，使有限的科技投入难以有效发挥作用，直接制约着科技创新能力的提高。

三、科技支撑的战略思路与目标

（一）总体思路

贯彻"科教兴国、可持续发展和人才强国战略，建设创新型国家"，是我国今后较长一段时间内所推行的重大战略举措。这为辽宁省实施科技支撑战略指出了明确的方向。辽宁要想实现老工业基地振兴，就必须坚持科学发展观，强化自主创新，建设创新型辽宁，以此充分发挥科技的引领、支撑作用，推动经济的快速发展和社会的全面繁荣。鉴于此，提出辽宁未来科技支撑战略的总体思路是：

以邓小平理论和"三个代表"重要思想为指导，树立"全面、协调、可持续"的科学发展观，坚持以人为本的方针，按照辽宁省委省政府"建设一个中心、两大基地，发展三大产业"的总体战略部署，紧紧围绕辽宁老工业基地振兴的战略需求，以提高产业竞争力为目标，以市场为导向，在不断加强创新体系建设的基础上，强化自主创新，大力开展高新技术、先进适用技术的研究开发，形成促进产业发展、进而推动经济社会快速发展的强大支撑力。通过科技成果产业化的实现，促进新型产业发展，形成新的经济增长点；通过高新技术对传统产业的嫁接和渗透，促进传统产业的改造和技术升级，形成参与国际竞争的实力。同时积极发挥科技作用，解决制约我省整体发展的"瓶颈"问题，推进我省经济社会真正实现高速、协调、可持续的全面发展。

（二）战略取向

实现科技支撑，首先必须形成并不断提升支撑的"内力"。应当充分认识到，核心技术绝非用金钱能够买到，只能依靠自身实现突破。因此，要打破传统思维定式，按照新的发展观，实现四个方面的转变，从根本上提升辽宁省自主创新能力。

1. 在发展方向上，实现从注重引进、跟踪模仿向以自主创新为主的转变，不断增强科技持续创新能力。

原始性创新是科技创新能力的重要基础和科技竞争力的源泉，是实现科技持续创新能力的根本保证。单纯依靠引进技术，依靠对国外技术的跟踪模仿，只能跟在人家的后面，永远也不会实现后来居上的实质性超越。对于辽宁省而言，应充分发挥高校、科研机构重点实验室的技术优势，注重原始性创新，不断加强基础性，特别是应用基础性研究和高新技术研究，抢占科技制高点，形成自主知识产权，提高参与国际竞争的能力。

2. 在创新模式上，实现从注重单项技术突破向注重集成创新方向的转变，形成具有市场竞争力的重大产品和产业。

相关技术的集成创新，远远超过单项技术突破的作用。辽宁单项技术研发能力强劲，成果颇多，但由于技术组合与集成不够，难以形成有竞争力的重大产品，无法使技术实现其应有的价值。因此，辽宁省应选择具有高度关联性和产业带动性的重大项目，推进其关键领域的集成创新与系统组合，形成重大产品，进而形成有重大牵动作用的新兴产业。

3. 在战略主线上，实现技术优势向产业优势的转变，促进科技支撑目标的全面实现。

许多科技成果滞留于研究机构和高校，宝贵的存量资源不能充分有效利用，是辽宁科技界颇感痛心的憾事。应积极搭建科技成果转化平台、产学研合作平台和科技项目与民间资本对接平台，推进科技成果的产业化进程，加速实现辽宁省技术优势向产业优势的转变，使科技最大限度地发挥其对经济的支撑作用，促进科技支撑目标的实现。

4. 在创新机制上，实现从资源分散向资源整合、形成区域创新体系的方向转变，提高全省整体创新能力。

辽宁的科技人才、科技基础设施以及科技成果等科技资源主要分布于高校、研究院所和部分大型企业，而科研院所又有中科院系统、原部委系统和省、市属的区分，部门之间、研发机构之间缺少有机的联系，使得资源分散，难以形成合力。因此，必须加强资源的整合，促进资源的共用共享，加速构建功能完备的区域创新体系，这样才能形成整体创新能力，提高创新成效。

（三）战略目标

通过对辽宁省内外科技资源的有效集成，建立和完善以企业为核心，产学研有效结合的科技创新体系，全面提高区域创新能力，促进科学技术的快速发展，构筑起对经济腾飞、社会进步具有强大引领作用的支撑体系，有效推动辽宁老工业基地调整改造的进行和国民经济与社会的全面、协调、可持续发展。

经过全省上下不懈的努力，逐步把辽宁省建设成为以现代装备制造业和新型原材料工业为代表的技术先进、结构合理、特色明显、竞争力强劲的新型产业基地和全国新的重要经济增长区域。

　　到 2010 年，全省 R&D 经费投入占 GDP 比重达到 2% 以上，初步形成对科技发展的有效支撑；科学技术研究开发的综合实力在全国处于先进水平，在计算机软件、自动控制、先进装备制造、金属材料和纳米技术等学科领域要达到国际同期先进水平。

　　依靠科技的引领，全省生产总值达到 11800 亿元（按 2002 年价格），年均增长 10% 以上；人均 GDP 达到 27000 元（按现行汇率计算约 3250 美元），辽宁全面建设小康社会的主要目标得以初步实现。

四、重点任务

（一）构筑辽宁区域创新体系，实现科技对老工业基地改造的系统支撑

　　建设功能完备的辽宁区域创新体系是提高辽宁整体创新能力，增强科技支撑能力的必然选择。要按照国家创新体系建设的总体部署，满足东北区域经济发展的需求，依托辽宁的科技资源优势、产业优势，以体制改革和机制创新为根本动力，以提高辽宁及其周边区域的综合竞争力和可持续发展能力为目标，以辽宁支柱产业、主导产业关键技术的研究开发和产业化能力的培养和提升为切入点，加强对各类资源的全面整合，力争用 5 ~ 8 年的时间，初步搭建起适应社会主义市场经济需求和经济全球化发展趋势，特色鲜明的区域创新体系，为国家创新体系的构建提供坚实的区域支撑。到 2010 年，区域整体科技竞争力在全国进入前 5 名，个别指标进入前 3 名。

　　1. 打造科技创新的核心主体，构筑以企业为主体的技术创新体系。

　　充分利用和集成辽宁老工业基地企业内外的各种要素和资源，紧密结合国有企业改革，引导企业提高创新意识，按照市场经济规律和企业发展的内在要求，尽快建立企业技术创新体系及有效运行机制，逐步形成一批具有国际竞争能力的大公司和企业集团；大力扶持民营科技企业的发展，推动其广泛开展技术创新活动和不断增加对科技的投入；支持企业跨行业、

跨地区与大学、科研机构共同建立实验室或研发机构、共同承担国家科研任务，积极开展以辽宁老工业基地调整、改造、振兴为取向的研究开发与产业化项目的联合创新，在辽宁省建立起以企业为主体，产学研紧密结合的技术创新体系。

2. 加强创新能力建设，构筑以科学研究与高等教育相结合的源头创新体系。

积极推进并尽快完成公益类科研机构的分类改革，促进和带动科研工作的市场化、企业化和专业化，释放现有科研机构的科技产业化潜力和基础性、公益性科学研究的潜力。

推进教育体制改革，推动高校积极开展以基础性研究为主要内容的原始性创新以及前沿高技术研究，形成自主知识产权，抢占世界科技制高点，为老工业基地振兴提供源头技术支撑。

依托高校和科研机构，在若干重点产业领域新建一批省级重点实验室，强化原始创新能力，为产业发展提供强有力的科技基础支撑，构建辽宁省科技源头创新体系。

3. 为科技与经济紧密结合提供全程系统支持，构建社会化的科技中介服务体系。

积极培育和建设与国际服务规范接轨的各种科技中介服务机构，尽快建立起背靠政府，面向企业的科技中介服务体系，为企业特别是中小企业提供技术、人才、信息和高科技产品孵化等系列服务，加速企业技术创新及其成果转化进程。

建立中介服务机构的管理网络和公共信息网络，促进中介机构信息沟通、资源共享，逐步实现科技中介服务的社会化、网络化和信息化。发挥省技术产权交易中心的纽带作用，促进技术要素和资本要素的有机结合，使技术市场向技术资本市场转变。拓宽风险投资退出渠道，为高技术成果的转化提供广阔平台。

4. 推进产学研合作，促进各创新行为主体的良性互动。

继续深入开展省院校合作活动。利用政府搭建的平台，实现企业与国内重点高校和中科院等研究机构的联合与合作，促进科技成果的转化。

建立基于外联机制和内生机制共同作用的产学研合作新模式。鼓励支持大学和科研机构在加强与企业合作的同时，通过自身孵化、衍生的公司，逐步形成产业化能力和市场运营能力，依靠市场机制建立起技术研发链与产业创新链的有效链接。

5. 建立和完善五大科技基础条件平台，全面提升区域整体创新水平。

一个开放共享、功能完善的科技基础条件平台，对于创建公平的竞争环境、促进科技人员创新活动的蓬勃开展具有十分重要的意义。应加强对辽宁省科技资源的整合，积极推进辽宁省科技基础条件平台建设，为进一步构建三省共用平台创造条件。根据现有基础，重点建设好科技文献信息资源平台、大型科技设施基地平台、科技基础数据平台、网络科技环境平台和计量、标准、监测体系平台等五大科技基础条件平台。

（二）强化科技支撑，推进辽宁装备制造业由加工基地向制造基地的转变

要坚持自主创新与引进吸收相结合、用高新技术改造传统装备制造业与发展新兴装备制造业相结合、单项技术突破与技术集成相结合、发展装备整机与发展中场产业相结合的方针，以骨干企业和重点产品为核心，以先进制造技术、先进工艺技术为主要支撑，着力做大做强十大装备制造产业，并进一步推进装备制造的延伸，实现装备产品的系列化、成套化和高技术化，形成一批富有活力的现代装备产业集群，促进我省装备制造业由加工基地向制造基地的转变。

到 2010 年，在装备制造领域建立起较为完备的技术创新体系，形成较强的技术创新能力；装备制造总体技术水平有明显提高，达到国际 21 世纪初期水平，重大装备制造水平位居全国领先地位；形成一大批重点产品和技术的自主知识产权和国际知名品牌，培育 15 ~ 20 家具有国际竞争力的大型企业集团。届时，装备制造业增加值达到 1200 亿元，年均增长 17% 以上，位居全国前列。

1. 攻克一批重大关键技术，为装备制造业发展提供有力的技术支撑。

牢牢把握制造技术向智能化、柔性化、网络化、精密化和绿色化发展的总趋势，重点攻克数字化、智能化设计制造技术，新一代流程工业成套技术，重大装备所需新材料新技术，新一代汽车与车用燃料电池技术，重型内燃机技术等一批重大关键技术，抢占科技制高点，为促进装备制造业健康、可持续发展提供科技支持。

2. 坚持机电一体化方向，延伸装备制造产业链。

（1）开发与生产微型电子器件、微机处理及其软件和其他配件等三类电子信息产品，为机电一体化提供基础配件。

（2）开展机床工具、动力系统和智能化仪表与控制系统等三项重点技术攻关，带动成套设备的机电一体化。

（3）推进敏捷制造、精艺生产、智能制造、虚拟制造和分散网络化制造等五种新制造方式的采用，实现制造方式由传统制造向现代制造的革命性转变。

3. 强化技术引领，大力发展十大装备产业。

（1）以自主研发为主，重点发展以数控机床、机器人为代表的高性能基础装备产业。通过相关技术的研发，促进两大基础装备产业的发展，到2010年，全省数控机床年生产能力达到20000台，产值数控化率由40%提高到80%；工业机器人生产能力达到400台，自动化成套设备生产能力达到50套。

（2）强化对引进技术的消化吸收和二次创新，重点发展四大成套装备产业。包括以特高压输变电成套设备和直流输电设备、重型燃气轮机发电机组及配套产品等为代表的大型电力和输变电装备产业；以乙烯装置、炼油装置及其配套设备，重容量设备，大型石油天然气集输装置配套用离心机组等高端技术和产品为代表的石油化工成套装备产业；以大型转炉、高炉、连铸连轧机组等大型冶金成套设备和矿山开采、大型水泥成套装置、起重机械等重点工程用大型成套装备为代表的冶金与矿山用重型装备产业；以及以高速挖掘装载机、液压凿岩系列机械、大吨位履带起重机、混凝土输送设备为代表的工程机械产业。

（3）以企业为主体，重点发展四大交通运输装备及附属设备产业。包括以超大型油轮、大型多功能化学品船、超大型集装箱船、海上作业平台、大型滚装船等高技术、高附加值船舶及其配套装备为代表的大型船舶制造业；以高速旅客列车、内燃机车、轻轨车辆、柴油机车、货运重载交流电力机车以及电气化铁路所需各种专用器材等轨道交通设备为代表的动力机车产业；以轿车、轻型客车、多功能越野车、大中型客车、轻型货及中重型专用汽车等整车车型以及车用发动机、车桥、曲轴、安全气囊、轮毂、减震器、活塞等汽车配套零部件为代表的汽车及零部件产业；以及以大马力船用柴油机、内燃机车用中速柴油机等系列柴油机产品为代表的发动机产业。

（4）依靠自主创新，重点发展舰艇、航空器等现代军工装备产业。（略）

4. 整合科技资源，大力发展新兴装备制造业及中场产业。

在不断形成单项技术突破的基础上，加强集成创新，积极发展电子信息设备、环保设备、机器人自动线、数字化医疗设备等新型装备，促进装备制造产业结构的"轻型化"和"高技术化"。

通过改组、改造，发展一批以研发和生产机械装备所需要的零部件、元器件和中间材料为主要方向，高起点、专业化、大规模的"小型巨人"企业，提高装备制造配套水平，并形成辽宁装备制造业的积聚效应。

（三）强化科技支撑，推进原材料工业的集约化、大型化和系列化

以提高产业竞争力为目标，坚持协调、可持续发展原则和提升传统材料整体技术水平与促进高技术新材料产业发展并重的方针，围绕提高质量、增加效益、替代进口、降低消耗、减轻污染等各方面的需要，广泛开展自主创新和对引进技术的消化吸收与二次创新，促进原材料领域重大关键技术的新的突破，推动原材料工业向集约化、大型化、高级化和系列化方向发展，全面提升辽宁省原材料工业面向国内外市场的竞争能力。

到 2010 年，原材料工业总体技术水平要达到 20 世纪末至 21 世纪初国际先进水平，部分行业领域要达到当期国际先进水平；原材料工业增加值要达到 1500 亿元，年均增长率达到 11%，占全国比重提高到 10% 以上，位居全国前列。其中新材料产业产值要以 26% 以上的年均增长率持续增长，到 2010 年要达到 2540 亿元，占当年全省材料工业总产值的 25% 以上，成为对辽宁省经济、社会发展起重要支撑作用的支柱产业。

1. 以技术为支撑，推进五大原材料基地建设。

（1）以大型企业为主要依托，建设具有国际水平的大型石化生产基地。在引进国外先进技术的基础上，大力加强自主创新和对引进技术的二次创新，重点发展原油加工、乙烯、合成材料、有机材料和精细化工材料，推进辽宁实现由石化大省向石化强省的转变。①加速成品油及相关产品生产技术的升级；②促进乙烯及三大合成材料的进一步发展；③推进基本有机化工原料发展进入更高层次；④促进精细化工产业实现跨越发展。

（2）加速重大关键技术的突破，建设具有国际一流水平的中国北方精品钢材生产基地。以大型钢铁企业为依托，以改善品种结构、提高产品质量为中心，加快开发市场需求量大的高附加值产品。开发绿色生产技术，

实施钢铁生产的可持续发展，推动高级化、系列化、特色化钢材及其深加工产业集群的形成和发展，使辽宁真正成为中国北方精品钢材生产基地。到2010年，全省钢铁行业实现工业总产值2200亿元，年均增长16%；工业增加值实现650亿元，年均增长18%。①突破和应用一批重大关键技术，提高钢铁工业总体技术水平。②依托大型钢铁企业，建设三大特色精品钢材基地，包括北方精品板材产业基地、优质特殊钢产业基地、新型建筑钢材产业基地。

（3）满足建筑业发展的需求，建设以化学建材为重点的新型建筑材料基地。主要依托一批大型建材企业，通过广泛开展技术创新和实施品牌战略，开发新的品种，提高产品质量。重点发展PVC型材、铝型材、新型墙体材料、防水材料、节能环保型建材等新型建材产品；加速高新技术向传统建材领域的渗透，发展新型干法水泥，优化水泥结构；开发新型玻璃制品，推动玻璃深加工产品向配套化、系列化方向发展。推动辽宁建成国内重要的新型建材产业基地。

（4）发挥资源优势，建设具有国际竞争力的镁材料产业基地。以营口大石桥菱镁矿区为中心，大力加强辽宁省镁资源的综合利用与开发，在做大做强现有优势材料产品的同时，努力开发一批新型高档镁材料产品，扩大它们在各个领域的应用。

（5）立足自主创新，推进具有辽宁特色的新材料产业基地建设。以实现规模效益为中心，以提高市场竞争力为宗旨，从促进传统材料上规模、上档次和加速高技术新材料产业跨越发展两个方面，全面推进辽宁省新材料产业在规模、水平、效益等诸方面实现具有显示度的突出进展，为辽宁经济、社会的高速、健康发展提供可靠的基础条件保障。①建立优质、高强合金材料产业基地。②推进现代陶瓷材料的产业化进程。③加强新型能源材料基地建设。④积极推进纳米材料应用技术开发及其产业发展。⑤推进高性能工程塑料形成具有国际竞争力的产业。⑥积极促进生物医用材料产业的形成和发展。

2. 以技术链带动产业链，实施7大材料专项工程。

按照产品内在联系和上下游产品发展的要求，以技术突破和技术集成为先导，纵向延伸和横向拓宽产业链，重点实施7大专项工程，为实现高新技术产业集群创造条件。

（1）半导体照明材料及制品专项工程。

（2）氟材料及制品专项工程。

（3）高效低毒农药专项工程。

（4）环氧乙烷深加工专项工程。

（5）汽车面板专项工程。

（6）镁资源深加工专项工程。

（7）柞蚕丝绸产业专项工程。

（四）强化科技支撑，大力推进高新技术产业的跨越发展

以提高产业竞争力为目标，大力培育高新技术产业增长极，在多渠道利用国内外科技资源的基础上，主要依靠自主创新，大力开展高新技术的研究开发，推动具有突破性和带动作用的高新技术实现向现实生产力的转化，培育新的经济增长点和成长链，形成具有国际竞争力的产业集群，推进高新技术产业实现跨越发展，为辽宁经济振兴和社会进步提供有效支撑。

到 2010 年，全省高新技术产品产值达到 6500 亿元，年均增长 16% 以上；高新技术产业增加值占 GDP 的比重达到 12% 以上；高新技术产品出口创汇额达到 85 亿美元，占全省出口总额的 35%。

1. 培育两大增长极，构建沈大高新技术产业带。

（1）培育以沈阳为中心，以周边五市为辅助的中部城市群高新技术产业增长极。整合各类资源，重点建设沈阳数字医疗产业基地等六大高新技术研发及产业基地，推动沈阳成为全省科技创新活动的大本营、高科技成果的发源地、高新技术产品的集散地及对外开放的重要窗口；发挥沈阳的辐射、扩散功能，通过信息、产品、技术、人才、资金的流动，促进经济动力、创新成果向周边城市（包括抚顺、鞍山、辽阳、本溪、铁岭五市）的聚集，推动周边各市依托自身优势，借助外部资源，发展各具特色的高新技术主导产业，实现中部城市群高新技术产业的全面、协调发展，形成以沈阳为中心，以周边五市为辅助的知识、技术密集型高新技术产业增长极。

（2）培育以大连为龙头，以周边城镇为辅助的辽东半岛南部高新技术产业增长极。以国际化、外向型为主要发展方向，加强大连软件产业园、生物技术与医药产业园等产业基地建设，逐步形成以电子信息产业为核心，以生物工程与制药、高效节能与环保、光通信产业为辅助的高新技术产业布局框架。特别是要树立具有区域特色的以软件为主体的电子信息产业品

牌，使其成为牵动大连市乃至全省经济发展的主导产业，推动大连成为全省乃至我国东北地区对外开放的主要窗口以及技术创新、引资引智、扩大出口的重要基地，同时带动周边城镇发展，形成我省高新技术产业发展的另一个重要增长极。

（3）构建沈大高新技术产业带。以沈大高速公路为轴线，以中部城市群和辽东半岛南部城镇群为两极，全面推进高新技术产业向南北双向纵深发展，同时融合营口地区相关产业，加速高新技术产业集群的形成和发展。各相关地区通过进一步加强融合、构建创新平台和创新网络、推进资源共享及优势互补、实行高度的社会化分工与协作，聚集起高新技术产业发展的整体合力，形成以三个国家级高新区为主导，以两个省级高新区（营口、辽阳高新区）为辅助，以具有不同产业特色的高新技术产业密集区域为补充的产业链上下衔接、产业群相互促进的沈大高新技术产业带，为哈大高新技术产业带的构建奠定坚实基础。

2. 主要依靠自主研发，推进高新技术研究取得新的重大突破。

立足自主创新，积极开展电子信息、先进制造、生物工程与制药、新材料等四大领域高新技术研究，力争实现一批重大关键技术的突破，为辽宁省高新技术产业发展、为全面提高辽宁整体竞争实力提供技术支撑。

（1）信息技术领域。以嵌入式软件为突破口，开展嵌入式芯片设计技术等研究，开发各类重大行业应用类软件及各种出口软件产品，扩大其在智能化装备及工业生产过程中的应用。

开发联网数字电视等后 PC 时代的各种网络信息家电产品、电子发光显示器件、微晶投影等新兴电子产品；发展新一代路由交换设备、服务器、各类网络终端及低成本、高可靠、高智能化的新一代网络设备和多功能网络终端产品，抢占新一代电子产品技术制高点。

（2）先进制造技术领域。开展多维 CAX（各种类型计算机辅助单元）及其集成技术、MEMS（微机电）技术、可重构制造关键技术、嵌入式软件及其系统、柔性数控加工关键技术、自动化控制技术、现场总线等重大关键技术研究，开发一批具有发展潜力的高科技设备和龙头产品，在辽宁省打造一批新的"全国第一"，形成新的经济增长点。

（3）生物工程与制药领域。针对常见病和多发病，重点开发一批具有自主知识产权的化学合成药物、中药及生物技术药物新品种和药物新制剂，增强我省医药企业的核心竞争力；发展以医药和健康为核心的生物技术，重点发展生物疫苗、基因工程药和生物中药等生物产品。围绕辽宁东部山区特有的药用资源，开展东北道地药材 GAP 栽培技术、中药材化合物提取和筛选等技术研究，提高中药质量控制水平及中药产品质量标准，推进中药现代化进程。围绕危害人民健康的免疫系统、内分泌系统、心脑血管系统和肿瘤等重大疾病，抢仿若干临床迫切需要、毒副作用小、疗效好、国外专利即将到期的化学药品；开发缓控释制剂、纳米制剂、中药注射剂、黏膜给药制剂等一批长效、速效、靶向药物新制剂。

（4）新材料领域。大力开展先进复合材料、高性能工程塑料、高性能金属材料、金属间化合物、高性能结构陶瓷材料、智能材料等新材料制备技术研究，开发这些材料在机械、化工、国防、航天航空等领域的应用。

进一步开展纳米材料制备与应用技术研究，推进纳米材料的产业化进程；开发新型能源材料、新型高效催化材料、生物医用材料等新一代功能材料及器件，加速其研发成果向生产力的转化。

3. 加强技术突破和技术集成，建设和完善 7 条产业链。

按照产品内在联系和上下游产品发展的要求，以技术突破和技术集成为先导，纵向延伸和横向拓宽产业链，为实现高新技术产业集群创造条件。

重点建设以下 7 条产业链：机器人及自动化成套装备产业链；数字化医疗设备产业链；现代中药产业链；镍氢电池产业链；数控机床产业链；集成电路产业链；传感器及智能仪表产业链。

4. 以技术为依托，培育 6 大产业集群。

这 6 大产业集群包括：大连电子信息产业集群；沈阳先进装备制造产业集群；沈阳高技术新材料产业集群；大连生物技术与医药产业集群；营口高档镁材料产业集群；柞蚕相关高技术产品产业集群。

（五）强化科技支撑，推进高新区二次创业

以壮大产业规模、提高市场竞争力和企业效益为核心，强化专业园区和产业基地建设，推进资金、技术、人才、信息等要素资源的合理配置和服务体系的全面发展；优化创业环境和产业发展环境，提高高新区创业服务能力，增强高新区辐射、扩散、集聚功能，大力培育具有引导、带动作用的创新极，提高经济的规模效益和集聚效应，努力把高新区建设成为高新技术研发、孵化和产业化的基地，培育和造就高新技术企业和科技企业家的摇篮，深化科技、经济体制改革和创新的试验区，改造和提升传统产

业的辐射源以及振兴辽宁老工业基地的重要支撑源。

到 2010 年，全省高新区主要经济指标年均增长 30% 以上，营业总收入突破 7000 亿元，实现工业总产值 4400 亿元，实现高新技术产品产值 2600 亿元，占全省高新技术产品产值的 40%；力争把沈阳、大连高新区建设成为在国内外有较大影响的高新技术产业园区，在全国 53 个国家级高新区中的综合评价位次进入前 10 名。

1. 实施高新技术产业集群战略，推动高新区主导产业发展。

打破市场分割的局面，促进各高新区间和高新区企业间的合理分工，实现生产要素的跨区流动，重点支持一批已经具有高技术拳头产品的龙头企业，组成以科研院所或高等院校为技术依托，以龙头企业为先导的高新技术产业集群，从而推动区内产业由小而分散向集中优势、加强集成、发展主导产业转变。

（1）沈阳高新区。依托人才和技术优势，积极打造具有沈阳特色的三大高新技术产业集群。包括先进装备制造产业集群、以先进金属材料为主体的新材料产业集群和以中小型轿货车和配套零部件产品为主导的汽车产业集群。

（2）大连高新区。以国际化、外向型为主要发展方向，走个性化区域发展之路。重点建设全国一流的创业孵化基地和海外学子、博士创业基地，新世纪数字技术和生命技术集中发展的产业高地，与国际接轨的国内一流的软件产业基地等三大基地；打造以微生态新药和海洋药物与保健品、化妆品等产品为主导的生物医药产业集群；以软件、通信与网络设备、计算机外部设备以及电子仪表等为主导产品的电子信息产业集群。

（3）鞍山高新区。利用基础优势，发挥后发优势，壮大钢铁产业、培育电子信息、环保设备等新兴产业，重点建成以鞍山钢铁集团为主体，以高性能、高附加值板、管、带钢材为主导的钢铁新材料产业集群。

（4）其他高新区。锦州高新区重点发展汽车零部件产业集群；辽阳高新区重点发展有机合成高分子材料产业集群；营口高新区重点发展镁材料产业集群；葫芦岛高新区重点发展有色金属材料产业集群。

2. 推进高新区特色园区建设，实现高新区间的差异化发展。

依托各高新区现有的高科技优势，整合资源，重点建设十大特色产业园，培育一批具有国际竞争力的高新技术企业；依托产业园，积极吸引大项目，包括世界 500 强企业在内的大企业落户高新区。加强对特色园的动态管理，使特色园发展步入规范化、科学化、国际化的轨道。十大产业园包括：沈阳先进制造产业园、沈阳数字化医疗设备产业园、沈阳新材料产业园、大连软件园、大连光通讯产业园、大连生物与医药产业园、大连发光材料产业园、鞍山环保产业园、鞍山金融设备产业园、锦州汽车零部件产业园。

3. 优化高新区创新创业环境，提高高新区服务水平。

（1）在落实好目前已有的各项政策基础上，进一步完善吸引人才、鼓励创新创业的政策法规，满足投资者及创业人员的需要。

（2）完善服务环境建设，实现高新区从注重硬环境建设向注重提供优质服务的软环境建设转变。进一步完善"小政府，大社会"的体制框架，推行符合国际惯例的行政管理模式，提高政府部门的服务质量、水平和效率。

4. 加大开放力度，加快高新区国际化进程。

继续实施中国海外学子辽宁创业工程，有针对性地引进海外顶尖人才；建立专项扶持资金，促进海外学子创办的企业和合作项目快速发展，努力形成海外优秀人才回归辽宁创新创业的潮流。

重点引进信誉好、实力强的大公司、大财团入驻高新区投资建厂，发展高新技术产业，合作创办科研机构、高科技人才培训基地等；通过建立各种战略联盟，加强高新区内企业与国外企业的交流与合作，特别是与东北亚经济圈内国家的交流与合作，促进外向型经济的发展。

（六）强化科技支撑，推进农业现代化进程

坚持现代农业"优质、高产、高效、生态、安全"的方针，以强化创新和农业科技成果转化为突破口，在大力提高农业科技自身水平的基础上，瞄准高科技发展前沿，加强农业高新技术研究开发与技术集成，重点解决农业发展中带有全局性、战略性和关键性的科技问题，推进农业发展由主要追求数量增长向保持供求平衡方向的转变和更加注重质量和效益的方向转变，为实现农业增效、农民增收，促进传统农业向现代农业的转变提供强有力的科技支撑。

到 2010 年，粮食综合生产能力要恢复和提高到 1600 万吨左右，粮食平均单产提高到 400 公斤/亩；种植业结构进一步趋向合理，粮、经、其他作物比例由目前的 0.74∶0.1∶0.16，调整到 0.73∶0.15∶0.12；优质高产品种及

新技术应用覆盖率达90%以上；全省37.3万公顷草场的草质得到提高，草地植被覆盖率从现在的40%提高到60%，实现草地畜牧业的可持续发展，畜牧业实现总产值600亿元，占农林牧渔业总产值45%；全省建成各具特色、具有示范和牵动作用的农业产业化生产基地600个，基地面积达到3500万亩；全省以农产品为原料的加工业总产值实现1600亿元，精深加工的农产品进入市场的比重由20%左右提高到40%~50%，以加工为主的农业产业化重点龙头企业达到200个。

1. 加强农业高新技术研究开发与技术集成，提高农业综合竞争力。

（1）推进高新技术开发与应用，促进农业全面发展。以保障国家粮食安全为目标，加强粮食生产、收储等关键技术研究，进一步大幅度提高粮食单产和质量，提高粮食综合生产能力；以发展智能化农业为重点，推进信息技术在农业中的应用，加强数字农业技术研究与示范，用信息化带动农业现代化；以优化农业结构、增加农民收入和促进农业可持续发展为重点，加强农产品深加工以及农产品质量标准、食品安全、节水农业、农业资源高效利用和环境保护技术的研发，着力解决一批制约辽宁农业发展的重大关键技术问题；加强高新技术与常规技术的结合，培育优质、高产、高效、抗逆动植物优良品种，开发生物疫苗、生物肥料、生物农药、生物调节物质等生物技术产品，促进农业向优质、高产和生态安全发展。

（2）加强农业科技基础条件和平台建设，提高农业科技的持续创新能力。重点支持农业科技发展中的基础性和公益性事业，加大农业大型科技设施、重点实验室、重大科学工程、工程技术研究中心等建设，改善农业科研条件；加强农业生物种质资源的保护和开发利用，加快农业自然科技资源、科技文献和科学数据的有效重组和系统优化，形成以农业资源共享为核心的布局合理、功能齐全、开放高效的农业基础性公共科技平台，实现科技资源的优化配置，提高农业科技能力。

2. 解决重大关键技术，促进四大产业发展。

（1）促进种植业发展。一是优化种植布局，形成以水稻、玉米、大豆为主导产业的优势区和产业带，构建起粮食主产区新型种植业的技术体系；二是开发优质品种，提高产品质量，增强产品的生产竞争力；三是发展节水技术和旱作技术。

（2）促进畜牧业发展。一是培育优质、高效、专用新品种；二是广泛应用优良畜禽的高效繁殖技术，迅速扩大优良种群，促进对优良地方品种资源的保护；三是开发饲料安全技术和畜禽产品安全监测技术，打破国外技术壁垒，减少畜禽产品进入国际市场的风险；四是开发和使用高效饲料和畜禽营养技术，进一步提高畜禽饲料利用效率，减少营养物的流失及对畜禽产品和环境造成的污染；五是开发兽医疫病防治和动物药品生产技术，大力提高疫病防治的及时性和有效性。

（3）促进水产业发展。一是加强水产种质资源保存和良种选育；二是加强养殖水域的生态系统优化与环境修复，促进养殖水域的可持续发展；三是开发水产资源养护技术，促进水产资源的可持续利用。

（4）促进农产品深加工产业发展。一是重点开发和推广应用一批适合于产地优势农产品的储藏、保鲜及加工新技术、新工艺、新设备，实现农产品增值增效，并为农业产业化提供技术支撑；二是开发畜产品保质保鲜、加工和综合利用技术，促进畜牧业持续稳定发展；三是开展水产品驯化养殖、活体运输、腥味消除及各种深加工技术研究，开发具有地方特色的风味水产食品及旅游休闲水产食品，提高其附加价值。

（七）强化科技支撑，加速传统服务业向现代服务业的转变

按照"扩大规模、优化结构、突出重点、提高水平、增加就业"的方针，采用"市场机制与政府推动相结合"的模式，以现代物流业、信息服务业为重点，推进信息技术等现代技术向传统服务业渗透，促进辽宁现代服务业的跨越式发展，形成科技含量高、就业容量大、经济效益好、辐射功能强的现代服务业体系。"十一五"期间，全省服务业增加值以年均10%的速度持续增长，到2010年，占全省GDP的比重达到41%；服务业从业人员达到950万人，年均增长3%，占全省从业人员总数的比重达到45%以上。

1. 大力发展现代物流业。

（1）建设以应用系统为重点的物流公共信息平台。①企业物流管理信息化建设。加强社会公共网络建设，开发和应用企业先进管理系统，实现物流管理网络集成化和智能化，推进企业物流管理信息化。逐步实现运输、仓储等物流相关领域的信息化。②物流电子政务建设。实现与大通关相关各系统的信息化及与物流相关政府部门业务处理的信息化，通过建立统一的基于互联网与EDI的数据交换平台，充分实现信息的联网共享。③公共物流信息平台建设。以大连口岸物流信息网络为基础，全面整合省内物流

信息网络资源，建设服务于物流用户、物流企业和政府等诸方面的东北区域物流公共信息平台。

（2）建设以交通基础设施为重点的现代综合运输体系。完善铁路、公路、海港码头及大连新机场建设；加强枢纽站、编组站建设，提高重要站点的综合业务处理能力；加快现有货场的技术改造，重点建设大货场。加速建设多式联运货场，重点要在沈阳、大连、锦州、丹东、营口五市各规划一个铁路与公路共用的集装箱运输公共货场。

（3）建设以网上交易为重点的电子商务系统。建立商情、价格等大型数据系统库和数据挖掘系统，提高流通企业信息资源开发利用水平和效率；建立以标准为前提、以数据为基础的社会化服务平台，为中小流通企业服务；在传统行业中，通过优化供应链管理，建立上下游客户的网上采购系统，探索传统产业与电子商务相结合的模式；在大宗商品批发市场中建立专业网络系统，探索有形市场与电子商务相结合的模式；探索连锁企业发展电子商务的模式，利用连锁店铺的有形网络，拓展经营品种与业务范围；开发新的服务项目与新的服务领域，使连锁经营向社区服务中心等多功能、综合服务的方向发展。

（4）建设以连锁配送网络为重点的新型商贸流通业。①打造"四三二商业物流网络体系"。在沈阳、大连、锦州、丹东四市建设一批商业物流中心。依托沈大、沈山、沈丹三条铁路和高速公路，连接大连、丹东、营口、锦州等环渤海、黄海二条沿海经济带，构建覆盖全省、辐射全国的现代物流配送网络体系。②构筑三条主要消费品物流配送带。包括沈阳、大连沿线衣食住行物流配送带，辽东、辽南沿线山珍海味物流配送带和辽西、辽北沿线菜果粮肉物流配送带。③建设重点生产资料物流中心。利用现有各类生产资料专业市场，建成大类重点生产资料商品物流市场体系；加大招商引资力度，加速国际资本对物流配送体系建设的渗透，提升物流配送的档次和水平。

（5）建设以物流园区为重点的物流结点网络。创建分级多点式的服务网络结点结构，重点建设沈阳苏家屯物流园区、大连大窑湾国际物流园区、锦州凌南综合物流园区、丹东鸭绿江国际物流园区和营口口岸物流园区等5个省级现代物流园区，发展一批中心城市与周边城市，城市与周边农村相统一，综合性与专业性相结合，多品种、高效率的物流中心和直达配送中心。

2. 发展信息服务业。

建设以沈阳、大连为枢纽，贯通辽东半岛的宽带信息网络，抓好公众服务信息交互平台建设，搭建数字城市基础平台框架，推进社会信息化。拓展通信服务、远程教育、远程医疗和社会信用等网络增值服务，逐步发展网上税务、网上工商等重大业务应用系统，推进电子商务发展。加强电子政务内外网建设，建立和完善电子政务网络平台、安全保护平台，实现党政机关 1000 个局域网的互联互通。到 2010 年，全省移动电话用户数达到 1610 万户，互联网接入用户数达到 990 万户，全省电话用户数预期达到 3000 万户，互联网用户数预期达到 580 万户，使辽宁省社会信息化水平位居全国前列。

3. 发展其他现代服务业。

(1) 建立现代金融服务与金融系统。顺应国际上金融事业的发展需要，建立与现代金融服务相适应的金融监管与风险预警系统、金融宏观调控系统和企业及个人信用诚信系统，满足人们对金融服务日益增长的需求，提高金融机构的核心竞争力。

(2) 推进网络化教育。利用集成网络基础设施、知识基础设施、应用基础设施等关键技术的研究成果，构建全民学习、终身学习的学习型社会所必需的知识平台和服务平台；建设丰富多彩的教育资源，为数以亿计的用户提供不同层次的教育服务。

(3) 建立现代医疗服务系统。实施数字医疗卫生信息服务工程，进一步加强公共卫生信息系统建设，加速推进信息技术在医疗服务、预防保健等卫生领域的应用，建立适应卫生改革和发展要求，高效便捷，服务于政府、社会和居民的卫生信息化体系。

(4) 建立数字文化服务体系。开发各类相关技术，建设数字博物馆、档案馆和图书馆，促进辽宁省文化事业的发展；建设数字广播信息服务系统，拓展辽宁广播影视业服务领域，全面提升信息服务品质。

4. 重大专项。

(1) 建设以航运与物流为主体的大连信息港。以现有的大连港和大连口岸物流网为基础，在集装箱、石油及石油制品、汽车、粮食和水产品等专业物流信息方面，建成统一的航运和物流业务信息平台，促进大连成为东北亚重要国际航运和物流信息中心。建设航运和物流公共管理信息平台；建设航运和物流业务信息交换平台；建设行业、企业航运和物流信息处理平台；建设公用通信网、Internet 和城域网；建立物流信息总平台多维数据库（数据仓库）系统。

（2）推进沈阳交通信息化。通过建设"一个网络、两个中心、两项业务应用系统"启动第三方信息网络平台，推动沈阳交通信息化的发展，为实现沈阳交通现代化打下良好基础。建设沈阳交通电子政务网络；建设沈阳交通数据中心；公众交通信息服务中心；行业管理系统；执法管理系统。

（八）强化科技支撑，促进资源型城市经济转型

以提升资源型城市的产业层次、提高接续产业规模及竞争力为目标，以加快高技术向传统产业渗透和高技术产业化为主线，以促进资源深加工与高效利用、转型适用技术研究与开发以及科研成果的推广与应用为重点，通过提高城市的外向度掌控更多的科技资源，完善科技创新体系，提高区域自主创新能力，使资源型城市经济社会发展由传统的资源依赖型、单一经济结构的发展模式向寻求新的经济增长点，多元化的、以信息科技资源为主的发展模式转变，由矿产资源优势向整体经济优势转变，由传统社会结构向现代社会结构转变，实现经济、社会、环境全面协调发展。到2010年全省资源型城市基本实现经济转型。

1. 建立相对完善的创新体系。

构造有利于提高资源型城市科技创新能力，促进科技与转型紧密结合的科技创新体系。既要立足城市现有的科技基础和条件，又要考虑未来科技发展方向与趋势；既要在制度、体制、机制方面进行改革创新，又要注重创造有利于科技支撑转型的环境，注重创新成果的应用。尽快建立以企业为主体、产学研结合紧密、中介服务发达、政府调控顺畅的相对完善的科技创新体系，服务于资源型城市转型的全程。

2. 积极采用先进技术，加强现有资源的开采和利用。

积极寻求先进的资源勘探技术、资源定位技术，扩大后备资源。加大井下巷道设计技术、工作面设计技术、采掘技术、巷道传输技术、安全生产技术、资源洁净开采加工运输技术等各项技术的开发与应用。同时要重视发展循环经济，加强矿物伴生资源和产业废弃物的综合利用，延长矿区存续年限，为资源型城市转型赢得更多时间。

3. 因地制宜选择接续产业和替代产业，有针对性地形成各资源型城市的技术体系。

（1）阜新：按照自力更生、市场运作、龙头牵动、科技支撑、民营为主的转型思路，充分发挥地区优势，重点发展现代农业和现代服务业，调整优化第二产业，大力培育替代产业。

（2）鞍山、抚顺、本溪：继续保持主业突出、多业并举的发展格局，重点在于用高新技术和适用技术改造传统产业，发展钢铁、石化、建材、农产品加工、服务业等接续产业或替代产业。鞍山市要建成全国重点精品钢材基地，做大先进装备制造、轻纺、矿产加工产业，并通过品牌战略的实施，形成"一个基地、三大产业"的格局。延伸钢铁产业链，强化钢铁深加工技术的支撑，促进精品钢材基地建设。同时开发和应用轻纺、矿产加工相关技术，为这两大产业发展提供技术支持。抚顺市要形成以石化工业为主导，以基础产业和矿区为两翼，建成以精深加工产业为特色的中国北方石化城。因此，应围绕石化产品深加工领域形成技术支撑体系。同时，立足循环经济，依托矿区现有存量资源，开发与应用先进的煤炭生产、油母页岩综合利用、煤层气开发、机械加工制造和新型建材等新技术为新的接续替代产业提供技术支撑。本溪市要以冶金支柱产业和建材、化工传统优势产业为主，建成新型原材料基地，大力培育旅游、现代中药和钢铁深加工制品业，形成具有较强竞争力的三大接续产业。因此，在提供钢铁深加工技术、新型原材料技术的同时，还要开发与应用中药材的种养殖技术，采收加工技术，检测技术，有效成分提取技术以及制药相关技术等，促进现代中药产业的发展。

（3）盘锦：近期资源可能走向衰竭。要实施"结构调整、外向牵动、油地融合"的发展战略，以壮大石化、塑料加工与新型建材、绿色与有机食品、现代服务业和汽车零配件产业为重点，加快发展接续产业。因此，要重视发展循环经济，要推广和利用资源的综合利用和精深加工技术，为延长矿区存续年限，扶持共伴生资源开发利用产业和废弃物资源化处理产业提供技术储备。

（九）强化科技支撑，促进能源工业的"节流开源"

坚持开发与节约并重、把节约放在首位的方针，以电力为中心、煤炭为基础，同时积极开发油气资源、重视开发新能源和可再生能源。依靠科技进步，转变经济增长方式，降低能耗，大力推进节能型社会建设。

调整能源结构，使煤炭总量增加、比重下降；合理开发和扩大石油、天然气进口，求得供需平衡；加快电力设施建设，不断扩大规模和能力，保证供应；开发新能源、可再生能源和洁净能源，使能源工业实现较大发展，满足全面建设小康社会发展目标的要求，在 10~15 年时间内实现能源总量翻一番。

1. 促进电力工业发展。

开发大容量、高参数、高效率的常规燃煤机组，发展联合循环发电和热电联产等能源梯级利用技术，为建设阜新发电厂三期、沈海电厂供热机组扩建等工程，加快建设营口电厂二期、庄河电厂、辽宁核电站、蒲石河抽水蓄能电站等一批电源工程提供必要的技术支持；继续实施全省县城电网建设和改造，确保电力供应和电网安全运行，满足电源电力输出和用户对供应优质、低价电力的需要，力争到 2010 年实现全省发电装机容量达到 2400 万千瓦的发展目标。

2. 推进节能型社会建设。

在大力挖掘能源生产能力的同时，加大节能工作力度，降低全省能源消费水平。重点开发和推广连铸连轧工艺和余热回收、工业窑炉高效燃烧技术，新型建材建筑节能综合技术，地源热泵技术、先进节能内燃机技术等，不断降低全省能源消耗水平，积极推进节能型社会建设。

3. 为能源稳定可靠供应以及可持续发展提供技术支持。

加强煤炭高效开采和洗选加工技术及配套装备、煤炭资源环境友好开采技术研究，促进煤炭资源的合理高效开发；开发和应用中小型锅炉低成本污染控制技术和烟气污染控制技术，火电机组先进控制、故障诊断计算机仿真技术，解决辽宁省煤炭利用效率低、环境污染严重等问题。攻克煤炭气化、液化技术以及以煤气化为基础的多联产技术，高效洁净燃煤火力发电技术，为提高我省能源稳定供应能力以及可持续发展提供重要的技术支撑。

4. 加强油气资源开发与利用。

重点研究油气资源的勘探开发技术、增加产能的技术、老油田提高采收率技术，提高低品位油气资源的利用，为保障石油安全提供技术支撑；针对引进天然气项目的实施，开发其综合利用技术，促进天然气及相关产业的发展。

5. 大力开发新型能源。

大力开发太阳能、风能、生物质能等新能源，积极开发和应用先进能源技术，促进可再生能源的开发利用。研发大容量风电技术、生物质发电技术、生物质液体燃料转化技术、太阳能利用技术。

（十）强化科技支撑，加速生态环境建设

以减少污染、改善生态环境为目标，不断提高解决环境实际问题的科技水平和能力，通过对高能耗、污染大的重点行业清洁技术、退化生态系统重建技术以及循环经济的共性关键技术的突破，大力加强生态环境建设，尽量满足人们对环境质量的要求，实现经济与社会、人与自然健康、和谐和可持续发展。

1. 促进城市环境污染问题的解决。

加强工业废气、废水、固体废弃物处理技术、汽车尾气处理用催化剂技术、高浓度有机废水处理技术及城市垃圾和危险废弃物安全处置技术的研究，开发相关配套设备和产品，最大限度地解决城市环境污染问题。

2. 加大对农村面源污染的控制。

开展对农药、化肥、安全评估和监控技术研究，构建农田生态优化系统；研究并开发农村废物、禽畜养殖废物等高效资源化综合利用技术与设备，促进农业循环经济的发展；开发适合乡镇企业特点的环境污染控制技术，实现乡镇企业与农村环境、绿色农业的可持续协调发展。

3. 加速退化生态系统的恢复、重建和转移。

因地制宜地实施退耕还林、退耕还草工程。加强植被生态系统的科学管理、加速植被生态系统的修复和演替。开展优良速生树种引种与选育、林木种苗快繁技术研究，科学合理、大规模地营造速生丰产人工林，使天然林得到持续的保育。推进天然林传统的木材生产功能向以人工林生产木材为主的方向转移，促进用优质、高产的人工草地替代天然草地，实现替代性生态系统的建立和生态系统功能的战略转移，为改善辽宁西部地区生态环境提供有效支撑。

五、对策措施

（一）强化科技创新意识，实现创新文化支撑

强化科技创新意识，推进创新文化建设，用新思路、新体制、新机制、新方式，走出一条振兴辽宁老工业基地的新路子。这是辽宁首先要抓好的一件大事。

进一步营造创新创业、干事成事的良好氛围，不断提高人们对走新型工业化道路的认识，增强创新历史责任感，使社会各界将增强创新能力作为自己的重大历史使命，把提升区域创新能力作为面向未来的基点，把科技进步与创新置于国民经济和社会发展的优先地位。

继续深入开展关于解放思想、实现振兴的教育，通过报纸、电台、电视台等新闻传媒和多种教育形式，宣传"科学技术是第一生产力"的思想，营造"加强 R&D 投入"和"加强科技活动，敢于创业，宽容失败，积极参与竞争"的社会舆论氛围；加强培训，提高各级干部科技素养，使他们改变工作作风和工作方法，提高管理服务水平；通过科普宣传工作，使广大群众掌握科学精神、科学思维和科学方法，自觉提高科技文化素质；大力培育企业家创新意识，使企业家具有对国家、对人民强烈的事业心和使命感，具有面向世界的远大目标和战略眼光，富有改革和创新精神。由此增强全民的科技及科技创新意识，形成创新文化，实现对老工业基地的创新文化支撑。

（二）突出以人为本，实现科技人才支撑

在未来 10～15 年，将重点实施一个计划、搭建两大平台、优化三方面环境、抓好四项配套工程、创新六种人才机制，建立一支有效支撑科技发展的人才队伍。

一个计划就是指实施"振兴东北老工业基地人才开发行动计划"。与吉

林、黑龙江联手，共同创造面向全国的育才、引才、用才的良好氛围，吸引国内乃至世界的优秀人才到东北投资、创业与发展，形成全国、全世界都来关心东北人才开发、人才都愿意向东北流动的理念和态势。

搭建两大平台：搭建科技人才信息平台和引进人才智力平台。利用政府信息网，建立科技人才信息网络体系，实现科技人才信息资源共享；建立引进人才来去自由的"绿色通道"，加大吸引海外科技人才归国服务的工作力度。

优化三个方面的环境：一是优化人才市场环境；二是优化人才政策环境；三是优化人才工作创业环境。

抓好四项配套工程：一是实施"新世纪百千万人才工程"；二是实施"博士后培养工程"；三是实施"科技企业家培养工程"；四是实施"金秋工程"，充分发挥老科技工作者在振兴辽宁老工业基地中的作用。

创新六种人才机制：一是创新人才培养与引进机制，形成一支高素质的科技人才队伍；二是创新人才使用机制，以充分发挥科技人才的作用；三是创新人才激励机制，建立适应市场经济的收入分配制度；四是创新人才市场机制，全面优化科技人才资源配置；五是创新人才"柔性流动"机制，促进科技人才的合理流动；六是建立科技创新的人格化机制，推进企业管理者向科技型企业家转变。

（三）调动全社会科技资源，实现科技投入资金支撑

采取有力措施，广泛开辟资金来源渠道，合理调整投资结构，尽快建立起以政府投入为引导，企业投入为主体，金融贷款为支撑，吸引外资和社会集资为补充的多渠道、多层次的科技活动和 R&D 活动投入体系。

加快建立公共财政科技投入体制，进一步调整和优化财政科技投入的方向与结构，调整和改进政府对科学技术活动的资助方式，改变科技活动经费线性投入模式，形成预算拨款制度和课题制为主的新的拨款方式与相应的经费管理办法。

通过政府部门的政策导向作用，在优先确保政府投入的资金用于基础研究比例的同时，积极引导社会资金投向基础研究领域。

制定优惠政策，促进企业加大对科技的投入，企业的 R&D 投入要达到全社会 R&D 投入总量的 60% 以上，科技经费投入年增幅在 10% 以上。

加大风险资本投入强度，完善科技活动资金环境。建立和完善风险投

资市场体系，进一步完善风险投资的进入机制和退出机制；制定优惠政策，鼓励保险公司从事科技贷款的担保业务。

建立老工业基地振兴专项科技资金，支持具有自主知识产权、体现区域特色的重点优势产业核心技术、重大关键技术的研发。

（四）加强制度创新，实现老工业基地改造的环境支撑

要进一步加大国有企业改革力度，加快建立现代产权制度和现代企业制度，促进企业转换经营机制，增强其自我发展的内在动力；大力发展民营高新技术企业，支持产品技术含量高、市场前景好的中小企业参与项目竞标，与国有企业一样享受各种国家政策优惠待遇。

通过制度创新，加快市场竞争机制建设，建立和完善资本市场、人才市场、技术市场、信息市场、产权交易市场等生产要素市场体系，使人才、技术、资金向优势产业、优势企业和优秀企业家聚集，得到高效率的优化配置。

加强对科技活动的政策法规体系建设。一是全面贯彻落实中央 11 号文件精神，确保国家出台的扶持政策落实到位；二是通过立法的形式，强化对相关管理部门和企业逐年加大科技投入要求的约束，并加强对科技经费使用的管理和监督；三是进一步完善有利于提高企业国际竞争力的进出口政策、有利于国内外企业来辽投资创业的优惠政策；四是充分利用合理补贴方式及政府采购政策，为优势产业的发展提供更为有利的条件，促进产业发展。

（五）扩大对内对外开放，实现国内外科技合作支撑

树立"在竞争中生存，在合作中发展"的理念，充分利用全球科技资源，以积极进取的姿态参与世界科学技术的竞争与合作。

扩大对内开放，加强东北区域科技经济合作。按照区域发展的新理念，突破封闭的行政区划限制，通过与吉林、黑龙江科技界和相关部门的联动，在 3 ~ 5 年内实现东北地区科技资源的共享和科技优势的互补，建立起和谐、高效的科技合作协调机制；共建一批工程中心、重点实验室、孵化器等创新载体；搭建若干技术手段先进、服务优质快捷的科技基础条件平台；联合突破一批三省共同面临的共性关键技术问题；形成若干体现东北老工业基地特点、具有国际竞争力的产业集群；逐步构建起整体功能完备、机制

灵活、特色鲜明的现代化、开放型的东北区域创新体系，共同打造具有区域性特点，具备一流水平的若干东北优势产业基地。

扩大对外开放，充分利用国际科技资源。营造政策"洼地"，吸引更多的跨国公司到辽宁设立分支机构、研究开发机构或者合资合作建立生产企业。加大对科技兴贸重点城市、高新技术产品出口基地和重点高新技术产品出口企业的支持力度，大力推进大型和成套设备、自主知识产权与自主品牌产品出口，提高出口商品的科技含量和附加值；切实加强急需的关键技术、重大装备及国内市场缺乏的原材料进口，实现重要战略物资进口来源的多元化。

（六）加强重大科技项目的遴选，实现老工业基地改造的项目支撑

科技项目是科技行动的载体，凝练对振兴辽宁老工业基地给予有效支撑的重大科技项目，是实施科技支撑战略的重要措施之一。为此，省内有关科技管理部门应通过向社会公开征集并组织相关专家科学评议的方式，筛选一批具有重大牵动作用的行业共性、关键技术研发项目，形成新的经济增长点的高新技术产业化项目，促进传统产业技术升级的重大技术攻关及其应用推广项目，以及能够有效解决制约经济社会发展"瓶颈"问题的重大技术开发项目等，予以重点支持。

目前这一工作已经启动。

分报告之二:振兴吉林省老工业基地科技支撑战略研究[①]

吉林省科技厅、吉林大学课题组

① 吉林大学：赵树宽、陆晓芳、巩顺龙、陈丹、沈莹、姜红
吉林省科技厅：孙育昌、张卫宁、罗振峰

一、吉林省老工业基地科技经济发展现状及面临的形势

(一) 吉林省老工业基地经济发展现状

1. 经济总量增长势头良好，但与发达地区相比差距较大。

近年来，吉林省老工业基地保持了良好的发展势头，总量增长较快，综合实力显著增强。2003 年国内生产总值达到了 2521.8 亿元，按可比价格计算，与 2002 年相比较，增长 389.2 亿元，同比增长 10.2%。工业增加值929.28 亿元，同比增量达到 126.17 亿元，按可比价格计算，比上年增长13.2%。人均国内生产总值超过 9338 元，同比增长 10.0%。与 1980 年相比，经济总量增长 7.08 倍，工业总产值增长了 5.3 倍，全社会固定资产投资增长 16.25 倍。但与全国平均水平相比，吉林省仍显落后，与发达地区相比，差距进一步拉大，2003 年吉林省工业总产值占全国比重仅为 2%，明显低于辽宁省及黑龙江省，与上海、广东等省市相比差距更大。

2. 经济结构有待进一步优化。

吉林省老工业基地由于历史遗留问题较多，包袱沉重，传统结构固化严重，调整改造的难度很大。加之缺乏外部的推动力量和扶持政策，吉林省老工业基地工业结构调整进展缓慢，任务依然繁重。

第一，所有制结构。2003 年吉林省老工业基地所有制结构得到了进一步优化，非国有经济得到了一定程度的发展。国有及国有控股企业总产值占全部工业增加值的比重由 1980 年的 97.12% 下降到 76.84%。2003 年，吉林省 500 万元以上工业企业中，国有企业为 688 个，比上年减少 20.92%，但是总体而言吉林省国有经济比重依然很大，非国有经济发展速度相对较慢。

第二，三次产业结构。三次产业结构调整取得一定进展，一、二、三产业的比例由 1997 年的 25.4∶39.8∶34.8 调整到 2003 年的 19.4∶45.2∶35.4。

　　第三，农业内部结构。农业和农村经济结构调整取得一定成效。在农业总收入中，粮食收入比重已降到 50% 以下。畜牧业已成为农村经济的支柱产业，绿色食品产业发展水平居全国前列，园艺特产业发展迅速。农业产业化经营成效显著，粮食加工能力达到 75 亿公斤。

　　第四，工业内部结构。工业内部结构呈现新的变化，汽车、石化、食品、医药、电子信息等支柱和优势产业的产值已占整个工业产值的 70% 以上，"九五"期间技术改造投资累计 576 亿元，2003 年完成技改投资 210 亿元以上，工业技术装备水平有所提高。但吉林省老工业基地重化工业特色依旧明显，重工业偏重的结构没有得到改善，2003 年吉林省老工业基地重工业的比重由 1980 年的 58.12% 上升到了 2003 年的 59.85%。

　　第五，企业技术结构。吉林省老工业基地的企业组织结构虽然进行了大刀阔斧的改革，但是依旧存在很多企业由于债务和社会负担过重而处于体制不健全、机制不灵活、管理不科学的落后状态。工业技术结构在大量引进国外先进技术设备的过程中，提高了工业技术装备和工艺水平，但由于缺乏内在的技术创新机制和健全的技术创新体系作支撑，经济发展后劲不足，高新技术所占比重依旧有待进一步的提高。

　　3. 经济效益尚有较大的提升空间。

　　吉林省老工业基地的工业生产效率和效益均大幅提高，2003 年吉林省全员劳动生产率比 1980 年提高了 6.79 倍，达到 80297 元/人·年。但是由于技术改造投入不足、技术创新能力低、技术装备水平落后，吉林省老工业基地仍没有脱离传统的粗放型经济增长方式，再加上现代物流业发展滞后，企业信息化程度低，工业生产成本和交易成本居高不下，工业整体经济效益相对较差。

　　吉林省老工业基地的农业生产效益逐步改善。2003 年吉林省农业总产值 488.8 亿元，农业就业总人口 1439.4 万人，农业人口的人均劳动生产率为 3395.86 元。农业人口人均纯收入达到 2530.4 元，比上年增长 7.2%，仅比全国平均水平低 3.49 个百分点。但是由于农村基础设施和农业耕作技术升级投入的短缺，黑土地退化、土地沙化现象严重，农业产品深加工水平低，产业链条短，农业经济效益还有很大的提升空间。

4. 主导产业线条较为清晰，但产业集群效应尚未形成。

目前吉林省老工业基地已经形成了以汽车、化工、生物与中医中药、农产品深加工以及光电子信息产业为核心内容主导产业格局，吉林省各地区也形成了各自适合当地发展实际的地方主导产业，比如，长春地区的汽车及零部件、医药；吉林地区的化工；四平的机械制造；通化的制药；白城辽源的冶金建材；白山的绿色食品；延边的医药及旅游等。可以说，以汽车、化工为支柱的主导产业格局非常清晰、明确。但是由于吉林省各地区（除长春、吉林两地以外）旧的主导产业由于资源衰竭或科技水平低下而逐渐衰退，新的主导产业格局刚刚形成，虽然脉络比较清晰，但是经济总量尚有待进一步发展，对地区经济的总体发展支撑力度还有所欠缺。尤其在科技含量方面，吉林省主导产业自主创新能力不强，附加值生产能力差，以科技水平为主要标志的生产方式有待切实转变，除汽车以外其余主导产业的区域产业集群效应尚未形成。

（二）吉林省老工业基地工业化发展阶段评价研究

根据人均收入水平、三次产业的产值比例、三次产业中劳动力比重和城市化水平四个指标对吉林省工业化发展阶段进行判定。①2003年吉林省人均GDP水平达到1144.23美元，考虑到人民币与美元的购买力平价，应将人民币的基数提高4倍，即2003年吉林省人均GDP为4576.92美元。根据1996年钱纳里和赛尔奎因对经济增长阶段的划分，吉林省处在2480～4960美元，即处于传统工业化的中期水平。②2003年吉林省三次产业的产值比例为：19.3∶45.3∶35.4，对三次产业结构利用夹角余弦判定方法，以工业化发达国家日本1960年的产业结构比重（14.9∶36.3∶48.8）作为参照系，相对应的夹角余弦值为0.9637，这一结论表明吉林省2003年产出结构方面较接近日本20世纪60年代的水平，即处于传统工业化的中期水平。③2003年吉林省四次产业中从业人员的比重为：49.2∶17.4∶33.40，按照钱纳里和赛尔奎因的劳动力结构模式判定，吉林省人均GDP比较接近于1000美元的水平，这表明吉林省处于传统工业化的中期水平。④2003年，吉林省城市化水平按照非农人口所占比重计算为45%，根据钱纳里城市化水平判定标准，这一指标表明吉林省处于传统工业化的中期水平。

通过以上几个指标的综合分析判断，2003年吉林省处于传统工业化的中期水平，整体工业化水平还需要进一步提高。

（三）吉林省老工业基地经济发展存在的问题

当前吉林省老工业基地既有历史形成和积累的矛盾，也有改革发展中出现的新问题，集中表现为：

1. 经济总量绝对增长但相对降低，与发达地区的差距逐步扩大。

据统计资料表明，截至 2003 年，吉林省国内生产总值（GDP）突破了 2521.8 亿元，与改革开放初期的 1980 年相比较增长了 3.78 倍，工业总产值增长了 6.1 倍。但是相对经济总量指标上升较慢，与 1980 年相比较，吉林省的工业总产值占全国比重由 2.61% 上升到 4.97%，上升了 2.36 个百分点，但相对来说幅度还是较小。这也反映出吉林省经济与其他地区的差距还在不断扩大：与我国发达地区广东和上海相比，1980 年吉林省与它们的经济总量基本持平，而 2003 年，广东和上海的 GDP 分别为吉林省的 2.39 倍和 1.6 倍。

2. 结构性问题突出，经济发展缺乏活力。

结构不合理主要表现在三个方面：其一，国有经济比重过大。2003 年吉林省国有或国有控股工业企业的资产总额占规模以上工业企业的 88.65%，高于全国水平 20.2 个百分点，而且这些国有经济成分的经济主体尚有 1/4 左右的工业企业没有进行改制，再加上历史上形成的沉重包袱，使得企业市场化水平和市场竞争能力低下，经济效益不高。同时，吉林省经济当中的非国有经济力量小，尚不能担当市场发展的主力军。据统计资料表明，到 2003 年，吉林省的外商投资企业占所有规模以上工业企业的 6.83%，资产总额占工业企业资产总值的比重仅为 9.39%。同时，由于经营者缺乏市场意识，企业经营不善，吉林省非国有经济成分的工业企业不断破产、倒闭，所占比重不断下降。其二，重工业比重过大。吉林省老工业基地内的工业企业基本上是传统的重化工产业，几十年的发展过程中，由于技术创新和技术投入的缺乏，基本上还是保持了传统的生产设备和生产方式。2002 年吉林省高新技术产品产值达 585 亿元，为 1997 年的 7.3 倍，但只占 GDP 比重的 15.3%，而且产业链条短，大部分产品的科技含量和附加值都比较低。其三，农业结构不合理。2003 年农产品加工整体水平不高，农村二、三产业产值占农业总产值 41.94%。"三农"问题突出，同时种植业结构不合理，粮食种植面积偏大，导致"卖粮难"矛盾加剧，粮食补贴负担沉重，农业整体产出功能不强。

　　这几方面的结构性问题导致吉林省经济发展步履蹒跚,负担沉重,发展缺乏活力,速度缓慢。

　　3. 企业组织结构有待进一步改造、提升。

　　近年来,吉林省老工业基地加快企业组织结构的调整,按"产权清晰、权责明确、政企分开、管理科学"的要求,对166家中型一类以上的大中型骨干企业进行了公司制改造,按"国家所有、分级管理、授权经营、分工监督"的原则,不断完善国有资产管理、监督、运营体系,逐步建立规范的法人治理结构,并取得了一定的成效。但是,由于吉林省老工业基地国有企业比重较大,企业债务和社会负担过重,使得国有企业产权制度的改革进程缓慢,许多企业仍然处于体制不健全、机制不灵活、管理不科学的落后状态,没有成为真正的市场主体,竞争能力弱。

　　4. 工艺装备水平落后,技术创新能力不强。

　　统计数据表明,2002年吉林省工业企业工艺装备具备20世纪90年代水平的只有15%,而七八十年代水平的生产装备则达到60%以上,老工业基地缺乏内在的技术创新机制和健全的技术创新支撑体系,导致生产技术落后,同时由于吉林省老工业基地内的工业企业自身投资能力太弱,而缺乏技术改造资金的投入,老工业基地建成初期形成的技术设备由于长期得不到更新,所具有的优势已经随着时间的推移丧失殆尽,在此基础上进行的基础改造无法与现代技术实现接轨,因此新上项目难以改变存量资产赢利能力低下的现实。

　　5. 资源型城市发展面临危机。

　　吉林省工业以采掘业和原料工业为主,由于长期粗放经营,使产业结构与资源环境融合性恶化,资源面临枯竭,所具有的比较效益正在逐步消失。到1998年吉林省煤炭年产量已跌落到不足800万吨,成熟林比重降到19.6%,且多为高山陡坡难以开采。同时,多年来资源的开采形成大量的废气、废渣、废水对自然景观造成了难以估量的破坏,矿井老化和矿区沉陷造成的矿城与油区城市塌陷严重,直接影响了城市居民的生活与安危。随着资源的逐渐枯竭,吉林省老工业区内的下岗职工不断增加,以辽源煤矿为例,矿区全体职工的26%处于下岗状态,30%处于待业状态。全省几十万名职工、离退休人员的生活没有保障,吉林省原来的资源型城市探索新的发展道路已经迫在眉睫,如何在原有基础上发展接续产业是吉林省老工业基地改造应当高度重视的问题之一。

6. 吉林省老工业基地内就业形势日益严峻。

第一，劳动力增长快于产业吸纳能力，统计资料表明，"十五"期间，吉林省新增劳动力数量将达到 240 万，加上毕业学生和失业人口将接近 340 万人，同时随着农业生产方式的不断改进，将有 200 万农民向非农领域转移，预计 5 年之后，吉林省的劳动力总供给将达到峰值，而吉林省经济发展水平能提供的就业岗位根本不能满足这种就业需求。第二，劳动力的素质结构与需求结构不符。在吉林省失业人口当中大专以上学历的只占 5.18%，高中教育水平的占 33.79%，初中及以下教育水平的人口占到了 60% 以上，这使得吉林省劳动力就业形势更为严重，特别是第一产业释放出来的大量农业剩余劳动力素质不能满足二、三产业的技术需求。吉林省日益严峻的就业形势亟待解决。

7. 农业投资总量不足，产业化经营水平低。

农业基础设施和生态环境建设薄弱，抗御自然灾害能力不强，对农业生产的投入不能满足生产发展的需要。农业投入不足主要表现在三个比重下降：一是农业基本建设投资占全民所有制单位基本建设投资比重逐年下降；二是农业事业费支出占地方财政支出比重也呈下降趋势；三是农业贷款年末额占国家银行各项贷款年末额比重也呈下降趋势。不仅投入总量不足，而且投资结构也不尽合理，农业固定资产投资所占的比重偏小，远低于全国平均水平，农业投资情况无法满足农业自身发展的要求。同时，"九五"以来，吉林省各级政府积极推进农业产业化经营，把发展农业产业化纳入国民经济和社会发展总体规划之中，1997 年 12 月出台了《中共吉林省委、吉林省人民政府关于加快农业产业化经营的意见》，各地结合本地实际，按照全省农业产业化总体规划，先后兴建了 40 余家大中型玉米、生猪、肉牛、肉鸡等加工企业。产业化经营初具规模，有力地推动了农村各产业的经济发展。但是，从目前看，产品加工层次浅，加工链条短，加工产品单一，精深加工产品少，转化增值效率不高。美国玉米加工开发出上千个品种，吉林省只有十几个品种，玉米下游产品尚未得到充分开发，造成后续利益大量流失。畜禽产品多数卖原料，精深加工产品少，层次低，效益差。

（四）吉林省老工业基地科技发展的现状

"九五"和"十五"期间，在"科教兴省，人才兴业"战略的指导下，吉林省科技发展为促进经济建设和社会进步作出了突出贡献，科技自身实力得到了较大幅度的提高。

1. 科学研究与开发体系初步形成。

初步形成了以吉林大学、东北地理与农业生态研究所、吉林农业大学、长春理工大学、长春光学精密仪器与物理研究所、中科院长春分院、吉林省农业科学院、长春生物制品所等国有高等院校和科研机构以及大中型工业企业所属的研究与发展机构为主体的科学研究与开发体系。到 2003 年，吉林省综合科技发展水平居全国第 11 位，全省拥有各类专业技术人员 71.3 万人，拥有科技活动人员 6.476 万人；科研机构 137 个，全日制普通高等院校所属研究机构 197 个，大中型工业企业技术开发机构 299 个，国家及部委重点实验室、开放实验室 49 个，国家级企业技术中心 28 个。吉林省 2003 年科技活动经费总支出为 55.09 亿元，占全省 GDP 总量（2522.6 亿元）的比重为 2.18%，R&D 经费总支出为 29.2 亿元，占全省 GDP 总量的比重为 1.16%。

2. 科技创新能力幅度提高，基础科学及应用技术领域科技成就显著。

在基础科学研究领域取得了一系列具有重大影响的原创性科技成果。"大豆细胞不育基因型的研究"项目在世界上首次获得了大豆质—核互作不育系及同型保持系，实现了"三系"配套，在国际上首次解决了大豆杂交种的培育问题。在有机显示技术（OLED）、全固态红绿蓝色激光器、混合动力汽车、纳米碳管和纳米新材料等领域取得了一系列原创性科技成果，并拥有自己的知识产权，抢占了国际标准的制高点。吉林大学古生物研究中心在吉林省九台市首次发现大型蜥脚类恐龙化石，填补了国内空白，具有重大科学研究价值。人体干细胞研究在世界上继首次构建出在组织结构和代谢功能上与天然软骨组织极为相似的人工软骨之后，又构建出了人类复层组织工程皮肤，并在由血管内皮干细胞构建组织工程血管、由角膜干细胞构建组织工程角膜等方面取得了一系列具备国际领先水平的重大理论研究成果。在应用技术领域取得了显著成绩，培育推广了 30 余个农产品新品种，实现了主要农作物品种的更新换代。基因工程人胰岛素的产业化生产，使我国成为继美国、丹麦之后，世界上第三个掌握该技术的国家。干细胞应用技术研究方面已经建立了治疗性稳定的人胚干细胞系、人胚神经干细胞系。以 TFT—LCD 为代表的彩色薄膜晶体管液晶显示技术及其系列产品的产业化，已经成为吉林省新的经济增长点，提升了企业技术创新水平。

3. 科技体制改革取得突破性进展。

科技体制改革取得突破性进展，基本实现了我省既定的科技体制改革阶段性目标。面向经济建设和加强企业科技力量为方向的研究开发型科研院所改制工作进展顺利，目前，33 家研究开发型科研院所，进入民营企业的 1 家，进入国有企业集团 3 家，转为国有科技型企业 3 家，转为股份合作制 2 家，按企业化运行 2 家，划归吉林省农科院 2 家，已完成转制的科研院所 31 家，占总数的 94%。其中省属研究开发型科研院所已有 22 家完成转制，13 家完成了工商注册登记。同时，通过采取开放办所、盘活资产、完善制度、强化管理等一系列措施，吉林省科研院所的公益服务水平、整体形象、办公条件、职工精神面貌都有了很大变化。同时，民营科技企业不断发展壮大，民营科技机构发展迅速。

4. 高新技术产业发展框架初步形成。

高新技术产业取得明显成效，高新技术产业发展框架初步形成，高新技术产业化已成为技术创新的重要组成部分。形成了以信息技术、生物技术、新材料、先进制造技术等领域为支撑的高新技术产业群，培育了液晶显示器、基因工程新药、现代中药、热塑材料和玉米深加工等新经济增长点的产业化项目。2002 年吉林省经认定的高新技术企业 1500 家，长春、吉林两个国家级高新技术开发区建设取得重要进展，2002 年实现技工贸总收入 797 亿元。

5. 主导产业科技水平有较大幅度的提高。

农业科技方面，重点研究与开发了优质、高产、抗病新品种，2002 年有 16 个农作物 108 个新产品通过了省农作物品种审定委员会审定，其中大豆杂交技术和玉米育种技术取得重大突破。主要粮油作物品种不断更新换代，良种普及率达到 98% 以上。推进农业机械化，推广节水农业技术等精确农业耕作技术，为吉林省粮食增产目标的实现提供了强有力的支持与保障。

生态型绿色农产品深加工科技方面，重点研究了玉米深加工技术和发展绿色食品产业，在生物可降解树脂—聚乳酸、L—乳酸、玉米秸秆生产燃料酒精研究、变性淀粉新工艺新产品研究、淀粉高分子材料研究、膜分离技术在淀粉及其深加工产品的应用研究等多个领域取得了显著成绩，开发建设了 65 个无公害蔬菜基地，为农业现代化的发展提供了有力保障。

汽车产业科技领域，通过消化吸收与创新，掌握了若干重大成套技术装备的设计和制造技术，提升了产业科技水平，计算机辅助设计（CAD）、计算机集成制造系统（CIMS）等一批重大共性技术的推广应用，大幅度提高了企业技术创新能力。在混合动力汽车核心技术、汽车用固体氧化物燃料电池（Solid Oxide Fuel Cells, SOFCs）辅助电源系统（Auxiliary Power Unit, APU）和用于电动汽车的 SOFCs 等技术领域取得了重大突破，目前已经建立了产业化工程技术研究平台，为未来吉林省汽车产业的发展奠定了坚实的技术基础。

光电子信息产业科技领域，长春作为我国光学科技的发源地，目前拥有光电子信息技术及相关领域技术人才 3000 多人，先后取得 3000 多项科研成果。在平板液晶显示技术、半导体固体激光器、光电通信器件等光电子技术中取得重大突破，微分析科学仪器、光电医疗器械等仪器、仪表和汽车电子产品已经形成产业化生产。长春光谷计划已经进入实施阶段，以光电子产业为支柱的产业群初步形成。

中医中药产业科技领域，参茸药效学研究领域达到国际领先水平，在鹿茸中活性因子药效学研究、人参活性因子（类似 RG3、PDS 等）的药效学及工业化生产技术、中药抗病毒活性因子及药效学研究等领域取得一系列科研成果，以实现长白山中药资源可持续利用为目标的长白山"北药"基地初步建成。

（五）吉林省老工业基地科技发展存在的问题

从总体来看，吉林省已经初步具备了支撑经济及社会发展和参与市场竞争的科技能力。但是科技工作还存在不少问题和差距，主要表现在：

（1）区域创新体系不健全，科技资源配置效率低。缺乏知识共享和信息交流平台，科技资源流动不畅，尤其是科技中介机构的缺位使得科技信息、咨询、法律、金融和市场中介等服务水平低下，使科技资源配置缺乏市场配置的手段和载体，造成技术创新资源配置效率低，区域创新能力难以提高。

（2）科技体制改革需要进一步加强。从吉林省科技资源类别来看，主流科技力量多集中于国有科研单位，而这些单位的科技管理体制及运行机制当中目前还普遍存在"机制不活、体制不顺"等阻碍科技与经济结合的不利因素，虽然当前吉林省科技体制改革取得显著的进步，但是科研院所的体制改革仍需要进一步实质化运作。

（3）科技经济社会发展缺乏协调。首先是科技系统内部缺乏协调。吉林省的平均受教育程度和区域科技人才资源相对丰富，但是在科学研究方面缺乏优秀的学术带头人，一定程度上导致吉林省原创性科研成果少的现状。同时，在科技成果和企业生产之间缺乏优秀的工程技术带头人，影响科技成果的产业化，降低了科技作为第一生产力对我省经济发展的推动作用。其次是科技与经济社会系统之间缺乏协调。高水平的科研与低水平的产业结构之间缺乏联结，在原创性科研成果与产业化生产之间缺乏工程技术开发环节，导致一方面企业的科技需求得不到满足；另一方面降低了科技成果的经济效益，制约了技术创新能力的提高。同时，吉林省精细化工和长白山资源合理开发缺乏必要的绿色环保技术支撑，导致近年来吉林省环境污染有所加重，科技经济社会协调发展有待进一步加强。

（4）科技人才分布不合理。首先，从吉林省科技人才所从事的学科构成来看，存在自然科学人才比较少、社会科学人才比较多的不合理现状。按照科技发展规律自然学科作为科技的基础性学科其科研周期长、科研经费多，人才需求也更大。据吉林省2003年的科技统计表明，从事基础研究的科学家与工程师数量与从事应用研究的科学家与工程师之比为1:1.7，这从一个侧面反映了当前吉林省科技人才队伍学科构成的不合理。其次，从吉林省科技人才所属单位来看，存在着高校、科研单位科技人员数量与企业科技人员数量比例失衡的问题。以企业为创新主体的科技创新体系建设客观要求企业在人才队伍方面应当具备一定的优势，而据统计，吉林省2003年高校及科研单位科技人才数量与企业科技人才数量之比为1:1.3，很明显，企业科技人才数量并不具备创新主体的要求。最后，从吉林省科技人才的区域分布来看，存在着中心城市与其他地区分布失衡的问题。科技人才作为科技实力的主要载体，直接决定了一个地区科技创新能力水平，进而影响地区经济发展。而据统计，吉林省2003年长春、吉林两个中心城市所拥有的科学家与工程师数量占全省总量的80.4%，这种科技人才区域分布不均衡也直接导致了长春市各地区间经济增长能力之间存在的巨大差异。

（5）科技激励机制不健全，影响科技人才队伍建设。科研激励机制当中存在着诸多缺陷，集中表现为技术职称评价指标体系不健全、评价机制不合理、职称管理体制落后。合理的科技激励机制要面向经济发展，片面强调论文数量而对在经济建设中作出贡献的创造性工作评价不足，是当前吉林省科技激励机制存在的主要问题。同时，职称评定当中以一定周期内的研究成果为评定标准也有违科研的客观规律。这些问题的存在，导致当前吉林省人才队伍当中的职称序列存在一定的"虚高度"，技术职称水平高于科技人才的实际水平，也影响了科研工作者的科研态度及社会科研氛围，是吉林省科技人才队伍建设工作需要迫切解决的问题之一。

（6）科技投入不足。资金不足一直是吉林省科技发展的主要制约因素之一：一是政府的科技投入不足，2002年省属科研机构的财政拨款仅为3.8亿元，不到财政收入的1.5%，从绝对数和相对数上都远远低于国内发达省份的科技投入水平；二是企业在科技领域的投入不足，全省大中型企业的R&D经费占企业销售收入的比重不足1%，低于全国平均水平；三是科技投入的融资渠道狭窄，由于企业效益低，资产状况差，限制了企业通过科技投入提升生产水平，两者难以形成良性循环。

（7）主导产业科技水平有待快速提升。吉林省近年来以汽车、化工、农产品深加工、光电子信息以及中医药产业为核心内容的主导产业发展迅速，但是科技水平并不高。以吉林省起到支柱作用的汽车、化工产业来看，汽车产业的核心技术还多采取合作交流的方式来获得，化工产业在精细化工发展过程中也缺乏能带来较高附加值的自主高新技术。其他主导产业也同样存在技术水平低、自主创新能力差的问题。吉林省老工业基地要实现振兴，主导产业的核心地位决定其科技水平需要快速提升。

同时，在高技术产业的投融资体系、创业投资机制、吸引外资、高技术人才制度等政策环境方面也有待改善。

（六）吉林省老工业基地面临的形势

1. 全球经济一体化对吉林省老工业基地振兴具有重要影响。

全球经济一体化进程已经在世界各地区经济社会发展当中产生了重要影响，我国目前已经进入"加快推进社会主义现代化新的发展阶段"，随着我国加入WTO和国内市场的全面开放，国内经济主体将面对日益激烈的全球性竞争。吉林省经济发展在获得更多发展机遇的同时，也将面临来自全球的竞争。"入世"后吉林省各工业行业都将受到不同程度的冲击，从汽车行业来看，我国汽车行业将于 2006 年彻底失去关税保护，吉林省汽车产业在核心技术主要依靠合作交流的情况下，如果自主创新能力不能得到快速提高，这种冲击将是致命的。从化工行业来看，吉林省化工总体技术水平不高、产品还不能满足市场需求、企业负担过重、生产规模偏小，而我国"入世"之后将成为发达国家生产厂商转移过剩生产能力的主要目标，他们高水平的技术保障将使其产品价格具有较大的竞争优势，对吉林省化工产业产生不可估量的冲击。同样，吉林省其他产业也都面临着"入世"的压力，全球经济一体化必将对吉林省老工业基地的振兴产生重要影响。吉林省必须加速提高产业科技水平，面对这一即将到来的全球性竞争。

2. 科学技术呈现新的发展趋势。

世纪之初，全球经济一体化进程不断加快，科学技术迅猛发展，世界经济正在发生着重大而深刻的变化：

（1）知识的创造与应用正成为全球财富增长的基础和源泉。20 世纪特别是 80 年代以来，以数字化和网络化为特征的信息技术的飞速发展，使全球财富增长方式和分配方式发生了根本性的转变，一种以知识的生产、分配、传播和使用为基础，以创造性的人力资源为依托，以高技术产业为支柱的全新的经济形态开始出现。

（2）知识资源的开发与控制已成为世界各国关注的焦点，为确保在知识创造和应用的优势，世界各国都加大了投入，尤其是发达国家更加重视与知识相关的软投入，以进一步强化其在全球知识创造、获取、扩散和应用上的霸主地位。与此同时，发达国家通过确立技术标准、提高环保标准等非关税贸易壁垒手段，提高了市场准入门槛，使发展中国家相当一部分的产品因为技术因素而被拒之于发达经济体的市场门外。

（3）以知识为核心的资本互动成为知识社会发展的主推力。知识创造和应用是一个以知识资本、人力资本为主导，与金融资本实现高效有机互动，最终将知识的商业价值和社会价值充分发挥的过程。实践表明，知识经济发达的区域必定是知识生产基础设施高度完备、专业人才高度集中、金融资本高度会聚之处，以知识为核心的人力资本和金融资本互动，成为知识社会发展和向前推进的主要动力。

（4）科技革命孕育着知识社会跨越式发展的重大机遇。从世界近代历史来看，每一次科学和技术的革命性突破都掀起了一轮新的产业浪潮，导致世界科技中心的转移、区域地位的更替和强国的崛起。未来世界科技发展，将沿着更加深入微观与宏观世界，更加走向复杂、综合和交叉，更加揭示生命与智慧现象的本质，更加与经济社会互动的方向发展，并可能在全球范围内引发新的科技革命和产业革命，这为发展中国家完成面向知识社会过渡的跨越式发展提供了难得的机遇。

3. 老工业基地振兴与全面建设小康社会的历史使命。

党的"十六大"明确提出振兴东北等老工业基地的战略决策，与西部大开发一同构架了我国未来很长一个时期内的主要目标和战略任务，同时将全面实现小康社会作为全国经济社会发展的阶段性目标。这也是吉林省目前所必须要完成的历史使命。从国家的宏观目标来看，2020年我国要全面实现小康社会，吉林省作为东北老工业基地的重要组成部分，更要在振兴老工业基地的基础上完成全面小康社会的建设。

随着全球经济一体化进程的不断加速，合理的制度安排及技术创新能力已经取代自然资源成为区域经济发展的主导因素。从经济发展的规律来看，附加值较高的产业为第二、第三产业，而吉林省拥有丰富的自然资源，多年来产业发展大部分集中于资源的开发利用（隶属与附加值较低的第一产业），并出现了一系列的问题：

（1）自然资源短缺和环境"瓶颈"制约，亟须开发利用优势资源。吉林省曾经作为我国重要的重工业基地，为国家的发展提供了大量的工业原料和装备，但是经过几十年的不断开采和消耗，目前吉林省很多资源型城市已经面临着自然资源枯竭的严峻考验，吉林省也逐步变为资源稀缺性省份。同时重化工业的发展使得环境污染日益严重，水资源短缺的矛盾也逐渐显现。

（2）产业比较优势亟待建立，以发展高端产业刺激经济增长，由于我国工业化和城市化进程的加快，加上不同地区的发展阶段和条件差异，吉林省在未来产业发展中面临着产业结构升级，轻工业、高新技术产业比重需要不断提升，效益农业须加速发展等任务。

同时，未来发展的社会需求，对科技创新和知识服务提出新命题。在经历了工业化、城市化的初步发展后，在东北等老工业基地振兴过程中，走新型工业化道路所要求的高度化的社会性需求和发展将成为吉林省未来发展的主流，城乡居民在"衣食住行"等基本需求得到满足后，将开始转向更高层次的健康体育、教育培训、文化娱乐、旅游休闲等物质和精神的消费需求，这其中将创造出许多新的发展机会，形成新的消费热点。

科学技术作为第一生产力，是推动经济社会发展的强大动力，吉林省要实现这两大历史使命，就必须加快工业化进程，提高产业自主创新能力。因此，从科技角度探索振兴吉林老工业基地的方式和途径，已经成为吉林省当前发展所面临的最为迫切的关键问题。

二、吉林省老工业基地未来经济发展模式定位

（一）吉林省经济发展战略模式回顾

近年来，吉林省关于经济发展分阶段提出过三种战略模式。

1. 农业省发展战略。

1995 年年底，吉林省省委、省政府领导在充分考虑吉林省农业大省的实际情况下，在农村工作会议上正式提出了"三大一强"的战略规划，规划指出经过 15 年的努力将吉林省发展成为粮食大省、畜牧业大省、农产品加工业大省，实现农村经济强省的战略目标。吉林省的宏观经济发展以农业发展为重点，并针对吉林省相对落后的农村经济发展，实施了畜牧业产业化等工程。从现实发展来看，近年来吉林省农业省发展战略并没能很好地完成所提出的"三大一强"的建设任务，虽然吉林省作为一个农业大省的地位没有改变，但是向农业强省的转变同样也没有完成。

2. 科教兴省发展战略。

早在 1988 年，吉林省委就提出了"依靠科技，振兴吉林"的发展理念。1995 年，省委做出了"关于实施科教兴省战略，加快科学技术进步的决定"。1998 年 12 月省委七届二次全会，进一步把实施"科教兴省"作为指导吉林跨世纪发展的三大战略之一（科教兴省、开放带动、县域突破）。这一发展战略意在发挥后发优势，全面推进和实现跨越式发展，从而形成跨越式发展战略。几年来，吉林省实施"科教兴省"战略，并取得了显著的成绩。但是科教并非经济社会发展当中孤立的一个部分，单独提出科教

兴省,尤其在实际操作当中片面强调科教的发展,而忽略了科教与社会体制、经济发展之间的协调性和适应性,使得科教兴省战略的实施也没能达到预期目标。

3. 生态省发展战略。

随着经济发展,吉林省的生态条件日益严峻,面对这种形势,吉林省政府认真贯彻了"十五大"提出的可持续发展战略,以实现经济、社会和人口、资源、环境协调发展为目标,于2001年12月第九届人民代表大会常务委员会第二十七次会议原则通过了《吉林省生态省建设总体规划纲要》,决定自2001~2030年,利用30年时间,进行生态省建设。这一发展战略的提出实际上是对国家可持续发展战略的一种延续,是一种具有地方特色的可持续发展战略。从吉林省现实来看,生态省发展战略就是可持续战略与品牌战略的融合,从实际操作层面上来看,生态省发展战略只是落实到了对以长白山为核心的生态资源保护与品牌包装,实际效果并不明显。

针对近年来吉林省的经济发展战略,省委省政府在第十届人大一次会议上的政府工作报告当中总结为:坚持"高效益、广就业、可持续"方针,全面实施"科教兴省、开放带动、县域突破、人才兴业"战略,突出建设工业省、科教省和生态省的任务,加快工业化、信息化、城镇化和经济国际化进程,加强社会主义政治文明和精神文明建设,努力实现国民经济跨越式发展和社会全面进步。

无论是"三大一强"发展战略,还是"科教兴省,人才兴业"、"生态省建设"的发展战略,虽然从实际操作来看效果并不明显,但它们都是吉林省省委省政府对当时所面临的省情与环境所做出的科学定位,符合吉林省发展的实际情况,并且在一段时期内在我省经济社会发展当中发挥了良好的指导性作用。

(二)创新省战略模式定位是对已有发展战略的提升和深化

当前吉林省面临着全新的国际和国内经济发展环境。从国际来看,我国加入WTO以来,全球经济一体化的进程在逐步加快,无论针对这一进程或是或非的争论有多少,都没能改变一个实际情况:吉林省的经济发展已经身处其中,要面临国内外两种资源与市场的争夺与竞争。而且随着WTO协议的逐步生效,吉林省的主导产业之一汽车产业,在2006年将完全失去关税保护,如何面对来自国际市场的竞争,已经成为吉林省汽车产业乃至整个国民经济发展必须要解决的问题；从国内来看，党的"十六大"提出了"走'新型工业化'的道路，振兴东北等老工业基地"的伟大战略部署，吉林省作为东北等老工业基地的重要组成部分，如何实现振兴大业，进而实现"全面小康社会"的宏伟目标，是未来很长一段时期内的主要任务。

同时，当前全球技术也呈现出新的发展趋势和特点：一是科学技术发展不断突破人类传统认识极限，引发新的科学和技术革命，学科之间、科学和技术之间、自然科学和人文社会科学之间相互交叉渗透，导致众多跨学科领域的诞生，预示着科学技术将进入一个前所未有的创新密集时代。二是科技革命孕育着知识社会跨越式发展的重大机遇。从世界近代历史来看，每一次科学和技术的革命性突破都掀起了一轮新的产业浪潮，导致世界科技中心的转移、区域地位的更替和强国的崛起。三是科学理论超前发展，引领新的技术和生产方向。四是科技全球化加快，自主创新能力成为国家竞争力的决定性因素。

截至 2003 年年底，吉林省人均 GDP 只有 1124 美元，当前国内外经济环境、科技发展趋势都出现了重大的转变，客观要求吉林省在新的时期应适时的重新进行科学定位，制定新的发展战略以指引经济社会发展。走建设创新型省份的发展道路，是未来吉林省经济社会发展的必然选择，是吉林省对以往不同阶段发展战略的延续，也是针对当前面临新的形势下的一个科学定位。

1. 创新能力已经成为区域竞争力的决定性因素。

创新省建设是从更高的层次对当前经济社会发展模式的一个重新认识，不是按照发展某几个重点领域、解决某几个主要矛盾或者打开几个经济发展突破口的思路出发而产生的发展战略。创新省建设是在科学发展观的指引下，从经济科技社会协调发展的高度，总领整个经济社会发展的战略模式定位。从创新的广义内涵来看，创新绝非仅仅指简单的发明、原创性科技成果等，现代创新更加强调科技成果的产业化，进而实现经济效益，带动经济社会向前发展。现代创新在内容上也不仅仅指科学技术，它还涵盖了体制、管理、理念等创新，是对生产要素和生产过程的全面整合。国内外的发展历程都表明，现代创新已经成为经济社会发展的原动力，是经济社会发展的根本所在，而且随着科学技术的不断进步，科技对经济增长的贡献将会越来越明显。江泽民同志曾指出：创新是一个民族的灵魂，是一个国家兴旺发达的不竭动力。创新能力已经成为区域竞争力的决定性因素，从一定意义上来说，实现工业化的过程也是一个呼唤创新的过程。

2. 实现国家目标的可观要求。

中国未来的经济社会发展要发生一个根本性的变革，使我国经济社会发展真正地建立于科技创新的基础之上。《国家中长期发展规划》提出的核心思想，就是建设一个创新型国家。从吉林省发展实际来看，吉林省拥有丰富的科技资源，2002 年吉林省科技拥有丰富的科技资源，人口素质在全国也处于中上水平，创新型国家的建设目标客观要求吉林省这样一个科技实力排位居于全国前列的省份率先实现创新省的建设。

3. 走创新省建设的道路是吉林省解决科技经济社会发展现实问题的必然选择。

吉林省创新省建设的发展战略就是在科学发展观的引导下，从全面提升社会经济综合竞争能力的角度出发，面向老工业基地振兴和全面小康社会建设两大历史使命，提出的一个全新的发展战略模式定位。从现实情况来看，吉林省具备走创新省建设道路的基础与潜力：

首先，从当今经济发展的总体趋势来看，区域经济要获得长足的发展，必须要在技术创新上有所突破，才能占据经济发展的制高点，产业发展才能获得较高的附加值。国际经验表明，在人均 GDP 1000～3000 美元的发展阶段（2003 年吉林省人均 GDP 为 1124 美元），经济社会结构变化最为活跃，传统生产要素对经济增长的贡献将出现递减趋势，技术创新的重要性将明显上升。从现在起到 2020 年，如果吉林省经济要实现"翻两番"的战略目标，就必须实现科技贡献率的大幅提升和经济增长方式的根本转变。所以从这一角度来看，建设创新型省份是吉林省经济社会实现跨越式发展的必然选择。

其次，在国家中长期发展规划当中提出要建立学习型社会、创新型国家的概念。吉林省百万人拥有科学家工程师 445 人（居全国第 6 位），拥有高水平的国家级科研院所、高等院校、大型企业研发中心等丰富的科技资源，高科技产业发展迅速，制造业（科技创新的最主要载体）在国内具备较高水平，综合科技实力较强。国家要建设创新型国家，吉林省作为我国科技实力较强的省份，需要率先实现创新型省份的建设，只有这样才能保证国家宏观目标的实现。

最后，从近期的发展历程来看，吉林省具有丰富的科技资源，相对坚实的科技基础，但是经济发展却没有实现腾飞。究其原因，除却国家宏观政策的影响以外，吉林省创新意识落后、企业家队伍缺位、地域文化保守等也是导致经济不发达的重要诱因。创新型省份的建设，有利于观念更新、创新文化培育、创新型企业家队伍的打造，可有效地排除和解决这些经济社会发展的障碍性因素，创新型省份的建设，更有利于提高经济发展所必需的科技资源质量的角度解决问题。可以说，走创新型省份建设的道路是解决吉林省经济社会发展现实矛盾的必然选择。

三、吉林省老工业基地经济发展对科技的需求研究

（一）吉林省老工业基地经济发展对科技的总体需求

1. 科技对经济贡献率要达到 60% 以上。

吉林省经济发展水平在全国排名靠后，2002 年的 GDP 总量列全国第 18 位。科技对经济发展的贡献率比较低是制约吉林省经济发展的重要因素，到 2002 年年底，吉林省科技对经济增长的贡献率为 45%，与全国平均水平 42% 持平，低于上海、广东等先进省份，与发达国家平均 75% 的科技贡献率相比较相去更远。"科学技术是第一生产力"，未来 20 年吉林省经济要高速健康发展，对科技的需求必将有较大幅度的上升。预计到 2020 年，吉林省经济要达到中等发达国家水平，其科技贡献率将达到 60%～70%。

2. 科技投入要达到 GDP 总量的 2%。

科技投入是科技活动的重要保障，要实现科技贡献率达到 60%～70% 这一发展目标，首先需要加大吉林省的科技投入，到 2020 年，吉林省科技投入占 GDP 总量的比重由现在的 0.88% 提高到 2%～2.5%，科技投入年增长率保持在 20% 左右。保证吉林省在"十五"期间的科技投入每年增长率达到 15% 以上，"十五"末期科技投入达到全省 GDP 总量的 1.2% 左右，"十五"以后，科技投入每年的增长率不低于 20%，到 2020 年科技投入达到 GDP 总量的 2%。同时，科技投入实现多渠道筹集，以中央政府和省政府

科技经费为主体，鼓励企业作为科技投入的主体，不断加大科技经费投入。

3. 吉林省老工业基地经济发展对科技人才的需求。

2001 年吉林省每万人拥有工程师及科学家 19.26 人、科技从业人员 32.57 人。以中等发达国家的科技发展指标为重要参考，吉林省 2020 年的科技贡献率要达到 60%~70%，每万人拥有工程师及科学家不低于 40 人、科技人员达到 200 人以上，人才素质结构进一步提高，研究生水平及以上人口所占科技人口总数的比重要达到 80%。

最后，吉林省老工业基地的振兴还要十分注重科技开发平台的建设。当今的科技发展要求有高水平科研仪器设备做支撑，尤其在尖端科技研发领域，设备的作用更为明显。预计到 2020 年，吉林省科技发展当中的科研仪器设备购置经费占科技投入的比重将由 2001 年的 6% 增加到 20% 以上。

（二）吉林省老工业基地经济发展当中重点行业对科技的需求

（1）汽车工业。汽车工业作为吉林省的龙头产业，在全国处于领先地位，在未来也将对吉林省经济发展发挥重要作用。随着吉林省老工业基地的振兴和吉林省现代化汽车基地的建设，汽车工业对科技的需求将不断上升。与全球发达的汽车工业相比较，吉林省汽车工业技术相对落后，在未来发展当中，吉林省汽车工业在电子电气、发动机附件、底盘、转向及传动、车轮、车身等方面都急需提高科技含量。

（2）化工工业。化工工业是资源依附性比较强的产业，也是科技含量非常高的产业，从资源探测、开采到产品加工，科技始终是其发展的最大动力。未来吉林省的化工工业在油气勘探、原油冶炼、化工产品研发及化工原料竭尽利用等方面都需要大量的科技经费投入和人员支持。

（3）中医药产业。吉林省中医药产业具有自身特色和优势的是制药环节，现代中医药产业需要不断加大科技投入，在投资引进国内外先进配方、设备和与其他地区科研单位合作的同时，加大科技经费和人员投入，提高自身的医药配方、生产设备以及现代化医疗仪器研发与生产水平。

（4）光电子产业。吉林省光电子产业具有巨大的科研潜力，拥有中科院的光机研究所和长春国家光电子产业基地。但是吉林省在此基础上尚未形成强大的光电子产业优势，重要原因之一就是科技成果转化能力不强。所以在以后的光电子产业发展当中，吉林省应在注重科研的同时，加大科技成果转化及产业化运作投入。

（5）现代农业。吉林省作为全国的重点产粮区，其农业生产在全国占有重要地位。2001 年粮食产量为 1953.4 万吨，占全国总产量的 4.32%。但是吉林省农业科技含量亟待提高，从种子、化肥、机械化生产、节水以及农产品的后续加工等多个环节都需要依靠科技的力量谋求更高水平的发展，其中现代化精确农业耕作技术和农产品深加工将是重点投入领域。

（6）生态环保产业。吉林省经过多年的发展，在重化工业及采掘业的冲击下，生态环境恶化严重，到 2001 年年底，虽然全省森林覆盖率达 42.5%，高于全国平均水平，但是从自然区域看，吉林省西部荒漠化每年以 1.4% 的速度扩展，东部山区水土流失严重，森林整体功能弱化，湿地面积不断萎缩，仅存 131.6 万公顷。如何恢复和保护吉林省的生态环境是未来科技投入的重点领域，集中体现在解决工业"三废"、"土地沙化"、"黑土地退化"、水资源污染以及森林病虫害等领域。

针对吉林省资源型城市的发展危机，也需要大量的科技投入，这场资源危机也是这些城市转变发展方式的重大机遇，如何在现有基础上通过科技带动当地经济的发展是解决危机的重要途径，接续产业的选择与运行都需要大量的科研经费和人员投入。

（三）制造业信息化管理对科技发展的需求

装备制造业是吉林省工业的重要组成部分，利用制造业信息化是吉林省老工业基地改造的重要内容。吉林省制造业信息化管理需要构架适合于自身实际的信息化管理平台，在企业内部推广实施企业资源规划（ERP）、供应链管理（SCM）和客户关系管理（CRM），通过企业业务流程重组（BPR）和工作流管理，结合 IT 技术优化重构企业流程，使企业流程最优，通过并行工程（CE）和协同工作，利用 CAD/CAPP 和 PDM 技术，改进产品的设计和工艺编制水平，并实现设计信息与制造信息的集成。同时，加强管理人员信息化技术培训，全面提升吉林省制造业水平。

四、吉林省老工业基地科技支撑
战略模式研究

（一）战略思想

以增强吉林省老工业基地综合竞争力为核心，以科技进步为动力，以科学发展观为指导，紧紧围绕吉林省汽车、化工、中医药、光电子、仪器仪表、新材料六大区域主导产业，加大科研投入，不断增强科技综合实力。推进产学研结合，加速科技成果转化及产业化。完善以企业为主体的科技创新体系建设，以国有科研院所转制为契机，推进企业工程技术研发中心和科研院所、大专院校的科研体系建设。同时，要进一步抓好科普工作，不断提高全民科技素质。

（二）战略目标

1. 总体目标。

根据吉林省老工业基地振兴对科技的需求以及当前吉林省科技的发展现状，总体目标制定如下：吉林省未来 20 年的科技发展要紧密结合吉林省"创新省建设"的发展战略和吉林老工业基地振兴的历史任务，通过深化科技和经济体制改革，强化体制创新，建立比较完善且切合吉林省实际的区域创新体系；加速提高吉林省主导产业的核心竞争能力；促进生态环保效益型经济的发展；全面提升吉林省科技实力及科技产出水平，大幅度提高科技对经济发展的贡献份额；全面提高全省人民的科技素质和现代意识和吉林省的知识竞争能力。

2. 阶段性目标。

阶段性目标：根据世界科技发展的总体趋势以及国家科技发展"三步走"的阶段目标，结合吉林省科技、经济和发展的实际，以科技引领经济社会协调发展为目的，以区域创新体系建设作为重要的测度和参考基准，提出未来吉林省老工业基地振兴科技支撑系统在三个阶段的战略目标。

（1）2050年远景目标：具备较强的自主创新能力，完善的区域创新体系形成并不断发展，科技经济社会达到高度协调发展，知识竞争力达到国内先进行列，知识对经济的贡献达到65%以上，部分科技领域成为全球有影响力的知识中心之一，为把我国建设成为世界科技强国作出突出贡献。

（2）2020年战略目标：自主创新能力充分提升，区域创新体系形成。若干科技领域达到世界领先水平，涌现出一批具有自主知识产权和国际竞争力的产品和产业，R&D投入占GDP的比重达2.8%以上，知识对经济的贡献达到55%以上，为吉林省老工业基地振兴大业提供强有力支撑与保障，为东北地区总体实力和水平实现跨越式发展作出突出贡献。

（3）2010年阶段目标：自主创新能力加速提升，人才储备及制度创新基本完成。全社会研究与开发（R&D）经费占国内生产总值（GDP）的比例提高到2%，达到中等发达国家科技投入水平，企业R&D经费投入占全社会投入的比例超过50%，高新技术企业R&D经费投入占年销售收入的10%。大幅度提高科学技术对经济增长的贡献份额，到2010年吉林省科学技术对经济增长的贡献率达到全国平均水平以上。

3. 具体目标

（1）主导产业。①汽车产业。在消化吸收国外先进汽车生产技术的同时，加大科技人才与资金投入，初步形成自主创新体系。跟踪世界汽车技术发展趋势，在尖端技术领域跟上世界发展水平。整合汽车领域的研发资源，注重汽车环保技术的研究与开发，建成混合动力汽车关键技术研发平台，实现具备自主知识产权的第一代混合动力汽车的产业化生产，完成第二代混合动力汽车核心技术研发与工艺设计，初步进入产业化生产阶段。提高吉林省汽车产业的综合竞争能力，汽车产业综合生产技术水平达到汽车工业发达国家20世纪末期水平。②化工产业。化工产业实现由有机化工原料生产基地向合成材料、精细化工基地转变，完成无毒无害原料溶剂和催化剂、提高烃类氧化反应的选择性、绿色化工技术生物化工技术、分子筛选催化技术、新型反应工程聚合物改进和加工等关键技术研发，建成精细化工生产基地和化工新材料基地，完成全三维、高分辨率、数字化等复杂地震勘探技术研发，提高勘探水平，提高老油田采收率3%～5%，为2010年实现化工销售收入1200亿元、原油产量700万吨提供坚实的技术保障。化工产业科技总体水平达到发达国家 80 年代中期水平。③光电子信息产业。初步完成光电子材料、光电信器件、有机发光器件、液晶显示及配套器件、大功率和超大功率固体激光器的技术研发与完善。到 2010 年，建成先进的信息传输网络，信息技术和信息资源开发利用水平跻身国内先进行列，建成具有吉林优势和特色的人才及技术支撑体系，电子信息产品制造业、软件业和信息服务业形成规模优势。在平板彩色液晶显示核心技术研究领域达到国际先进水平，为长春光电子基地建设提供技术基础。④农产品深加工产业。攻克优势农产品在品质、成本、加工上的关键技术。培育一批在品质上取得突破、重要经济指标达到主要竞争国和国际先进水平的新品种。研制成功一批全面提升产品质量、大幅降低生产成本、显著改进加工工艺的关键技术，使生产投入品用量减少 20% ~30%，综合生产成本降低 20% ~30%。集约型的标准化安全配套生产与加工技术。通过技术组装与推广，使优势区域生产的优势农产品的品质全面达到国家或农业部的行业优质标准，生产成本降低 10% ~15%。其中龙头企业生产基地生产的农产品，品质达到主要竞争国优质标准，生产成本降低 15% ~20%。⑤中药及生物制药产业。在基因工程领域争取重大突破，重点加强和完善人体干细胞技术及其产业化，建成具备国际领先水平的人体干细胞技术研发中心。继续中药材药效机理研究，攻克参茸药效作用机理分析技术，建立长白山药用植物资源库，加强中药材资源的培育和保护技术，建成中药材产业化生产基地，同时重视中药质量标准化工程建设，初步建立中药质量标准研究开发中心。

（2）科技人才队伍培养。科技人才不断满足社会经济发展的需求，培养一批青年学术带头人，重点造就一批能够解决工程技术难题的高级专家和一批适应市场竞争的科技创新人才，依托吉林省教育机构，造就一批具备较高管理水平和技术产业化开发能力的企业家队伍，专业技术人员总量每年递增 3%，到 2010 年总数达到 92 万人，从事 R&D 活动的科学家工程师全时人数达到 4 万人/年。

（3）科技支撑条件。建立人才激励机制，完善科技发展软环境，加大科研基础设施建设。R&D 经费中设备购置费用所占比例由当前的 10% 上升到 15%，绝对量保持 3.2% 的年均增长率。围绕主导产业科技水平提升，初步建成混合动力汽车关键技术研发平台、农产品深加工的新产品、新技术及产业化研发平台、光电子核心技术研发平台、长白山现代化中医药研发化学平台，为吉林省中长期科技发展目标的实施提供政策环境和基础设施支撑。

（4）农业。农业科技总体水平达到发达国家 20 世纪 90 年代末期水平，大力推广良种工程，种植业良种覆盖率达到 100%。加强农作物病虫害、森林病虫害及畜牧业防疫科研开发，到 2010 年使农作物病虫害平均防治效果达到 85% 以上，有效控制森林病虫害，杜绝畜牧业疫病。畅通农业科技成果推广渠道，提升农业产出效率，配合小康社会建设，持续开展农业机械科研及产业化工作，耕种收综合机械化水平达到 50%。

（5）科技体制改革。完成科研院所转制工作，实现科技经费行政划拨体制向市场供需体制的转变，形成适合吉林省经济社会发展实际的技术中介市场，建立适应社会主义市场经济体制和科技工作自身发展规律的区域技术创新体系，建立与社会主义市场经济体制相适应的宏观科技管理体制。

（三）战略领域

1. 科技开发的战略领域及项目。

围绕吉林省的经济发展基础和优势，结合吉林省已有的科技力量及未来经济对科技的需求，吉林省科技开发的重点领域主要包括如下几个方面：

（1）汽车领域。以电动汽车（含燃料电池）、混合动力汽车、汽车电子、信息化管理、智能汽车以及汽车工艺创新为核心的汽车系列重大科技开发项目，主要包括：智能汽车技术开发；汽车数字化开发技术；无切削成型工艺技术开发；汽车系列智能体感器研发；混合动力城市客车 CAN 总线显示、控制触摸屏的重大专项攻关；汽车覆盖件数字化制造技术；汽车注塑件辅成型设备生产、工艺开发和模具设计与制造技术产业化；清洁汽车技术开发；电动汽车关键技术研发平台体系建设；汽车用固体氧化物燃料电池（Solid Oxide Fuel Cells, SOFCs）辅助电源系统（Auxiliary Power Unit, APU）和用于电动汽车的 SOFCs 的研制；汽车主动安全控制系统的研究开发；混合动力汽车关键技术研发平分体系建设；汽车企业管理信息系统的研制及产业化（包括 ERP 和数字制造技术在内）；GPS 车辆监控调度系统研发与车载嵌入式实时操作系统研制在内的汽车电子研发。

（2）农业及农产品深加工领域。包括农业耕作技术、农田水利、转基因食品、玉米深加工以及农业新产品研发在内的农业及农产品深加工重大科技开发领域。主要包括如下重大项目：黑土保护性耕作技术体系研究；主要农作物病虫害生态及生物防治；雨养农业区农艺节水抗旱综合技术研究；多功能生物药肥研究；北方干旱、半干旱区人工草地生态畜牧业技术体系与研究；转基因技术在杂交大豆育种中的应用研究；玉米深加工新产品、新技术研发；吉林省中部玉米带黑土土壤环境障碍因子研究及综合配套技术；灌区数字化管理体系与应用研究。

（3）新材料领域。以石油化工材料，高分子材料和纳米材料为主要内容的新材料重大科技开发领域包含如下重大科技开发项目：轻量化、高强度、耐磨损新型汽车用材料技术研发；有机电活性防腐防锈涂料研制；具有优异转磁和巨磁阻抗性能的铁基非晶合金的研制与开发；稀土材料和磁性功能器件的研制；计算机用关键有机纳米功能材料研发；高性能结构型及功能型高分子新材料的研发；功能纳米复合材料的开发研究；安全气囊用引爆阈值精确可检纳米金属改性的高爆含能材料研制；碳纳米管增强纤维研发；生物医用高分子材料；淀粉基完全生物降解泡沫缓冲包装材料。

（4）生态环保领域。以黑土地区生态恢复、林业病虫害防治、湿地恢复、小流域治理等为核心内容的生态环保重大科技开发项目包括：东北地区黑土地退化治理及恢复保护利用研究；东北地区重点湿地及网络恢复、重建保护研究；东北中西部地区"三化"综合整治及草原生态环境的恢复、重建保护研究；重要树种第二代遗传改良技术研究；吉林省主要森林害虫生物防治技术；"以废治碱"材料及技术研究；在干旱沙地推广和示范适应性最强的风沙1号杨；中药材废渣综合治理项目；药品生产中的综合治理废水、粉尘项目。

（5）仪器仪表研制与开发领域。以光电技术为核心的仪器、仪表重大科技开发项目包括：半导体（有机）照明关键技术研究；平板彩色液晶显示核心技术研究（平板显示技术研究）；仪器科学与技术研究。

（6）石油化工领域。以烯烃聚合物、化工原料竭尽利用为核心内容的石油化工重大科技开发项目包括：新型烯烃聚合体催化剂与结构可控聚合；苯酚烃化合成苯二酚产业化技术研发。

（7）中医药领域。以长白山北药开发利用为核心内容的中医药重大科技开发项目包括：鹿茸中活性因子药效学研究；人参活性因子（类似RG3、PDS等）的药效学及工业化生产方法研究；中药抗病毒活性因子及药效学研究；单克隆抗体项目；基因工程药物研发；疫苗研发。

2. 高科技产业化的战略领域及项目。

（1）汽车领域。商用车电控机械式自动变速器（AMT）产业化；连续再生柴油车尾气处理器产业化；第一代、第二代混合动力汽车产业化。

（2）农业及农产品加工领域。玉米深加工新产品、新技术产业化（包括燃料酒精、生物可降解树脂—聚乳酸、L—乳酸、多元醇及糖醇、淀粉高分子材料等）；北方粳稻食用优质米生产基地建设；寒地型紫花苜蓿产业化基地建设；杂交大豆产业化开发；转基因春玉米、大豆产业化示范（转基因植物研究与产业化）；牧草产业化配套技术的研究与示范基地建设；效益型综合节水技术的集成研究与示范。

（3）仪器仪表领域。光电工程基地建设；平板显示系列项目产业化；等离子体全谱仪的产业化；粮食和食品品质快速检测仪的产业化；光电测控仪器系列产品开发与其产业化；光电医疗仪器系列产品开发及其产业化；变频调查模块系列测控仪器产品开发与产业化。

（4）生态环保领域。松嫩苏打盐碱土区适宜造林树种选择、良种选育及栽培技术研究；科尔沁沙地珍贵树种等资源保护及开发利用研究；刺五加原料基地建设；蓝靛果忍冬科示范园开发与建设；东北中部城市集群、老工业基地地表水污染综合防治及水资源综合利用研究。

（5）中医药领域。创建长白山现代化中药研发的化学平台；常温超高压提取中药有效成分；人参、西洋参种子自动处理系统＼种植成套设备及收获机械；植物源药物生物技术研发基地建设；中药材标准化栽培项目；中药现代化生产系列技术应用项目。

（6）石油化工领域。稀土顺丁橡胶；二氧化碳高效固定为可降解塑料；新型高效绿色稀土分离流程；低成本高性能聚酰亚胺结构材料；高性能镁—稀土合金产业化。

五、吉林省老工业基地科技
支撑重点任务

按照党的"十六大"提出的坚持以信息化带动工业化，以工业化促进信息化，走科技含量高、经济效益好、资源消耗低、环境污染少、人力资源优势得到充分发挥的新型工业化道路的指导思想，根据吉林省区域经济社会发展的战略需求，以及吉林省中长期科技发展指导方针、基本原则和主要目标，未来十年左右的时间内我省的科技发展重点任务如下。

（一）农业发展科技支撑重点任务

农业科技工作要围绕调整农业和农村经济结构、提高农业效益、改善生态环境和提高国际竞争力。同时，围绕农业及农村经济中具有重大经济效益、生态效益和社会效益的关键性技术问题，多层次联合攻关，尽快取得重大突破，推进农业产业化。重点围绕以下三个方面开展工作：

（1）在种植业方面，围绕发展东部山区的特色农业、中部产粮区的绿色农业和西部农牧区的生态农业，优先发展农作物专用、优质品种选育及种子产业化工程技术，专用型玉米和大豆品种的培育技术；以节本增效为基本出发点，重点攻关配方施肥、深施化肥和生物农药、节水灌溉与旱作农业技术、农业机械化新技术与区域化示范；种植业结构调整与优质农产品基地建设关键技术；重大病虫草害预测预报及综合防治技术。

（2）在畜牧业方面，优先发展优质畜禽产业化、规模化高效养殖技术及牧草品种选育和人工草地建植技术，研发由精种、精养、精加工等多个环节组成的精品畜牧业生产技术，人工授精和精液冷冻保存技术，新型饲料和饲料添加剂技术及其加工设备，畜禽重要疾病诊断、监测、控制技术及畜禽废弃物资源化利用技术。重点加强优质细毛羊胚胎移植、三元杂交猪、高产肉鹅配套饲养、动物疫病综合防治、畜牧业的集约化（规模化）、畜产品质量安全检测标准体系的建立和相应检测方法等领域的科技攻关与技术推广。

（3）农业环境及森林资源利用方面，降低环境污染，促进绿色农业的发展。优先发展水土流失防治技术，研究东北黑土地退化治理及恢复保护利用技术，研究长白山动植物资源开发与保护及人工模拟技术，开发西部沙化地区，研究寒地型紫花苜蓿产业化技术和松嫩苏打盐碱土区适宜造林树种选择、良种选育及栽培技术，重大森林病虫害防治技术。

（二）高新技术产业化科技支撑的重点任务

重点发展国家和省级高新区，建立起符合高新技术产业发展规律的管理体系、政策体系、创业服务体系和风险投资体系，形成创新、创业的文化氛围。形成若干具有吉林省特色的高新技术产业集团，孵化一批具有较强创新能力的科技型中小企业。集中力量对吉林省具有优势的高新技术领域进行深入开发，形成生物工程、新材料、电子与信息和先进制造业技术四个高新技术产业群，并为吉林省传统产业的技术改造和经济结构调整提供一批新产品、新工艺、新材料，使其成为推动经济发展的新的增长点。

在电子与信息技术方面，重点发展液晶产品、微电子、电子元器件、计算机产品及软件，通信类产品、光电子元器件及其产品等产业。重点研究开发广视角（140度）和中小屏 TFT—LCD 生产技术，TFT—LCD 背光源生产技术；研究开发电子商务软件，网络化覆盖件模具虚拟设计软件，指纹、人像识别软件及产品，农业管理及生态专家系统软件；研究开发大功率电力电子器件，新型电子化学传感器，微分析科学仪器，光电医疗仪器，汽车电子产品等。

在生物技术方面，重点发展生物工程制药、中药、化学药和生物农业技术，将基因工程、细胞工程、酶工程和现代发酵技术应用于药物生产和农业生产中，开发基因工程胰岛素、人生长素、葡激酶、碱性成纤维细胞生长因子和干扰素、白细胞介素系列生物药、生物制剂，进行生物工程育种、农业工厂化栽培与养殖、农作物的病虫害防治、可持续农业及农副产品深加工、新型高效生物饲养料等产业。开发生物反应器，分子设计，药物筛选生物芯片等技术，开发具有自主知识产权的生物药和疫苗；农作物作为生物质能源技术、化工原料资源应用技术，玉米、大豆等主要农作物转基因技术，猪、牛、羊胚胎移植技术等。研究开发治疗性基因工程抗体（生物导弹）、抗乳癌双功能抗体、IL—2 抗体、重组人蛋白（如人胸腺素

α1、干扰素—2、TNF）等。

在新材料方面，重点研究开发固体有机发光材料等电子材料及工程化技术；分离膜材料、导电高分子材料、碳纤维、高性能专用树脂及合金材料的工程化技术；研究以镁合金为代表的汽车轻量化和环境友好材料及在轿车零部件中的应用技术；稀土系列功能材料及其制品的研制及产业化开发；研制金属、无机氧化物和高分子类的新型功能纳米材料。研究开发光电信息材料、纳米材料、新型有机—无机复合材料、生物医用材料、高温超导材料、碳纤维、镁合金、稀土系列功能材料、高性能工程塑料、智能材料等，力争在产业化方面取得突破。

在先进制造技术方面，以光机电一体化为主体，研究开发 CAD、CAM、CIMS 系统，用计算机、激光、微电子等高新技术改造传统机械制造业，开发精密成型技术、精密加工技术、机械产品设计技术和表面功能性复层技术。重点研究开发在全球化敏捷制造环境下的产品开发与设计技术，系统集成与优化技术，先进制造工艺与装备；研究开发科学分析仪器仪表技术、虚拟制造与网络化制造技术，系统控制技术，攻克主导吉林省制造业发展和升级的关键技术。

（三）主导产业发展的科技支撑重点任务

以吉林省产业结构调整的需求为出发点，以企业为技术创新主体，推进技术升级，加快开发能够推动结构升级和促进可持续发展的共性技术、关键技术和配套技术。把农业科技放在科技工作的首要位置，以农产品深加工为龙头，提高产前、产中、产后的技术水平，优化农业内部结构，提高农产品质量和效益；走新型工业化道路，以信息化带动工业化，运用以信息技术为代表的高新技术改造传统产业，大幅度提升吉林省汽车、化工等产业的技术水平，重点解决产业升级所面临的重大共性和关键技术难点，加强应用技术的工程化研究，提高成套设备的技术含量和国产化水平；纵向研究开发化工原料深层次加工技术，重点研究开发化工新材料、新工艺；以长白山中医药资源为基础，实施中药现代化建设工程，做大做强吉林省中医中药产业；以平板液晶显示为突破口，紧跟世界光电子产业技术发展，以长春光谷建设为契机，研究开发一系列具备国际领先水平的光电子科研成果，推进光电子产业技术升级。根据吉林省主导产业的科技发展现实，选择一批市场前景好、产业关联度大、覆盖面宽、带动性强的关键技术领域及集成配套技术进行重点攻关，提升吉林省主导产业的技术水平，增强吉林省产业竞争优势。

1. 农产品深加工技术领域。

将玉米深加工技术研发与产业化放到农产品深加工产业技术升级的首要位置，围绕吉林省玉米资源优势的转化，加强淀粉基高吸水性树脂、醚化淀粉和酯化淀粉、黏合剂及淀粉基可生物降解聚氨酯等在内的淀粉高分子树脂的研究和开发，变资源优势为高科技产品优势；利用玉米淀粉和淀粉糖作为主要原料，研究并建立生产成本低、产品质量高的产业化 L—乳酸生产工艺，实现玉米转化增值，形成玉米—L—乳酸—聚乳酸—医用及生活用塑料制品的产业链；开发玉米秸秆等可再生资源的利用技术，以纤维水解工艺、生物工程技术和高效发酵技术为依托，建立以玉米秸秆为原料的燃料酒精生长项目；同时开展玉米多元醇与玉米聚乳酸生物可降解绿色塑料等高分子材料的生产技术的研究。以产业化和订单农业等多种形式组织好专用玉米生产基地，通过政府引导、市场选择和企业运作，尽快建立起饲料、酒、糖、可降解塑料等现代玉米加工体系。以丰富的粮食资源为基础，依靠科技力量，深化食品加工，延伸粮食的产业链，从而更好地推动经济的发展，切实地增加农民的收入，解决现在突出的"三农"问题。

在粮油加工与综合利用技术领域，重点开展优质新油源的开发、新的制油工艺与装备的改进及油料加工副产品的综合利用研究。在果蔬加工与综合利用技术领域，重点开展果蔬的保鲜方法、水果蔬菜速冻、冷冻干燥、热风干燥的新工艺新产品研究。在肉与肉制品保鲜、加工及综合利用技术领域。重点开展优质牛肉系统评定方法和标准。嫩化牛肉技术、微生物发酵技术、改善肉制品风味技术、畜禽副产品综合利用等领域的科技攻关。在农产品加工装备的科技领域，重点开发有突出的性能特点的农产品加工技术设备，绿色保健食品的加工技术设备，以及能拉动农业结构战略性调整的畜产品深加工技术装备。

2. 汽车产业技术领域。

汽车产业重点围绕安全、节能、环保等前沿技术，研究环保型清洁汽车技术研发，重点进行电动汽车关键技术研发、汽车用固体氧化物燃料电池（Solid Oxide Fuel Cells，SOFCs）、辅助电源系统（Auxiliary Power Unit，APU）和用于电动汽车的 SOFCs 的研制、汽车主动安全控制系统的研发、车辆监控调度系统研发与车载嵌入式实时操作系统研制在内的汽车电子等关键技术。同时加强消化吸收引进的先进技术，提高整车研发技术，并在此基础上提升汽车产业的自主创新能力。

3. 化工产业技术领域。

重点研究开发环境友好技术，攻克一批新型催化剂、新型反应工程、聚合物改性与加工、苯酚烃化合成苯二酚生产等显著提高产品附加值的关键技术，开发精细化工产品；研究稀土顺丁橡胶的制备条件和工艺，降低生产成本，设计完整的稀土顺丁橡胶生产技术；加强化工产业副产品利用技术，攻克二氧化碳高效固定可降解塑料工业化合成难题；研制新型高效绿色稀土分离流程，提高稀土收率和钍收率，解决化工产业当中氯化物废气排放问题。

4. 光电子信息产业技术领域。

紧跟国际光电子信息产业的发展步伐，重点研究能带工程技术，开发新型人构改性半导体材料（异质结构、量子阱和超晶格材料），加强光电集成化技术和红外探测器阵列技术的研究与开发，研制光电子集成芯片。在光显示和光存储领域，重点加强蓝光 LED 技术的开发与产业化，完善平板液晶显示技术，为争夺高清晰度显示屏市场提供技术支撑。进一步完善光纤通信和光子连接技术，注重微电子与光电子的结合技术研发，开展大规模、多功能、高速化、大容量的光电子集成电路和高性能半导体激光器、新型光电系统集成技术的研发。

5. 中医中药产业技术领域。

重点围绕"中药现代化科技产业基地"和"长白山现代化中医药研发化学平台"的建设，实施医药现代化产业建设工程。在生物工程药物的科技领域重点攻关基因工程药物技术的研究与开发，针对恶性肿瘤、传染病以及心血管等重要疾病，利用基因工程技术研制重组蛋白质、小肽等生物技术药物；新型疫苗的研究与开发，针对传染病、恶性肿瘤等的预防或治疗，研制生物技术疫苗；新型功能性抗体的研究与开发；干细胞体外扩增技术及产品开发；依据传统中医药理论、充分利用现代化科技手段，研究吉林省主要中药材的药效学机理；研究具有特殊药效的地道中药材和疗效确切的中成药成分，确定其结构和药效机理，研究其合成技术和方法；研究建立快速高效的中药复方化学成分的常温超高压中药有效成分提取技术、分离及鉴定方法，培育优质中药材品种；研究开发疗效确切、质量稳定的中药复方制剂和国家1、2类中药。继续加强化学合成药、生物药等创新药物研制。在新产品研发领域，重点攻克中药新产品研究开发和植物提取物技术，新型释药系统和中药制剂关键技术。

（四）人口健康与资源生态环境科技支撑重点任务

1. 提高人口健康科技水平。

医疗卫生科技围绕解除危害人民健康的主要疾病开展研究，针对吉林省人口老龄化和疾病谱的变化，在吉林省中长期发展规划中，重点是心脑血管疾病、呼吸系统疾病、综合防治技术，开展病毒性疾病（重点是病毒性肝炎以及传染病）、老年病、抗衰老、恶性肿瘤等高发病的无损伤、高分辨率诊断与综合治疗技术的研究。同时，要加强吉林省医疗器械、医疗设施、医疗机构及医疗管理体制的改革和创新。

2. 加强生态环境保护和治理技术科技发展。

加大科技进步对生态环境、资源可持续利用领域的支撑力度。重点研究水资源合理利用、保护、控制与污水处理的综合集成技术，研究不同类型资源水的空间分布规律、控制技术与利用技术，大力开展节水农业、节水工业及各类节水技术的开发研究，创造条件保证水资源的合理供应，确保经济、社会和生态的协调发展。

结合生态省建设，研究不同类型的科技引导和促进经济、社会、生态协调发展的途径；攻克重点大宗污染治理关键技术、污染物资源综合利用技术，节能、节水技术，形成和提高污染治理、节能、节水技术的工程化水平和设备的成套化能力，研究开发废旧物质再生高值化技术，推进环保科技产业发展。

开发西部地区"三化"（沙化、盐碱化和草场退化）控制与生态恢复技术，西部荒漠化综合治理技术和节水灌溉等技术，东部地区水土流失防治技术、中部地区的培肥地力技术和加快森林资源培育技术的研究；开展非金属矿资源高附加值综合开发利用技术研究，解决一批吉林省社会发展中的重大技术问题。在提高经济效益的同时，逐步实现经济效益、社会效益与生态效益的统一。

3. 探索新的自然资源与能源开发利用科技。

自然资源开发主要围绕吉林省的非金属矿进行研究。重点开展膨润土、硅藻土、硅灰石、特种石墨、高岭土等具有优势的优势矿物的高纯、超细、改性等方面的研究，并开发以非金属矿为主要原料的制品。目标是培育新的经济增长点，形成新兴的高科技产业。

（五）交通运输业科技支撑重点任务

按照需求引导、综合集成、创新挖潜、重点突破的交通科技发展思路，经过认真凝练，提出既有全局性、突破性、前瞻性、牵动性和紧迫性的"发展一个体系，解决三大热点问题"作为交通科技发展的主要任务。

1. 发展现代综合交通体系。

发展现代综合交通体系，应从统筹规划、基础设施、载运工具和现代管理四个环节上研究解决关键性技术问题，提供技术支撑。统筹规划是现代综合交通体系发展的先决条件，必须首先消除管理体制的制约，才能有效地推动综合规划理论与管理技术的进步与应用，统筹规划本身则要与经济社会的发展要求相适应。未来的交通基础设施建设难度更大、要求更高，必须寻求更为广泛的科技支持。以信息技术为支撑的现代交通管理对大幅度提高运网能力和运输效率，优化资源配置、改善交通环境、提高服务质量、增强运输企业的竞争力具有重要意义。

2. 减少交通能源消耗与环境污染问题。

解决交通运输能源消耗和环境污染问题，必须通过交通运输领域的能耗结构调整和能源转换实现。可以通过两个阶段实施：第一阶段在通过节能和低排放技术降低能耗的同时，研发和推广燃气汽车、混合动力汽车来实现能源结构多样化；第二阶段通过研发和推广燃料电池汽车，实现向氢能经济的转换。最关键的是汽车能源消耗的节能化、低排放化和洁净化技术研究，以及在其他机动车上的推广应用。

3. 解决交通安全问题。

针对交通安全问题首先从人与运载工具和运行环境的适应性上给予重视，同时要提高对交通事故和突发事件的应急处理能力和搜救能力。不但需要从安全理念、政策法规、规划设计、建造运营等方面采取有效措施，而且需要在事故预防、应急处理、强化救助等关键技术方面展开系统研究，为交通安全提供技术保障。较强汽车安全技术研究，并应用信息技术提高道路交通安全水平，如自动测距防撞、路面识别、驾驶员状态预警、职能自适应车辆控制、自动救护呼叫等技术。

4. 交通运输科技的重点。

一是加强公路养护技术的研究，重点在高速公路养护成套技术、大型高效筑路机构开放等；二是加快交通信息公路建设，并利用计算机技术和信息技术加速改造公路运输产业，建立与完善各类管理信息系统，促进公路网运营管理技术提升，提高管理水平。

（六）新经济增长点培育当中科技支撑重点任务

从吉林省当前经济发展实际来看，油页岩开发与新材料研发及产业化项目将成为未来重要的新经济增长点。

1. 油页岩开发。

据国土资源部门勘测，吉林省油页岩预测资源储量 2542.9 亿吨，查明资源储量 174.26 亿吨，约占全国总量的 54%，具备光明的发展前景。而当前相关的油页岩开发技术在国内处于起步阶段，成熟的油页岩开发技术尚属空白，当前吉林省油页岩开发主要依靠与荷兰壳牌公司合作的途径来获取核心开发技术。随着能源短缺及相关技术的快速发展，在吉林省已有资源储备的支撑下，油页岩将可形成一个新的产业，其上下游产业也将快速发展。在油页岩开发初期，吉林省可立足于引进外来技术，但是从长远来看，为了打破资源—技术型合作项目所带来的技术垄断，加强吉林省油页岩开发的可持续性，就必须在引进消化技术的基础上，强化相关领域内的技术创新，形成具备自主知识产权的油页岩开发应用技术。同时，油页岩开发项目的发展也将对环境保护及耕地保护等提出了新的课题，这些都需要科技层面给予强有力的支撑。

2. 新材料（优质钢材）开发。

钢材需求量是一个国家或者地区工业发达与否的重要标志。吉林省作为国家的工业基地之一，对钢材的需求量非常大，尤其是长春、吉林等地区的汽车制造业，每年对优质薄胎钢的需求量位居全国前列。但是从吉林省当前发展实际来看，这种科技含量和经济附加值都比较高的钢材供给基本上依靠从具备核心技术的发达国家进口，在消化吸收它们优质钢材过剩生产能力的同时，付出了高昂的成本。优质钢材等新型材料的研究开发及产业化生产技术已经成为吉林省老工业基地振兴迫切需要解决的问题之一。而且这类技术的开发应用具有较大的波及效应，在带动周边产业发展的同时，有效地为吉林省其他产业发展提供动力，是吉林省老工业基地振兴科技创新的重点任务之一。

（七）科技基础条件平台科技支撑重点任务

以改革、创新为动力，以资源共享为中心，优化科研条件布局，合理配置资源。围绕吉林省科技发展目标，加强基础设施建设和省级重点实验室和中试基地的建设，不断适应国际国内和社会的新形势，为科技创新和经济发展服务。

1. 加强科研基础设施的建设，为增强创新能力提供支撑。

（1）完善省级重点试验室和中试基地的建设。加大重点试验室和中试基地的投入，有计划地装备一批高水平的科研设施，保障重点试验室和重要科研基地装备的先进性。同时，根据吉林省的发展重点，在汽车、光电子、医药、农产品深加工等领域内，再建立 10~20 个重点试验室和中试基地。从而提高吉林省科研院所的持续创新能力。

（2）发挥国家重点试验室的作用，为吉林省地方经济作贡献。国家重点试验室，在吉林省共有近 20 个，这些试验室，代表国家高技术学科前沿水平，具有很高的技术水平和很强的人才、设备实力。利用好这部分资源，将对吉林省的科研、生产和技术开发产生巨大的作用。因此，在加强省级重点试验室建设的同时，要列出专项资金支持国家重点试验室建设，并制定国家重点实验室为吉林省科研做实验的优惠政策，使之更好地为地方经济建设作贡献。

（3）支持有条件的省级重点实验室，纳入国家重点试验室。吉林省是农业大省，在农业科技领域具有很大的优势，中药现代化是吉林省的支柱产业，应该建立为吉林省医药研发服务的重点实验室。在吉林省中长期科技发展阶段，要重点支持这两个领域的实验室，不断提高实验和创新能力，争取吉林省农业、吉林省中药现代化实验室纳入国家重点试验室管理。

2. 建立科学仪器产业基地。

科学仪器是知识创新和技术创新的重要条件。在以创新为动力、以信息技术为主导的新一轮经济发展中，科学仪器已经成为工业生产倍增器和高新技术的催化器。在吉林省中长期科技发展阶段，要进一步强化吉林省在科学仪器研制与开发的优势，进一步加强长春市光机所、以光学仪器专业为主的光机学院等众多的科研机构和大学和光学仪器、气象仪器、试验机、自动化仪表等国内龙头企业的科技建设。在吉林省中长期科技发展阶段，建立东北科学仪器产业化基地势在必行。

3. 抓好大型仪器的协作共用、改造升级和功能开发。

协调有关部门、科研院所和高等学校，加强科研基地、重点试验室和大型科技设施的联合共建、资源共享。在吉林省中长期科技发展阶段，再投入一部分科研条件共享基金，增加一部分入网仪器。继续加强科学仪器的改造升级和功能开发，支持仪器改造单位对国外高档进口仪器和设备的消化、吸收、创新和改进，推广先进成熟的改造升级技术，提高吉林省科学仪器的研发和应用水平，提高现有装备的技术水平。

4. 完善科研条件质量技术保证体系。

根据国家的工作部署，开展与高技术发展相配套的技术标准体系和与提高人民生活质量相关的安全标准体系的研究。在农产品及食品、信息的安全标准；生物、纳米材料、新能源及先进制造等高技术产业发展标准；环境监测标准、生物活性材料的生物安全性标准；国家标准物质、标准方法等方面开展研究和检测工作。在分析测试方面支持科研和全省经济急需的分析测试新方法的研究，不断丰富和完善分析测试资源库。通过分析测试方法的规范和统一，提高我省科研、生产检测的整体质量和水平。

5. 加强科技信息资源建设。

（1）推进科技文献的改革与发展。配合国家科技图书文献中心的建设，建立省科技文献中心。发挥吉林省高校和科研院所的作用，把吉林省科技文献建成为适应科技创新、经济建设和社会发展需要的文献信息资源保障体系。利用数字化技术逐步实现与国家图书馆、高校图书馆等文献信息资源系统的对接，推进文献信息资源共享的进程，有条件时，扶持和培育一批高水平、高质量的核心学术期刊。

（2）加快科技基础数据库建设。推动建立吉林省科技基础数据库系统在基础学科、资源环境、生命科学、医药资源、高新技术产品、农业科技、长白山野生资源等方面，建立信息资源数据库，为科技创新提供信息资源。坚持统筹规划合理布局、联合共建、做到网络特色化、服务网络化。

（八）科技创新体系建设科技支撑重点任务

在吉林省中长期科技发展阶段，科技创新体系建设主要从以下几个方面进行：

1. 建立以应用研究为主的科学研究体系。

注重发挥高等院校、科研机构现有高层次研究人才的作用，充分利用国家级重点实验室、工程研究中心的技术设备，加强吉林省重点领域的基础研究和应用研究，在国家知识创新工程中要争取一些重大科技项目，为技术创新提供技术源泉。在吉林省中长期科技发展阶段，要加强应用研究方面基础性建设，建设好工程研究中心、中试基地和重点实验室；提高科技有效供给能力，为技术创新和科技成果产业化提供技术储备。

2. 建立以企业为主体的技术开发体系。

在吉林省中长期科技发展阶段，要重点抓好企业的技术创新工作，逐步形成以企业为主体，推动产学研相结合，构筑富有生机和活力的技术开发体系。大中型企业要建立和健全自己的技术中心、工程中心。鼓励企业通过联合攻关、双向交流、长期合作或投资入股等多种方式与高等学校、科研机构联合共建产学研结合的技术开发机构。积极支持大企业和企业集团兼并相关的科研机构，使科研机构真正成为企业技术中心。积极采用先进技术改造传统产业，推动产业升级和结构优化。要在全省选择一些重点企业进行高起点的技术改造，大幅度提高其技术创新能力。实施中小企业技术创新示范工程，提高中小企业技术创新能力。

3. 大力发展信息、咨询等中介服务机构，构筑社会化的科技服务体系。

积极发展为企业提供综合性服务的生产力促进中心、高新技术创业服务中心、人才市场、技术信息市场等技术中介服务机构。加强综合性科技信息机构的信息库及信息网络基础建设，努力实现组织网络化、功能社会化、服务产业化。

4. 进一步深化科研机制改革，全面推进科研机构转制和产业化进程。

省属开发型科研机构转为企业后，要建立现代企业制度，充分利用人才、技术优势，转化高新技术成果，尽快发展成为具有较强市场竞争力的科技企业。社会公益型科研机构要重新界定，实行分类改革。调整农业科研结构和布局，为区域农业产业开发提供技术支撑。

5. 加强农业技术推广体系和技术市场网络建设。

县、乡（镇）农业技术推广机构要转变服务方向，强化服务功能，条件成熟的要变成为农业提供产前、产中、产后服务的经营实体或中介服务机构。要逐步增加农业技术推广机构的基础建设经费，限制非专业技术人员进入农业技术推广机构。鼓励农民以各种形式组建专业技术协会、研究会等民间科技组织。抓好县农村技术市场，疏通科技信息向农村传播的渠道。要大力促进县、校（院所）发展协作，为县域经济发展服务。

（九）科技人才队伍建设重点任务

实施科技人才开发工程，加强科技人才队伍建设。在充分发挥市场机制对人才资源配置的基础性作用，形成人才合理流动、公平竞争、自主择业的有效机制的同时，要加强政府的宏观调控和政策引导，积极实施"新世纪科技创业人才培养工程"，重点培养科技与经济发展急需的三类人才：一是杰出青年人才的培养。即通过实施杰出青年人才培养计划，每年重点资助几位 40 岁以下具有高级技术职务或博士学位的青年科技人员，解决杰出青年人才断层问题。二是学科带头人的培养。通过重点资助和实行首席专家制等形式，培养一批在国内具有一流水平，在国际上有一定影响力的科学家和工程师。三是高新技术企业中高级经理人才的培养。通过举办高级经理培训班、请知名人士讲座等形式，培养一大批能够领导高科技产业化的高级经理人才。同时，要通过政策引导和鼓励，营造用事业吸引人才、用条件留住人才、用待遇稳定人才的环境，调动广大科技人员进入科技创新和经济建设主战场的积极性。要特别注重国外科技人才和智力的引进，积极创造条件，建立海外留学归国科技人员基金，以吸引、留住高素质的科技创新人才。

（十）现代服务业科技发展重点任务

加快旅游、运输、金融传统三产的技术升级，大力提高服务设施的技术水平和效率，用高新技术装备第三产业、加速其现代化进程，并大力发展高效、技术密集型新型三产行业。大力发展信息服务产业，加快金融、商贸、社会服务信息化的步伐。利用大容量、宽频带、高速率的通信传输网实现企业与社会各部门相互之间及与国内各城市、港澳地区及国际网 Internet 的网络互联，开发利用网上丰富的信息资源，大力发展装备类信息服务，推动长春市产业的全面信息化。加快科教与社会公众事业电子信息化建设、建立公众电子图书馆及各类公众服务数据库。加强面向家庭的电子信息服务，以家庭交互式电视试点为突破口，逐步推动家庭娱乐、教育、购物、银行服务等电子信息技术应用。大力发展法律、审计、会计、咨询及资产评估等新兴行业，大力发展面向企业的各类咨询和科技服务机构，以吉林大学、中科院长春分院等科研机构为依托，成立技术转移中心，促进高新技术成果的引进、消化、吸收，为企业科技创新能力的提升提供支持。

六、吉林省老工业基地科技支撑
战略对策研究

以科技为主要依靠力量，实现吉林省老工业基地的振兴，任务十分艰巨。吉林省各地区、各部门在省委、省政府的统一领导下，分工合作，上下协调，针对老工业基地振兴的科技发展制定了如下重大举措。

（一）围绕六大基地建设，推进吉林省老工业基地振兴战略

结合吉林省的经济发展基础和已有优势，重点围绕六大基地建设，推进吉林省老工业基地振兴战略的实施：①重点依托一汽集团，发展整车，建设长春、吉林两个汽车工业园区，发展配套零部件、专用车两个系列产品，带动机械、冶金、轻工、电子、防治上游产业和汽车维修服务下游产业的发展，促进汽车贸易和服务业，建设具有国际竞争力的汽车工业综合制造基地。②重点壮大吉化、吉林油田两大集团，实施"四个一批"工程，发展精细化工和特种合成材料，提高加工制成品比重，建设国内重要的综合性石油化工产业基地。③依托吉林省独具生态特色的农产品资源优势，通过推进农产品生产的标准化，促进传统农产品资源优势，促进传统农业向现代农业，农产品加工向新型制造业转变，建设国内最大的生态型绿色农产品加工基地。④依托长白山北药资源和吉林省生物医药技术及产业的基础优势，加强基础设施和公共技术平台建设，提高自主研发和信息开发能力，重点发展生物制药和现代中药两个产业，建设独具特色的现代中药及生物制药基地。⑤以长春国家光电子产业基地为核心，发挥信息技术的先导作用和产业化优势，重点发展光电子及信息技术、新型材料、现代农业等高新技术产业，构造辐射全国、具有国际竞争力的产业和空间集群，

建设集研发、生产、人才培养、综合服务为一体、国际知名的高新技术产业研发和生产基地。⑥对森工和以煤炭为主的矿业等资源型城市和企业，实行"分类实施，转型替代，主业接续，多业并举"，选择和开发替代接续产业，建设资源型城市和地区接续产业示范基地。

（二）实施五大工程，推进吉林省老工业基地振兴战略

1. 区域创新体系建设工程。

完善技术创新的行为主体，构建以企业为主体、科研机构为核心、市场中介服务为资源配置纽带的区域创新体系，发挥政府整合技术创新资源的功能。加速科研院所的后期改制工作，利用政策促进科研机构进入企业、转变为企业或转变为企业的技术中介机构；加强中介服务架构建设，有效解决科技成果市场转化难的问题，在技术和应用之间架起桥梁，建设技术创新的支撑服务体系；建立工程技术研究中心，解决科研与生产相脱节的问题；建立生产力促进中心为中小企业提供科技服务；建设科技创业中心为高科技企业提供科技服务。同时加强对中介服务机构的管理，规范行业行为，培育和健全技术市场，加强科技信息网络等基础设置建设。

注重发挥高校、科研单位的作用，为技术创新提供技术源泉，发挥科研机构、高等院校当中高层次科技人员和科研设备的作用，重点解决高新技术领域中的热点、难点问题。

实施人才战略，建立有利于科技人才脱颖而出的人才竞争机制。充分利用好高等院校的人才、信息优势，引导鼓励高校人才进入企业，从事科技成果转化及专业化工作，培育一批知识和智力密集有市场竞争能力的高新技术人才。加强知识产权管理工作，确认知识资本投入的收益权，规范市场对科技进步的激励作用。

从财政扶持、金融扶持和政府采购三个方面入手，建立技术创新的投融资体系。实行对技术创新企业的研究开发补贴和税收优惠激励政策，着重解决创新风险分担和新建科技企业的融资问题。同时，从技术创新的研发阶段、中试生产和制造阶段、市场化等阶段加强技术创新过程体系的管理。

2. 制造业信息化推进工程。

成立制造业信息化综合协调领导机构，研究并出台吉林省制造业信息化发展规划，制定制造业信息化有关政策，以促进吉林省制造业信息化的

健康发展。为制造业信息化提供技术支持，从科技经费当中，设立专项资金用于制造业信息化与工程技术研究，鼓励科研机构与企业针对吉林省制造业信息化问题申报国家或部委科研计划。构建适合于吉林省制造业自身实际的信息化管理平台，在企业内部推广实施企业资源规划（ERP）、供应链管理（SCM）和客户关系管理（CRM），通过企业业务流程重组（BPR）和工作流管理，结合 IT 技术优化重构企业流程，通过并行工程（CE）和协同工作，利用 CAD/CAPP 和 PDM 技术，改进产品的设计和工艺编制水平，实现设计信息与制造信息的集成。同时加强管理人员信息化技术培训，全面提升吉林省制造业信息化水平。

3. 技术标准化建设与推进工程。

实施有效的知识产权保护，重视技术标准化体系的建设，在国家启动中国技术标准化战略研究的大环境下，重视企业的标准化体系建设，在吉林省企业采用国家和国际技术标准的同时，借鉴国外相关经验，在充分考虑地方区情的情况下，围绕着地方的主导产业，突出吉林省的特点，鼓励企业进行自己的技术标准化体系的研究与建设，制定出具有地方特色技术标准的法律法规，以提升本地区产业市场形象和竞争能力。完善技术标准化制定、执行和监督体系的建设，加强与标准执行和监督方面的协调性，变产品标准型为贸易适应型，通过技术标准与法规相配套，增强技术标准的可操作性，建立专门技术标准信息咨询服务机构，及时向社会各界提供各国的技术标准和法规情况，并为企业开展咨询活动及跟踪服务。开展标准化培训活动，在有条件的高等院校和科研院所成立专门标准化问题研究中心。同时，在企业层面上，加强技术标准化和标准管理工作。

4. 企业技术创新工程。

促进企业成为技术创新主体，发挥市场机制调节作用，鼓励企业创建研发机构和工程技术中心，在技术创新的重点领域，建立创新基地（围绕主导产业建立玉米深加工研究中心、汽车技术研究中心、光电信息技术研究中心、应用化学研究中心、生物及中医药研究中心）；特别是国有大中型企业要进一步加大技术创新的投入，面向市场需求，在引进、消化、吸收的基础上加大自主开发比例，形成一批具有自主知识产权的主导产品和关键技术，不断提高吉林省企业的技术创新能力。

促进科研机构与高校科研工作面向企业技术创新，推动产学研相结合，构筑富有生机和活力的技术开发体系。鼓励企业通过联合攻关、双向交流、长期合作或投资入股等方式与高等院校、科研院所联合共建产学研结合的技术开发机构。企业技术创新以产品的市场占有率和商业利润为目标，开发具有市场竞争力的名牌产品，将健全企业技术创新机制作为现代企业制度的重要内容，引导企业自觉增加技术创新投入，实现企业科技投入与创新的良性互动。

实施中小企业技术创新示范工程，在全省选择基础条件比较好的不同类型企业，开展中小企业技术创新试点，选择 1 ~ 2 个城市开展技术创新区域试点工程，提高中小企业技术创新能力。

5. 知识创新工程。

继续推进知识创新工程，瞄准国家中长期战略目标和国际科学前沿，围绕国民经济和社会发展中的战略性重大科技问题，把握国家科技发展的趋势，选择吉林省有相对优势的领域，开展科技前沿的创新研究。在保证必需的基础学科布局的基础上，选择优势科研基地、优秀科研人才、重点科研方向、优先安排给予支持。注重知识创新与管理创新相结合，建设具有国际先进水平的知识创新系统及现代科研院所管理制度；改进科研组织结构和科研管理模式。优先支持具有雄厚科研基础、优良科学传统、较高科研水平和较大学术影响的科研基地，研究开发一系列能够代表吉林省知识创新能力与水平的科研成果。

提高知识创新系统的效率。建立和健全促进知识传播和知识转移的机构和机制，制定促进知识创新系统各组成部分间和国际间交流与合作的政策和措施，建立科学的、与国际基本接轨的知识创新及创新的成果的评价体系、评价制度和评价方法。逐步改善科研环境，建立良好的科研支撑条件体系，加强知识创新的基础设施建设。设立科研仪器设备更新专项基金，增强科研仪器研制开发能力，缓解仪器设备老化问题。改善科研人员待遇，优化科技人才资源的配置机制。

（三）构建并完善科技创新体系

按照立足实际、统筹规划、重点突破、整合创新资源的区域科技创新体系构建总思路，以提高区域科技创新能力为主要任务，构建吉林省老工业基地振兴科技创新体系。首先明确吉林省老工业基地科技创新的行为主体，促进企业成为技术创新主体，发挥市场调节作用，鼓励企业创建研究开发机构，在技术创新的重要领域，建立创新基地（如玉米深加工研究中心、汽车开发研究中心、光电信息技术研究中心、现代中医药研究中心等）。促进科研机构与高校科研工作面向企业进行科技创新，充分发挥高校及科研院所的资源优势，为吉林省企业技术创新服务，促进科研机构进入企业或转变为企业的技术中介机构。发挥政府整合科技创新资源的功能。实行对科技创新企业的研发补贴和税收优惠政策，设立"科技创新基金"和"种子基金"，完善科技创新的金融支撑体系。同时，从研发、原型生产和制造以及市场化三个阶段加强对吉林省科技创新过程体系的管理，不断完善吉林省的科技创新体系，提高科技创新对经济发展的贡献率，实现吉林省老工业基地的振兴与发展。

（四）提高科技投入

建立以政府投入为引导，企业投入为主体，银行贷款为支撑，社会资金为补充的多渠道、多层次的资金投入体系。进一步改善投资的软硬环境，吸引更多的外资投向高技术产业；积极争取国家东北老工业基地振兴等重大科技项目的投资，把一批重大项目纳入国家规划，吸引中央部委的资金投入；提高市级财政对科技的投入，保证科技投入的增长速度高于财政收入的增长速度。

扩大银行科技贷款规模，创建科技风险投资机构，建立由政府、企业、银行、社会等共同投资创办的科技风险投资基金；建立以民间为主，政府资助的科技银行或科技信用合作社，创造新的金融工具；积极争取世界银行优惠贷款及其他国际金融机构和财团的优惠信贷及风险投资；增加企业科技投入，利用企业发展基金、科技开发基金、引进外资、合资以及发行债券、股票等多种形式筹集科技开发经费，优先支持高新技术企业发行债券和股票，进一步开拓社会资金来源。

（五）实施科技人才战略

建立新型的用人机制，培养、吸收高素质的科技人才，特别是复合型人才群体。充分利用好高等院校人才、信息优势，引导鼓励高校人才进入企业，从事科研成果转化及产业化工作，对高等院校建立的科技园给予支持和扶持，努力培养一批知识和智力密集有市场竞争能力的科技企业和科技集团，培养企业负责人的创新意识。进一步推进科技体制改革，以知识产权为中心，采用项目承包、科技成果入股等多种形式，体现科技的经济价值，调动广大科技人员的积极性，发挥社会各界具有科技专长和技术技能的科技人才在技术物化为生产力当中的作用。对从事高技术研究开发的高级专家、高技术项目负责人和企业领办人赋予相应的自主决策权，重视与加强对科技人才的培养和储备的同时积极营造有利于科技人才发展的制度环境，设立专门服务机构，制定和完善相应的法律法规，依法有效地保护高技术产业投资者、创业者和科技发明者的合法权益，制定鼓励创新企业迅速成长的税收政策。

（六）加速科研机构转制

以国有科技型企业、股份合作公司、有限责任公司、企业研发中心以及科技中介机构为主要形式，改变当前吉林省国有科研院所的运行机制，努力提高科技人员的市场意识，加速吉林省科技成果的市场化、产业化运作，重点加强省属开发性科研院所的转制工作，成立"科研院所转制领导小组"，借鉴国企改革的经验，以股权多元化为基础、法人治理结构为核心，实行优胜劣汰、适者生存的市场竞争法则，调动科研院所的积极性和主观能动性。建立院所改制奖励基金，处理好院所改制与稳定大局之间和院所创收与财政收入之间的关系，加强院所离退休人员的退休工资和社会保障问题。

（七）创新科技管理体制

重点支持主导产业和老工业基地振兴技术领域的高技术研究与技术创新重大科技专项、研究开发条件和科技产业化的环境建设；加强科技发展战略研究和技术预测工作；抓好科技计划管理改革，构建新的科技计划管理体制，积极推行科技项目投招标制，建立科学公正的科技评估制度，试行科技项目首席专家制，重大科技项目论证旁听制和管理责任制；逐步实现科技计划决策、管理、评价相对独立，建立健全竞争、监督和制约机制；进一步完善科技计划实施的法规体系。

（八）优化科技发展政策环境

重点加强科技政策法规、投融资、对外开放、科技宣传等环境建设，为科技创新和产业化提供良好的社会基础和氛围。进一步实施有效的人才政策、知识产权政策、财政政策和金融扶持政策。改革和改善科技奖励制度，落实好技术、管理等生产要素参与收益分配的政策，积极推行对高技术企业中的技术骨干、管理人员采取股票期权等方式进行有效激励的机制，逐步实现技术资本化、资本人格化。不断提高科技人员待遇。

（九）加强科学技术普及工作

我国经济社会已经进入了一个新的历史阶段，吉林省经济也面临着全新的发展机遇、环境和任务，经济发展依靠科技，走内涵发展的道路是必然的选择。经济增长方式的转变首先是观念的转变，只有唤起整个社会特别是领导部门对科技的重视，真正理解科技对经济发展的重要作用，树立科技意识，将科技工作视为关系到吉林省前途命运的重要工作，吉林省的社会经济发展才能走上健康的轨道。提高全民科技意识首先要从政府做起。其次，创造条件加快与国际接轨的步伐，使企业亲身感受科技在现代企业经营和竞争中的地位和作用。第三，在科技普及方式方法上，充分利用图书馆、科技馆、博物馆等基础设施，举办各种类型的科技活动，利用新闻出版、广播电视、国际互联网等现代传媒，大力宣传科技知识。重点加大农村科学技术的普及工作，坚决取缔各种迷信活动。鼓励全社会兴办与科普有关的公益性事业，开放有关的国家实验室，接待青少年参观学习。加大对科普工作的资金支持力度。

（十）加强国际科技交流与合作

在科学研究方面，制定科技合作专项计划，加强重大关键技术和生产技术科研项目的国内外合作与交流；建立符合社会主义市场经济建设要求和科技发展自身规律的国内外科技合作体系，努力拓宽吉林省重点行业和优势学科领域国内外科技人才资源，充分发挥国内外科技合作的先导作用，鼓励和扶持企业技术创新走开放发展的道路。

在高新技术产业化国际合作方面，要大力吸引国际上技术先进的跨国企业到吉林省投资高新技术项目，合资建厂。通过改善投资环境、优化科技产业化政策，提高劳动者素质，与国外跨国公司建立密切的合作关系，吸引它们来吉林省投资兴建高科技企业，兴办技术含量高的合资企业，加快高新技术产业化的发展步伐。

七、吉林省老工业基地科技
支撑重点项目

表1　　　　　　　吉林省老工业基地科技开发的重点项目

编号	项目名称	主要研究内容	预期经济社会效益
汽车领域			
1	智能汽车技术		
2	汽车数字开发技术		
3	无切削工艺技术		
4	汽车局域网研发；汽车室内空气净化装置研发；汽车系列智能传感器研发	运用 GPS、GPRS 等技术，研制汽车网络管理系统，实现定位、导航、报警等功能	实现汽车的网络化管理，开发样机，申请专利，批量生产，开拓市场，建立省级销售网络及售后服务站点。年利税超过 1000 万元，扩大生产规模，不断推出新型产品，争取把产品推向国外市场
5	混合动力城市客车 CAN 总线显示、控制触摸屏研发	研究开发适合一汽汽车集团正在研制的解放混合动力客车用 CAN 总线显示、控制触摸屏，目前国内混合动力汽车的研制处于起步阶段，国际上形成批量生产的也不多，课题已经列入国家"863"重大专项和吉林省重大专项，在研制过程中，及时发现应增加该车的 CAN 监控与显示系统的研制，以保证整车的完整性和尽快实现产业化	完成样机的制造和调试，与台架联调达到中试水平，进行可靠性试验建立生产基地，达到年产 3000 台能力

续表

编号	项目名称	主要研究内容	预期经济社会效益
6	汽车覆盖件数字化制造技术	开发汽车覆盖件数字化制造技术及装备，实现覆盖件的无模、快速成型	开发出汽车覆盖件数字化制造装备；实现汽车覆盖件数字化成型达到年产10台板材数字化成型设备的生产能力
7	清洁汽车技术，欧四发动机	新能源与节能技术；内燃机公害与控制；内燃机工作过程优化与控制；汽车新型动力系统的研发	建立国内一流的清洁汽车技术研究与开发的软硬件环境，成为吉林省清洁汽车产品的重要研发基地。在清洁汽车和新型动力系统的研究与开发方面形成自己的特色，创造具有很强国际竞争力的民族品牌
8	电动汽车关键技术研发平台体系建设	电动汽车关键技术研究，完成电池试验检测平台、电机试验检测平台、CAN总线开发平台、再生制动试验台、电动汽车动力总称控制软硬件开发平台、虚拟测试平台和试验台等电动汽车关键技术研发平台建设	配合一汽，实现第一代电动汽车的产业化。完成平台体系建设，全面提高电动汽车动力总成控制器指标，进而实现第二代电动汽车的产业化
9	汽车用固体氧化物燃料电池（solid oxide fuel cells, SOFCs）辅助电源系统（Auxiliary power unit, APU）和用于电动汽车的SOFCS的研制	首先用SOFC代替传统的内燃机带动发电机的发电方式为汽车提供电力—SOFC辅助电力系统，进一步用SOFC取代传统的内燃机来驱动汽车—SOFC电动汽车	制备和检测SOFC基础部件，确定最佳工艺条件和生产路线，建立SOFC辅助设施。本项目的实施可以有效提高汽车的效率、降低排放、提高舒适性和安全性，具有巨大的发展潜力

编号	项目名称	主要研究内容	预期经济社会效益
10	汽车主动安全控制系统的研究开发	汽车主动安全控制，包括汽车制动性能设计专家系统研发平台、ABS 系统研发平台、车辆横向稳定性控制研发平台、TCS 系统研发平台	建成汽车制动性能专家系统设计平台，开发自主知识产权的 ABS 系统，初步完成车辆横向稳定性控制与 TCS 系统的研发平台。实现 ABS 系统的产品化，完成车辆横向稳定性控制系统的系统平台，实现 ABS 系统及车辆横向稳定性控制系统的产业化
11	混合动力汽车关键技术研发平分体系建设	混合动力汽车关键技术研究，完成包括电池试验检测平台、电机试验检测平台、CAN 总线开发平台、再生制动试验台、混合动力汽车动力总成控制器软硬件开发平台、虚拟测试平台和试验台等混合动力关键技术研发平台体系的建设	配合一汽实现混合动力汽车产业化，提高产品可靠性指标。完成平台体系建设，全面提高混合动力汽车多能源动力总成控制器指标，实现第二代混合动力汽车的产业化
12	汽车企业管理信息系统的研制及产业化（包括 ERP 和数字制造技术在内）	新一代企业资源计划（ERP）系统研究与开发；基于三维 CAD 的协同式产品数据管理系统的研究与开发；基于三维 CAD 的集成化 CAPP 系统开发及应用；制造业企业基础数据管理系统；面向企业整体解决方案 PhoshorPLM	可以有效提高企业管理信息化程度，有利于从传统工业化管理模式向信息化、自动化管理模式转化，提高企业生产效率、产品质量和经济效益

续表

编号	项目名称	主要研究内容	预期经济社会效益
13	包括 GPS 车辆监控调度系统研发与车载嵌入式实时操作系统研制在内的汽车电子研发	GPS 车辆监控调度系统定位与车辆定位、导航、安防和管理；车载嵌入式实时操作系统	改善汽车相关行业的发展状况，降低汽车失窃率，有效推进城市交通事业的发展，提高交通管理效率，物流营运企业将通过此系统，有效降低物流成本，挖掘新的利润增长点，实现快速货运服务，提高物流企业规模和效益
	农产品及农产品深加工领域		
1	主要农作物病虫害生态及生物防治		
2	多功能生物药肥研究		
3	北方干旱、半干旱区人工草地生态畜牧业技术体系与研究	研究抗逆苜蓿新品种选育、紫花苜蓿高效栽培技术；抗逆性羊草新品种选育与退化草地治理技术；碱茅草种子标准化规范化扩繁技术、抗逆性碱茅草新品种选育；草地畜牧业生产管理技术体系研究	可促进吉林省干旱及半干旱地区在保护生态的同时，提升畜牧业水平。该项目完成后可达到国内先进水平，预计经济效益可达到 6000 万元
4	转基因技术在杂交大豆育种中的应用研究	不育系抗除草剂基因叶绿体转化解决杂交大豆制种过程中的混杂；保持系、恢复系蜜腺基因改造提高杂交大豆制种异交率；恢复系基因标记辅助育种加速恢复系选育；用于检测和坚定大豆杂交种纯度的 DNA 分子标记筛选；建立生物技术与常规育种相结合的杂交大豆育种体系	建立一套大豆叶绿体遗传转化技术体系，构建两种抗除草剂基因的大豆叶绿体遗传转化载体；分离有功能的大豆蜜腺相关基因，构建其完整盒及转化载体；筛选出与恢复基因紧密连锁的分子标记，并争取获得大豆转育性恢复基因植株，建立一套生物技术与杂种优势利用育种相结合的杂交大豆育种体系

续表

编号	项目名称	主要研究内容	预期经济社会效益
5	玉米深加工新产品，新技术研发	石油能源替代品—燃料酒精研究；生物可降解树脂—聚乳酸研究；L—乳酸研究；玉米秸秆生产燃料酒精研究；变性淀粉新工艺新产品研究；淀粉高分子材料研究；膜分离技术在淀粉及其深加工产品的应用研究；多元醇及糖醇研究	提高吉林省玉米的精深加工度，在相关领域达到国内先进水平，预计可获经济效益近6000万元
6	吉林省中部玉米带黑土壤环境障碍因子研究及综合配套技术	黑土土壤主要限制因子研究；黑土地防止土壤退化可持续利用综合配套技术；黑土区保护性耕作技术研究、培肥综合配套技术；雨养黑土区土壤养分、水分高效管理技术	分析黑土土壤的环境障碍因子，以有效改善黑土土壤的退化现象，提高黑土土壤的可持续利用。项目完成后可达到国内先进水平，具有巨大的社会效益和生态效益
7	灌区数字化管理体系与应用研究	灌区数字化管理体系基础研究；灌区数字化管理基础平台建设标准及模式；灌区动态信息采集内容、方法和管理系统模式；动态指挥决策系统示范研究；地理信息系统开发研究	可实现灌区节水 30% 以上，并提出灌区数字化管理体系标准模式

编号	项目名称	主要研究内容	预期经济社会效益
		新材料领域	
1	轻量化、高强度、耐磨损新型汽车用材料技术研发		
2	有机电活性防腐防锈涂料研制	研究具有三种稳定氧化态的有机分子作为添加剂加入到普通涂料中的核心技术	可以将普通的防腐涂料变成功能防腐涂料，可替代60%~80%的锌粉得到有机功能防锈涂料
3	具有优异转磁和巨磁阻抗性能的铁基非晶合金的研制与开发	铁基非晶合金线、条带和块的制备、磁性和巨磁阻抗的研究及其在电子通信和磁记录等领域的应用	探索新的合金系列，提高合金功能。完善合成工艺，提高工艺稳定性。开发出2~3种具有独立知识产权、创新性、实际应用价值和市场竞争力的产品
4	稀土材料和磁性功能器件的研制	探索出生产高性能稀土永磁材料的工艺；开发出汽车用各类稀土磁性功能器件	把科研优势转化成产业优势，通过基础研究和中试完成高性能稀土磁性材料和稀土功能器件的研制
5	纳电子用关键有机纳米功能材料研发	未来纳米计算机用关键有机纳米功能材料，超前思维研究课题，抢占科研制高点，973在研课题	完成未来纳米计算机用关键有机纳米功能材料的发明和专利申请，完成但分子器件的制作及验证，完成未来纳米计算机用关键有机纳米功能材料的批量放大试验，为进入规模化生产做好技术准备

续表

编号	项目名称	主要研究内容	预期经济社会效益
6	高性能结构型及功能型高分子新材料的研发	耐高温高强度结构型高分子材料；低介电等功能型高分子材料	完成熔点 370 摄氏度，新品种聚芳醚酮树脂的中试和联苯聚醚酮新产品品种中试，可实现年产值 10 亿元。完成导电、低介电两个功能型新产品的中试，实现年产值 5 亿元
7	功能纳米复合材料的开发研究	设计并制备新的具有高巨磁阻效率，高工作温度和低磁场的颗粒磁性纳米复合材料	制备 5 种具有代表性的新型复合材料
8	安全气囊用引爆阈值精确可检纳米金属改性的高爆含能材料研制	利用纳米技术对现有的高爆含能材料进行改性，使材料的起爆阈值精确可控	测试多种纳米金属的尺度、形态等对含能材料性能的影响，形成完善的理论体系和技术路线
9	碳纳米管增强纤维研发		
10	生物医用高分子材料	生物医用高分子的合成和制备技术，结构和性能的关系；外科手术辅助材料、组织工程支架材料、药物靶向输送和控制释放材料；生物医用高分子材料中的纳米技术；基于生物高技术的高分子合成和制备	解决乙交酯和丙交酯单体制备的国产化关键问题。可实现年产值 1200 万元
11	淀粉基完全生物降解泡沫缓冲包装材料		
生态环保领域			
1	东北地区黑土地退化治理及恢复保护利用研究		
2	东北地区重点湿地及网络恢复、重建保护研究		

续表

编号	项目名称	主要研究内容	预期经济社会效益
3	东北中西部地区"三化"综合整治及草原生态环境的恢复、重建保护研究		
4	重要树种第二代遗传改良技术研究	长白落叶松、樟子松、红松的第二代良种群体选择、园营建设及经营管理技术、园遗传测定技术	可营建速生丰产林,加速速生丰产林基地建设,具有巨大的生态和社会效益
5	吉林主要害虫生物防治技术	防止松毛虫卵孢白僵菌、天牛卵孢白僵菌、白杨透翅蛾孢白僵菌、栎实象孢白僵菌以及大叶蛾卵孢白僵菌的生物制剂研制及生物防治技术	利用卵孢白僵菌对吉林省主要害虫——松毛虫、白杨透翅蛾、天牛等进行生物防治,可减少化学防治对生态环境的污染和破坏,促进生态环境的健康有序发展
6	"以废治碱"材料及技术研究	研究"以废治碱"复合改性材料及生产工艺。解决城市建设废弃砖石、农牧业废弃羊毛及积压鹅毛梗、褐煤及煤矸石、玉米加工业酸性废渣、建筑业无法利用的水送法粉煤灰的再利用问题	可使大量难以处理并污染、劣化人类生存环境的废弃材料得到重复、循环、永续利用,同时研究多种新型环境保护材料生产技术和方法,提供大量就业机会
7	在干旱沙地推广和示范适应性最强的风沙1号杨		
8	中药材废渣综合治理项目		

续表

编号	项目名称	主要研究内容	预期经济社会效益
仪器仪表开发领域			
1	半导体（有机）照明关键技术研究		
2	平板彩色液晶显示核心技术研究（平板显示技术研究）	薄膜晶体管小尺寸液晶显示器生产基地改造与建设；多色与全彩有机发光显示器研发；全色放光二极管显示显像大屏幕开发；碳纳米管场发射平板显示产业化关键技术研究	将对长春市光电子产业基地的发展产生较大的支撑作用，带动相关产业发展，增加就业岗位
3	仪器科学与技术研究		
石油化工领域			
1	新型烯烃聚合体催化剂与结构可控聚合		
2	苯酚烃化合成苯二酚产业化技术研发		
中医药领域			
1	鹿茸中活性因子药效学研究		
2	人参活性因子（类似RG3、PDS等）的药效学及工业化生产方法研究		
3	中药抗病毒活性因子及药效学研究		
4	单克隆抗体项目		
5	基因工程药物研发		
6	疫苗研发		

表 2 吉林省老工业基地高技术产业化的重点项目

编号	项目名称	主要研究内容	预期经济社会效益
汽车领域			
1	商用车电控机械式自动变速器（AMT）产业化研发	通过加装方式，改造手动变速器为电控机械式变速器（AMT），将 AMT 的控制与发动机、ABS、ASR 和 ACCS 相结合，建立 AMT 微机控制软件开发平台，提高 AMT 的驾驶员换挡干预能力	力争开发出与国外 2000 年以来批量生产的最新 AMT 产品水平相当，并具有批量生产能力和条件，再控制理论和应用软件方面达到和超过当今国际产品相关性能的水平的 AMT 产品，创建国内一流并具有国际水平的 AMT 产品开发中试基地
2	连续再生柴油车尾气处理器（CRT）	采用微波加热的物理再生和催化氧化的化学再生手段，通过使用合适的催化剂降低微粒点燃温度，采用微波加热，使净化器再使用过程中通过化学反应部分实现再生，克服单纯物理再生的缺点	完成实验室样品的制备和测试、进行台架试验达到中试水平，进行道路和可靠性试验，建立连续再生柴油车尾气处理器生产基地
3	第一代、第二代混合动力汽车产业化	混合动力汽车关键技术研究，完成包括电池试验检测平台、电机试验检测平台、CAN 总线开发平台、再生制动试验台，混合动力汽车动力总成控制器软硬件开发平台、虚拟平台和试验等混合动力汽车关键技术研发平台体系的建设	研制的混合动力汽车多能源动力总成控制器达到产业化要求，顺利实现第一代混合动力汽车的产业化，提高产品可靠性指标，全面提高混合动力汽车多能源动力总成控制器指标，实现第二代混合动力汽车的产业化

续表

编号	项目名称	主要研究内容	预期经济社会效益
农业及农产品加工领域			
1	玉米深加工新产品、新技术研究与产业化	石油能源替代品—燃料酒精研究、生物可降解树脂—聚乳酸研究、L—乳酸研究、多元醇及糖醇、淀粉高分子材料研究	项目完成后，将获得8~10新产品或新技术，达到国内先进水平，可获经济效益近6000万元
2	北方粳稻食用优质米生产基地建设		
3	寒地型紫花苜蓿产业化基地建设		
4	杂交大豆产业化开发	加速推广已审定的杂交种，加快繁种速度，提高制种产量，降低制种成本，建立相对固定的制种基地，大量引进传粉昆虫，建立繁殖基地	对于满足全球日益增长的需求，提升科技水平、提高国际竞争力有着重要的意义
5	转基因春玉米、大豆产业化示范（转基因植物研究与产业化）	转基因春玉米骨干自交系的培育、转基因春玉米杂交种的培育、抗虫抗旱及耐盐碱转基因大豆新品种（品系）的培育、转基因作物安全性评价研究、转基因技术研究	实现转基因抗虫春玉米、大豆的品种规范，完善春玉米、大豆规模化转基因技术体系，建立完善的植物转基因产品产业化体系，建立规模化生产春玉米、大豆转基因植株的标准
6	牧草产业化配套技术的研究与示范基地建设		

编号	项目名称	主要研究内容	预期经济社会效益
7	效益型综合节水技术的集成研究与示范	优化调度模式与喷灌技术集成模式研究，适宜现行土地经营体制的灌溉技术实验与示范，大田垅膜沟种技术研究示范，保护地自动水肥系统研究与建立，几种适宜灌溉方式社会化服务运作机制的研究与展示，百亩节水技术示范园区的建立	立足于现状，实现灌溉规范化、标准化、科学化及自动化，显著减少人为误差，提高管理效率，节省肥料，探索出一条灌溉服务社会化的道路
仪器、仪表领域			
1	光电工程基地建设		
2	平板显示系列项目产业化	薄膜晶体管中小尺寸液晶显示器（TET－LCD）生产基地改造与建设、多色和全彩有机发光（OEL）显示器研发、全色发光二极管显示显像大屏幕开发与生产、碳纳米管场发射平板显示产业化关键技术研究	对长春光电子基地的发展具有较强的支撑作用，带动相关产业的发展，建立有机发光显示器生产基地，增加较多的就业岗位，并有良好的经济效益
3	粮食及食品品质快速检测仪的产业化	以具有自主知识产权的短波近红外漫透射技术为基础，较大批量生产便携式和台式粮食和食品品质快速检测仪并实现批量出口	
4	光电测控仪器系列产品开发与其产业化		建成年产5000台便携式和台式粮食和食品品质（包括水分、蛋白质、淀粉、脂肪和纤维素等）快速检测仪的生产线

编号	项目名称	主要研究内容	预期经济社会效益
5	光电医疗仪器系列产品开发与其产业化	激光多普勒血流检测仪，电子皮温计，皮肤颜色对比疾病检测仪，电子脉搏检测仪，光电血氧饱和度检测仪，断指再植多参数监测仪，多传感器中医号脉系统，电刺激疲劳恢复系统	降低医疗仪器的成本，实现我国光电医疗仪器的国产化
6	变频调查模块系列测控仪器产品开发与其产业化		
生态环保领域			
1	松嫩苏打盐碱土区适宜造林树种选择、良种选育及栽培技术研究	广泛收集耐盐碱树种并开展对比试验，选择出十一造林树种及优良新品种，同时选择出适宜、配套的碱地生物、工程、化学等措施，提高碱地造林成活率	促进松嫩苏打盐碱地区植被恢复和生态环境的改善，并且可培育丰富的树木资源，为该地区的可持续发展作出重要的贡献
2	科尔沁沙地珍贵树种等资源保护及开发利用研究	调查珍贵树种资源，建立基因库，选择珍贵沙地造林树种优良类型，选育新品种，研究规模化栽培技术及以上树种果实及其他产品的加工利用技术	有效保护沙地野生树种种质资源，为沙地造林增加新的造林树种和品种，同时，培育大量生物资源，为今后的加工利用和产业化开发奠定基础
3	刺五加原料基地建设	以龙井市四个林场为试验基地，以育苗造林技术为重点，边试验、边推广，逐步建立2000多公顷刺五加原料基地	满足国内外原料的需求，同时，增加山区群众的经济效益
4	蓝靛果忍冬科技示范园建立与研究	以长白山天然资源为基础，采用天然资源改培和人工新植方式，建立200多公顷蓝靛果原料基地，促使形成产业化	有良好的经济效益，且水源涵养、水土保持作用显著，还能安置大量劳动力

续表

编号	项目名称	主要研究内容	预期经济社会效益
5	东北中部城市集群、老工业基地地表水污染综合防治及水资源综合利用研究		
中医药领域			
1	创建长白山现代化中医药研发的化学平台	以长白山植物为依托利用组合化学和天然产物技术建立长白山天然产物库，研制具有独立知识产权的现代中药，应用多种先进技术手段的高通量药物筛选	
2	常温超高压提取中药有效成分	使用多种溶剂，以自主开发技术进行人参（皂甙）、丹参（水溶性物质）、蜂胶（黄酮）提取研究	使我国超高压容器的设计和制造技术前进一大步，达到国际先进水平，并且使超高压设备的设计和生产均实现产化，使设备造价大幅度下降，满足国内常温超高压提取设备的需求
3	人参、西洋参种子自动处理系统\种植成套设备及收获机械	完成人参、西洋参种子自动处理系统的研制，完成人参、西洋参收获机械系列化，完成人参、西洋参种植成套设备的研制，完成人参、西洋参加工及干燥自动生产线的研制	
4	植物源药物生物技术研发基地建设	人参等珍稀药用植物发根培养，及有效成分发酵生产技术。长白山特有中药材优质种子、种苗快繁技术影响和控制植物有效成分合成关键基因（或酶）克隆技术。稀有药用成分生物转化，增值技术	完成发根培养研发基地建设，完成植物药下游分离技术研发基地建设，完成植物源药物基因工程研发基地建设及药用成分亚发基地建设，以上都达到中试规模
5	中药材标准化栽培项目		

编号	项目名称	主要研究内容	预期经济社会效益
6	中药现代化生产系列技术应用项目		
化工领域			
1	稀土顺丁橡胶	完善稀土催化体系的制备条件和工艺，进一步降低生产成本，实现产品多品牌号的开发，完善成套工艺技术参数，最终提供完整稀土顺丁橡胶生产成套技术	在原有的镍系顺丁橡胶的基础上，进行局部调整，实现批量生产。稀土顺丁橡胶性能优于镍系顺丁橡胶，将逐步取代镍系顺丁橡胶
2	二氧化碳高效固定为可降解塑料	以解决二氧化碳的高效固定及利用中的科学问题为核心，攻克二氧化碳聚合物的工业化合成的难题，协助工业界在3年内实现二氧化碳聚合物的工业化	二氧化碳聚合物将成为中国科学院的标志性聚合物，同时将建立万吨级生产二氧化碳聚合物的生产线，可望在我国形成具有国际竞争力的全降解医药和食品包装材料等方面的产业。
3	新型高效绿色稀土分离流程	本项目属高技术分离科学及湿法冶金领域，在从精矿到氯化稀土过程中，提高稀土收率和钍收率，解决氯化物废气排放问题	在资源的有效利用、环境保护及分离技术方面处于国际先进水平，其中清洁分离技术达到国际领先水平，从而达到了"三废"资源化治理和资源综合利用的目的，具有显著的环境效益和社会效益
4	低成本、高性能聚酰亚胺结构材料	将聚酰亚胺为代表的芳杂环聚合物的良好技术转变为现实生产力，解决高新材料的产业化问题	为国家开发了具有我国一系列特色的精细化工产品，在国际市场占有突出地位，实现有关材料的自给自足，使我国高新技术产业得到新材料有力的支持

续表

编号	项目名称	主要研究内容	预期经济社会效益
5	高性能镁—稀土合金的研制、开发与应用	研究高品质金属镁及合金，解决镁合金设计与开发的相关问题	实现新思路和规模化生产后，可进一步解决稀土金属价格太贵而用不起的问题，并且带动相关产业的社会效益巨大

分报告之三:振兴黑龙江省老工业基地科技支撑战略研究[①]

黑龙江省科学技术厅课题组

　　———————————

　　① 黑龙江省科学技术厅:冯晓、吴大辉、丁云龙、李伟光、李洋、刘鲲

一、黑龙江省经济发展的总体情况

（一）GDP

黑龙江省人均 GDP 在全国排位第 10。各年度 GDP 增长率见表 1。

表 1　　　　**1998～2004 年全国与黑龙江省 GDP 增长率比较（%）**

增长率 ＼ 年 份	1998	1999	2000	2001	2002	2003	2004
全国 GDP 增长率（%）	7.8	7.1	8.0	7.5	8.3	9.3	9.5
黑龙江省 GDP 增长率（%）	8.3	7.5	8.2	9.3	10.3	10.3	11.7

资料来源：《中国统计年鉴》2001～2004。

（二）黑龙江省第一次现代化实现情况

黑龙江省第一次现代化实现情况在全国排位第 7（见表 2 和图 1）。

表 2　　　　**1970～2002 年中国地区第一次现代化实现程度（%）**

地区	地区编号	1970 年 实现程度	1980 年 实现程度	1990 年 实现程度	2000 年 实现程度	2001 年 实现程度	2002 年 实现程度	2002 年 达标个数	2002 年 排名
上海	9	70	82	89	97	97	97	9	1
北京	1	64	83	91	94	95	95	9	2
天津	2	66	78	84	93	94	94	9	3
浙江	11	36	53	66	83	86	90	5	4
辽宁	6	60	69	79	87	89	90	7	5
江苏	10	41	56	64	83	86	87	6	6

续表

地区	地区编号	1970 年实现程度	1980 年实现程度	1990 年实现程度	2000 年实现程度	2001 年实现程度	2002 年		
							实现程度	达标个数	排名
黑龙江	8	56	64	72	81	83	85	6	7
广东	19	42	59	69	81	83	84	6	8
湖北	17	38	54	63	79	81	84	5	9
吉林	7	49	65	69	79	81	83	5	10

资料来源:《中国现代化报告》2004。

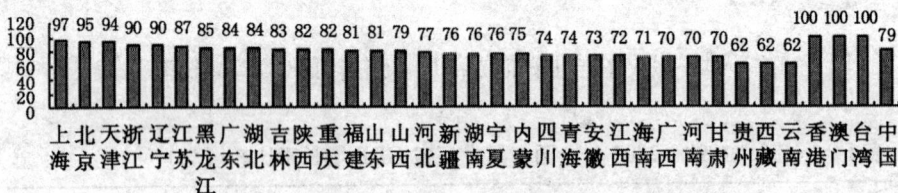

图 1　2001 年中国地区第一次现代化实现程度

资料来源:《中国现代化报告》2004。

(三) 黑龙江省第二次现代化实现情况

黑龙江省第二次现代化实现情况在全国排位第 9 (见表 3 和图 2)。

表 3　　　　　　　　　2001 年中国地区第二次现代化指数

地区	地区编号	知识创新指数	知识传播指数	生活质量指数	经济质量指数	第二次现代化指数	排　名
北京	1	93	62	95	52	76	1
上海	9	57	58	95	53	66	2
天津	2	39	48	89	40	54	3
辽宁	6	25	39	66	33	41	4
陕西	27	47	34	44	26	38	5
浙江	11	14	43	56	33	36	6
江苏	10	21	39	52	31	36	7
广东	19	26	29	53	33	35	8
黑龙江	8	15	36	61	28	35	9
吉林	7	17	34	56	28	34	10

资料来源:《中国现代化报告》2004。

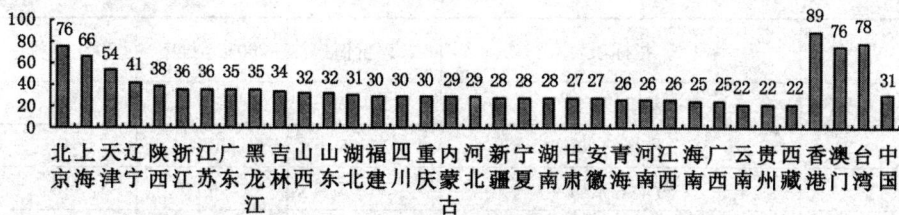

图 2　2001 年中国地区第二次现代化水平

资料来源:《中国现代化报告》2004。

(四) 黑龙江省技术创新能力状况

黑龙江省技术创新能力在全国排位第 13 (见表 4)。

表 4　　　　　　　黑龙江省技术创新能力综合指标

序号	指标项	评价值	2002 年排序	2001 年排序
	综合评价	24.68	13	18
1	知识创造	17.31	12	17
1.1	研究开发投入	12.10	24	15
1.2	专利	16.08	10	14
1.3	科研论文	18.97	11	12
1.4	投入产出比	20.92	12	18
2	知识流动	18.18	15	15
2.1	科技合作	32.74	9	10
2.2	技术转移	13.98	17	19
2.3	外国直接投资	10.42	22	28
3	企业技术创新能力	34.07	20	21
3.1	企业研究开发投入	49.32	24	23
3.2	设计能力	16.59	20	9
3.3	制造和生产能力	45.43	7	16
3.4	创新产出	22.90	18	26
4	技术创新环境	24.36	13	17

续表

序号	指标项	评价值	2002 年排序	2001 年排序
4.1	基础设施	51.32	14	15
4.2	市场需求	26.65	14	13
4.3	劳动者素质	28.95	9	13
4.4	创新基金	4.52	18	19
4.5	企业技术开发金融环境	19.76	18	16
4.6	创业水平	28.42	7	16
5	创新的经济绩效	23.76	11	14
5.1	宏观经济	19.96	8	17
5.2	产业结构	28.65	10	8
5.3	产业国际竞争力	10.33	13	18
5.4	居民收入水平	22.99	24	27
5.5	就业	48.08	6	15

资料来源:《中国区域创新能力报告》2002。

(五) 黑龙江省工业产权情况

黑龙江省专利申请量和授权量在全国排位第 13～15 名（见表 5）。

表 5　2000～2004 年黑龙江省专利申请量、受权量及在全国排位情况

年份	申请量				全国排名	授权量				全国排名
	合计	发明	实用新型	外观设计		合计	发明	实用新型	外观设计	
2000	3104	664	2019	421	14	2252	208	1663	381	13
2001	3670	711	2380	579	14	1869	144	1411	314	14
2002	4392	939	2889	564	15	2083	137	1542	404	14
2003	4972	1151	3173	648	15	2794	229	2097	468	13
2004	5000	—	—	—	—	2809	—	—	—	—

资料来源:《中国统计年鉴》2001～2004。

二、黑龙江省老工业基地发展的
优势和困境研究

（一）黑龙江省老工业基地发展的优势分析

1. 基础雄厚的产业优势。

产业竞争力是区域竞争力的核心，装备制造业更是工业化的脊梁。以装备制造业为主要特征的老工业基地，曾为我们赢得了"共和国长子"的荣耀与自豪，同时也承受了国家在改革开放初期补轻工业短腿的冷遇与无奈。进入21世纪，站在时代高度，运用战略眼光重新审视黑龙江省产业发展形势和现状，其竞争优势已初步显现。

（1）装备制造业独领风骚，为经济发展提供重要支撑。制造业是国民经济的物质基础和产业主体，是经济社会发展的基石，也是增强竞争力的前提。黑龙江省已形成了以发电设备、机床设备、机车车辆、农业机械、工程机械、微型汽车、石油化工、煤化工及食品等为主的门类较为齐全的工业体系，拥有"三大动力"、哈航集团、轴承集团、一重集团、大庆油田等一批"国宝"级企业，许多产业和产品处于我国装备制造业的最高水平，如锅炉及原动机制造、化学药品原料药制造、木制品等行业比较优势在全国居第一位，石油制品、人造原油生产等行业比较优势在全国居第二位。实力雄厚的装备制造业在我省工业中已占有举足轻重的地位，成为推动全省工业经济迈上新台阶的重要支撑。在全省经济总量中，工业增加值占GDP的50%以上，工业增长的贡献率超过60%。面对发达国家的装备制造业向发展中国家转移的趋势，承接新一轮产业转移和升级，满足东南沿海地区的产业升级对装备和技术的强劲需求，抢占国际国内庞大市场，黑龙江的振兴恰逢其势，正当其时。

（2）十大主导产业竞争优势增强，成为加快发展的驱动轮。主导产业对整个经济的发展具有巨大的牵动作用。除了装备制造业以外，黑龙江省确立的石化、食品、医药、电子、汽车、煤炭、机械、电力等十大主导产业既符合国家宏观调控政策，又具有明显的比较优势，市场前景广阔，发展潜力巨大。目前，十大主导产业基础雄厚，规模较大，一大批大型企业集团在国内同行业居重要地位，仅石化、食品、能源、医药等六大主导产业，规模在全国同行业居前列的龙头企业已达 33 家，生产能力居亚洲或国内前列，生产的产品在全国位居第一的已达 12 种，产品数量可观，如原油、木材、电站成套设备等产品产量居全国首位，天然气、工具量具、中小轴承等产品产量居全国第二位。机械、石化、食品三大传统支柱产业的总产值占全省工业总产值的比重已达到 41%，电子信息、生物制药、新材料三个新兴产业的工业增加值 5 年增长了 70%。全省工业在已经连续四年保持两位数增长的基础上，2004 年又继续保持了的良好态势，主导产业牵动全省发展的作用十分突出。

（3）六大产业基地集聚效应初显，为经济发展增强核心竞争力。经济全球化的今天，产业集群对区域经济具有巨大的引领和带动作用，集群战略已经成为加快区域经济发展的战略模式。目前，装备制造、石化、能源、食品、医药、森林工业等六大基地建设成效显著，产业集聚初露端倪，带动效应不断扩大。哈尔滨、齐齐哈尔两市装备制造业的集中度不断提高；以大庆为龙头的石化产业带初步形成；能源工业、食品工业加大了产业集中度，增强了发展后劲，其中，哈尔滨、绥化南部区域的制奶业已有百家以上大企业；医药工业以哈药集团为龙头，园区建设迈出了新步伐，医药工业整体竞争力不断提高。2004 年 10 月，六大产业群实现销售收入 2572 亿元，占全省规模以上工业销售收入的 91.3%；实现利税和利润分别占全部工业利税和利润的 96.6%、98.7%。六大产业基地已成为提高我省竞争力的主导力量。

2. 丰富充裕的资源优势。

21 世纪，谁掌控了资源，谁就掌握了发展的主动权。自然资源作为资源的重要组成部分，是经济发展的重要物质基础，对经济增长具有稳固的支撑作用。黑龙江省的煤、木、粮、油和土地及淡水资源，在新一轮竞相发展中具有明显的比较优势，为我省传统产业调整改造、换代升级提供了难得的保障。

（1）土地资源丰富，是吸引投资的最重要因素。土地作为稀缺资源，是人类赖以生存的根本，是决定一个地区和城市经济发展的重要因素。我国人均耕地 0.1 公顷，相当于世界水平的 42%。随着工业化、城市化、小城镇化的发展，东部及南方等发达地区城市规模的日趋膨胀，土地资源短缺已成为新时期经济发展的突出矛盾。而黑龙江省的土地资源丰富，国土面积为 45.4 万平方公里，居全国第 6 位，是广东省的 2.5 倍，相当于 4 个浙江省。可用于工业化、后工业化的土地储备潜力较大，有效利用面积居全国之首，耕地面积居全国第一，人均耕地是全国人均水平的 3 倍，土地待开发面积居全国第 4 位。同时，工商建设用地后备资源充裕。即将建设的哈大齐工业走廊，近中期规划用地 451 平方公里，相当于我国香港特区面积的 5 倍；远期还将规划 420 平方公里，把土地开发和盐碱地整治结合起来，使其成为我省有吸引力的一大亮点。耕地后备资源丰富，通过对现有耕地整理、灾毁土地整理、撤村并屯土地整理等措施，到 2005 年全省可新增耕地 264 万亩，是 1999 年以来 5 年间建设用地总量的 4.9 倍。特别是在国家对土地资源实施紧缩政策，建设用地严格审批的情况下，与南方其他省份相比，黑龙江省的土地资源具有投资成本低、回报快的特点，比较优势十分明显。

（2）电力资源供应充足，为加快发展提供重要的动力源。电力是经济发展的命脉，经济要发展，电力必先行。现在供电紧张已成为制约地区经济发展的"瓶颈"。2004 年全国就有 26 个省市区出现拉闸限电现象，全国电力缺口达 3500 万千瓦，造成 GDP 损失累积达数万亿元之巨。而黑龙江省现有电力装机容量 1200 万千瓦，到 2010 年可达 2200 万千瓦。且煤炭储量高达 221 亿吨，占东北三省的 72%。黑龙江省电力供应稳定，电价较低，其平均价格大约只有南方省份的一半，特别是可利用地缘条件低价从俄罗斯输入电能，为发展高耗能产业提供可能。可见，黑龙江省电力资源，无论在总量上还是在电价成本上，都具有较大优势，将对黑龙江省加快发展起到重要的拉动作用。

（3）煤、木、粮、油自然资源开发潜力巨大，为加快发展提供重要的能源和原材料支撑。我国正处于工业化中期，经济的增长对能源供给依赖十分突出。黑龙江省石油、煤炭等矿产储藏量居全国前列，采掘工业增加值比全国平均水平高 54 个百分点，相当于辽、吉两省采掘工业增加值总和的 3 倍，占全国采掘工业的 1/4。森林蓄积量居全国第一。粮食商品量和专储量一直居全国首位，占全国的 1/10 左右，绿色食品的产量、标识认证数量及市场占有率均居全国之首。充足的能源供应和巨大的开发潜力，为投资者提供了新的发展商机。以煤为例，2005 年原煤产量达 9000 多万吨。大唐、国电、华电、华能及山东鲁能将分别在双鸭山、鹤岗、七台河建设煤矿和大坑口电厂。煤的深加工也可带来丰厚的经济效益,以原煤发展煤化工,其附加值可增加十数倍。此外,在国家把资源型城市经济转型作为一项长期的战略任务,强调要在资源合理开发利用和增值转化上下工夫,并相继出台一系列支持措施之际,我省煤、木、粮、油等开发潜力是加快发展的后发优势,更是吸引省外投资者的竞争优势。

(4)淡水资源充沛,为投资者生产经营及生活提供重要条件。水是不可替代的战略资源,是人类生存和发展的基本条件。目前,全球正面临淡水资源短缺的危机,约占世界人口总数40%的80个国家和地区严重缺水。我国水资源短缺,人均拥有淡水资源仅占世界的1/4,全国600多个城市中有2/3供水不足,其中1/6的城市严重缺水。东部、西部及南方许多省市生活工业用水供给不足,甚至生活饮用水也出现供应问题,影响了地区经济的快速发展。而我省淡水资源丰富,有黑龙江、乌苏里江、松花江和绥芬河四大水系,水面面积80多万公顷,水资源总量826.8亿立方米,是中国东北、华北、西北等北方省区中水资源最充沛的省份。前不久,由24位两院院士组成的“东北水资源项目组”到黑龙江考察。指出,“中国南方水多地少,北方水少地多,而东北则是水资源相对多,耕地资源也相对多的唯一地区,其水土资源配置以黑龙江省为最佳。”黑龙江省充沛的水资源,不仅成为加快发展的又一亮点,也为投资者舒心生活、企业正常生产提供了重要条件。

3. 无与伦比的生态优势。

良好的生态环境是可持续发展的必备条件,是一个地区发展潜能的重要标志。为此,世界各地不惜巨资改善生态环境,联合国每年评出一批适合人居的城市。黑龙江要实现快发展大发展,就必须充分发挥其得天独厚的生态优势,为经济社会的健康发展提供重要依托。

(1)独具特色的生态资源是可持续发展的重要条件。当前,伴随经济的迅猛发展和人口的快速增长,生态问题这一全球性问题,也成为阻碍我国经济社会可持续发展的一大难题。据统计,全国已有18.2%的土地沙化,37%的土地流失,近50%的城市缺水,近20%的动植物种类濒临灭绝。为此,党中央把全面协调可持续的科学发展观作为党执政的理念提出来。从科学发展观的角度来审视,黑龙江省生态环境有着其他省份无法比拟的优势。四季分明的气候,“五山一水一草三分田”的地貌特征,典型完整的大森林、大草原、大平原、大水域、大湿地等生态系统，构成了特色鲜明的生态优势。全省拥有林地面积 1919 万公顷，森林覆被率、森林面积和蓄积量分别占全国的 42.9%、14% 和 25%，均居全国首位。全省草地面积 433 万公顷，是全国 10 个拥有大草原的省份之一。全省耕地面积 1177 万公顷，居全国第一位。境内江河湖泊众多，水系发达，有大小江河 1918 条，湖泊水库 6000 余个，水面达 80 多万公顷。三江平原是我国面积最大、分布最为集中的湿地，已被列入亚洲重要湿地名录。在全球生态环境急剧恶化的情况下，黑龙江省这种独具特色的生态资源，将成为全省乃至全国未来发展的稀缺资源，成为支撑黑龙江省经济社会可持续发展的弥足珍贵的物质基础。

（2）优势明显的绿色农业是加快发展的特有品牌。近年来，随着可持续发展的深入和生活质量的提高，人们对绿色食品的需求迅猛增长。据预测，未来二三十年是绿色食品生产和销售高速增长的时代，到 2030 年，绿色食品的生产销售将占总量的 80%。黑龙江省地处寒温带，无霜期短，但相对湿度大，且四季分明，光、热、水与植物生长期同季，适宜野生植物和绿色植物的生长，发展绿色农业，我们具有明显的优势。黑龙江省占土地总面积 70% 以上的山地、丘陵、湿地、草原、山间草地、湖泊没有受到工业"三废"及化学品的严重污染，近 50% 土地的垦龄不到 30~50 年，甚至不少山区植被仍处于原始状态，是较为理想的绿色植物生长基地。且黑龙江省嫩江、三江和兴凯湖平原多为黑土、暗棕壤土，土质肥沃，是世界上仅有的三大黑土带之一。由于季节分明，冬季寒冷漫长，植物受病虫危害较轻，加之黑龙江省农牧业正在实行主辅换位，也为绿色农业生产提供了充足的有机肥料。目前，黑龙江省绿色食品产量已占全国总量的 1/6，居全国首位，产值已占全省农业总产值的 20%。黑龙江省绿色农业在全国的领先地位，应该成为巩固农业基础地位、加快现代化农业发展的巨大资本。

（3）前景看好的生态旅游资源将成为拉动黑龙江省经济增长的重要因素。旅游作为一个新兴的经济形态，已经成为一种朝阳产业。随着人均收入的大幅增长，生活水平的不断提高，生活方式和消费理念的逐步转变，休闲生态游市场迅速壮大。这种市场需求恰恰与我省"原始"、"生态"特征鲜明的旅游资源和项目相吻合。2003 年黑龙江省旅游收入 222.3 亿元，相当于全省生产总值的 5.01%。黑龙江省冰雪资源堪称全国之最，滑雪期长达 120~140 天，雪质好、降雪多，山区降雪可达 100~300 厘米。林地面积 19 万平方公里，森林覆盖率 41.9%，绝大多数为天然林，是开展森林旅游的好地方。全省江河纵横，除四大水系外还有世界第二大高山堰塞湖镜泊湖、世界三大冷泉之一五大连池、中俄界湖兴凯湖，江河湖泊气势宏大。丰富多彩的人文资源别具一格，民俗民情浓郁质朴，少数民族历史源远流长，唐代渤海国、金上京会宁府、龙泉府遗址保存完好。哈尔滨、大庆、伊春等一批城市北疆风格鲜明独特。黑龙江省依托这些特色鲜明的旅游资源，已经开发出了生态游、特色游、边境跨国游、民俗风情游等众多旅游项目。目前，全省共有旅游景点 300 余处，国家重点风景名胜区 2 处，省级风景名胜区 14 处，开辟旅游线路 55 条。有专家认为，"黑龙江省属旅游资源丰富地区，资源品种齐全，搭配得当合理"。只要充分发挥这些基础性、资源性、区位性的独特优势，就能把黑龙江省打造成蜚声全国、名扬海外的"春季活力世界、夏季清凉世界、秋季多彩世界、冬季冰雪世界"全天候的旅游热点地区。

4. 潜能巨大的地缘优势。

从传统经济地理学角度看，黑龙江省地处祖国东北边陲，是中心经济发展的末端和边缘，但是，在世界经济全球化、区域经济一体化的时代潮流中，国与国之间、地区与地区之间的交流与合作日趋频繁，对外开放的领域和范围不断扩大，我们所处的区位正在由"边缘"向"中心"、"末端"向"前沿"转化，传统的劣势已变成现实的优势。我们必须运用时代的眼光，站在世界经济发展的高度来看待我们的地缘优势。

（1）地处"南沈北哈"轴心经济带，为扩大开放提供了重要支撑。东北振兴是区域的振兴，是整体的振兴。在实施国家振兴老工业基地战略过程中，由于经济的互补和产业的关联，东北三省已经构成了以"南沈北哈"轴心经济带为骨架，以"沈大长哈"都市圈为基础的区域经济共同体。在这个经济共同体中，黑龙江省以其辽阔的腹地，为东北的振兴提供重要支撑。我们可以充分发挥哈尔滨的辐射牵动作用，以装备制造和石油化工为重点，打造哈大齐重化工业带，使之与"南沈北哈"轴心经济带优势互补。发挥哈尔滨的龙头带动作用，联结大庆、齐齐哈尔、牡丹江等重点城市，逐步形成由重点城市和经济群落构成的都市圈，不断提升整体竞争实力。

（2）与俄罗斯毗邻，是扩大对俄罗斯科技经贸合作的桥头堡。毗邻俄罗斯的地缘优势，是国内其他省份无法替代的天然条件，对俄开展科技经贸合作是黑龙江省的传统优势，也是打破末端经济状况的关键所在。从地理位置看，黑龙江省的东部和北部与俄罗斯远东地区有 3045 公里水陆边界线，是国内通往俄罗斯的重要通道。凭借沿边地理优势，经过多年的开发和建设，我们已经开通了 25 个对俄贸易口岸，构成了水陆空健全、陆海空联运、客货运兼有的过境通商方式。开发建设了一批对俄出口加工、科技合作、商贸、物流、旅游及金融服务等项基础设施，这些都将成为我省及全国各地加大对俄开放的阵地和平台。

（3）位居东北亚中心，是区域经济发展的重要基地。面对经济全球化的发展趋势，从区域经济发展的大格局来考量，黑龙江省正处在东北亚经济贸易区的中心位置，西部与内蒙古自治区毗邻，南部与吉林省接壤，北部和东部与俄罗斯相邻，境内有松花江、黑龙江、乌苏里江从俄罗斯出海，直达俄罗斯远东地区、日本、韩国等国家，以哈尔滨为枢纽的滨绥、滨洲铁路大动脉，经满洲里、绥芬河直通俄罗斯，省内有直飞俄罗斯、日本、韩国的航线 7 条，这些都为东北亚各国间的贸易往来创造了便利条件，同时，已经开通的 25 个沿江贸易口岸和若干个中俄贸易互市区，为东北亚各国、各地区间的经贸合作奠定了坚实基础。

5. 鲜明独特的人文优势。

当今世界，文化已作为一种软实力，成为一个国家和地区综合实力的重要标志。黑龙江省拥有深厚的黑土文化底蕴、独特的人文资源，为加快发展提供了重要的动力和支撑。

（1）科技人才优势雄厚是加快发展的第一推动力。人才是经济社会发展的第一资源，谁拥有了人才，谁就掌握了竞争的主动权。美国经济雄居世界首位的根本原因在于拥有世界第一的人才资源优势。尽管目前黑龙江省人才结构及其分布还不尽合理，但人才总量充足，技术工人资源丰富，不仅有一支训练有素、技能娴熟、能够适应现代化大生产和专业化分工需要的产业大军，还有 120 万名专业技术人员，而且劳动力价格偏低，这在珠三角及浙闽省份很难寻觅，是珍贵的稀缺人力资源。从人口受教育程度看，黑龙江省属基本普及型，每百人中有 5 人受到专科以上教育，平均文化素质高于全国平均水平，列全国第 7 位。黑龙江省高层次人才资源丰富，拥有哈尔滨工业大学、哈尔滨工程大学等 59 所高等院校，615 所科研机构（其中中直院所 25 个），101 个博士后工作站，拥有两院院士 27 人，科技人力资源居全国第 7 位，教育实力位居全国第 9 位，科技实力位居全国第 12 位，两院院士人数位居全国第 5 位。此外，还有一大批石油开采、飞机制造、工业机器人研发、电站设备配套等科技领域的国家级顶尖人才。黑龙江还拥有两个国家级高新技术产业开发区、两个国家级大学科技园、两个国家级民营科技企业示范区，是培育科技人才和企业家人才的基地。我们要充分发挥人才在振兴黑龙江中的关键作用，把人才优势转化为经济社会发展强势，为黑龙江省的老工业基地发展提供强有力的支持和保障。

（2）文化产业基础良好，具有较大的开发潜力和增值空间。文化产业已经成为21世纪最具发展潜力的新兴产业和支柱产业，目前，美国文化产业在国民经济中的比重已占1/3以上，成为超过航天航空业的第一大出口产业，日本娱乐业的产值早已超过汽车工业，韩国靠文化产业实现了经济的再度崛起。黑龙江省具有独特的历史资源和丰厚的文化资源，曲折神奇的历史沿革，独特复杂的多民族聚居，中西合璧的文化内涵，博大雄浑的自然景观，冰雪奇观的北疆特色，形成了鲜明独特的多元文化形态，培育了以冰雪文化、音乐文化、旅游文化、金源文化、犹太移民文化、建筑文化、工业文化和避暑消夏文化等为特色，以"冰雪节"和"哈夏会"为品牌，以省报、哈报报业集团为支撑的文化产业，对提高黑龙江省文化内涵和品位、带动全省经济社会的快速发展，起到积极的推动作用。2003年，仅哈尔滨市文化产业增加值就达43.6亿元，占全市GDP的3.5%，这表明黑龙江已经具备了培育和发展文化产业的良好基础和发展潜力。

（3）优良的人文环境，为黑龙江省加快发展创造了浓厚的文化氛围。经济社会的发展越来越离不开文化背景、环境氛围、文化舆论和价值观念的重要支撑。黑龙江省独特的历史资源铸就了雄浑博大、粗犷豪放的黑土地域文化，这既不同于稳健周密、浑厚深邃的中原文化，又迥异于飘逸洒脱、婉丽清柔的江南文化，具有浓郁鲜明的地域特色。北疆文化呈现出较强的包容性和开放性，不仅在历史上历经了以渤海文化、金源文化、满族文化为代表的本土文化与传统文化、移民文化、流人文化的大融合，而且还在近代经历了东西文化的融合。素有"东方小巴黎"之称的哈尔滨散发着大气、灵气和洋气，在20世纪20年代曾有十多万外国人在此居住，有18个国家在这里设立过领事馆，是当时世界上知名的开放城市，现在不仅留存犹太人居住的文化景观，还依然保存"二战"时期日本人在此设立的公墓，这种海纳百川的包容性在世界上十分罕见。在"一次创业"时期形成的以艰苦奋斗、勇于开拓，无所畏惧、百折不挠，顾全大局、无私奉献为主要特征的大庆精神、铁人精神、北大荒精神和突破高寒禁区精神的

"四大精神"，是黑土文化的灵魂所在，支撑着黑龙江人把昔日渺无人烟的"北大荒"建成了文明富庶的"北大仓"。"一方水土养育一方人"，北疆的冰天雪地和恶劣的生存环境赋予了黑龙江人"化腐朽为神奇"的不畏艰险、力辟榛莽、乐观豪迈、开拓进取和真诚务实的精神气质。黑龙江省又是充满浪漫气息的艺术之乡，享有国际盛誉的专业音乐会，丰富多样、雅俗共赏的群众性文化活动，对凝聚人心、鼓舞士气、陶冶情操、提升素质发挥了重要的作用。这种独特的人文环境为加快发展营造了良好的文化氛围。

6. 重点倾斜的政策优势。

经济发展，既需要产业基础、自然资源、地缘优势等内生力，也需要外在的支持力。国家实施振兴老工业基地战略、加大对粮食主产区的扶持、完善城镇社会保障体系试点等一系列倾斜政策相继出台，无疑为黑龙江省加快发展创造了有利条件，注入了新的活力。

（1）国家实施振兴老工业基地战略，为黑龙江省企业甩掉包袱、快速发展提供了政策支持。国家相继出台了一系列支持老工业基地振兴的优惠政策。如国家实施加大国有骨干企业重大项目的资本金投入、在8个行业试行增值税转型试点、对具备条件的矿山和油田适当降低资源税额标准、实行扩大增值税抵扣范围和企业所得税优惠等税收政策，特别是出台的灵活处理银行不良贷款、分离企业办社会职能、豁免陈欠税金等优惠政策，为国企扫除障碍、攻克堡垒，加快转制创造了条件。2005年，中央经济政策取向仍向东北地区倾斜，支持重大装备制造业发展，加大石油、煤炭等行业技术改造投入，选择煤炭、森工、石油等陷入困境的资源型城市进行建立资源开发补偿机制和衰退产业援助机制试点，等等。这些优惠政策将对黑龙江省吸引国内外投资，集聚域外资本、人才、技术，攻克体制性问题，突破结构性矛盾，加快发展振兴步伐起到积极的促进作用。

（2）国家加大对粮食主产区的扶持力度，为黑龙江省农业稳步发展奠定了良好基础。建设东北商品粮基地是实现东北老工业基地产业结构优化的资源基础，也是确保国家粮食安全的战略举措。2004年中央把黑龙江省作为先行免征农业税改革试点地区，大大调动了黑龙江省农民种粮的积极性，粮食生产大丰收，四大作物种植面积增加1200多万亩，预计粮食总产627亿斤，超过历史最高水平；农民人均收入增加500元，全年达到3000元。国家对农民实行的"两免"、"三补"政策，既减轻农民负担，降低种粮成本，改善农民种粮条件，也对更广泛吸引跨国公司和著名企业来我省兴建粮食产业生产加工基地，有效解决"三农"问题，创造了良好条件。

（3）黑龙江省被纳入国家推进社会保障体制改革试点，为引入战略投资者提供了可靠保障。国有企业改革重组是振兴老工业基地的首要任务，而国企改革的核心是产权制度改革，突出矛盾是妥善解决职工的安置问题。随着黑龙江省国企改革的不断深入，将有大批职工与企业解除劳动关系。能否解决好下岗失业人员的再就业和基本生活保障问题，关乎社会稳定，关乎事业成败。国家把黑龙江省纳入实施完善城镇社会保障体系试点，为我们有效破解这一难题，加快建立健全与市场经济发展相适应、与老工业基地振兴相配套的社会保障体系，提供了难得的机遇。

（二）黑龙江省老工业基地发展的薄弱环节

受各种因素影响，在建立社会主义市场经济体制和新一轮结构调整中，黑龙江省老工业基地调整改造的步伐相对滞后，成为当前结构性矛盾和体制性矛盾最为突出的行业和地区。

1. 结构调整滞后。

黑龙江省老工业基地产业结构特点是：重工业比重大、轻工业比重小，2002 年轻重工业之比为 13.5 : 86.5，重工业比重比全国平均水平高 25.6 个百分点；资源型产业比重大、精深加工产业比重小，采掘业与制造业之比为 72.8 : 27.2，采掘业占全国同行业的 27.4%；传统产业比重大、高新技术产业比重小，高技术产业创造的增加值仅占工业增加值的 18% 左右，在经济总量中，以传统产业为主的产业格局仍未得到根本性的改变；国有经济比重大、非国有经济比重小，国有及国有控股企业与非国有企业增加值比为 89.4 : 10.6，国有工业比重比全国平均水平高 36.4 个百分点。

2. 投入严重不足。

黑龙江省老工业基地贡献的工业增加值占全省 GDP 的比重接近 1/3，但工业基建和技改投资占全省全社会固定资产投资比重已由 1997 年的 40% 下降到 2002 年的 29.3%。工业固定资产净值率下降到 60%，列全国倒数第三位。全省 R&D 投入仅占 GDP 的 0.6%，远远低于全国 1.32% 的平均水平。自 1999 年开始实施国债技改项目以来，黑龙江省有 76 个项目列入其中，仅占全国的 3.4%，项目总投资 127.4 亿元，仅占全国的 2.7%。同时，银行贷款在技改投资中的比重已下降到 12%，导致大中型国有工业企业技术改造迟缓，整体竞争水平下降，老工业基地发展动力不足。

3. 国有企业包袱沉重。

黑龙江省具有承担社会职能的大中型国有企业 848 户，占国有及国有控股企业近 64%，企业办社会职能单位 9548 个，职工 48.9 万人，办社会费用支出 123.3 亿元，扣除经营性收入尚需补助 97.6 亿元。黑龙江省"十五"期间还需关闭破产 287 户，其中 108 户需要实施政策性破产，共需核销呆账 120 亿元左右，仅伊春森工企业银行债务就高达 39.6 亿元。由于对银行债务、职工安置等问题处理不了，劣势企业处于"活不了、死不起"的状态。

4. 社会保障能力偏低。

几年来，全省国企下岗人员达 327.6 万人，实现再就业 212.6 万人，未实现再就业的下岗人员仍超过 100 万人。城镇失业率上升，由 1997 年的 2.7%，上升到 2002 年 6 月的 5.3%。四个煤城有下岗职工 11.03 万人，再就业率仅为 15.4%。目前，黑龙江省有各类下岗失业人员 150 万人；"十五"期间，全省实际需要安置的各类就业人数将超过 200 万人，就业问题日益突出。

5. 资源型城市亟待解决可持续发展问题。

受资源可采储量递减等因素影响，资源型城市面临着发展接续产业和生态治理等难题。一是资源开采企业生产和效益下滑，地方财政困难。原油、原木资源可采储量锐减，煤炭生产能力和接续储量不足；四个煤城和大庆油田开采成本比"八五"期间提高一倍多；伊春和大兴安岭地区由于木材产量大幅下降，年均减少财政收入 1/3 以上。二是结构性矛盾突出，严重影响城市经济发展。2001 年四个煤城实现工业增加值中，煤炭企业占总量的 56.4%；伊春市和大兴安岭第二产业增加值中，森林工业均占 2/3 以上。三是资源过度开发，区域生态条件恶化。四个煤城总塌陷面积为 530 平方公里，煤矸石已达 2 亿多吨，每年向大气排放的甲烷量约为 2.96 亿立方米；大小兴安岭森林过量采伐，蓄水固土抗风沙能力明显减弱；大庆油田草原"三化"比重已占总面积的 84%。

三、黑龙江省经济发展滞后的
原因分析

1. 国有经济比重大，退出计划经济步伐缓慢是黑龙江省经济发展滞后的根本原因。

黑龙江省是我国国有经济比重最高的省份之一，并且大型、关键性领域的国有企业多。也正因为如此，黑龙江省退出计划经济要比其他省份滞后得多，相对应的是黑龙江省的市场环境建设落后，人们的市场经济意识淡漠。时至今日，我们的许多领导、干部、职工和群众仍然在用计划经济的思想理念、思维模式、管理手段、工作方法和行为准则支配自己的言行，严重束缚了市场经济体制的建设，压抑了群众创新创业的积极性，影响了经济建设的健康快速发展。因为国有企业比重大，黑龙江省的经济发展缺乏活力，经济效益低下；因为国有经济比重大，留给民营经济的发展空间就十分狭小，产权结构不符合市场经济要求；因为国有企业多，国企职工下岗的人数就多，使社会背上了沉重的包袱。国有经济比重大，退出计划经济滞后是黑龙江省经济发展缓慢的最主要原因。

2. 历史欠账、投入锐减、包袱沉重是黑龙江省企业竞争力下降的原因之一。

改革开放以来，随着国家发展战略的调整，对老工业基地的投入大量减少，使企业的装备严重老化，研发投入严重不足，自主创新能力明显减弱，技术和工艺与发达国家的差距越来越大。再加上企业办社会、大量的离退休老职工，使企业的包袱越来越重，致使许多企业为了生存不得不在"短平快"项目上做文章，而使自己的优势主导产品丧失了市场竞争力。

3. 处于转型期的资源输出大省地位，是黑龙江省经济效益低下的又一个原因。

黑龙江省的石油、煤炭、粮食、木材资源十分丰富，是我国资源输出的主要省份。世界上所有资源输出的国家和地区无一例外都是经济欠发达的，即使是富裕的石油输出国，也难以成为经济发达国家，这是一个普遍的规律。究其原因，无非是有了资源就不琢磨加工。由于资源输出效益低，资源的过度开发又带来环境的恶化，再加上资源枯竭型城市的不断增加，资源输出的收益难抵生态恢复和资源枯竭城市转型的成本，使黑龙江省的经济发展更加雪上加霜。更何况我国尚处于经济转型期，资源的配置并没有达到完全市场化，重要资源都是由国家统一定价和调配，使黑龙江省的资源优势并没有真正成为经济优势。这也是黑龙江省经济发展缓慢的原因之一。

4. 招商引资难度大也是黑龙江省经济发展缓慢的重要原因。

沿海发达地区的经济发展速度快的一个重要原因是吸引了大量的外资企业；而国民经济统计计算的是国内生产总值（GDP），而不是国民生产总值（GNP）。由于黑龙江省市场环境相对较差，再加上地理位置和气候条件的差异，致使外商少有光顾，这也是黑龙江省经济发展缓慢的一个重要原因。

5. 产业结构不合理是黑龙江省经济发展缓慢的又一个原因。

作为老工业基地，黑龙江省的优势企业都是传统的国有重工业企业，经济效益十分有限。2003 年哈尔滨电站集团 7 家大型国有企业在订单干不过来的情况下，总利润率只有 7000 万元，资产利润率不足 0.3%；哈尔滨航空集团 3 家特大型国有企业的资产利润率也都在 1.3% 以下。而黑龙江省的轻工业、高新技术产业、民营科技企业、现代服务业的发展却很薄弱。与之相对应的是，黑龙江省在传统产业领域的技术力量雄厚而高新技术领域的人才不足。这也是黑龙江省经济难以快速发展的原因之一。

四、实施东北老工业基地科技
支撑战略的思路研究

1. 实施东北老工业基地科技支撑战略的必要性。

改革开放以来，我国实行的是以引进技术为主的发展战略，这在当时是正确的也是必需的。以引进技术为主的发展战略使我们国家的生产技术水平得以迅速提高，经济快速发展。但是同时也产生了一些负面效应：一是使企业的自主创新意识逐渐淡化；二是由于核心技术掌握在人家手中，我们只能赚取微薄的加工利润，为发达国家"打工"。就拿装备制造业来说，装备工业是工业化的脊梁，没有装备支撑的制造业，说到底只能是一种无根工业。但我国的装备主要依靠进口（我国进口贸易资金的2/3是用在装备上），我们应该清醒地认识到：一方面，引进毕竟要"受制于人"；另一方面，依靠引进是不可能"引"来现代化的。世界上还没有一个国家是靠"引进"成为大国、强国的，特别是对于我们这个拥有13亿人口的大国。因此，以引进为主的战略只能是权宜之策。

进入21世纪，我国的经济实力空前增强，市场经济体制基本形成，人均GDP达到了1000美元，已经具备了实施科技支撑战略，走自主创新道路的实力。而东北老工业基地拥有雄厚的工业基础和人才优势（包括蓝领），目前又是国家重点支持的地区，科技部实施振兴东北老工业基地的科技支撑战略既是增强东北地区核心竞争力的需要，也是我国提高工业化发展水平的需要，更是东北地区成为我国第四个经济增长极的需要。

2. 实施科技支撑战略的定位研究。

一提科技支撑，人们想到的就是立项，提供科研经费。如果科技支撑战略只是比以往多立一些项目，多提供一些科研经费的话，恐怕很难达到核心技术自主创新的目的。因此，我们认为科技支撑战略的定位应该是既要增加科技投入，更要提供超常规的政策、措施和做法，特别是国家针对东北地区的特殊科技政策。

虽然科学技术是第一生产力，但掌握科学技术，发挥好科学技术的作用，却是要依赖体制、机制、环境的共同作用。科技支撑战略只是国家振兴东北老工业基地的手段之一，因此，科技支撑战略不能就科技论科技，还需要方方面面的合作与系统推进。

科技部推出的振兴东北老工业基地的科技支撑战略作为国家战略是以东北区域经济发展为目标，因此黑龙江省的科技支撑战略也应该着眼于东北区域经济发展的大局，加强与辽宁、吉林的协调，重点支持黑龙江省具有特点和优势的技术，以避免区域内的重复建设甚至恶性竞争。只有东北地区成为我国经济发展的第四个经济增长极，黑龙江省的经济才能快速发展起来。所以科技支撑战略应该跳出行政区划。

3. 科技支撑战略的重点方向研究。

在市场经济体制下，企业是市场经济的主体，也应该成为技术创新的主体。那么，科技支持的重点应该是各行业中的优势企业。黑龙江省是国有经济比重非常高的省份，主要行业的优势企业绝大多数是国有大型企业，是国资委管辖的中直企业。作为国家的科技支撑战略，对国有企业的支持也是顺理成章的。但是，在市场经济体制下，对国有企业的支持应该适度。一方面，国有大型企业几乎都是传统产业，应注重产业结构的调整；另一方面，应注重投资效益，避免重蹈对国有企业投资的"项目怪圈"。

我们认为：第一，目前应该有选择地支持国有企业，特别是那些民营企业无法替代的关键领域的真正有创新实力的国有企业，而不是从"扶贫"的角度出发去拯救国有企业。第二，应重点支持高新技术开发区的发展和有实力、有发展前景的民营高新技术企业，以调整产业结构和产权结构比例。第三，在目前我国企业尚没有真正成为创新主体的情况下，应注重项目投入的产学研的结合。第四，鉴于东北地区的地域优势和原苏联援建项目大多集中在东北的特点，应重点支持与俄罗斯及独联体国家合作的项目。第五，应注重对循环经济发展的支持。

对于具体项目的选择重点应该注重能够替代进口的核心技术、出口产品的自主技术、经济发展的"瓶颈"技术、改造传统产业的公用技术和新经济增长点的高新技术。值得注意的是，在我国目前的发展阶段，关键技术的引进仍然是十分必要的，核心技术的自主创新不能"矫枉过正"。

五、到 2010 年的战略目标

在充分发挥黑龙江省六大优势的基础上，利用好国家支持东北老工业基地的各项政策，通过内引外联，加强合作，聚集科技力量，不断增强自主创新能力，到 2010 年，使黑龙江省的装备制造业、石化工业、能源工业、食品工业、医药工业和森林工业六大基地创新能力明显增强，80%规模以上的企业实现信息化，其综合实力位居全国同行业前列。粮食大省地位进一步巩固，绿色、无公害农产品产业优势更加突出，畜牧业比重提高到 60%，建成全国畜牧大省。资源型城市和地区经济转型步入良性轨道，接续产业增加值超过采掘产业。高新技术产业增加值以年均不低于 20% 的速度增长，2010 年增加值达到 800 亿元，占全省国内生产总值的 10%，高新技术及其产品出口额占全省出口额的 20% 以上。

全省科技综合实力显著提高，主要科技指标进入全国前 10 位，进入全国"科技大省"行列。建成市场机制比较完善，优势和特色突出，总体经济实力较强的省份，到 2010 年全省生产总值达到 8000 亿元，年均增长 9% 以上，人均全省生产总值达到 2440 美元。成为全国新的重要经济增长区域。

六、科技支撑的重点领域
和主要任务

（一）发挥科技优势，整合科技资源，推进科技创新体系建设

1. 加快科技创新平台建设。

以高技术产业化为目标，重点建设八大高技术国家工程研究中心。依托第一重型集团建设重型技术装备国家工程研究中心；依托哈尔滨工业大学和哈尔滨工程大学建设电子信息和制造业信息化国家工程研究中心；依托东北农业大学、东北林业大学和省农业科学院建设现代农业、良种繁育国家工程研究中心；依托哈尔滨医科大学、黑龙江中医药大学、祖国医药研究所、省科学院和哈药集团建设北药和新药国家工程研究中心；依托哈尔滨工业大学、省科学院、哈尔滨焊接研究所、哈电站集团和哈飞集团，建设焊接、石化、电站设备、支线飞机国家工程研究中心。同时加快建设哈尔滨工业大学、哈尔滨工程大学等国家级大学科技园。到 2010 年，重点建设 70 个高校重点实验室。发挥大专院校、科研院所和具有实力的龙头企业的技术优势，通过技术创新、体制创新，实现区域和行业科技资源的整合，力争建成一批国家重点实验室、国家工程技术研究中心和 20 个省级重

点实验室、20 个省级重点行业工程技术研究中心、100 个省级企业技术中心、20 个中试基地、50 个科技企业孵化器、100 家科技中介机构。

2. 建设高技术产业化示范工程。

到 2010 年，在电子信息、先进制造技术、环保新能源、新材料和生物技术、新医药、现代中药等领域实施建设国家级、省级高技术产业化示范工程 129 项，总投资 100 亿元。通过高技术产业化示范工程建设，发展一批高新技术企业，开发一批对重点产业和企业具有重要影响的技术装备和主导产品，推广一批关键技术和配套集成技术，使大中型企业的技术装备和技术经济指标达到或接近国内、国际先进水平。依托省内高校和科研院所，整合高技术产业化优势，办好哈尔滨、大庆两个国家高新技术开发区，构筑以哈尔滨、大庆为中心，以大中型企业集团为支撑，辐射全省的高技术产业发展布局。加大知识产权创造和保护力度，强化知识产权的管理，促进科技成果转化。组织产学研攻关和产业化重点示范，研发具有自主知识产权的技术产品，促进企业技术进步和产业、产品结构调整。组织实施高新技术领域重点攻关项目 500 项，用高新技术改造传统产业重点攻关项目 100 项，科技成果重点推广应用项目 300 项，引进消化吸收科技成果 100 项。

3. 推进信息化建设。

大力推进政务、农业、企业、电子商务、社会保障、教育、社会治安综合治理、旅游等八大信息化工程。实施制造业信息化工程，搞好数字化设计、数字化生产、数字化装备和数字化管理技术的开发应用。抓好全国制造业信息化工程示范省和哈尔滨、大庆示范城市建设。建立电站装备、机械装备、汽车、石化、医药、造纸、农产品加工等 7 个网络化制造平台。以网络化制造技术带动企业间协同发展，实施六大基地产业内网络链接，实现上下游企业的供应链管理、网络化制造、电子商务和配套企业的客户关系管理，逐步形成分工合理、优势集成的产业群。

4. 进一步加快高新技术产业开发区和各类科技园区的建设。

做大、做强国家级和省级高新技术产业开发区、民营科技企业示范区、农业科技示范园区、大学科技园、医药园区、中俄科技园区、软件园等科技园区，使它们真正成为技术引进、自主创新、成果扩散、信息辐射、人才汇集、资金吸纳的基地，并加速新的经济增长点的诞生。

5. 加强科研条件支撑保障平台建设。

加快建设以大型科技设施及仪器设备、科技文献及科技基础数据、生物种质资源及标本等三大领域为主体的科研条件支撑保障平台。推进全省大型精密仪器协作网及东北三省大型精密仪器协作网的建设和以科技情报信息机构、成果管理机构、技术交易机构为基础的公共科技信息平台建设。加快建成并运行一批对我省科技创新有重要影响的科技基础数据库。

6. 加快全省科技中介服务机构的建设。

加快培育和扶持一批以生产力促进中心、科技企业孵化器、科技创业服务中心为主体的专业化水平高、组织协调能力强、运行规范化的骨干科技中介机构。采取多途径、多形式地引导扶持技术评估、科技咨询、技术经纪等中介服务组织，打造精品服务项目，提升服务质量和水平。面向老工业基地振兴的需求，开展技术扩散、成果转化、科技评估、创新资源配置、创新决策和管理咨询等服务活动，降低创新创业风险，加速科技成果产业化进程。

7. 大力发展民营科技企业。

一是组织实施巨星民营科技企业发展计划，优先支持巨星和巨星种子企业承担国家和省重大科技计划项目，积极推动民营科技企业示范区建设自己的孵化器和特色民营科技企业园区，促进民营科技企业规模化发展。二是积极鼓励和支持民营科技企业与高等院校、科研机构建立稳定的科技合作关系，自办或合办技术开发机构，进行产学研联合科技攻关。努力提升我省民营科技企业的整体水平，促进民营科技企业向规模化、现代化、集团化发展。三是鼓励和支持民营科技企业加大科技投入，加快人才引进和培养，加强具有自主知识产权的新产品、新技术、新工艺的研究开发，注重国外先进技术的引进、消化和二次创新，不断增强市场竞争力。四是要进一步强化科技成果交易市场建设，逐步完善和规范省内产权交易市场，搭建技术产权交易平台，为民营科技企业产权交易和技术转让提供服务。五是逐步建立和完善民营企业服务体系。加强民营科技企业科技人员培训体系建设；建立民营科技企业科技人员晋升技术职称评定服务体系，适应科技人员晋升技术职称的要求；完善民营科技企业投融资体系，采取国家、企业、个人共同投资的方式，建立黑龙江省民营科技企业发展专项资金。到 2010 年，形成 10 个销售收入达 50 亿元、20 个销售收入达 30 亿元、30 个销售收入达 5 亿元和 100 个销售收入超 3 亿元的高新技术企业或民营科技企业。

（二）围绕六大产业群，建设六大基地，全面提高科技竞争力

1. 强化装备制造业产业群，建设现代化装备制造基地。

以数字化技术改造为重点，以重大项目为依托，采用高新技术和先进适用技术改造大型骨干企业，加快重点产业专业配套协作生产体系建设，增强自主开发和创新能力，实现以哈尔滨、齐齐哈尔为重点的装备制造产业集聚。重点发展水电、火电、核电等电站成套装备，建设国内一流、国际上占有一席之地的电站设备制造基地。发展重型机械装备、重型数控机床，建设我国重要的重型装备制造基地。发展新型微型汽车、轿车及发动机，快速、重载铁路货车及铁路起重机，支线客机、新型多用途飞机和直升机，走国际化合作的道路，建设我国一流的交通运输装备制造基地。发展数控量仪、精密复杂刀具、精密高速重载低噪声轴承，新型农业装备和农产品加工装备、焊接技术与装备。增强军品核心研制能力，发展高新技术武器装备，形成多用途军用飞机、舰船动力系统、压制武器、航空弹药、电子装备、新概念武器基础、军用新型材料和基础件、轻武器及警用装备等八大军品研制基地和产业集群。到2010年电站成套生产能力由800万千瓦提高到1400万千瓦，重型机械装备生产能力由3.5万吨提高到15万吨，微型汽车和轿车生产能力由30万辆提高到60万辆，微型发动机生产能力由50万台提高到120万台，支线客机生产能力达到34架，其他飞机生产能力达到240架。规模以上装备制造业工业增加值达到383亿元，年均增长20%。建成国内一流、特色突出、具有较强国际竞争力的现代化装备制造基地和世界重要的重大装备制造业加工区。

2. 围绕石化工业产业群，建设国家一流的石化工业基地。

充分利用石油、天然气、粮食、煤炭等资源优势，加快科技创新体系建设，积极开发在国内外具有竞争力的核心技术、核心产品。加强与中石油公司合作，实施"以化补油"战略，延长产业链，发展精细化工，加速构建以大庆为龙头的哈尔滨、大庆、齐齐哈尔、牡丹江石化产业带，将大庆建成国内一流、在国际上占有重要地位的大型石化基地。重点提高炼油企业集中度，推行炼油化工一体化，扩大乙烯及合成材料生产规模。加快发展有机原料、化肥、精细化工、合成材料加工、轮胎及橡胶加工。加快发展煤化工产业，推进煤炭液化项目。到2010年，原油加工生产能力保持

在 2000 万吨左右、乙烯由 85 万吨逐步改造扩建到 150 万吨、聚丙烯由 30 万吨发展到 100 万吨。规模以上石化工业增加值达到 300 亿元，年均增长 15%。

3. 发展能源工业产业群，建设东北地区能源基地。

加大原油勘探力度，寻找外围油气资源，研究推广采油新技术，提高原油采收率，努力增加原油产量。到 2010 年，原油产量稳定在 3500 万吨，石油开采业增加值 440 亿元，年均递减 7% 左右。稳定东部煤炭生产规模和接续产能，加快西北部煤田勘探开发，加快建设高产高效矿井，加强煤矿安全技术改造，提高原煤洗选率，加快洁净煤技术产业化进程。到 2010 年，原煤产量达到 1 亿吨，煤炭转化率提高到 55%。进一步优化电源结构，争取建设一批大型坑口电站，加快建设中心城市大型热电厂项目，建设一批常规水电、抽水蓄能电站及大型风电场项目，建设和完善 500 万千伏电网骨干网架，继续改造城乡电网，增加国网覆盖面，保证东北地区用电量增长的需要，积极争取向华北送电。到 2010 年，新增装机容量 1000 万千瓦，电力送出能力显著提高，各类电压等级电网协调发展。

4. 发展绿色、特色食品工业产业群，建设全国重要的食品工业基地。

发挥生态资源优势，加快食品工业产业升级步伐，大力发展农产品深加工产业，延长产业链，提高农产品转化程度和精深加工比重。健全以有机食品、无公害农产品等绿色、特色食品为主导的新型食品工业体系和食品安全检验检测体系，建设全国最大的绿色、特色食品工业基地。依托和培育知名品牌，整合加工资源，扩大加工规模，重点发展乳制品、大豆制品、玉米加工、薯类制品、肉类制品、啤酒饮料及山特产品深加工技术。到 2010 年，鲜奶加工量达到 1000 万吨以上，建成全国最大的鲜奶生产基地；大豆精深加工比例达到 60% 以上，建成全国最大的非转基因大豆深加工基地；玉米精深加工比重达到 65%。规模以上食品工业增加值达到 340 亿元，年均增长 16%；绿色食品加工量 800 万吨，年均增长 10%；有机食品加工量 100 万吨。

5. 发展医药工业产业群，建设我国"北药"生产基地。

以哈药集团为龙头，以医药园区为重点，推进医药企业规模化、集群化发展。加大北药开发力度，增强自主开发能力，强化知识产权保护，发展特色医药，建成医药强省。重点发展现代中药、抗生素、生物制药、化学药品、新型药物制剂和制药器械。到 2010 年，规模以上医药工业实现增加值 119 亿元，年均增长 17.5％；哈药集团销售收入超过 200 亿元。

6. 发展森林工业产业群，建设我国重要的森林工业基地。

加快林业管理体制改革，培育林业生态和林业产业两大体系，调减天然林资源采伐量，大力发展以纸浆原料林、大径级用材林为主的速生丰产林。加大市场开发力度，壮大优势企业，培育知名品牌，加快发展林区接续产业和替代产业，重点发展林板、林纸一体化和家具制造。壮大林区绿色、特色食品和林药深加工等新兴产业，建成国内最大的山特产品生产加工基地。到 2010 年，林业工业增加值达到 122 亿元，年平均增长 11.2％。

（三）为加快发展现代农业、绿色农业提供技术支撑

1. 积极发展优质粮食和绿色食品生产。

巩固和发展全国最大的商品粮基地和绿色食品基地地位。实施大豆振兴工程，重点建设非转基因大豆产业带。到 2010 年，大豆单产和品质提高到世界先进水平，大豆年产量力争达到 900 万吨。加快玉米、小麦、水稻等作物的优势产业带建设。在巩固提高 35 个国家级商品粮基地县和 8 个大型优质商品粮基地的基础上，组织实施优质粮食产业工程。抓好总量发展、标准化生产、质量监控、加工增值和市场开拓五个环节，大力发展绿色食品、有机食品生产。到 2010 年，绿色食品种植面积扩大到 3000 万亩，产量达到 1370 万吨，绿色食品产值占农业总产值的比重由 12.5％提高到 30％以上；无公害食品种植面积达到 1.3 亿亩；绿色食品认证数量发展到 1200 个。

2. 突出发展畜牧业。

在保证粮食生产能力的前提下，调整农牧结构，提高粮食的内部转化比重，促进农民增收。加快畜牧业基础设施建设，加快良种化工程建设步伐，完善动物防疫灭病体系和畜产品安全体系。实施奶业振兴工程和肉牛发展计划，建设现代化高产园区和养殖场工程，发展规模化、集约化养殖。重点发展奶牛、肉牛、生猪等主导品种，积极发展肉羊、蛋禽、肉禽、绒山羊、特种养殖。到 2010 年，奶牛存栏达到 320 万头，鲜奶产量 1000 万吨以上；肉牛出栏 450 万头，生猪出栏 3500 万头，羊出栏 1200 万只。推进饲草饲料产业发展，提高青贮饲料供应能力，保护草原生态。到 2010 年，改良草原 1800 万亩，种植青贮饲料面积 1000 万亩。

3. 推进农业产业化。

加大对农产品加工企业的扶持力度，鼓励和支持优势龙头企业，开展

多种形式的资产重组和品牌整合。引导龙头企业与农户建立多样化的利益联结机制。在大豆、水稻、玉米、乳品、肉产品、马铃薯加工等领域扶持培植具有较强拉动能力的大型龙头企业，力争每个优势主导产业都要整合出 1～2 个位居全国同行业前列的大型龙头企业集团。到 2010 年，规模以上的龙头企业发展到 1500 户，销售收入达到 1200 亿元，年均增长 12%，牵动基地面积 7000 万亩，带动农户 250 万户，增加农民收入 38 亿元。

4. 加快垦区现代农业发展步伐。

充分发挥垦区的龙头带动和辐射示范作用，重点建设 1000 万亩优质大豆、1000 万亩优质水稻、500 万亩优质小麦等生产基地，优质商品粮生产能力稳定在 180 亿斤以上。做大做强重点龙头企业，进一步延长产业链条。到 2010 年，垦区农产品加工总量突破 1500 万吨，工业增加值达到 118 亿元，年均增长 20%；农场职工人均纯收入 8800 元，基本实现农业现代化。

（四）推进资源型城市经济转型，增强可持续发展能力

1. 油城发展。

以石油化工为主导产业，建成全国一流的石油化工基地。壮大高新技术产业，发展食品、建材、塑料和医药工业，建立乳业核心区和新型建材基地。加强生态环境建设，完善城市功能，力争使大庆市现代化建设走在全省的前列。

2. 煤城发展。

坚持以煤为主，多元化经营，把延长煤炭产业链作为主攻方向，加快煤炭转化步伐。组建煤炭集团，重点建设东部地区高产高效矿井项目，巩固提高煤炭生产能力。发展煤化工，推进七台河、双鸭山、焦化，鹤岗、鸡西煤层气开发，煤炭液化等项目，促进煤炭转化。大力开发非煤产业，加快发展绿色食品、冶金、新型建材、林木加工、生物制药、旅游等产业，促进经济转型。完成采煤沉陷区治理工程，改善生态环境和城市面貌。

3. 林城发展。

继续实施天然林保护工程，加快生态和产业两大体系建设，大力发展接续产业。合理调减木材产量，加快以速生丰产林为主的用材林基地建设，争取用 10 年时间完成迹地更新、低质林改造和宜林地造林，促进林业生产由采伐向培育保护转型。实施商品林基地、林板、林纸一体化工程，建设造纸、高中密度板和家具等重大项目，促进林产品加工业由初级加工向精

深加工转型。以脱毒马铃薯种子基地和高标准原料基地等项目建设为重点，建成全国最大 AA 级绿色食品和有机食品基地。积极开发森林生态旅游、林下产品和林药种植及深加工等新兴产业，促进林区经济由单一林业经济向复合型林区经济转型。

（五）建立国内外科技合作平台，拓展经济发展空间

1. 把引进资金与引进技术、人才、管理结合起来，组建一批中外合资大型企业和大型企业集团。

依托黑龙江省特色和优势，积极创造条件，优化投资环境，引进战略投资者，争取跨国公司在我省投资基础产业、农业、制造业、高技术产业，以及出口型产业，建设一批带动性强的大项目。以调整改造为重点，筛选一批在全国同行业处于前列的企业和具有竞争优势的产业，通过与跨国公司特别是世界 500 强的合作，承接国际产业转移，发展一批大型中外合资企业和企业集团。扩大金融、保险、商贸、旅游等服务领域对外开放，争取境外金融机构在黑龙江省设立分支机构，拓宽国际融资渠道。改进招商引资工作机制，实施招商引资市场化运作，完善投资信息服务平台，建立以国内外会计、律师、信息咨询、行业组织为主体的投资促进网络，努力扩大利用外资规模，提高利用外资水平。到 2010 年，力争外商直接投资 25 亿美元，年均增长 11.8%。

2. 发挥对俄罗斯开放与合作的优势，建设全国对俄开放的大窗口、联结欧亚的大通道、东北亚产业、技术、金融集聚的大平台。

积极创造条件，促进对俄经济技术合作向规范化、规模化方向发展。依托省内科研机构和生产企业引进和吸收俄罗斯及独联体国家的先进技术，搞好哈尔滨国际科技城，中俄科技交流合作及产业化中心，对俄工业、农业、信息科技合作中心建设，建立对俄科技合作产业化示范基地和以俄罗斯、白俄罗斯、乌克兰等国家为重点的国际高层次科技人才培育基地。扩大对俄森林采伐、木材加工、矿产资源开发、农业生产、建筑材料、房地产等方面的合作，积极实施引俄石油、天然气、木材等重大项目。改善口岸基础设施，建设黑河、绥芬河等互市贸易区，争取建立加工贸易区，建成全国对俄的贸易窗口，促进我省口岸经济快速发展。

3. 加大与韩、日等周边国家的合作力度，努力开辟国际市场，发展多元化对外贸易新格局。

进一步加强与日、韩、朝等周边国家与地区的科技、经济合作，不断开拓北美、欧盟、中东、非洲、拉美等市场。完善对外开放制度，形成稳定、透明的涉外经济管理体制，创造公平和可预见的法制环境，确保各类企业在对外经贸活动中的自主权和平等地位。强化企业特别是三资企业的外贸出口主体地位，全面放开国有外贸企业股权限制，加快中小国有外贸企业民营化步伐，实现外贸经营主体多元化。整合优势产业和产品，内建基地，外辟市场，加速构建开放型产业体系。大力发展加工贸易，扩大机电产品出口，提高出口产品的科技含量和竞争力。到 2010 年，进出口总额达到 150 亿美元，经济外向度提高到 15%。

4. 实施"走出去"战略，进一步拓展经济发展空间。

完善对外投资服务体系，健全对境外投资企业的监管机制。鼓励优势企业对外投资，重点建设海外能源、原材料和生产制造基地，建立海外生产体系、销售网络、售后服务体系和融资渠道，开展跨国经营，培育具有竞争实力的跨国企业和著名品牌，带动技术、设备、材料出口和劳务输出。支持大庆油田开展国际化经营，拓展海外业务，从事境外油气勘探开发，形成一定规模的境外油气生产基地。扩大外派劳务规模，推进对外承包工程和境外投资，提高参与国际分工的水平。

5. 坚持内引外联，积极扩大对内开放。

充分发挥优势，把握发达地区生产要素转移的新趋势，围绕六大基地建设，广泛开展省际间经济技术合作，优化资源配置，合作开发优势产品，促进企业资产重组，整合壮大一批企业集团。开展多渠道、多形式的项目推介和招商活动，吸引省外资本，特别是民间资本投资创业，参与老工业基地调整改造。到 2010 年，引进省外资金年均增长 12%。

（六）科技支撑的重点领域和项目

（详见附件）

七、保障措施

1. 坚决转变观念，强化政府服务职能，改善市场环境，营造有利于全省上下创新创业的新局面。

我们应该清醒地认识到，黑龙江省经济发展滞后的根本原因在于思想观念的落后和市场环境建设的差距，如果这种状况不改变，再多的优惠条件和资金支持都将难以奏效，东北地区的"项目怪圈"已经多次验证。因此，各级政府要把转变观念，强化服务职能，改善市场环境作为振兴老工业基地的首要任务，特别是各级职能部门要摆正自己的位置，不要让政府这只"看得见的手"过多地干预市场，特别是向企业"牟利"。要强化服务意识，增强服务功能，提高科学决策水平。要努力营造有利于企业和科技人员创新创业的环境；要创造有利于运用高新技术和先进适用技术改造提升传统产业的环境条件；深化科研体制改革，促进产学研的全方位、多层次合作；发挥各类科技中介机构的媒介作用，组建一支高层次、高水平的专家咨询队伍，为振兴老工业基地提供智力和决策支持。

2. 突出重点，加大投入，为科技发展注入活力。

充分发挥市场机制的作用，最大限度调动全社会投入科技的积极性，逐步形成以政府投入为引导、企业投入为主体、广泛吸引国内外投资的多元化投融资体系。设立老工业基地调整改造专项资金，每年10亿元，重点用于重大项目贷款贴息和项目前期费用、高新技术产业化配套资金。切实加大财政对科技投入的力度，增长幅度要高于经常性财政收入的增长幅度。加快投资体制改革，降低市场准入门槛，制定优惠政策，引导民间投资投向老工业基地调整改造领域，并逐步建立风险投资体系。提高企业在资本市场的融资能力。

3. 吸引人才，培养队伍，为老工业基地振兴提供人才保障。

要努力营造优化吸引、凝聚、使用和有利于优秀人才脱颖而出的环境，努力创造尊重科技人才、善待科技人才、支持科技人才创新创业和鼓励优秀海外人才来黑龙江省工作的社会氛围。加快培养一批高水平的学科、技术带头人，造就一批科技创新人才、科技型企业家和战略科学家，吸引和集聚一批海内外优秀人才，形成一支结构合理、精干高效的科技研发骨干队伍，提高全省科技人才队伍素质。积极鼓励和引导高素质、创新型、复合型人才合理流向高新技术领域和进入振兴老工业基地的前沿领域创新立业。

4. 加强国际合作，引进吸收，为老工业基地振兴提供外力支撑。

要进一步发挥国际科技合作的先导、服务、支撑和纽带作用。积极引进振兴老工业基地急需的高新技术和先进适用技术、工艺及设备，加快重点行业、重点企业的技术升级。建立国际科技合作专项资金，优先支持黑龙江省老工业基地振兴急需的、有一定优势和特色的国际科技合作研究开发项目。以科技项目为载体，鼓励和支持企业参与国际合作。加强国际科技人才信息库和国际科技政策动态数据库的建设。

5. 制定实施综合配套政策，为科技支撑老工业基地振兴提供政策保证。

各级政府要认真落实已出台的各项科技政策，加快制定有利于科技发展的相关配套政策。要运用税收等调控手段，鼓励改造传统产业和发展高新技术产业、环保产业、资源型城市替代产业、接续产业；对老工业基地骨干企业用地给予特殊政策；采取优惠政策，鼓励企业向出口创汇型方向发展。鼓励科研机构、高等院校和各类企业用足、用活各项优惠政策，促进科技进步与创新，为依靠科技振兴老工业基地提供政策保证。

6. 以高新技术为先导，加快企业技术进步。

抓好国家高技术产业化示范项目建设，充分发挥其在老工业基地调整改造中的示范作用，用信息技术改造和提升传统产业的生产自动化水平，逐步实现设计制造集成化、信息化。骨干企业要积极创建国家工程研究中心和国家级企业技术中心，加大技术创新和科技开发的力度，力争掌握一批具有国际先进水平的关键核心技术。充分发挥黑龙江省大专院校、科研院所的科研和人才优势，推进产学研一体化，搞好科技成果的产业化。实施民营科技企业"巨星"计划，做大做强民营科技企业。

7. 充分发挥我省的六大优势，努力吸引世界 500 强和沿海发达地区的高新技术企业来黑龙江省投资发展。

引进世界 500 强和发达地区的高新技术企业是经济发展和科技进步的一条捷径。我们应该抓住老工业基地振兴的历史机遇和世界加工业转移的潮流，大力宣传黑龙江省的优势，努力发挥优势，进一步加大招商引资的力度，积极创造良好的市场环境，提供优质的服务，积极吸引省外、境外的企业和研发机构来黑龙江省投资创业，以此带动企业技术需求和技术投入。力争使黑龙江省成为世界装备制造业的转移基地。

八、对策建议

1. 建议国家加强对东北三省发展的统筹规划。

国家振兴东北老工业基地的战略出台之后，东北三省都根据自己的省情制定了各自的发展规划，但由于东北三省的产业结构雷同，在实施中必然出现重复建设，甚至恶性竞争，从而造成人力、物力、资金和资源的浪费，并且将失去宝贵的发展时间，其结果可能是三省都难以快发展。"东北战略"应以东北区域的经济发展为目标，如何以区域经济发展的大局为重，注重加强三省之间的合理布局，协调发展是整个东北经济发展的关键所在。但由于三省各自的利益所在（其实是短期利益），三省之间很难协调。建议国家应进行统筹协调规划，毕竟三省的骨干企业目前还都是国有企业，国家有权利，也有责任进行统筹规划，这将大大有利于东北地区尽快成为我国的第四个经济增长级。

2. 建议成立中国科学院黑龙江省分院。

20世纪50年代，东北老工业基地建设时期，大批科技人员、管理人员从全国各个地方汇集到黑龙江，为黑龙江省的老工业基地建设作出了杰出贡献。当时的科技人员、管理人员都以能到东北地区工作感到光荣。改革开放以后，黑龙江省的优势不再，人才流失日趋严重。虽然在市场经济体制下，国家不能以行政命令的手段向东北地区调派科技人才，但可以通过在黑龙江省成立中国科学院黑龙江分院的方式吸引人才，以加强国家对黑龙江省老工业基地的科技支持力度。

3. 建议授予东北三省自主建立开发区的权利。

开发区是培育高新技术企业、民营科技企业和新兴经济增长点的基地，也是培育现代管理制度和现代企业家的摇篮。我国幅员广阔，各地的差异很大，有些政策不应"一刀切"。一方面，黑龙江省的土地资源要比南方丰富得多；另一方面，黑龙江省的发展起步较晚，急需通过开发区的发展来带动科技、经济的发展。因此建议国家能对东北三省开这个口子，允许省级政府有权审批开发区。

4. 建议加快资源配置市场化的进程，使资源真正成为经济发展的优势。

黑龙江省是我国资源输出大省，但由于我国正处于经济转型期，资源配置还没有达到市场化，石油、煤炭等资源仍大部分由国家统一调配。建议国家加大黑龙江省自主支配资源的比例，使黑龙江省的资源优势真正成为经济优势。

5. 建议科技部设立对俄罗斯科技合作专项经费。

俄罗斯是科技强国，是我国具有战略伙伴关系的友好邻邦，并与我国有共同的国际利益，对俄罗斯及独联体国家的合作是东北三省，特别是黑龙江省的优势。东北老工业基地科技支撑战略应将与俄罗斯及独联体国家的科技合作作为重点之一，并设立专项经费。

附件：科技支撑的重点领域和项目

一、电子信息

围绕电子信息产业的发展，加强企业信息化关键技术、计算机网络与信息安全技术、数字化媒体及信息处理技术、数据库及管理技术、移动计算机、通信技术、地理信息处理技术、微电子技术和传感技术的研究，推动软件产品和电子产品的研究开发及产业化。

——企业资源计划（ERP）、供应链管理（SCM）、客户关系管理（CRM）、企业生产经营项目管理（PM）、电子商务与商务智能、产品生命周期管理（PLM）、企业应用集成技术（EAI）、计算机集成制造技术（CIMS）、企业集成建模系统、网络化应用服务 ASP 平台、智能化交通系统和电子政务。

——计算机网络管理服务系统、计算机远程教育系统、计算机远程医疗系统、网络计费管理系统、软硬件防火墙、基于 WEB 的信息服务平台、计算机网络安全监控系统、网络信息内容安全技术等。

——多媒体信息处理系统、智能人机交互技术、中文信息处理技术、机器翻译技术、Internet 多媒体信息检索技术、语音信息处理技术、娱乐型媒体处理技术、计算机辅助教育软件技术等。

——数据库管理系统、数据仓库技术、数据挖掘技术、数字图书管理技术及数据库技术在企业信息处理中的应用。

——移动计算机网络、移动终端、手持式计算机及手写式输入设备技术、可穿戴计算机、感知网技术、移动计算应用技术等。

——生物基因信息处理技术、计算机支持的医疗诊断与信息处理技术、人体生物特征识别技术、人体运动信息处理技术等。

——地理信息遥测遥感与大地测量技术、地理信息管理系统技术、面向行业的地理信息应用技术和 GPS 应用技术。

——移动通信及数字集群移动通信系统、移动通信网网管系统、移动互联网、宽带接入、卫星通信等技术。

——基于 IP 的集成电路设计技术、嵌入式芯片设计技术、新型封装技术、新型半导体器件和电路、新型传感器。

——汽车电子产品、数字化电子产品、数字化机械产品、金融电子产品、数字化医疗产品、数字广播发射和数字视听产品。

二、生物技术与医药

围绕生物技术和医药工业的发展，加快动植物转基因技术、生物环保技术、微生物重组技术、基因工程技术、现代中药和新型天然药物、中药提取技术和中药现代化技术的研究开发及产业化。

——转基因技术培育抗寒、抗旱、耐盐碱、抗病虫等农作物新品种，农作物及其商品的转基因检测技术，转基因生物安全性研究；大豆基因序列图谱的研究与绘制；胚胎工程、基因工程技术培育高产畜禽、水产新品种和植物分子标记辅助育种技术；动物主要疫病分子检测技术、动植物细胞培养技术、动物疫苗；生物转化和生物加工技术。

——农业生物技术、信息技术等高新技术在农业上的应用，开展基因工程、细胞工程、酶工程、发酵工程。

——微生物重组技术、生物肥料、生物农药、工业酶制剂、活性微生物制品、生物化工产品，生物杀虫剂、生物杀菌剂、植物生长调节剂、植物生物反应器。

——单克隆抗体技术、基因工程疫苗、基因诊断、基因治疗、反义核酸药物等基因工程新药、生物芯片和生物医学工程产品、分子设计和药物筛选技术。

——现代中药和创新型天然药；中成药品的二次开发、中药单体及有效部位的新药研制和药食两用动、植物功能保健品；化学、抗生素药物；抗病毒、抗肿瘤和治疗心血管类的中西药。

——中药提取有效成分、中成药质量标准及控制技术、指纹图谱、药材 GAP 种植技术、药材加工炮制工艺和中药饮片及针剂、现代中药标准和规范、中药现代化技术。

——膜分离、超滤、CO_2 萃取、树脂等提取分离新工艺、新技术和缓释、控释、靶向、透皮、脂质体凝胶剂释药系统和给药系统。新型药物制剂、高通量药物筛选、蛋白质组和功能基因组药物。

三、新材料

围绕新材料产业的发展，加快推进纳米材料、新型金属材料、无机非金属材料、新型建筑材料的制备、成型和应用技术的研究开发及产业化。

——纳米陶瓷材料、纳米复合材料、纳米功能材料的制备、成型工艺和应用技术。

——高温合金、功能合金、高性能镁合金、钛合金、非连续增强铝合金等金属复合材料的制备技术、塑性成型工艺及大规模工业生产应用技术。

——以碳化硅、碳化硼和石墨等资源为主要原料的超细粉体材料及制成品、新型陶瓷材料等无机非金属材料。

——绝热性能优良的多孔材料、纤维材料、轻质材料；集饰面、绝热、隔音等功能为一体的多功能复合墙体材料和新型建筑材料。

——新型环保焊接材料、信息材料、高性能稀土材料及医用材料。

四、航空航天

围绕航空航天事业的发展，加强航空航天制造业关键技术及新材料、新产品的研究开发及产业化。

——固定翼飞机、直升机改进型、大型飞机关键技术、飞机发动机、配套部件及地面配套设备；ERJ145 系列涡扇支线飞机、水陆两栖轻型飞机的关键技术、设计和制造。

——小卫星与微小卫星总体技术、有效载荷技术；空间通信技术、航天特种材料技术、航天电子工程技术；先进探测与识别技术、控制与导航技术、空间机器人技术。

五、先进制造技术

围绕装备制造业发展和升级急需的关键技术、共性技术及基础装备、成套装备，加强全球化敏捷制造环境下的产品开发与设计技术、现代集成制造系统、数字化制造技术、精密成型技术与装备、先进制造工艺与装备、基于机器人的制造单元及系统、特种机器人以及微机电系统等关键技术与装备的研究开发及产业化。

——电站成套设备技术、重型机械加工技术、大型采掘设备技术、重轨铁路运输设备技术、焊切设备技术。

——数控机床和加工中心的高精度数控进给控制技术、高精度、全闭环液压控制技术、高精度匀速回转控制技术、高抗震性技术、精密传动技术、进给无齿传动技术、热对称技术等关键技术。

——产品数字化、智能化设计制造技术、快速响应制造执行系统、制造网络与 ASP 等技术。

——数字化、智能化工业控制系统、智能仪表高级控制模块技术、总线控制系统的通信、综合自动化工程设计和网络集成技术。

——精密成型、快速原型/零件制造（RPM）、金属材料热成型过程动态模拟等技术。

——纳米加工特种工艺与装备、实用化 MEMS 器件、纳米级微定位系统及微操作装备、压电陶瓷微驱动电源与微细电火花、压力传感器自检测、模块化纳米微驱动机器人系统、微操作机器人显微立体视觉仿真建模等技术。

六、新能源与高效节能及环保技术

围绕能源基地和生态示范省建设，加强洁净煤技术，电站成套设备，输变电技术，天然气、太阳能、风能、地热能开发利用技术，能源地质勘探技术，新型节能技术及产品，环境保护技术及设备，环境质量检测与监测技术的研究开发及产业化。

——煤基多联产技术、水煤浆技术、先进煤气化、高效选煤技术、低成本煤炭液化技术。

——煤炭高效集约化开采新技术、深井建设及地质保障技术、煤矿安全生产保障技术、降低精煤炭灰分和水分技术、煤矿开采前煤层气抽放技术和低成本、高效益煤炭勘探技术。

——洁净煤技术与设备、高效除尘脱硫脱硝技术与设备、特殊行业工业废气控制技术、局部环境质量提高技术和高效空气净化技术、大气污染防治技术和空气、废气监测技术及设备。

——清洁燃烧技术、微小型燃气轮机、超临界和超超临界发电技术、热电供能系统技术和基于煤部分气化联合循环技术。

——600 千瓦级及兆瓦级以上风力发电机组成套技术及产品；无齿轮箱、多级低速发电机、变速恒频等新型发电机组技术及产品；10 千瓦以下离网型风力发电机组技术及产品；风/光/互补、风/柴互补和风/光/柴联合供电系统。

——高效电动机、高压大功率变频调节技术；高效电光源及镇流器技术；S9 以上变压器和非晶态合金铁芯变压器技术；蓄冷蓄热技术、输变电网系统技术、多联供等节电技术。

——太阳能采暖、空调等与建筑一体化技术；太阳光伏发电系统；太阳能电池、燃料电池、新型大容量电池、电容技术及产品；地热回灌技术、地热源热泵技术、地热利用设备及成套设备。

——生态环境保护和恢复与重建技术、生态功能区保护技术及建设规划模式、各类自然保护区管理建设规划模式、煤矿塌陷区综合整治技术。

——厌氧消化技术及利用其处理高浓度有机废水的大中型沼气工程技术、沼气专用设备技术、生物质型煤和高效直接燃烧设备技术、城镇有机废物利用技术和生物质气化技术。

——大气污染、水污染防治技术及高效适用成套设备，固体废弃物处理装置资源化利用技术及设备。

七、石油与化工

围绕石化基地建设，加快生物化工、催化、合成技术以及分离技术等高新技术在石化行业的应用，推进石油化工、粮食化工、煤化工、精细化工及农用化学品的研究开发及产业化。

——含油区块、含油层勘探新技术，采油新技术，提高采收率，增加原油产量。

——加氢裂化、催化重整、加氢精炼、炼油新型节能降耗技术及产品综合利用、油化一体化技术及轻油蒸汽裂解、重油催化热裂解相结合及提高轻油及液化气气率新技术。

——应用新一代聚烯烃、气相法聚乙烯催化剂冷凝工艺、环管法聚丙烯、聚甲醛、PC 等重点产品工艺技术；加快 PE、PP、ABS、PS、丁基橡胶等高分子材料技术的国产化进程。

——煤焦油综合利用技术、以煤为原料生产二甲醚、碳素材料等高附加值产品技术。

——加快甲乙酮，壬基酚，苯酚、丙酮、双酚 A、基酐、1.3—丙二醇、1.4—丁二醇、碳酸二甲酯、二甲醚、氧化法 MMA 等重点产品工艺技术国产化进程。

——油田化学品、聚烯烃助剂、催化剂、胶黏剂、食品添加剂、饲料添加剂、药中间体等专用化工产品。

八、现代农业

围绕建设现代农业和增强农产品国际竞争力，加强农业高新技术，动植物优良品种选育、栽培技术和优质畜禽养殖技术，动植物重大疾病、害虫防治，农产品加工、包装、保鲜、储运技术与设备及农副产品综合利用，农林生态环境保护恢复、建设和可持续发展急需的关键技术，林产工业技术和林木综合利用技术，新型农业机械及配套机具的研究开发及产业化。

——农业信息技术、设施农业技术、现代农业综合技术。

——主要农作物资源创新利用和新品种选育、引进及改良利用，安全、优质、高效农作物生产技术，主要农作物病、虫、草害的预测、预报和防治技术。

——绿色食品生产技术及其试验与示范；绿色食品专用肥料和农药；

加工、包装、贮运技术；绿色安全、无公害优质农产品生产综合配套技术规程及品质监测、检测技术及设备。

——黑土资源的保护、培肥和利用，坡耕地水土保持技术，抗旱节水灌溉的农业生产技术。

——畜禽新品种选育、饲养管理与环境调控技术、新型兽药研制、疾病综合防治技术及畜产品安全生产技术规程；优质饲草与饲料作物品选育及种植技术、高效安全饲料。

——适合我省特点的保护性耕作技术及配套机具，复式耕整地机具、精密播种机、栽植机械、高效低污染植保机械；水稻全程机械化关键设备、主要农作物和经济作物收获机具、饲草及青贮收获机；农产品和种子加工机械、畜牧机械和设施农业工程技术及配套机具；苗圃播种机、苗木移植机、苗床施肥机及木材加工机械设备。

——大豆、玉米、小麦、水稻、马铃薯加工新工艺、新技术及综合利用；蔬菜、果品加工、包装、保鲜、储运关键技术及设备；林副土特产品精深加工。

——奶类、肉类、蛋类和水产品综合利用加工新工艺、新技术及安全储运、产品标准、质量监测和检测技术；天然、营养、多功能食品添加剂、畜禽加工副产物加工转化技术。

——森林生态环境恢复与重建技术、森林生态系统稳定性与森林生态网络体系建设、森林生态系统与环境动态监测与管理、数字林业应用。

——林木良种选育技术、人工用材林定向培育技术、经济林可持续经营技术和经济林丰产技术；种苗基地建设、工厂化育苗及新型林木种衣剂。

——重大森林病虫鼠害可持续控制技术、重大检疫性林木病虫害检疫、监测和预警技术、重大林木病虫鼠害生物制剂、与环境协调性农药及应用技术；林火监测预警、森林防火及装备、森林气候灾害监测、信息管理等技术。

——木材高效加工利用、木材功能性改良、木材防腐与染色、木材液化、木材重组材料、木质复合材料、绿色人造板、无毒多功能胶黏剂、林化产品精深加工、林木生物活性物质、采伐与加工剩余物高效利用。

——濒危野生动物及栖息地保护、野生动物繁育基地建设、野生经济动物保护与开发利用技术。

分报告之四—1：东北地区
装备制造业科技支撑
战略研究[①]

中国社会科学院工业经济研究所课题组

---

①　中国社会科学院工业经济研究所：刘戒骄、史丹

　　装备制造业是为国民经济各个部门提供工业机器装备的制造行业。产业革命以来的经济发展史表明，装备制造业是技术创新和生产率提高的主要源泉，装备制造业的发展及其内部结构升级是经济结构转型的基础，任何大国都不可能逾越制造业这个发展阶段而直接进入以服务业为主的经济阶段。美国、日本、德国等世界强国仍然将制造业视为决定综合国力的"首席产业"，并将装备制造业作为制造业的支柱。

　　新中国成立以来的半个多世纪中，我国一直将装备制造业视为决定国家经济实力、国防能力和综合竞争力的基础产业。作为国家装备制造业的摇篮和国民经济"装备部"，东北地区为我国形成独立、完整的工业体系和国民经济体系，为改革开放和现代化建设，作出了历史性贡献。随着我国新型工业化的启动和产业结构升级，特别是国家振兴东北老工业基地战略的实施，东北装备制造业开始进入新的发展时期。

　　为了把握新时期东北装备制造业的产业发展方向和科技需求，为国家制定东北装备制造业科技支撑的政策提供依据，本课题组于2004年9~10月对东北三省装备制造业骨干企业和有关政府部门进行了1个月的专项调研，同时收集了国内外相关资料，并多次召开研讨会，在此基础上形成了本研究报告。本报告在系统地分析东北装备制造业产业优势和面临问题的基础上，根据东北装备制造业相关产业的发展任务、产品发展方向和重大技术需求，为了促进具有自主品牌、自主知识产权和自主研发能力的重点骨干企业技术能力的全面突破，将东北打造成技术先进、特色鲜明、优势突出的国家装备制造业基地，提出了新时期促进东北装备制造业发展的5项科技支撑措施和7项配套保障政策（简称为"5+7"政策架构）。

　　本研究报告由五个部分组成：一是东北装备制造业的优势和地位；二是东北装备制造业产业发展和科技支撑需要解决的问题；三是东北装备制造业的发展方向和科技支撑的重点领域；四是振兴东北装备制造业科技支撑的措施；五是振兴东北装备制造业的配套和保障政策。

一、东北装备制造业的
优势和地位

东北是我国机械装备的重要生产基地。东北装备制造业基础好、潜力大、门类齐全，拥有一批关系国家全局的优势产业、行业骨干企业和关键产品，在国家工业化和现代化建设中起着其他地区不可替代的作用。改革开放以后，由于多种原因东北装备制造业曾一度陷入困境。近年来，经过大规模的技术改造，特别是一批高起点、高水平项目的建设，东北装备制造业已经走出低谷，产业优势得到恢复和加强，总体规模和技术水平实现了新的飞跃。从总体上看，东北装备制造业已经进入一个新的发展时期。我们认为，尽管经济位次和效益指标相对下降，但是，东北装备制造业在重型机械、铁路运输车辆、船舶、飞机、数控机床、军事装备等领域仍然具有很高的市场份额，几乎所有国家重大项目和重点工程都有东北装备制造业的产品。从综合国力和国防能力以及打破一些国家技术封锁的角度看，东北装备制造业在全国的战略地位没有削弱。东北地区雄厚的工业基础、良好的基础设施、较高的城市化水平和充沛的人力资源，为发展装备制造业提供了得天独厚的条件。能否进一步提升东北装备制造业的产业优势，是振兴东北老工业基地中一个带有根本性、全局性和挑战性的战略问题。

1. 发展基础雄厚，行业优势和区域优势显著。

东北是我国装备制造业的发源地。改革开放前，国家把东北作为全国经济发展的重点地区之一，进行了较大规模的投入和建设。东北地区形成了设施完善、门类齐全、配套能力强的产业基础，拥有一批行业骨干企业和优良的产业工人队伍，打造了一批拥有完善的研发、制造和营销网络的行业龙头企业，积累了承担重点工程和重大装备的制造能力、成套能力和宝贵经验。

从全国来看，东北装备制造业的产业优势集中在重型机械行业、电力设备行业、机床行业、交通运输设备制造业、机械基础件制造业等行业。

这些行业的特点是拥有一批行业排头兵企业与大型骨干企业，产品在国内外知名、市场占有率较高。

重型设备行业的骨干企业有以生产大型轧机、冶炼、重型锻压设备及大型铸锻件为主的我国第一重型机械集团公司，以生产破碎、球磨机及大铸锻件为主的沈阳重型机械集团公司，以生产选矿和运输设备为主的沈阳矿山机械厂，以生产冶金机械、起重机械、散料机械为主的大连起重·重机集团公司，以及以生产工程机械为主的沈阳风动工具厂。

电力设备行业的骨干企业主要包括哈尔滨电站集团公司（三大动力设备厂、哈尔滨绝缘材料厂、阿城继电器厂）、哈尔滨电线电缆厂、沈阳变压器厂、沈阳高压开关及低压开关厂等。

机床行业的骨干企业主要包括沈阳机床集团公司（沈阳一机床、二机床、三机床）、齐齐哈尔第一机床厂、齐齐哈尔第二机床厂、哈尔滨量具刃具厂、哈尔滨第一工具厂、大连机床集团等。

交通运输设备行业中的骨干企业有中国第一汽车集团公司、金杯汽车股份有限公司、哈航集团等；长春客车厂、齐齐哈尔货车厂、大连机车厂等；大连新船重工有限责任公司、大连造船重工有限责任公司；哈尔滨东安发动机集团有限责任公司、沈阳飞机工业集团有限公司、沈阳黎明航空发动机集团有限责任公司。机械基础件的骨干企业主要有哈尔滨轴承厂，瓦房店轴承厂，沈阳电机厂等。

与国内其他地区比较，东北装备制造业的骨干企业数量多、规模大，大型企业比重明显高于全国平均水平，企业规模优势突出（见图1）。

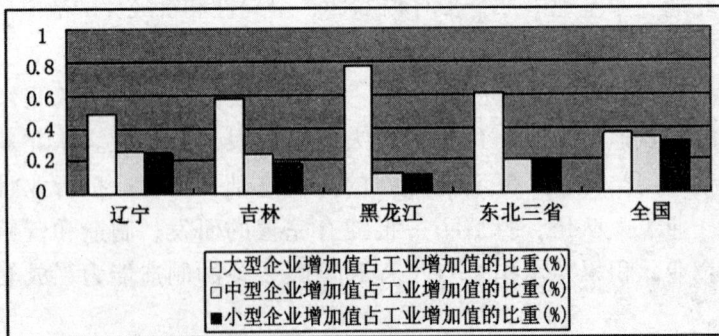

图1　东北三省工业企业规模结构及其与全国的比较

从区域分布来看，东北装备制造业形成了以齐齐哈尔、哈尔滨、长春、沈阳和大连为聚集点，各具特色、互有分工的装备制造业产业带。齐齐哈尔的重型机械、铁路货运车辆、大型数控机床在国内处于领先地位。哈尔滨是全国著名的装备制造业基地，电站设备、轴承、工量具、农林机械、工程机械、电工仪表、车辆以及飞机、坦克等民用和军用产品，在全国占有举足轻重的地位。长春以汽车制造、铁路客车制造、光学仪器制造和大型农业机械为特色。沈阳是著名的装备制造业城市，大中型企业集中，门类齐全、配套能力强，机电产品在全国占有重要地位。大连是我国海洋轮船、机车、轴承、组合机床等重要产地，产量在全国居领先地位。

东北是我国重要的机械装备产品研发、制造基地。东北装备制造企业为我国填补了众多的产品空白，创造了若干个全国第一，在重大项目和重点工程建设以及进口替代方面作出了突出的贡献，在传统装备制造业中具有较高的市场占有率，一些产品如重型机械、铁路运输车辆、船舶、飞机、数控机床、军事装备等市场占有率达到30%以上（见表1），具有其他地区不可比拟和无法替代的优势。

表1　　　　　东北三省装备制造业的主要产品及市场占有率

省别	主要工业产品	国内市场占有率
辽宁省	高压输变电设备，履带推土机、挖掘机，大型矿选设备，精整剪切设备，大型炼焦、冶金车辆、方坯连铸等冶金设备，各种起重机，大型斗轮挖掘机，高强度长距离皮带机，橡塑机械，炼化设备，特大和大中型轴承，精密、数控机床，组合机床，电机电器电材，各种风机、工业泵、压缩机，铁道机械车辆，各种大型船舶、飞机等	轴承系列国内市场占有率为15%左右，其中铁路轴承为26%，汽车轴承为29%，冶金矿山轴承为21% 轻型客车、车用柴油发动机系列产品市场占有率分别为24%和21.6% 中央空调和冷冻冷藏系列国内市场占有率为30%以上 铁路内燃机车，累计总产量占全国总拥有量的40%以上，内燃机车中速柴油机国内市场占有率为50% 数控机床国内市场占有率为10.6%，组合机床为35.5%，自动线占70% 航空发动机市场占有率为60%

续表

省别	主要工业产品	国内市场占有率
吉林省	重、中、轻型汽车及轿车，铁路客车，拖拉机，联合收割机，铁道客车，光学仪器，汽车轴承等	铁路客车市场占有率50%，城轨客车市场占有率85%
黑龙江省	以大型型材、板材轧机为主的冶金设备，重型锻压设备，大型铸锻件，60万千瓦、30万千瓦火电发电设备及大型水力发电设备，电站自控设备，电线电缆，防爆电机，中小型及微型精密轴承，精密量仪量具，重型机床、联合收割机，铁路大型货车，微型汽车及飞机等	冶金设备市场占有率为44.7% 锻压机械设备（大型）市场占有率为35% 矿山设备（23M3以上）市场占有率为100% 石化容器（锻焊结构）市场占有率为95% 大型铸锻件市场占有率为40% 工矿配件市场占有率为25% 专项产品市场占有率为100% 60万千瓦、30万千瓦发电设备的市场占有率为30% 铁路货车市场占有率为33%

注：本表资料截至2004年10月底。

资料来源：作者根据相关资料和调研资料整理。

2. 市场竞争能力增强，同时面临需求拉动和政策支持双重机遇。

我国正处于全面建设小康社会和新型工业化的起点，经济发展进入产业结构调整和技术升级的关键时期。产业结构调整和技术升级必然会引致新一轮设备更新，新一轮设备更新则会引致国内对装备制造业的巨大需求，并对装备制造业的改造升级提出更高要求。东北装备制造业正面临市场需求快速扩张和政策支持的双重机遇。

为解决东北老工业基地在发展和改革中不断加深的体制性、结构性和阶段性矛盾，中央和各有关方面采取了一系列的政策措施，包括实施债转股、加大技术改造力度、实行政策性破产、进行社会保障制度改革和实施消费型增值税试点等。这些政策的实施，推动了东北地区的国有企业改革，改善了东北地区的经济运行状况。东北地区一批大中型国有企业先后实施了主辅分离、下岗分流、资产重组、上市融资、技术改造、分离企业办社会等改革任务，形成了一批规模较大、在国内国际市场具有较强竞争力的企业。

2003年东北装备制造业工业增加值达到876.25亿元，产品销售收入达到 3374.74 亿元,利润总额达到 150.82 亿元,与 2001 年相比分别增长了 49.1%、55.8%、86.8%。从不同行业来看,专用设备制造业、普通机械制造业、交通运输设备制造业工业增加值的增长速度超过了装备制造业的平均水平,分别为 75%、63%、58%;专用设备制造业、仪器仪表制造业、交通运输设备制造业、普通机械制造业的产品销售收入增长率高于装备制造业的平均水平,分别达到 93%、74%、67%、60%;仪器仪表利润总额则增长了 3.06 倍,大大超过装备制造业的平均水平。

就东北三个省来看,2001~2003 年吉林装备制造业的工业增加值、产品销售收入、利润总额增长速度超过了辽宁、黑龙江两省,分别为 59%、65% 和 93%;黑龙江省装备制造业扭亏为盈,由原来亏损 3.59 亿元转为赢利 4.46 亿元,工业增加值和产品销售收入分别增长了 31% 和 48%;辽宁装备制造业的生产规模继续位居东北之首,工业增加值、产品销售收入、利润总额基本上实现了同步增长,2003 年工业增加值、产品销售收入和利润总额分别比 2001 年增长了 46%、51% 和 43%。详细情况如表 2 所示。

从调研情况看,东北装备制造企业生产任务饱满,许多企业订货已经到 2007 年、2008 年。东北装备制造业如果能够抓住国内市场需求快速扩张和中央振兴东北的双重历史机遇,瞄准国内外产业升级对装备工业的需求,进行产业、产品和技术升级,东北装备制造业就能在扩大规模的过程中实现脱胎换骨的改造,再次成为东北经济富有活力、富有代表性的增长点。

表2　　　　　　　　　　东北装备制造业的发展状况

	2001 年			2003 年		
	工业增加值	产品销售收入	利润总额	工业增加值	产品销售收入	利润总额
装备制造业	587.59	2166.08	80.75	876.25	3374.74	150.82
金属制品	36.15	129.7	4.43	37.51	149.55	4.25
普通机械	84.14	284.63	2.78	136.84	455.27	20.95
专用设备	34.86	119.44	-3.72	60.86	229.97	-0.99
交通运输	301.91	1124.37	61.13	475.6	1874.28	109.32
电气机械	51.01	194.52	5.82	65.25	245.68	6.66
电子通信	70.62	286.93	9.35	87.25	373.9	6.74
仪器仪表	8.83	26.49	0.957	12.94	46.09	3.89

资料来源:根据《我国工业统计年报》整理。

3. 重点大型国有企业正在走出困境，在行业发展中扮演关键角色。

东北装备制造业中的国有企业在我国经济建设中的重要地位，不仅是因为它为我国提供了大量的技术装备，更重要的是，通过自主研发，开发了一些涉及国防与军事等关键性技术，打破了国外对我国的技术封锁，为我国其他地区发展装备制造业输出了大量的技术人才，在我国重点工程建设、重大成套装备和重要装备产品领域、国防军工等方面发挥了不可替代的作用。改革开放后，这些大型国有企业由于企业设备陈旧，技术落后，历史包袱沉重，以及经营管理体制不适应新的市场环境等原因，生产经营一度陷入困境，企业生存遇到威胁。但是近几年来，这些大型国有装备制造企业经过技术改造和企业改制，开始走出困境，生产经营进入良性循环，在行业发展中继续发挥着关键性的作用。以下是国有企业走出困境，再度快速发展的三个例子：

大连重工·起重集团有限公司是于 2001 年由大连重工与大连起重联合重组、搬迁改造成立的新企业。联合重组、搬迁改造使大连重工·起重集团实现了走出困境、起死回生的转变，具有了加快发展的技术条件和体制优势。在搬迁、改造、重组同时启动交叉进行、矛盾复杂、困难重重的条件下，大连重工·起重集团通过大力发挥临港优势和国内一流的大焊接、大加工、大装配的重大装备制造能力，生产经营不仅没有滑坡，反而实现了高速增长，新的供货伙伴和大额订单显著增加。2002 年实现销售收入 16 亿元，2003 年又进一步增长，实现销售收入 20.5 亿元，利税总额 1.15 亿元。成为重机行业中经营规模最大、纳税最多、劳动生产率最高的企业，是我国目前重工行业中唯一拥有工程总承包资质和出海口的企业。

沈阳机床集团于 1995 年 12 月在建立现代企业制度试点中，通过对沈阳原三大机床厂和一个数控系统生产厂资产重组而组建。目前下属 3 个控股子公司，5 个全资子公司。资产总额 43.7 亿元。沈阳机床（集团）有限责任公司从 1999 年开始逐步走上了良性发展轨道，到 2002 年连续三年以 30% 以上的高速度发展，2003 年公司数控机床产值、机床产销量均居行业首位。2001 年、2002 年公司连续被评为机械工业核心竞争力 100 强企业。

齐齐哈尔第一机床集团主要为国防、航空航天、能源、交通、原材料、重型机械等领域提供重型数控装备。近年来为国防军工企业开发航母、核潜艇、歼击机、运输机、重型坦克、装甲车、战略导弹等军工产品的生产加工提供了大量专利技术及成套设备。目前为国防领域服务的产品已占该厂产品的60%，形成了提供重型关键设备、检验设备、重要毛坯大件及专利加工工艺的重要保障基地。该厂拥有先进的生产设备，设计手段、制造能力及技术水平在国内同行业中处于领先地位，重大型数控装备的制造技术达到国际当代水平。新开发的立、卧二大系列机床的新型谱设计，将影响我国未来10～15年立、卧两大类金属重型车削机床的发展走向。该厂生产的多轴控制，五轴联动重型卧式加工中心，十米数控重型立车，工业CT等填补了国家空白。

　　与国内其他地区不同，国有企业是东北装备制造业中的主导力量，是东北装备制造业竞争优势的集中体现。因此，从这一意义上看，东北地区国有企业数量多，不仅不是振兴东北老工业基地的包袱，而是实现东北经济振兴的重要资源。另外，在调查中我们发现，东北大型国有企业主要集中在一些民营资本难以进入的生产技术难度高、固定资产投资量大、投资回收期长的行业，这些行业的发展速度虽然低于其他行业，但在国民经济和国防中具有极其重要的战略地位。例如，我国第一重型机械集团、哈尔滨电站设备集团、齐齐哈尔第一机床、第二机床、沈阳重型机械集团、沈阳飞机工业有限公司、沈阳黎明发动机制造集团等企业，如今已成为我国重大工程建设和国防装备的保障基地。

　　4. 技术装备和生产工艺显著改善，一批技术与产品处于国内领先水平。

　　随着国家产业技术政策的完善和强化，东北地区装备企业普遍进行了一轮技术改造，装备水平和工艺技术有了相当程度的提高，部分生产工序实现了自动化程度很高的高速数控加工。一些企业的关键设备和工艺水平达到了国际先进水平，开始从生存型企业向发展型企业转变。例如，哈航集团拥有现代化的厂房和具有国际先进水平的数控柔性加工装备，先进的理化试验和计量测试装备，产品研发全部采用计算机辅助设计与制造一体化技术。长春轨道客车股份有限公司通过加大技术改造资金投入力度，已经建成先进的不锈钢车体、铝合金车体、碳钢车体三条生产线和配套试验检测设施，正在建设具有国际水准的轨道客车研发中心，生产规模和技术水平在国内同行业企业中处于领先地位。齐齐哈尔铁路车辆有限责任公司配置了世界一流的现代设备和设计、检测手段，从美国、英国、德国、日本引进多条自动化生产线，重点产品和关键工序的制造设备已经达到或接近国际先进水平，整机和配件研发制造能力基本符合美国AAR标准和主要国家铁路运输的要求。沈阳重型机械集团有14种产品获优质奖章，11种产品获得技术进步奖，90 多种产品填补国内空白。其生产的冶炼设备、烧结机、新型干法水泥磨机等处于国内领先地位。哈尔滨量具刃具厂通过与高校等科研机构合作，开发了 7 轴 6 联动数控机床等新产品，拥有技术专利87 项。哈电集团生产的水轮机不仅在国内处于领先地位，而且使国外产品已经很难进入国内市场。哈电集团生产的 60 万千瓦、30 万千瓦的火电机组处于国内先进水平。

二、东北装备制造业产业发展和
科技支撑需要解决的问题

　　我国已经和即将实施的一批重大工程项目，如"西气东输"、"南水北调"、"西电东送"、"青藏铁路"、液化天然气项目以及电力、冶金、石化等国民经济各部门和国防、城市基础设施建设等，既给东北装备制造业提供了难得的发展机遇和潜在市场，也给其发展和创新提出了巨大挑战。为了迎接这个挑战，东北装备制造业必须加快解决其自身和发展环境等多方面的问题。

　　东北装备制造业产业发展和科技支撑需要解决的问题，有体制改革滞后、经营机制不活的问题，有历史包袱和社会负担沉重的问题，有产业结构和产业组织不合理的问题，也有国家产业政策和技术政策不够完善的问题。许多问题都有特定的历史和时代背景。准确把握东北装备制造业需要解决的问题，是制定国家科技支撑政策和配套保障措施的重要基础和前提。

　　1. 发展速度相对滞后，内生的增长力量受到抑制。

　　改革开放以来，面对国内经济发展和市场环境的变化，东北老工业基地的体制性、结构性、阶段性矛盾日益显现，内生的增长力量受到抑制，东北装备制造业发展相对滞后，结构地位相对下降。从统计数据来看，2003年全国装备制造业的工业增加值占全国制造业的 36.43%，产品销售收入占39.33%，利润总额占 40.50%，资产占 37.18%。东北装备制造业工业增加值、产品销售收入、利润总额分别占制造业的 36.88%、36.53%、

48.01%，东北装备制造业在制造业中的比重并不高于全国的平均水平。

2003 年东北有装备制造业企业 3286 个，占全国同类企业的 5.82%。工业增加值 876.25 亿元，占全国的 7.06%；资产合计 4703.91 亿元，占全国的 9.89%，产品销售收入 3374.74 亿元，占全国的 6.92%；利润总额 150.82 亿元，占全国的 6.04%；职工平均人数 121.96 万人，占全国的 7.71%。从产出规模来看，东北装备制造业并不具有优势，上海、江苏、浙江、山东、广东每一省市的装备制造业的企业数量、工业增加值、产品销售收入以及利润总额均超过了东北三省之和（见表3）。同样，这些省市装备制造业工业在制造业中的比重也超过了东北三省和三省合计（见表4）。

表3　　东北三省装备制造业规模与东部沿海一些省市的比较（2003）　　单位：亿元

	企业单位数	工业增加值	产品销售收入	利润总额
上海	4660	1322.68	6114.4	422.54
江苏	8595	1827.19	7173.02	308.88
浙江	9173	1002.85	4262.57	278.55
广东	8077	2622.72	10739.34	501.06
辽宁	2157	425.14	1665.02	46.72
吉林	591	362.13	1335.93	99.64
黑龙江	538	88.98	373.79	4.46
东北三省合计	3286	876.25	3374.74	150.82

资料来源：根据《我国统计年鉴》（2004）、《黑龙江统计年鉴》（2004）、《吉林统计年鉴》（2004）、《辽宁统计年鉴》（2004）数据整理。

表4　　东北三省装备制造业在制造业的比重及与部分省市的比较（2003）

	企业单位数	工业增加值	产品销售收入	利润总额
上海	42.24%	49.69%	58.39%	55.22%
江苏	36.63%	42.12%	42.43%	42.05%
浙江	36.82%	35.73%	35.37%	37.38%
广东	34.41%	52.45%	55.09%	57.60%
辽宁	34.77%	33.07%	31.24%	32.01%
吉林	30.20%	53.28%	57.58%	71.02%
黑龙江	24.97%	21.65%	23.53%	15.99%
东北三省合计	31.86%	36.88%	36.53%	48.01%

资料来源：根据《我国统计年鉴》（2004）、《黑龙江统计年鉴》（2004）、《吉林统计年鉴》（2004）、《辽宁统计年鉴》（2004）数据整理。

近几年来，东北三省的装备制造业的经济效益虽然有所提高，但是经济效益水平仍然较低。2001 年到 2003 年全国装备制造业工业增加值和产品销售收入分别增长了 63% 和 67%，而东北增长了 49% 和 56%，分别比全国平均水平低 14 个百分点和 11 个百分点。2003 年，东北三省装备制造业的销售收入利润率为 4.47%，比全国平均水平低 0.65 个百分点（见表 5）。

分别就装备工业的七个行业来看，东北地区只有专用设备制造业的工业增加值和产品销售收入超过了全国平均增长速度，但是利润总额增长幅度却大大低于全国平均水平。

对东北三省进行比较，吉林由于汽车产业占有较高的比重，销售收入利润率与资金利润率较高，而辽宁与黑龙江的销售收入利润率和资金利润率不仅低于全国平均水平与东部沿海一些省市，甚至低于银行长期存款利率。

表 5　　　　东北三省装备制造业销售收入利润率及其比较（2003）

地　区	销售收入利润率	资金利润率	地　区	销售收入利润率	资金利润率
全国	5.12%	5.25%	上海	6.91%	7.91%
东北三省	4.47%	3.21%	江苏	4.31%	5.08%
辽宁	2.81%	1.90%	浙江	6.53%	6.87%
吉林	7.46%	7.14%	山东	4.59%	5.96%
黑龙江	1.19%	0.52%	广东	4.67%	6.63%

资料来源：根据《我国统计年鉴》（2004）、《黑龙江统计年鉴》（2004）、《吉林统计年鉴》（2004）、《辽宁统计年鉴》（2004）数据整理。

2. 传统装备制造业比重高，新型装备制造业发展缓慢。

相对于新兴的装备制造业来说，传统的机械制造业增长较为缓慢（见图 2），市场竞争激烈，利润率低。东北装备制造业发展较为缓慢，效益不高，与东北装备制造的产业结构侧重于传统装备制造业有一定的关系。黑龙江金属制品、通用机械、专用机械三个行业占装备制造业 43%，辽宁占42.65%，而上海、江苏、浙江、山东、广东等省市新兴的装备制造业如交通运输设备、电气机械、电子通信产业基本占 50% 以上。交通运输设备，电气机械，电子通信业是我国近十几年高速增长产业，产品的附加值与赢利空间比较大。在东北三省中，辽宁的装备制造业企业数量和职工人数较多，是吉林和黑龙江两省之和的两倍，其工业增加值、总资产、产品销售收入也高于吉林、黑龙江两省，但是吉林装备制造业所创造的利润总额却比另外二省之和还多。各省装备制造业在制造业的比重除企业数量辽宁领先外，其他各项指标吉林均高于其他两省，其中重要的原因就是吉林的装备制造业以交通运输设备为主。

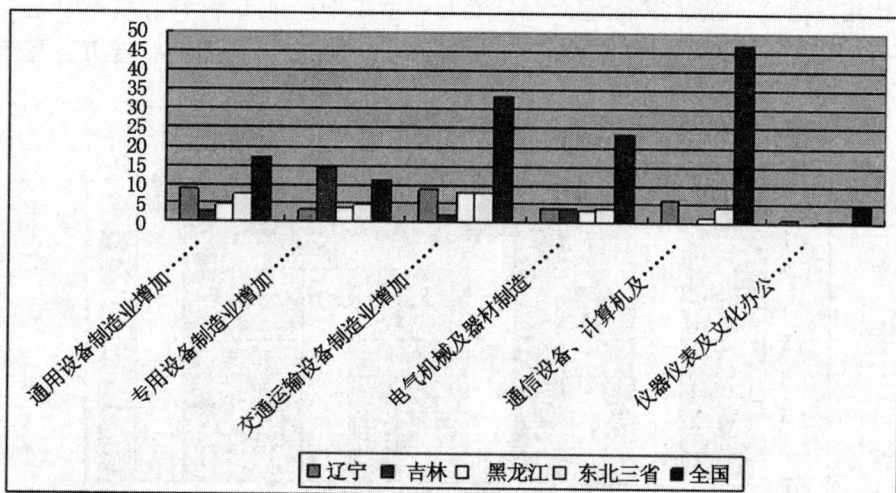

图2　2003年东北三省装备制造业各行业增加值占制造业的比重（%）

3. 国家经费支持过低，企业缺乏技术投入能力。

科技活动经济内部总支出是创新投入的重要指标之一，它涵盖所有与技术活动有关的经费，其支出多少是体现对科技的重视程度。全国大中型企业的科技活动经费支出占销售收入的比重由1998年的1.28%上升到2002年的1.73%和2003年的1.52%，上海、江苏、山东、广东大中型企业的这一比重也不断上升，接近2.0%。东北三省在科技活动经费内部支出上，从1996～2003年，科技活动经费支出占销售收入的比重一直在1.3%左右徘徊，增长率一直低于全国平均水平（见图3），更低于沿海一些经济发达省市。

东北装备制造业企业拥有比较雄厚的研发人员，但研发投入渠道单一、总量少，研发方向和重点缺乏国家引导和支持的问题比较严重。企业除了用于创新的投入增长较低外，在创新投入的结构方面也与全国及沿海发达省市有较大的区别。由于东北企业大多数是老企业，需要依靠技术改造来保持和扩展规模，因此东北企业的技术改造的支出增长率高于全国平均水平，但在技术引进经费、消化吸收经费的支出自 1996～2003 年却出现较大的下降。

从创新的产品来看，全国新产品销售收入占总销售收入的比重为 15%，东北地区平均为 9.7%。东北三省企业专利申请数，1996 年总水平高于上海和江苏，到 2001 年东三省合计只有上海和江苏水平的 1/3，与山东与广东相比相差更远。东北三省辽、吉、黑大中型工业企业专利申请数占全省专利申请数的比重只有 4.2%、3.3% 和 7.2%，大大低于沿海一些省市（见表6）。这说明东北大中型企业虽然数量较多，但是创新能力不强。

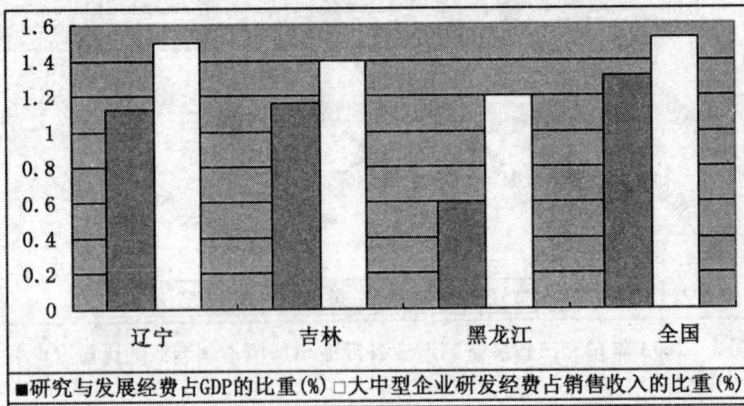

图3　2003 年东北三省研究与发展投入及其与全国的比较

表6　　　　2001 年东北三省大中型工业企业专利申请数与部分省市比较

	全部	大中型工业企业	比重（%）
上海	12777	1551	12.1
江苏	10352	1417	13.7
山东	11170	2290	20.5
广东	27596	3451	12.5
辽宁	7514	316	4.2
吉林	2627	88	3.3
黑龙江	3670	264	7.2

资料来源：《中国科技统计年鉴》（2002），中国统计出版社，2002 年 12 月。

　　由于缺乏国家经费的引导和支持，企业研发重点停留在解决短期技术问题上，没有能力从事关系产业和企业长期发展的基础、共性和关键技术研发。技术、人才、市场方面的竞争日趋激烈，产业开放程度不断扩大，企业难以维持一支具有较高技术水平、相对稳定的研发队伍，企业长期积累起来的技术能力难以转化为持续创新能力。因此，许多行业骨干企业的技术开发能力和配套技术水平低于世界知名公司，有的还低于国内同行。例如，哈航集团在国内直升机和通用飞机制造领域处于领先地位，但由于主要依靠自身积累，投入水平始终受到限制，产品没有系列化，与国外大型航空产品制造企业相比投入总量偏低，在经营规模和效益上处于劣势。在转包生产方面，波音、空客基本控制了大型、干线飞机国际市场，在我国的转包比例越来越高，但哈航集团参与得十分有限。长春客车厂在2000年与铁道部脱钩以后，国家没有延续铁道部对企业的倾斜、支持政策，企业失去了资金来源和政策支持，资金紧张、研发投入不足、发展后劲缺乏的问题日渐突出。大连新船重工没有军品，而国外用户订购的是船舶，面临研发经费短缺。

表7　　　　　　　东北装备制造业若干骨干企业研发投入

企业名称	2003年销售收入（亿元）	研发投入占销售收入的比重	研发投入总量（亿元）
大连重工·起重集团	23	4.89%	1.12
大连机车车辆有限公司	17.4	3%	0.52
大连新船重工	37	0.6	2.2
沈阳重型机械集团	11	1.5%	0.17
沈阳电机股份有限公司	4	1%	0.04
东北制药总厂	30	3%	0.9
沈阳机床（集团）有限公司	35	6%	2.1
第一汽车集团模具有限公司			
长春轨道客车股份有限公司	25	3%	0.75
哈航集团	120	5%	6
哈尔滨量具刃具厂	18.7	3%	0.56
哈尔滨电站设备集团公司	46		
齐齐哈尔第一机床厂		2%	

续表

企业名称	2003 年销售 收入（亿元）	研发投入占销售 收入的比重	研发投入 总量（亿元）
我国第一重型机械有限责任公司	14	2%	0.28
齐齐哈尔铁路车辆（集团）有限公司	16.4		
齐齐哈尔第二机床厂	3	1%	0.03

注：本表销售收入、研发投入占销售收入的比重来自于访谈，研发投入总量为计算数据。

资料来源：课题组 2004 年 9～10 月对相关企业的调研访谈，数据未必十分精确，仅供参考。

4. 核心技术和关键装备对国外依赖程度较高，自主研发的产品和核心技术少。

引进外国先进技术装备对提高东北装备制造业技术水平发挥了积极作用，但对引进技术的再创新一直是薄弱环节。在引进过程中，主要资金和精力用于硬件设备和生产线的进口，忽视技术专利、专有技术和研发人才的引进，缺乏对引进技术的系统集成、综合创新。一些引进项目过分关注短期制造能力，技术能力陷入"引进—落后—再引进—再落后"的恶性循环之中，国内技术需求和研发能力受到削弱甚至扼杀。

东北装备制造业在半个多世纪的发展中，多次试图摆脱依靠技术引进和模仿创新的路径，形成自主知识产权的技术体系。但是，这种努力一直面临挑战。许多在国民经济中发挥重要作用的产业以及主导产品的设计、生产，往往不是建立在自主知识产权的基础上，而是依靠外国技术和装备进行生产。一些已经形成一定国际竞争力的产业或产品，对国外技术仍然具有很强的依赖，特别是产业的核心技术和领先技术一般仍由国外公司控制。东北装备制造业研发、制造能力与装备制造业的战略地位极不相称。例如，哈航集团的关键产品加工均大量采用国外设备。长春汽车零部件企业虽然在转向传动系统、制动系统、发动机零部件系统、热力交换系统等方面形成了制造能力，但技术上仍受国外汽车零部件供应商的控制。长春轨道客车股份公司对国外技术的依赖比较强，尤其在系统集成、高速转向架等核心技术领域没有形成自己的能力。只有尽快改变这种状况，才能应对经济全球化背景下国家间竞争日益加剧的挑战。

5. 体制改革尚未完成，企业社会负担和历史包袱依然沉重。

东北装备制造业多为国有企业，基本上是国有独资或国有绝对控股企业。尽管经过多年改革，企业仍然受到旧体制的束缚，同时对旧体制存有较高的依赖，各种历史包袱、社会负担、改革成本仍在拖累企业。从调研情况看，资金不足和负担过重两大问题比较突出，债务、富余人员、办社会三大包袱导致企业非生产性支出比重过高。一些企业经营、发展主要依赖银行贷款，企业负债率居高不下。例如，长春客车厂于 2002 年 3 月进行了股份制改造，但社会负担和历史包袱没有解脱，体制机制上没有脱胎换骨。齐齐哈尔铁路车辆有限责任公司在企业办社会方面占用资产 22510 万元，员工 1846 人，年工资支出 3025 万元，分别占企业总资产、员工总数和年工资支出的 13.3%、19.1% 和 17.1%。哈电集团企业所属企业办社会职能的机构 64 个，办社会机构的在册人员 5348 人，离退休人员 20967 人，资产总额为 4.73 亿元。2003 年办社会的费用支出共计 2.57 亿元；供水、电、热等公共设施的改造费用预计 2.6 亿元，需解决企业转供能源移交问题；另外，由于地处北方高寒地带，受地域和区域经济的影响，哈电集团每年要支付的取暖费和高寒补助费，材料和产品运输（半径）费用大大高于南方同类企业。

6. 配套和基础产业发展滞后，专业化协作程度低。

总体上看来，东北地区大中型企业的比重高于沿海一些经济较为发达的省市。如果仅就装备制造业来看，东北地区大中型企业的集中度还要高。数据分析显示（见表 8），我国大中型企业的研发投入与创新产出远远高于小型企业。但是，东北大中型企业聚集并没有产生应有的效果，其主要原因是企业是"大而全"，工业生产的社会专业化分工水平较低，为装备制造业主导企业配套的元器件、零配件企业成长缓慢，区域内大中小企业之间、各类开发区和工业园区之间的分工协作体系没有形成。

东北装备制造业虽然进行了大规模技术改造，但是，由于企业生产历史长，陈旧设备多，技术改造主要集中在部分关键设备和关键生产环节上，从而形成企业之间装备水平不配套，而且企业内部装备水平参差不齐的问题依然存在。这可以从固定资产净值占原价的比重得到印证。在正常提取折旧的情况下，固定资产净值占原价的比重，可以在很大程度上反映固定资产的新旧程度，从而间接反映设备水平。由图 4 可见，东北三省固定资产净值占原价的比重，除吉林省与全国平均水平相当外，黑龙江和辽宁均低于全国平均水平。例如，齐齐哈尔铁路车辆有限责任公司虽然进行了大规模装备改造，但原材料、半成品、产成品仓储设施基本维持在建厂初期的状况，输电、配电系统设备老化，能源计量设备陈旧和落后。配套企业初级产品多，深加工产品少，高附加值、高技术含量的产品比重偏低，自主发展的基础较弱。调查显示，吉林省工业企业技术装备达到 20 世纪 90 年代水平的仅占 15%，60% 以上属于七八十年代水平，甚至为 60 年代以前的水平。

由于缺乏充分的社会化协作条件，企业内部的资产利用效率低，在研发、生产、采购、库存等方面的协作成本较高，不利于企业的规模化和成套化生产。例如，东北地区拥有多家发动机制造企业，包括研制航空发动机的哈尔滨东安集团、哈尔滨电站集团、沈阳黎明集团，研制铁路机车发动机的大连机车车辆有限公司，这些企业之间没有建立起分工协作关系。由于国内发动机、机载设备等辅机厂和铝厂没有取得适航证，难以给整机厂配套，哈航集团的专业化协作水平受到抑制。沈阳电机股份有限公司反映，国内外电机产品差距的根本原因在于原材料，国产绝缘材料比国外的厚。吉林汽车零部件产业有一批全国龙头企业，掌握制造能力，但设计能力弱，没有能够为 500 万～1000 万辆整车配套的企业。一汽模具制造有限公司一直受到上游企业技术落后的制约，特别是铸件质量不稳定对磨具质量和制造周期产生负面影响。又如，大连新船重工负责人反映，我国与日本、韩国在造船领域的差距主要在配套能力方面。近几年，我国船舶工业规模迅速扩大、造船产量急剧增加，船舶品种结构不断升级，但船舶配套设备企业的研制、开发和创新能力未能得到有效加强，多数配套企业的工艺落后、设备陈旧、处境艰难，船舶配套业滞后已经开始制约我国造船业的发展。

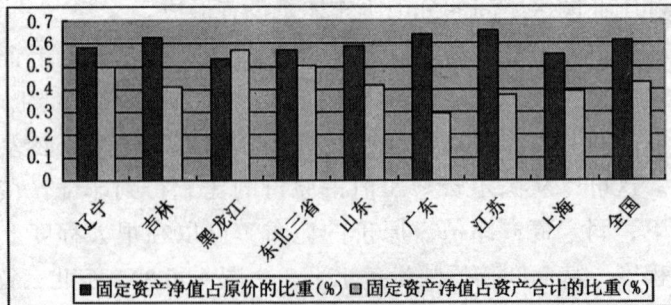

图 4　东北三省固定资产净值占原价的比重及其比较

表 8　　　　　　　**2003 年东北与部分省市大中型工业企业集中度的比重**

	全部	大中型	比重
上海	11098	1179	10.6%
江苏	23862	2655	11.1%
浙江	25526	2349	9.2%
山东	16177	2575	15.9%
广东	24494	3292	13.4%
辽宁	6842	810	11.8%
吉林	2284	345	15.1%
黑龙江	2567	379	14.8%

资料来源：根据《中国统计年鉴》（2004）数据整理计算，中国统计出版社，2004 年 12 月。

7. 企业信息化和制造技术水平低，应对市场的快速反应能力差。

现代制造模式要求依托信息技术为核心的管理技术，将先进制造技术与生产经营方式相结合，对企业体制、生产组织、经营管理、技术系统的形态和运作进行整合，实现技术、组织、人力三大资源的系统集成，构筑起现代制造模式。目前，工业发达国家十分注重开发快速而有效的信息交换方式，提高企业生产经营活动的智能化，把制造业自动化的概念更新并扩展到集成化和智能化的高度。制造技术也因此由传统意义上的单纯机械加工技术，转变为集机械、电子、材料、信息和管理等诸多技术于一体的先进制造技术，行业领先企业普遍采用精益思维、柔性制造、敏捷制造、计算机集成制造、并行工程、供应链管理等现代制造技术。

但是，东北相当一部分企业甚至部分骨干企业，仍然沿用传统方式处理信息，在产品设计、制造、物流、营销环节，信息化应用程度和制造技术水平较低，应对市场需求的快速反应能力差，不适应现代制造业发展的方向和要求。

三、东北装备制造业的发展方向
和科技支撑的重点领域

按照国民经济行业分类，装备制造业包括金属制品业、普通机械制造业、专用机械制造业、交通运输设备制造业、电气机械制造业、仪器仪表及办公用品设备制造业、电子通信设备制造业七大类。从行业构成来看，东北装备制造业包括上述全部七大行业。本项研究围绕东北地区具有明显优势的机床、发电设备、重型机械、铁路客货运输、船舶、飞机、汽车及零部件、精密仪器仪表、机器人等行业发展任务、产品发展方向和需要突破的关键技术，提出了东北装备制造业科技支撑的重点领域。

（一）机床行业

1. 我国机床行业的发展现状。

机床工业是装备制造业的基础。20 世纪 90 年代以来，数控机床已成为装备制造业的主流装备，一个国家机床工业所能提供的数控机床的数量、品种、水平、应用范围是衡量国家综合实力的主要标志之一。改革开放以来，我国机床工业坚持自主开发与引进技术相结合的方针，充分利用国家宏观经济的有利环境，并得到国家产业政策的支持，在市场经济体制不断完善的条件下，积极参与市场竞争，取得了较大进步。我国的数控机床在产品种类、技术水平、质量和产量方面都取得了很大的发展，在一些关键技术方面也取得了重要的突破。

目前，我国机床品种超过 4000 种，数控机床的可供品种已经达到 1500 种左右，每年开发新产品近 300 种。国产数控金属切削机床产量 1998 年为 7087 台，2002 年为 24803 台，增长了 2.5 倍。2003 年为 36813 台，与上年同期相比增长了 47.7%。国产数控金切机床在国内数控机床市场的占有率，按产量计达到 57% 左右，按销售额计约为 30%。根据机床工具工业重点联系企业的统计，金属切削机床的产值数控化率从 1996 年的 23.11% 增加到

2003 年的 33%，数控金切机床产值比上年增长 56.4%。

我国生产的经济型数控机床不但在品种数量上有了很大发展，而且产品的成熟度也较高，基本占据了国内市场。普及型数控机床是我国与国外厂家竞争的焦点，国产的与国外的相比性能尚有一定差距。对于全功能高档数控机床，近几年我国在一些品种上，如国外一直对我国禁运和限制的五轴联动数控龙门镗铣床，五轴联动数控车削中心，虚拟轴机床等，是造船、电力、航空等行业急需的关键设备，不但自主开发研制超过 20 种，而且作为成熟商品走向市场。此外，用于三峡水电机组加工的 16 米数控铣床和用于神舟载人飞船燃烧室零件加工的特殊铣床，新型特殊材料导弹头的内外圆磨床，飞机大梁加工用的双龙门四主轴高速控铣床，还有具备国际最新技术的并联机床（虚拟轴机床）等都具有自主产权，使用效果很好。但从总体上看，我国机床行业存在不少问题，主要有以下两个方面：

一是数控化水平低。目前我国生产产值数控化还不到 40%，消费值数控化率还不到 50%，而发达国家大多在 70% 左右，金切机床的数控化率不到 10%，高档次的数控机床及配套部件只能靠进口。国产数控系统 MTBF 可靠性超过 1 万小时，但国际上先进企业数控系统 MTBF 已达 8 万小时，国产数控车床、加工中心 MTBF 虽然最高可达到 500 小时，但国际上先进水平已达 800 小时。定位精度与国外先进水平有较大的差距。

二是功能部件跟不上。功能部件是数控机床的重要组成部分，占整机成本的 60% 左右，其技术水平高低、性能的优劣以及整体的社会配套水平，都直接决定和影响着数控机床整机的技术水平和性能，也制约主机的生产成本。相对数控机床主机来说，我国功能部件生产企业发展更加滞后，目前我国功能部件生产企业规模普遍较小，布局分散，有些还依附主机厂或研究所，从整体上看，我国功能部件品种少，产业化程度低，精度指标和性能指标不过关，只能满足中低档数控机床的配套需要。

2. 东北地区机床行业在同业中的地位。

在全国机床工业中，东北地区机床行业占有极为重要的位置，仅 6 家主要企业（大连、沈阳、齐一、齐二、哈量、哈一工）2003 年的产品销售收入就占到全行业总销售收入的 15.1%。其中，沈阳、大连两大机床集团 2003 年的数控金切机床产量占到全国数控金切机床总量的 12%，根据 2004 年 1~2 月份的统计，东北上述 6 家企业占全国机床工具相关行业工业总产值的 28.1%。

在全国机床行业中，大连、沈阳两大机床集团的产品销售收入遥遥领先，稳居冠军、亚军地位。大连机床集团还连续获得全行业"产品销售收入"、"数控机床产值"、"出口创汇"及"精心创品牌"等四项"十佳企业"，在承担重大高技术加工装备方面，齐齐哈尔第二机床大型数控镗铣床占全国市场份额的50%以上，大型机械压力机也位居全国第二。齐齐哈尔第一机床厂为电站行业提供的车镗床专机、最近开发的为造船工业提供的数控多轴联动重型车床、核燃料的处理装备都是国内自主品牌佳作。大连机床集团的高档加工中心，虚拟轴机床都是数控机床中的精品，哈尔滨量具刃具厂自主开发的齿轮检查仪，表面光洁度仪也属于世界先进水平，与哈工大合作开发的虚拟机床属于当代最新原理加工设备，已成功应用于汽轮机叶片的加工生产，生产技术水平在本行业中处于领先水平。

3. 我国暨东北机床行业与国际先进水平的差距。

（1）机床行业的技术水平及发展趋势。目前，高速、精密、复合、环保以及五轴联动等技术已成为国际机床行业发展追求的目标，同时也是机床行业先进技术的主要标志。具有这些技术性能的数控机床产品被称为高档数控机床，另外有一些重型的数控机床产品也在高档数控机床之列。以发达国家德国、日本、美国、意大利、瑞士等机床行业推出的产品为其中的代表。

以数控铣镗床和加工中心为例，主轴的最高转速为150000r/min（日本北村机械的超高速加工中心），根据不同型式规格和加工能力有所区别，一般在8000～60000r/min之间。快速移动速度最高为208m/min（日本MAZAK的F3－660L高速卧式加工中心），大多数在20～120m/min不等。进给加速度达2.5～3.2g的机床大量出现。刀对刀（T－T）最快换刀时间为0.5s（德国GILDEMEISTER公司的CTV200/250型立式车削中心），小于1s的加工中心也为数不少。

定位精度和重复定位精度的误差值在0.002mm和0.0015mm以下（日本YASDA公司的YMT－10T卧式加工中心，日本MAZAK公司的F3－660L卧式加工中心，瑞士MIKRON公司的HSM800立式加工中心等）的是当今国际机床高精度的代表。

将车、铣、钻、镗、攻丝、滚齿、磨削等多功能多工序加工集于一台机床，已成为了产品复合化的发展趋势（日本MAZAK和瑞士TORNOS等公司均已有此类产品推出）。

环保型产品也陆续问世，许多厂商在第八届北京机床展览会展出了具有环保功能的加工中心，将加工部位严格密封，设油、液、切削分别回收装置，大大减少了对操作者、工作环境及大气的污染。

五轴联动机床和五轴联动技术在国外已大量应用，不仅扩大了加工范围，也是航天与高技术领域必需的重要设备。

（2）我国暨东北地区机床行业的主要技术差距。与国际先进水平相比，我国机床行业还存在着相当大的差距。国外先进技术首先体现在"高速"，高速不是一个简单的高主轴转速和高移动速度的概念，国产高速加工中心，无论在技术参数上，还是在各种动态性能指标上，与国外同类产品均存在一定差距。有些产品，如直线电机还没有在机床上进入实用阶段。在高速切削方面，国外已有配有高速（电主轴）及低速（齿轮传动主轴）两个主轴，分别用于低速、大扭矩和高速切削。并提高轴承的 $D.n$ 值，改进轴承润滑、在轴承轨道上用铬钛铝镍层、采用陶瓷球以增加刚度并减少质量等。在主轴装配过程中采用动平衡技术及采用自动动平衡刀柄，以减少主轴轴承及刀具磨损。其次，国内外产品的差距还体现在产品的复合程度，"工序集中，缩短工艺路线和制造周期"的思想迅速融入当今机床技术发展潮流中，不同加工方法集约在一台加工机床上的机床复合化技术发展迅速。以车削为基础和以铣削为基础的复合化机床在发达国家已在生产线上取得应用。除此之外，国外开发出很多新型的复合技术机床，例如，车削＋磨削：EMAG 的倒置立式车磨中心对工件进行硬车，显著缩短加工时间，同时降低表面粗糙度。还有超声波＋铣削、磨削＋电加工，都是针对硬度极高的材料进行加工，在短时间内实现高精度和高效率加工，有效地提高劳动生产率。还有铣削＋棒材加工、铣削＋激光加工等。国外机床产品的高技术还体现在当前的数控机床都采用开放式数控系统结构，有的已将 CNC 和 PC 互相融合，可以相互通信，CNC 可以向 PC 提供答复、建议和报告，提高了数控机床的生产效率、自动化程度和可操作性。

东北相关企业已经开始展开了对上述领域的研究。机床行业领域的部分尖端产品，如五轴联动加工中心、大型数控龙门车铣加工中心、大型落地镗铣加工中心、五面体加工中心、大型车削中心及柔性加工线，已经实现了产业化，但尚属起步阶段，与国外发达国家相比差距很大。

4. 机床行业的科技需求与东北地区技术支持的重点。

我国机床行业的技术水平近年来虽然有较大的进步，但是仍有一批有普遍共性的关键技术没有突破。当前和今后一个时期，制约我国数控技术产业发展的技术主要有：高速、高精度主轴、电主轴技术；高速度、大加速度和高精度进给驱动及控制技术；高精度、高速度、高性能数控机床配套功能部件；并联机床产品设计、开发与制造技术；大型、复杂和高精度数控机床设计技术；复杂数控工程的成套能力和技术。

东北机床行业的技术发展水平在一定程度上代表我国机床行业的水平，我国与国外技术水平的差距主要依靠东北机床行业来消除。机床行业科技支撑的重点企业和重点项目是：沈阳机床集团、大连机床集团、齐齐哈尔第一机床企业集团与第二机床企业集团以及哈尔滨量具刃具厂等企业，重点发展高速数控车床、数控铣镗床、高速立式加工中心、龙门五面体加工中心、多轴联动加工中心、车铣中心和柔性自动线、柔性制造系统，智能制造系统、工业 CT 系统产业化、W87K－3000 数控强力旋压机床产业化、大重型落地铣镗加工中心及柔性单元产业化、新一代高速数控立车、新型数控高速精密大重型机床等。促进开发式数控系统、伺服系统和伺服电机等功能部件产业化。

（二）发电设备行业

1. 我国发电设备行业的现状与东北发电设备行业的地位。

发电设备按产品性质可分为水电设备、煤电设备（常规煤电设备和高效煤电设备）、气电设备（简单循环燃机设备和联合循环燃机设备）、核电设备和新能源发电设备（风能、太阳能、地热、生物质能和潮汐能等）。经过半个世纪的发展，我国电力设备制造业已形成了较为完整、集中的制造体系，具有一定的自主研发能力，基本满足了国家电力建设的需求（80%以上为国产设备），常规产品具备国际竞争力，并已成为装备工业领域中具有较高技术含量的代表性成套设备和重要出口产品。2002 年电力设备行业实现工业总产值 4092 亿元，占机械工业 22% 左右，工业增加值约占全国工业增加值的 3.4%，机械工业的 22%。

我国大型发电设备制造业具有"三大、三中、九小"的生产布局。哈电、东电、上电三大集团公司可生产 600MW 级以上火电机组和大型水电机组，基本上呈现"三足鼎立"之势；北京（北重、巴威）、武汉（武锅、武汽发）以及天津（天津阿尔斯通）三个城市的五个大型企业，可生产300MW 的火电和重型水电机组；还有山东、江苏、浙江、福建、广东、广西、重庆、湖南、云南等 9 个省（市）的 14 家重点企业，可生产 200MW 以下火、水电机组。自 2003 年开始，600MW 煤电机组已经成为我国新装电力的主力机组（千瓦数最多），哈电、上电、东电共生产制造亚临界 600MW 机组 100 多套。正在生产的超临界 600MW 煤电机组有 100 多台，超超临界 1000MW 煤电机组有 4 台，600MW 空冷机组有 50 多台。哈电集团目前已投入运行的亚临界 600MW 机组有 11 台套，600MW 超临界沁北项目（电机、汽轮机）在 2003 年 9 月投入运行，常熟项目 1 台锅炉 2003 年 11 月投入运行。性能、质量已达当前国际水平，且价格较低，具有一定的优势。

哈电集团在大型水电方面占国内市场的 50% 以上，可年产单机容量 700MW 水电四套。在国内三峡项目招标中，哈电集团一期中标 8 台，二期中标 4 台。气电生产也已经起步，在国内 2 捆 39 台燃气轮机联合循环项目招标中，哈电与 GE 公司合作中标 20 台，其中第一台也是我国首台 9F 级燃气轮机已发往工地。哈电集团早在 20 世纪 60 年代就生产了我国第一台核潜艇用汽水分离器等核设备。90 年代成功地完成了秦山二期两台 650MW 的汽轮机、发电机任务，并经历了一次对常规岛技术总负责的尝试，还为岭澳生产了两台百万级的 MSR。

20 世纪 80 年代，哈电集团先后引进、消化、吸收了美国 GE 公司、西屋公司 300MW、600 MW 亚临界火电机组设计制造技术；法国 Alstom 公司 100 MW 级循环流化床锅炉技术；90 年代引进法国 Alstom 公司、挪威克瓦纳和瑞士 ABB 公司 700 MW 水电技术。经过消化吸收、发展创新和自主开发，目前，哈电集团的 600MW 和 300MW 亚临界参数火电机组、700MW 水电机组、650MW 核电机组的技术经济指标已达到世界先进水平。21 世纪又引进了三井—巴布考克的 600MW 超临界锅炉技术，三菱重工的 1000MW 超超临界锅炉技术，Alstom 公司的 300MW 级循环流化床锅炉技术；引进了 GE 公司的 F 级大型燃气轮机联合循环发电机组制造技术；引进东芝公司高加、除氧器、冷凝器技术；目前正在抽水蓄能、脱硫电站阀门技术引进工作。正在进行抽水蓄能 16 台 300MW 机组打捆招标项目；自行开发了 600MW 和 300MW 空冷机组、MW 级风力发电成套机组。

2. 我国暨东北地区发电设备与国外先进水平的差距。

世界火电发电设备制造企业主要集中在美国（通用电气、西屋、燃烧工程公司、福斯特·惠勒等）、俄罗斯、日本（日立、三菱、东芝、IHI 等）、瑞士（ABB）、德国（西门子）、法国（阿尔斯通）、英国、意大利等几大工业国。近年来，技术发展方向集中于提高效率、降低污染、低能耗、低成本，机组向高参数、自动化等方面。新的高效燃烧技术，常压、增压循环流化床技术和联合循环发电技术，特别是新型洁净煤燃烧发电技术，在常压流化床联合循环（AFBC—CC），增压循环流化床（PFBC—CC），整体煤气化联合循环（IGCC）方面发展很快，其供电效率将达到 43% ~ 55%，成为 21 世纪的主要燃煤发电方式之一。

国外水电技术发展是在加强理论研究和试验的基础上，提高机组的各项技术性能，不断增大机组的单机容量，电站建设向大容量、多品种发展。与此同时，还积极开发抽水蓄能机组和贯流式水电机组。

核电作为一种安全、清洁的能源已被世界许多国家所接受。西方国家正致力于现有核电技术改进，开发新一代具有固有安全特性的非能动先进反应堆。目标是通过反应堆的开发，进一步提高核电的安全性、经济性，以降低造价并确保安全。

新能源包括风能、太阳能、生物质能、地热能、海洋能。目前，以风力发电发展最为迅速，排在全球前三名的是德国、美国和丹麦，风力发电的趋势是提高机组的经济性、提高单机的发电容量等级和效率、降低单位造价及发电成本。

东北地区发电设备技术水平与国外存在较大的差距，主要表现在国内发电设备产品品种单一，性能参数上达不到国际水平。目前，电力工业新发展所需要的机组国内还不能生产或不能独立生产。

火电方面比如大型无烟煤锅炉、大型循环流化床、大型双轴供热机组，大型空冷机组，大容量燃气——蒸汽联合循环机组，60 万 kW 及以上超临界机组等不能生产，大型燃气轮机要独立生产的道路还很长，水电方面如大容量抽水蓄能机组、高水头大容量水轮机组，低水头大容量贯流式机组，大型灯泡贯流式机组等还有待于进一步研究开发。

核电设备制造方面与国外的差距更大。国外的发电设备单机容量已发展到 100 万 KW，120 万 KW，130 万 KW，技术上已有超临界、超超临界以及大型空冷技术、大型联合循环技术、大型循环流化床，整体燃气化联合循环，洁净煤燃烧等，而我国在这些方面几乎还是空白，自行制造的 60 万 KW 机组也还有不少困难和问题。

3. 发电设备行业的科技需求与技术支持重点。

东北发电设备制造业的技术支持要以哈电集团为核心，按照国家"积极采用高参数、高效节能发电机组提高单机容量"的技术装备政策,依靠国家"大力调整和优化能源结构,坚持以煤炭为主体、电力为中心、油气和新能源全面发展"的战略和产业政策,自主开发 MW 级风电等新能源产品,煤电向大容量超超临界,水电方面依托三峡机组成功制造达到世界级、国内水电领先地位。具体技术支撑项目如下:

水电设备:

(1) 研制生产三峡(年产三套)和其他大型混流水轮发电机组。通过三峡水轮发电机组的生产制造,充分消化吸收国外先进技术,在大型机组的运行效率、性能、稳定性和可靠性方面深入研究,为以后的发展积累经验。

(2) 开发大型抽水蓄能机组。通过对双向推力轴承试验研究,水泵水轮机研究,材料及制造工艺研究,设计制造大型抽水蓄能机组,掌握关键技术的开发和重要部件的研究、设计、制造,实现国产化。

(3) 大型灯泡贯流式水电机组研制。开发出单机容量 40MW 以上,效率 93% 以上的贯流式机组。

(4) 大型轴流式水轮机研制。针对 40M 水头段,研制效率超过 93%,达到世界先进水平的大型轴流式水轮机。

火电设备:

(1) 继续加强对现有亚临界机组的优化完善,应用大型计算机辅助设计软件、全三维设计等优化设计方法,进一步提高亚临界 300MW、600MW 机组的技术性能和水平,提高可靠性,稳定生产。

(2) 大型超临界和超超临界火电机组。大型超临界火电机组是提高燃煤机组效率、改善燃煤电站环保状况最有效的途径,具有广阔的市场发展前景和显著的社会效益。以沁北、常熟 600MW 超临界火电机组为依托工程,在消化吸收引进技术的基础上,研制开发大型超临界火电机组,并实现国产化,使其技术经济指标达到国际先进水平,尽早占领国内市场。

(3) 大型循环流化床锅炉。循环流化床燃烧技术以清洁燃烧和可燃用劣质燃料的优势得到了人们的青睐,得到了迅速的应用和发展。实现 100MW 级循环硫化床锅炉的产业化;进一步采取自主开发与消化引进技术相结合的方式,通过国际合作和引进技术,结合依托工程开展科研工作,完成 300MW 级循环硫化床锅炉国产化。

(4) 大型空冷汽轮机、汽轮发电机研制。近年来,随着水资源在世界范围内日益受到人们的关注，空冷电站得到迅猛发展，单机容量逐步提高，大容量空冷机组市场前景十分广阔。采取自主开发与技术引进相结合的方式重点开发研制 300MW、600MW 空冷汽轮机；通过对引进机组的分析研究，自行制造出 200MW 空冷汽轮发电机。

（5）大功率热电联供汽轮机研制。在目前已有单双抽 25MW、50MW，单双抽 100MW、200MW 机组的基础上，进一步开发 300MW 单抽机组，并逐步形成系列化；重点研制亚临界参数 300MW 热电联供汽轮机。

（6）煤气化联合循环发电装置。

气电设备：

开发研制大型燃气—蒸汽联合循环发电机组。燃气—蒸汽联合循环发电技术具有高效、环保、建设周期短、重量轻、体积小、启动快、调峰性能好、节水等优点，近些年来其市场占有率逐年增加，发展势头十分迅猛。

（1）通过与国外公司合作、技术引进、分包生产等手段及对联合循环机组关键技术研究试验，逐步掌握大型燃气轮机、余热锅炉的设计制造技术，形成生产能力。

（2）开发自主知识产权的重型燃机技术和产品。燃气—蒸汽联合循环系统设计技术。

核电设备：

研制开发百万等级核电机组。通过与国外联合设计、引进技术、合作生产和国内关键技术科研试验等途径，掌握 1000～1500MW 半转速汽轮机、核岛主设备蒸汽发生器、稳压器，常规岛汽水分离器、冷凝器、高低压加热器和除氧器等关键设备，发电机的设计和制造技术，并逐步形成核电机组及核电主设备设计、制造能力。

新能源发电设备：

重点是风力发电机组，开发完成 600KW 到 2MW 等级的风力发电机组，形成批量生产能力，形成风电机组的规模化、产业化。

（三）重型机械行业

1. 我国重型机械行业的发展现状与问题。

重型机械行业主要包括冶金设备，重型锻压设备，矿山机械，起重运输机械，大型锻铸件等。近年来，我国重机行业进入快速发展阶段，增长速度连续三年在 15% 以上，经济效益指标明显好转。但就不同行业来看，发展速度和经济效益存在较大的差别，起重运输设备产品销售收入占重机行业的 65.24%，利润总额占 92.79%，销售收入利润率为 5.30%。冶金设备行业产品销售收入占 12.01%，利润总额占 2.22%，销售收入利润率 0.69%。矿山设备行业产品销售收入占重机行业的 18.68%，利润总额占 4.74%，销售收入利润率为 0.95%。从不同所有制企业来看，三资企业产品销售收入占 28.16%，利润总额占 73.95%，销售收入利润率为 9.79%。最近几年，重机行业主要产品出口总额年均增长 23.70%，主要产品进口总额年均增长 13.53%，但产品进口总额远远大于出口总额。

2002 年，重机行业产品国内市场占有率为 76%。其中，冶金设备行业产品约占 54%，矿山设备行业约占 84%，起重运输机械约占 79%。大型重锻件主要依靠一重和二重供应，锻焊结构重型容器、厚壁容器供应只有一重。近年来，随着发电设备市场需求的增长，我国大型锻件需求缺口已达到 50%。

我国重机行业存在的主要问题是：①技术含量高的产品和成套设备"吃不了"，一般常规产品生产能力过剩又"吃不饱"的问题较为严重，造成一些产品大量进口，许多产品又低价恶性竞争。②设备项目重复开发，重复建设。③企业生产流动资金短缺，科技开发的资金和人才短缺，后劲不足，企业的生产组织困难，技术创新能力和市场竞争能力不强。

2. 国内生产技术与国外先进水平的差距。

（1）冶金设备。国外冶金设备技术水平，在线检测维修、节能、环保方面发展很快，如直接还原和熔融还原炼铁技术，以连铸连轧为基本特征的紧凑型、短流程的连铸连轧生产技术，冶金生产智能化控制技术等的应用，实现了冶金技术装备全面的升级换代，对全面改善冶金产品性能，降低消耗，提高高附加值产品产量发挥了重要作用。

我国冶金设备行业近年来通过技术引进与技术合作，生产技术水平有较大的进步，大型热连轧机、冷连轧机、不锈钢冷轧机、H 型钢生产线、薄板坯连铸连轧生产线等产品技术有了明显提高。高速线材轧机、高效连铸机等装备已实现国产化，近年来，一重与鞍钢集团共同完成的 1700 连铸连轧成套设备是以国内为主完成的具有代表性的成套设备，结束了热连轧完全依赖国外技术的历史。

目前，我国冶金设备技术与国外的差距，主要是现代工艺生产技术与设备设计相互脱节，控制设备运行的软件不能自主研制，机电设备水平有较大的差距，关键零部件的使用寿命与国外有明显差距。

（2）重型锻压设备。国外重型锻压设备追求精密化或高精密化，用成型方法生产锻件和冲压件，基本达到了拉延精确、压边精确、传送精确、控制精确，柔性制造系统基本配备了砧库、工模库以及智能库，可满足 10 ~ 20 种大件的轮番加工，变换品种时间缩短到 5 分钟，开放式数控系统，能随时将不同的功能模块插件嵌入软件平台，满足用户不同需要；并将集中工序复合在一台机床上完成，减少工件上下料和安装调整时间，实现多功能化、复合化，提高生产效率。

我国重型锻压设备在 20 世纪 80 年代引进高精度挤压机之后，加大了大型锻压装备开发力度，大型锻压和挤压设备基本上实现了国产化，具备了向各类型汽车厂与零部件专业生产厂提供所需锻压设备的能力。但是，我国尚无特大型多向铸锻液压机，我国数控加工技术、柔性制造单元或系统不多，产品能耗大，自动化水平普遍不高，全生产线控制水平和联动技术与国外仍有较大的差距。

（3）矿山机械。国外采矿工艺向连续化、设备大型化、管理现代化方向发展，露天开采设备主要向高可靠性、节能、高舒适性、自动工况监视和自动控制方向发展；提升设备以安全可靠为主，向寿命和效率方向发展；破碎工艺向大破碎比的多破少磨方向发展，产品结构向超微粉碎方向发展，洗选设备在探索适应多种矿物和不同杂质的分选要求，分选设备向高效和多样化发展。

我国矿山机械经过技术引进、合作生产，已形成门类比较齐全，具有一定的规模和技术水平。可成套提供的矿山机械设备为 1000 万吨、2000 万吨级露天矿成套设备，60 万 ~ 100 万吨级地下金属矿成套设备，年产 300 万吨级井下煤矿套设备，年处理 300 万 ~ 400 万吨级水泥厂套设备，年处理 300 万吨选矿厂成套设备。

目前我国与国外的差距表现为：设备能力小，如矿用挖掘机斗容 27 立方米，而国外斗容可达 40 ~ 52 立方米；产品质量差，平均无故障时间短，如井下铲运机，国内一般产品为 300 小时，而国外可达 6000 小时；主要零部件使用寿命短，特别是大型成套设备控制水平，检测水平差距较大，环境污染较严重。

（4）起重运输机械。国外起重机械品种齐全，性能好，可靠性高，寿命长。重点产品大型化、高效化、专用化，系列产品标准化、模块化、组合化，产品结构新型化、美观化、宜人化，产品组合成套化、集成化、柔性化，产品性能自动化、信息化、智能化已成为发展趋势。

我国起重运输机械设备制造已形成了比较完整的科研生产体系，产品品种、性能、可靠性和寿命都有很大的提高，可以基本满足国内常规起重运输设备，一定规模的散料、集装箱装卸运输成套设备、自动化立体仓库系统的需求。近年来，太重集团为三峡工程研制了当今世界单钩起重最大、跨度最大、扬程最高的 1200/125T 桥式起重机，大起集团设计制造的 2250T/H 卸船机、4500T/H 矿石装船机等产品，创下我国大型起重设备制造新纪录。上海振华港机公司的大型集装箱装卸桥产品已大量出口，占领大部分国际市场，反映了我国起重运输机械行业的新水平。但国内产品无论在品种、性能、可靠性方面还是在大规格、大生产能力产品、单机电气控制、成套设备系统自动化控制和管理方面与国外都有较大差距。

3. 东北地区重型机械制造业的技术需求与技术支持的重点。

东北地区重型机械制造业的技术需求主要包括以下几个方面：大型、连续、自动化的金属冶炼、轧制设备的开发；全断面掘进机研制与开发；高产高效的采煤设备技术；港口码头大型集装箱装卸搬运成套设备技术；矿山、码头散料装卸运输系统成套设备技术；大型自动化立体仓储成套设备及城市大型自动化立体停车设备技术；重型精密成型设备技术、轿车锻造线和冲压线设备技术；大型建筑材料压力设备技术；人造板连续热压成套设备技术。

对东北重型机械的技术支撑要依托一重集团、沈阳重型机械有限责任公司、大连重工·起重集团、齐车集团等企业，重点支持优质轧辊，特大型煤液化反应器，青藏铁路大型起重机开发，高压气瓶，大型铸锻件、人造板设备、输送机械等生产基地。

（四）铁路客货运输和轨道运输车辆

1. 我国铁路运输业状况与发展方向。

经济社会全面发展对铁路运输能力的要求越来越高。但是，我国铁路运输能力与运输需求之间仍然存在较大缺口。铁路运力不足主要表现在铁路建设的严重滞后和铁路运输水平徘徊不前，而后者与铁路运输装备的技术进步有直接关系。提高铁路运输综合能力、解决铁路运输对国民经济发展的制约，要求全面提升铁路运输设备的技术水平。我国铁路运输技术装备研发、制造能力水平与世界先进水平存在较大差距。

我国铁路运输正处于跨越式发展的关键时期。截至 2003 年年底，我国铁路营运里程达 7.3 万公里，其中，复线里程 2.5 万公里，电气化里程 1.9 万公里，提速线路 1.3 万公里。在"十五"至 2020 年间，我国将新建铁路 3 万公里，建设省会城市及大中城市间的快速客运通道，形成"四纵四横"的客运专线和三大城际客运系统，并力求在技术上要尽快缩小与发达国家的差距。国家已批准了"长三角"、"珠三角"以及武（汉）—广（州）等 9 条客运专线的建设，合计里程 3000 多公里。到 2010 年，客运专线将达到 5000 公里，2020 年达 1.2 万公里。客运专线的运行速度要求达到 250 ~ 300km/h。

近年来，我国铁路路网规模持续扩展，运输能力、技术装备水平显著提高，铁路机车性能、运行安全系数和乘坐舒适度大幅提高，铁路运输正在向客运高速、货运重载提速的方向发展。我国铁路相继完成了 5 次大提速、万吨重载、电子售票、运行图的计算机编制以及 TMIS、DMIS 系统等铁路重大技术进步。在成功实施 5 次大提速的基础上，我国铁路运输即将进行第 6 次大提速。

我国铁路运输业发展，开始引致铁路运输车辆和配件需求的快速持续增长，铁路机车车辆制造业面临着广阔发展空间。高速铁路是高新技术的集成，通过高速铁路技术的研究开发应用，可以全面带动铁路各专业领域的技术升级，带动铁路运输车辆、线路、服务质量和运输组织管理的进步。高速铁路的核心技术包括大功率牵引动力技术、高速转向技术、高速传动技术、高速线桥隧结构技术等。2003 年，我国开始进行 300km/h 动力分散型高速列车技术方案的研究和关键部件及技术的试验研究，开展高速铁路牵引供电系统和智能检测等技术及装备的研究，努力完善电力机车交流传动系统的有关技术，并进行工程推广应用研究。

我国铁路列车运行速度滞后于时代的状况亟待改变。列车速度是一个国家铁路技术水平最重要的标志。在客车速度方面，发达国家在 20 世纪 30 ~40 年代铁路旅行速度普遍达到 100 ~ 140 km/h。高速铁路成套技术国外在 80 年代即基本成熟，客运速度铁路运输普遍达到 200 km/h，德国、法国、日本、西班牙等发达国家铁路列车运营速度已达到 300km/h。最高实验速度已超过 500 km/h。我国虽然经过 5 次大提速，但最高运行速度和平均速度还是低于发达国家水平。我国主要干线特快列车的最高速度达到 160km/h，平均旅客列车技术速度仅为 71.4 km/h，旅行速度仅为62 km/h。客运列车运行最高速度距离高速铁路最低速度 200km/h 还有一定差距。货物列车技术速度和旅行速度则更低，分别只有 41.7 km/h 和32.4 km/h。

在铁路重载技术上，一些国家早已掌握开行 2 万～3 万吨单元列车的成套技术，澳大利亚、巴西、南非和美国等国家单元列车载运量已超过 3 万吨、轴重达 38 吨。俄罗斯曾试验开行了重量为 43407 吨的超长重载列车，列车由 440 辆车组成，全长 6.5 公里，由 4 台电力机车牵引。而我国重载列车大部分在 5000 吨左右，大同至秦皇岛专线最高载量仅 1 万吨、轴重 25 吨。在铁道交通信息化技术、城市轨道交通技术、磁悬浮列车技术等多方面，我国与发达国家的差距有 20～30 年。

迅速提高铁路技术装备水平，已经成为快速扩充铁路运输能力、提高运输服务质量、适应全面建设小康社会要求的迫切需要。在多次提速的基础上，铁道部对客货运输车辆及零部件技术性能和质量的要求越来越高，对车辆装备的安全性和可靠性提出了更高要求。在机车方面，要求加强铁路机车车辆的技术改造，优化传统内燃机车发动机，广泛采用交流电力机车。在客车方面，为了达到高速化的目的，重在发展轻型化车辆，转向架结构、车体结构都在向轻量化发展。对于货物车辆来说，除采用大型货车外，还要在降低货车自重、提高轴重和增加轴数方面取得突破。

2. 东北铁路客货运输和轨道运输车辆制造业的状况。

东北是我国最大的铁路客货车辆制造基地，拥有完备的铁路客车、货车、地铁列车、城轨列车生产、研发系统，制造的集中、分散型动力机组占国内市场份额的一半以上。东北铁路运输车辆制造已呈现出技术含量高、档次高、品种新、周期短的特点与趋势，内燃机车在提高牵引力、速度、可靠性及降低维护要求等方面均有较大进展，为我国铁路多次提速、扩能、重载和安全运输提供了有力保障。

长春轨道客车股份公司的前身长春客车厂始建于 1954 年，是国家"一五"期间的 156 个重点建设项目之一。公司是我国最大的轨道客车生产基地和地铁电动客车的摇篮，是世界目前年产铁路客车最多的企业。公司拥有铁路客车和轨道车辆两大生产系统，年新造铁路客车和集中、分散动力型动车组 1500 辆以上，新造轨道客车 950 辆以上（其中碳钢车 350 辆、铝合金车 350 辆、不锈钢车 250 辆）。公司累计制造铁路客车 100 余种、25000 余辆，占我国在用运营铁路客车的 50% 以上，新造轨道车辆 1000 余辆，产品遍布北京、天津和朝鲜的平壤、伊朗的德黑兰等城市，年出口轨道列车金额近 1 亿美元。长春轨道客车股份有限公司制造的 210km/h "长白山号"高速电动车组正在试验运行。由长春轨道客车股份有限公司生产的我国首列国产具有国际先进水平的 ALWEG 型跨座式单轨车 2004 年 11 月在长春下线，我国成为继日本之后第二个拥有此种大型车辆制造技术的国家。下线的首列车采用 4 辆编组，全部为动车，采用轻量化的铝合金车体和 VVVF 调频调压控制系统，构造速度为每小时 80 公里，单向高峰小时运量为 3 万人次。该单轨客车具有启动速度快、制动距离短、曲线通过能力及爬坡能力强等特点，车辆将用于国家西部大开发十大重点工程之一的重庆轻轨较新线（较场口—新山村）一期工程。

大连机车车辆有限公司（前身是始建于 1899 年的大连机车车辆厂），是我国铁路牵引机车的研发、生产和出口基地。我国自行设计制造的第一台大功率蒸汽机车、内燃机车均出自该厂。主要产品包括"大力牌"东风系列内燃机车、韶山系列电力机车、城市轨道车辆、铁路车辆以及 DL240、280 系列柴油机和各种机车车辆配件产品，其中"大力牌"东风系列内燃机车是我国铁路客货运输机车的主力车型。公司从 2000 年开始电力机车研发、生产，陆续转图并参与改进生产了 SS4 改进型、SS3B 型机车；研发、生产了 SS7E 型准高速客运机车；并在国内首先独立开发生产出单轴输出牵引功率为 1200kW、时速达到 120km 的六轴 SSJ3 型交流传动电力机车；近期又在铁道部大功率交流传动电力机车招标采购和技术引进项目中，以 SSJ3 型机车为原型车，与日本东芝公司联合投标中标，与铁道部签订了大功率交流传动电力机车供货合同，成为此次投标中唯一以国产原型车为基础投标的厂家。此型装车功率达到 7200kW 的大功率交流传动电力机车，将成为我国铁路干线货运重载主型电力机车之一。公司 2002 年独立研发生产了国内第一列动力分散式交流传动城市快轨车辆，已生产销售出 20 列 80 节。公司为我国铁路第六次大提速开发的新一代大功率交流传动货运新型电力机车（时速 120 公里、拥有自主知识产权），通过了铁道部技术设计审查组的部级审查，即将投入线路运用考核。目前，公司已经具备年产 150 台电力机车的能力，拥有国内电力机车 1/5 的市场份额，成为国内电力机车研发、生产的又一重要基地。2006 年公司完成与日本东芝公司联合中标的 60 台大功率交流传动电力机车项目后，电力机车的设计能力、工艺水平、制造技术将达到世界先进水平。

　　齐齐哈尔铁路车辆（集团）有限责任公司是由原齐齐哈尔车辆厂改组成立的单一投资主体的有限责任公司。公司是我国铁路货车、配件、起重机设计制造大型骨干企业和出口基地，是亚洲最大的铁路货运车辆研发、制造基地。目前，产品共有敞车、棚车、平车、铁路起重机、长大货物车、漏斗车、特种车和车辆配件八大系列120多种产品。中华人民共和国成立以来，该公司已累计制造铁路货车23万辆，占全国总产量的1/3以上。

　　但是，东北铁路运输车辆制造能力还不能满足客运高速、货运重载提速的要求，一些提速机车车辆部件的断裂已经对安全构成威胁。长春轨道客车股份有限公司研制的列车瞬时速度曾达到过350km/h，但稳定性和可靠性缺乏保证。国产200km/h及以上的高速高档车、动车组与德国、法国、日本等先进国家比还有很大差距，在安全可靠性、运营维修成本和舒适性等方面差距尤其明显。客运高速、货运重载提速等高端产品的设计、制造和工艺技术将成为决定铁路运输车辆制造企业核心能力的关键，也是相关企业技术投入的重点。

　　3. 科技支撑的任务和重点产品。

　　铁路运输装备制造业科技支撑的任务是，在客运高速、货运重载提速的总体目标下，形成符合我国铁路运输需求的机车车辆系列产品，掌握动车组速度提升的持续研发能力和制造技术。

　　科技支撑的重点产品：客运列车重点开发300km/h高速列车及配套设备，新型大容量、高速度、低能耗、少污染的城轨车辆、地铁车辆及配套设备，高原机车及配套设备，大功率内燃机车；货运列车重点开发高速、重载、轻量化车体和1万～2万吨单元列车的成套技术，包括重载运煤敞车、粮食漏斗车、双层集装箱平车、凹底平车，160～200km/h高速货车、客货混编的高速鲜活货车，长大货物车、特种车；磁悬浮列车。

　　4. 科技支撑的重点技术。

　　300km/h动力分散型高速列车关键部件研发、制造技术；

　　1万～2万吨级重载列车的大功率电力、内燃机车牵引技术；

　　铝合金车体高档客车和城轨客车研发、制造技术；

　　不锈钢车体和高原准高速客车研发、制造技术；

　　高速轨道客车研发平台；

　　交流货运大功率机车研发、制造技术；

　　电动列车振动、监控系统；

列车传动技术、制动技术、高速转向架、重载转向架、高强度车钩技术、大容量缓冲器；

磁悬浮列车设计与制造技术。

(五) 船舶

1. 东北船舶制造业的现状与产业发展任务。

我国船舶制造业历史悠久，源远流长，曾经创造了郑和七下西洋的辉煌史篇。经过新中国成立以来半个多世纪的建设，特别是改革开放以来的努力，我国已经成为仅次于韩国、日本的世界第三大造船国，年制造能力从几万吨提高到 2003 年的 641 万吨（载重吨）和 2004 年的 800 万吨，2005 年达到 1000 万吨，世界市场份额从近年来的 7% 左右提高到 15%（2004 年）和 18%（2005 年）。我国船舶的 70% 出口，出口订单来自包括美、英、德、日、法等发达国家在内世界 90 多个国家和地区。我国正在向"尽快建成世界第一造船大国"的目标迈进。我国船舶制造业的快速发展已引起国际航运界关注，我国制造的船舶在高质量、合理价格和按时交船方面的竞争优势不断增强。

船舶作为现代大工业的缩影，具有很强的国际商品特征。东北地区已经掌握了船舶建造的主体技术、基础技术及相关技术，形成了包括开发设计、设备配套、建造总装、修理拆解在内的比较成熟的产业体系，造船品种、结构不断升级，吨位趋向于大型化，质量有很大提高。东北造船企业普遍进行了一轮大规模技术改造，包括扩建、新建船坞，大连两家骨干造船企业具备液化天然气船（LNG）、超大型油轮（VLCC）、客滚船、大型集装箱船、浮式生产储油船等一批高技术、高附加值船舶的制造能力。同时，东北造船企业主动参与国际竞争已经有 20 多年的时间，在经营方式、市场运作、技术标准等方面已基本与国际接轨，拥有比较稳定的客户群，积累了较丰富的国际市场营销经验，具备增强国际竞争的条件。东北船舶工业正在进入一个新的发展阶段。

大连新船重工有限责任公司（原大连造船新厂）是我国船舶重工集团公司所属的国内大型现代化船舶总装企业，是国家批准的特大型企业、大型船舶建造出口基地，也是国内第 1 个建造 30 万吨超大型油船（VLCC）的企业。公司能够按着我国以及挪威、英国、美国、法国、德国、日本等十多个国家船级社的规范和各种国际公约建造、修理 30 万吨级以下的各种船舶，能够建造海洋工程产品以及多种船用、陆用机械设备、高层建筑和桥梁等钢结构等，2004 年造船产量突破 100 万吨。目前已建造和交工的船舶有：30 万吨原油轮、5668TEU 集装箱船、11.5 万吨/11.8 万吨穿梭油轮、9.8 万吨成品油轮、15 万吨原油轮、6.8 万吨原油轮、6 万吨原油轮、11 万吨成品油轮、2.5 万吨油水补给船、15 万吨散货轮、5.2 万吨大舱口多用途货船、3.5 万吨散货船、1.2 万吨集装箱船。此外，还为国内外船东和业主建造交工了大脚Ⅲ型钻井平台、海上生产/生活模块、人工岛、自升式钻井平台、半潜式钻井平台、QHD32 - 6FPSO、WEN13 - 1/13 - 2FPSO 及 20 万吨浮式生产储油船（FPSO）等海洋工程产品。同时还建造了大型船用舱盖、岸桥和港口机械等陆用设施及高层建筑钢结构。2004 年 6 月公司历时 6 年为伊朗国家油轮公司建造的 5 条 VLCC 全部交货，打破了日、韩两国建造 VLCC 船的垄断地位。目前公司已经具备制造大型 LNG 船的能力。公司船坞接长工程将使其继续保持我国造船第一大厂的地位。大连造船厂新建船坞和配套 600 吨大型龙门吊已经完工，年造船能力达到 150 万吨。

在科研开发方面，东北建立了以企业研发设计机构和相关研究院所为核心的科研开发队伍。常规船型的开发和设计已基本具备了自主创新的能力，随着 VLCC 油船、超巴拿马型集装箱船和 LNG 船以及大型造船设施的建设，高技术、高附加值船型的研发和制造能力正在形成。除通信、导航、电子控制系统以外，国内船用配套能力已经显著提高。东北船舶工业应在国家加快发展造船业政策的支持下，全力推进技术创新，以突破船舶设计制造关键技术为基础，以开发高技术、高附加值船舶产品为核心，加快船舶工业技术结构调整和船用设备的现代化进程。

2. 东北船舶制造业与日本、韩国的差距。

东北船舶制造业与韩国、日本还有较大差距。从 2003 年新造船订货量来看，韩国占 46.9%，居首位；日本为 33.0%，居第二位；我国为 10.5%，居第三位。液化天然气船、豪华邮轮制造的主导权为韩国、日本垄断。我国企业船舶建造周期过长，建造大型船舶需要的时间相当于日本的三倍。东北船舶制造业与世界先进水平的差距和产业发展任务，集中体现在船型、船坞、船用设备和船舶生产组织四个方面。

（1）船型。船型是我国船舶制造业的核心优势。优秀的船型是我国造船企业在国际市场上承接订单的重要保障。过去 20 年间，海洋运输船舶不断向大型化、高度自动化、高速化和安全、环保型方向发展。大型双壳体油船、VLCC、大型集装箱船、大型 LNG 船、大型双舷侧散货船、大型滚装船等船型都在不断创新。未来船舶需求将主要集中在大型、高附加值船舶及海洋工程装备方面。在新船型开发与设计方面，东北与国外先进水平的差距主要表现在：

①高技术、高附加值船型的自主开发设计处于入门阶段，缺乏先进的船型设计技术和经验，大部分高技术、高附加值船型开发设计主要依赖国外公司。

②缺乏参与市场竞争的品牌船型和技术储备，三大主力船型缺乏标准化、系列化产品，在世界船舶市场中应变能力较差。

③设计技术和产品开发能力均明显低于先进造船国，船舶主要设计技术指标上存在航速偏低、空船重量偏大等问题。

④开发设计手段落后，设计周期长，船舶设计的反应能力不能满足造船生产的需要。

在今后一个时期，我国造船企业船型的开发既要不断优化主力船型，包括 VLCC、集装箱船、散货船、游船等，争取在国际上形成一批品牌。同时，又要通过技术创新，研发一批在国际上有优势的高附加值船型。

（2）船坞。船坞是决定造船能力的基础设施。虽然我国的船坞数量较多，但绝大多数为中小型船坞，大型造船能力严重不足，船舶建造能力无法与国外大型船厂相比。到 2000 年年底，日本有 9 座能生产巨型油轮的船坞，韩国有 11 座，这些船坞大都在 30 万吨级以上，有的达到 100 万吨级。韩国的现代造船集团拥有 7 个 30 万吨级船坞、2 个大船台。我国所有船厂加一起才拥有 5 个 30 万吨级船坞。因此，我国能够形成规模的造船基础设施和造船能力还远远落后于日本和韩国。

（3）船用设备。船用设备已成为现代化船舶的重要组成部分，其价格占船舶造价的 60% ~ 70%。不论外销船还是内销船，东北关键船用配套设备主要依赖进口。国产船用柴油机在经济性、可靠性等方面还达不到国际先进水平，在装备出口船舶时国产柴油机还不具备优势。

（4）船舶生产组织。韩国、日本大型船厂均采用中间产品导向的生产体制。所谓中间产品，是指用工业工程方法，根据"船上区域/作业类型/施工阶段"等准则，把船舶这个船厂的最终产品分解后所得到的零件和部件（部件、分段、总段、舾装单元），以及特定的任务（如涂装、调试、试航）。中间产品导向的生产体制，把所有"中间产品"委托给厂内外专业化高效的生产组织制造，使船上的区域与工厂的区域和生产组织得到互相衔接。这种先进的造船方法又称"中间产品"导向型方法，它使得造船基本上成为一个装配过程。韩国现代重工、三星重工和日本的三菱、石川岛播磨等船厂的生产组织均按专业化制造"中间产品"，调集人员、物资和信息，使造船的某项任务由预先固化的某些人，在某特定场地，用特定设备完成。另外，中间产品的合理界定，使得高空作业地上做，朝天作业俯位做，水上作业陆上做，外场作业内场做，狭小空间作业敞开做，从而免除了作业的困难和危险，使船厂具有整洁的环境，造船企业更加方便和安全。同时，各家船厂将总的管理部门由传统的一级分为两级，即在厂部和各车间之间增加了一级"船体部"、"舾装部"，在厂部和各生产处室之间增加了"生产管理部"。这种组织体制，使厂长不必过问日常的经营和生产活动，可以有更多的时间和精力去策划船厂的长期计划，使船厂壮大发展。东北船舶制造企业是在计划经济体制下建立并发展起来的，传统造船模式已经沿用了 40 多年，已经形成了一套固定的管理方式。面对现代船舶制造业的分道制造模式和集成制造模式，这种管理方式，尤其是生产管理体制与其极不协调，制约着船舶工业的发展。

　　3. 产品发展方向与研发重点。

　　今后一个时期，海洋运输船舶将继续向大型化、高度自动化、高速化和安全、环保型方向发展，集装箱船、超大型油轮、液化天然气船需求前景看好。液化天然气（LNG）船是民用运输船中技术含量高，制造难度大的高附加值船，市场需求大。我国已经在广东、福建、上海、山东、江苏、辽宁、天津、广西开工建设或规划建设多个 LNG 接收终端，到 2010 年每年将有 1500 万～2000 万吨的 LNG 运到我国，这正是我国介入 LNG 运输市场的最佳时机。目前，大连新船重工有限责任公司、大连造船重工有限责任公司正在进行这方面的前期工作，也为相关的设备制造商和材料供应商提供了机遇。

　　我国船型发展的战略方向是，经过 5～10 年的努力使骨干船厂在新船型开发和设计领域与国际先进水平同步，总体技术水平达到 21 世纪初的世界先进水平，掌握一批高技术、高附加值船舶及海洋工程装备的开发设计能力。

　　东北船舶制造业的产品发展方向是，以大型油轮、大型集装箱船、海上钻采平台、FPSO（浮式生产储油船）、大型滚装船、军船等高技术含量、高附加值的高端产品为重点，建设具有世界级规模的造船基地。东北船用设备的研发方向是，在消化吸收的基础上提高船舶配套设备的国产化率，实现我国船舶配套产业的跨越式发展。

产品研发重点：

船型开发重点包括：大型双舷侧散货船、大型集装箱船、大型油船和LNG船的船型优化、标准化与系列化，具体包括30万吨以上的大型油轮、10万吨以上的大型成品油轮、大型多功能化学品船、海洋钻井平台、浮式生产储油船、5万立方以上的全冷式LPG船和LNG船、10000箱以上的集装箱船、大型汽车滚装船、工程船、冷藏船和钻井船等。

船坞建设的重点：30万～50万吨级船坞建设及配套设施，进行百万吨级船坞建设的前期准备。

船用设备开发的重点包括：中、高速柴油驱动装置；大马力船用柴油机曲轴；船用辅机（发电机组泵、锚机、舵机、污水消毒和净化装置等）；航行自动化系统（微机控制中心、自动操舵仪、自动定位仪等）；机舱自动化系统（遥控、监测报警装置、电站自动控制设备等）和装卸自动化系统。

4. 相关技术需求。

高附加值船型设计和优化技术；大马力船用柴油机设计与制造技术；大马力船用柴油机曲轴设计与制造技术；高性能船用阀门设计与制造技术。

（六）飞机

1. 东北飞机制造业的现状与产业发展任务。

我国航空市场将呈现长期稳定增长的态势，支线飞机、直升机市场潜力巨大。我国直升机起步于20世纪50年代后期，建立了初具规模的直升机工业体系，为直升机配套的成品、辅机厂所基本齐全，研制先进直升机的金属、非金属、复合材料和工艺制造手段和设备基本可以立足国内。80年代以来，我国先后研制了直8、直9、直11大、中、轻三个基本型号直升机及其改进改型系列直升机。这表明，我国能够研制生产多种型号、具备国际先进水平的直升机，具有开发研制第三代先进技术水平直升机的能力。哈航集团研制的直9系列直升机就是其中的典型代表。

我国支线飞机和直升机拥有量很少，与发达国家和部分发展中国家相比有很大差距。全世界拥有直升机4万多架，其中民用直升机2.3万余架，约占总量的56%。西方发达国家百万人口拥有民用直升机一般都在20架以上，美国拥有 38 架，加拿大高达 56 架，同为发展中的大国，巴西每百万人口拥有直升机 3.4 架，印度为 0.1 架。截至 2003 年年底，我国生产、销售和用户拥有的直升机数量还很少，直升机总的拥有量还不到 300 架，百万人口民用直升机拥有量还不到 0.06 架，而且为数不及百架的民用直升机中有 96% 属于进口产品，完全国产的直升机只是近年才开始进入国内民用市场。东北飞机制造业以哈尔滨航空工业（集团）有限公司（以下简称哈航集团）和沈阳飞机工业（集团）有限公司（以下简称沈飞集团）为核心企业。分别隶属于哈航集团和沈飞集团的东安集团、黎明集团是我国航空发动机领域的龙头企业。

哈航集团隶属于中国航空工业第二集团公司，由原哈尔滨飞机工业集团和哈尔滨东安发动机集团于 2004 年组建而成。哈航集团拥有航空、汽车、机电三大系列产品，是东北地区最大的航空制造企业，是我国直升机、轻型多用途飞机、新型支线客机、直升机减速传动系统、航空发动机的研发和制造基地。哈航集团曾经制造了我国第一架直升机、第一架轰炸机。哈航集团计划于"十一五"末期成为我国最大的直升机、通用飞机、直升机传动系统和小型航空发动机的研发与制造基地。

哈航集团航空产品包括 ERJ145 支线客机、运 12 轻型多用途系列飞机、直 9 系列直升机、H425 系列民用直升机、HC120 轻型直升机和多种型号的航空发动机、直升机传动系统及转包生产国外航空产品大部件系。运 12 飞机是我国唯一取得以英、美为代表的西方国家适航证的民用飞机，该系列飞机在技术含量、安全性、经济性和售后服务等方面是我国通用飞机中最优秀的机种，代表了目前我国通用飞机领域整机研制和生产方面的先进水平。运 12 飞机已经销售 120 余架，分布 20 多个国家，是我国第一个出口且出口量最大的机型。直 9 系列直升机是引进法国"海豚"直升机生产专利研制的多用途直升机，已形成军、民两大系列，代表 20 世纪 80 年代的国际先进水平，至今仍具有先进性，是我军装备的主力机种之一。H425 是在直 9 型直升机基础上，吸纳全球航空技术精华，自主开发研制的迄今为止我国最先进的民用直升机。与法国欧直公司、新加坡科技宇航公司联合研制、生产的 EC120 直升机是军民通用、具有世界先进水平的轻型直升机，已交付用户 1400 多架，2004 年 8 月在哈航集团建立总装生产线，由哈航集团组装的型号为 HC120 直升机，标志着我国直升机从小批量生产向工业化生产的飞跃。2003 年 12 月，与巴西航空工业公司合作研制的 ERJ145 系列 50 座级新一代支线客机首飞成功。此外，还有为国产运 7 配套的涡浆 5A1 发动机、涡桨 5E 发动机，为直 8、直 9、直 11 直升机配套的传动系统等。

沈飞集团公司 1951 年正式创建，1957 年厂名由国营 112 厂变更为国营松陵机械厂，1979 年改称国营松陵机械公司，1986 年更名为沈阳飞机制造公司。1994 年经国家经贸委批准，在原沈阳飞机制造公司的基础上，裂变组建了沈飞工业集团，公司更名为沈阳飞机工业（集团）有限公司。沈飞集团是我国航空工业飞机设计和制造的主要基地之一，是我国军用歼击机的研发制造基地，50 多年共生产数千架飞机。集团核心层由沈阳飞机工业（集团）有限公司和沈阳飞机研究所组成，主要产品包括航空类、汽车类、大中型机械类和金属结构类四大系列 200 余种。其中，航空类产品包括多种型号的歼击机、波音 757、A320 等飞机的零部件（飞机应急舱门、机翼梁间肋、滑轨肋和固定前缘）。最近与空中客车一级供应商欧洲直升机公司签订了生产空中客车 A330 和 A340 系列飞机前货舱门的合同。

沈飞集团公司自 1951 年创建以来，创造了我国航空史上的多项第一：先后试制成功了我国第一架喷气式歼击机——歼 5 飞机；第一架喷气教练机——歼教 I 飞机；第一架超音速歼击机——歼 6 飞机；第一枚地对空导弹——红旗一号导弹；第一架双倍音速歼击机——歼 7 飞机；第一架自行设计研制的高空高速歼击机——歼 8 飞机；第一架超音速歼击教练机——歼教 6 飞机；第一架高、中、低空侦察机——歼侦 6 飞机；第一架全天候高空高速、具有良好机动性能的飞机——歼 8 II 型飞机；第一架空中受油机。50 余年来，沈飞集团公司先后研制生产了 20 多种型号的数千架飞机，被誉为"我国歼击机的摇篮"。

沈阳飞机研究所成立于 1961 年，是新中国组建最早的飞机设计研究所，主要从事歼击机的总体设计与研究工作。建所 30 多年来，先后研制过十余种飞机型号。成功地自行设计了我国第一架亚音速喷气式歼击教练机和第一架高空高速歼击机——歼 8 飞机，随后又成功地设计和研制了歼 8 全天候及歼 8 II 等歼 8 系列飞机。歼 8、歼 8 全天候型飞机曾荣获国家科技进步特等奖。歼 8 II M 型飞机是我国沈阳飞机工业（集团）有限公司设计制造的多用途、超音速、全天候战斗机。歼 8 II M 飞机设计指导思想是通过国际合作，采用先进技术，大幅度提高飞机的综合作战能力。歼 8 II M 型飞机配备有功能齐全、性能优异的 ZHUK – 8 II 脉冲多普勒火控雷达，能对空中多个目标进行精确定位和跟踪，可制导中程拦射导弹实现单目标或双目标攻击。

综合火控系统和集中管理、综合显示、双杆操纵技术，有效地提高了飞机的综合作战能力。

2. 科技支撑的任务与重点产品。

东北飞机制造业科技支撑的任务是，在继续做好军用航空、民用航空预先研究和关键技术研究的同时，加强航空工业基础科研能力建设，加大对航空工业基础、共性技术投入力度，在吸收国外先进技术的基础上研制一批具有自主知识产权的新产品，提高直升机、支线飞机及飞机发动机等核心部件的设计制造能力。

科技支撑的重点产品：

（1）东北航空产品发展的重点是支线飞机和直升机。建立国内一流、国际先进的支线飞机、直升机和通用飞机科研生产基地，重点发展以运12飞机为主的通用飞机，推进直9直升机改进型和 EC120 直升机的产业化，形成年产 200 架飞机的生产能力。

（2）建设直升机传动系统和小型航空发动机研发、制造基地。

3. 相关技术需求。

直升机传动系统设计和制造技术；航空发动机及附件设计和制造技术；卫星燃机设计和制造技术；飞机操纵、扶助操纵系统设计和制造技术。

（七）汽车及零部件

1. 东北汽车及零部件制造业的现状与发展方向。

汽车工业具有技术、资金、人才、劳动和材料密集的特点，具有很强的产业关联度和波及效应。汽车工业的发展水平往往是一个国家工业化、现代化程度和人民生活水平高低的重要标志。东北是我国汽车工业的诞生地，东北汽车制造业一直居于国内先进水平。自 1953 年汽车工业起步以来，经过 50 多年的发展，我国已成为仅次于美国、日本和德国的世界第四大汽车生产国。我国汽车产业初步形成了"3＋6"格局（"3"指一汽、上汽、东风；"6"指广州本田、奇瑞、华晨、南京菲亚特、重庆长安、吉利），上述 9 家企业汽车产量占全国总产量的 90%。其中，一汽、上汽、东风和长安汽车 2003 年的产销量均超过 40 万辆。

东北汽车制造骨干企业——中国第一汽车集团公司、哈尔滨飞机工业集团汽车股份有限公司、金杯汽车股份有限公司等均拥有一批自主品牌产品。中国第一汽车集团公司始建于 1953 年。50 多年来，第一汽车经历了建厂创业、产品换型和工厂改造、上轻型车和轿车三次大规模的发展阶段，产品生产由单一卡车向轻型车和轿车方面发展，累计产销中、重、轻、轿、客、微各类汽车 600 余万辆。目前，第一汽车集团公司具有重、中、轻、微及其主要总成的产品开发能力，具备轿车整车开发和项目管理能力，是目前国内自主研发能力最强的汽车企业。公司能够生产红旗、解放、捷达、奥迪系列 200 多种产品，生产能力已达 50 万辆，成为我国产量第一，能够生产重、中、轻、轿等综合性汽车生产基地。一汽产品结构以轿车为主，目前占国内 30 万元以上高档车市场 2/3 的份额。中重型卡车形成了由标准、自卸、牵引、特种底盘及各种整车构成的产品系列格局。解放卡车的品牌被评为我国载重车第一品牌。随着大吨位重型车的快速发展和大马力道依茨发动机逐步国产化，15 吨以上的重型车产品成为一汽重型载货车的主导产品。

哈飞汽车股份有限公司是哈尔滨飞机工业（集团）有限责任公司控股的子公司，是我国汽车大型骨干生产企业和研发基地。公司主要从事哈飞系列汽车的开发、生产、销售及各类零配件的经营，目前的主要产品有轿车、微型客车、厢式货车、单排座及双排座微型货车共计五大系列 70 多个品种。主导产品包括与意大利联合设计开发的哈飞中意、路宝系列；引进日本三菱公司技术联合开发的哈飞赛马系列和哈飞自行设计开发的哈飞民意、哈飞锐意、哈飞百利、普通微型客车与货车系列三大类别。2003 年，哈飞公司汽车总产量突破 20 万辆。东安集团公司是国内最大的汽车发动机生产企业。

沈阳金杯客车制造有限公司（2003 年更名为沈阳华晨金杯汽车有限公司）是由华晨中国汽车控股有限公司与沈阳金杯汽车股份有限公司投资组建的合资企业。华晨金杯拥有两个整车品牌、三大整车产品。两个整车品牌即"中华"和"金杯"系列；三大整车产品包括拥有自主品牌的中华轿车、国内同类车型中市场占有率接近 50% 的金杯海狮轻型客车、引进丰田高端技术生产的金杯阁瑞斯多功能商务车。

沈阳金杯汽车工业有限公司主要从事汽车零部件的设计、加工、制造和销售。公司主要产品有：各种轻型车变速器、前后桥总成、钢板弹簧总成、扭杆弹簧总成、离合器总成、转向器总成、轻型车架总成、车轮总成、制动泵总成和燃油箱总成等共计 29 类 130 个品种。上述产品除为沈阳市汽车工业生产的 SY6480 金杯海狮轻型客车、SY1041 金杯轻型卡车和金杯通用雪佛兰越野车配套外，还为国内其他整车生产企业配套，并提供售后市场服务，还有部分产品出口到国际市场。

汽车零部件工业是汽车工业的基础。整车工业的发展又带动汽车零部件工业的发展。我国汽车零部件行业是伴随着我国汽车工业的成长而发展起来的。目前，国内有汽车零部件企业 1400 多家，外商投资企业已近 500 家，国际著名的汽车零部件企业几乎都在内地建立了合资或独资企业，部分劳动密集型、原材料型零部件，如水箱、车轮等已批量出口。汽车零部件先于整车打入国际市场，在整个机电产品的出口中占有重要地位。随着我国汽车工业的发展，我国汽车零部件行业整体水平有了较大的提高，一批产品科技含量高、效益好、规模大的汽车零部件企业逐步成长起来。一些大汽车零部件厂商开始把航天、航空和电子等技术应用于汽车零部件和总成上，安全技术、电子技术、节能技术和环保技术已在汽车上得以应用。尤其是以电子信息技术为代表的新技术，不仅在汽车产品上得以广泛应用，而且还延伸到开发设计、试制、生产以及管理等各个方面，不仅仅应用于单个汽车零部件，而且已应用于系统总成。

总体来看，东北汽车及零部件制造业发展方向呈现出以下特点和趋势：

第一，汽车产品更新换代的周期不断缩短，汽车零部件企业在整车研发中承担越来越多的责任，并成为整车研发的一部分。为适应汽车和零部件同步开发和系统开发的要求，适应汽车产品应用电子、信息、网络等技术的要求，汽车零部件企业必须加大产品开发资金的投入，提高零部件自主创新的能力，使零部件的开发真正成为整车开发的一部分，实现与整车厂共同发展。

第二，节油、环保、经济是汽车产品发展的重要方向。汽车作为消耗品，家庭用车的经济性正成为用户选择的更重要标准。燃油是一笔长期开销。20 世纪 60 年代的美国，习惯了大体积、大排量车的美国人都在能源紧缺的情况下接受小排量车和节油车，我国消费者同样具有这种消费偏好。造节油车、研发省油的技术将成为今后我国汽车企业的发展方向。汽车油耗与三个因素有关：发动机的热效率、车重、汽车造型。

第三，载货汽车向重型化方向发展。随着柴油价格的不断攀升和车辆养路费改为征收燃油税，以及对车辆超载的限制，载货汽车进一步向重型化发展。与客车重视环保和安全性相比，重型车将更加关注产品的经济性、耐久性和可靠性。低油耗、大吨位、大功率、适于专业化运输的高端重型载货车，成为当前和今后一个时期产品发展的主要方向。载重 15 吨以上的中高端重型载货车的市场需求较大，特别是载重 20 吨以上的重型载货车，将保持高速增长的态势。

第四，汽车工业与电子产业的融合趋势正在加强。世界各大汽车公司开始把主攻方向从实施精益生产、提高规模效益转向应用微电子技术和信息技术等高新技术，围绕安全、环保、节能等重点领域占领技术制高点，全面提升汽车工业的开发、生产、销售、服务和回收的能力。电子技术的广泛应用使汽车电子产品占整车价值的比例提高到 30% 以上。随着卫星自动定位系统、智能化自动操纵、车况最佳状态控制、自诊断控制等新技术的广泛应用，电子产品可能占整车成本的 40% 以上。产业融合已使汽车工业步入高新技术产业领域。

第五，以三大整车集团为代表的集团内部采购的传统模式正在改变，我国的整车合资厂商将开始在全国范围内寻找供应商。

今后一个时期，东北汽车产业发展的任务是轿车、大中型客车、中重型载货卡车和专用车并举，以汽柴油发动机和关键零部件及配套产品为依托，做大做强长春一汽、哈飞汽车、东安集团、沈阳金杯等企业，打造一批具有自主品牌、自主知识产权和自主研发能力的主导产品，形成特色鲜明、多系列、规模化的东北汽车制造体系。

2. 东北汽车制造业与国外先进水平的差距。

东北汽车工业骨干企业已经建成了具有世界先进水平的大型自动化冲压生产线、加工自动线、产品检测线等，制造水平提高较快，国产机器人开始在汽车工业得到应用，在产品水平和生产方式等方面正在逐步脱离传统制造业和传统工业产品的范畴。东北汽车工业技术来源虽然仍处在技术引进为主的过程中，但已具备相当的技术开发能力和进一步发展的基础。从整体上看，我国汽车工业与发达国家的差距主要表现在以下四个方面：

第一，自主品牌劣势越来越严重，生存环境越来越艰难。目前，除载重车和少量轿车外，合资企业的品牌尤其是高端产品几乎都为外国品牌所垄断，我国缺少自主知识产权。在过去的 20 年中，由于政策支持力度不够，大多数企业缺乏自主品牌汽车的内在动力，合资企业中品牌、核心技术始终受外方控制。

第二，研发能力弱，中外企业之间在研发方面的差距远远大于制造差距。载货车和客车专用车研发，分别在高档和中高档产品的开发上与发达国家存在较大差距。轿车方面，虽然目前东北汽车企业能够进行某些轿车车身的开发设计，能够在原有平台的基础上做局部改进，但尚不具有成熟的、较高水平的整体轿车开发能力，缺乏具有自主知识产权的产品平台。东北汽车企业已经认识到提高产品开发能力，建立自主产品开发体系的重要性，但是，由于没有完整的自主开发能力，没有自己的品牌和知识产权，东北汽车生产企业在产品技术创新方面处于被动依赖跨国公司的状况没有根本改观，在产品开发与选择方面仍然缺乏主动权。东北汽车制造业自主研发力量和研发能力的成长还不难满足汽车工业发展的要求。

第三，在汽车零部件的技术开发方面，在中低附加值产品方面具有相当的开发能力，但在汽车关键零部件的技术开发方面与国际先进水平差距大，许多关键零部件仅仅是外国产品的仿制。东北汽车零部件厂家主要集中在吉林、辽宁，可生产正时齿轮、高压喷油器、尾气净化装置、液压制动泵、制动钳、独立悬架、轮毂、中央控制器、安全带、橡胶密封件、火花塞、蓄电池、电喷装置、液压挺杆等机械件，塑胶、电子件及某些关键机械件均需要进口。东北汽车工业在电子电器、发动机附件、底盘、转向及传动、车轮、车身等方面亟须提高技术含量。根据罗兰·贝格（Roland - berger）国际管理咨询公司 2003 年对进入我国市场的日本汽车厂商技术人员的调查，中日在汽车各个组成部分上均存在较大的技术差距，我国并非"研究基地"，最多不过是可以降低成本的"生产基地"。调查显示，与日本相比，我国在通用技术领域（车门装饰、门铰链、玻璃、保险杠等）上的差距为 3～4 年；标准技术领域（车轴、活塞、散热器、车身内装、制动器、稳定装置等）约为 6 年；高级技术领域（MT、手动方向盘、ABS、方向指示器、导航系统等）为 8 年左右；超高级技术（引擎控制器元件、AT、液压方向盘、气囊等）为 10 年以上。如果将此次参加调查的合资企业换成我国独资企业，技术差距还要加大 2～3 年；如果将调查涉及的通用车型改为高级车型，差距还要加大 2～5 年。[①]

第四，我国汽车工业的产品在电子化、信息化方面与发达国家汽车工业相比，存在着较大差距。电子部件在我国汽车产品上应用的程度仍然比较低。我国在汽车产品成本中，电装（电气＋电子）产品所占比重为 1% 左右（根据车型有所不同），而发达国家为 3%～5%。车用电子部件在汽车零

---

① 《汽车产业，日本会被我国超过吗?》，日经 BP 杂志 2003 年第 7 期。

部件总量中所占的比重为 6% ~8%，而发达国家为 13% 左右。

3. 东北汽车制造业的技术需求与技术支持的重点。

东北汽车制造业的技术需求和技术支持的重点是，研制一批具有自主研发能力、自主品牌和自主知识产权的整车和发动机等关键零部件，改善汽车的环保、节能与安全性能，提高企业设计、生产、营销、管理的信息化水平，增强企业应对国内外市场的快速反应能力。技术支持政策向零部件企业和模具设计制造企业倾斜，重点支持零部件企业进行大规模、专业化生产，促进整车企业和零部件企业同步开发新产品。

（1）整车。重点开发电动汽车（含燃料电池）、天然气汽车、混合动力汽车、智能汽车的研发和产业化。电动汽车具有低污染和可利用剩余电力等优点；天然气汽车同样具有大规模降低空气污染的优点。相关技术包括汽车尾气三元催化技术、汽车发动机排气再循环技术，压缩天然气汽车技术、混合动力汽车技术、汽车燃料电池（Fuel Cell）技术。载重汽车开发推广低耗能重型汽车，提高燃油经济性。一方面，改进发动机的空气动力设计并减轻车体重量（减轻车体重量就需开发质量轻、结实、安全、成本低的金属或化合物材料）。另一方面，积极研制发展燃料电池，要求燃料电池具有体积小、密度大、质量轻、输出效率高的特点。客车开发高档豪华旅游客车、低地板客车。

（2）汽车零部件。汽车零部件领域应加大扶持力度，提高汽车零部件产品开发、系统配套和模块化供货能力。零部件支持的重点集中在外形车身和发动机等关键部件方面。一是注意研究汽车新技术的应用和发展趋势，鼓励开发生产提高整车水平的零部件和代表汽车工业技术发展趋势的汽车关键零部件，如制动防抱死装置、安全气囊、电控燃油喷射装置等；二是鼓励零部件企业搞专业化、大批量生产，发挥规模效益；三是促进由生产单个零件向部件、总成发展，提高系统化配套、模块化供货能力；四是在提高现有车型配套水平和能力的基础上，跟踪国内外汽车发展趋势，开发生产其他车型的零部件，力争更多地进入国际采购体系。

（3）汽车模具。汽车模具方面鼓励采用先进设计技术和制造工艺，提高轿车整车模具和大型复杂精密模具制造技术，缩短设计、制造周期。汽车车身模具特别是大中型覆盖件模具，技术密集，体现当代模具技术水平，是汽车制造技术的重要组成部分。车身模具设计和制造约占汽车开发周期 2/3 的时间，成为汽车换型的主要制约因素。目前，世界上汽车的改型换代一般约需 48 个月，而美国仅需 30 个月，这主要得益于在模具业中应用了 CAD/CAE/CAM 技术和三维实体汽年覆盖件模具结构设计软件。另外，网络技术的广泛应用提供了可靠的信息载体、实现了异地设计和异地制造。虚拟制造等 IT 技术的应用，也将影响模具工业的发展。

（八）精密仪器仪表

1. 我国仪器仪表的应用状况与产品发展趋势。

（1）仪器仪表的类别。仪器仪表是用以检出、测量、观察、计算各种物理量、物质成分、物性参数等的器具或设备。按照国民经济行业分类标准，仪器仪表大行业包括仪器仪表及计量器具等 20 多个专业分类类别，即工业自动化仪表、电工仪器仪表、光学仪器、计时仪器、导航制导仪器、分析仪器、试验机、实验室仪器、通用仪器仪表元器件、农林牧渔仪器仪表、地质地震仪器、气象海洋及水文天文仪器、核仪器、医疗仪器及设备、电子测量仪器、传递标准用计量仪器、衡器船用仪表、汽车用仪表及其他通用仪器仪表等。真空检漏仪、压力表、测长仪、显微镜、乘法器等均属于仪器仪表。广义来说，仪器仪表也可具有自动控制、报警、信号传递和数据处理等功能，例如用于工业生产过程自动控制中的气动调节仪表和电动调节仪表，以及集散型仪表控制系统也皆属于仪器仪表。

按应用领域和自身技术特性大致划分为 6 个大类，即工业自动化仪表与控制系统、科学仪器、电子与电工测量仪器、医疗仪器、各类专用仪器、传感器与仪器仪表元器件及材料。工业自动化仪表与控制系统，主要指工业，特别是流程产业生产过程中应用的各类检测仪表、执行机构与自动控制系统装置。科学仪器主要指应用于科学研究、教学实验、计量测试、环境监测、质量和安全检查等各个方面的仪器仪表。电子与电工测量仪表，主要指低频、高频、超高频、微波等各个频段测试计量专用和仪器仪表。医疗仪器主要指用于生命科学研究和临床诊断治疗的仪器。各类专用仪器指农业、气象、水文、地质、海洋、核工业、航空、航天等各个领域应用的专用仪器。现代仪器仪表虽然作了大致分类，实际上各类仪器仪表存在着许多交叉，比如农业所用的大量仪器都是科学仪器。

按使用目的和用途来分，主要有量具量仪、汽车仪表、拖拉机仪表、船用仪表、航空仪表、导航仪器、驾驶仪器、无线电测试仪器、载波微波测试仪器、地质勘探测试仪器、建材测试仪器、地震测试仪器、大地测绘仪器、水文仪器、计时仪器、农业测试仪器、商业测试仪器、教学仪器、医疗仪器、环保仪器等。

　　属于机械工业产品的仪器仪表有工业自动化仪表、电工仪器仪表、光学仪器、分析仪器、实验室仪器与装置、材料试验机、气象海洋仪器、电影机械、照相机械、复印缩微机械、仪器仪表元器件、仪器仪表材料、仪器仪表工艺装备 13 类。它们通用性较强，批量较大，或为仪器仪表工业所必需的基础。

　　（2）应用状况。作为重要的技术装备，仪器仪表广泛用于国民经济的各个领域。在现代科学研究试验、精密测试系统、生产过程自动检测控制系统，以及各种管理自动化系统中，仪器仪表都是重要的技术工具。在工业生产中，仪器仪表起着把关者和指导者的作用。它从生产现场获取各种生产参数，运用科学规律和系统工程的做法，综合有效地利用各种先进技术，通过自控手段和装备，使每个生产环节得到优化，进而保证生产的规范化，提高产品质量，降低生产成本，满足需求。有许多重要工业，如石化、冶金、电力、电子、轻纺等工业，如果没有先进的仪器仪表发挥其检测、显示、控制功能，就无法正常连续生产。

　　经过几十年，特别是近十几年的建设与发展，我国仪器仪表行业已经初步形成产品门类品种比较齐全，具有一定生产规模和开发能力的产业体系，成为亚洲除日本以外第二大仪器仪表生产国。我国仪器仪表的可靠性和稳定性问题得到了很大提高，一批可靠性和稳定性较好的产品不断问世。但是，我国仪器仪表仍落后于国际先进水平，测量与控制的精度不高，可靠性和稳定性较差。制约国产仪器仪表的可靠性和稳定性的主要因素：一是基础技术的研究和开发能力薄弱；二是部分国产通用件和基础件质量不符合标准；三是企业对产品的质量管理和培训能力有待加强。

　　（3）产品发展方向。在工业过程检测方面，常规的温度、压力、流量与物位四大热工变量的检测已经有较成熟的技术基础和产品。新一代的检测仪表主要特点是数字化和智能化，它们是以微计算机为核心，可以自动调零、线性化、补偿环境因素变化，并配置图形显示仪表，直观地表达测量结果。在检测技术方面，超声、微波、激光等新技术正被大量采用，用以解决不同工业领域遇到的特殊测量问题和提高性能的要求。因此，检测仪表与执行器的当务之急，一方面要积极改进既有的测量方法，进一步完善创新和实现微机化与智能化；另一方面是采用新的测量原理，开发新的检测仪表，扩大自动检测的新领域。

仪器仪表产品的总体发展趋势可以概括为"六高一长"和"二十化"。传统仪器仪表将仍然朝着高性能、高精度、高灵敏、高稳定、高可靠、高环保和长寿命的"六高一长"的方向发展。新型仪器仪表与元器件将朝着小型化（微型化）、集成化、成套化、电子化、数字化、多功能化、智能化、网络化、计算机化、综合自动化、光机电一体化；在服务上专门化、简捷化、家庭化、个人化、无维护化以及组装生产自动化、无尘（或超净）化、专业化、规模化的"二十化"的方向发展。在这"二十化"中，占主导地位、起核心或关键作用的是微型化、智能化和网络化。为了进一步提高仪器仪表的各种性能，增强耐受各种苛刻使用环境的能力，提高可靠性和使用寿命，仪器仪表将不断利用新的工作原理和采用新材料及新的元器件。例如利用超声波微波、射线、红外线、核磁共振、超导、激光等原理，以及采用各种新型半导体敏感元件、集成电路、集成光路、光导纤维等元器件。其目的是实现仪器仪表的小型化、减轻重量、降低生产成本和便于使用与维修等。

另一个重要的趋势是，通过微型计算机的使用来提高仪器仪表的性能，提高仪器仪表本身自动化、智能化程度和数据处理能力。仪器仪表不仅供单项使用，而且可以通过标准接口和数据通道，与电子计算机结合起来，组成各种测试控制管理综合系统，满足更高的要求。

2. 东北仪器仪表制造业的发展现状与方向。

受体制、机制、经济及科技综合水平、管理、人才等条件的制约，东北仪器仪表企业多、散、弱，研发能力薄弱，产品稳定性、可靠性有差距，市场出现高中档产品以三资和进口为主，中低档产品以中资企业为主的趋势。像哈量集团这样的行业骨干企业的研发能力、装备水平和规模亟待提高和扩大。

哈量集团根据国内工业发展的需要，先后开发了精密量仪类、数控刀具类、数控机床等产品，其中，光学、电动和汽动量仪等新产品添补了国内空白。这些新产品的开发为哈量集团产品向高、精、尖方向发展奠定了基础。哈量集团产品包括通用量具、标准刀具、精密量仪、数控刀具及数控机床五大类。其中，以齿轮量仪为代表的精密量仪及高档量刃具产品在未来具有较大的市场空间，综合体现在以下三方面：

（1）精密量仪。随着汽车工业的飞速发展，齿轮的需求量剧增。据成都工具所提供资料显示，2002 年国内汽车产量为 325 万辆，2003 年产量将达 444 万辆，比上年增长 36.7%。2002 年我国齿轮行业销售收入 300 亿元，2005 年销售收入 600 亿元。按年销售收入 10 亿元的齿轮企业需配置齿轮测量中心及齿轮分选机 5 台计算，2005 年齿轮测量中心及齿轮分选机的需求约 300 台，总额约为 10 亿元。由于齿轮测量中心、齿轮分选机等设备是齿轮检测的先进综合测量仪器，随着齿轮产量和质量的不断提高，将逐步替代传统的齿轮测量仪器。另外，民营及乡镇企业在齿轮生产的创业初期，没有配置专用的齿轮检测设备，随着资本的积累，民营及乡镇企业也在逐步地购置先进的齿轮测量中心等齿轮量仪，以满足企业自身竞争能力的提高。这也为齿轮量仪的需求市场增大了一定的空间。

目前，国内齿轮测量中心只有哈量独家生产，国外也仅有美国 M&M，德国 Klingelnberg 等厂家能生产该类仪器，其价格昂贵，每台平均售价在 300 万~400 万元人民币，中小型企业难以承受。当 2001 年哈量研制的齿轮测量中心问世后，从功能上、精度上完全可以替代同类进口产品，单台售价仅是进口产品的 1/2，并迫使国外企业降价 20%。哈量国内独家生产的 CNC 齿轮测量中心及齿轮分选机，按市场占有率 30% 计算将有 100 台左右的市场份额，市场前景非常广阔。

（2）高档量刃具。近年来，我国的装备制造技术正朝着高精度、高效率和高可靠性方向飞速发展，机、电、液一体化的数控机床、加工中心、柔性制造系统等新型技术装备的不断应用，新的量刃具材料和量刃具技术的不断发展，正在改变着旧的生产模式。量刃具是切削加工的基本生产、检测工具，量刃具的性能和质量将直接影响到切削加工设备生产效率的高低和加工质量的优劣，量刃具的制造水平在很大程度上决定了整个装备制造业的技术水平和经济效益。同时，数控机床、汽车、能源等行业的发展，对量刃具提出了更高的要求，既要求量刃具的高效率、高质量、高精度，又要求量刃具的高附加值、低成本，并逐步由劳动密集型向技术密集型的精密复杂方向发展。传统工艺将逐步被现代化的高效加工手段取代，产品的需求量也将迅速增加。为此，通过扩大精密复杂量刃具生产的规模，进一步提高量刃具的水平和质量是一项投资少、见效快、收益大的有效措施。

（3）数控加工刀具。在现代机械工业中，特别是航空航天、汽车、能源、机械以及军工等加工行业，数控机床已成为普遍使用且必不可少的重要加工装备，而数控加工刀具是数控机床最主要的基础配套件。据有关统计资料，目前全世界拥有机床总量 1400 万台，数控机床（CNC 机床）约有 90 万台，而且近 80% 是需要使用刀具进行加工的金切 CNC 机床。我国是一个机床大国（拥有金属切削机床约 300 万台），对数控机床的开发应用虽然起步较晚，但数控机床的应用和生产正呈现迅速发展的格局。据不完全统计，我国对数控机床的需求量正维持较高的年增长速度，到 2003 年我国已拥有数控金属切削机床 10.4 万台，其中 45% 是进口 CNC 机床，仅加工中心机床每年需要进口 1000 台以上。目前，我国数控加工中心机床至少拥有 4.5 万台以上，其应用面几乎覆盖了各个机械加工领域。而我国数控工量具当前的开发和制造能力却远远不能适应数控机床应用和发展的现实需要。据测算，每一台数控机床年消耗数刀辅具 4 万~5 万元，预计到 2010 年，我国年产切削性数控加工机床将会达到 20 万台左右，每年配套消耗的刀辅具费用估计将会达到 80 亿~100 亿元。目前，国内现数控刀具年销售收入不足 3 亿元，数控刀具在我国有着广阔的市场发展前景。

3. 东北仪器仪表制造业技术需求与技术支持的重点。

东北仪器仪表重点支持大型齿轮测量中心、齿轮分选机、视觉测量仪、数控并联加工中心、数控刀具及高档量刃具等高新技术产品，以及半导体（有机）照明关键技术、平板彩色液晶显示核心技术研发，全面推进仪器仪表系统的数字化、智能化、网络化，鼓励自动化仪表从模拟技术向数字技术的转变。同时，加快发展仪器仪表元器件产业，尽快开发出一批适销对路、市场效果好的元器件和产品，形成一批专业化协作配套企业。

（九）机器人

1. 东北机器人制造业的现状。

机器人诞生到 20 世纪 80 年代初经历了一个长期缓慢的发展过程。90 年代，随着计算机技术、微电子技术、网络技术等的快速发展，机器人技术得到飞速发展。

机器人包括工业机器人和特种机器人。工业机器人作为现代制造业的主要自动化装备，是继动力机、计算机之后而出现的全面延伸人的体力和智力的新一代生产工具。机器人及其自动化成套装备的拥有量和水平是衡量一个国家制造业综合实力的重要标志之一。国外工业机器人技术已经趋于成熟，应用领域相当普及。工业机器人可以完成点焊、弧焊、喷漆、切割、搬运、装配等各种工作。工业机器人对提高生产工艺水平，提高产品质量稳定性，改善工人作业条件等方面具有不可替代的作用，在制造企业中正扮演越来越重要的角色。

近年来，机器人应用已经从制造领域向非制造领域发展。航空、航天、能源、交通、海洋、生物、医疗、农业、军事等行业都提出了自动化和机器人化的要求。这些行业与制造业相比，其主要特点是工作环境的非结构化和不确定性，因而对机器人的要求更高，需要机器人具有行走功能，对外感知能力以及局部的自主规划能力等，是机器人技术的一个重要发展方向。目前重点研究的特种机器人有仿人形机器人、水下机器人、医用机器人、服务机器人、网络机器人、军用机器人、农林与农副产品加工机器人，等等。

我国将工业机器人和水下机器人的研究和开发列入了"七五"国家科技攻关计划，由机械部等部门组织了点焊、弧焊、喷漆、搬运等型号的工业机器人的攻关，使我国工业机器人一起步就瞄准了实用化的方向。1986年国家把智能机器人列为高技术发展计划，研究目标是跟踪世界先进水平，工作内容主要是围绕特种机器人进行攻关。20 世纪 90 年代，在国内市场经济发展的推动下，国家确定了特种机器人与工业机器人及其应用工程并重、以应用带动关键技术和基础研究的发展方针，实现了高技术发展与国民经济主战场的密切衔接，研制出有自主知识产权的工业机器人系列产品，并小批试产，完成了一批机器人应用工程，建立了 9 个机器人产业化基地和 7个科研基地。其中，中科院沈阳自动化研究所的智能机器人工程中心、哈工大的机器人机构学网点实验室居国内领先地位。

经过十几年来的研制、生产、应用，东北已基本掌握了工业机器人的设计制造技术、控制系统硬件和软件设计技术、运动学和轨迹规划技术，生产了部分机器人关键元器件，开发出喷漆、弧焊、点焊、装配、搬运等机器人。在基础元件方面，谐波减速器、机器人焊接电源、焊缝自动跟踪装置也取得了突破。从技术方面来说，东北机器人在世界机器人界已有一席之地，奠定了独立自主发展我国机器人事业的基础。

与此同时，造就了一支具有一定水平的技术队伍。其中，哈尔滨工业大学机器人研究所研制的可以搬运负载质量为 120kg 的 6 自由度关节式工业机器人——HT120 点焊机器人已经在一汽集团红旗轿车焊装线中得到应用。HT120 点焊机器人是以一汽红旗轿车焊装线为应用背景，面向负载 120kg 工业机器人通用产品对象。但是，东北工业机器人的应用仍处于起步阶段，仅在工业生产中得到了部分应用，没有达到能够进行工业化生产和广泛运用的程度。

我国工业机器人现在的总装机量约为 1200 台，其我国产机器人占有量约为 1/3，即 400 多台。与世界机器人总装机台数 75 万台相比，我国总装机量仅占 1.6‰。对我国这样一个大国来说，差距十分明显。装机数量少，说明我国的工业化程度与工业发达国家的差距大。我国工业机器人的市场主要在汽车、摩托车、电器、工程机械、石油化工等行业，企业对技术进步的需求更加强烈。我国对工业机器人的需求量和品种将逐年大幅度增加。

2. 产品发展方向。

东北机器人制造企业需要加大研发投入力度，突破一批机器人共性技术，并朝着智能化和多样化方向发展。

工业机器人，重点发展点焊、弧焊、喷漆、切割机器人；

特种机器人，包括仿人机器人、水下机器人、医用机器人、军用机器人。

3. 相关技术需求。

(1) 工业机器人操作机结构的优化设计技术：探索新的高强度轻质材料，进一步提高负载/自重比，同时机构向着模块化、可重构方向发展。

(2) 机器人控制技术：重点研究开放式、模块化控制系统，人机界面更加友好，语言、图形编程界面正在研制之中。机器人控制器的标准化和网络化，以及基于 PC 机网络式控制器已成为研究热点。编程技术除进一步提高在线编程的可操作性之外，离线编程的实用化将成为研究重点。

(3) 多传感系统：多种传感器的使用是进一步提高机器人的智能和适应性的关键。其研究热点在于有效可行的多传感器融合算法，特别是在非线性及非平稳、非正态分布的情形下的多传感器融合算法。

(4) 机器人遥控及监控技术：通过网络建立大范围内的机器人遥控系统，建立预先显示进行遥控，实现多机器人和操作者之间的协调控制。

(5) 微型和微小机器人技术：这是机器人研究的一个新的领域和重点发展方向。过去的研究在该领域几乎是空白，因此该领域研究的进展将会引起机器人技术的一场革命，并且对社会进步和人类活动的各个方面产生不可估量的影响，微小型机器人技术的研究主要集中在系统结构、运动方式、控制方法、传感技术、通信技术以及行走技术等方面。

(6) 软机器人技术：主要用于医疗领域。传统机器人设计未考虑与人紧密共处，因此其结构材料多为金属或硬性材料，软机器人技术要求其结构、控制方式和所用传感系统在机器人意外地与环境或人碰撞时是安全的，机器人对人是友好的。

四、振兴东北装备制造业
科技支撑的措施

在初步建立社会主义市场经济体制以后，企业成为基本的经济主体，市场开始在资源配置中起基础作用。但即使是在健全的市场体制中，政府和企业在创新中仍然扮演不同的角色。企业通过创新发展新产品，政府则利用技术政策促进产业创新能力的提高。企业创新的基本目标是利润最大化，而政府创新政策的目标则包括技术扩散和经济发展。由于历史和现实的原因，装备制造业内生的性质和特点，以及装备制造业在实现工业化和现代化中所具有的战略地位，市场无法取代国家在东北装备制造业发展中的作用，国家的重视和扶持是加快发展东北装备制造业不可缺少的条件。当前和今后一个时期，东北装备制造业既不能完全依赖政府特定的扶持政策，也不能完全依靠企业自身能力积累，而必须把市场需求的拉动与政府的政策引导结合起来。国家支持不能立足于短期的经济效益，而应该着眼于国家经济发展的长期目标和国际竞争格局的变动，对东北装备制造业的发展做出根本性、全局性和前瞻性的谋划。

实施"振兴东北老工业基地科技支撑战略"，在装备制造业领域的目标，就是从国家利益和东北地区发展的全局出发，统筹产业政策与技术政策，调整政府在产业发展和技术创新中的角色，根据相关产业的发展方向和重大技术需求，选准产品技术领域和切入点，采取直接投资、税收减免、融资便利和科研项目倾斜等一系列措施，扶持带动具有自主品牌、自主知识产权和自主研发能力的重点骨干企业技术能力的全面突破，将东北打造成技术先进、特色鲜明、优势突出的国家装备制造业基地。

科技支撑的基本思路是紧紧围绕东北装备制造业的产业发展方向和科

技需求，选择科技支撑的重点领域，以企业为对象，以产品为依托，以技术研发为切入点，以技术扩散和技术创新为手段，加大国家资金与政策支持力度，充分激发与挖掘东北老工业基地的技术潜力，解决东北地区技术进步缓慢、技术创新能力弱以及科研与企业技术需求相脱节等问题，促进东北地区完善市场体制、深化国有企业改革，优化产业组织和区域协作体系。

1. 将东北确定为国家装备制造业科技支撑基地，鲜明地竖起"国家队"的旗帜。

鉴于东北装备制造业的现有基础及其对国家的战略地位，国家可以考虑将东北确定为国家级装备制造业科技支撑基地，鲜明地竖起东北装备制造业"国家队"的旗帜。

第一，根据国家新型工业化的要求，围绕国家今后一个时期的重大项目建设对装备工业的需求，确定东北装备制造业发展的战略方向、重点领域、重点项目、产业布局和重点攻关课题，并制定相关扶持政策。

第二，在发挥市场机制的基础上，充分动用政府的政策工具，在区域布局上着力打造和提升以齐齐哈尔、哈尔滨、长春、沈阳、大连为聚集点的东北 T 型装备制造业产业带。

第三，支撑对象应围绕东北装备制造业产业结构升级，提升企业自主研发能力和制造技术，有选择、有倾斜地扶持以下四大行业中的骨干企业：一是交通运输装备制造业，包括船舶、飞机、铁路运输车辆、汽车及上述产品的关键零部件；二是基础设备与重大成套装备，包括发电设备、输变电设备、数控机床、重大成套设备；三是军事装备制造业，形成现代高科技的航空、航天和海上军事装备的研发、制造能力；四是在保持和增强传统优势装备制造产品的同时，大力发展电子信息设备、环保设备、机器人及自动线、燃气轮机、核发电设备、数字化医疗设备及其他数字化设备，打造新的经济增长点。

第四，国家可以考虑设立东北装备制造业科技支撑专项资金，该项资金全部投入具有自主品牌、自主知识产权和自主研发能力的骨干企业。同时，在债转股、科研项目、技术改造项目等方面给予优先安排，在企业兼并、重组、破产、社会保障、政府采购等方面给予更特殊的政策，促进东北地区装备制造业的技术改造和产业升级。

2. 从能力建设入手，构筑以企业为主体的技术创新体系。

市场经济体制下，企业不仅是技术需求者，而且是技术创新的主体和技术发展的引领者。技术难题多是企业首先接触，技术需求也是企业更清楚。技术只有从大学和研究机构转移到产业，才能真正转化为现实生产力。科技支撑只有从能力建设入手，激活创新源头，构建以市场为基础、以大项目大工程为载体、以骨干企业为主体、以科研机构相支撑的产学研互动的技术研究与开发机制，才能解决长期存在的科技力量游离于经济建设主战场之外，科技和经济"两张皮"的问题，形成从基础研究、应用研究、技术开发到科技成果产业化的技术创新体系。为此，建议国家采取以下措施，加强具有自主知识产权和自主品牌产品的技术研究开发，加大优势领域开发力度，力争在装备制造业关键产业和领域取得一批拥有自主知识产权的核心技术。

第一，通过资本金投入、融资便利、税收减免和加速折旧等措施，提高企业筹集资金的能力，激发企业科技投入的内在动力，鼓励达到一定规模以上的企业全面建立研发中心，支持骨干企业扩大和加强研发中心，创办国家技术工程中心。

第二，加大国家科技计划和国家科学基金对企业技术中心的支持力度，建立由行业骨干企业牵头从事应用技术研究的机制。引导、支持大学、研究院所围绕东北装备制造业的优势领域和骨干企业开展科技创新活动，改变项目研究与企业需求相脱节的状况，使大学、研究院所成为产业技术体系的有效组成部分，使大学、研究院所在以企业为创新主体的技术创新体系中发挥中坚作用。

第三，支持企业通过引进少量产品、部分散件组装、规模化国内生产的路径，实现对引进技术的快速消化吸收，迅速提高自己的研发能力。

第四，采取扣除研究试验费后征税和提供相同数额的政府补贴的方式，形成以政府投入为引导，企业投入为主体，金融、社会广泛参与的科技投入体系，推动企业成为科技投入的主体。确保装备制造业骨干企业研发经费投入达到销售收入的5%~10%。

3. 加大国家研发经费投入，加快建设一批共性与关键技术中心。

国家正在建设的技术平台有国家工程研究中心（国家发展和改革委员会）、企业技术中心（国家经济贸易委员会）、国家技术工程中心（科技部）。

第一，把各类科技平台建设，尤其是区域公共平台建设，作为搭建创新体系的工作重点，给予重点支持。在东北制造业科技创新平台方面，建设一批高水平试验、检测平台，调整和优化东北地区的国家工程中心、重点实验室布局，突出优势产业与领域，提升国家级工程研究中心、国家级企业技术中心和国家实验室的创新能力。

第二，加大对具有战略意义的关键技术和共性技术的研发经费投入，资助并组织实施一批对东北装备制造业发展起重大作用、能显著提高产业技术水平的攻关项目，促进基础、共性技术扩散，提高东北装备制造业的持续创新能力。项目选择可以通过定期征询企业、研究院所、高校的建议或者定期进行技术需求调研来获得。

第三，上述设施对企业和研究机构开放，为企业新产品研发、人才培训、技术服务提供支撑。

4. 发挥政府第一推动力的作用，提高重大装备成套能力。

重大装备通常以成套的形式实现其功能。为用户提供全面解决方案的"交钥匙工程"，已经成为装备制造业发展的重要趋势。重大装备成套能力的高低，在一定程度上反映出国家装备制造业的水平。东北装备制造业经过半个世纪的发展和最近一轮大规模技术改造，已形成了很强的单机制造能力，但普遍缺乏系统设计、系统成套、工程总承包的能力。这不仅使东北装备制造业企业在承接订单上处于被动地位，而且损失了大部分附加价值。为此，应该充分发挥政府第一推动力的作用，采取以下措施提高重大装备的成套能力。

第一，围绕产业结构调整和国家重点建设工程，以及重大技术的引进消化吸收和创新，组织装备制造业制造企业和用户行业共同研究确定未来一定时期内重点发展的产品目录。对于目录内的产品，国家应采取切实可行的扶持措施。

第二，打破行政区划限制，着力培育具有工程总承包能力的工程公司。例如，以发电设备著称的哈电集团，其电站设备的研发和制造水平很高，而沈阳输变电集团在输变电设备方面优势很强。这两者强强合作，可以共同打造东北老工业基地在电力装备方面的整体优势。石化装备方面，辽宁在压缩机、泵阀等运动部件、整机制造领域优势突出，黑龙江则在反应器等大的不动件制造方面实力雄厚，如果将两省的优势加以集成，则可形成石化装备的成套制造优势。

第三，整合产业链，积极扶植一批工程公司或装备总承包商，打造一批跨越用户和制造商之间，集系统设计、系统集成、工程总承包和全程服务为一体的企业。

5. 改革补贴方式，加大补贴力度。

补贴是各国政府发展国内经济、促进出口和实现其他政策目标被普遍使用的政策工具，补贴政策国家的经济政策中占有重要地位。积极、主动地采取适当的补贴措施支持国内产业发展不仅必要，而且为 WTO 规则所允许。补贴的实质在于借助政府的力量，提升国内产业的竞争力。随着我国经济更深地融入世界经济和更多地参与国际经济竞争，我国应该更加重视补贴这个政策工具在经济发展中的积极作用，改革补贴方式，加大补贴力度。

第一，在实施补贴措施时，一方面，应注重发挥市场机制的资源配置功能，防止保护过当；另一方面，对 WTO 的相关规则要有深入了解，避免超越规则允许的范围。

目前，我国财政金融政策对产业技术创新活动的支持大多集中在前竞争开发活动之后的阶段。根据《WTO 补贴与反补贴措施协议》绿灯条款的规定，政府部门不能再从进口替代（国产化）的角度对国内企业给予补贴，但在不超越前竞争开发阶段的条件下，研发补贴作为不可起诉补贴可以继续实行。《WTO 补贴与反补贴措施协议》绿灯条款的目的在于支持基础技术（infra-technology）和共性技术的发展。基础技术和共性技术包括能够改善各类企业近中期竞争力的研究、开发以及机构和技术支援，但其收益不能为开发它的企业所独占。同基础研究相似，基础技术和共性技术具有公共产品的许多特征。与基础研究不同的是，基础技术和共性技术的主要目标不是开发知识的新领域，而是提高产品和工艺的设计和开发的效率。虽然从基础技术和共性技术投资所获得的收益在短期内不大，但是它们可以积累起来产生很大的长期效益。像其他公共基础设施一样，技术基础结构投资可以使整个产业甚至整个国家受益，但很难找到能够或愿意在这一领域投资的企业。

第二，为避免争议，我国对技术创新的财政金融资助应向支持产业研究和前竞争开发活动阶段的 R&D 转移，把解决基础技术和共性技术作为今后我国科技补贴的重要对象。

第三，把技术政策和产业政策有机地融合起来，将目前的国产化和优惠关税政策转变为支持企业进行研发活动的优惠政策，把技术培训、咨询、测试服务等方面的扶持转移到技术基础结构的名下，对具有技术开发成果和能力的企业实行适度倾斜的政策。

五、振兴东北装备制造业的配套和保障政策

科技支撑措施需要其他措施配合才能真正发挥作用，产生实效。也就是说，振兴东北装备制造业需要采取综合措施，既要解决东北装备制造业技术进步与技术创新的问题，也要解决东北装备制造业的体制问题、融资机制、产业组织以及外部发展环境问题。

1. 消除体制障碍，减轻国有企业的社会负担和历史包袱。

东北三省的装备制造业多是新中国成立初期重点建设的行业，国有企业占绝大多数。改革开放后，非国有经济发展较快，但是相对我国其他地区，东北国有及国有控股企业仍占有较高的比例。这些老国有企业的人员负担、债务负担和不良资产负担都比较重，部分企业经营状况没有根本好转。

第一，消除制约装备制造业发展的体制性障碍，在行业骨干国有企业普遍建立适应市场体制要求的管理体制和经营机制，增强东北装备制造业的内生发展能力。政府支持企业分离办社会职能等应以企业体制改革是否到位为前提条件，或与企业体制改革同步实施。

第二，建议中央政府加大对东北装备制造业骨干企业实施主辅分离、债转股和贴息支持力度。

第三，地方政府应认真贯彻执行国家有关政策，抓紧落实已有的扶持政策，优先解决重大装备龙头企业主辅分离和企业办社会的问题。

2. 建立长期、可以预见的政府采购政策，支持重大装备产业的启动和成长。

装备制造业重大产品早期主要受到市场需求不足的限制，通过政府采

购形成的有效需求对于发现新技术的潜力和扩展现有技术的需求，促进一个产业的发展具有重要作用。作为引导投资规模和方向的重要政策工具，政府采购通过价格、数量、标准和交货期等对企业的预期收益和发展方向产生影响。政府采购不仅可以为企业提供一个学习和能力积累的过程，而且可以为企业提供进入国际市场所需要的必要业绩。例如，大连新船重工反映，他们已经掌握液化天然气船的制造技术，没有业绩很难进入国际市场，需要国家订单扶持。

第一，政府采购实施的对象主要是处于产品或产业生命周期早期阶段的创新以及政府是最终使用者的创新项目。通过推动相关立法以及颁布政府采购的技术标准和产品目录，依靠政府采购特别是军事需求启动和维持军民两用项目的进行，为东北装备制造业的成长提供启动和成长所需要的市场空间。采取措施，支持首台、首套国产化技术装备进入市场。

第二，把军民两用技术作为政府采购的重点，并在资金投入、人员配置以及配套政策等方面相应做出重大调整。政府采购的策略包括预付研发费用和定购金、签订较长时期的采购合同等。

第三，统筹重大项目建设及所需关键装备的研发、制造、采购。装备制造业重大基建、技改项目的布局和时间安排，充分考虑国内企业的现有基础和优势，围绕今后一个时期我国对装备制造业特别是重大成套装备的需求，有计划、有倾斜地支持优势企业和产业发展壮大，实现产业的技术升级。

第四，建议国家在京沪高速铁路、核电站建设等重大工程建设领域出台相关政策，引导或明确要求相关工程使用国产装备。同时，在东北具有优势和基础的领域，谋划和组织实施一批提升产业技术结构、增强企业发展活力和竞争力的重大项目。

3. 调整税收政策，提高重大装备的成套能力与专业化分工水平。

我国目前的关税结构表现为整机进口关税较低，零部件进口关税较高，这种关税结构不利于装备制造业采用国外先进的零部件自主开发整机，制约了国内企业和国产装备制造业掌握核心技术。为此，要进一步完善税收政策，理顺重大技术装备的进口关税结构。

第一，调整现行的进口关税税率结构，提高成套设备、主机的进口关税税率，降低关键零部件、关键原材料的进口关税税率。

第二，取消营业税，全部实行增值税。我国营业税的课征对象是交通运输业、建筑业、服务业、娱乐业、邮电通信业、金融保险业、文化体育业。营业税的特点是只要发生营业行为，就必须纳税。因此，营业额具有典型的多次征收的特点。一方面，由于我国工业企业现行的增值税征税范围不包括服务业。一些辅助性服务业务从企业中分离后，就要多交一块营业税。另一方面，因服务企业适用营业税，企业所消耗的材料不能列入增值税进项抵扣范围，生产企业又要多交一块增值税，这必然会加重企业的负担，影响专业分工。因为营业税是流转税，企业的专业化程度越高，流转环节越多，重复课税越严重。建议把我国服务业的营业税改为增值税，即将增值税的征收范围向施工作业、技术服务、运输企业等延伸。

4. 建立多元化的投融资体制，改善融资环境。

技术进步与技术创新需要完善的投融资体系。目前，东北地区企业融资渠道单一，在一定程度上影响了企业的发展。为此，要建立多元化的投融资体制，改善装备制造业企业的融资环境。

第一，充分发挥财政资金的引导作用，形成以企业投入为主体、金融为支撑和社会融资相结合的多元化投入新体系，确保企业能够获取充分的技术创新资金。

第二，将重大装备制造业赢利能力强的好项目推向市场，通过招商引资，吸引民间资本和外资进入，采取市场化融资的方式。

第三，优先支持重大技术装备制造业优势骨干企业实施改制上市，发行企业债券和加快已剥离不良贷款的债务处理工作，实现资本市场的融资。

第四，政策性银行应根据东北地区国有企业多、负债率高、重型企业多、流动资金需要量大等特点，适度放宽信贷标准，加大放贷力度，保证企业有较为充足的流动资金。

第五，按国际贸易惯例，提供买方和卖方信贷，用补偿贸易方式让用户和项目业主得到资金上的支持。

第六，建立融资担保体系，通过多种渠道解决企业资金不足的困难。

5. 大力发展中场产业，优化产业组织结构。

产业组织合理化是制造业的显著特征和发展趋势。产业组织合理化要求生产某类产品的龙头企业、为龙头企业配套的零部件企业以及为上述两类企业提供服务的其他企业，形成密切的专业化分工协作关系，大幅度降低生产与交易成本。东北地区在装备制造业能否变"企业集中"为"产业集聚"，不仅要求大力培育一批具有系统设计和工程总承包能力的大供应商，而且要求与之配套的中场产业。两者的分工协作关系是决定该地区装备制造业发展前景的重要因素之一。从调研情况看，东北装备制造业的中场产业无论是在规模还是水平方面，均存在着不小的差距。建议采取以下措施，促进东北装备制造业的产业组织合理化。

第一，利用合资、引进、联合等多种方式，扩大中场产业的规模，提高中场产业的技术水平和技术档次，使之成为世界性的零部件、元器件制造与供应基地。

第二，在重大项目布局上，国家应充分考虑现有基础和优势，进行有计划的倾斜，支持有优势的企业和产业发展壮大。

第三，东北地区应改变重整机、轻配套、轻零部件的思想，产业政策必须在扶植主导产业、优势产品和龙头企业的同时，注重推动相关企业的集约开发、特色发展，积极培育为终端产品提供零部件、元器件和中间材料的中场企业，通过政策引导和市场驱动塑造产业集群优势。

第四，鼓励有条件的企业通过改制、改组，分离从事零部件、元器件、中间材料生产单位，鼓励民间资本和国外资本参与股份制改造，包括参股、控股、兼并、收购，也可以托管、租赁、承包等方式转向个人经营，使之成为既为母体企业服务，也面向国内外市场、独立核算的专业化企业。

6. 强化装备制造业发展的国家行为，建立促进重大技术装备发展的组织机构。

改革开放和市场体制的强化，没有削弱政府的经济职能。在关系全局的产业基础和共性技术、装备和涉及国防安全的领域，在保护民族产业、支持国产化方面，在一切必须保持国家控制力的领域，国家均应有所作为。我国拥有世界上潜力最大的装备市场。国家有必要从战略高度上对装备制造业进行整体规划，并成立相应的机构统筹装备制造业的振兴与发展。

1983 年国务院曾设立重大技术装备领导小组和办公室，在国家重大技术装备的研制中发挥了重要的组织协调作用。该机构被撤销后，国家有关重大技术装备的研制、开发、引进等工作的协调一直处于无序状态。鉴于装备制造业对整个国民经济和国家安全所具有的战略意义，建议国务院重新设立国家重大装备领导小组和办公室，统一规划和协调国家重大装备的研发、制造与引进工作，协调重点工程项目建设方与技术装备制造方的联合，加强对重大技术装备攻关的统筹协调。

7. 建立吸引和激励人才的机制，实施振兴东北的人才战略。

对于装备制造业而言，人力资源是最重要的生产要素，是具有特殊意义的重要资产。一定质量和数量的专业人员是装备制造业产品技术水平的重要载体和基本标志。技术进步带来的巨大收益和企业对人才的激烈争夺，推动着专业人员薪酬的持续上扬和人才流动。各地区都在通过种种手段吸引人才。经过多年改革，劳动力市场流动性明显增强，阻碍人才流动的制度性因素正在失去作用的基础，技术和经营人才越来越倾向于在能发挥其独创性的企业从事工作。东北地区目前的人事劳动制度滞后于社会经济发展，用人机制远远不适应发展的要求，必须采取以下措施改革人事劳动制度。

第一，认真落实劳动资本技术和管理等生产要素按贡献分配的原则，充分发挥劳动、知识和人才促进生产力发展的作用，切实保护知识产权和智力劳动的成果，积极探索鼓励技术人员以技术参股来促进技术成果的产业化，在分配制度上保证技术拥有者、企业经营者和高层企管人员能够取得与其贡献相匹配的报酬，逐步形成促进科技创新和创业的资本运作和人才汇集机制。

第二，国家通过组织实施重大技术攻关项目等手段，为东北培养和引进一批重要技术领域的拔尖人才和学术带头人，培养各个领域具有国际水准、国际视野的技术创新团队。

第三，采取"一揽子"措施改善创业环境。制定吸引国内外科技专家、企业家参与技术研究、产品开发和企业创业的优惠政策，形成开放、流动、人尽其才的用人机制。资助国内技术人员与国外技术人员多层次的交流，吸引国外留学人员和海外技术人员到东北工作。

分报告之四—2：东北地区材料制造业科技支撑战略研究[①]

国家新材料行业生产力促进中心课题组

[①]　北京麦肯桥资讯有限公司：吴玲
　　国家新材料产业发展战略咨询委员会：石力开
　　国家新材料产业发展战略咨询委员会：李克健
　　国家高技术评估中心：黎懋明
　　北京麦肯桥资讯有限公司：史冬梅
　　北京麦肯桥资讯有限公司：王滨秋
　　北京麦肯桥资讯有限公司：李自祥
　　北京麦肯桥资讯有限公司：薛景照
　　北京麦肯桥资讯有限公司：张文军

一、研究范围及目的

（一）材料与新材料界定

结合我国工业统计标准，经专家评议，"材料产业"主要包括：①纺织业；②石油加工及炼焦业；③化学原料及化学制品制造业；④化学纤维制造业；⑤橡胶制品业；⑥塑料制品业；⑦非金属矿物制品业；⑧黑色金属冶炼及压延加工业；⑨有色金属冶炼及压延加工业；⑩金属制品业；⑪医用材料及医疗制品业；⑫电工器材及电子元器件制造业等。根据国家统计局提供的数据情况，本研究主要针对前10大类主要材料产业。其中②、③、④、⑤、⑥属于石化行业，⑧、⑨、⑩为冶金行业。

新材料：根据公众对新材料的理解以及科学的定义，具备以下条件之一的材料应称为新材料：①新出现或正在发展中的具有传统材料所不具备的优异性能的材料；②具有特殊性能，为高技术直接配套的材料；③由于采用新工艺、新装备制备，在性能上比原来材料有显著提高或具有新功能的材料。

新材料产业指以新材料为主体构成的产业，包括以下几方面：新材料本身形成的产业；新材料技术及其装备制造业；传统材料技术提升。

（二）课题研究目的

分析东北材料产业及科技发展的成就及问题，针对目前科技对产业发展的支撑状况，结合科技创新体系现状，为东北地区科技支撑体系的发展提出发展思路和对策措施。

确定科技支撑重点领域，振兴东北材料产业，增强东北地区优势材料产业的市场竞争力。

二、东北发展材料工业环境分析

（一）国内外材料工业发展态势

1. 传统材料。传统材料包括钢铁、有色金属、化工、建材等量大面广的材料，无论在规格品种、应用领域及需求数量上都在持续发展。

传统材料的发展趋势是改进和综合优化现有材料的性能，主要发展方向是提高强度、提高温度适应性、延长寿命以及进行不同的结构和功能组合；通过采用先进生产工艺、提高资源和能源利用率、提高生产效率等方法来降低现有材料成本，提高产品的竞争力；注重材料产品和生产过程的环境适应性，降低能耗、减少环境污染，提高资源的综合利用率。

2. 新材料。新材料包括微电子材料、光电子材料、生物医用材料、能源转换及储能材料、生态环境材料、纳米材料、超导材料等领域。目前，新材料及其应用技术正面临新的突破，其发展正在从革新走向革命，开发周期正在缩短。新材料的发展态势为：结构材料向复合化和功能化方向发展；功能材料向多功能集成化、智能化、材料和器件一体化发展，并有效地提高产品性能和降低成本；按特定应用目标开发新材料，依靠新的合成制备技术开发新材料也是重要发展趋势。

随着高新技术的发展，新材料与传统材料产业结合日益紧密，产业结构呈现出横向扩散的特点。传统材料产业正向新材料产业拓展，世界上很多著名的新材料企业以前都是钢铁、化工、有色金属等传统材料企业，利用积累的大规模生产能力、生产技术及充足的资金进入新材料领域。

（二）中国材料科技发展现状

1. 材料领域是国家科技计划支持的重点。

我国政府历来重视材料领域的发展，在国家的各项科技和产业计划中都给予了重点支持，如"973"、"863"、科技攻关计划、国家高技术产业化专项、科技型中小企业创新基金、火炬计划等。在各项科技计划中，材料领域的投资金额都在总额中占有相当的比例，均在 15% ~ 30%。目前，材料领域已初步形成了一个从基础研究、应用研究、中试开发，直至产业化开发的完整体系，也初步形成了门类齐全的材料生产体系。材料领域的研究方向基本上囊括了所有的材料学科，产品种类比较齐全，具有较强的研究开发力量。

2. 我国已形成较完整的材料领域研究开发体系。

我国已经形成了较完整的材料工业和研发体系。钢铁、有色金属、建材、化工材料等传统材料产业的总体规模较大，在经济发展中占有极其重要的地位，已成为我国的支柱产业。我国钢铁、有色金属、水泥、玻璃、合成橡胶等材料的产量居世界前列，已成为世界材料生产大国。

3. 某些新材料领域研究具有国际领先水平，产业发展势头良好。

我国在材料领域的研发方面取得了长足的进步，某些新材料领域具有较明显的资源优势和技术优势，取得一批具有国际先进水平的自主知识产权成果，例如在纳米碳管、有机发光材料、稀土永磁材料、无机非线性光学晶体和功能陶瓷的研究和开发等方面进入国际先进行列，并初步形成特色。

新材料产业发展势头强劲，成为我国高新技术产业之一，在新材料领域取得了一些有特色的科技成果，部分已经实现产业化，不仅展示出我国新材料技术的整体水平，而且为国民经济和国防建设提供了关键的新材料，促进了相关行业的发展，获得了显著的经济效益。

4. 我国正在成为材料生产和消费大国。

材料在我国应用广泛，国民经济和社会发展对材料的需求十分旺盛，我国已成为世界材料消费大国。目前，材料已经在我国的信息、能源、交通运输、建筑、机械制造、冶金、轻工、化工、环保、农业、生物、医药卫生等民用领域得到了大量应用，为改善人民生活条件提供了雄厚的物质基础。

我国正处于高速发展期，因而在未来较长时期内，都将是材料需求大国。随着我国经济、社会及科技的发展，各行各业对材料的需求也不断增长，材料在高新技术产业发展、传统产业和支柱产业技术提升、国家安全、制造业强国的形成、国家重大工程的建设，以及资源、环境、人口健康等社会可持续发展方面发挥了重要作用。预计到 2020 年，我国各类材料的消费量将总体跃居世界首位，这为我国材料科技和材料工业提供了广阔的发展空间。

5. 科技创新能力有所提高，但整体仍然薄弱。

近年来，我国材料科技创新能力取得了长足的进步，但从总体上看，材料科技水平与世界先进水平相差 10~15 年，还存在一些亟待解决的问题。材料领域的科技创新能力薄弱，研究开发资金投入不足，自主创新能力较弱，缺乏有自主知识产权的新材料产品及技术。跟踪仿制多，一些关键技术和装备依赖进口，消化吸收不到位，某些领域的技术水平与国外相比还有很大差距。部分高附加值的材料产品需要进口，还有一些重点行业所需的关键材料及核心技术受制于人，严重制约了下游产业的进一步发展，成为相关产业发展的"瓶颈"。

6. 资源、能源、环境问题突出。

材料工业低下的资源及能源利用效率和严重的环境污染，已成为制约我国材料工业可持续发展的障碍。我国传统材料产业是高能耗、高污染及资源依赖型产业。据统计，我国材料工业能耗占全部工业的 60% 以上，而每亿元工业增加值的能源消费量是全国工业平均水平的 2 倍，工业"三废"的排放量占全部工业的 1/3 左右，材料工业中的冶金、化工、建材等行业都是能源消耗和环境污染的大户。

三、东北材料工业及科技总体状况

（一）东北材料工业现状及特点

1. 材料工业是东北支柱产业之一，是东北工业的重要基础。

材料工业在东北地区的工业发展中具有重要地位，无论从销售额还是工业增加值来看，都是东北的重要支柱产业。

2003 年东北材料行业的销售额和工业增加值分别占当地全部工业的 37.78% 和 26.62%，销售额占当地工业产值的比例高于全国平均水平，其中辽宁省最为突出，高于全国平均水平 14 个百分点，而吉林省和黑龙江省则低于全国平均水平。

从产业结构来说，东北材料产业不但是东北的支柱产业，而且对装备制造业等东北标志性产业的发展也具有十分关键的支撑作用，是东北工业基地发展的重要基础产业。

表 1   东北材料工业增加值和销售额在当地工业总额中的比例

地 区	占当地全部工业增加值（%）			占当地全部工业销售额（%）		
	2001 年	2002 年	2003 年	2001 年	2002 年	2003 年
全国	31.54	31.08	32.23	34.49	35.60	36.72
辽宁省	40	38.87	40.83	50.38	49.31	50.23
吉林省	18.28	20.87	20.64	26.21	22.59	23.34
黑龙江省	11.64	10.5	12.31	26.16	24.50	24.80
东北三省	24.59	24.41	26.62	38.61	36.79	37.79

注：根据《中国统计年报》数据整理。

2. 材料产业门类齐全，在全国具有重要地位。

作为老工业基地，东北地区有着非常完整的材料工业体系，主要材料产业都具有一定的规模，其中石化、冶金等材料体系形成了从上游原材料到最终消费品的完整产业链。

东北的材料工业在全国占有重要地位，特别是石油加工及炼焦业，占全国市场份额的 20% 以上。黑色金属冶炼及压延加工业的市场份额在 10% 以上，另有三个行业市场份额在 5% 以上。总体来说，东北地区的材料工业在全国的市场份额占 9% 左右。据 2001 年统计，在 10 个主要材料行业中，行业净资产占全国相应行业净资产比重在 10% 以上的有 4 个，4% ~ 10% 的有 6 个，行业产值在全国也具有一定规模。

就东北地区材料工业本身的发展而言，10 个主要材料行业在近三年都得到了较快发展。特别是 2003 年，10 个行业中的 7 个都取得了 20% 以上的增长幅度，其他 3 个行业的增幅也都在 10% 以上。但这 10 个行业在全国相应行业中所占的市场份额都呈现出了萎缩趋势，表明东北地区材料产业在全国的市场地位正在逐步下降。

表2　　　　　　　　　　东三省材料工业占全国份额

年份	2001	2002	2003
全国销售额（亿元）	33844	38655	51209
东三省销售额（亿元）	3277	3444	4326
市场份额（%）	9.68	8.91	8.45

表3　　　　　　　东北材料产业各行业在全国的地位（2001年）

行　业	行业净资产占全国行业净资产%	制造业中排序	行业产值占全国行业总产值%	制造业中排序
石油加工及炼焦业	26.12	1	25.13	1
黑色金属冶炼及压延加工业	18.05	3	11.86	3
化学原料及化学制品制造业	16.56	5	8.76	7
金属制造业	11.49	10	5.05	18
化学纤维制造业	9.16	14	5.92	15
橡胶制品业	8.64	16	6.82	11
非金属矿物制品业	8.49	17	7.26	10
有色金属冶炼及压延加工业	8.1	18	6.45	13
塑料制品业	7.31	21	5.08	17
纺织业	4.67	24	2.51	25

资料来源：《中国工业发展报告》（2003），经济管理出版社，2004年。

3. 材料工业经济效益大大低于全国水平，总体竞争力有所减弱。

2003年东北材料产业销售额占全国份额的8.45%，而利润总额仅占全国份额的4.61%，利润率仅为全国平均水平的54.55%。说明东北材料行业的效益较差，大大低于全国水平。

表4　　　　　2003年东北材料产业销售额、工业产值及利润总额占全国比例

	销售额（亿元）		工业增加值（亿元）		利润总额（亿元）		与全国平均利润率比较%
全国	51209	全国份额%	13533.65	全国份额%	2315.16	全国份额%	
辽宁	3011.85	5.88	700.57	5.18	77.59	3.35	56.97
吉林	606.51	1.18	168.16	1.24	25	1.08	91.53
黑龙江	708.05	1.38	167.76	1.24	4.06	0.18	13.04
东北	4326.41	8.45	1036.49	7.66	106.65	4.61	54.55

注：根据《中国统计年报》数据整理。

　　占东北材料行业主导地位的石油加工及炼焦业、黑色金属冶炼及压延加工业等都是凭借东北的石油、铁矿等自然资源发展起来的，至今材料工业还是以原材料的生产加工为主，深加工产品较少。例如，辽宁省2003年石化工业产品销售收入占全国石化工业的9%，居全国第三位，但精细化工率只有27.7%，与全国平均水平40%相比具有很大差距。另外，高附加值的新材料产业在东北材料中所占比例还较小，造成东北材料行业整体效益大大低于国内平均水平，东北材料产业在全国的竞争力在逐步减弱。

　　4. 冶金、石化两个行业在全国地位突出。

　　从东北地区材料产业的工业增加值来看，现在东北地区的材料主导产业为石油化工和黑色金属工业，合计占材料产业的50%以上。这两个产业在全国也占有重要地位：石油加工及炼焦业占全国市场份额在20%以上；黑色金属冶炼及压延加工业占全国市场份额在10%以上。其中，辽宁省的钢铁和石油加工业较为发达，吉林省以化学原料及化学制品为主，黑龙江省则以石油加工为主。

表5　　　　东北主导产业（该行业增加值占该地区全部工业增加值比重＞5%）

地　区	主导行业（材料领域）
东北地区	石油加工及炼焦业、黑色金属冶炼及压延加工业
辽宁省	石油加工及炼焦业、黑色金属冶炼及压延加工业
吉林省	化学原料及化学制品制造业
黑龙江省	石油加工及炼焦业

资料来源：根据国家统计局《工业统计年报》（2000、2001、2002、2003）整理。

　　石油化工是东北三省的共同支柱产业，从原油开采、炼油、乙烯到化工产品已形成了较完整的产业链，8 家企业排全国化工行业前 20 位，包括抚顺石化（4）、大连石化（6）、吉林石化（7）、大庆石化总公司（9）、大庆炼化（12）、锦西石化（13）、锦州石化（16）和辽阳石化（18）等。

　　辽宁省具有以抚顺石化、大连石化、辽化、沈化、锦化等国内著名化工企业为代表的门类齐全、配套性较强的完整的产业体系，是省内第一大行业，2003 年原油加工量达到 4446 万吨，居全国第一位；吉林省主要依托中国石油吉林石化分公司和吉化集团公司，目前原油加工能力 550 万吨，乙烯年生产能力 53 万吨，化工总生产能力 465 万吨，10 余种化工原料产能居全国第一位；黑龙江省石化工业主体企业包括大庆石化公司、大庆石化总厂、大庆炼化公司、大庆石油管理局化工企业、大庆林源炼油厂和黑龙江石油化工厂，主要经济指标均居全省工业之首。

　　东北的冶金行业以辽宁为主，有 200 多家企业，形成了包括矿山、冶炼及加工等产业的完整钢铁工业体系。2003 年辽宁钢铁生产能力居全国第二位。2004 年东北三大特钢重组东北特钢集团，打造全国特钢行业的航空母舰。鞍山地区已探明铁矿石储量约占全国储量的 1/4，周围还蕴藏着丰富的菱镁石矿、石灰石矿、黏土矿、锰矿等，为黑色冶金提供了难得的辅助原料。

　　2003 年，东北有 5 家钢铁企业进入中国 500 强企业，辽宁 4 家，包括鞍山钢铁集团公司、本溪钢铁（集团）有限责任公司、辽宁特殊钢集团有限责任公司（现为东北特钢）、凌源钢铁集团有限责任公司；吉林 1 家，为通化钢铁集团公司。其中辽宁的鞍钢、本钢分别排在钢铁行业第 3、4 位，鞍钢集团在世界钢铁企业 10 强中处于第 8 位。2003 年辽宁钢铁生产能力排在全国第 2 位，钢材、热轧板、冷轧薄板和镀锌板生产能力，在全国均排名第 2 位。辽宁特钢生产在全国也处于重要地位，2002 年生产能力 120 万吨，产量 115 万吨，全国排名第 3 位。2004 年东北三大特钢重组东北特钢集团，其生产能力及产品品质会有更大提高。

　　5. 某些产业和产品在全国具有不可替代的战略地位。

　　由于历史原因，东北地区有一批围绕军工服务或者是为重型装备配套的材料企业，对我国具有重要的战略意义，其生产能力也是其他地区不可比拟的，具有不可代替的地位。此外，这些企业长期形成并积累的管理水平、技术水平也是新兴企业所不具备的。

东北轻合金有限责任公司是我国最大的军用轻合金材料生产基地，提供全国60%~70%的军用轻合金材料，在我国航天航空工业中有不可替代的战略地位，神舟5号飞船就由东北轻合金有限责任公司提供了大量先进材料；第一重型机器厂、哈尔滨焊接研究所、哈尔滨玻璃钢研究所、沈阳金属研究所等为大型水电设备、核电站、重型机床以及军工装备等提供的关键材料具有不可替代性。

6. 材料企业以大中型国有企业（中央直属）为主体，民营企业规模较小。

石化、冶金等传统材料工业以国有大型企业为主，民营或外资企业较少。占材料工业绝大部分产值的大型石化和冶金企业都是国有企业，如石化企业基本都分属于中石化、中石油等大型国有石化集团；鞍钢、本钢、东北特钢等大型钢铁企业也都是中央直属国有企业。

随着民营经济的发展，在精细化工、特种陶瓷材料、工程塑料等新材料产业领域出现了一批民营企业，有些企业通过上市等资本运作形成了一定规模，如大连路明、大庆华科、中科英华等；有一批中小型国有材料企业经过改制也逐步转变为民营或股份制企业，如牡丹江的碳化硅、碳化硼国有企业基本都已经转制为民营企业。但从材料产业整体规模来看，材料行业的民营资本比例还相当小，工业产值所占比例仍然较少，材料工业的主体仍然是以石化、冶金等行业为代表的国有大型企业。

7. 新材料产业发展较快，形成了特色产业集群。

东北地区的主要工业城市，如大连、沈阳、抚顺、长春、吉林、哈尔滨、大庆、牡丹江等都把新材料列为产业发展的重点，并给予了大力扶持，新材料产业得到了快速发展。新材料企业在东北各地高新区都占有一定比例，并对相关行业的发展起到了带动作用。

大连的高分子材料、氟涂料、稀土发光材料等；沈阳的三耐（耐高温、耐摩擦、耐腐蚀）金属材料、电池材料等；长春的光电子材料、汽车材料、特种高分子材料等；哈尔滨的轻合金材料等；大庆的新型化工材料等；牡丹江的碳化硅、碳化硼等都形成了一定的竞争优势，都有一批技术领先的企业。

凭借资源和技术聚集优势，东北的某些新材料产业已经出现了集群式发展态势。长春的光电子材料依托长春光机电所在激光材料、显示材料、半导体发光材料等方面的科研优势，形成了在全国具有较强竞争力的企业群体，如吉林北方彩晶、华禹光谷、长春联信等；牡丹江在碳化硅、碳化硼材料方面集中了近 30 家生产企业，硅硼粉体材料的国际市场占有率为 40%，国内市场占有率为 80%，工业制成品的国际市场占有率为 15%，国内市场占有率为 80%；营口的镁质材料技术优势明显，矿资源储量大、品质优，资源优势明显，探明储量占全国总储量的 85%，菱镁制品国内市场占有率达 90% 以上，出口量占国际市场交易量的 55% 左右。

另外，大庆的新型化工材料、大连的发光材料、鸡西的石墨材料、长春的汽车材料等也都有集群发展的优势条件，有望形成具有资源、技术或市场优势的新材料产业集群。

8. 辽宁省材料产业分布特点。

辽宁的材料产业主要分布在沈阳、大连、鞍山、本溪、营口、抚顺等地，优势领域为金属材料、石化材料、特种功能材料、镁质材料等。

金属材料是辽宁支柱产业，工业总产值占全省工业销售额的 25% 左右，2003 年钢产量居全国第 2 位，其中鞍钢、本钢、东北特钢等六大钢铁公司资产总额为 1440 亿元，生产规模占全省的 96.6%，产业集中度很高。

辽宁省化工材料近年来发展迅速，形成了以华锦化工、沈阳化工、大化化工、抚顺乙烯、本溪化工五大企业集团为代表的较为完整的化工体系。

营口是国家镁质材料产业化基地，镁质材料的生产和出口在全国占有重要地位，我国每年出口的镁质材料有 200 万~300 万吨，占据世界交易市场的 60%，其中 95% 以上出自辽宁。

以大连和沈阳为主的新材料产业发展很快，如耐热合金、电池材料、精细化工等在全国都有一定地位。

9. 吉林省材料产业分布特点。

吉林省的材料和新材料产业主要分布在长春、吉林、四平等城市，重点领域为汽车材料、石油化工材料、光电子材料、纳米材料等。

与材料相关联的产业主要有石化工业和汽车工业，作为吉林省的支柱和优势产业，这两个行业的产值占整个工业的 50% 以上。

汽车材料产业具有一定技术和市场优势，"一汽"集团作为全国最大的汽车生产基地，为汽车材料产业提供了很大的发展空间；吉化公司是全国重要的化工原料基地，现有乙烯生产能力 53 万吨，每年可提供 30 多种近百万吨化工原料；吉林省光电子信息材料产业在全国具有较强竞争优势、纳米材料等新材料产业发展很快。

图1 辽宁省材料产业空间布局

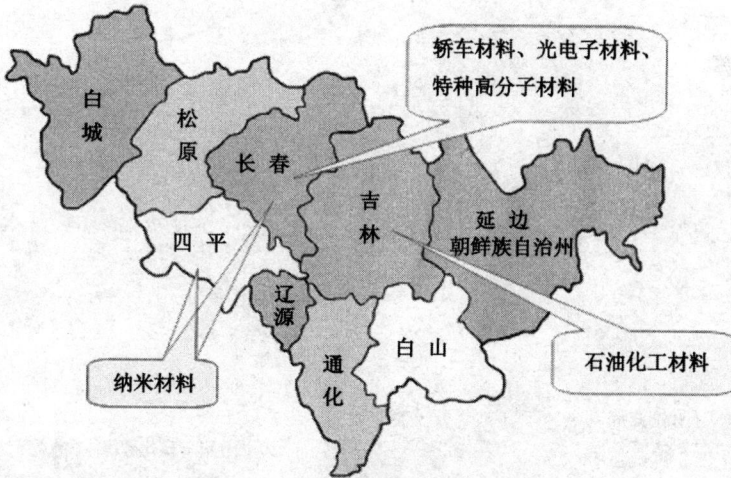

图2 吉林省材料产业空间布局

10. 黑龙江省材料产业分布特点。

黑龙江省材料产业主要分布在大庆、牡丹江、哈尔滨、齐齐哈尔、佳木斯等城市，主要优势领域为石化产业、装备配套材料、特种陶瓷材料等。

黑龙江材料产业以石化工业为主，形成了以大庆为中心，以哈大齐牡石化产业带为主体，以肇东绥棱粮食石化及精细化工小区、佳木斯鹤岗农药化工小区、桦林子午胎生产基地协调发展的"一带多区"的全省石油化工新格局。

黑龙江省为国家重点工程和重型装备配套的材料产业具有特色优势，如东北轻合金的铝镁合金、一重的大型铸锻件等。

牡丹江特种材料产业基地是国家火炬计划新材料产业基地，依托资源优势已形成独具特色的产业群，产品包括碳化硅、碳化硼、特种陶瓷材料及其制成品等十几个品种。硅硼粉体材料占国际市场的40%，绿碳化硅粉体材料占国际市场的60%，工业制成品占国际市场的15%。

图3　黑龙江省材料产业空间布局

（二）东北材料工业科技特点

1. 东北材料科技力量雄厚，科研系统完善。

东北三省借助早期工业的发展和国家的支持，沉淀了一批优秀的科技资源，积累了较为雄厚的研发力量。

辽宁省目前拥有与材料有关的国家及省属研究机构 21 个，设有材料学科的高等院校近 20 所，如中科院金属所在新型纳米材料、金属功能材料等领域在国际上居于领先地位。沈阳化工研究院、大连理工大学、东北大学等都有很强的材料科研力量；吉林省在新材料领域具有较强的基础与优势，拥有长春汽车材料研究所、吉林大学、中科院长春光机所、长春应化所等科研单位的研究力量，在光电子材料等领域有很好的技术优势；黑龙江省哈尔滨焊接研究所、哈尔滨玻璃钢研究所等都在同行业中处于领先地位，哈尔滨工业大学、哈尔滨工程大学等在军工和民用材料领域都有着重要地位。

东北地区材料产业的主要科技资源，包括研究所、大学、国家重点实验室、工程研究中心等，如表 6 所示。

表 6　　　　　　　　东北地区材料相关科技资源一览表

省份	科研机构总计	中科院系统	工业研究院所	高校	国家重点实验室	国家工程技术研究中心（科技部）	国家工程研究中心（发改委）
辽宁	21	2	6	5	3	2	3
吉林	8	2	2	1	3		
黑龙江	14		8	4	1	1	
合计	43	4	16	10	7	3	3

注：数据截至 2003 年年底。

2. 东北材料科技人才资源丰富，但流失严重。

根据国家 2000 年科技清查数据，东北地区材料产业科技活动人员数达到 50165 人，占全国的 8.43%。辽宁省占整个东北材料产业科技活动人员数的 72%。

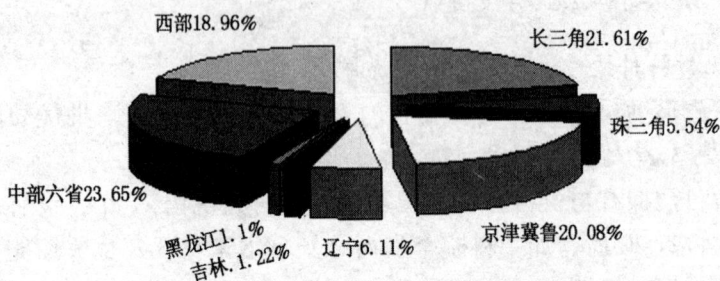

图4　2000年材料产业科技活动人员比较

　　从各主要材料行业来看，东北的石油化工科技人才量已经占到整个材料产业人才资源的相当份额，其中辽宁29.63%，吉林45.99%，黑龙江33.80%。东北地区也有一批优秀的材料学科带头人，主要集中于中科院系统研究所、高等院校等研究机构。

表7　　　　　　　　　材料产业各主要行业科技活动人员数

行　业	辽宁		吉林		黑龙江	
	科技活动人员数	占材料产业比重%	科技活动人员数	占材料产业比重%	科技活动人员数	占材料产业比重%
材料产业	36364	100	7254	100	6547	100
石油加工及炼焦业	1971	5.42	292	4.03	1138	17.38
化学原料制品业	8803	24.21	3044	41.96	1075	16.42
化纤制造	188	0.52	786	10.84	280	4.28
橡胶制品	1766	4.86	107	1.48	501	7.65
非金属矿物制造	5248	14.43	774	10.67	653	9.97
黑色金属冶炼压延	13399	36.86	993	13.69	1056	16.13

　　资料来源：《全国R&D资源清查工业资料汇编》，中国统计出版社，2003年3月。

　　虽然东北材料人才数量高于全国平均水平，但人才效率却低于全国平均水平。人才效率低，其价值不能充分体现，造成报酬和待遇较低，从而导致人才流失相对严重。特别是年轻科技人员大量流向经济发达地区，不利于东北地区材料产业的持续发展。东北地区科技活动人员近年来增长缓慢，最核心的研发机构人员已出现持续负增长的情况。

另一个问题是人才配置不合理，高素质的人才多集中在机关和事业单位，如吉林省专业技术人员 74.31% 在事业单位，只有 25.69% 在企业，高学历人才远离生产一线，不能充分发挥作用的问题十分突出。

3. 材料领域科技水平居全国领先地位。

东北材料科研机构较多，其中有一些科研水平比较突出，在全国占有重要地位。在东北新材料产业的发展方面，这些研究机构提供了强大的技术支撑，形成了一批有竞争力的新材料企业。

表8　　　　　　　　　　　　新材料研究优势领域分布

	主要研发机构	优势领域
辽宁	中科院金属所、大连化学物理研究所、东北大学、大连理工、沈阳工大	新型纳米材料、金属功能材料等领域在国际占据一席之地
吉林	中科院长春光机所、长春应化所、吉林大学、长春汽车材料研究所	光电子材料、新型化工材料在国内技术领先
黑龙江	哈尔滨焊接研究所、哈尔滨玻璃钢研究所、哈尔滨工业大学、哈尔滨工程大学、黑龙江省石油化学研究院	在军工和民用材料领域都占据着重要地位

4. 科研机构成果的当地转化率低，科技对产业支撑不够。

东北地区科技资源丰富，与材料科研开发有关的科研院所及高校众多，每年都有大量研究成果产生，科研水平在全国都占有重要地位。但众多院所的科研成果在东北地区的转化比率较低，如长春应用化学所仅有 20% 的科研成果在东北三省转化，金属研究所、沈阳化工研究院等研究成果也主要在长三角及珠三角一带企业进行产业转化。整个东北工业技术成果的成交额为 53.16 万元每万人，不到全国平均水平的一半，说明东北地区在技术成果转化方面还存在严重障碍。

从材料工业来看，影响成果转化的主要障碍是缺乏成果中试基地、缺少科技中介机构等相应成果转化服务环节。

5. 企业的科技创新能力弱，以企业为中心的创新体系尚不完善。

从科研院所与企业的产学研结合程度、企业的科技创新能力、R&D 投入水平、科技创新环境等来看，东北地区的科技创新体系还很不完善，应该大力加强科技创新体系的建设。

据 2000 年国家科技资源清查数据显示，东北地区的 R&D 项目经费投入与各大区相比排名第四位，仅相当于广东一省的投入水平。相对于东北地区材料工业的规模来说，其科研经费的投入是相当低的，对材料工业科技进步的支持达不到材料工业的需求，直接影响了东北材料企业的创新能力。

从创新体系的主体来看，企业在创新中的作用逐渐增强，但东北材料企业由于效益和体制原因，造成研发资金少、企业创新内在动力不足等现象，企业还未成为创新主体。创新能力相对较强的大中型企业技术开发经费占其销售额的比例在 1.5% 以下，而发达国家的大公司一般都在 5% 左右，高技术公司甚至达到 15% ~ 20%，对比之下，东北企业还具有相当大的差距，自主研发能力明显不足。

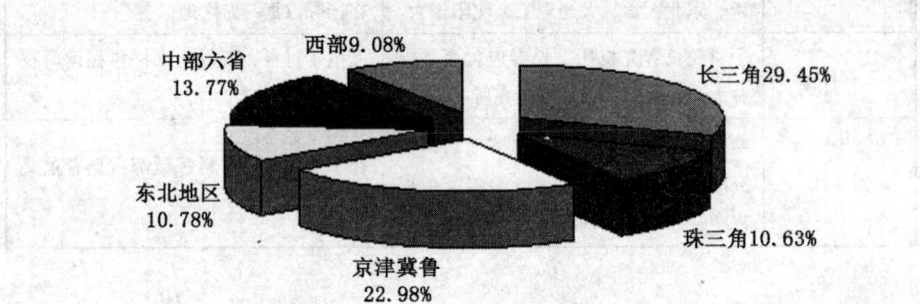

图5　2000 年我国各地区主要材料产业 2000 年 R&D 项目经费分布

表9　　　　　　　　　　　2000 年材料产业项目经费比较

省　区	R&D 经费（万元）	占制造业 R&D 项目经费（%）
全国	1875708	53.67
东北	107756	40.91
辽宁	78080	46.06
吉林	19619	46.25
黑龙江	10057	19.54

资料来源：《全国 R&D 资源清查工业资料汇编》，中国统计出版社，2003 年 5 月。

（三）东北材料产业及科技发展分析

根据我国近期对材料工业和科技发展的需求及东北材料工业及科技的特点，结合当今材料产业发展的环境和趋势，应该说东北材料产业及科技发展具有一定的优势并面临着良好的发展机遇，同时自身也存在着一些不足并面对着较强的竞争威胁。

1. 发展优势。

东北材料产业及科技的发展优势主要体现在东北有非常雄厚的材料产业基础，材料资源丰富，经过多年发展形成了完整的产业和科研体系。

作为东北材料产业主体的化工和冶金行业在全国具有重要地位，并且自然资源丰富，能源、水资源、土地资源等方面都具有优势。东北一直是我国原油产量最高的地区，从原油开采、炼油、乙烯、原料到化工产品形成较完整产业链，8家企业排全国化工行业前20位；鞍山地区已探明铁矿石储量约占全国储量的1/4，鞍钢、本钢分别排在钢铁行业第3、4位，鞍钢集团在世界钢铁企业10强中的处于第8位。

东北的材料科研体系完善，有众多在全国具有重要地位的科研院所和大学，大型企业的技术中心也有很强的研发能力。东北人口素质较高，平均教育水平处于全国前列，材料类科技人才拥有率也高于全国水平。

2. 发展劣势。

东北材料产业及科技的发展劣势在于，体制改革滞后，产业结构不合理，对资源的依赖性较大，高附加值的深加工产品和新材料产品较少，造成企业效益差，自身积累发展不够。

国有企业改制滞后、人的观念落后等都阻碍了东北材料产业的发展。东北地区在材料科研方面的优势没有充分转化为当地的产业优势，存在科研成果转化环节障碍。东北材料企业人才流失严重，特别是创新能力相对较强的大型国有企业或研究所，由于机制原因人才流失尤为严重。民营企业发展不够，中小型民营材料企业融资渠道匮乏，银行信贷手续烦琐、缺少风险基金等严重制约了企业科技和产业发展的投入。

3. 发展机遇。

"十六大"报告提出振兴东北老工业基地为东北材料工业提供了非常难得的发展机遇。我国经济持续高速发展，正处于工业化的阶段，基础设施投资巨大，材料行业面临着巨大需求。东北地区材料产业的主体行业化工和冶金需求旺盛，发展速度一直保持较高增长，为东北材料发展提供了一个良好氛围。

随着全球经济一体化的发展，全球产业正在进行重新分工，国际产业资本向我国转移已经明显呈现出由轻变重的趋势。发达国家会逐步将材料等资源、能源消耗性产业向发展中国家转移。东北完全可以凭借本身材料工业基础和资源优势，承接产业转移来提升材料产业的技术水平和竞争力。随着我国向重化工业阶段的发展，大型成套设备、工业基础原材料的需求将大大增加，对东北材料产业将是一个良好机遇。

东北具有与俄罗斯、韩国、日本等进行国际合作的区位优势，这些国家在材料方面都有各自的优势领域，通过技术交流或资金引进可以较快地提高东北材料产业的产品竞争力。

4. 面临威胁。

东北材料产业的整体竞争力在全国的地位正在下滑，并有几大因素会促使这种趋势的发展。东北材料企业的技术装备普遍较为落后，有些在全国处于重要地位的大型企业其装备还处于 20 世纪五六十年代的水平，并且由于人才及科研成果的大量外流极大地降低了企业的自主创新能力，东北材料产业所具有的优势会逐步减弱。

东北材料企业持续的低效益运行，使其自身积累严重不足，缺乏进一步发展的资金。东北的技术及资本交易环境较差，对外来资本吸引力不强，也严重影响了企业发展速度，与珠三角、长三角等区域相比，差距还有进一步拉大的可能。

资源丰富是东北材料产业优势之一，但对自然资源的过度依赖也会带来巨大风险，部分资源枯竭导致的消极后果在东北已经出现。随着资源进一步的消耗，如何对待资源枯竭也是材料产业不能回避的问题。

东北以国有为主的材料企业正处于改制过程中，产业转型的成本和后果目前也难以预料，如何控制风险也是材料发展面对的一大挑战。

总体来说，东北材料产业的优势、劣势、机遇、威胁如下：

优　势	劣　势
产业基础雄厚 部分产业和产品战略地位不可替代 国家大型重点企业多，发展稳定 研究机构较多，科研实力强 资源、能源优势，发展潜力大 人才素质高	产业结构不合理 技术和装备水平落后 融资渠道匮乏 企业创新发展能力不强 科技成果当地转化率低，人才流失严重 缺乏区域科技和产业合作
机遇	威胁
我国国民经济持续发展，国家工程、国家基础 建设需要大量装备和材料 面临国际及国内产业转移良机 国家对东北发展重视，可争取政策和资金支持 东北装备业的发展对材料的需求 与俄罗斯、韩国、日本等进行国际合作具有区 位优势	沿海地区对本地科技资源的争夺 面对国内外产业的激烈竞争 全国制造业基地南移降低了东北地区对资金和 技术的吸引力 面临资源枯竭威胁 存在材料产业体制转型成本和风险

四、东北重点材料工业及科技
发展特点和问题

（一）石化行业

1. 产业及科技发展特点。

（1）基本概况。石化工业在东北三省均属主导产业，并在国内占据重
要地位。2003 年，三省石化工业规模以上企业为 1471 家，销售工业产值
2415.97 亿元，工业增加值 497.06 亿元，分别占三省工业的 12.58%、
21.1% 和 12.77%。东北已形成门类比较齐全、配套性较强的完整石油化工

产业体系，其产品广泛应用于国民经济的各个领域，对国民经济起到了强大的拉动和支撑作用。其中，原油加工量、汽油、柴油、燃料油等主要石化产品的产能均占全国总产量的 25% 以上。

表 10　　　　　　　　　　　2003 年东北石化行业概况

	规模以上企业数及占全省比例		工业增加值及占全省比例		销售工业产值及占全省比例		
	数量（家）	比例（%）	增加值（亿元）	比例（%）	产值（亿元）	比例（%）	全国位次
辽宁	918	13.42	278.7	16.24	1500.59	25.03	5
吉林	241	10.55	96.6	11.86	369.28	14.21	17
黑龙江	312	12.15	121.76	8.93	546.1	19.13	12
东北地区	1471	12.58	497.06	12.77	2415.97	21.10	

注：所统计石化行业包括国家统计局分类中的石油加工及炼焦业、化学原料及化学制品制造业、化学纤维制造业、橡胶制品业、塑料制品业共 5 个大类。

表 11　　　　　　　　　2003 年东北部分石化产品产量　　　　　　单位：万吨

	原油加工量	汽油	柴油	燃料油	塑料树脂	合成橡胶	焦炭	化学纤维	塑料制品
辽宁	4446.48	823.04	1567.72	338.28	119.08	2.44	923.01	26.74	86.83
吉林	767.15	172.93	290.52	47.42	51.33	12.99	177.76	18.68	7.28
黑龙江	1456.49	395.43	596.76	63.97	82.51	5.22	298.96	20.88	9.14
三省合计	6670.12	1391.4	2455	449.67	252.92	20.65	1399.73	66.3	103.25
占全国比重（%）	27.5	29.04	28.77	22.43	15.31	15.32	7.87	5.61	6.26

资料来源：2003 年工业统计年报（地区篇），国家统计局。

（2）主要优势。

①资源优势。东北拥有发展石化工业所需的丰富自然资源，煤、石油、天然气、油页岩、化学矿、海盐等品种齐全。油气资源包括大庆油田、全国第三大的辽河油田和渤海海上油田。其中大庆油田原油年产量在 3000 万吨以上，辽河油田年产量在 1000 万吨以上，可稳定开采 20 年；我国已探明

油页岩储量 316 亿吨，只有抚顺的油页岩得到工业性开发利用，年生产能力已达 10 万吨；化学矿中硼矿资源占全国总量的 80%。

另外，东北拥有全国第一的原油加工能力和加工量，为石化下游深加工和精细化工发展提供了充足的原料支持。

② 产业优势。第一，产能较大，在国内起着不可替代的作用。东北三省的原油加工量、汽油、柴油、燃料油等主要石化产品的产能均占全国总产量的 25% 以上，其中汽油、柴油接近 1/3，对我国国民经济发挥着不可替代的作用。以单套石化装置的产能为例，东北石化企业居全国第一位的有：大连石化 350 万吨/年重油催化裂化装置；吉林石化 14 万吨/年丁二烯装置以及 ABS、乙二醇、苯胺、丁辛醇、醋酸、醋酐、苯乙烯、乙醇、乙丙橡胶 9 套装置；中石油抚顺石化分公司的石蜡产量和出口量均居全国第一位，并为亚洲最大的合成洗涤剂原料基地，约占全国 48% 的市场。第二，基础雄厚，已成为东北三省的主导产业。东北三省的石化产业规模较大，销售工业产值占全部工业的 21%，工业增加值约占 13%，已发展成为东北三省的主导产业之一。第三，品种齐全，已形成较完整的石化产业链。东北三省石化工业产品品种齐全，品种达 200 余种，目前已形成了石油化工、有机化工、精细化工一体化的深加工产业链，主要产业链有：乙烯深加工产业链——乙烯下游产品主要有乙二醇、苯乙烯、聚苯乙烯、醋酸乙烯、聚乙烯醇、树脂（PVC、PVB）、聚萘二甲酸、乙二醇脂等；丙烯深加工产业链——丙烯下游产品主要有高吸水树脂、环氧树脂、丙烯醋酸、苯酚丙酮、双酚 A、聚碳酸酯、环氧丙烷、二醇醚、涂料等；C_4 深加工产业链——乙烯下游产品主要有 ABS、甲基丙烯酸甲酯、聚甲基丙烯酸甲酯、丁二醇、聚四氢呋喃、氨纶、聚对苯二甲酸丁二醇酯、丁基橡胶等；C_5 深加工产业链——C_5 深加工产品主要有氢化石油树脂、共聚石油树脂（DCPD）、环戊烷、异戊二烯及环戊二烯、聚异戊二烯（TPI）等；天然气化工产业链——下游产品主要有甲醇、醋酸乙烯、醋酸脂、甲醛、聚甲醛、酚醛树脂、甲醇蛋白、氢氰酸、己内酰胺、二甲醚、PVC 树脂等；聚烯烃后加工产业链——终端产品主要有聚乙烯管材及双壁波纹管、钢骨架聚乙烯复合管、聚丙烯透明片材、无纺布、双向拉伸聚丙烯、改性塑料等。第四，布局合理，已形成一批大石化产业基地和大型骨干企业。东北三省经过几十年的发展，在产业布局上形成了以大庆、吉林、抚顺、大连、锦州、锦西、辽阳等一批大石化产业基地和以抚顺石化、大庆石化、吉林石化、大连石化、

大连西太平洋、大庆炼化等17家（进入中国化工100强）重点骨干企业。

表12　　　　　　　　　　东北石化四大龙头企业一览表

企业名称	2003年销售收入（亿元）	主导产品生产能力（万吨/年）	产品情况	备注
中石油抚顺石化分公司	180.6	①原油加工920 ②酮苯脱蜡80 ③乙烯14 ④洗涤剂14.4 ⑤腈纶5	生产100多种400多个牌号，主导产品为汽油、柴油、润滑油、石蜡、催化剂、乙烯、聚乙烯、苯乙烯、脂肪酸、洗涤剂醇、烷基苯、甲乙酮等	石蜡产量和出口量均居全国第一位；亚洲最大的合成洗涤剂原料基地，约占全国48%的市场
中石油大庆石化分公司	142.9	①原油加工600 ②乙烯60 ③聚乙烯36 ④腈纶纤维6	生产60余种160余个牌号的石化产品，主导产品为汽油、柴油、燃料油、乙烯、聚乙烯、腈纶纤维、塑料树脂及共聚物、塑料制品等	
中石油吉林石化分公司	133.8	①原油加工530 ②乙烯53 ③丁二烯14 ④化工总产能465	生产115种石化产品，其中主导产品13种（汽油、柴油、燃料油、乙烯、塑料树脂及共聚物、合成橡胶、化学纤维、合成洗涤剂等）	丁二烯、ABS、乙二醇、苯胺、丁辛醇、醋酸、醋酐、苯乙烯、乙醇、乙丙橡胶装置居全国第一位
中石油大连石化分公司	131.9	①原油加工730	生产200多种石化产品，其中主导产品有汽油、柴油、煤油、润滑油、石蜡、苯类、聚丙烯、细旦纤维等	单套350万吨重油催化裂化装置为国内最大

表 13   2003 年东北进入中国 100 强的 17 家化工企业

名次	企业名称	销售收入（亿元）	名次	企业名称	销售收入（亿元）
5	中石油抚顺石化分公司	180.6	30	中国哈药集团公司	68.7
9	中石油大庆石化分公司	142.9	47	中石油哈尔滨石化分公司	43.8
11	中石油吉林石化分公司	133.8	52	中石油辽河石化分公司	41.3
12	中石油大连石化分公司	131.9	73	辽宁华锦化工集团公司	28.2
15	大连西太平洋公司	124.5	75	大连化工集团公司	26.7
17	中石油大庆炼化分公司	107.6	93	中国石油抚顺石油化工公司	20
18	中石油锦州石化分公司	90.2	95	吉林化纤集团公司	19
19	中石油锦西石化分公司	83.6	98	黑龙江省龙涤集团公司	17.5
22	中石油辽阳石化分公司	79.7			

③技术优势。东北三省在石化行业的科研力量雄厚，具有较强的技术优势。主要科研院校有大连理工大学（设精细化工国家重点实验室），中科院大连化物所（设催化剂技术国家重点实验室），沈阳化工研究院（设国家农药工程技术中心和国家染料工程技术中心），吉林大学（设无机与制备化学国家重点实验室和特种工程塑料教育部重点实验室等），中科院长春应用化学研究所（设高分子物理与化学国家重点实验室和电分析化学国家重点实验室），哈尔滨玻璃钢研究所（设国家树脂基复合材料工程技术中心），黑龙江省石油化学研究院等十余个单位。

石化行业的科研成果与转化取得了较好的成效，如沈阳化工研究院自行开发的双乙烯酮产品技术达到国际先进水平，其技术成果及工程设计已打入国际市场；吉林大学研制开发的聚芳醚砜树脂、聚醚醚酮树脂合成技术成果得到国家发改委产业化示范工程支持，建成了 500 吨/年聚醚醚酮树脂生产线；长春应化所以高分子化学与物理、稀土化学与物理和电分析化学方面的研究成果和学科优势为基础，发挥其综合集成特点，重点发展高分子材料和稀土材料，为我国传统高分子支柱产业（通用塑料和橡胶）的技术改造与提升以及新型高分子材料的开发与产业化作出了重要的创新贡献；黑龙江大龙生态肥有限公司与华东理工大、清华、黑龙江大学等科研院所合作，共同研制开发并建成的 20 万吨/年生物菌剂和 30 万吨/年生物有机肥大型生产装置，其产品各项指标均高于国家标准，属国内领先技术。

除自行研发外，东北三省还从国外引进了一批具有国际水平的石化工艺技术和生产设备，包括原油二次加工技术、鲁姆斯 SRT 法制乙烯、氧氯化法制氯乙烯、离子膜法烧碱、子午线轮胎等，这些技术和装备的成功引进及消化创新，提高了行业装备水平，并培养了一批技术人才。

2. 产业及科技发展存在的问题。

（1）国有经济比重过高，固定资产老化严重，整体竞争力下降。东北石化行业国有资本比例普遍高于全国平均水平，如吉林省目前国有及国有控股工业企业拥有资产约占规模以上工业的86%，黑龙江省2002年国有及国有控股企业约占全省工业增加值的87%，国有经济比重过高，企业历史包袱沉重。而且重工业比重占74.6%，高新技术产业仅占6.5%，全省工业企业工艺装备水平相当于20世纪90年代的只有15%，属于七八十年代水平的为60%，还有15%属于五六十年代的水平，整体竞争力不高。从东北地区石化行业固定资产新度变化可以看出，东北石化行业的固定资产新度在逐步下降，尤其是该行业中的化学原料及化学制品制造业、石油加工及炼焦业两大主导产业的固定资产新度下降更为明显，说明该行业投资额度与产业规模不相匹配，投资力度严重不足。

表14　　　　东北地区石化行业固定资产新度变化（1998~2001年）

	固定资产新度			2001年各行业工业总产值占地区工业总产值百分比（%）
	1998年	2001年	2001年/1998年	
化学原料及化学制品制造业	73.47	68.38	0.9307	6.33
石油加工及炼焦业	62.51	59.84	0.9573	13.22
橡胶制品业	71.53	70.07	0.9796	0.7
塑料制品业	75.9	78.72	1.0372	1.25
化学纤维制造业	57.2	72.61	1.2694	0.69

资料来源：《中国工业发展报告》（2003），经济管理出版社，2004年。

（2）产品结构性矛盾突出，面临较大危机与挑战。石化工业是东北的重要支柱产业，虽然在资源及规模上有一定优势，但是普遍产品结构单一，多为原料性、通用性的低端产品，高、精、尖、特产品较少。根据我国政府承诺，加入WTO后，各类石化产品的进口配额限制将逐步取消，其中

70%的产品税率将降低，20%的产品平均关税税率下降至5.5%～6.3%。这势必对我国长期处于单一计划经济体制的东北石化产业产生较大的冲击。如果不能改变产品的结构性矛盾、技术水平落后、技术储备不足、生产规模偏低等制约因素，东北石化产业将很难适应全球化的市场竞争。

以石化行业第一大省的辽宁为例，该省的化工精细化率低于全国平均水平，"两头在辽"现象明显。2003年，全国化工精细化率约40%，而辽宁省只有27.7%，低于全国平均水平12.3个百分点，比精细化工发展快的浙江省低30多个百分点。辽宁省硼资源丰富，但多年来始终生产硼砂、硼酸等低附加值的原料型产品，而用于军工、航天、电子信息等高科技领域的硼粉、硼化钙、碳化硼等硼系列精细化工产品却很少；烷基苯产量约占全国的一半，脂肪醇的生产能力也很大，但辽宁省只部分加工到烷基苯磺酸或脂肪醇聚氧乙烯醚，洗涤剂等各种下游精细化工产品则由外省品牌所占领，形成了原料在辽宁，精细化工产品再销售到辽宁的"两头在辽"的状况。

（3）炼油化工一体化深度和广度不够，"油头大、化身小"矛盾突出。虽然东北原油加工量占全国总量的1/4以上，居全国第一位，但是以石油为源头的石化深加工产业规模与之并不匹配，如合成橡胶、塑料树脂及共聚物只分别占全国总量的15%左右，化学纤维和塑料制品仅分别占5%～6%。以辽宁为例，2003年全省原油加工量4446.48万吨，居全国第1位，但下游的石化产品位次靠后，如乙烯居全国第8位，合成树脂及共聚物居第6位，合成橡胶居第11位，合纤单体居第9位，产品链短可见一斑。另外，具有整体牵动作用的乙烯产品的生产规模较小，2003年全省三家企业三套装置总产能只有44万吨/年，还不到当今世界乙烯单套装置的平均规模（约50万吨/年）。

（4）企业创新能力较为低下。除部分大型企业集团外，企业普遍技术力量薄弱，创新能力不强，还远未成为创新的主体。主要表现为：一是高精尖技术及装备主要靠从国外引进，许多关键技术尚未突破，明显缺乏具有自主知识产权的核心技术；二是对引进技术的消化吸收及再次创新不够，大中型企业引进技术经费支出与对引进技术消化吸收经费支出之比高达60%以上；三是企业研发投入过低，大中型企业技术开发经费占其销售额的比例在1.5%以下，与发达国家大公司一般都在5%左右，高技术公司甚至达到15%～20%相比，具有相当大的差距；四是自主研发能力明显不足；

五是科技人才流失严重，特别是大中型企业高级人才严重短缺。创新能力不足直接导致产业竞争力的低下，随着全球化进程的加快，东北石化工业将面临日益严峻的挑战。

（二）冶金行业

1. 产业及科技发展特点。

（1）基本概况。

①钢铁工业。钢铁工业在东北三省工业中所占的地位不尽相同，辽宁为钢铁大省，是其仅次于石化的第二大主导行业，而吉林和黑龙江的钢铁行业规模较小。2003 年，东北三省黑色金属冶炼及压延加工业规模以上企业为 372 家，销售工业产值 1060 亿元，工业增加值 304 亿元，分别占三省工业的 3.18%、9.26% 和 7.81%。黑色金属冶炼及压延加工业是辽宁省支柱产业，有 300 家多企业，销售工业产值和工业增加值占全省工业总量的15% 左右，形成了包括矿山、冶炼及加工门类比较齐全、配套性较强的完整钢铁工业体系，钢铁产品广泛应用于国民经济的各个领域，对我国国民经济的发展具有重要作用。

表 15　　　　　　2003 年东北黑色金属冶炼及压延加工业行业状况表

	规模以上企业数及占全省比例		工业增加值及占全省比例		销售工业产值及占全省比例		
	数量（家）	比例（%）	增加值（亿元）	比例（%）	产值（亿元）	比例（%）	全国位次
辽宁	300	4.38	254.89	14.85	890.3	14.85	3
吉林	35	1.53	35.74	4.39	115.6	4.45	20
黑龙江	37	1.44	13.44	0.99	54.49	1.91	27
东北地区	372	3.18	304.07	7.81	1060.39	9.26	

资料来源：2003 年工业统计年报（地区篇），国家统计局。

表16　　　　　　　　　　2003年东北部分钢铁产品产量　　　　　　　单位：万吨

	钢	成品钢材	主要钢材品种			
			薄钢板	优质型钢	普通中型钢	线材
辽宁	2227.77	2359.35	510.97	146.48	92.14	155.82
吉林	381.62	369.05	5.0	38.41	30.64	77.91
黑龙江	165.69	141.43		3.94	0.02	
三省合计	2775.08	2869.83	515.97	188.83	122.8	233.73
占全国比重（%）	12.48	11.9	21.53	13.71	16.83	5.8

资料来源：2003年工业统计年报（地区篇），国家统计局。

辽宁省：钢铁工业是辽宁省的支柱产业之一，2003年钢产量仅次于河北居全国第二位，成品钢材产量仅次于河北、江苏而居第三位。目前全省共有钢铁企业200余户，其中大型钢铁企业有鞍钢、本钢、东北特钢、北台、凌钢、新抚钢六家企业，其生产规模占全行业的96.6%。2003年全省实现钢产量2227.77万吨。其中，热轧板生产能力1375万吨，冷轧板生产能力260万吨，镀锌板生产能力70万吨，均排在全国第二位。特钢生产能力180万吨，全国排名第三位。

吉林省、黑龙江省：吉林和黑龙江的钢铁行业规模较小。吉林省钢铁企业主要有通化钢铁集团有限公司，是吉林省最大的国有企业和唯一的大型钢铁联合企业，2002年通钢钢产量达到209万吨。黑龙江省现有钢铁企业20余家，以北钢集团有限责任公司、西林钢铁公司为主。西林钢铁公司是黑龙江省唯一具有从矿山到轧材全部冶金生产工序的钢铁联合企业，是龙江建筑钢材的生产基地，年生产能力50万吨钢。北钢集团有限公司2004年与辽宁特钢共同联合组建东北特钢集团。

②有色金属工业。东北地区有色金属工业主要有铝、镁、铜、铅、锌等，以黑龙江省的东北轻合金有限责任有限公司和辽宁省的葫芦岛有色金属集团、抚顺铝厂等为主。有色金属工业产值占各省工业总产值份额较少，在全国排名也较为靠后，未成为支柱产业。但有部分代表企业在全国占有重要地位，某些产品具有较强的竞争优势。

表17　　　　　　　　2003年东北有色金属冶炼及压延加工业行业状况

	规模以上企业数		工业增加值		工业销售产值		
	数量	占全省比例	亿元	占全省比例	亿元	占全省比例	全国位次
辽宁	161	2.35	48.88	2.85	158.33	2.64	9
吉林	26	1.14	4.26	0.52	18.68	0.72	27
黑龙江	8	0.31	2.32	0.17	12.62	0.44	29
东北地区	195	1.67	55.46	1.42	189.63	1.66	

资料来源：2003年工业统计年报（地区篇），国家统计局。

辽宁省：有色金属工业已形成地质勘探、矿山、冶炼、加工、机械制造和科研设计等门类齐全的工业体系。主要企业有抚顺铝厂和葫芦岛有色金属集团有限公司。抚顺铝厂是中国第一家轻、稀金属综合性大型冶炼加工企业，中国第一包铝水、第一块镁锭、第一炉工业硅、第一吨海绵钛都是抚顺铝厂生产出来的。抚顺铝厂年生产能力为铝11万吨、海绵钛800吨、铝合金7.5万吨、铝型材1.5万吨、铝卷板1万吨、铝轮毂50万件、铝导杆1万吨，主导产品铝、镁、硅、钛都是国家级优质产品，2003年铝产量居全国第九位；葫芦岛有色金属集团公司是全国500家特大型工业企业之一，是国家512家重点扶持的企业之一。葫芦岛有色金属集团有限公司是集有色金属冶炼、加工、化工产品生产和对外投资、贸易于一体的国家特大型企业，公司资产总值83.2亿元，主要产品生产能力：精锌20万吨，电解锌13万吨，标准阴极铜10万吨，2003年锌产量居全国第二位。

黑龙江省：有色金属工业企业主要有东北轻合金有限公司，该企业是我国最大的铝加工基地、中国第一家铝镁合金加工企业，累计为国家提供铝镁材料170万吨，多种产品填补国内空白，部分产品达到国际先进水平，为我国航天、航空、兵器、船舶及核工业提供了大量的军用、民用铝材，被誉为"祖国银色支柱"。

吉林省：有色金属工业企业均为中小企业，主要产品有镁合金、铝合金等。目前，该行业处于发展初级阶段，产业规模较小。

（2）发展钢铁工业的主要优势。

①环境优势。党的"十六大"报告提出振兴东北地区老工业基地的战略决策，并在中办103号文件中着重提出要建设中国北方钢材精品基地，为

东北钢铁工业发展和振兴提供了极好的历史机遇。辽宁省委、省政府提出的建设"两大基地"的战略，确定了钢铁工业在全省的重要地位。国家宏观调控政策由于提高了钢铁市场的准入门槛，限制了落后的生产力，对鞍钢、本钢等大型钢铁企业的先进生产力是一种保护。而且所规划的大型钢铁企业的发展都是在结构调整中发展总量，符合产业政策，应该并能够得到国家的大力支持。

②产业优势。东北钢铁工业生产与科研力量主要集中在辽宁，形成了以鞍钢、本钢为核心的两大龙头企业。从钢铁工业体系上看，从原料、冶金到加工成龙配套体系较为完整，且产业布局比较合理，实现了资源有效配置，具有一定的竞争力；从规模方面来看，钢铁产业集中度相对较高，便于做优做强；从人力资源方面看，辽宁省冶金类大专院校、科研院所以及企业研发队伍的实力在全国位居前列，如东北大学设有轧制技术及连轧自动化国家重点实验室，中科院沈阳金属研究所设有材料疲劳与断裂国家重点实验室、金属腐蚀与防护国家工程技术中心、高性能均质合金国家工程中心；从融资方面看，辽宁省钢铁行业有 5 家上市公司，融资能力较强，可为企业技改和新上项目提供强有力的资金支持。

从"九五"后两年开始，东北钢铁工业进入了结构调整时期，工艺装备结构、产品结构调整步伐加快，技术经济指标得到进一步改善，产业优势逐步显现。

第一，工艺装备水平有较大提高。通过技术改造，一批具有国际水平的先进生产线建成或即将建成投产，标志性项目有鞍钢的新 1#高炉、1780mm 热连轧机组、ASP 中薄板坯连铸连轧、冷轧联合机组改造镀锌及彩涂生产线；本钢的 2600 立方米高炉、板坯连铸工程、1700mm 热连轧改造、冷轧及镀锌板生产线；抚钢的合金钢棒材连轧生产线、模具扁钢生产线；大钢的合金钢棒线材连轧工程；通钢 65 吨康斯迪电炉生产线和热轧超薄带钢生产线等。这些项目的建成投产，初步改变了东北钢铁骨干企业设备陈旧的面貌，为东北钢铁工业抢抓住机遇、谋求进一步发展奠定了基础。

第二，品种结构调整取得一定成效。通过调整改造，东北钢铁工业的板带比已达 59%，高于全国平均水平 21 个百分点，接近世界先进产钢国的水平。国民经济急需的一些钢材品种，如集装箱板、石油管线用钢、镀锌板、造船板、重轨、轻轨、普通线材等在国内市场均占有一定的份额。鞍钢的集装箱板市场占有率已经超过宝钢，在全国领先。

第三，技术经济指标明显改善。2003 年与 1995 年相比，钢铁重点企业高炉利用系数为 2.2 吨铁/（立方米·天），增长了 26%；转炉炉龄为 9628 炉，增加了十几倍；连铸比为 93%，增长了 72 个百分点，普钢已实现了全连铸；吨钢综合能耗为 0.921 吨标准煤/吨钢，降低了 0.597 吨标准煤/吨钢；横列式轧机全部淘汰，小型材和线材连轧比为 100%。

第四，产业布局日趋合理，资产重组开始新尝试。与全国几个产钢大省相比，辽宁钢铁产业集中度比较高。2003 年，辽宁年产钢 50 万吨以上的 8 家企业实际产量占全省钢产量的 98%。2001 年，抚钢、大钢合并组建辽宁特钢集团，实现资源合理配置、产品专业化分工，开创了辽宁省钢铁企业跨地区联合重组的先河。2003 年，又实现了东北地区内特殊钢企业的联合重组（辽宁特钢集团与黑龙江北满钢铁集团），组建了东北特钢集团，对东北钢铁企业组织结构向更深层次重组进行了有益的探索。

第五，鞍钢、本钢在钢铁工业中起着举足轻重的作用。鞍钢、本钢是我国钢铁工业两大龙头骨干企业，钢产量已连续三年居全国第二位、第五位。鞍钢 2003 年的钢、铁产量双双超过千万吨，首次进入世界钢铁企业十强，排名第九位，2004 年，鞍钢再度跻身世界钢铁企业十强，排名第八位。目前，辽宁正着力推进鞍钢、本钢重组，组建年产钢 3000 万吨级的中国钢铁"航母"。重组成功后，联合企业的钢产量将占辽宁及东北地区钢产量的 2/3 以上，占全国总产量的 10% 以上，在我国钢铁工业发展中将会具有举足轻重的作用。

③良好的资源和基础设施条件。良好的资源和基础设施条件为钢铁工业的发展提供了有力的支撑。鞍山、本溪地区已探明铁矿石储量 80 亿吨，占全国已探明总储量的 1/4 左右，按 2010 年规划钢产量 5000 万吨计，不考虑进口矿石，可供开采 50 年，是目前国内铁矿石资源保证程度最高的地区。目前，钢铁企业用进口矿比自产矿吨钢成本高出 400 元左右，因此鞍钢、本钢等有矿山的企业将会保持资源和成本上的竞争优势。另外，辽宁基础设施比较完善，海运、铁路、公路运输体系齐全，尤其是大连 30 万吨、营口 20 万吨级矿石码头即将建成，还有锦州、丹东、葫芦岛港做补充，铁路、公路运距相对较短，完全可以满足钢铁工业大进大出的需要。

2. 产业及科技发展存在问题。

近年来，虽然东北地区钢铁工业取得了长足的进步，但是与国际和国内大企业集团以及钢铁产业发展的趋势要求相比，还存在以下几个主要问题：

（1）落后的工艺技术和装备还占有相当比重。除鞍钢、本钢、通钢近几年改造和新建的炼钢、连铸、热连轧生产设备具有当代国际先进水平之外，其余地方钢铁企业普遍存在设备能力小、工艺装备配套性较差、限制环节较多等问题。以辽宁为例，2003 年，全省重点钢铁企业有高炉 36 座，按容量计算，1000 立方米以上的只有 9 座，全部集中在鞍钢、本钢；重点钢铁企业有电炉 20 座，平均仅 22.5 吨左右，其中 10 吨电炉 8 座，占 40%，除具有国际水平的抚顺特钢 50 吨超高功率电炉外，其余均是普通功率的小电炉；另外，目前在建和拟建项目中属国家限制类甚至禁止类目录的仍有相当大的比例，仅高炉就有 21 座，转炉 10 座。尤其是民营企业受资金、技术等因素的制约，仍在上马一些低水平且不具经济规模的钢铁项目。

（2）产品开发相对滞后，部分高附加值、市场紧缺品种生产能力不足。装备水平的不断提高为产品开发创造了条件，但由于技术储备不足、产品开发能力不强，目前东北钢材仍以低端产品为主，新产品开发相对滞后。一些技术含量高、附加值高、市场急需的品种，如汽车面板、高档家电板、造船用高强度厚板、冷轧硅钢、长距离输油管线用高强钢板等，均不能生产或批量太小而不能形成规模经济。

（3）能耗高、劳动生产率低，资源综合利用率有待提高。在能耗方面，辽宁省吨钢综合能耗比世界先进水平高出 20%～30%，主要原因是铁钢比高，高炉余压发电、干熄焦等大型有效的节能环保措施还没有普及，高炉、转炉煤气等余能余热回收利用率低。在水耗方面，吨钢耗新水是国际甚至国内先进水平的 2～3 倍。此外，在污染物排放总量控制、固体废渣综合利用等方面，与国际和国内先进水平相比，也有较大差距。目前，世界主要产钢国实物劳动生产率，美国为 541 吨钢/（人·年）、韩国为 662 吨钢/（人·年），而辽宁钢铁主业劳动生产率仅为 100 吨钢/（人·年）。

（4）除鞍钢、本钢、通钢外，普遍缺乏核心竞争力，市场竞争力不强。过去，钢铁企业上新项目、搞技改，其核心技术多以引进为主，忽视技术创新，不掌握或很少掌握具有自主知识产权的专有技术，严重影响钢铁行业整体技术水平的提高，企业竞争力不强，难以实现跨越式发展。

（5）制约钢铁工业持续发展的制约因素明显显现。全国钢铁工业的快速发展，原燃材料及外部条件开始紧张，有的已经成为"瓶颈"问题。自 2003 年下半年以来，铁矿石、焦炭、焦煤价格持续上涨并振荡，海运、陆路交通运输突出紧张，对大进大出的钢铁产业造成很大影响，预计这些制约因素不但短时期内得不到缓解，而且随着全国钢铁产能的增加，制约程度会加剧。尤其是辽宁省焦煤资源少，钢铁企业用焦煤主要来自山西和黑龙江，随着全国性焦煤、焦炭资源紧缺，加上铁路运力的制约，本省钢铁企业用焦煤将成为长期难以解决的问题。

（三）新材料产业

1. 产业及科技发展特点。

（1）新材料产业初具规模，在高新技术产业中占有重要地位。依托东北材料产业雄厚的基础科研力量，东北新材料产业发展较快，在一些领域已经具备了一定的规模，如化工新型材料、无机非金属新材料、金属新材料、汽车材料、光电子材料、能源材料、纳米材料等。

东北新材料产业在高新技术产业占有重要地位，近年来，其工业产值所占的份额保持在30%以上。正是由于材料，特别是新材料的基础性支撑作用，有力地推动了东北先进装备制造业的发展，从而奠定了东北在全国装备制造业的龙头地位。

在新材料产业发展最好的辽宁省，按照2002年对582家高新技术企业的统计，新材料企业232家，占39.86%，企业工业总产值163.47亿元，占31.54%。

（2）三省新材料产业发展重点突出，主要集中在重要工业城市。新材料作为东北重点发展的高新技术产业，三省都确定了各自的发展重点。辽宁省把高性能合金及制品、镁质材料及制品、镍氢电池（配套）材料、氟材料、高性能树脂工程及复合材料等具有优势的产业作为重点支持方向；吉林省的新材料产业与汽车、石油化工、光电子等主要产业密切相关，重点领域为轿车材料、石油化工材料和纳米材料等；黑龙江省将纳米材料、新型金属材料、无机非金属材料、化工新材料、生物医学材料和新型建筑材料作为发展重点。

新材料产业对人才、技术、资金要求较高，多分布于科技实力较强的重要工业城市。辽宁的新材料产业主要分布于沈阳、大连、鞍山、抚顺四市，2002年这四地的新材料产业产值占全省新材料产业产值的65.93%。各地依赖于其自身资源条件，逐步形成具有区域特色的新材料优势产业；吉林省新材料产业主要分布于长春、吉林和四平市；黑龙江省则主要集中在哈尔滨、大庆、牡丹江等城市。

（3）一批新材料产品在全国具有竞争优势。经过多年的发展，结合东北自身资源、技术和产业等方面的优势，东北形成了一批在全国具有重要影响的新材料产品、有竞争力的新材料企业和有特色的新材料基地，成为东北新材料发展的亮点，对相关产业起到了很强的带动作用。

营口的镁质材料，菱镁制品国内市场占有率达90%以上，出口量占国际市场交易量的55%左右。牡丹江地区的碳化硅、碳化硼材料，硅硼粉体材料占国际市场的40%，占国内市场的80%；工业制成品占国际市场的15%，占国内市场的80%，成为国际绿碳化硅粉体材料的最大出口基地，年出口量达2万多吨，占国际市场的60%。

沈阳金昌普新材料公司的耐热合金依托沈阳金属所的科研成果在全国具有非常强的竞争力；大连振邦氟涂料公司是国内最早实现氟涂料生产的企业，也是世界上第一个实现水性氟涂料产业化的企业；大连路明公司是国内稀土发光材料及制品领域的龙头企业；中科英华是亚洲热缩材料产销基地，创立了中国的热缩产业。

（4）新材料科技支撑力量较为雄厚。东北材料研究院所在科研方面形成了自己的优势领域，为新材料产业的发展提供了很好的科技支撑。

另外，东北的主要大学在材料方面也有很强的科研实力，如哈尔滨工业大学在航天用新型结构材料和功能材料、新型材料的精密成形加工、特种成形加工技术、材料加工过程的自动化和人工智能技术、材料加工工艺过程的数值模拟及最优化控制技术等方面实力雄厚；吉林大学在金属材料、无机非金属材料、有机高分子材料、纳米材料、汽车专用材料等方面具有很强的研究实力；大连理工大学在化工产品制备、分离与精制、功能材料及单元反应及工艺、生物技术的应用高性能、耐热工程塑料、先进聚合物基复合材料、功能高分子材料、新型热塑性弹性体等方面具有优势；东北大学在超级钢的研究开发、轧制过程的智能优化和数模调优、人工智能应用、有色金属冶金、钢铁冶金、热能与环境工程等研究领域取得了众多科研成果。

大型企业的研究所或技术中心在新材料方面也有很强的研发实力，如一汽长春汽车材料研究所在新工艺、新技术和新材料的开发水平位居国内同行业前列。营口青花耐火材料研究设计院在镁铬砖、烧成浸渍镁白云石砖、高级含碳砖等方面的研发全国领先；中国石油大庆石化分公司研究院在加氢工艺及催化剂、天然气化工、聚烯烃工艺及催化剂、α－烯烃制备、树脂加工应用研究等方面形成了自己的科研特色等。

表 18　　　　　　　　　　　　　主要科研院所的优势科研领域

院 所	优势领域
中科院沈阳金属研究所	我国高温合金研究的主要基地，能源材料和纳米材料等方面的研究水平居全国前列，镍氢电池正、负极材料，集流体材料研究取得令人瞩目的进展
中科院大连化学物理研究所	在催化化学、工程化学、有机合成化学、化学激光和分子反应动力学、以色谱为主的近代分析化学等学科领域形成了自己的特色，取得了一系列重大的科技成果
中科院长春应用化学研究所	在高分子化学与物理，稀土化学与物理和电分析化学等方面综合集成开展研究工作具有明显优势，有 2 个国家重点实验室和 1 个中科院开放实验室
中科院长春光学精密机械与物理研究所	在光学材料、发光材料、激光等方面研究水平居全国前列
哈尔滨玻璃钢研究所	专业从事玻璃纤维、碳纤维、芳纶纤维及其制品等为增强材料的树脂基复合材料的技术开发和应用研究，是"国家树脂基复合材料工程技术研究中心"依托单位
哈尔滨焊接研究所	全国领先的焊接材料和焊接设备应用研究机构
沈阳化工研究院	农药、染料及有机中间体为主的精细化学品在全国领先

2. 产业及科技发展存在问题。

（1）总体规划、宏观调控能力不足，无序竞争现象较为突出。新材料产业涉及行业多，有关材料研究单位及新材料企业分属不同行业和部门，使新材料产业管理分散、政出多门，缺少统一规划。如何协调不同部门的利益，为新材料的发展制定有效合理的整体规划是东北新材料发展面临的挑战。

同时，作为一个经济区域，东北三省在新材料的发展上也缺乏统一的协调规划，各省的发展重点有明显重叠，低水平重复研究和企业之间无序竞争现象均比较突出，新材料产业发展难以形成合力。

（2）成果本地转化率低、产业链脱节，技术优势未能充分转化为产业优势。虽然东北新材料领域的科研力量雄厚，科研成果众多，但是由于缺乏有效的技术转化平台，特别是成果转化融资方面的问题突出，导致新材料成果的转化率较低，降低了科研系统对产业发展的支持效果。

东北新材料一些重点领域都是在产业链某一环节具有技术和产品优势，但向上、下游延伸不够，没有形成比较完整的产业体系，如在镍氢电池及配套材料方面，辽宁具有明显技术及产业化优势，已完全具备从稀土储氢合金粉、球形氢氧化亚镍、发泡镍、聚丙烯高分子聚合剂等相关材料到镍氢电池的全套生产技术。但缺少有效组织形式，致使镍氢电池产业化停滞不前，镍氢电池产业链和规模经济效益优势难以形成。

（3）缺少大型新材料集团，企业本身开发能力不够。东北新材料企业中以中小型企业居多，例如辽宁省526家新材料生产企业中，中小型企业共有421家，占新材料生产企业总数的80%，产值超10亿元的企业比例只有1.9%。

企业规模较小及赢利能力差的新材料企业往往科研资金不足，科研系统不完善，缺乏自主开发能力，很难及时根据市场需求来开发合适的产品。龙头企业对一个区域新材料的发展能起到带动性的作用，其强大的科研开发能力和生产能力可以带动一批中小型企业的发展。缺乏这种带动性企业也是东北新材料发展的不利因素。

五、东北材料工业发展的科技需求

研究分析材料产业发展对科技的需求，实际上是要从科技角度探索解决材料产业目前存在的问题方向及解决途径，提高东北材料产业整体技术水平。改变其高投入、高消耗、高污染、低产出、粗放经营的状况，提高材料及制品的科技含量和附加值，增加品种，提升质量档次，以满足东北老工业基地振兴对各种材料的需求。

1. 面对资源、能源和环境的制约，需要开发绿色制造技术。

资源和能源短缺，环境污染严重成为制约东北材料产业快速发展的"瓶颈"。随着国民经济的持续发展，对主要材料产品的需求将会迅速增加，这将对能源、资源和环境等带来更大的压力。因此，资源的高效利用技术、资源的深加工技术、降低资源消耗和提高资源利用率的技术将会成为产业发展的关键技术。应围绕上游产业的副产物作为下游产业的原料，实现"零排放"的经济和环境可行性，开发产业链"黏合"和量化集成的关键技术，形成不同产业集成的生态流程工业体系；应在研究开发若干共性技术的基础上优化集成，形成新一代绿色制造流程，开发各种高性能、绿色材料，推进循环经济的发展。

2. 针对整体效益低下的问题，需要开发低成本、高效率生产技术。

企业效益不高不仅直接影响员工的切身利益，而且也难以实现企业的自身发展，难以推动社会的繁荣与进步。要改变这种状况，必须依靠科技进步，降低消耗，提高产品的科技含量和附加值，增加企业效益。为此开发与应用各种低成本制造技术，缩短流程而不影响甚至提高产品性能、质量的先进工艺技术等。如石化工业中的高效催化技术，高分子材料的改性技术；钢铁工业中的短流程、连铸连轧技术，昂贵、稀有材料的廉价材料替代技术等，尽量降低生产成本，提高生产效率，实现产品的增值。

3. 解决材料及制品品种少、质量差的问题，需要高性能工艺技术。

材料制品品种不多、质量和档次低下严重影响了东北材料企业的竞争力。为使产品上水平、上档次，应从设备与工艺两方面入手，在提高装备技术水平的同时，不断优化工艺条件，以提高产品性能和质量。为从根本上解决材料品质问题，应从分子水平研究材料的组织结构，探索影响材料性能的机理，开发提高材料性能的新技术、新工艺。如开发高性能材料制备技术，具有多功能或特种功能材料的制备技术、综合性能优良的复合材料制备技术以及各种材料性能的检测技术等；通过采用新技术，提升材料制造水平，提高产品质量，增加新的品种，全面提高企业竞争能力。

4. 提升新材料产业在材料工业中的突出地位，需要高技术的有效支撑。

东北新材料产业是由各相关行业的高新技术产品组合而成的，其中具有当代前沿技术水平的高技术、新材料所占比例并不大，新材料产品产值在整个材料工业中所占比重仍然很低。为提升新材料产业比重，必须突出自主创新，加强对带动性强、影响面大的重点高新技术的研究，形成某些重大关键技术的突破，同时加强各单项技术的集成，开发具有自主知识产权的新材料及其制品。在此基础上，还应当进一步强化科技成果转化的中间环节，推进研究成果的产业化、商品化进程，形成新的经济增长点，实现新材料产业的跨越式发展。

六、东北材料工业科技支撑战略

（一）科技支撑战略思路

（1）通过科技支撑，加快扭转原材料工业高能耗、低产出的局面，提升东北材料工业科技水平和创新能力，促进产业走循环经济和可持续发展模式，重振东北原材料工业的辉煌。

（2）通过科技引领，加大新材料成果产业转化力度，促进新材料产业的快速发展，形成东北材料工业和高新技术产业新的增长点。打造东北成为全国新材料科技创新基地和产业基地。

（3）强调有所为，有所不为。传统材料发展突出精品钢铁、石化深加工等方面；新材料重点发展新型化工材料、汽车材料、装备关键材料、光电子材料、纳米材料五大领域。

（二）科技支撑战略原则

（1）可持续发展原则。扭转当前材料工业能源和资源消耗大、环境污染严重的局面，基本实现材料设计、开发、生产、消费和回收及再利用全过程的环境友好生产，实现材料工业的循环经济，使材料工业走新型工业化和可持续发展的道路。

（2）市场导向原则。建立以市场为导向、有效的科技研发成果产业转化体系和机制，将科技研发与市场需求紧密结合，将科研优势转化为市场竞争优势。

（3）以企业为创新主体原则。围绕提高企业竞争力为目标，在企业本身科技创新能力不足的现状下，建立科研机构与企业以市场为导向的产学研结合创新机制，促进企业成为创新主体。

（4）区域协调发展原则。从提高区域整体产业竞争力的角度出发，系统考虑产业发展及科技创新问题，积极推进东北地区的分工协作和材料产业科研一体化进程。

（5）国际化原则。将东北材料工业的振兴放在经济全球化的大背景下考虑，将科技开发、科技引进等积极融入全球的发展框架下，找准定位，充分发挥东北所具有的优势。

（三）科技支撑任务与方向

1. 石化工业。

石化工业在东北三省均属主导产业，并在国内占据重要的地位，对我国国民经济发展具有重要作用。在整合科技资源，充分发挥科技支撑作用的原则下，进行区域性的联合技术创新，建立整个东北区域的石化产业带，形成一批具有竞争力的骨干企业和产业集群。根据资源、技术及产业现状和发展趋势，加强石化产业基地的建设，使其形成产业链完整、科研力量雄厚、产业规模大、整体竞争力强的石化产业集中发展区域。

（1）发展思路。以建立东北石化产业带为总体目标，充分发挥东北石化科技优势，整合优势资源，以东北一批核心城市的科研院校和大型企业集团的科研力量为依托，以重点骨干企业为主体，建立协调统一的东北区域石化材料技术创新基地，广泛开展科技攻关和引进技术的消化吸收与二次创新，促进石化材料领域重大关键技术的新的突破，推动石化工业向集约化、大型化、高级化和系列化方向发展，全面提升东北石化工业面向国内外市场的竞争能力。

积极推进大石化带动战略，依托抚顺石化、大连石化、大庆石化、吉林石化等一批特大型企业的产业基础，建立一批大石化产业基地和一批精细化工产业基地，形成较完整的石化产业深加工产品链，做大做强石化产业，创造振兴东北石化工业的强力支撑力量，使石化工业成为全区最大支柱产业，在振兴东北老工业基地过程中发挥带动作用。

（2）发展目标。

①经济总量。到 2010 年东北地区石化工业规模以上企业实现销售收入
5683 亿元，年平均增长率达 13%；工业增加值 1244 亿元，年平均增长率达
14%。石化行业的销售收入和工业增加值分别占东北地区全部工业的 24%
和 15% 以上，使石化工业成为全区最大支柱产业。

表 19 　　　　　　　　　　**2010 年东北石化行业主要经济指标预测**

	销售收入（亿元）	工业增加值（亿元）
辽宁省	3530	697
吉林省	869	242
黑龙江省	1284	305
东北三省合计	5683	1244
石化行业占全部工业比重	24% 以上	15% 以上

②石化产业基地。在构建东北石化产业带的总体框架内，建立一批大
石化产业基地和一批精细化工产业基地；大石化基地。在未来 5 ~ 7 年
（2010 年左右），把抚顺、大连、大庆建成具有世界级规模的千万吨炼油、
百万吨乙烯生产基地；锦州、锦西、辽阳、吉林建成国内一流、在国际上
占有重要地位的特大型石化基地；辽阳建成中国北方最大的化纤及化纤原
料基地，盘锦建成国内最大的重交沥青和环烷基润滑油生产基地，吉林建
成全国最大的丁二烯生产基地。并在以上石化基地内，形成具有国际竞争
力和核心竞争力的特大型石化企业集团 19 个，其中辽宁 14 个，吉林 2 个，
黑龙江 3 个。这 19 个大企业集团销售收入达到 4200 亿元以上，占东北石化
工业销售收入的 75% 以上。

精细化工基地。在相对集中的炼化厂及周边建成一批精细化工产业基
地和形成一批有较强竞争力的精细化工企业群。如在辽宁的沈大高速公路
沿线城市和环渤海沿线城市开发建设若干个具有地区和产业特色的精细化
工基地，形成两条精细化工产业带；在黑龙江大庆市建成与大庆石化公司、
大庆炼化公司毗邻的大庆精细化工基地；依托中石油吉林石化分公司建成
吉林精细化工基地。到 2010 年东北石化工业精细化率由 2003 年的 29% 提高
到 40% 以上，使东北地区精细化工产业达到国内先进水平。

③技术装备水平。到 2010 年东北地区石化工业综合技术水平达到国际 20 世纪 90 年代后期水平,重点骨干企业主要技术装备有一半以上达到世界当期水平。

表20　　　　　　　　　2010 年东北石化行业大企业集团销售收入目标

销售收入 (亿元)	辽宁省	吉林省	黑龙江省	三省合计 (家)
≥500	2 个(抚顺石化、大连石化)			2
≥300	3 个(辽阳石化、大连西太平洋、大连实德)	1 个 (吉林石化)	1 个 (大庆石化)	5
≥200	4 个(锦西石化、锦州石化、辽河油田分公司、辽河石油勘探局)		1 个 (大庆炼化)	5
≥100	5 个(辽河石化、抚顺石油化工,华锦集团、沈阳蜡化、锦化集团)	1 个 (吉化集团)	1 个 (龙涤集团)	7

(3)技术研发与产品发展重点。

①成品油及相关产品。重点是提升现有装置与技术水平,降低能耗与生产成本,提高产品质量与经济效益,并在原有基础上适当扩大成品油及相关产品的生产能力。到 2010 年,东北地区原油加工能力达到 1.2 亿吨,其中汽、煤、柴、润四大成品油产能达到 6300 万吨,继续保持全国第一位的地位。

②乙烯及三大合成材料(合成树脂、合成橡胶、合成纤维)。乙烯:乙烯是石化深加工产品的主要原料,市场很大,应重点支持抚顺石化、大连石化、大庆石化等企业的几个大乙烯项目,到 2010 年,东北地区乙烯产能达到 600 万吨以上,其中辽宁达 400 万吨以上。合成树脂:到 2010 年全区合成树脂产能达到 900 万吨以上,其中聚乙烯 260 万吨,聚丙烯 280 万吨,聚氯乙烯 200 万吨,聚苯乙烯 80 万吨,ABS 树脂 100 万吨。合成纤维单体:主要是发展聚酯、尼龙和丙烯腈三大类,到 2010 年,全区合成纤维单体达到 280 万吨以上。合成橡胶:鉴于我国为合成橡胶净进口国(年进口量约占表观消费量的 50%)、市场潜力大及原料十分丰富的情况,东北发展合成橡胶产业的优势突出,应予大力发展。到 2010 年全区合成橡胶产能达到 30

万吨以上。

③基本有机化工原料。基本有机化工原料主要是"三烯"和"三苯"的下游延伸产品，而绝大多数精细化工产品又是基本有机化工原料的延伸产品。所以，东北要把精细化工做大做强，必须重视发展基本有机化工原料，首先是优化生产工序和工艺流程，加强对传统有机原料生产路线的改造，开发无害原材料生产化工产品的绿色技术，提高产品质量、降低消耗、减少污染、降低成本。重点开发环氧乙烷、脂肪醇、乙二醇的精深加工产品，延伸乙烯产品链；深入开发二甲苯产品链、甲醇产品链、煤焦油产品链的下游产品，促进涂料、染料和医药中间体的发展。

到 2010 年，东北三省的基本有机化工原料产能达到 420 万吨/年以上，其中乙烯产品链的环氧乙烷产能达到 45 万吨、脂肪醇 25 万吨和乙二醇 180 万吨；丙烯产品链的烯酸酯及脂 60 万吨、异丙醇 15 万吨和环氧丙烷 18 万吨；甲醇产品链的醋酸 40 万吨；同时发展二甲苯产品链的 PX、PTA 和煤焦油产品链的苯、酚、萘、蒽，进而发展涂料、染料、农药和医药中间体等以满足精细化工产品发展的需要。

④精细化工产品。精细化工是今后东北石化工业重点发展方向，精细化工率应该得到较大提高。应大力推进生物技术、纳米技术等现代技术在化工领域中的应用，促进精细化工产业向精细化、系列化、专业化和功能化的方向发展，提高产品附加价值。在发展方向上，重点依托民营企业，以市场需求为导向，大力发展高效安全低毒新型农药、高档新型染料及有机颜料、节能环保新型涂料等新产品；加大开发力度，发展黏合剂、表面活性剂、塑料助剂、橡胶助剂、纺织印染助剂、水处理剂、油品添加剂等新兴领域的精细化工产品，以及油田化学品、造纸化学品、皮革化学品、电子化学品等各类专用化学品，延伸产品链；开发精细化工新领域，如生物化工、海洋化工等，特别要开发填补国内空白的氟碳醇系列产品。

⑤专用催化剂。催化技术是石化工业的核心技术，在很大程度上决定着石化工业的整体技术水平。应充分发挥催化领域的技术优势和生产基础优势，以大连化物所、抚顺化研院为技术依托，以抚顺石化公司和营口向阳科化集团为龙头企业，应用各种高科技手段，大力开展高效、节能、精制、环保等新型催化剂研究，重点发展聚烯烃催化剂、新型炼油催化剂、节能型合成氨催化剂、高效特种催化材料及环保催化剂等各类新型催化剂，扩大其在石油加工、有机高分子材料合成、药物合成以及污水处理、废气

净化等方面的应用；把催化剂产业做大做强，促进辽宁省形成具有较大规模的专用与系列化的催化剂生产基地。

（4）重大项目。振兴东北老工业基地，重点发展石化产业，必须有一批优势企业和重大项目作支撑，发挥强力拉动作用。近期东北石化行业投资 10 亿元以上的重大项目有 31 项，预计总投资约 1416 亿元，全部建成达产后，预计可实现年销售收入约 1575 亿元，占东北石化工业销售收入的1/3左右。

表 21　　　　　　　东北石化行业投资 10 亿元以上重大项目一览表

序号	企业名称	项目名称	投资（亿元）	销售收入（亿元）	利税（亿元）
1	中石油大连石化分公司	2000 万吨/年炼油改扩建工程（建设 8 套生产装置及系统配套工程）	102.02	266.52	19.2
		80 万吨/年对二甲苯装置（包括甲苯歧化、二甲苯分馏、吸附分离、异构化）	18	12	5
2	大连西太平洋石化公司	1000 万吨/年改造（新建加氢裂化、柴油加氢等装置，扩建常减压、硫回收等装置）	19.29	45	4.25
3	大连实德集团	年加工含硫原油 800 万吨、130 万吨乙烯及下游产品	416.0	300.0	50
		年产 23 万吨薄膜项目（即 15 万吨 BOPP 薄膜、2 万吨 BOPA 薄膜、6 万吨 BOPET 薄膜）	35	37.6	7.5
4	中国化工沈阳石化公司	重质油裂解项目（乙烯 110 万吨/年、丙烯 73.8 万吨/年、苯 42.5 万吨/年）	237.3	240	55
		CPP 制乙烯，27 万吨 PVC 项目	26.16	19.97	12.84
5	中石油抚顺石化分公司	80 万吨/年乙烯项目	109	84	40
		1200 万吨/年炼油配套改造	12.81	26.78	2.6

序号	企业名称	项目名称	投资（亿元）	销售收入（亿元）	利税（亿元）
6	中石油锦州石化分公司	千万吨级炼油厂改扩建工程（700万吨/年常减压装置、200万吨/年延迟焦化装置、200万吨/年加氢裂化装置、100万吨/年催化重整装置、6.5万立方米制氢装置及配套工程）	43.78	130.21	14.28
7	大化集团	40万吨/年石脑油重整、100万吨/年芳烃联合装置、50万吨/年QTA装置	41.8	59.21	15.41
8	中石油辽阳石化分公司	60万吨/年氨碱、12万吨/氯化钙、2万吨/年纳米及镁系阻燃剂工程	12.35	13.1	5.12
		80万吨/年精对苯二甲酸及配套工程技改	28.44	28.37	5.74
		20万吨/年乙二醇装置（配套20万吨乙烯）	12.36	9.51	3.89
9	大连固特异公司	由220万套/年子午胎扩建到525万套	26.56	15	5.8
10	锦西天然气化工公司	利用中海天然气资源，建设60万吨/年醋酸装置	21.04	13.8	5.31
11	华锦化工集团	20万吨/年ABS扩产改造	15	16	5
		年产30万吨甲醇及20万吨二甲醚	14.77	7.18	2.51
12	阜新橡胶集团	年产150万条子午线轮胎	12.91	16.3	6.73
13	沈阳石蜡化工公司	年产11万吨丙烯酸及脂	12.66	10.23	3.8
14	本溪氯碱总厂	烧碱、PVC装置扩建，新建1000吨/年氯化石蜡、1000吨水合肼、1.75万吨/年偏硅酸钠	12.02	7.37	3.66
15	本溪精细化工厂	3万吨/年DL-蛋氨酸工程（引进日本技术）	10.02	6.05	3.2

序号	企业名称	项目名称	投资（亿元）	销售收入（亿元）	利税（亿元）
16	中石油吉林石化分公司	30万吨/年高品质 ABS 树脂（采用世界先进的乳液接枝—本体 SAN 掺混法工艺技术）	18.66	27	5.5
		6万吨/年丙烯酸及脂项目（采用丙烯二步氧化法技术）、25万吨/年 C$_5$ 综合利用项目	14.5	25	4.8
17	四平联合化工股份有限公司	10万吨聚碳酸酯（PC）项目（包括碳酸二甲酯、碳酸二苯酯和聚碳酸酯单元）	16.5	25	6.7
18	中石油大庆石化分公司	120万吨/年加氢裂化装置	10.6	8.84	2.15
		80万吨/年乙烯改扩建工程（由60万吨扩至80万吨）	24.3	22.92	4.57
19	中石油大庆炼化分公司	70万吨/年聚丙烯项目（其中一期30万吨/年工程正在实施）	40.2	45	9
20	大庆油田	20万吨/年醋酸项目	11.11	7.45	2.4
21	齐化公司	35万吨/年 HCC、20万吨/年 PVC 项目	25	24.8	7.1
22	黑龙江龙涤集团	50万吨/年中纯度对苯二聚酸项目	15.9	25	4.6

2. 钢铁工业。

（1）发展思路及原则。

①发展思路。按照建设"北方精品钢材基地"的总体目标要求，以科学发展观为指导，市场为导向，企业为主体，合理利用国内外两种资源、两个市场，通过结构调整、技术创新、体制创新，提升地区钢铁产业整体综合竞争力，实现可持续发展，走出一条产业结构和布局合理、科技含量高、经济效益好、资源消耗低、环境污染少、人力资源优势得到充分发挥的全面协调可持续的发展道路，使东北（尤其是辽宁）钢铁工业成为全国乃至世界最具有竞争力的产业。

②发展原则。坚持在结构调整中发展总量的原则，重点发展精品板材，增加高附加值板带生产能力；坚持扶优扶强，提高产业集中度、改善钢铁工业布局，着眼于提高国际竞争力；坚持工艺装备高起点，产品质量高水平，走质量效益型道路；坚持深化改革，扩大开放，加快建立现代企业制度和现代产权制度步伐；坚持科技进步，加大科技开发力度和加快推广应用先进技术、先进管理手段的速度；坚持节能、降耗，不断降低生产成本，大幅度提高企业经济效益。

（2）发展目标与重点。

①经济总量。在建设"北方精品钢材基地"总体目标的要求下发展钢铁工业，到2010年，东北钢铁工业规模以上企业实现销售收入2670亿元（年平均增长率达15%左右），工业增加值790亿元（年平均增长率达14%以上），分别占东北全部工业的11%和10%左右。钢产量达到6400万吨（其中辽宁5200万吨），成品钢材6800万吨（其中辽宁5600万吨），使钢铁工业成为全区仅次于石化工业的第二大支柱产业，在振兴东北老工业基地过程中率先发挥带动作用。

②技术进步与工艺装备水平。加速钢铁材料生产过程的信息化改造进程，大力推进智能优化和数模调优技术在钢铁轧制过程中的应用，实现钢铁轧制全过程的参数预报与优化、精轧机组宽度预测、短行程控制、卷取温度控制、板形控制、厚度偏差诊断、数据分析与处理、组织性能预报等功能，提高轧制产品的精度和品质。到2010年，重点钢铁企业主体工艺装备达到当前国际先进水平；主要技术经济指标（如高炉利用系数、喷煤比、转炉钢铁料消耗、轧钢综合成材率等）均达到国内先进水平或国际水平，主导产品质量达到国际先进水平。

重点骨干企业在建和拟建项目均坚持起点高、投入少、产出快、效益好的原则，瞄准国际先进水平，实现设备大型化、生产自动化、产品系列化、质量高端化的目标。到2010年，东北地区将拥有当今国际水平的2500立方米以上的大型高炉14座（其中辽宁12座），占总炼铁能力的57%；150吨以上的现代化大型转炉16座（其中辽宁14座），占总炼钢能力的52%；具有国际水平的轧钢生产线的生产能力占总轧钢能力的64%。

③资源消耗与环境保护。2005年钢铁行业污染物排放达标率达到100%，2010年吨钢综合能耗达到0.7吨标煤以下，吨钢新水消耗低于6吨，做到增钢不增水或降低总耗水量。

④大钢铁基地。围绕建设"北方精品钢材基地"的总目标，着力打造三个精品钢材基地；重点推进鞍钢、本钢强强联合，打造中国钢铁"航母"战略的实施。

精品板材生产基地：以鞍钢、本钢为依托，发展热轧及冷轧薄板、涂层薄板，建设精品板材生产基地。到 2010 年，使热轧薄板、中厚板生产能力达到 3000 万吨，约占全国板材总量的 20%，居全国第一位。板材生产实现系列化，即宽厚、中厚、薄板配套、热轧和冷轧板配套、原板和涂层板配套。利用先进的装备，重点开发轿车面板、集装箱板、造船板、高强度级别的石油天然气管线钢、高档家电板、桥梁板、压力容器板、不锈板、冷轧硅钢，以及建筑用涂镀层板等。

优质特钢生产基地：以东北特钢集团为依托，建设优质特钢生产基地。特钢基地重点开发不锈钢、轴承钢、工模具钢、汽车齿轮钢、弹簧钢、高温合金，以及国防军工用特殊合金钢材料。到 2010 年，东北特钢集团建成大连、抚顺、本溪、北满等六个特殊钢精品基地和十条特殊钢精品生产线，使优质特殊钢生产能力达到 330 万吨，特殊钢产能居全国第一位。

新型建筑钢生产基地：以凌钢、北台、新抚钢为依托，建设新型建筑钢材基地。建筑用钢向规模化、低合金化、高强度化方向发展，质量处于国内先进水平。重点开发热轧 H 型钢，铁路、电力、桥梁、建筑用大、中、小型钢，建筑用新Ⅲ级螺纹钢筋、预应力钢丝和钢绞线、钢结构等深加工产品。到 2010 年，优质建筑钢材产能达到 600 万吨，实现型、棒、线材配套、产品规格系列化。

充分发挥鞍钢、本钢两大龙头企业的资源（人才、技术、产业等）优势，着力推进鞍钢、本钢联合重组的进程，打造年产钢 3000 万 ~ 4000 万吨级的中国钢铁"航母"，使联合企业的钢产量占东北地区钢产量的 1/2 以上，占全国总产量的 10% 以上，在我国钢铁工业发展中将起到重要作用。

⑤技术研发重点。钢铁工业要顺利实现以上发展目标，需要解决以下重大关键技术：

第一，突破和应用一批重大关键技术。一是突破近终形、短流程、双辊铸轧技术，实现薄带钢轧制工艺的革命性进步。加速以液态钢水直接生产薄带钢的近终形、短流程铸轧工艺技术开发，并将研究成果迅速推广、应用，以大幅降低能耗、提高效率和成材率、降低成本，并由此实现多种带钢产品的进口替代，引领我国钢铁工业迅速跃居世界领先地位。二是开发与应用钢材轧制过程的控轧控冷技术，迅速提高轧制工艺技术水平，有效提高钢材强度和低温韧性。根据东北三省汽车工业发展的需要，积极开展汽车板生产过程中的控轧控冷技术的应用开发，促进汽车板性能大幅提高，以此带动相关钢铁材料性能、品质的全面提升。

第二，加强对超级钢相关技术研究。依托东北大学和中科院金属研究所的技术优势，以中厚板和棒线材为主要对象，大力开展超级钢的开发研究，逐步完善不同规格和品种的超级钢生产技术、超级钢生产企业关键设备的改造；大力加强超级钢应用研究，尽快实现超级钢产品在汽车、机械制造以及建筑行业中的应用。

以东北大学轧制技术及连轧自动化国家重点实验室和辽宁省轧制技术工程中心为技术依托，成立超级钢开发及推广应用中心。配合东北地区产业结构调整，推进钢材生产品种的更新换代。选择典型生产线进行超级钢生产的配套改造：鞍钢、本钢作为推广热轧带钢超级钢的示范生产线，进行超快速冷却等配套改造；新抚钢、北台作为推广棒线材超级钢的示范生产线，进行机架间冷却和轧后加速冷却的配套改造。取得经验后，逐步在东北三省轧钢企业大范围推广。力争用 2～3 年时间，在重点钢铁企业普遍采用超级钢生产技术，使钢铁生产在基本不增加成本的情况下，制品性能、使用寿命大幅提高，同时便于回收利用，全面提高普钢制品的竞争力。

第三，开发新一代钢铁制造流程技术。在现有先进工艺、装备的基础上，与新开发的工艺、装备以及"界面技术"进行创新性集成而重新构筑新的钢铁制造流程。重点开发钢铁生产的共性平台技术、界面优化技术以及工程化新技术，包括大吨位薄板坯连铸—连轧技术、冷热薄板轧机集成技术、熔融还原—薄带连铸集成技术、钢铁工业内部产生废弃物再资源化及社会大宗废弃物的物质循环技术等。通过流程优化，合理利用能源，最大限度地降低污染，走循环经济的道路，实现钢铁产品制造功能、能源转换功能和社会废弃物处理功能的和谐统一。

（3）重大项目。振兴东北老工业基地，重点发展钢铁行业，必须有一批优势企业和重大项目作支撑，发挥强力拉动作用。

近期东北钢铁行业重大项目（按企业合并项计）有 7 项，预计总投资约 929 亿元。全部建成达产后（2007 年左右），预计可实现年销售收入约 650 亿元，工业增加值约 177 亿元，约占全区钢铁工业经济总量的 1/3 以上。

表 22　　　　　　　　　　近期东北钢铁行业重大项目一览表

序号	企业名称	项目名称及主要内容	投资（亿元）	销售收入（亿元）	工业增加值（亿元）
1	鞍山钢铁集团公司	西区 500 万吨/年精品板材项目（含 3200m³ 高炉 2 座、250 吨转炉 2 座、2150mm 热连轧机组和 2130mm 冷连轧机组各 1 套及其他重点项目）	255	210	50
2	本溪钢铁集团公司	主要工程包括：改造建设 2 座 2600m³、1 座 3800m³ 和 1 座 1800m³ 高炉；建设 3 座 180 吨复吹转炉及配套铁水预处理和炉外精炼；新建薄板坯连铸连轧生产线和 2050mm 热连轧机组；新建 2#热镀锌机组和 1#彩涂机组，新建 190 万吨二冷轧生产线（含热镀锌和彩涂机组），年产 60 万吨冷硅钢和年产 60 万吨冷轧不锈钢板材生产线等	218	140	40
3	东北特钢集团	大连基地搬迁改造工程（2 座 40 吨电炉改造、1 座加热炉、1 座预热炉等），抚顺基地大型挤压机工程、电炉热装铁水优化工程、合金钢方坯连铸工程、钛合金生产线等重大项目的建设和改造	36.2	10	3
4	营口中板厂	建设 200 万吨宽厚板生产线工程（包括 5m 宽厚板轧机、1 座 Corex 熔融还原装置、80 万吨直接还原装置、1 座 150 吨转炉、1 座 120 吨电炉）	118	70	20
5	北台钢铁集团	建设包括 2600m³ 高炉、120 吨电炉、1780mm 热连轧、冷连轧等重点项目	129	83	25
6	凌源钢铁公司	建设 200 万吨热轧 H 型钢、汽车和船舶用钢生产线（主要包括 2 座 1260 高炉、2 座 100 吨转炉、引进两套万能机等）	63	60	17
7	通化钢铁集团公司	建设 100 万吨汽车用热轧超薄带钢和 70 万吨冷轧板生产线工程	110	78	22

3. 新材料产业。

东北新材料产业已经有一定基础，并在许多领域具备科技领先优势。在整合科技资源、充分发挥科技支撑作用的原则下，建立整个东北区域的新材料科技创新基地，进行联合技术创新，依此加强重点新材料产业的发展，并形成一批有竞争力的新材料企业及产业基地。根据资源、技术及产业的集聚现状和发展趋势，加强现有新材料产业基地的建设，使其形成产业链完整、科研力量雄厚、产业规模较大的专业材料企业集中发展区域，形成较强的综合竞争力。

（1）发展思路。充分发挥东北新材料科技优势，整合优势资源，依托沈阳、大连、长春和哈尔滨等核心科技城市的科研力量，发挥大庆、牡丹江、吉林、营口、抚顺、锦州等地区的特色科研优势，建立协调统一的东北区域新材料技术创新基地，通过成果孵化和辐射带动作用，加快东北新材料产业集群的发展，成为全国新材料技术创新和产业化重要基地。

（2）发展重点。根据东北科研院所的科研优势和材料产业发展的需求，重点在新型高分子材料、纳米材料、光电子材料、新型能源材料（电池正、负极材料）、耐热合金等特种金属材料、氟材料、镁质材料、特种陶瓷材料（碳化硅、碳化硼）等新材料领域开展联合技术创新活动，并建立相应的新材料产业基地。

①新型化工材料基地。充分利用东北资源及科技优势，发展高附加值的专用或特种高分子材料及其复合材料，组建特种工程塑料工程中心。围绕建设综合性石油化工产业基地，加快精细化工高技术产品的开发，拓展并延长产业链，提高产品附加值。在大连、抚顺、辽阳、哈尔滨、大庆、吉林、长春等地建立新型化工材料基地。

重点领域：特种工程塑料，如氯代苯胺、聚酰亚胺、聚醚酮、聚醚醚酮、聚苯胺、尼龙 - 11、HIPS 高抗冲树脂的研制开发和产业化；提高新型、环保、节能型热缩材料的产业规模和产品质量，完善负压挤出等工艺技术和设备；加快防汛、节水等工程用膨胀止水材料和保水材料的应用开发；树脂专用料的研制开发；改性塑料产品的研制开发等。

精细化工重点为特种合成材料、医药中间体，包括碳纤维、C5 深加工材料、系列专用 ABS 树脂、聚碳酸酯、环烯烃聚合物、香兰素、聚丙烯改性专用增挺母料、抗静电母料、爽滑母料等开发应用；奥扎格雷盐酸盐、头孢拉定、头孢呋辛酸、DBU、氯代甲基特戊酯等医药中间体的产业化研发。

依托单位：长春吉大高新材料有限公司、中科英华高技术股份有限公司、长春应用化学研究所、大庆石化总厂、大庆华科股份有限公司、中石油吉林石油公司、中国石油辽阳石化分公司等。

代表项目：聚醚醚酮树脂及其二次制品的产业化技术；子午线轮胎橡胶预硫化技术；无卤环保热缩材料；耐热、双峰、着色 ABS 树脂开发；汽车用树脂专用料开发；二氧化碳基塑料关键技术的工业化；年产 1000 吨聚苯胺类导电塑料；年产 1 万吨改性聚丙烯弹性体；新型绝缘材料（电工级氧化镁粉）；新型高效烯烃、双烯烃聚合催化剂开发与中试放大技术平台。

②纳米材料基地。结合国际纳米材料的发展趋势，完善纳米材料产业化制备工艺技术和设备，解决产业化过程中的技术"瓶颈"。重点领域为纳米陶瓷材料、纳米复合材料、纳米功能材料、超微细粉体材料、金属纳米材料及纳米改性产品等。在有一定纳米产业和科研基础的长春、四平、哈尔滨、沈阳、大连等地建立纳米材料产业基地。

重点领域：纳米陶瓷材料，主要是反应法生产高纯纳米级电子陶瓷粉、有机硅基纳米陶瓷粉的研制开发；金属纳米材料，包括铁、钴、镍、铜等金属纳米材料的工程化；纳米或超微细非金属氧化物、碳化物材料，包括碳酸钙、高岭土、白炭黑等；其他纳米材料，如纳米涂料、纳米润滑添加剂、纳米卤化银系列抗菌材料、纳米玻璃等。

依托单位：赛纳纳米技术（集团）股份有限公司、长春大力纳米技术开发有限公司、三环纳米发展有限公司、高斯达纳米材料设备有限公司、长春红光高分子纳米材料有限公司、东北超微粉有限公司。

代表项目：模拟生物矿化过程原位生产功能性纳米碳酸钙技术；水分散环境友好型纳米结构漆工业化生产技术；纳米二氧化硅制备及稻壳综合利用；钛铝合金纳米重防腐涂料的工业性开发。

③光电子材料基地。依据长春、大连等城市的光电子科研和产业优势，加大科研力度，重点突破优势领域关键技术。企业与科研机构联合开发产业化技术，将科研优势转化为产业优势。建立长春光电子材料基地、大连稀土发光材料基地等产业基地。

重点领域：半导体发光材料、激光显示材料、激光材料、OLED 显示材料、稀土发光材料等。

依托单位：长春光机所、长春应用化学所、吉林北方彩晶集团、华禹光谷、长春国家光电子信息产业基地、大连路明集团、大连半导体照明产业化基地等。

代表项目：建设有机光电子材料与器件产业化技术平台；激光显示器开发研究；氮化镓基 LED 外延及芯片生产；OLED 显示材料的研究开发。

④特种金属材料基地。中科院金属研究所在特种金属材料方面具有很强的科研实力，哈尔滨工业大学、东北大学、吉林大学等在特种金属材料方面都有自己的科研优势，一些先进科研成果已经转化为具有竞争力的产品，并形成了一批特种金属材料生产企业。

重点领域：依托中科院金属研究所，加强超纯合金、钛合金、高温合金材料及制品制备技术研究，重点推进燃气轮机叶片、增压器涡轮和压叶轮等技术领先，并具有广阔市场前景产品的产业化进程。争取形成具有独立知识产权的系列产品，实现燃气轮机涡轮叶片的国产化和产业化，通过对国内外资源的优化整合，建立亚太地区最大的燃气轮机叶片制造、销售和服务基地。

依托单位：中科院金属研究所、沈阳金昌普新材料有限公司等。

⑤新型能源材料基地。整合技术、资金等资源，推进电池及配套材料企业的产业联合与技术合作，扩大现有镍氢电池生产规模，推进动力型镍氢电池产业化、规模化进程，在沈阳建立起具有相当规模和较高竞争力的镍氢电池及其配套材料产业基地。

重点领域：进一步加强高性能镍氢电池正负级材料、集流体材料、隔膜材料以及添加材料制备、检测技术研究，促进材料性能的进一步提高；继续保持发泡镍、球型亚镍、储氢合金粉等在国内的优势地位，开发镍的廉价材料替代技术，在不降低原电池配套材料性能的基础上，大幅降低制备成本；加强锂离子电池、燃料电池关键配套材料研究，促进两大洁净新能源的产业化开发和产业化进程。

依托单位：中科院金属所、金纳公司、浩普公司、三普公司等。

⑥氟材料产业基地。充分利用科研院所技术方面的优势，整合氟材料科研资源，发挥企业内部研究机构作用，促进产学研结合，借助振兴东北老工业基地的发展机遇，促进包括氟树脂、氟橡胶、氟涂料在内的含氟聚合物、含氟精细化工品、含氟中间体产业发展，积极开拓氟材料应用新领域，使大连等地成为国内重要的氟材料产业基地。

重点领域：重点开展聚四氟乙烯改性技术，聚合釜工程放大与传质传热优化、后处理技术，聚合引发剂改进技术研究，开发新牌号和新品种的氟树脂；开发含氟醚橡胶和耐低温性能优良的氟硅橡胶工业化生产技术，开发汽车用氟橡胶材料及制品，实现更多氟橡胶产品的进口替代。突破氟涂料单体制备技术、新型氟聚合物制备技术、氟涂料抗老化技术、粉末涂料规模化生产技术等关键技术，大力开发各种牌号的水性涂料、环保型粉末涂料、彩色钢板卷材专用涂料等新型涂料品种。研究探索氟涂料新的生产工艺技术，开发氟涂料从单体制备到成品产出全部生产过程的无害化生产技术，进一步优化水性涂料、粉末涂料生产技术，从而实现氟涂料的绿色生产。

依托单位：沈阳橡胶研究设计院、中科院大连化物所和沈阳化工研究院、大连氟涂料有限公司等。

⑦牡丹江特种陶瓷基地。牡丹江是国家火炬中心特种陶瓷材料产业基地，碳化硅、碳化硼等硬质材料无论在生产规模还是工艺水平始终处于全国同行业前列，成为我国碳化硅、碳化硼硬质材料重要的生产和出口基地。

通过特色产品的研发和产业化，使碳化硼、碳化硅粉体及制成品在国际、国内市场保持较高占有率并不断抢占技术的制高点，解决材料生产工艺的环保问题。

重点领域：碳化硅、碳化硼高纯度超细粉，重轻质碳酸钙微粉等形成规模化生产能力，为制品的深加工打下坚实的基础；大力开发碳化硅、碳化硼工程陶瓷制品，形成综合生产能力，完善产业链；重点开发可替代进口的氮化硅结合碳化硅陶瓷窑具。

依托企业：牡丹江金刚钻碳化硼有限公司、黑龙江丹峰磨料磨具集团有限公司、牡丹江鑫达硅业有限公司、牡丹江天宇碳化物有限公司等。

⑧营口镁质材料基地。营口是国家镁质材料基地，在现有产业水平的基础上，全面提升镁质材料行业的技术水平和产品档次，为冶金、建材、汽车制造等行业提供优质材料及制品，使镁质材料走上深加工、多领域、专业化、国际化的道路。以固体镁矿开采、轻烧镁产品、重烧镁产品、电熔镁产品、镁质高档耐材及非耐材为主线，形成多条产业链。

重点领域：高纯净钢冶炼与加工用镁质耐火材料制备技术；电熔氧化镁连续生产技术；建材、轻工和环保行业用优质耐火材料制备技术；氧化镁晶体制备技术；利用硼泥生产高纯轻质碳酸镁系列产品技术；电工级、硅钢级电熔氧化镁粉制备技术；绿色、环境友好型高级耐火材料的研究开发。

依托企业：营口青花集团、辽宁奥镁公司、营口华晨集团、营口金龙耐火材料有限公司、营口奥利安耐火材料公司。

4. 特色材料产业。

东北一直是我国重要的大型装备和汽车生产的重要基地，在重大国防装备方面也具有重要地位，关键材料作为基础产业对这些产业的发展起到了重要支持作用。针对重大装备及汽车产业对配套材料业的需求，本着充分发挥新材料对东北优势产业支撑作用的发展思路，建立关键装备配套材料基地及汽车配套材料基地对于形成东北独有特色新材料产业可以起到重要推动作用，同时巩固东北重大装备和汽车制造业在全国的优势地位。

（1）重大装备配套关键材料基地。

发展思路：围绕东北装备工业发展的需求，积极研发大型或军工装备配套新材料和新工艺，利用新材料技术增强东北装备制造业的优势，提升装备制造业的综合竞争能力。

发展重点：为重型机床配套的大型铸锻件所需材料及生产工艺的开发；为汽轮机、燃气轮机等发电设备配套的叶片等所需材料的研发和生产；火车车辆所需配套材料的研发和生产工艺；大型矿山机械所需的配套材料；大型石化成套设备配套材料。

依托企业：沈阳金属研究所、东北轻合金有限责任公司、哈尔滨航空工业（集团）有限公司、哈电集团、中国第一机械集团公司、齐齐哈尔第一机床厂、长春轨道客车股份有限公司、北方锻钢制造有限公司、大连造船厂、沈阳大陆激光技术有限公司等。

代表项目：超大型铝合金环轧件生产工艺研究；航空航天工业用5A06H34铝合金厚板研制；新型高性能变形铝合金研制及其生产技术开发；铝熔体净化处理新工艺研究；高性能钛合金材料产业化；高性能燃气轮机用涡轮叶片材料与工艺的研究与开发；特殊钢大锻件产业化；激光修复工艺及材料。

（2）汽车配套材料基地。

发展思路：围绕东北汽车工业快速发展的需求，发展汽车用新材料，提高东北汽车材料配套生产能力。围绕汽车的清洁化、轻量化、节能化、智能化和燃料多元化开发汽车用新材料，加快发展汽车及汽车零部件用新材料的国产化配套能力，建成我国重要的汽车配套材料研发和生产基地。

发展重点：高品质镁合金汽车压铸件材料、特种环境下耐蚀合金材料、汽车用有机硅橡塑材料、汽车用 ABS 树脂、非贵金属汽车净化三元催化剂材料、环保型汽车内饰材料、混合动力汽车用材料、新型电动车用材料、汽车电子材料等。

依托企业：一汽铸造有限公司、长春轨道客车股份有限公司、吉化橡塑制品公司、东北轻合金有限责任公司、长春东方有色压铸有限公司等公司。沈阳金属研究所、长春应用化学研究所、一汽集团公司汽车材料研究所、哈工大材料科学与工程学院、吉林大学材料科学与工程学院、东北大学材料与冶金学院等科研院所。

代表项目：镁合金在汽车上的应用研究：镁合金复杂件、大件、结构件；高性能稀土镁合金及其在汽车上的应用；金属镁及镁合金制品产业化；年产 2 万吨高性能汽车铝合金铸件；汽车结构件内高压成形技术；汽车专用树脂产品的开发及生产技术。

（四）科技支撑战略措施

1. 建立地方、国家及中央直属大型企业科技发展协调机制。

东北骨干材料企业多数为中央直属大型企业，重要科研院所也多属于科学院体系，必须解决这些单位的科研体系和规划独立、与地方科研体系脱节较严重等问题。

在政府有关领导部门的直接参与下，成立由中央和地方企业、科研部门有关人员组成的东北材料工业领导协调小组，组织、协调各方共同参与科技及产业发展战略、规划的制定，重大科技项目的遴选以及重大战略措施的决策。

根据东北地区材料产业的布局，选择重点领域推动中央直属企业连同东北的研究院所或高校，成立集前沿研究、技术开发与工业试验为一体、直接面向市场的研发机构，对资源进行跨体制、高效综合配置。形成以大型企业为龙头，带动区域中小材料企业发展，形成专业分工、合理配置、共同发展的局面。

2. 抓住产业转移机遇，利用国际资源促进技术提升。

抓住发达国家将部分材料产业向中国转移的机遇，创造条件承接产业转移，特别是产业转移背后的研发转移和技术转移。

积极引导外资参与东北地区材料工业基地建设，鼓励跨国公司在东北设立工程技术中心等科技创新的新平台，形成具有特色的产业链条和产业群。

鼓励有条件的企业积极参与国际技术合作和技术交流，在发达国家设立研究和开发机构，利用国外科技资源提高企业研发水平和国际竞争力。

发挥区位优势，重点加强与俄、日、韩等国的材料领域科技合作，在钢铁、石化、有色金属、纳米、电子材料等领域建立一批合作开发和技术转化平台。

3. 通过政策法规的建立和引导，实现可持续发展。

东北材料工业仍然以资源消耗严重的原材料产业为主，要重点解决资源综合利用率低、环境问题突出等问题，实现材料工业的可持续发展。

依靠科技进步与创新，突破资源和环境"瓶颈"，促进产业结构调整和升级，走循环型经济之路，实现材料工业的可持续发展。通过建立法律法规，对严重破坏环境的材料制定禁用措施，限制淘汰高耗能、高污染、低效益材料的发展。

鼓励企业研发低能耗、高效率、环境友好的新技术和工艺，促进传统材料产业技术改造和提升；鼓励研发新型金属材料、高分子及其复合材料、功能材料、生态环境材料、生物医用材料、催化材料、信息材料等新材料产品，逐步调整材料产业结构。

提高资源的综合利用率，大力发展材料回收利用，促使东北材料产业形成资源消耗低、环境污染少的可持续发展体系。

4. 发挥政府在科技创新中的引导作用，推动企业成为创新主体。

东北材料企业普遍存在缺乏创新内在动力、科技能力不够、资金投入不足、科研机构不完善等问题。应该建立产学研结合、以企业为主体的科技创新体系，政府的作用应该体现在政策引导、创造环境、为企业提供支持服务等方面。

积极发挥政府的科技创新引导作用，政府科研投入从科研院所为主转变为以企业为主，引导材料企业加大科研投入力度，加强企业自身的学习能力建设，尽快使企业成为创新的真正主体。

充分发挥东北材料研究院所和高校多的优势，建立以市场为导向、以高等院校和科研单位为依托，为企业提供服务的科技创新体系。

采取税收返还、种子基金、贴息贷款等措施鼓励企业加大技术研发投入，完善企业科研开发体系，增强企业科技开发创新能力。

通过"863"计划、"973"计划、攻关计划、"火炬计划"等国家科技发展计划对东北地区新材料和传统材料产业改造升级具有重大意义的项目给予重点支持。

5. 建立区域协调机制，鼓励合作创新，深化专业分工。

建立东北材料工业科技联合与创新的整体协调机制，共同开展相关决策研究、联合建立公共科技信息网、联合组织科技重大活动、共同搭建科技资源优化配置平台、联合建立东北重大科技项目合作机制等。

对优化资源配置、跨省合作的材料研发及改造项目给予优先支持；建立区域技术引进合作协商机制，避免区域内低水平重复引进。

在政府的引导下，集中区域科研优势力量支持特色材料基地建设，形成在国内、国际都具有影响力的材料产业基地。

建立区域内规范化的技术成果应用和推广体系，促进创新技术合理流动。

发挥大型石化、钢铁等龙头材料企业的规模及技术优势，重点控制核心技术和品牌建设，鼓励其将非关键环节或配套产业外包给专业化中小型企业，深化产业分工，形成以骨干企业为龙头的产业集群。

6. 建立公共技术平台，完善创新社会服务体系。

充分利用东北材料科研院所较多、科研实力强的优势，建立重点实验室、工程中心等公共技术平台。平台为企业提供技术开发服务和开发共性技术为主，重点解决中小型材料企业科研实力不够、创新能力不足等问题。

创建创新基金、专项基金、贷款担保基金等金融服务平台，拓宽材料企业融资渠道，并将中小材料企业列为支持重点。同时完善和发展风险投资体系，开展风险投资保险和技术转让保险业务，为材料企业吸引风险投资创造环境。

支持研究院所、高等学校、企业和其他社会力量，以新的机制建立面向市场的材料领域成果转化中心、孵化中心、中试基地等成果转化平台，促进科技成果的产业转化。

建立科技中介服务平台，发挥行业管理机构的作用，加大科技创新的协调和服务力度，及时向企业发布技术及人才信息、提供人员培训和信息咨询等；完善技术创新中介服务机构的职能、服务标准和行为规范，为企业技术创新提供全方位、优质的服务。

附　录

附录一　东北三省材料工业经济数据统计表

	工业增加值（亿元）			工业销售收入（亿元）						企业数（家）		
	2001 年	2002 年	2003 年	2001 年	市场份额(%)	2002 年	市场份额(%)	2003 年	市场份额(%)	2001 年	2002 年	2003 年
纺织业												
全国	1387.52	1569.1	1906.7	5209.1	100	6038.59		7560.09		12065	13248	14863
辽宁	18.25	19.85	24.33	73.8	0.02	79.35	1.31	105.19	1.39	247	259	292
吉林	6.68	7.68	7.65	17.62	1.44	22.03	0.36	29.64	0.39	80	78	61
黑龙江	8.61	7.97	9.32	24.26	0.47	26.3	0.434	28.79	0.38	89	86	70
东北总计	33.54	35.5	41.3	115.68	1.92	127.68	2.11	163.62	2.16	416	423	423
石油加工及炼焦业												
全国	883.3	1003.92	1287.45	4629.34	100	4893.57	100	6210.35	100	1027	1144	1323
辽宁	112.39	131.4	150.54	745.27	16.10	774.63	15.83	984.9	15.86	90	91	110
吉林	14.41	11.51	6.84	49.68	1.07	46.59	0.95	49.66	0.80	16	15	16
黑龙江	71.25	71.36	95.21	367.47	7.94	360.36	7.36	425.63	6.85	41	52	59
东北总计	198.05	214.27	252.59	1162.42	25.11	1181.58	24.15	1460.19	23.51	147	158	185
化学原料及化学制品制造业												
全国	1601.27	1862.64	2464.88	6033.8	100	6974.71	100	9043.73	100	12031	12637	13803
辽宁	55.25	61.74	82.18	294.95	4.89	292.2	4.19	348.4	3.85	425	430	477
吉林	45.58	56.4	73.9	198.11	3.28	201.74	2.89	269.89	2.98	180	180	140
黑龙江	13.5	15.4	19.44	56.5	0.94	68.24	0.98	76.6	0.85	167	179	156

续表

	工业增加值（亿元）			工业销售收入（亿元）						企业数（家）		
	2001年	2002年	2003年	2001年	市场份额(%)	2002年	市场份额(%)	2003年	市场份额(%)	2001年	2002年	2003年
东北总计	114.33	133.54	175.52	549.56	9.11	562.18	8.06	694.89	7.68	772	789	773
化学纤维制造业												
全国	222.1	248.92	295.25	957.29	100	1086.55		1420.75	100	885	909	937
辽宁	2.34	1.77	2.24	15.22	1.59	15.58	1.43	13.8	0.97	25	26	21
吉林	5.5	6.92	8.53	24.28	2.54	24.22	2.23	28.4	2	9	7	6
黑龙江	3.78	1.79	1.28	16.77	1.75	17.96	1.65	20.93	1.47	2	2	2
东北总计	11.62	10.48	12.05	56.27	5.88	57.76	5.31	63.13	4.44	36	35	29
橡胶制品业												
全国	248.29	292.55	369.95	806.02	100	961.84	100	1279.6	100	1777	1822	2016
辽宁	12.55	14.37	19.56	39.85	4.94	46.51	4.84	56.35	4.40	68	72	84
吉林	1.95	1.98	2.98	3.36	0.42	5.02	0.52	7.87	0.62	19	21	19
黑龙江	4	0.3	-0.21	10.5	1.30	7.72	0.80	3.63	0.28	16	17	17
东北总计	18.5	16.65	22.33	53.71	6.66	59.25	6.16	67.85	5.30	103	110	120
塑料制品业												
全国	545.02	646.84	763.2	2040.59	100	2371.52	100	2999.83	100	6884	7665	8382
辽宁	18.85	21.57	24.18	65.98	3.23	72.28	3.05	97.14	3.24	188	205	226
吉林	4.2	4.82	4.35	11.95	0.59	15.21	0.64	13.76	0.46	76	75	60
黑龙江	7.64	5.3	6.04	23.72	1.16	15.7	0.66	19.31	0.64	82	79	78
东北总计	30.69	31.69	34.57	101.65	4.98	103.19	4.35	130.21	4.34	346	359	364
非金属矿物制造业												
全国	1211.88	1365.16	1749.08	3671.1	100	4226.62	100	5489.83	100	14707	15305	16245
辽宁	53.4	52.73	64.69	175.93	4.79	178.81	4.23	228.34	4.16	557	595	641
吉林	15.73	17.22	20.81	50.17	1.37	49.75	1.18	64.76	1.18	222	207	190
黑龙江	13.59	15.61	15.59	43.28	1.18	42.52	1.01	45.33	0.83	208	201	203
东北总计	82.72	85.56	101.09	269.38	7.34	271.08	6.41	338.43	6.16	987	1003	1034

续表

	工业增加值（亿元）			工业销售收入（亿元）						企业数（家）		
	2001年	2002年	2003年	2001年	市场份额（%）	2002年	市场份额（%）	2003年	市场份额（%）	2001年	2002年	2003年
黑色金属冶炼及压延加工业												
全国	1530.15	1799.49	2824.01	5600.65	100	6471.51	100	9937.3	100	3176	3333	4119
辽宁	152.28	184.53	254.89	571.32	10.20	676.03	10.45	890.3	8.96	218	221	300
吉林	17.4	23.61	35.74	94.05	1.68	93.01	1.44	115.6	1.16	47	40	35
黑龙江	6.83	8.12	13.44	32.15	0.57	30.43	0.47	54.49	0.55	24	20	37
东北总计	176.51	216.26	304.07	697.52	12.45	799.47	12.35	1060.39	10.67	289	281	372
有色金属冶炼及压延加工业												
全国	591.18	626.14	902.13	2260.62	100	2547.32	100	3494.68	100	2823	2942	3367
辽宁	49.1	21.41	48.88	113.22	5.01	134.26	5.27	158.33	4.53	170	163	161
吉林	4.89	6.24	4.26	15.09	0.67	15.06	0.59	18.68	0.53	21	20	26
黑龙江	2.69	2.48	2.32	13.4	0.59	12.4	0.49	12.62	0.36	9	9	8
东北总计	56.68	30.13	55.46	141.71	6.27	161.72	6.35	189.63	5.43	200	192	195
金属制品业												
全国	713.28	841.23	971	2635.49	100	3083.62	100	3772.84	100	9274	10039	9746
辽宁	27.9	26.1	29.08	101.22	3.84	98.07	3.18	129.1	3.42	285	284	291
吉林	4.32	3.29	3.1	12.47	0.47	7.71	0.25	8.25	0.22	75	74	56
黑龙江	3.93	4.23	5.33	16.01	0.61	15.06	0.49	20.72	0.55	81	69	60
东北总计	36.15	33.62	37.51	129.7	4.92	120.84	3.92	158.07	4.19	441	427	407

注：数据来自国家统计局《工业统计年报》，所统计企业为国有及年销售收入为500万元以上非国有工业企业，工业销售额及工业增加值都为当年价格数值。

附录二　东北主要材料企业简介

1. 石化企业。

（1）中石油大庆石化公司。

中国石油大庆石化公司，是中国石油天然气股份有限公司的地区公司，是以大庆油田原油、轻烃和油田气为主要原料，从事炼油、化工、化肥、化纤生产的特大型石油化工联合企业。大庆石化是我国重要的石油化工基地和科研基地，并成为支撑国民经济和中国石化行业发展的骨干企业之一。公司现有6个生产厂，2个辅助生产厂，1个研究院和1个储运公司。至2001年，公司拥有生产装置131套，可生产60种151个牌号的石油化工产品。年销售收入150亿元左右，原油加工能力600万吨/年，每年可生产乙烯48万吨、聚乙烯36万吨、腈纶纤维6万吨、合成氨33万吨、尿素56万吨。

大庆石化公司在发展中形成了自身的优势，企业的核心竞争能力不断增强。炼油系统经过多年的发展，生产规模处于国内同行业企业的前列，能耗和物耗等关键指标处于全国同类装置领先水平。化肥系统占有原料产地和产品市场的双重优势，并保持着优质产品的优势，赢利能力和竞争能力处于行业第一位。以乙烯为龙头的塑料、化纤生产，上下游结合紧密，塑料和腈纶的成本低，产品质量好，差别化率高，在国内同行业中竞争能力和赢利能力处于前列。公司整体通过了 ISO9002 质量体系认证，被评为全国质量管理先进企业。近年来，公司每年都有新品种或新牌号的产品投放市场，是国内种类最全的石油化工产品生产商之一。

（2）中石油吉林石化公司。

吉林石化公司是国家"一五"期间兴建的以"三大化"为标志的全国第一个大型化学工业基地，累计向国家上缴利税210多亿元，为中国化学工业和国民经济的发展作出了突出贡献。吉林石化公司在册人数为25516人，高级职称人员516人。公司共有生产装置104套，其中石油和化工生产装置58套，具有国际水平的装置19套，占33%。目前，公司生产115种石化产品，主导产品13种，年生产商品量450万吨以上，原油一次加工能力550万吨，乙烯年生产能力53万吨，化工总生产能力465万吨。

（3）营口市向阳化工总厂。

营口市向阳化工总厂是一家民营科技企业。该企业注册资金为4400万元，资产总额为2.2亿元。2002年实现销售收入2亿元，利税6015万元。

主要产品有 CS 系列丙烯聚合高效催化剂、全密度高效聚乙烯催化剂、镍氢电池隔膜等。其中 CS 系列丙烯聚合高效催化剂和全密度高效聚乙烯催化剂是工厂的主导产品，占销售收入的85%以上。该公司的聚烯烃催化剂的技术水平填补了国内空白，替代国外产品，其中 CS－1 系列聚丙烯催化剂是第三代高效载体催化剂，它替代日本 TK 催化剂；CS－2 系列聚丙烯催

化剂是第四代催化剂，这种高效球形催化剂替代意大利巴赛尔公司的
FT－4S；CS－3 聚丙烯催化剂已达到国际领先水平，且拥有专利产品专利技
术。从 1998 年开始，公司系列催化剂产品在国内站稳了脚步，并且进军国
际市场，打破了国外垄断局面。分别在中东、东南亚、俄罗斯和美国等许
多国家和地区的厂家广泛使用。目前，该公司已经成为我国最大的聚烯烃
催化剂生产厂家，国内市场占有率达到 80%。

（4）大连凯飞化学股份有限公司。

大连凯飞化学股份有限公司成立于 1999 年 12 月，是由中国科学院大连
化学物理研究所联合大连金港集团公司等五家单位共同发起设立的股份制
企业。现有资产总值 4.2 亿元。

公司以新型农药及其中间体、特种高效催化剂的研究、开发、生产和
销售为主营业务，是农业部、国家石化局农药定点生产企业。公司 2002 年
实现销售收入 1.8 亿元，利税 3000 万元。公司现有农药中间体、医药中间
体、农药产品、催化剂等四大类产品，以高效、低毒农药及中间体产品为
主，达到 2000 吨左右。主导产品结构处于不断的调整之中，目前主要有甲
氰菊酯占 20%；苯酰氯胺 RH117281 中间体占 50%；2，5－二甲基－2，
4－己二烯占 10%；低毒烟碱类的吡虫啉杀虫剂占 10%；催化剂和其他占
10% 左右。其中，甲氰菊酸是菊酯类农药甲氰菊酯、高效甲氰菊酯的中间
体，其生产技术是由中科院大连化学物理研究所开发，是公司的专利产品。

凯飞公司是美国道化学公司全球唯一的 RH117281 供应商。2，5－二甲
基－2，4－己二烯是生产除虫菊酯类农药以及合成医药和其他化学品的重要
原料，公司采用的催化直链缩合法生产工艺，已获专利。甲氰菊酯的国内
市场占有率达到 80%；苯酰氯胺 RH117281 中间体除占领了国内市场外，大
部分产品出口攻占国际市场。

（5）四平联合化工股份有限公司。

四平联合化工股份有限公司是 1999 年 9 月由中化四平联合化工总厂 9
家社会法人及职工自然人共同发起设立的股份制化工企业，拥有职工 2421
人，资产总额 61100 万元，正常年可实现销售收入 30000 万元，利润 3500
万元。

其主要产品有烧碱 4 万吨/年，液氯 1 万吨/年，工业盐酸 2 万吨/年，
硫酸 3 万吨/年，氯磺酸 1 万吨/年，聚氯乙烯树脂 3 万吨/年，磺胺系列原
料药工业磺胺 1500 吨/年，磺胺脒 1000 吨/年，磺胺二甲基嘧啶 1500

吨/年、磺胺噻唑 200 吨/年等无机、有机、轻工、医药四个系列 20 多个品种，年产量 30 多万吨，是国内烧碱和聚氯乙烯行业重点企业，是国家 1000户重点企业之一，全国化工百强企业和吉林省 10 户重点企业之一。

（6）大庆华科股份有限公司。

大庆华科股份有限公司成立于 1998 年，2000 年在深交所上市，注册资本为 1.15 亿元。公司现有五家直属企业（化工分公司、科技开发分公司、聚丙烯一厂、聚丙烯二厂和药业分公司）和四家参控股公司。公司现有员工总数为 843 人，总资产 52384 万元，总负债 11977 万元，资产负债率22.86%。2002 年技工贸总收入 48977 万元。公司自成立以来，技术开发、生产经营业绩突出，获得省、市多项荣誉，2000 年被黑龙江省确定为高新技术龙头企业，2001 年被科技部认定为 2001 年度国家火炬计划重点高新技术企业。

公司主要从事精细化工、树脂专用料、医药制药三大领域的生产经营，有 C9 石油树脂、C5 石油树脂、精制加氢 C5、精制乙腈、聚丙烯、电缆绝缘料、医药等七大系列、31 个品种、114 个牌号。公司乙腈、石油树脂和聚烯烃改性生产技术在国内处于领先地位，石油树脂生产装置是目前国内最大的石油树脂生产装置，国内市场占有率达到 20%，乙腈产品国内市场占有率达到 6%，聚丙烯及其改性产品国内市场占有率达到 0.7%。

近期内，公司集中力量做大做强公司的现有三大支柱产业：在精细化工领域，重点开发专用石油树脂产品，开发 10 个专用石油树脂新品种，各种石油树脂产量达到 10 万吨/年，建成全国最大的石油树脂生产基地。在工程塑料领域，配合大庆市塑编城和注塑城建设，开发 50 个工程塑料产品品种，销量达到 20 万吨/年，建成东北地区最大的改性塑料生产基地。在医药领域，利用药业分公司通过 GMP 认证的有利条件，走仿制和新药开发相结合的道路，争取在 5 年内开发出 100 个医药品种。

（7）黑龙江石化有限公司。

黑龙江石化有限责任公司是地处大庆的黑龙江省的国有大型企业，始建于 1960 年，是黑龙江省建成的第一家炼油厂。经过 40 年来不断的技术改造发，展成为今天的大型石油化工企业。黑石化形成了"精炼化工"的优势，经济实力比较雄厚。现拥有 70 万吨/年常减压、40 万吨/年催化裂化装置、1.2 万吨/年壬基酚、1 万吨/年甲基叔丁基醚（MTBE）、1.2 万吨/年甲乙酮（MEK）、10 万吨/年轻烃分离装置、5.6 万吨/年正构烷烃装置等九套生产装置。其中壬基酚和甲乙酮装置是目前国内技术最先进、生产规模最大的现代化化工装置，是全国最大的壬基酚产品及甲乙酮产品生产基地。公司被评为"省级先进企业"、"省级文明单位标兵"，2000年被省政府列为全省重点工业企业第25位，是黑龙江省石化行业的骨干企业之一。

公司现有职工2346人，截至2002年年底公司拥有总资产13.5亿元人民币，其中固定资产净值是8.4亿元人民币。2002年工业产值57582万元，年销售收入10亿元人民币，利税7684万元人民币。主要产品有：90#、93#、95#车用汽油，0#、－10#、－20#、－30#柴油，6#、120#、200#溶剂油、石脑油、液化气、丙烯、聚丙烯、壬基酚、十二烯、壬烯、重烷基酚、甲基叔丁基醚、仲丁醇、甲乙酮等20多种石油化工产品。

（8）黑龙江龙新化工有限公司

黑龙江龙新化工有限公司是中国目前最大的有机玻璃化工生产基地，拥有资产8.5亿元，占地24万平方米，1991年建成投产。公司具有先进的技术和设备、一流的管理人才、集约化的生产规模、完善的科学管理体系、良好的企业文化素质。公司技术力量雄厚，拥有专业技术人员300多人。主装置分别从美国、法国和意大利等国引进，采用国际先进工艺技术进行生产，并配备有先进、齐全的产品分析检验仪器和产品实验设备，拥有先进的聚合物中试装置，具有较强的产品研制开发能力。

公司年生产能力为：甲基丙烯酸甲酯3.5万吨、有机玻璃模塑料1.2万吨、有机玻璃板材4500吨、聚氯乙烯加工助剂2000吨、亚克力卫生洁具5万件、硫酸铵6万吨，年创产值4.2亿元。现已形成以甲基丙烯酸甲酯为"龙头"的七大产品优势格局，产品出厂优级品率始终保持100%，多次被评为"省名优产品"、"全省用户满意产品"、"国家级新产品"和"全国建筑行业推荐产品"。

2. 冶金企业。

（1）鞍山钢铁集团公司。

鞍山钢铁集团公司是中国特大型国有企业，总占地面积176平方公里，其中工业用地129.19平方公里。集团公司拥有6座大型铁矿山、4个选矿厂、1个炼铁总厂、2个炼钢厂、13个轧钢厂和焦化、耐火、机械、动力、运输、建设、综合利用等辅助配套单位，以及技术中心、设计研究院、自动化公司等科研、设计单位。生铁、钢、钢材的综合能力均在1000万吨以上。

鞍钢目前能够生产 700 多个品种、25000 多个规格的钢材产品。全面通过 ISO9002 质量体系认证，船用钢通过 9 国船级社认证，石油管通过 API 认证。1995 年以来，鞍钢按照"改革、改组、改造、加强企业管理"的要求，不断深化企业改革，现代企业制度初步建立，其股票在香港和深圳上市。走出了一条"高起点、少投入、快产出、高效益"的老企业技术改造新路子，主体技术装备和生产工艺达到国际先进水平，形成了从热轧板、冷轧板到镀锌板、彩涂板的完整产品系列。鞍钢成为国内能够生产轿车面板的少数钢铁企业之一和全球最大的集装箱钢板供货企业。

（2）本溪钢铁集团公司。

辽宁省本溪钢铁集团公司是一家 1905 年建厂的老企业，曾经以"人参铁"享誉全国。在国有企业改革脱困和振兴东北老工业基地的进程中，本钢集团积极用高新技术改造传统钢铁产业，走新型工业化道路，使企业发生了翻天覆地的变化。2003 年，集团公司职工 1.73 万人，实现销售额 110 亿元。

自 2000 年以来，本钢集团先后投资 66 亿元实行大规模技术改造。目前，本钢的钢铁产品已经由改造前的七大系列 30 多个品种增加到 27 个系列 323 个品种，在世界钢铁企业 50 强中排名第 31 位。本钢正逐渐成为世界精品板材生产基地和具有国际竞争力的现代企业集团。

（3）辽阳铜业集团。

辽阳铜业集团为民营股份制企业，注册资金 5000 万元，资产总额 1 亿元。主导产品铜、铜合金棒、线、管。2002 年铜材产品产量 12000 吨，实现销售收入 2 亿元，利税 1800 万元。国内同行业排名第 4 位。

该企业生产的高精度铜及铜合金板带材主要包括大规模集成电路引线框架材料、电子元器件接插件材料、大功率干式变压器绕组材料、电缆铜材以及其他热交换铜材。其中，大规模集成电路引线框架材料是国家科委"863"重点支持的方向，该材料要求高弹性、高精度、耐高温，特别是引线框架材料的晶粒度要求更高，必须经过特殊的热处理和加工工艺获得。国内对高精度铜及铜合金板带材市场需求量达 6.6 万吨以上，目前只有洛阳铜材厂能够生产 1 万吨左右，其余全部依赖进口。

（4）东北轻合金有限责任公司。

东北轻合金有限责任公司（原东北轻合金加工厂）是作为"一五"期间苏联援建的 156 项重点工程中的两项建设发展起来的新中国第一个铝镁合

金加工企业。1952 年筹备建厂，1956 年 11 月开工生产。于 1998 年 6 月改制组建为国有独资公司。公司资产总额为 19.9 亿元，现有职工 7966 人，公司拥有各类设备 6291 台（套），其中部分设备如预拉伸机、热轧机等为亚洲地区和国内少有的大型铝加工设备。

公司主要产品为"天鹅"牌铝及铝合金板、带、箔、管、棒、型、线、锻件、粉材等 18 大类、236 种合金、3000 多个品种、12800 多个规格，以品种最全、规格最多而著称。全部产品通过了 ISO9002 质量体系认证，有 55 种产品达到国际标准，有 58 项产品 191 次获省级以上优质产品证书，其中国优金奖 4 项 7 次、银奖 7 项 13 次，有 13 项产品获全国新产品金龙奖，全部产品被评为"黑龙江名牌"。产品除满足国内 30 个省市自治区的数千家用户外，还远销欧洲、东南亚、美、日、韩等 16 个国家和地区。

该厂自创建以来，为我国国防工业和国民经济各部门的发展作出过重大贡献。截至 2002 年年底，累计向国民经济各部门提供了 164.6 万吨铝、镁加工材料，上缴利税 18 亿元。到目前为止，公司始终承担着 60% 以上的国家重点国防军工铝镁材料研制任务，在国民经济建设和同行业中战略地位及作用不可替代，被盛誉为"祖国的银色支柱"。

（5）东北特殊钢集团有限责任公司。

东北特殊钢集团有限责任公司由原辽宁特殊钢集团有限责任公司的全部资产和北满特殊钢集团有限责任公司的主要经营性资产重组而成，以高质量档次、高附加值特殊钢生产经营为主营业务，注册资本 364417.15 万元，于 2004 年 9 月 23 日正式挂牌运营。国家工商管理总局 2004 年 4 月 8 日核准，以东北特殊钢集团有限责任公司为核心企业，组建东北特殊钢集团。

东北特殊钢集团有限责任公司总部设在大连。拥有全资子公司 6 家、控股子公司 11 家、参股子公司 1 家。分别在辽宁省大连市、辽宁省抚顺市、黑龙江省齐齐哈尔市各设有一个生产基地。大连基地拥有一个上市股份公司——大连金牛股份有限公司，抚顺基地拥有一个上市股份公司——抚顺特殊钢股份有限公司，齐齐哈尔基地拥有一个具有独立法人资格的企业——东北特钢集团北满特殊钢有限责任公司。

东北特钢集团发展目标定位：建成国际化科技型一流特钢企业。东北特钢集团组建后，规划用 5～6 年时间，年产优质特殊钢将达到 328 万吨，年产优质特殊钢材 288 万吨，年销售收入 176 亿元。将成为中国第一个年销售收入过百亿元的特钢企业，并跻身世界特殊钢行业前五名。东北特钢集团主导产品发展方向定位：高附加值、高质量档次特殊钢精品。因此，东北特钢集团是一个专业化、规模化生产经营高质量档次、高技术含量、高附加值和国家急需关键品种的特殊钢企业。

3. 新材料企业。

(1) 大连振邦氟涂料股份有限公司。

大连振邦氟涂料股份有限公司是在大连塑料研究所改制的基础上发展起来的股份公司，是国内最早实现氟涂料生产的企业。注册资本 8210 万元人民币，现有资产总额为 2.44 亿元。已形成了 1500 吨氟树脂、3000 吨氟涂料的生产能力。主导产品有常温固化型氟碳漆、烘烤型氟碳漆、单组分氟碳漆等三大类产品。2002 年实现销售收入 7800 万元。

该公司是世界上第一个实现水性氟涂料产业化的企业。2003 年我国对高性能涂料的需求量将达到 100 万吨，并还将以每年 8% ~ 10% 的速率增长。氟涂料作为一种综合性能优异的高性能涂料新产品，可以广泛替代其他品种，市场潜力很大，目前国内市场占有率不到 1%。企业下一步重点解决氟树脂单体合成、规模化生产工艺等问题，大幅度降低成本；同时新扩建氟树脂生产能力将达到 6000 吨/年，氟涂料生产能力达到 10000 吨/年。

(2) 大连路明科技集团有限公司。

大连路明科技集团有限公司成立于 1994 年，是科技部和大连市科委认定的高新技术企业。注册资本 5800 万元，资产 1.3 亿元，是国内稀土发光材料及制品领域的龙头企业。2002 年实现销售收入 3.9 亿元，利税 8300 万元。

公司的主导产品是高效蓄光型稀土自发光材料及制品，产品主要有各类稀土发光粉、发光膜板、发光陶瓷和搪瓷釉料、发光标志牌、发光化纤、发光玻璃工艺品等，年生产能力已经达到 500 吨。其中，稀土发光颜料约占 40%，发光膜板占 10%，安全标志占 45%，其他占 5%。新型高效蓄光型稀土自发光材料是路明集团在国际上率先发明并拥有自主知识产权的专利产品，填补了国际上发光材料领域的空白。目前路明公司的技术、产品、生产规模及市场覆盖均居全国第一位，产品远销美国、日本、欧洲、东南亚等 30 多个国家和地区。在国内市场的占有率达 90% 以上，国际市场的占有率达 70% 以上。

(3) 沈阳金昌普新材料股份有限公司。

沈阳金昌普新材料股份有限公司注册资本 4100 万元，总资产 6 亿元。该公司主要科技骨干来自中国科学院具有丰富科研和技术开发经验与突出成绩的老、中、青科技专家和中高级专业人员。2002 年实现销售收入 2.4 亿元。

该企业的主导产品连卷式发泡镍等金属新材料及制品，全部通过 ISO9002 国际质量保证体系认证，产品广泛应用于电子信息、电动汽车、航空航天、石化和军工等领域。该项目利用自主开发的"连续复合真空镀镍"技术设备，降低投资和运行成本，全部工艺采用"零排放、零污染"环保技术。拥有自主知识产权，达到国际领先水平。沈阳金昌普新材料股份有限公司还是我国重要的耐热合金生产基地。

（4）大石桥市青花集团。

大石桥市青花集团是坐落在"中国镁都"大石桥市的一个伴随着改革开放发展起来的大型非公有制企业集团，现有员工 3000 人，其中耐火材料专家和各类专业技术人员 300 余人。2002 年实现产值 12.5 亿元，利税 1.59 亿元，被评为 2002 年度辽宁省纳税百强企业，通过 ISO9001：2000 质量体系认证。

集团装备有重烧镁砂窑 20 座、轻烧镁砂窑 18 座、电熔镁砂炉 11 座、高纯合成砂窑 2 座、110 米长，最高烧成温度 1850°C 超高温隧道窑 6 座、镁碳砖生产线 2 条，总资产达到 8 亿元。该公司以碱性耐火材料——包括各种镁砂、电熔镁砂、高纯合成砂、镁砖、镁铝砖、镁钙砖、镁铬砖、镁锆砖、镁碳砖系列产品和各种不定型耐火材料为主导产品，各种镁质耐火材料年生产能力 60 万吨，除满足国内冶金、建材、轻工等行业 500 余家客户的需求外，50% 出口到日本、韩国、俄罗斯、美国、英国、德国、南非、南美等 40 多个国家和地区，镁质产品深加工能力和水平居国内领先，一些产品达到世界同行业先进水平。

（5）大石桥市荣源镁矿有限公司。

大石桥市荣源镁矿有限公司属民营科技型企业，资产总额 1.3 亿元。公司主导产品镁质耐火材料，与攀钢、武钢、宝钢、酒钢、鞍钢等大型钢厂建立了供求关系。产品远销美、俄、日、韩和欧洲多个国家。2002 年生产能力 2000 吨，实现销售收入 1.5 亿元，利税 3000 万元。

公司的主导产品无碳连铸耐火材料系列属替代国外进口产品，是钢铁冶炼过程中的关键材料之一，可显著降低钢中杂质元素含量，提高钢铁质量。该项目被列为国家"十五"攻关项目,其中连铸耐火材料"三大件"被评为辽宁省科技进步一等奖。"十五"后两年该公司主要以无碳连铸耐火材料扩产和开发连铸炼钢用薄壁水口为主,其中无碳耐火材料扩大规模到5000吨,薄壁水口720吨。

(6)中科英华高技术股份有限公司。

中科英华高技术股份有限公司是长春热缩更名而来,长春热缩首先是从中科院长春应用化学研究所实验室里诞生的,从填补中国热缩产业空白的"六五"国家攻关项目,到成为"亚洲热缩材料产销基地",并在1995年被国外专家公认为亚洲唯一具有热缩材料综合生产实力的企业。公司由1987年创立时的17.5万元注册资本,到2003年年底总资产已达到9亿多元,当年净利润达到近5000万元。

中科英华创立了中国的热缩产业,而且将产品空间涉足航天、军工、电力、石油、通信、电子等重要行业,使热缩产品真正开始具有产业规模和产业效益。公司由1987年创立时的17.5万元注册资本,到1994年资产增加到3396万元,并改制为股份公司,成为中科院系统内的首家股份制公司。1997年在上交所挂牌上市,成为国内热缩材料第一股。企业主要产品包括通信电缆附件热缩产品、热缩套管系列产品、热缩型电缆附件电力绝缘防护工程材料、长输管线及保温管线用钢质管道防腐热缩材料系列产品。

(7)一汽铸造有限公司。

一汽铸造有限公司是中国第一汽车集团公司的全资子公司,是目前国内最大的汽车铸件生产基地之一,现有员工6407人,造型线19条,铸件年生产能力28万吨。公司通过ISO9001、QS9000、VDA6.1质量体系认证。

公司拥有光谱分析仪、原子吸收检测仪、磁力探伤机、X光探伤仪、电子金相显微镜、三坐标测量仪、各种机械性能检测设备、化学分析和型砂检测等先进设备,具备良好的开发、设计和科研能力,积极进行新技术、新工艺、新材料的研究与应用。公司目前拥有双联熔化工艺,气冲、静压、挤压、高压、壳型造型技术,冷芯、热芯、壳芯制芯技术及程控砂处理系统,可生产灰铁、球铁、蠕铁、铸钢等各类铸件。同时,公司拥有重力铸造、低压铸造、高压铸造及消失模铸造等先进铸造技术,生产各类有色合金铸件。

(8)长春吉大高新材料有限责任公司。

长春吉大高新材料有限责任公司是研究开发并规模生产特种工程塑料

聚醚砜（PES）、聚醚醚酮（PEEK）树脂及其二次制品的企业。公司位于长春经济技术开发区，占地 50000 平方米，注册资本 1.5 亿元，具备年产 PES 树脂 300 吨的生产能力，现正在扩建年产 PEEK 树脂 500 吨的生产线，该项目被列为国家"十五"高技术产业化示范工程。公司产品在电子信息、家电、石油化工、汽车航空、机械、纺织等领域得到了成功的应用。PEEK 树脂已经销往日本、美国、德国、韩国、中国台湾等国家和地区。

（9）长春大力纳米技术开发有限公司。

长春大力纳米技术开发有限公司现有净资产 2.86 亿元人民币，公司年产 5 万吨纳米级碳酸钙项目是国家重点高科技产业化示范工程项目，2004 年 6 月底完成并投产。公司的纳米技术工业性试验基地建有纳米润滑油生产车间，纳米添加剂研制生产车间，纳米粉体研制生产车间，纳米中药原料研制生产车间等。

（10）吉林赛纳纳米技术（集团）股份有限公司。

公司成立于 1999 年 12 月，是纳米技术研究、开发、应用为一体的高科技技术产业，是纳米科研成果的孵化器。公司注册资金 7500 万元，多年来致力于纳米技术的产业化，先后开发出石材瓷砖纳米多功能剂、纳米领带服饰、水分散环境友好型纳米漆等高科技产品。

（11）大庆汉维长垣高压玻璃钢管道有限公司。

大庆汉维长垣高压玻璃钢管道有限公司是由大庆开发区竹田复合材料有限公司主要控股的高科技企业，创建于 1994 年，注册资本 839 万元，固定资产原值为 3123.3 万元，近几年累计产值 17411.8 万元，销售收入 16069.1 万元，利润 5102.3 万元，税金 795.7 万元，银行信用等级为 A 级。公司现有员工 179 人。

目前，公司拥有先进的纤维缠绕、拉挤、模压等生产线 11 套，主装置缠绕设备采用微机控制，设计年生产能力 12000 吨。主产品有玻璃钢夹砂管道、大型玻璃钢贮罐、冷却塔、水箱、玻璃纤维缠绕压力管、玻璃纤维增强塑料离心通风机等八个系列 300 多个品种，是一个集环保技术、化工产品、复合材料于一体的综合性企业。公司 2000 年顺利通过 ISO9002 国际质量体系认证，标志着公司的质量管理和产品质量水平达到国内先进水平。

（12）黑龙江丹峰磨料磨具集团有限公司。

黑龙江丹峰磨料磨具集团有限公司始建于 1987 年，集团公司下属五个子公司，是全国最大 500 家私营企业之一、东北三省技术创新先进单位、黑龙江省私营企业 50 强、省高新技术企业、牡丹江市的大型科技民营企业。企业通过 ISO9001：2000 质量体系认证，具有出口自营权，在全国磨料磨具行业中占有十分重要的位置。

公司多年生产磨料磨具产品，在此基础上向特种陶瓷行业、新材料领域跨进，不断增加产品的科技含量。主要产品高纯碳化硅粉体材料是 2001 年国家级"火炬计划"项目，高纯 SIC 粉体是省级"火炬计划"项目。目前正在研究开发高纯碳化硅超细微粉是黑龙江省高新产业化基金项目。公司在技术方面有郑州三磨所、沈阳飞机制造厂、哈工大、天津大学等单位的技术支持，无论从生产装备、检测装备，还是技术装备，在国内都是领先，在国际也处于先进水平。

附录三　东北主要材料科研机构简介

1. 中国科学院沈阳金属研究所。

中国科学院沈阳金属研究所坚持材料科学与工程研究的科研方向定位，以高性能金属材料、新型无机非金属材料和先进复合材料等为主要方向，研究这些材料的结构、性能、使役行为及其相互关系以及防护技术，并注重材料制备与加工及工程化研究。在材料科学的若干前沿领域，争得国际市场一席之地，特别是在新型纳米材料、金属功能材料等活跃领域参与竞争；应用研究瞄准国家重大需求，为新材料实用化和产业化，为国民经济作出重大贡献。

该所在原快速凝固非平衡合金国家重点实验室、材料疲劳与断裂国家重点实验室、固体原子开放实验室、国际材料物理中心的基础上，在科技部和中科院的支持下，于 2001 年 6 月 28 日成立沈阳材料科学国家（联合）实验室。该所还设有金属腐蚀与防护国家重点实验室等 10 个研究室。建有高性能均质合金国家工程研究中心、腐蚀与防护国家工程技术中心和北方新材料研究与发展中心。并独资持有沈阳科金新材料开发总公司，控股沈阳金昌普新材料股份有限公司，大力发展高技术产业，带动地区高技术产业的发展。

2. 中国科学院大连化学物理研究所。

中国科学院大连化学物理研究所创建于 1949 年 3 月，在催化化学、工程化学、有机合成化学、化学激光和分子反应动力学、以色谱为主的近代分析化学等学科领域形成了自己的特色，取得了一系列重大的科技成果，为国民经济建设作出了重要贡献，先后有 10 位科学家当选为中国科学院院士。大连化学物理研究所以选控化学与工程为学科方向，开展战略性、基础性、前瞻性的创新工作。现有 10 个研究单元，其中有 3 个国家重点实验室和 3 个国家级研究中心。

3. 中国科学院长春应用化学研究所。

中国科学院长春应用化学研究所是集基础研究，应用研究和高技术创新研究为一体的综合性化学研究所，主要突出高分子化学与物理，稀土化学与物理和电分析化学等具有明显优势的学科领域的综合集成开展研究工作，现有两个国家重点实验室和 1 个中国科学院开放实验室：高分子物理与化学国家重点实验室，电分析化学国家重点实验室，稀土化学与物理开放实验室。另设农业化学实验室，材料与器件实验室，新药研究实验室，高分子工程实验室 4 个专业实验室和 1 个国家电化学和光谱研究分析中心。在科技成果转化和创办高新技术产业方面，逐步形成有特色的高技术产品。长春热缩材料股份有限公司是中国科学院首家上市的所办股份制企业，其中动力电缆附件产品在国内市场占有率达 40%，并已向国外出口产品。

4. 中国科学院长春光学精密机械与物理研究所。

中国科学院长春光学精密机械与物理研究所是新中国最早开展光学科学与工程技术以及发光学研究的科研机构，是中国科学院所属规模最大的研究所。建有激发态研究室、发光材料研究室、应用光学研究室、图像处理研究室、光学虚拟部、光学技术中心、光学对抗与测控部、空间光学部、航空侦察与测量部、光电传感研究室、精密检测研究室、CAD 研究室 12 个研究机构。其主要研究方向为：发光学、现代应用光学、空间光学、光学工程、信息显示技术、微纳米科学与技术、医用光学、先进加工制造技术等。

5. 沈阳化工研究院。

沈阳化工研究院是原化工部直属科研单位，现为隶属国务院企业工委管理的大型科技型企业。主要从事以农药、染料及有机中间体为主的精细化学品的研究与开发。

国家农药和染料产品质量检测中心、情报信息中心、标准化委员会，中国农药学会、染料学会均挂靠在沈阳化工研究院。近年来，又建成了农药国家工程研究中心和染料国家工程研究中心。

6. 哈尔滨玻璃钢研究所。

哈尔滨玻璃钢研究所是专门从事树脂基复合材料研究、开发和应用的科研机构，是"国家树脂基复合材料工程技术研究中心"的依托单位。

该所具备从事树脂复合材料研制的先进技术装备和分析测试仪器，拥有一支技术力量雄厚的科研队伍，从事以玻璃纤维、碳纤维、芳纶纤维及其制品等为增强材料的树脂基复合材料的技术开发和应用的综合研究工作。

7. 哈尔滨焊接研究所。

哈尔滨焊接研究所是中央 196 家大型企业集团中机械科学研究院的直属的、国内最大的以焊接技术研究与开发及焊接技术产业化的综合性科技企业。根据国家科研院所体制改革的总体要求，焊接所结合自身的实际情况，基本建立起了四大体系：产业化体系、科研开发与咨询体系、质检与监督体系和行业管理服务体系。自建所以来研制开发了数百种特种焊接材料和数百台自动焊专机和机器人工作站（线）。成果广泛应用于电站、核能、石油、石化、煤炭、冶金、矿山、船舶、汽车、摩托车、工程机械、机动车辆、建筑、桥梁、海洋工程、航空航天、仪器仪表、电子部件、轻工机械及日用家电等各行业部门。

8. 光明化工研究所。

光明化工研究所于 1964 年正式建立，是我国化工新型材料的开发、研制、生产基地之一。该所设有化工部气体质量监测中心、化工部特种气体信息站、化工部低温与特气工程技术中心。

光明化工研究所在科研领域已形成低温工程技术，特种气体分离、提纯、检测、包装技术，高纯金属有机源（金属有机化合物，金属醇盐），工业循环冷却水和污水处理技术，隔热工程技术，精细化工等 6 大专业方向。其中各种电子工业用气体，石油化工、医疗、环保、冶金等行业用纯气、高纯气、标准气、混合气等特种气体，产品销往全国各地，高纯金属有机化合物已进入国际市场，低温粉碎和超临界二氧化碳萃取技术和装置居国内领先水平。

9. 青花耐火材料研究设计院。

营口青花集团公司与洛阳耐火研究院、上海宝钢研究院、北京科技大学、中国建筑材料研究院共建的青花耐火材料研究设计院，紧跟高温工业的技术进步，不断开创市场急需的优质高效耐火材料，其中优质镁铬砖、烧成浸渍镁白云石砖、高级含碳砖被科技部认定为高新技术产品，营口青花集团也被辽宁省命名为高技术企业，烧成浸渍镁白云石砖、再结合镁铬砖申报了国家专利。

10. 长春汽车材料研究所。

长春汽车材料研究所具有一汽集团公司一系列的管理职能、制造技术开发职能和向全行业进行汽车材料规划管理和研究开发的职能。主要进行先进制造技术和汽车材料的试验和开发研究，为老产品的改造和新产品的开发提供新工艺、新技术和新材料，并为产品长远发展做好工艺技术储备。同时承担汽车行业有关金属材料、非金属材料和油料的开发研究课题，开展引进汽车产品用材的消化、吸收和国产化工作，并负责新型汽车（包括引进车型）所有非金属材料的开发、工艺试验，并组织汽车行业有关材料专业的学术交流、技术情报交流与技术协作活动。

经过多年的建设，长春汽车材料研究所具备进行汽车材料和制造技术开发研究的主要手段，设备仪器配套，技术水平位居国内同行业前列。现有试验和加工设备 800 台，试验仪器 58 台（套）。

11. 中国石油吉林石化公司研究院。

吉林石化公司研究院建于 1959 年，是我国化工行业最早建立的八个综合性科研单位之一，成功开发出万吨级硝基苯加氢制苯胺、万吨级有机硅等生产技术。中国石油催化重点实验室吉化研究室、中油股份公司吉林化工产品质量监督检验中心均设在研究院。

12. 黑龙江省石油化学研究院。

黑龙江省石油化学研究院长期承担大量国家、部、省重大科技攻关任务，成果广泛地应用到航空航天、舰船、机械、电子、化工、医药、汽车、建筑及民用等行业和领域。现在已形成科研开发和产业两大主体。科研开发主体由黑龙江省胶黏剂重点实验室、黑龙江省胶黏剂工程技术研究中心、芳烃综合利用新技术研究所、应用化学研究所、精细化学品研究所等单元组成；产业主体由黑龙江省胶黏剂中试基地、8 个以高新技术及产品为依托的股份公司及其他实体组成，辅之以相应的质量监督系统、条件保障及服务系统和精干、高效的管理体系。

13. 中国石油大庆石化分公司研究院。

大庆石化分公司研究院下设炼油研究室、化工研究室、精细化工研究室、树脂研究所、环保研究室、过程开发室等六个主要研究单位和仪器分析室、科技信息室、中试车间等三个辅助单位。主要从事炼油、化工、聚烯烃、精细化工、环保等方面的新工艺、新技术及新产品研究开发工作。经过 30 多年的发展，该院锻炼和培养了一支技术过硬、素质高、作风好的科研队伍，实验装备先进、齐全，中试厂房、公用工程成龙配套，共铺设仪表风、高纯氮气、氧气、氢气、合成气、天然气、中/低压蒸汽、乙烯、二氧化碳和瓦斯气等十条管线，分析仪器和实验设备近 500 多台（套），分析、测试手段齐全。已逐步在加氢工艺及催化剂、天然气化工、聚烯烃工艺及催化剂、α-烯烃制备、树脂加工应用研究等方面形成了自己的科研特色。目前，中国科学院、中国石油的天然气化工中试基地、中国石油天然气股份有限公司加氢技术研究中心均设在该院。

14. 哈尔滨工业大学材料科学与工程学院。

哈尔滨工业大学材料科学与工程学院下设材料科学系、材料工程系、焊接科学与技术系、材料物理与化学系及建筑材料系，另有现代焊接生产技术国家重点实验室、金属精密热加工国防科技重点实验室、空间材料与环境工程实验室及材料分析测试中心。2001 年材料学和材料加工工程学科被评为全国重点学科，2002 年材料物理与化学学科被评为国防科工委重点学科。承担了多项国家及各部委的基础研究及重点工程项目，主要研究方向包括航天用新型结构材料和功能材料、新型材料的精密成形加工、特种成形加工技术、材料加工过程的自动化和人工智能技术，材料加工工艺过程的数值模拟及最优化控制技术等。

15. 东北大学。

东北大学是一所以工为主、理工文管经法相结合的多科性国家重点大学。材料与冶金学院及轧制技术以及连轧自动化国家重点实验室无论在师资和科研实力上在学校都具有显著的位置，在国际、国内的材料、冶金等研究领域有重要的影响。其中钢铁冶金、有色冶金和材料学为国家一级学科。在新材料、新工艺、新技术及相应的过程控制和自动化系统开发研究方面承担了多项国家重点攻关课题，在超级钢的研究开发、轧制过程的智能优化和数模调优、人工智能应用、有色金属冶金、钢铁冶金、热能与环境工程等研究领域取得了众多的科研成果。

16. 大连理工大学。

大连理工大学 2002 年 10 月通过"十五""211 工程"建设可行性论证。化工学院在省内化工研究领域具有重要的影响。主要从事化工产品制备、分离与精制、功能材料及单元反应及工艺、生物技术的应用高性能、耐热工程塑料、先进聚合物基复合材料、功能高分子材料、新型热塑性弹性体等方向的研究工作。

17. 吉林大学。

吉林大学材料研究和开发集中在材料科学与工程学院、化学学院、物理学院等部门，拥有无机与制备化学国家重点实验室、超硬材料国家重点实验室、集成光电子学国家重点实验室、汽车材料教育部重点实验室和吉林省汽车材料工程研究中心、特种工程塑料教育部工程研究中心等科研机构，在金属材料、无机非金属材料、有机高分子材料、纳米材料、汽车专用材料等方面具有很强的研究实力，并取得了丰硕成果。

分报告之四—3：振兴东北医药工业科技支撑战略研究[①]

中国社会科学院工业经济研究所课题组

———————————

① 中国社会科学院工业经济研究所：吕铁

　　医药产业是高投入、高收益、高风险产业，是发达国家竞相角逐的高技术产业，是成长性强、发展前景广阔的新兴产业。我国医药产业的总体规模仅次于美国，居世界第二位。东北的医药工业基础较好，是全国重要的医药生产基地之一。顺应国际医药产业分工和转移的趋势，抓住国内医药产业结构调整的机遇，将医药工业建设成为东北的支柱产业，符合东北经济自身发展的要求。在决定东北医药工业发展的众多因素中，提高科技创新能力的作用至关重要。贯彻"科技兴药"战略，运用国内外基础研究的先进成果支持自主创新能力的提高，实施技术创新工程，加强医药关键技术的开发和应用，是促进东北医药工业发展的重要途径。进一步看，东北医药工业科技创新能力的提高又有赖于制定并实施符合东北医药工业实际的科技支撑战略。

一、东北医药工业的发展现状及
未来发展的目标和重点

（一）东北医药工业发展现状

东北医药工业的产业基础是新中国成立后经过国家大范围调整、兼并、建设而逐步形成的。在相当长的一段时期内，东北制药总厂一直在全国制药行业的"四大家族"即东北制药总厂、华北制药厂、新华制药厂和太原制药厂中排行第一位，为国家财政及全国医药工业建设作出过重大贡献。改革开放以来，经过大规模的建设和持续的技术改造，东北医药工业的总体规模有了长足发展，形成了化学原料药及制剂、生物技术药品、中成药、医疗器械、制药机械和药用包装材料等多门类的医药工业体系，是全国重要的医药生产基地。2002年，东北医药工业实现销售收入244.4亿元，完成增加值108.7亿元，实现利税40亿元、利润21.1亿元。

表1　　　　　　2002年东北医药工业主要经济指标（亿元）

	销售收入	增加值	利税	利润
东北	244.4	108.7	40.0	21.2
辽宁	80.0	28.5	8.0	3.1
吉林	72.0	51.3	17.6	11.4
黑龙江	92.4	28.9	14.4	6.6

资料来源：根据调研资料整理。

东北医药工业拥有一批在全国具有较大影响的骨干企业。哈药集团和东药集团均是我国最大的以化学合成为主兼有生物发酵和制剂产品的综合制药企业之一，沈阳东软股份是我国数字医疗设备行业的骨干企业，吉林的修正药业和敖东药业均为我国中成药行业的 10 强企业。这些骨干企业掌握着一大批国内外知名、市场占有率较高的重点产品。例如，哈药集团的青霉素及半合成产品、头孢菌素等已成为国内市场最具竞争力的产品；东药集团维生素 C 的生产规模和产量位居全国首位，磷霉素钠已占国内市场 98% 、国际市场 70% 的份额；沈阳东软股份的 CT 机占全国 20% 的市场份额；沈阳三生股份生产的 EPO 和 $\alpha-2a$ 干扰素分别占国内市场 45% 和 20% 的份额；修正药业的斯达舒胶囊是全国中成药名牌产品，2002 年的单品产值达到 6.8 亿元。这些骨干企业和重点产品为东北医药工业的进一步发展奠定了坚实基础。

"十五"以来，东北医药工业针对全行业技术工艺落后、生产装备老化、生产效率低下的实际，抓住国家推行 GMP 认证这一契机，紧紧围绕骨干企业和重点产品进行技术改造，使一大批企业和产品的生产效率和市场竞争力迈上了新台阶。特别是对青霉素、抗生素和维生素等重点产品的生产线成功进行了深度技术改造，并将其作为示范工程，促进全行业向技术现代化、工艺工程化、质量标准化、产品规模化方向发展。经过这一阶段的技术改造，青霉素的生产技术指标得到全面提高，生产成本与年产率逐步接近世界先进水平；半合抗产品尤其是中间体和原料参与国际市场竞争的实力显著增强，初步具备了成为世界半合抗原料和中间体生产基地的条件；维生素 C 的各种技术经济指标都有了明显改善，与国外企业相比成本优势突出。

随着技术创新的推进，东北医药工业新产品开发的步伐不断加快，并培养了一批新的经济增长点。辽宁省共有国家保护期内新药 400 余种，国家中药保护品种 79 种，其中近两年开发生产的新药达到 100 种；吉林省共成功研制并获得国家新药批准文号 100 余项，中药新产品研发数量位居全国前列；黑龙江省共获得国家新药批准文号 191 项，其中 2003 年获得 33 项。2003 年，哈药集团共投产 18 个中西药及保健新产品，其中两个新产品进入国家"星火计划"项目；东药集团共有 11 个新产品投产，6 种新药获得国家新药证书，新产品产值率达到 23% 。近年来新投产的感康、安神补脑液、双黄连冻干粉针、葡萄糖酸钙、四联活菌片、人用纯化狂犬疫苗等中成药产品和生物制品的产值均突破亿元，这些质量可靠、知名度高、市场占有率大的新产品正成为东北医药工业新的经济增长点。

东北医药工业在坚持搞好国有及国有控股企业体制创新，进一步加快国有中小医药企业改组、改制工作的同时，抓住国家放开从事医药生产、经营范围这一机遇，紧紧把握行业外资金向医药行业流动的有利时机，在各级政府的积极倡导和支持下，大力培育和扶持非国有经济发展，使所有制结构呈现多元化格局，民营医药企业得以迅速成长。至 2002 年，辽宁省共有规模以上医药工业企业 126 户，其中国有及国有控股企业 38 户，集体企业 9 户，股份制企业 60 户，外商与港澳台投资企业 29 户。吉林省已形成了修正药业、敖东药业、通化东宝药业、通化茂祥药业等一批具有较大规模和较高知名度的民营医药企业，其中修正药业集团高居全省医药工业的"龙头"位置，其他企业也名列前茅。到 2003 年，黑龙江省非国有医药产值已占全省医药产值的 30% 以上，一批民营医药企业如圣泰药业、乌苏里江制药、灵泰药业、济仁药业等，均呈现出高速发展态势。

（二）未来 5～10 年东北医药工业发展的总体目标和战略重点

进入新世纪以来，我国医药工业面临的国内外环境正在发生深刻变化，既有巨大的发展机遇，又有严峻的挑战。东北医药工业已经具备加快发展的现实产业基础，而且还具有天然药物资源优势、产业技术优势、研发人才优势等有利条件。但是我们也要看到，制度创新动力不足、结构调整滞后、科技创新能力薄弱等问题的存在，以及外资医药企业大举进入和国内其他地区医药产业强劲发展带来的冲击和压力，又构成东北医药工业进一步发展的制约因素。发展是战胜困难、迎接挑战的根本途径。充分发挥优势，及时把握机遇，正视面临的矛盾，加快发展，再上台阶，向现代产业基地迈进，是东北医药工业新一轮发展的必然选择。

东北医药工业未来发展的总体目标：在继续保持现有骨干企业和重点产品良好发展态势的基础上，培育和扶持若干新的医药骨干企业和一批科技含量高、附加价值大、市场覆盖广的"北药"名牌产品；提高新药研发能力、新产品开发能力和企业技术创新能力，形成一个以化学原料药和天然药物为主，生物技术药物为辅，医疗器械等为补充，市场竞争力较强、具有鲜明东北地方特色的现代医药产业体系；将"北药"打造成继装备制造业和原材料工业之后的又一个支柱产业，成为东北地区新的经济增长点。

东北医药工业未来发展的战略重点：一是积极扩大优势原料药的市场份额。巩固和扩大已通过美国 FDA 和欧洲 DMF、COS 认证的原料药的市场份额，争取使进入欧美市场的原料药品种在现有的基础上增加一倍。二是调整制剂品种结构，扩大制剂产品出口。采用制剂新辅料、新技术、新设备开发新剂型，提高控缓释制剂等新剂型在制剂产品中的比重；采用新工艺提高制剂产品质量，积极扩大出口。三是大力推进中药现代化。加强中药材规范化种植，推行 GAP；加大重点中药企业技术改造力度，扩大中药保护品种的市场份额；加强中药品种质量控制，争取开发 1~2 个中成药进入国际药品市场。四是加快现代生物技术药物产业化。争取 1~3 个基因工程新药投产，3~5 个单克隆抗体诊断试剂（或疫苗）投产；采用生物工程技术对维生素 C、甾体激素类药等现有品种进行技术攻关，提高发酵水平，降低消耗，提高市场竞争力。五是稳步推进新药研发进程。逐步提高从事前沿技术研究的能力和专利产品开发能力，争取开发新药 100 种以上，其中两类以上新药 10 种左右，具有自主知识产权的新药 5 种以上。六是进一步提高医疗器械产品的国内市场地位。重点发展医疗诊断、检验、治疗三大系列产品，积极支持以康复保健为主的多功能、成系列的医疗产品的开发和生产，巩固和提高 CT 机和核磁共振仪等数字化医疗器械产品在国内市场的主导地位。

二、东北医药工业科技创新能力
与国际先进水平的比较

经过长期的努力和积累，特别是近十多年来的持续发展，东北地区已经形成相对完善的医药科研开发体系，总体科研水平在国内居中上位置。医药科研机构初具规模，新药研发投入力度有所加大，企业新产品开发能力进一步增强，产学研合作不断推进，研发人才队伍得到充实，这些进展都从不同角度反映了东北医药工业的科技创新能力有了明显提高。但是也必须清醒地看到，与国际先进水平相比，东北医药工业的科技创新能力在许多方面还存在很大差距，主要表现在：

第一，新药研发困难，目前仍以仿制药为主。新药研发费用高、风险大，但是一旦开发成功一种新药，就会改变企业的发展前景。如阿斯特拉

公司开发了治疗胃溃疡的药物奥美拉唑，使其从一家小型公司一跃成为国际制药大公司；辉瑞公司治疗心血管疾病的药物阿伐他汀，连续多年销售额超过 50 亿美元，2002 年更是达到 86 亿美元，居世界首位。我国的新药研究经费严重不足，基础研究积累薄弱，研究队伍力量分散，创新意识不强，新药设计、筛选方法、筛选技术及完全性评价测试等研究手段落后，与国际规范要求相距较远，难以适应新药研发的需要。与全国的情况一样，目前东北医药工业药物研发的重点也主要放在仿制国外专利到期或即将到期的产品上。新药研发主要靠仿制面临的问题：一是非专利药价格大大降低，企业收益小；二是市场前景好的药品大家纷纷仿制，形成内部竞争，一种药品多家生产的情况普遍存在。

第二，产品结构不适应产业发展和临床的需要，产品技术含量较低。在产品结构方面，原料药比重过大，制剂产品比重偏小；雷同产品多，优势产品少，特别是缺少具有自主知识产权、安全有效、质量稳定、市场畅销的新产品、新制剂。由于原料药利润明显低于制剂产品利润，造成企业的赢利水平很低，直接影响到企业的创新投入。在原料药生产技术方面，大宗原料药品种中半合青霉素和头孢系列原料药及相关中间体工业的技术水平与国外还有一定差距，产品质量和综合成本仍需进一步提高国际市场竞争力；小品种、高附加值原料药的开发和生产技术水平不高，自动控制程度差、能耗高、污染严重。制剂剂型和品种规格单调，生产技术远远落后于发达国家，产品质量普遍达不到国际同品种水平，能参与国际市场竞争的产品很少，目前化学制剂产品几乎没有出口。对缓释、控释、透皮、靶向给药等制剂新技术，东北医药企业的开发速度还很慢。

第三，中药现代化进程缓慢。实现中药产业技术的现代化，可以迅速改变我国中药产业的落后局面，为中药产业发展注入强大动力。国家中药现代化科技产业行动计划的实施在一定程度上改变了东北中药产业的落后局面，吉林省中药现代化科技产业基地的建设也取得了实质性进展，但总体上看，东北地区中药现代化的基础还很薄弱，具体表现在：重要中药材品种的种植栽培及深入研究与国际水平存在一定差距，中药材质量不稳定；中药企业应用高新技术进行技术改造的步伐明显落后于化学制药业，中成药的制药装备和工艺还很落后，使得大多数中药企业处于多品种、低效益状态；缺少具有高技术支撑的先进产品，具有速效、长效、高效，毒性小、副作用小、用量小，储存方便、携带方便、服用方便，符合国际标准的中成药品种很少；中药质量标准体系不完善，缺乏生产质量控制标准，检测手段与国际先进水平有较大差距。

第四，生物制药技术的产业化水平落后。生物技术产品的开发不是单纯的实验室技术，需要许多领域技术人员的参与。与欧美国家生物技术产品的研制开发主要集中在大型制药公司的情况不同，我国则以大学和研究所自行开发为主。由于缺乏中间试验方面的技术专家及缺少开发和申报临床试验方面的经验，造成研究成果难以走出实验室，而具备 GMP 标准的企业又缺少可开发的项目。从生物技术药物的研发状况看，东北地区也有不少生物技术科研成果接近甚至达到国际先进水平，但是由于中试环节薄弱，导致生物制药产业的上游与下游衔接相互脱节，科研成果转化率不高，生物制药技术的产业化水平明显落后于发达国家。现阶段东北的生物技术公司大多是科研人员全过程开发新产品并联合资金有限的投资商而形成的，在市场竞争中占优势的不多，在生产技术或经营方面也存在较大缺陷。

三、东北医药工业科技支撑的基本思路和主要任务

（一）科技支撑的基本思路

立足国情和东北医药工业的实际，以提高市场竞争力为目标，全面提升东北医药工业的科技创新能力，不断缩小与国内外先进技术水平的差距。以仿制开发为基础，模仿创新为重点，自主创新为方向，逐步实现新药研发由仿制向创新的战略转移。积极推进科研、产业一体化的研发新体制和新机制建设，充分利用现有资源，以企业为主体构建若干从靶点研究到产业化的新药研发平台。遵循市场规律，通过建立多元化的投入体系，加大对新药研发投入的支持力度，着力提高国家新药研发资助的有效性。

1. 逐步实现新药研发由仿制向创新的战略转移。

未来 5 ~ 10 年内，从技术水平、人才积累、资金实力、研发基础等方面

看，东北医药工业全面转向创新战略的条件尚不成熟，新药研发仍将以仿制为主。虽然对国外新药的仿制正受到越来越大的约束，但深入分析可以发现，新药仿制在今后一段时期内仍有文章可做。企业在根据国内临床用药需求决定仿制新药时，选题应尽量符合以下要求：所选新药应为在其专利或行政保护期满前两年内可提出注册申请的药物，或为非专利的通用名药；与目前已上市的同类药相比，其疗效和安全性均明显改进，并具有一定的特点及开发前景，便于形成研发企业的特色；剂量小，附加值高，用药覆盖面广，有望产生显著的经济效益；所需的原料与化学试剂国内均能自给，技术上有一定的难度，在市场竞争中易于自我保护。

从新药研发的进步历程看，仿制开发只是权宜之计，目的是为创新开发打好基础。着眼于长远发展的需要，东北医药工业在开发仿制药的同时，应该投入一定的力量进行创新药的研发。按创新程度的不同，创新药物的研发又可以分为模仿创新和自主创新两类。一般来说，新药创制在进入自主创新阶段之前，必须经历模仿创新阶段。东北医药工业中的一些重点大型企业，如哈药集团和东药集团等，已经具备从事模仿创新的基本条件。这些企业既有仿制技术的优势，又有合成工艺的基础，中间产物也多有积累，改造新药的局部结构，化学上制成大同小异的药物，相对易于从事。通过模仿创新进行必要的技术和人才积累，再逐步向自主创新阶段过渡，包括利用全新的机制和全新的结构进行药物设计。当然，在未来相当长的时期，仿创结合都将是东北医药工业创新药物研发的主要途径。

2. 以企业为主体构建完整的新药研发平台。

一方面，东北医药企业还没有实力独立建立起完整的新药研发平台；另一方面，东北地区从事药物开发的相关研究机构类别齐全、机构重叠、研究积累较强。因此，建立有效的科研、产业一体化体系是东北医药工业发展创新药物研发的必然要求。当前，尽管企业和科研机构的联合和合作十分普遍，但不同体制之间的这种联合缺乏有效的机制支撑，多数研发合同不能很好地履行，甚至出现内部竞争、低水平重复、各行其是的现象。没有以企业为主体的，从研究开发、中间试验到产业化有机整合的创新药物研发平台，就不可能开发出真正有竞争力的创新药物。以企业和科研院所的合作为基础，建立股份制性质的，明确法人治理结构的新型研发机构，将是一种有益的尝试。在这样的机构中，企业和科研院所之间应该有明晰的权益关系，企业家和科学家应相互尊重，同时要特别重视人力资本的作用。

3. 建立多元化的新药研发投入体系，提高国家新药研发资助的有效性。

创新药物研发投资大、风险高，仅仅依靠企业自身的投入很难满足要求。为此，必须建立多元化的创新药物研发投入体系，形成既有政府投入，又有企业投入；既有无偿使用的研发经费，又有有偿使用的资金；既有银行贷款，又有风险投入，多种渠道、多种形式共同投资创新药物研发的良好局面。国家要进一步加大对新药研发投入的资助力度，着力提高新药研发资助的有效性。目前，实行的由专家评审决定新药研发投入的资助体制并不符合市场规律，因为评审专家最终并不承担新药研发投入失败的责任。可以考虑通过设立具有独立法人资格的中介公司，这些中介公司在有权推荐开发前景良好的新药研发项目争取国家资助的同时，也需要承担相应的经济责任。在资助方向上，国家对新药研发的投入应该由以科研院所为主转向主要资助以企业为主体的新药研发平台建设。

（二）科技支撑的主要任务

1. 促进化学制药及生物制药逐步从仿制转向创新。

走自主创新道路，创制专利新药固然可能带来良好的市场前景，但就我国医药企业的现状看，研发投入不胜其负，基础技术积累也难以适应。长期以来，以仿制为主的药物研发道路，使我国医药企业在新产品开发方面缩短了与国外的差距。尽管加入世界贸易组织以后对专利保护期内的药品已不能无偿仿制，但是充分利用国际资源，开发专利期已满的品种，同时有选择地实施"me－too 药"战略，走仿创结合之路，仍然是我国医药工业新产品研发的重要途径。因此，东北医药工业的化学制药及生物制药企业虽然可以在少数几个化学药品和生物药品上进行战略投入研发专利新药，以期有所突破；但在未来较长时期内，其新产品研发的重点都应该放在仿创非专利药和"me－too 药"上。

有关资料显示，在 2001～2006 年，国际药品市场上约有销售额 370 亿美元的品牌药品将失去专利保护。专利药到期转为非专利药以后，药品的市场需求通常会急剧增加，但是限制却明显减少。开发非专利药不仅可以大大节省研发投入，降低市场风险，而且还有助于新技术的学习和积累。东北地区的化学制药和生物制药企业可以利用成本优势与现有的技术积累，规模化开发一批专利到期的通用名药品，用成本优势与国外的专利过期药品公司竞争，以赢取一部分市场利润；或者有选择地对即将到期的专利药品进行研究和准备，一旦专利到期，即可迅速投入生产。需要注意的是，即使是仿制专利过期的药品，也应实施技术工艺创新，在开发新用途、延长产品链、提高内在质量和缩短工艺路线上力争有所突破。

开发结构全新的专利药物难度高、投资大、成功率低，根据现阶段我国医药工业的实力和技术水平，除少数具有强大科研实力和充足资金保障的研发机构有条件进行具有突破性全新结构的药物开发外，应大力提倡"me－too 药"的开发。所谓"me－too 药"是以现有已知结构的药物为先导化合物，对其进行结构修饰或改造，从而产生新的药物。由于"me－too 药"与原来的新药在结构上有所不同，所以既能利用专利保护制度保护自己的知识产权，又可以突破他人利用专利在该领域形成的垄断，同时降低新药研发的风险，并为自主创新做了必要的技术积累。因此，加强"me－too 药"开发，有助于减少困扰我国新药开发的低水平重复，提高新药研制水平，对实现药物开发从仿制向创新的战略转移具有重要意义。推进东北医药企业的"me－too 药"开发进程，首先应该提高对"me－too 药"的认识，在科研经费及相关政策上予以足够的支持；必须加强医药企业与科研机构的合作，增加药理研究力量；努力提高科研人员的专利知识水平，积极学习其他国家在"me－too 药"开发方面的成功经验。

2. 加强中药创新研究，加快中药现代化进程。

随着化学药品毒副作用、耐药性的不断出现，加之医源性、药源性疾病的持续增加，致使相当多的疾病缺乏有效的治疗药物。为了寻求新的突破，许多国家把研发重点转向了药用植物。目前，世界上约有 180 家制药公司以及 40 多个研究机构从事天然药品开发，其研究项目多达 500 余项。在植物药开发应用方面，美国、德国、日本和韩国等国家投入较大。特别是日本，从事中医药的研发人员已达 5 万人，有 18 个中医药研究机构，汉方药厂 200 余家，处方用汉方药每年均以 15% 左右的速度增长。发达国家新一轮植物药的兴起，有力地推动了中药现代化的进程。

中药是我国医药工业中的战略产业，也是推动东北医药工业发展的重点产业。中药产业在东北医药工业中具有明显的优势，这个产业不仅要发展，而且应该有战略性的发展。如果说在化学制药的研发与生产方面，东北与发达国家相比存在很大的差距，在这个领域的追赶需要相当长的时间，但是在中药的研究与开发领域则不然，凭借在中药组方、中药材资源和中医药文化上的优势，东北的中药产业已经显示出强大的发展潜力。通过加强中药的创新研究，加速中药现代化，东北中药产业必将实现战略性发展。

　　加强中药的创新研究需要注意以下几个方面的问题：一是完善理论基础。中医药理论是在大量临床实践基础上形成的，迄今尚难用现代手段说明中药作用的本质和机理。应以现有的中医药理论为基础，运用现代物理学、化学和信息科学的相关知识，建立中药有效成分的分离方法，通过加强中药毒理学和方法学的研究来解决中药配伍禁忌，为开发安全、稳定、高效的现代中药奠定理论基础。二是加强标准化建设。长期以来，我国中药的质量研究滞后，大部分中药的质量标准与国际上对植物药的要求有很大差距。在植物药国际市场竞争中，谁拥有权威的质量标准和检测手段，谁就掌握主动权，为此要加强和完善中药的质量标准研究，推进中药生产的标准化和科学化。三是大力开发具有特色的中药新品种。加强组方合理、疗效突出、特色明显的中药复方研究，积极开发针对亚健康状态、重大疾病、慢性疾病和东北地方病等的保健、预防和治疗的现代中药。以具有疗效优势的中成药品种为基础进行创新，按照国际通行的标准和规范，开发出能合法进入国际市场的中药新品种。

　　3. 强化原料药优势，加大制剂新剂型的研发力度。

　　我国是化学原料药生产大国，有 60 多种化学原料药在国际市场上具有较强的竞争力，其中以 6 – APA、7 – ADCA、7 – ACA "三大母核" 为代表的抗生素系列产品已实现替代进口，成为规模优势品种。东北地区化学原料药的生产能力优势与技术优势突出。要进一步巩固和提高东北地区化学原料药的竞争优势，围绕共性技术和关键技术，组织产学研集中进行技术攻关，加大用高新技术和先进适用技术改造传统生产工艺的力度，突破工艺技术难点，大幅度降低生产成本，同时要以国际市场为目标，提高生产集中度，提高深加工品种的竞争能力。

　　化学药品的制造分为原料药制造与制剂制造。原料药是中间产品，制剂是药物的实用形态。制剂的产品附加值要远远高于原料药，按国际惯例，医药产品的原料与制剂的比价差一般是 1:10，而我国一般为 1:3。原料药与制剂药结构不合理，原料药的比重偏高，是我国及东北的化学制药行业面临的突出问题。国外一种原料药能加工 8～10 个剂型，而我国一般只是 3～4 个。目前，我国一方面大量出口低附加值的原料药；另一方面又不得不大量进口价格昂贵的制剂药。在原料药的生产已经出现供大于求的情况下，只有大力提高制剂药的研发和生产水平，尤其是加强与本地区原料药相关的制剂新剂型的研发，才能真正使东北化学制药行业的发展迈上新台阶，进而把医药工业做大做强。

要实现制剂品种的先进性与合理性，加快新剂型、新品种、新辅料的发展速度，缩小与国际先进水平的差距，一是要发展控释、缓释、透皮吸收、靶向、脂质体新剂型；二是对现有品种的处方设计、工艺技术、药用辅料进行技术创新；三是加强对缓控释制剂的定速、定位、定时释放技术、制备靶向释放系统的脂质体技术、固体分散技术等高端技术和研发工作，力争在制剂发展上有新的突破。

4. 适应市场需求，大力开发非处方药品。

一方面，由于生活水平和医药知识水平的提高，近年来人们自我药疗和自我保健的意识不断增强，自购自用药品的现象日益增多；另一方面，公共卫生开支过大，医疗费用负担过重，也是各国政府、保险公司和社会公众共同面临的难题之一。因此，世界各国政府纷纷鼓励自我药疗，积极推动处方药转为非处方药。进入 20 世纪 90 年代以来，全球非处方药（OTC）市场发展速度大大加快，其销售额从 1993 年的 325 亿美元增加到 1998 年的 571 亿美元，年增长率为 8%，在全部药品市场中占 15%~20% 的份额。OTC 药品的利润率一般在 15% 左右，处方药则为 30%，尽管利润率相差一倍，但一个处方药被批准转化成 OTC 药之后，其销售额往往可以增加 4 倍。

从 1999 年 6 月开始，我国也采用了国际上通行的做法，实施药品分类管理。现阶段 OTC 药的发展符合我国国情，有利于开发广阔的农村市场。生产 OTC 药，不受知识产权的制约，市场潜力大，产品研发费用较处方药低，注册登记简便，生命周期要比处方药长，且便于品牌化经营。东北医药企业必须高度重视 OTC 药的研发与生产。一是要把发展传统中药与西药结合的 OTC 系列产品作为开发重点；二是着重发展有利于消费者自我保健的、购药方便的 OTC 普药；三是新产品开发的重点应定位在国家基本药物目录与公费医疗用药报销范围之内。

四、东北医药工业科技
支撑的重点领域

（一）化学制药行业

1. 抗生素、维生素等原料药的大规模生产技术。

充分发挥哈药集团和东药集团等重点大型企业的优势，加强新技术、新工艺、新设备的集成应用，不断提高头孢菌素、半合成青霉素、罗红霉素、磷霉素、齐多夫定以及喹诺酮类抗生素和维生素等多种原料药的生产技术和生产工艺水平，力争在节能降耗、清洁生产、产品质量控制等关键技术环节上有较大突破。

2. 产品结构的优化调整。

面对医药产品更新速度加快、替代产品增多、产品生命周期缩短、处于成熟期的产品获利能力减弱等新情况，必须加快以作用机制新、疗效高、毒副作用小的产品替代疗效低、毒副作用大的产品的步伐。开发新产品要体现"双高一特"，即高效益、高技术和特色。根据国情，要把发展抗感染类产品作为重点，进一步提高头孢系列产品的生产技术水平，形成能与国外产品抗衡的竞争能力。此外还要重点开发新型抗肿瘤药物、心血管系统药物、抗艾滋病药物、降血糖药物和老年病药物。

3. 制剂技术的研究开发。

改进和开发新制剂、新剂型。重点开发微囊技术、包合化合物技术、包衣技术、渗透泵技术、结肠口服定位释药技术和新型药用辅料开发技术。建立口服固体控释制剂、注射用脂肪乳剂、脂质体制剂、新型环保型气雾剂等示范性生产线。针对控、缓制剂产品批间差异较大，生产过程难以控制等诸多问题，要加强工程化研究，优化和确定有关工艺参数，制定中间体的质量控制项目和检测方法，拟订科学、定量化的工艺流程。

4. 新药研发平台建设。

在创新药物研究中，化学样品库（标）是高通量筛选（靶）的必要条件，因而有必要建立规范的天然产物样品库，其功能包括现有化合物（提取物）样品的收集、整理、检测和保存以及新样品的制备等。另外，适应药物开发从仿制转向创制的需要，必须大力加强药理研究力量。以科研院所为基础，重点大型企业为依托，实行产学研结合，建立起包括新药筛选、药理评价和制剂研究在内的新药研发平台，服务于东北医药工业的发展。

（二）生物制药行业

1. 新型药物和疫苗开发。

针对东北地区人群的重大疾病、地方病和常见病，研究开发新型生物药物、疫苗，研究转基因技术及其治疗药物。一是重点发展人体干细胞系列产品、基因重组人胰岛素、人生长素、重组碱性成纤维细胞生长因子、白细胞介素 –2、重组人粒细胞集落刺激因子、重组人 α 干扰素系列产品等基因工程类医药产品；二是重点发展流行性感冒灭活疫苗、乙型肝炎疫苗、甲肝减毒活疫苗、冻干水痘减毒活疫苗、Vero 细胞狂犬病疫苗、艾滋病疫苗和动物疫苗等生物疫苗产品。

2. 诊断制剂开发。

重点开发人用、畜用各种病源微生物感染酶联诊断试剂，人用肿瘤酶联及化学发光诊断试剂；开发可准确显示癌症原发灶及直径在 1 厘米以上转移灶的位置，并能为肿瘤的分期及手术后的复查提供客观依据的人体内癌灶放射免疫显像用单克隆抗体制剂；开发人用基因诊断试剂，包括各种PCR 诊断试剂、生物芯片等。

3. 生物技术对传统医药行业的技术改造。

重点突破抗生素生产的基因工程菌构建与高效表达，确定工程菌大规模发酵工艺参数，研究高效分离纯化技术和工艺；通过引进高单位菌种技术和技术攻关，进一步提高青霉素发酵单位、半合成青霉素及头孢菌素类产品的总收率，使发酵、合成技术达到国际领先水平；开发"三大母核"系列产品，开发高效的第三代、第四代头孢菌素；开发口服头孢菌素和复合制剂；在生产上完成 7 – ADCA 母核的产业化。

(三) 中药行业

1. 中药资源的可持续发展。

利用现代生物技术开展东北三省道地、大宗中药材的繁育和种质资源的研究，阐明道地药材的成因及质量规律，实现道地药材的质量强化及提高道地药材的产业化水平。加强中药材规范种植技术的推广及应用，大力推行国家 GAP 规范。建立龙胆、防风、五味子、柴胡、细辛、穿山龙、刺五加、人参、西洋参、平贝、黄芩、甘草、鹿茸、熊胆、林蛙等道地药材的规范化种植及养殖基地，争取国家立项支持。

2. 高寒地区特产道地药材化学成分、活性成分和有效成分的基础研究。

阐明北药的优势因素，重视源头创新。开展中药生物活性评价、临床疗效评价以及安全性评价的研究；建立中药药效物质基础及活性筛选的新方法；开展中药血清药物化学方法在道地药材药效物质基础确认中的应用研究，强化东北三省在该领域的研究优势。

3. 中药复方的二次开发。

加强对组方合理、疗效突出、特色明显的中药复方的二次开发，促进新剂型、新工艺在中药复方研究中的应用。重点进行刺五加系列、北豆根系列、人参系列、黄芩系列、丹参系列、苦参系列、鹿茸系列、熊胆系列、五味子系列以及优势上市品种的研究。开发抗病毒、抗衰老、治疗脑血管病、心血管病、镇咳平喘、保肝护肝、治疗糖尿病、抗癌药等系列产品。利用北药资源优势，结合东北三省著名老中医的治疗成功经验，开展 II 类有效药物创新研究，切实减少低水平重复。

4. 中药提取、分离技术的研究及其自动化、智能化。

加强制药新技术的引进和创新，为中药现代化提供技术支撑。重点进行中药提取、干燥智能化设备的开发及应用，尤其是中药生产过程中共性关键技术的开发及应用，如二氧化碳超临界萃取技术及其设备和超微粉碎技术等。开展大孔树脂吸附技术、膜分离技术、液体澄清技术等制剂技术的专项研究，发展具有高效、微量、给药方便、便于储藏携带的优势制剂品种。

5. 中药创新药物的研发。

充分发挥东北地区的中医药特色和优势，积极研究开发针对亚健康状态、重大疾病、老年性疾病、慢性疾病、难治性疾病等病种的保健、预防和治疗的中药创新药物。目前，上述疾病已成为 21 世纪健康问题的主流，其预防和治疗药物必将具有广阔的市场前景。以六味地黄丸、脑清素片、刺五加片、脑得生片等具有优势的品种为基础，结合东北地区的天然药物资源，开发具有资源优势、疗效稳定、质量标准能与国际接轨的、具有自主知识产权的创新药物。

（四）医疗器械行业

1. 常规医疗器械关键技术的开发。

积极发展以可靠性为核心技术的常规医疗器械，把它们作为重点品种认真抓好。发展在医疗临床上量大面广而目前仍依赖于进口的医疗器械，特别是一次性消耗的医用器材。抓好经医院临床已确认为安全、有效的常规医疗器械的技术升级，提高它们的可靠性并形成规模生产。重视医疗器械重大技术、前沿新技术与新产品的跟踪开发研究，以此推动我国医疗器械整体水平的提高。

2. 医用数字化影像装备与探测技术产品的开发。

发展具有创新技术和自主知识产权的数字医疗器械产品，特别是那些利用国内软件或其他技术优势，引进 OEM 部件研制的高新技术产品。加强对包括 CT、超声、核磁共振、数字化 X 机、心血管造影系统、核医学等传统医学影像设备升级换代的新方法、新技术、新工艺的研究，提高成像速度和图像分辨率。重点开发 X 线诊断设备的影像数字化技术、B 型超声诊断仪的数字化技术、核磁共振成像的数字化技术等。

3. 生物信息提取分析技术和康复保健用品的研究开发。

加强在分子、细胞、组织、器官、系统等各个层次上进行生物信息提取技术的研究，采用信息、微电子、光纤等高新技术，开发高灵敏、微创检测人体信息的监护和诊断医疗设备，如监护系统、内窥镜、临检设备等。积极支持以康复保健为主的多功能、成系列的医疗产品的开发和生产，重点研究开发提高残疾人生活质量的康复设备、面向家庭的保健治疗设备和生殖健康用品等。

五、振兴东北医药工业的
科技支撑措施

（一）建立健全研发基础条件支撑体系

尽管我们强调在现阶段仿制开发和模仿创新对于东北医药工业发展的重要意义，但从长期看，东北医药工业竞争力水平的提高将最终取决于自主创新能力的高低。因此，需要建立健全研发基础条件支撑体系和医药创新资源共享机制，夯实东北医药工业技术创新能力的基础。要采取有力措施，整合东北地区现有的药物研发基础条件资源，加大新药研发平台建设力度，为全面提高东北医药工业技术创新能力提供布局合理、功能齐全、体系完备、开放共享的基础研究和产品开发基础，促进药物科技创新成果的产生和转移，同时为加快医药科技人才的培养创造条件。结合东北医药工业发展的实际需要，目前尤其要重视以国家级科研院所为主的东北地区药物基础研究体系和具有一类新药研发能力的重点大型企业新药研发平台的建设，再加上一批中小企业特别是民营企业设立的药物研发机构，构筑起上游、中游、下游研发平台相衔接，高端、中端、低端研究成果相结合的立体创新体系。

东北地区拥有一批全国知名的从事药物研发的科研院所和高等院校，如中国科学院长春应用化学研究所、卫生部长春生物制品研究所和沈阳药科大学等，这些院所拥有较强的药物基础研究力量，多年来承担了大量国家和省部重点科研课题，是东北医药工业进行药物研究与形成产业化必须依靠的重要基础。但是，总的看来，东北地区尚未形成包括资源、化学、药理、临床等各阶段的药物研究体系。作为地处东北地区的研究机构，要围绕建立完善、规范、高效的药物研究体系这一战略目标，调整自身的学科结构和研究领域，将满足东北医药工业发展的科技需求放在首位。比如，针对中药现代化研究的需要，应开展复方中药药效物质基础、生物质谱、药物质谱等领域的研究工作；作为实验室研究与产生化之间的桥梁，应采取省、部共建的模式组建若干天然药物工程研究中心等。

目前，东北医药工业中的大型企业都认识到创新对于企业发展的深刻影响，多数企业在战略规划中明确提出要通过创新体系的构建和完善来增强企业的可持续发展能力，相当一批企业已经建立起企业技术中心或研究院所等研发平台。但是，由于受研发资金投入不足、优秀研发人才缺乏和基础技术积累较弱等因素的影响，其新药研发能力还相当薄弱。强化重点大型企业新药研发能力的可行途径：一是以企业为主与国家级药物研发机构共建创新药物研究及产业化基地，如由重点大型企业投资，联合代表国内药物分子设计水平的科研院所共同建设药物分子设计中心，在分子水平上探求先导化合物，开发具有自主知识产权和国际影响的创新药物，这既可以使企业直接从事原始创新活动，又能够解决科研院所的研发成果需要再转化的问题，使科学家的创新活动直接融入企业运营。当然，这些新建的研发机构应该以市场为导向，必须具有新型的管理体制和运行机制。二是通过托管和出资购并等形式，使医药领域的国有地方科研院所，如省、市医药工业研究院所等，进入企业集团并成为集团新药研发的主导力量。

（二）加快社会化、多元化的研发投入机制建设，为创新提供充足的财力支持

医药工业是典型的知识密集、创新推动的产业，日益复杂的新药开发难度迫使医药企业必须持续投入高额的研发费用才能不断开发出新产品。从 1975～2000 年，跨国制药公司平均每成功开发一个新药产品的费用已从 1.38 亿美元提高到 8.02 亿美元。因此在一定意义上可以说，强大、高效的研发投入是医药工业的"生命线"。2002 年，美国药物研究与生产者协会（PhRMA）会员企业的新药研发投入达到 320 亿美元，而同年我国医药制造业大中型企业的 R&D 经费仅为 21.6 亿元。即使考虑到我国的药物研发成本仅为发达国家 1/10 左右的因素，我国的差距也相当明显。我国用于药物研发的投入不但总体水平低，而且尚未形成良好的投资环境，与发达国家的以企业为主，包括政府投资、研究机构投资和风险投资在内的多元化投资格局相比还有很大距离。

在目前我国的医药研发投入中，政府投入不到 10%，科研院所投入占40%，企业投入占 35%，银行贷款占 15%。由此可见，企业还没有成为医药研发投入的主体。从研发投入强度看，2002 年美国 PhRMA 会员企业的研发投入占销售收入的比重达到 18%，而我国医药企业仅为 1% 左右。虽然这种差距也反映了我国医药企业增加 R&D 投入的潜力，但是应该看到，限于自身的规模实力以及由体制决定的追求短期经济利益等因素的作用，我国医药企业在现阶段还很难成为新药研发的投资主体。因此，必须加大政府投资力度，主要用于支持新药研发和新药研发平台建设；同时，要充分运用市场化手段，鼓励多元化的投资主体积极参与医药产业的研究开发。

近年来，国家十分重视医药领域的创新工作，科技部的"创新药物重大专项"以及"863"计划、国家自然科学基金和科技型中小企业创业基金等对生物医药的支持力度逐年加大，并且开始注意发挥杠杆作用，引导企业资金投入创新活动。"十五"期间，"创新药物重大专项"将投入 8.3 亿元，拟带动企业及民间投入共计 63.5 亿元。但是，这些政府投入绝大部分投向北京和上海等地的科研机构和高等院校，例如，2002 年，北京承担了"创新药物重大专项"项目 43 项，获得资助 8257 万元，占总金额的 30%，而其他地区则很难获得较大力度的资助。应该考虑在以上计划中进一步设立专门面向特定地区医药研究需要的项目，如东北高寒地区天然药物研究专项等，加大对东北地区医药研发机构的支持；同时要特别注重资助那些由重点企业牵头组织、科研机构参与的，以市场为导向的新药研发项目。

要进一步解放思想，充分利用创业投资机制等市场化手段，拓宽新药研发和产业化的融资渠道，以吸引社会资金为主，政府资金适当注入，采用股份制等灵活方式，建立现代中药及生物制药科技产业风险投资基金，为提高东北医药工业的技术创新能力提供强大的资金保障。要通过扩大对外交流与合作，吸引更多的外资、更先进的技术和更优秀的人才来东北地区建立新药研发机构，尽快缩小与发达国家医药工业水平的差距。

（三）重视自主知识产权保护，提高药物研发人员的专利知识水平

天然药物是指从植物、动物等天然物质中提取出活性成分，经加工精制而成的药物。随着天然药物在临床上的大范围使用，研发天然新药已经在世界范围内形成了有组织、有计划的创新行动。相对于化学合成药物，我国发展天然药物的优势比较突出。我国丰富的生物资源物种以及由民族文化的多样性所形成的具有上千年应用历史的传统药物、民间药物和民族药物，使天然药物在我国占据了极其重要的地位。

天然新药的产业化及其参与国际市场竞争的关键是自主知识产权保护。自主知识产权保护涉及两个方面的内容：一是尚在研究中且已发现较好苗头，但申请专利尚不成熟的科研成果和信息如何保护和保密；二是如何建立和扩大自主知识产权。就天然新药的自主知识产权而言：一要重视天然活性成分的构效关系研究。创新药物研究的核心是发现先导化合物，药物构效关系研究则是由先导化合物过渡到目标化合物的桥梁。我国天然资源十分丰富，从天然产物尤其是药用植物中寻找先导化合物是新药研究的传统方式，也是我国新药研究的优势和特色。用现代科学手段和方法研究天然药物在我国已有数十年的历史，但人们往往将有效成分、先导化合物、目标分子等同起来，以天然原型成分作为新药研制的目标直接进行研究，这样既难以提高新药研究的水平和质量，又使我们丧失了不少机会而留下众多遗憾。从某种意义上说，重视天然活性成分的构效关系研究也是充分利用天然资源的最好体现之一。二要重视国际专利的申请。我国发明专利的数量有大幅度上升的趋势，但国际专利申请数量则增加不大，一旦我国的天然药物进入国际市场，就有可能因部分知识产权流失而影响甚至失去竞争能力。

适应我国化学药物从仿制转向创制的需要，推进"me-too药"战略，必须着力提高我国药物研发人员的专利知识水平。从事"me-too药"的开发，首先需要大量引进、学习国外的药品专利技术，然后围绕基本专利进行模仿、更新和改进，从而衍生出一系列独具特色的从属专利。在此基础上进一步选择市场前景好的专利品种，研究如何避开国外的专利保护，开发出具有市场竞争力的"me-too药"，并申请自己的专利，将产品打入国内外市场。由此看到，对药品专利的研究及利用在"me-too药"的开发中起着相当重要的作用。当前我国的药品研发人员普遍缺乏专利知识，而专利律师对化学合成及药物作用的了解又十分有限，这就极大地限制了对国外药品专利的研究及利用。国外的大型制药企业都有自己的专职专利律师，他们对药品的专利问题非常精通，而研发人员由于经常与这些专利律师共同研究专利事宜，专利知识水平也不断提高。着眼于运用知识产权法规和国际专利制度保护我国"me-too药"的合法权益，应该积极鼓励我国的药物研发人员学习专利知识，通过加强他们与专利律师的交流与合作，获取相关技术的专利信息，进而制定相应的新药研发策略，在不侵犯国外专利权的前提下进行专利边缘创新。

（四）加大人才培养和引进力度，构建新型的用人机制

人才资源是增强技术创新能力的智力支撑，东北医药工业的发展需要大批优秀的技术研发人才和产业化人才。人才总量偏少、整体实力不足、力量分散，尤其是高层次的技术研发人才匮乏，是影响东北医药工业技术创新能力的主要因素。为此，必须把人才作为振兴东北医药工业的战略资源给予高度重视。抓住培养人才、吸引人才、用好人才三个环节，围绕东北医药工业重大药物研发项目的实施，积极培养和引进一批医药领域的学术和技术带头人，同时加快建立有利于人才成长的机制和环境。

药物研制是资源、药学、药理、临床等多学科参与的系统工程，非一般的个体行为所能胜任，需要多方合作，有时还要组织项目工程进行联合攻关，这就需要培养一批有专长、知识面广、组织协调能力强，对所在领域有较强的预见和判断能力的学术和技术带头人，才能集多方优势为一体，研制出有影响的新药。通过重大药物研发项目的带动，为优秀研发人才提供施展才干的舞台，是培养和凝聚高层次人才的有效途径。要在重大的科研和产业化项目中不拘一格地大胆选用年轻的优秀人才，将项目实施与人才培养有机地结合起来。

要像吸引资本和技术等要素一样，抓住人才资源全球化流动的机遇，大力引进东北医药工业发展急需的各类科技人才，特别要重视吸引优秀的海外留学人才。改革开放以来，我国已向海外派遣了 30 余万留学人员，其中 60% 从事生物和医药专业研究，而且许多人已在各自的领域取得了重大成就。以 Science 杂志发表的文章为例，1999 年，有中国的生物化学家和分子生物学家参与的文章数量达到 189 篇，占总数的 50% 以上。在我国的医药研究水平仍明显落后于发达国家的情况下，采取各种形式吸引这些掌握了最新技术和成果的海外留学人员回国或到国内创业，将会大幅提升我国的医药研究水平。国家已经采取了一些吸引海外留学人员回国创业的优惠政策和措施，包括设立留学生创业园，在税收、资金资助等方面给予优惠。随着国内经济和科研条件的逐步改善，海外留学人员回国创业有不断增加的趋势。东北医药工业要抓住有利时机，加大引进海外留学人员的力度。

在调动科技人员积极性方面，东北医药工业创造了一些先进经验。如东药集团通过在企业研究院范围内建立"特区"制度，鼓励研发人员特别是具有较新知识结构和创新精神的中青年技术带头人担纲重大项目，在项

目选题、业务进修、工资住房等方面进行政策倾斜。要认真总结、积极推广这些先进经验，创新科技人才使用机制，形成科学合理的激励机制和鼓励自主创新的环境，优化科技人才资源配置，切实维护科技人才的合法权益。

（五）发展和完善专业服务体系，优化科技资源配置

发达国家的经验表明，医药产业的发展需要有一个良好的外部环境，包括强有力的知识产权保护体系，由技术市场、资本市场和股权交易市场组成的风险投资体系，以大型制药公司为依托的科技成果孵化基地，严格的药物审批和监管体系，高效的专业服务体系等。其中，专业服务体系对药物创新成果的形成、进展和质量具有难以替代的保障作用，是医药产业科技创新体系中的重要组成部分，对提高医药企业的科技创新能力正在产生日益重要的影响。

迅速将新药推向市场是制药公司获取竞争优势的关键所在。为了缩短新药研发周期，节省研发经费和人力，实现研发资源的最优配置，越来越多的国外制药公司或直接委托专业研发外包商（CRO）进行新药专项开发和临床试验，或与一些大型 CRO 公司建立战略联盟，这已经成为制药产业研发专业化的主要趋势。2002 年全球共有 CRO 企业 1000 余家，其中大约有600 家在美国。据有关调查显示，目前 CRO 公司承担了美国市场近 1/3 新型药物研发的组织工作，在所有 II 期和 III 期临床项目中有 CRO 参与的项目占 2/3；全球 CRO 服务的市场规模已超过 100 亿美元，且每年仍以 20% 以上的速度增长，一些大型的 CRO 公司如 Aventis、Quintiles、Sankyo 与 MDS等的增长速度更是高达 40% 以上。

迄今为止，CRO 市场在企业层面上已经清晰地划分为大、中、小三个层次，大型 CRO 公司具有很强的综合研发实力；中型 CRO 公司主要以新药R&D 过程的某一环节（如临床前研究）、某一治疗领域的研发或者某一地区市场为主营业务；而小型 CRO 公司则多半专注于某一技术领域，且专业性非常强，通常掌握某一治疗领域的关键技术，并拥有自主知识产权。总而言之，CRO 正以其低成本、专业化和高效率的运作方式受到制药公司的高度关注，已经成为制药企业产业链上的重要环节。

我国围绕药物研发的专业服务体系建设明显落后，药物研发的专业化、市场化和社会化程度很低。国外已经形成一定的规模和运作机制的 CRO 产业在我国仍处于起步阶段。目前国内的一些 CRO 公司就其实质只是公关公司,其服务领域也主要集中在临床试验阶段,而且这些公司所提供的新药临床数据资源由于可靠性和真实性等诸多原因,尚不为国外所认可。鉴于此,要进一步加强我国药物研发的专业服务体系建设,大力支持科研院所、高校、企业和其他社会力量以新体制和新机制建立面向新药研发市场的 CRO 企业,不断拓展和完善这些企业的服务领域和行为规范,为我国制药企业的新药研发提供全面、优质和高效的专业化服务。

分报告之五：东北现代农业科技支撑战略研究[①]

中国农村技术开发中心课题组

---

① 中国农村技术开发中心：吴远彬
中国农村技术开发中心：余健
中国农村技术开发中心：陈兆波
中国农村技术开发中心：王学勤
中国农村技术开发中心：孙传范
中国农村技术开发中心：张富
中国农业大学：吴文良
中国农业科学院农业环境与可持续发展研究所：梅旭荣
中国农业科学院农业经济与发展研究所：陈印军
中国社会科学院农村发展研究所：刘玉满
中国农业大学：陈阜
南京农业大学：刘凤权
中国科学院地理科学与资源研究所：成升魁

一、东北发展现代农业的
背景与意义

（一）地位与作用

1. 发展现代农业是实现国家粮食安全的重要保障。

（1）东北作为我国人均粮食产量与商品率最高的地区对稳定全国粮食市场具有重要作用。2003 年东北三省共生产粮食 6270 万吨，约占全国粮食总产量的 15%，仅次于黄淮海和长江中下游地区，为我国第三大粮食主产区；人均粮食产量 580 公斤，粮食商品率高达 60% 以上，居全国首位，人均粮食产量较全国平均水平高出 247 公斤。20 世纪 90 年代中期以来全国发生的两次粮食紧张期间，及时从东北地区调出粮食，对稳定全国粮食市场起到了重要作用（见表 1）。

（2）东北地区在全国粮食生产中的地位不断上升，粮食生产发展潜力大。近年来，在其他两大产粮区对国家粮食安全的贡献下降的同时，东北地区粮食生产的贡献明显提高。东北三省粮食产量占全国粮食总产量的比重从 1980 年的 11.1% 上升为 2003 年的 14.6%。目前，该地区已成为我国最大的大豆和玉米原料生产与加工基地，同时也已成为我国优质稻米的重要供应基地。据测算，综合考虑农业投入和技术进步，近十年内该区主要粮食作物产量的开发潜力为 15% ~ 20%；未来 20 年内为 35% ~ 45%。因此，依靠科技进步发展东北地区现代农业、提高粮食综合生产能力是保障国家粮食安全的必然要求。

2. 发展现代农业是振兴东北老工业基地的重大战略举措。

（1）发展现代农业可以促进资源枯竭型城市的产业转型。以东北地区最为典型的资源枯竭型城市——辽宁阜新市为例：该市自 2002 年年初启动经济转型以来，根据当地的土地优势和气候条件，以农业为突破口，把畜牧业作为优势产业来发展，建立了 19 个农业科技示范园区和 41 个农业小区，引进了光明乳业等一批农业龙头企业，拉长了饲料—畜牧业—畜产品深加工的产业链条，推动了高效农产品加工产业的发展，促进了资源枯竭型城市产业的转型。

（2）发展现代农业将进一步促进老工业基地农产品加工产业的大发展。农产品加工业已成为东北地区新兴支柱产业。2003 年东北三省以农产品为原料的轻工业产值达 1498.1 亿元，占轻工业总产值的 71.0%，相当于农业总产值的 51%。发展现代农业不仅可以为农产品加工业提供更为丰富的优质原料，而且有助于提升加工水平和加工深度，进一步延伸和拓展产业链条，提高农产品加工业效益，对促进东北地区经济的发展产生巨大的推动作用。

（3）发展现代农业将加速老工业基地新型农业生产资料、机械装备、信息产业及其他相关产业的大发展。随着东北现代农业的快速发展，对新型肥料、新型农药、新型保温材料、新型机械装备以及信息化技术的需求将大幅度增加，必将促进东北老工业基地新型农业生产资料、机械装备和信息产业的大发展。另外，发展现代农业将促进农村消费观念的转变和消费水平的提升，从而促进老工业基地消费品工业的大发展。

（4）发展东北地区现代农业是增加就业岗位、实现社会稳定的重要保障。尽管农业在东北地区 GDP 中的比重快速下降，农业产值占整个 GDP 的比重从 1983 年的 26.3% 下降为 2003 年的 12.5%，但农业的基础地位并未动摇。2003 年东北三省就业人员共 4835.4 万人，其中从事农业（一产）的人员共计 2120.7 万人，占就业总人数的 43.9%；黑龙江、吉林、辽宁三省第一产就业人员分别占其全省就业总人数的 51.3%、49.2% 和 34.7%。如果考虑到农业相关产业的连带拉动作用，现代农业的发展对就业的促进作用将更加明显。可见，发展东北现代农业、提高农业综合生产效益、增加农民的收入，对解决就业、保持社会稳定具有极为重要的作用。

（二）基础与优势

1. 丰富的自然资源与得天独厚的生态环境为发展现代农业奠定了自然基础。

（1）作为我国土壤最为肥沃和人均耕地面积最多的平原地区，为建立高标准、规模化的国家级现代商品粮生产基地奠定了基础。东北中西部和东北部分布着松嫩、三江和辽河中下游三大平原，平原面积占全区土地总面积的 56%，是我国平原面积比例最高的地区之一。自然土壤肥沃，以黑土、黑钙土、暗草甸土为主，是世界上三大黑土带之一；水田面积占耕地总面积的 13% 左右，为我国北方水田比重最高的地区。据国土资源部资料，至 2002 年年底，东北三省共有耕地面积 2142.9 万公顷，占全国耕地总面积的 17%，人均耕地 3.0 亩，为全国平均水平的 2 倍多，是三大粮食主产区人均耕地面积最大的地区。

（2）作为我国北方水资源最为丰富的平原粮食产区，为构建我国优质稻米生产基地奠定了基础。据水利部最近的资料分析，东北三省水资源总量为 1550.5 亿米^3，人均 1447 米^3（见表3），虽不及全国平均水平和长江中下游粮油主产区，仅为全国平均水平的 67% 和长江中下游粮油主产区的 83%，但为黄淮海三省（粮棉主产区）平均数的 4 倍；单位耕地面积水资源量为 482 米^3/亩，为黄淮海三省平均数的 1.8 倍；单位播种面积水资源量为 563 米^3/亩，为黄淮海三省平均数的 3.1 倍。东北农作物种植区多年平均降水量为 400~800 毫米，比我国同纬度地区高出许多，这为该区成为我国北方的优质稻米生产基地奠定了基础。

（3）作为我国产地环境最好的地区之一，为发展现代特色农业与出口创汇农业奠定了基础。东北地区冬季气候寒冷，病虫害相对较少，农药用量较少，农药污染相对较轻；化肥用量较少，带来的农产品和水体污染问题较轻。据 2003 年的统计资料，东北三省耕地面积和农作物播种面积分别占全国总量的 17% 和 12%，而农药和化肥用量分别占全国总用量的 7.9% 和 8.2%。除了辽宁省工业企业较多外，黑龙江和吉林两省工业企业相对较少，工业排污量也较少，所以工业所造成的污染问题较轻。另外，东北地区拥有广阔的森林与湿地，具有很强的环境净化能力，可以保证本地区良好的环境条件。

2. 国有农场的规模优势与农业机械化优势为全面实现农业现代化奠定了物质基础。

东北作为我国国有农场最为集中、规模最大、机械化水平最高、技术标准化程度最高的地区为率先实现农业机械化、打造现代高科技农业奠定了基础。东北三省机耕地面积占耕地总面积的 61.8%，较全国平均水平高出 13.5 个百分点。三省农作物机播率为 57.9%，为全国之最，是全国平均水平的 2.2 倍（详见表4）。据 2003 年统计资料，东北三省农垦系统现有国有农场 369 个，占全国农垦系统国有农场总数的 18.7%；拥有耕地 221.21

万公顷，占全国农垦系统耕地总面积的 47.2%；平均每个农场拥有耕地 6000 公顷，是全国平均水平的 2.5 倍，其中黑龙江省境内拥有国有农场 104 个，占有耕地 202.55 万公顷，平均每个农场占有耕地 1.95 万公顷，为全国国有农场平均占有耕地面积的 8 倍。三省农垦系统拥有大中型拖拉机 25724 台，联合收割机 8386 台，分别为全国农垦系统大中型拖拉机和联合收割机总量的 36.8% 和 46.1%，基本实现了大中型规模化农业机械作业。三省农垦系统共生产粮食 868.7 万吨，占全国农垦系统粮食生产总量的 64.7%；其中生产稻谷 500.2 万吨，占全国农垦系统稻谷生产总量的 73.7%。同时，在粮食生产方面的统一品种、统一播种、统一施肥、统一管理、统一收获等模式化管理为高新技术的广泛应用奠定了基础。

3. 优势农产品产业带的形成为实施农业区域化布局和专业化生产奠定了基础。

东北地区与其他地区不同，其优势农产品种类少，但规模大、生产布局集中成带。优势农产品包括玉米、大豆、优质稻米、奶牛、肉牛、肉禽、中药材和山野菜（包括野生食用菌）等。东北地区是我国第一大玉米生产带、第一大大豆生产带、第三大奶品生产带、优质稻米集中生产带、中药材人参集中区以及鹿茸、林蛙、山野菜等珍稀产品产区。

在全国优势农产品区域布局规划中，东北三省的松嫩平原、三江平原、吉林中部、辽河平原被列为国家重点建设的大豆优势产区；东北平原和黄淮海地区并列为国家重点扶持的两大饲用和加工专用玉米产业带；东北与中原、西南地区并列为国家重点扶持的三大肉牛产业带；东北与华北及京津沪渝等大城市郊区被列为国家重点扶持的奶源基地；东北与长江流域并列为国家重点扶持的优质水稻产业带。

4. 养殖业和农产品加工业的快速发展大大延伸和拓展了高效农业产业。

（1）快速发展的养殖业作为优势主导产业全面拉动了以粮食为主的种植业的高效化发展。东北地区的养殖业产值占农业总产值的比重已从 1980 年的 17.9% 上升为 2003 年的 43.8%；其中辽宁省养殖业产值比重已从 1980 年的 20.5% 上升为 2003 年的 53.2%，超过了种植业。

（2）农产品加工业作为新兴支柱产业对种养业的拉动作用正在迅速增强。初步统计表明，当前以农产品为原料的加工业产值相当于农业总产值的 50% 以上。如以玉米深加工为核心的现代化农产品加工企业——长春大成集团年加工玉米 180 万吨；吉林德大公司年屠宰肉鸡 1 亿只，加工鸡肉

22 万吨，加工大豆 45 万吨；华正公司年屠宰生猪 120 万头；以肉牛屠宰与精细加工为核心的长春皓月集团也已发展成为亚洲最大的清真肉牛加工企业；黑龙江完达山乳业公司的生产规模已与内蒙古伊利和蒙牛、北京三元、上海光明等企业并驾齐驱；黑龙江哈高科集团已发展成为以大豆精、深加工为核心的高科技企业。

5. 设施农业与特色高效农业已成为东北现代农业新的经济增长点。

由于气温低、积温少等特点，东北地区成为我国设施农业发展最早和发展速度较快的地区，全国第一个大棚温室就源于东北。设施农业不仅推动了农业高技术（如精准技术、自动控制技术等）的规模化应用，而且带动了新材料科技的发展，与工业相关产业的联动作用不断增强。

东北地区的特色农业包括特色蔬菜、水果、花卉、中草药、小杂粮等的种植和鹿、林蛙、狐狸、紫貂等特种动物的养殖。特色农业已成为东北地区出口创汇与农村经济发展的一个新的增长点。如辽宁丹东农产品出口创汇 2.6 亿美元，其中特色农业占 60%。

（三）面临的问题与限制因素

1. 农田水利化程度低、抗灾能力差使本地区成为我国农业生产最不稳定的地区。

（1）全国耕地灌溉率最低的粮食主产地区。据 2003 年的统计资料分析，东北三省耕地平均灌溉率（有效灌溉面积占耕地总面积的比例）只有 24.4%，较全国平均水平低 19.4 个百分点，分别比长江中下游和黄淮海地区低 37.5 和 39 个百分点，为全国粮食主产区耕地灌溉率最低的区域。

（2）全国农作物受灾和成灾率最高的地区。据 1986 年以来的灾害资料分析，东北三省农作物多年平均受灾率（受灾面积/农作物总播种面积）为 42.6%，较全国平均值高出 9.7 个百分点；农作物多年平均成灾率（成灾面积/农作物总播种面积）为 23.6%，较全国平均值高出 6.3 个百分点。无论是农作物受灾率，还是成灾率，均与我国西北地区相当，并列为全国各区域之首。东北三省旱涝灾害合计发生频率为 78%，旱年多于涝年，农作物灾害以旱灾为主，其受旱灾面积和旱灾成灾面积均占农作物受灾总面积和成灾总面积的 55% 左右。

（3）全国地力下降最为快速的地区。据定点监测和抽样调查推算，东北黑土区耕地表层有机质含量已经下降到 2.5%～3.8%，与开垦初期平均

11.8%的含量相比下降了2/3；耕地总面积中水土流失面积占57%，远高于全国34.3%的平均水平；坡耕地水土流失严重，黑土层由开垦初期的60～70cm减少到20～30cm，黑土层年减少可达0.4～0.5cm。由于土壤腐殖质下降，土壤板结，含水能力下降，抗旱能力明显降低。

（4）全国粮食生产最不稳定的地区。据1980～2003年东北三省粮食单产资料分析，其单产相对波动系数（粮食单产年际增长率与整个时期内粮食单产年平均增长率的比值）高达522，是全国平均水平的3.2倍，为全国各大区域之最（见表5），并且粮食作物单产波动性呈加剧之势。粮食作物单产波动系数从1980～1990年间的279，上升为1990～2000年的555。

2. 农业科技资源整合差与农业科技创新不足并存。

（1）缺乏适应现代农业发展的区域性科技创新平台。东北各省、各地（市）均建有农业科研单位，并且还有许多国家农业科研院所分布于东北三省，但它们之间因缺乏一个大平台进行沟通，因此，科技资源没有得到有效利用。

（2）技术储备难以满足现代农业发展的迫切需要。随着农业与农村经济的快速发展，农业结构调整的周期大大缩短，调整频率加大，由于技术开发缺乏预见性和超前性，往往遇到了问题才开展研究，待成果成熟之后，需求往往又发生了新的变化。花费大量人力、物力和财力研究出来的科技成果难以适应新形势的要求而成为无效成果。

（3）缺乏综合性增产增效技术。作为粮食主产区，粮食增产的主要科技影响因素是良种和与之配套的栽培技术。由于只重视育种创新工作，忽视栽培技术创新，导致优良品种的高产潜力不能有效发挥。如各地每年均有大量的优质高产品种推出，小规模种植或审定时的增产率一般均在15%以上，但一旦广泛推广，由于缺乏相配套的规模化栽培管理技术，其增产效果明显下降。

（4）缺乏标准化、规范化生产技术体系。农药粗放使用，化肥NPK比例不合理，耕种栽培不规范，使农作物病虫害加剧，肥料利用率降低。如黑龙江省目前氮肥利用率平均仅为35%，比全国平均水平低5个百分点，比世界农业发达国家低10个百分点。黑龙江省水稻田肥料氮素损失率高达50%，旱地达30%～40%。由于农药和化肥使用不合理，使地下水和地表水氮素含量高，一些农药和重金属含量超标，农产品质量下降，影响农产品安全。

（5）农业科技推广体制及机制不健全。一方面，表现在国家公益性农业科技推广体系的主体地位不突出，由于投入及机制等原因，导致基础设施落后、功能不强、自我发展缺乏后劲；另一方面，由于作为农业科技推广体系组成部分的农业科技企业、专业协会、技术中介等非政府或经营性的农业推广服务组织起步晚、基础差、发展缓慢，不能满足市场多元化的服务需求，难以对政府公益性农业技术推广工作发挥补充作用。

3. 农业劳动力科技素质偏低，难以适应现代农业发展的高要求。

农村劳动力科技素质偏低已成为制约东北现代农业发展的重要障碍。据《中国第一次农业普查资料综合提要》的资料分析，东北三省农业户从业人员中，不识字或识字很少的人仍占7.8%，小学文化程度者占44.1%，而高中及其以上文化程度者仅占5.0%。由于农业比较效益低，有文化的年轻人大多经营非农产业或者外出打工，而留在农业生产领域的大多是年龄偏大、文化素质较低、思想观念滞后的劳动力。

4. 农业经营方式落后，难以适应现代农业产业化的高速发展。

（1）农业生产的组织化程度低。目前，农村合作经营组织发育滞后，传统"家庭"分散生产模式占主导地位。近几年，尽管各地围绕特色产业的发展，自发成立了一些农村合作经营性组织，或称之为农村专业协会，但目前数量还很少，只处于刚刚起步阶段，还难以适应现代农业产业化发展的需要。

（2）缺乏与龙头企业配套的规模化专用农产品生产基地。尽管在国家和地方财政的支持下形成了像玉米、大豆、优质稻米等生产基地，但这些生产基地主要是政府为了保障区域农产品总量而建立的。对于农产品加工企业，一般是有什么原料就进什么原料，而不是根据自己的特殊需要建立专用农产品原料生产基地，以致影响了企业产品质量和企业效益。

二、东北发展现代农业的
战略构想

（一）总体思路

现代农业一般是指由现代科技、现代装备、现代管理、现代农民等要素构成的，以提高农业劳动生产率、资源产出率和农产品商品率为主要目标的现代产业。结合东北农业现状及发展趋势，其现代农业应该具有五个显著特征：一是农业装备现代化；二是农业布局区域化、生产规模化、经营产业化；三是农业过程生态化、产品绿色化；四是科技先导化；五是农民素质现代化。

东北发展现代农业，需要重点抓好四个关键环节的转变：一是从单一的经济目标向生态与经济协调发展转变。以往过分重视生产经济效益而忽视生态环境建设和生态环境效益，今后在继续重视生产经济的同时，必须高度重视生态环境，实现生态经济良性循环、协调发展。二是从保障粮食安全向保障食物安全转变。以往仅仅关注粮食产量，对保障粮食安全比较重视。随着人们生活水平的提高和多样化发展，今后必须在继续高度重视粮食安全的同时，放眼整个食物的安全保障，以粮食为基础建立包括肉、蛋、奶、鱼、菜、果等在内的多样化、综合性食物安全保障体系。三是从依靠规模扩张为主的外延式增长向依靠科技进步为主的内涵式产业化发展转变。以往的生产广种薄收，主要依靠扩大生产面积实现总产的增加。今后在继续开发后备耕地资源的同时，重点要靠增加单位面积投入，提高资源利用效率，依靠科技提高粮食单产。同时大力推进农业产业化经营，提高生产经济效益。四是从注重农产品数量向数量与质量并重转变。以往十分重视农产品数量的增加，相对忽视质量的要求。今后随着市场经济的发展和人民生活水平与食品安全意识的提高，必须在继续高度重视农产品数量增长的同时，特别要加强农产品质量包括农产品环境安全质量控制与管理，力求农产品数量与质量同步提高。

（二）发展模式

东北地区现代农业发展要始终贯彻组织经营产业化、生产过程生态化的发展方向，将产业化和生态化有机结合，建立并完善东北地区现代农业的产业发展模式、组织经营模式和区域布局模式。

（1）重点建设"123"农业产业化发展综合体系：巩固一个基础产业——粮食生产，提升两个龙头产业——畜牧业和农产品加工业，壮大三个高效产业——特色农业、设施农业和水产业。

（2）合理布局六大重点产业：根据农业资源区域优势，上述六大产业的基本布局是：巩固三江平原、松嫩平原、松辽平原的粮食基础产业地位，加快发展畜牧业；围绕大中城市大力发展农产品加工业和设施农业；依托丘陵山区的自然资源优势，大力发展特色高效绿色食品产业；依托水域分布和沿海地区大力发展水产养殖业和捕捞业。

（3）重点推进一体化产业经营模式：稳定发展国有农场产加销一体化模式；重点扶持龙头企业＋基地（农户）一体化产业经营模式；大力推进农户分散经营模式向一体化产业经营模式的转型。

（4）建立区域互补模式：从生态与经济协调发展和区域分工来看，丘陵山区优先进行生态环境整治、建设与保护，全面实施绿色食品产业化发展战略，并为平原区的持续发展积极创造条件；平原地区以地力恢复与建设为基础，加大生态环境建设尤其是面源污染控制力度，全面实施无公害食品与绿色食品产业化发展战略，由此形成丘陵山区与平原地区互补的协调发展模式。

（三）目标和重点任务

东北现代农业以"优质、高产、高效、生态、安全"为目标，以科技进步为先导，以专业化生产基地建设为基础，以产业化经营为手段，提升粮食综合生产能力，加快建设绿色、无公害农产品优势产业带，积极促进农业向规模化、标准化、专业化、信息化、精准化、特色化方向发展；扶持一批绿色产业化龙头企业，培植一批名牌产品和新的经济增长点，提高区域和产业的整体竞争力；加强生态环境建设，实现经济、社会与生态协调发展。其重点任务包括四个方面：

1. 建设国家现代化商品粮基地，巩固东北在保障国家食物安全中的战略地位。

从全国范围来看，我国粮食将长期处于供需紧平衡，甚至是短缺状态。在较长时间内，东北地区将成为保障全国食物安全，也是国家粮食安全的首要区域。为此，应依靠科技进步提升以玉米、大豆、优质稻米为重点的粮食综合生产能力，实现粮食高产、稳产、优质、专用化。东北地区国有农场具有建成规模化、标准化、专业化、信息化、精准化大型现代商品粮生产基地的优越条件，国家应加大扶持力度，将其建设成为国家现代化的商品粮生产基地，为国家粮食安全提供保障。

2. 延伸和拓展农业高效产业，推动区域经济结构战略调整与协调发展。

（1）发挥饲料资源优势，通过种养结合，培育规模化、标准化的现代养殖产业。东北地区拥有丰富的畜牧生产资源和饲料资源，而且辽宁省还是一个海洋大省，拥有发展海洋水产业的优势。在现代农业中，养殖业已不再是副业，而是与种植业平分秋色的主导产业；甚至在一些地区，养殖业与种植业之间发生了主副换位，即种植业成了为养殖业提供原料的产业。应发挥东北养殖业潜在优势，培植以奶牛、肉牛、生猪、肉禽、海洋渔业为核心的规模化、标准化的现代养殖产业，促进饲料资源转化增值。

（2）以培植龙头企业、建设规模化的原料生产基地为手段，做强做大现代农产品加工业。东北地区拥有丰富的农产品原料，近几年农产品加工业也得到了快速发展，逐渐成为振兴东北老工业基地的新的经济增长点。应发挥其优势，通过培植一批龙头企业，并按照统一规划、合理布局、相对集中、优质高产高效的原则，建设一批规模大、技术水平先进、专业化集约化程度高的加工原料生产基地，促进以玉米、大豆、牛奶、中药材和肉品综合加工业为核心的现代农产品加工产业的发展。

（3）发展特种特色产业，培育新的农业经济增长点。东北地区特色农业资源丰富，特别是随着近几年农业结构调整步伐的加快，特色种养业已成为东北地区农业发展的又一个新的经济增长点。另外，东北地区特色农产品生产环境优势与价格优势明显，且具有发展出口创汇农业的区位优势。应充分发挥这些优势，以特种养殖业、绿色食品业、中草药业、特色果蔬业为核心，依靠科技进步，开发新特产品；突出物种特色，打造珍稀品牌；实施标准化生产，保障产品质量，促进优势特色产业和出口创汇农业的高效化发展。

3. 建设现代生态农业，提升农业持续产出能力与农产品市场竞争力。

尽管东北地区是我国北方农业生产环境条件最好的地区之一，但同时也面临着地沙化、土壤盐碱化、农田污染、农产品质量安全等问题。针对这些问题，应依靠科技进步，以建设现代生态农业为依托，以黑土地保护、绿色农产品生产、清洁化生产、资源高效利用为核心，提升农业持续产出能力与农产品市场竞争力。

4. 发挥国有农场规模优势，打造我国现代高科技农业的典范。

东北地区尤其是黑龙江是我国农垦系统拥有耕地面积数量最多、农场经营规模最大的省份，其耕地面积占全国国有农场耕地总面积的43.2%，平均每个农场占有耕地1.95万公顷，为全国国有农场平均占有耕地面积的8倍，是新疆生产建设兵团平均规模的3.3倍。应发挥黑龙江国有农场的规模优势，积极发展以精准农业为核心的现代高科技农业，提高农业资源的利用效率，增强农业的国际竞争能力。

三、东北发展现代农业的
重大科技需求

进入20世纪90年代，东北农业科技得到快速发展，获得了一批重大科技成果，对农业尤其是粮食生产的支撑能力明显增强。然而，从东北地区现代农业的发展目标及其与农业科技创新的现实能力来看，东北地区现代农业发展的重大科技需求集中体现在三个方面：一是保障国家粮食安全，提高农业综合生产能力和粮食商品能力的科技需求；二是保障区域经济高效发展，推进农业和农村经济快速发展的科技需求；三是保障区域资源生态安全，不断推进农业生产的"绿色、生态、安全"的科技需求。

（一）建立现代国家商品粮基地对科技的重大需求

东北地区是我国三大粮食主产区之一，它提供的大量商品粮在国家粮食安全体系中起到举足轻重的作用。目前，东北地区粮食生产能力达

0.75 亿吨，按国家宏观需求，在未来 20 年内东北需新增粮食 0.25 亿吨。进一步巩固东北"中国粮食市场稳压器"、"中国最大商品粮战略后备基地"的地位，对未来东北农业科技提出了新的重大需求。

1. 提高农作物高产稳产能力的科技需求。

对东北地区主要粮食作物的光温生产潜力测算结果表明：该地区水稻、玉米、大豆的生产潜力分别为 1200 千克/亩、1650 千克/亩和 600 千克/亩；而近十年该地区水稻、玉米、大豆的实际单产分别为 450 千克/亩、380 千克/亩和 110 千克/亩，只有该区域生产潜力的 20% ~ 30%。从保障粮食安全的总体需求出发，考虑到耕地面积和自然、生产条件在短期内难以改变的实际情况，提高农作物的单产水平是提高粮食综合生产能力的根本途径。东北水资源仅占全国总量的 8%，区域分布也极不均衡，灌溉技术落后，灌溉水利用率低；春旱更是连年发生，一些地区至 2003 年已连续 5 年遭受严重干旱；农业基础设施薄弱，抗御自然灾害的能力低的问题越来越突出；黑土退化严重，土壤腐殖质下降，土壤板结，含水能力下降，抗旱能力明显降低。东北地区自然生产条件不断恶化导致东北粮食作物生产水平起伏巨大，丰产年的产量水平甚至达到低产年的 2 倍，无论是农作物受灾率，还是成灾率，均与我国西北地区相当，并列为全国各区域之首。此外，在规模化生产过程中，粮食作物的遗传潜力难以充分发挥（损失 25% ~ 30%）。因此，研究农作物高产育种技术，培育农作物超级品种和抗逆农作物品种，开发配套的规模化高产栽培技术及相应的培肥耕作技术、植保技术、旱作节水农业技术以及防灾减灾技术等，不断挖掘粮食作物高产潜力，是提高东北农业综合生产能力的关键所在。

2. 提高粮食作物市场竞争力和生产效益的科技需求。

品质差、专用化程度低、生产成本高是粮食作物市场竞争力不强、农业比较效益低下和农民种粮积极性不高的重要原因。如东北地区大豆含油量低于美国大豆 2%，玉米水分含量高达 25% ~ 32%，小麦面筋含量低于河北、山东，影响了粮食商品率的提高，难以满足畜牧业与农产品加工业发展的需求；种植规模化程度远远低于发达国家水平，阻碍了优良品种的大范围统一种植，增加了生产成本。据典型调查数据，东北水稻、玉米、大豆三种主要粮食作物生产中，亩直接生产成本平均为 159 元，其中稻谷为 190 元，大豆为 92 元。因此，发展优质高产型、营养专用型、加工专用型和饲料专用型新品种的选育技术，开发精准农业技术，推广规模化机械作业，实现粮食生产的规模化、专业化、标准化、精准化是降低生产成本、提高粮食生产效益和市场竞争能力的根本途径。

（二）延伸和拓展农业高效产业对科技的重大需求

在巩固国家商品粮食生产基地的基础上，通过大力发展养殖业、农产品加工业、特色高效农业等，延伸和拓展农业产业，促进农业区域经济发展和增强经济实力是东北地区现代农业发展的重要方向。延伸和拓展农业产业，促进区域经济发展对未来东北农业科技发展提出了重大需求。

1. 促进现代养殖业发展的科技需求。

近年来，东北地区养殖业发展迅速，大大提高了粮食转化率，促进了区域农业经济的发展。然而，该地区饲养的主要畜禽品种大多为引进品种，缺乏具有地方特色、适合本地环境条件、可以与引进品种抗衡的良种；地方特色畜禽品种资源比较丰富，耐粗饲、抗逆性好，但生产力水平低，难以满足以高度商品化为主要特征的现代畜牧业发展的需要。东北地区可用作饲料原料的玉米丰富，但蛋白质饲料供应不足，蛋白质饲料生产工艺（氨基酸，特别是蛋氨酸生产工艺）和配合饲料工业落后，以致饲料转化率较低。畜禽养殖基本仍停留在传统的粗养方式，其结果是饲料报酬率低、产品品质较差，难以适应日趋激烈的市场竞争。畜禽疫病是影响东北地区现代畜牧业发展的一大障碍。由于疫病暴发所引起的畜禽死亡给畜牧业造成了巨大的经济损失，如辽宁省每年猪的死亡率为8%～10%，鸡的死亡率为15%～20%，牛羊的死亡率为3%～5%。规模化养殖场粪便污染问题日趋严重。因此，大力研究和开发优良畜禽品种选育技术、规模化标准化养殖技术、饲料新品种繁育及标准化栽培技术，疫病监测、诊断和防治技术、畜产品质量控制和安全生产技术、养殖场废弃物无害化处理与资源化利用技术等，是东北规模化、标准化养殖业的迅速发展对科技提出的现实需求。

2. 促进现代农产品加工业发展的科技需求。

近年来，农产品加工业对东北地区产业结构调整和经济增长的推动作用日益突出，农产品加工业产值占工业产值的比例已达到12%以上。然而，东北地区农产品加工企业规模小，技术装备较落后，加工能力较弱；产业链短，转化增值能力弱；加工业产品品种少，档次低，主要集中在初加工，精深加工水平低；行业标准和产品质量控制体系不健全。如黑龙江省深加工产品只占加工量的5%，绝大多数工厂仅生产豆油和豆粕两种初级产品；

发达国家通过对玉米的精深加工，可开发出3000多种产品，我国只有20多种，而黑龙江省形成规模的玉米加工产品只有4～5种。目前，东北三省的粮油加工业的技术水平不高，特别是制约产业发展的一些关键技术如淀粉与蛋白质修饰技术、油脂和副产物的精深加工技术、发酵工程技术尚未有重大突破及应用。在畜产品加工业方面，缺乏动物血液与骨头深加工技术、肉类加工中的分级技术、有害有毒物质的安全检测技术、干酪加工技术、酸奶用发酵剂生产技术等。在果蔬加工方面，缺乏生物活性物质提取技术、果蔬汁加工技术及安全检测技术等，因此，必须依靠科技进步，有效解决能够大幅度提高玉米、大豆等大宗粮油、畜产品和水产品增值转化能力的关键技术和设备，大幅度提高农业综合生产效益。

3. 通过开发特种资源、发展高效特色农业的科技需求。

东北地区具有丰富的特色农业资源，发展特色农业是近几年来东北地区进行农业和农村经济结构战略性调整的重要内容，已成为东北地区农村经济的一个新的增长点。东北地区发展特色农业面临的主要问题是所利用的动植物品种比较原始，饲养和栽培工艺比较传统，产品的营销工艺比较落后，生产的规模化和专业水平低。这些方面表现在生产上，就是产品的产量低、质量低、效益差，与发展商品型和外向型经济很不适应，很难满足国内外市场的质量要求，在很大程度上制约着东北地区特色农业的进一步发展。因此，需要以资源综合利用为重点，加大特色中草药、食用菌、水果、花卉、小杂粮等特色种植业，以及鹿、林蛙、狐狸、紫貂等特种养殖业的开发力度；加快研制生态型的水产养殖模式和相关技术，提高种养业的综合效益。重点开发特种动植物优良品种人工繁殖技术，工厂化快繁技术，特种动植物标准化生产技术及病虫害综合防治技术，人参、鹿茸、林蛙、浆果、坚果、野菜、野菌等特色农产品综合加工技术等。

（三）保障生态安全与农产品环境质量安全的重大科技需求

近年来，东北地区的土壤退化、水土流失、环境污染等农业资源环境问题越来越突出，已严重威胁到该地区农业的可持续发展。随着东北地区农业开发强度的不断加大，该区域资源环境与生态安全问题已成为不可忽视的制约因素。因此，迫切需要提供强有力的科技支撑，保障东北地区资源生态安全。

1. 控制水土流失，遏制黑土退化的科技需求。

东北黑土地是世界三大黑土带之一，东北黑土地退化和流失已引起全社会的普遍关注。近十年来，尽管土地总面积中水土流失面积有所减小，但是，耕地中水土流失面积呈现扩大的趋势。目前，东北地区土地总面积中水土流失面积占 23.1%，高于全国 17.2% 的水平；耕地总面积中水土流失面积占 57%，远高于全国 34.3% 的平均水平；黑土区总面积为 103.02 万 km^2，现有水土流失面积 27.59 万 km^2，其中轻度侵蚀 20.31 万 km^2，中度侵蚀 6.20 万 km^2，强度侵蚀 1.00 万 km^2，极强度侵蚀 0.06 万 km^2，剧烈侵蚀 0.02 万 km^2。黑土层由开垦初期的 60 ~ 70cm 减少到 20 ~ 30cm，年减少可达 0.4 ~ 0.5cm。因此，需要发展水土流失控制技术、培肥技术、防沙治沙技术、盐碱地改造技术等，增加土壤有机质，减少水土流失。

2. 农产品质量安全控制的科技需求。

无污染的安全、优质农畜产品生产不仅是国内外发展趋势和市场需求，也是东北地区农业发展优势和方向。农业环境质量恶化和农产品污染，不仅制约农业的可持续发展，影响农产品的国际竞争力，而且危害人民的身体健康和生命安全。因此，需要加强质量安全技术研究和推广，控制农业生产基地的外源污染和农业自身污染，解决农药残留超标和有毒有害物质问题，包括加强从农药、化肥、饲料添加剂的科学应用到土壤、水源、生态的环境控制及种植制度改进等一系列技术研究；推广和使用高效、低毒、低残留农药，推广生物防治技术和综合防治技术；加强对秸秆、畜禽粪便、地膜等农业废弃物污染的管理。同时，要加快农产品生产技术规程和产品质量标准的研究制定，保障农产品质量安全。

（四）发展农业信息化和机械化的重大科技需求

东北地区农业生产具有规模较大、适合机械化作业的特点，又具有规模化和产业化经营的体制基础（农垦系统），是现代农业装备和信息技术应用于农业的理想区域，也是以信息化推进农业现代化的重点地区。

近年来，东北地区在农业信息技术开发方面取得了一些重要成果，不少已得到应用。然而，从总体上来说，东北地区农业信息技术的研究和应用还是刚刚起步，农业信息基础设施薄弱；缺乏统一的农业信息标准和资源共享的机制；农业信息技术成果不过硬、应用程度低；信息服务体系和有关标准不健全；农业信息化专门人才缺乏等。因此，需要加快发展农业信息技术，开展精准农业技术示范，大幅度提高农业资源的利用率和农业生产效益。

东北地区拥有众多的大型国营农垦企业，农业机械化水平较高。东北三省机耕地面积占耕地总面积的 61.8%，较全国平均水平高出 13.5 个百分点；农作物机播率为 57.9%，为全国之最，是全国平均水平的 2.2 倍。然而，东北地区农业机械设备多为进口设备，价格昂贵；设备较为陈旧，成套性差，智能化程度不高；稳定性不高，作业效率低；种植业设备较多，而规模化养殖业设备、加工设备相对匮乏。因此，大幅度提高现代农业的工业化装备水平对科技提出了新的要求。

四、东北现代农业的
科技支撑体系

综观当今世界，知识经济加速发展，科学技术发展表现出重大单项技术的突破可带动行业的整体技术进步，技术的系统化与集成化趋势日趋突出，极大地推动了多学科的融合和社会经济的迅速发展。发展东北地区现代农业是一项复杂的系统工程，更体现出对重大关键技术突破和整体技术集成的迫切要求，这是东北地区发展现代农业科技支撑战略的一个战略背景。

在这样一个背景下，构筑东北地区现代农业的科技支撑体系，其核心是针对该区域发展现代农业资源环境特点和社会经济发展水平，提出区域现代农业科技支撑体系的框架，明确科技支撑体系建设的主要任务，合理配置科技资源，推动现代农业科学技术的系统集成，确立需要重点突破的优先技术领域和重大关键技术，为东北地区现代农业的发展提供有效的技术支撑。

（一）总体思路与原则

1. 总体思路。

东北地区现代农业科技支撑体系建设既要满足粮食安全的国家需要，也要满足区域经济发展和提高农产品竞争力、实现农业可持续发展的现实需求。在综合考虑当地的资源优势和社会经济条件的基础上，充分利用区内外的各种技术和资源，以产业发展为导向，以科技创新与转化应用、能力建设和保障机制完善为主要内容，将利益驱动的市场机制与政府支持的推动机制有机结合，建立东北地区现代农业科技支撑体系。按照"科技创新—技术扩散—技术服务"的总体思路，发挥政府和市场两种功能，完善区域农业科技服务体系，推动农业科技成果转化和产业化，大力培育多元主体、多种成分、多种形式的农业科学技术推广服务体系，鼓励龙头企业、农民组织、科研单位和大专院校为农民提供各种农业科技服务。

2. 基本原则。

（1）坚持突出重点与整体推进相结合的原则。东北地区的现代农业科技支撑体系包括科技创新与转化应用、能力建设和机制保障等几个方面，要从推动现代农业发展、促进现代农业科技进步的高度统筹安排，坚持整体推进，保持现代农业科技支撑体系的完整性。

（2）坚持科技创新与成果转化相结合的原则。科技创新活动的最终目标是技术和产品的生产应用。要通过科技支撑体系的建设，大力推进成果转化，挖掘技术潜力，发挥科学技术在建设现代农业中应有的作用。

（3）坚持高新技术与适用技术相结合的原则。建立东北地区现代农业科技支撑体系，要坚持从本地实际出发，根据当地的农业科学技术现状和社会经济条件，以技术的适用性为核心，突出东北地区现代农业发展的区域特点和技术要求。

（4）坚持自主创新与技术引进相结合的原则。东北的现代农业发展由于具备国家目标的特征，因而其科技创新活动在立足于自主创新的同时，大力引进和消化吸收区外、国外的先进技术，是加快支撑体系建设步伐的必然选择。

（二）战略目标

通过东北地区现代农业科技支撑体系建设，构建区域性农业科技创新和转化平台，突破一批重大关键技术，组装一批产业化集成技术，获得一批应用广泛的技术产品，培育一批现代农业科技产业，培养一支现代农业科技队伍，实现农业产业技术升级换代，大幅度提升东北地区农业科技创新能力、转化能力和科技吸纳能力，提高农业科技贡献率，为巩固东北农业在保障国家粮食安全中的战略地位，延伸和拓展产业领域，建立国家和区域目标协调的可持续发展的现代农业提供科技支撑。

（1）提升科技创新和成果转化能力。创新并推广应用一批能够持续提高粮食综合生产能力的生产技术、促进主要农产品就地加工转化的产业化技术、引领农业领域拓展的高新技术、推动生态经济发展的技术和提高农业经营规模与水平的现代管理技术，提高农业科技创新和成果转化水平。

（2）完善农业科技基础平台建设。根据东北地区规模化和产业化现代农业发展的客观需要，建立主要农产品的区域科技创新中心、产业科技园、科技示范区、科技型企业等若干支撑现代农业发展的科技平台，为提升科技创新和成果转化能力提供基础保障。

（3）建立现代农业科技支撑保障机制。完善东北地区农业科技支撑的保障机制，包括农民科技素质培训、科技推广服务体系完善、科技投入保障等，建立现代农业科技支撑保障体系。

（三）重点任务

1. 大力推进技术创新与进步，全面提升农业综合生产能力。

（1）通过发展高技术带动传统农业技术升级、提高农业技术水平。加快实施高技术带动战略，通过农业高新技术的创新与引进吸收，推动高新技术在农业生产中的应用，促进常规技术的升级换代。其重点是：①运用现代生物技术，加快发展分子育种、动物胚胎移植等高新技术，大幅度提高动植物的增产潜力，改善动植物品质，加快建立现代种业技术体系，促进动植物种业的产业化发展。②运用现代生物技术，创制新型生物肥料、生物农药、生物饲料添加剂、动植物生长调节剂，实现传统农业投入品的生态化升级换代。③运用信息技术改造传统农业，加快信息技术在资源环境监测、精准农业、自动控制等领域的应用，发展规模化的精准农业技术，促进资源的高效利用和产地环境保护。④发展先进制造技术，加快农产品加工关键技术装备的研发，创新节能、低耗、适合大规模作业的农业机械装备，发展新型设施农业装备，大幅度提高农业的装备水平、农业生产效率和效益。

（2）依靠高效生态农业技术的研发与应用改善农产品质量、提高农业竞争能力。

大力研发生态化农业生产技术，发展农产品无公害生产技术，通过技术创新与进步，保护好产地环境，改善农产品质量，提高农业竞争力。①以玉米、大豆、水稻等优势农作物为重点，研发农作物优质高产稳产持续的栽培技术，大幅度提高资源利用率和粮食生产效益。②研究农业资源监测、产地环境评价等技术，建立面向生产实际需要的监测预警体系。③突破东北耕地质量建设与保护的关键技术，开发农产品产地环境安全生产技术，农业废弃物无害化和资源化利用技术，保护产地环境，提高农产品质量。

（3）依靠发展农业产业化技术促进农业领域的延伸与拓展、推动区域经济发展。

拓展以粮食为原料的肉乳产业和食品加工产业，研发农产品精深加工技术、粮食转化和秸秆综合利用的集约化养殖技术，拓宽现代农业产业领域，促进区域经济快速发展，提高农民收入。①开发养殖业产业化经营与管理技术，养殖业投入品质量控制技术、规模化，标准化养殖技术等。②开发提高加工效率、降低能耗、减少污染的农产品加工关键技术，以产品标签为核心的从田间到餐桌的全程质量控制规范化技术等。③开发特色农业资源种养加一体化技术，提高特种农产品生产的科技含量。④加快节能、低耗、生态型设施农业技术的研发，促进设施农业技术升级换代和农业增效。⑤加快生态型的水产养殖模式和相关技术研发，提高资源综合利用和养殖业的综合效益。

2. 依靠科技创新和成果转化平台提升农业科技创新和转化能力。

（1）构建区域性农业科技创新平台。整合区内科技力量和资源，广泛吸纳科学院系统、农科院系统和大专院校等全国的科技力量，实施高级农业科技人才引进与培养工程，共同建立适合东北地区现代农业发展需要的综合性区域创新中心和专业研究中心，实现东北地区农业科技资源的共享，建立区内外科研协作机制。

（2）构建区域农业科技成果转化平台。以国际农业科技博览园建设为契机，建立现代农业高科技园区、技术示范基地等农业科技成果转化应用平台，开展现代农业科技成果转化和现代农业综合技术示范应用；以东北地区优势农产品为核心，采用现代管理与信息技术，建立东北地区农业科技市场和优质农产品批发市场，建设现代农业产业化经营管理体系；建立东北地区农产品加工园区网络，广泛采用先进加工管理技术和信息共享技术，建立现代化的绿色加工产业基地。

3. 建立农业科技服务与培训体系。

（1）农业科技服务体系建设。在农业科技推广运行方式上不断进行创新，按照推广技术的特点开展形式多样的技术推广工作。一是政府组织引导型：以各级政府所属农业科技推广机构、农业科研单位、高等农业院校等单位为主体，以种养大户或生产基地为重点建立示范样板，通过技术培训和技术示范，辐射带动周边地区农民采用新技术，形成"政府＋技术＋示范样板＋农户"的推广模式；二是龙头企业拉动型：以农业科技企业和行业龙头企业为主体，以技术单位为依托，发展农业产业化经营，实现农业生产、加工、销售一体化，通过公司带动基地和农户，形成"公司＋技术＋基地＋农户"的产品先导型推广模式；三是中介组织服务型：以行业协会、中介组织为主体，与科研、教学等技术部门相结合，实行有偿服务和技术有偿使用相结合，推动农户、企业、产业协调发展，形成"技术＋中介组织＋农户"的行业引导型推广模式。

（2）农业从业人员培训体系。以种养加先进适用技术培训、经营管理技能培训为主要任务，应用现代化培训技术和手段，实现培训目标、内容、方法和培训媒体的有效组合，提高培训质量和效果。加快培训信息网络化建设，提高培训过程在时间上和空间上的灵活性，实现上下贯通、资源共享、立足基层、服务农民的开放型、多功能、广覆盖、高质量的一体化农民科技培训与各级经营管理人员培训体系，全面提高农业从业人员的科技素养，培养一支有文化、懂技术、善经营、会管理的农民技术骨干和经营管理队伍，为农业科技成果的推广应用乃至农业的长期稳定发展提供智力支持。

（四）重点领域和关键技术

从现代高新技术、产业化技术和生态化技术等不同层次上，全面审视东北地区规模化优质粮食产业、集约化养殖业、高效加工业和特种农产品产业的科技需求，在六个重点技术领域部署 20 项关键技术的研发。

1. 粮食生产技术领域。

以玉米、大豆、水稻等粮食作物为核心，研究优良品种的选育技术，提高作物遗传潜力的关键技术，发展精准农业技术，挖掘已有品种潜力的综合技术，建立资源高效利用和产地环境保护的规范化技术。

（1）高产优质专用作物育种技术。发展高产、优质、专用、抗逆、早熟农作物育种技术，重点是高油与高蛋白大豆、优质水稻、各种加工专用型与饲用型玉米等农作物新品种的选育技术。

（2）精准农业技术。以玉米、大豆和水稻等粮食作物为主，加快发展农田水养分快速监测技术，研制适合当地气候、土壤、水利等条件的水肥管理信息系统，开发精准养分和水分管理技术，研制自动化、机械化作业的关键设备与控制系统。

（3）粮食作物持续高产稳产栽培技术。重点加强与新品种配套的施肥培肥技术、耕作技术、植保技术、连作障碍消除技术、节水灌溉和旱作节水技术的研发和系统集成，建立主要作物高产稳产的标准化栽培技术体系。

（4）资源高效利用与产地生态环境保护技术。研究黑土退化防治与修复技术、盐碱土防治技术、保护性耕作技术、雨水就地积蓄和地膜覆盖等节水保水技术、平衡施肥技术、精准施药技术，作物间作、轮作的模式和配套技术以及农业产地环境监测与评价技术。

2. 现代畜牧业生产技术领域。

以粮食转化和农副产品资源综合利用为重点，利用生物技术提高畜禽品种的生产潜力，改善品质，发展规模化养殖技术，研发现代畜牧业可持续生产技术，通过技术进步推动瘦肉型猪、肉牛、奶牛等优势产业的发展，延伸粮食产业链，提高现代农业的综合效益。

（1）优良畜禽品种选育技术。重点是优质、高产奶牛繁育与快速扩繁技术，特色肉牛、肉猪、家禽品种改良与快繁技术。

（2）规模化和标准化养殖技术。研究畜禽规模化、标准化健康养殖技术、标准化低成本高效设施养殖技术，重点是奶牛、肉牛标准化养殖技术；畜产品质量控制、加工和分级以及保鲜储藏技术。

（3）优质饲料与非常规饲料加工储藏技术。加快研制粮草轮作制度和寒区优质牧草品种筛选、栽培与加工储藏技术、青储玉米品种繁育和标准化栽培技术、青饲料保鲜储藏技术、氨基酸生产技术等。同时，发展包括作物秸秆、农产品加工副产品、林下资源等非常规饲料资源的高效利用技术，减轻对耕地和草地的压力。

（4）重大畜禽疫病监测与综合防治技术。重点开展传染性动物疫病、人畜共患烈性传染病的监测、预报和防治技术研究，开发安全、高效、稳定的畜禽疫病疫苗，建立产业化的技术开发平台。

（5）养殖场废弃物无害化处理与资源化利用技术。强化规模化养殖场粪便无害化处理技术，畜禽废弃物资源化利用技术，推广和应用畜禽清洁生产技术。

3. 安全绿色加工技术领域。

目前，东北地区的农产品加工业不仅要解决好产品的定位问题，也需着力解决加工品的质量安全问题。发展安全绿色农产品加工技术，不仅是促进农民增收和农业增效的重要途径，也是提高农业生产综合效益的关键因素。

（1）粮食精深加工技术。重点研发粮油植物蛋白修饰与功能性大豆蛋白开发技术、谷物淀粉加工与淀粉生物转化技术、植物油脂深加工技术。

（2）绿色优质畜产品安全加工储藏技术。重点研究肉制品加工关键技术，干酪加工技术、酸奶用发酵剂生产技术与安全检测技术，动物血液与骨头深加工关键技术，农产品原料与工艺在线的快速检测技术和加工产品质量快速检测技术。

（3）现代农产品物流技术。农产品信息获取技术与信息系统，产品标识与质量远程监测技术，基于网络的电子商务技术，节能低耗的储运技术与配送技术。

4. 特色农业与高效农业技术领域。

以特色、特种农产品、水产品和绿色无公害农产品的生产和产业化开发为重点，发展相关技术，提升产品的科技含量和附加值，促进区域经济的可持续增长。

（1）特色高效农业生产技术。重点研究特种特色动植物优良品种快繁技术，特种动植物标准化生产技术，特种动植物资源综合开发利用技术。

（2）绿色食品和有机产品生产技术。研发适合于绿色产品和有机产品生产的营养工艺和栽培工艺，保证生产全过程的无毒、无害、无污染和无残留；研发产品分级分类技术、包装技术、储藏和运输技术；研制与国际标准相接轨的产品质量控制技术体系和标准体系；研发无公害投入品和产品质量的快速检测技术。

（3）生态型设施农业技术。研究高寒地区节能型设施环境精准控制技术，优质种苗设施生产技术，低温弱光条件下作物管理技术，防止连作障碍的水土管理技术，设施栽培工艺与生产技术规程。

（4）水产养殖与加工技术。研究水产品种改良和新品种培育技术、苗种繁育技术、工厂化养殖技术、渔业水域生态环境保护和生态养殖技术、养殖环境优化及病害防治技术，水产品深加工与食用安全保障技术。

5. 现代农业装备与信息技术领域。

（1）现代农业装备技术。加强保护性耕作机械，作物生产全程机械化成套设备，播种、灌溉与施肥一体化机械，高效节水灌溉设备，肥料高效施用和农药超低量精确喷洒设备，农产品加工设备，设施农业装备等农机装备的创新与开发。

（2）现代农业信息技术。运用信息技术对农业自然资源、生态环境、农业生产控制、农业生产资料流通、农业技术与农产品流通进行科学管理、服务与培训，为农业现代化提供保障。

6. 新型农业生产资料开发与环境检测技术。

（1）新型农业生物制剂工程技术。加强新型农业生物制剂的研究与开发，创制环境友好型的生物肥料、生物农药、动物疫苗、生物饲料添加剂等，开发节本增效生产工艺，建立农业生物制剂产业化技术开发平台。

（2）新型肥料、农药开发利用与检测及降解技术。加强高效缓释肥、有机肥的开发与安全施用；大力开发低毒、低残留无公害化学农药。同时，重点开发化肥、农药和重金属残留检测、降解与消除技术。

五、保障措施

（一）成立东北农业科技统一领导与协调委员会

长期以来，东北三省的农业科技管理各自为政，中央所属的与农业相关的大学和研究单位也没有很好的组织，造成大量资源浪费和科研的低水平重复，迫切需要进一步加强领导、进行统一协调，建议建立三省与中央所属研究与教学单位的协调机构和协调机制，由科技部和发展与改革委员会（东北振兴领导小组办公室）联合牵头成立东北农业科技统一领导与协调委员会，充分挖掘和发挥现有农业科技资源的潜力和优势，进一步提高农业科技投入的成效。

（二）加强农业科技基础设施与配套政策建设

通过中央政府增加投入，重点加强东北现代农业科技基础设施建设，主要包括相关的实验室、试验站，购置大型科研仪器，完善其基础设施条件，为农业科技创新提供良好的硬件条件。同时，建立相应的农业科技资源高效、开放利用的鼓励和约束政策，大力提高农业科技资源的利用效率。

（三）建立以政府为主导的五大农业发展与科技保障基金

以区域农业基础设施建设、生态环境保护、产业综合竞争力提升、科技创新与转化能力建设、龙头企业扶持为抓手，紧紧围绕保障食物安全、产业化经营和生态环境建设为主攻目标，设立农业发展与科技保障基金，主要包括农业基础设施和生态环境建设与粮食生产补偿基金、农业科技创新基金、农业科技成果转化基金、农业产业化引导基金、农业从业人员培训基金。

（四）实施四大对口支持农业科技与产业行动计划

借助上述基金支持，通过四大对口行动计划，整合国内一流的农业科技资源，为东北现代农业提供保障，具体包括农业强省对口支持农业科技行动计划、农业高等院校与科研单位对口支持科技行动计划、农业龙头企业对口合作行动计划、农业科技人才保障行动计划。在全国选择 6~8 个农业比较发达的省区与东北三省建立对口科技支撑关系，借助有关基金支持，按照国家需求和市场化要求进行实质性合作；在全国尤其是北方选择 12~15 个农业高等院校和科研单位与东北三省农业高等院校和科研单位建立对口支持关系，借助有关基金开展合作研究与技术开发，并与地方经济紧密结合；在全国筛选一批农业龙头企业和农业科技龙头企业，与东北地区相关企业建立对口合作关系，提高当地农业企业和农业科技企业的综合竞争力；在全国选择百村百场对口支持千村千场专业化生产基地建设；在未来

5~6年内，制定具有足够吸引力的优惠政策，通过直接引进、合作研究和重点培养三个途径建立一支高层次农业科技人才队伍，包括农业科学、工程技术、战略与经营管理等三大系列，为东北现代农业科技支撑提供人才保障。

（五）实施五大农业产业发展优惠政策

通过实施农业全额免税政策、农产品出口退税政策、认证补偿政策、绿色龙头企业贷款贴息政策、外来农业投资与农业科技龙头企业减免税政策（免5年减5年）等五大优惠政策，对农业龙头企业产生强大的吸引力，大力促进农业产业化经营。同时，积极运用"绿箱"政策，扶持农业及其出口创汇企业。

（六）建立东北国际农业发展与科技合作创新平台

充分利用沈阳作为世界园艺博览会主办地的有利条件，搭建东北国际农业发展与科技教育合作创新平台，主要包括新品种与新技术引进、人才引进与培养、投资引进、海外市场开拓等方面，从而为东北农业借助国际农业科技资源、成果转化、人才培养、市场开拓提供全面支撑。

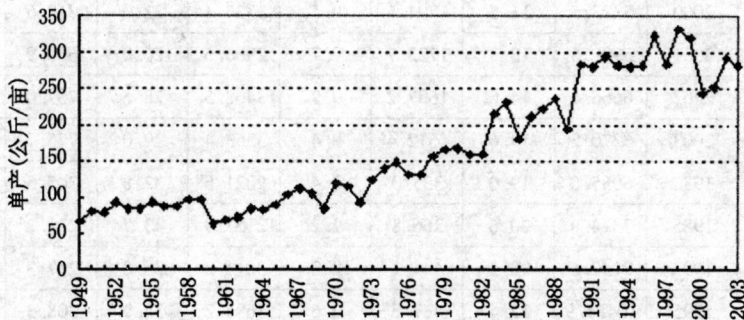

图1　1949~2003年东北三省粮食作物单产变化情况

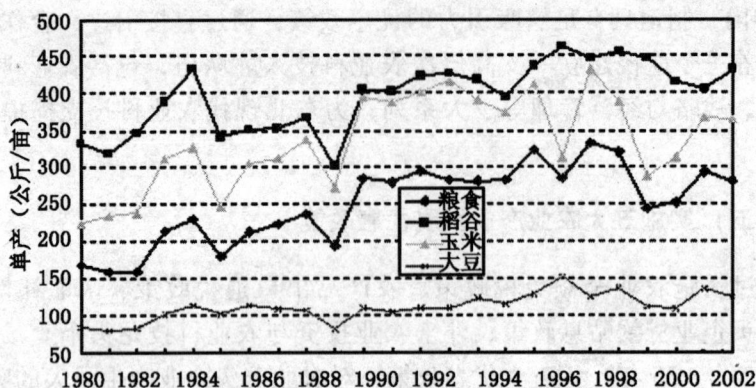

图2　1980～2003 年间东北三省主要粮食生产变化情况

表1　　　　东北与另外两大产粮区粮食生产地位变化对比情况　　　　单位：万吨,%

地区	年份	粮　食		稻　谷		玉　米		大　豆	
		产量	占全国	产量	占全国	产量	占全国	产量	占全国
东北 3省	1980	3543.5	11.1	422.5	3.0	1680.5	27.2	334.5	42.4
	1985	3631.3	9.6	610.0	3.6	1653.0	25.9	458.8	43.7
	1990	5985.0	13.2	990.8	5.2	3393.4	34.3	480.3	43.3
	1995	5968.0	12.8	1028.6	5.6	3515.9	31.4	546.9	40.5
	2000	5323.5	11.5	1794.1	9.5	2335.1	22.0	618.5	40.1
	2001	5999.5	13.3	1722.7	9.7	2966.6	26.0	660.9	42.9
	2002	6666.4	14.6	1697.2	9.7	3468.5	28.6	737.0	44.6
	2003	6270.2	14.6	1512.4	9.4	3353.4	29.0	775.7	50.4
冀鲁豫 3省	1980	6055.0	19.0	335.0	2.4	2021.5	32.8	205.5	26.1
	1985	7814.8	20.6	366.8	2.2	2153.9	33.7	221.2	21.1
	1990	9150.6	20.3	444.1	2.3	3041.3	30.8	217.3	19.6
	1995	10451.9	22.4	477.3	2.6	3684.2	32.9	308.3	22.8
	2000	10490.3	22.7	495.4	2.6	3537.0	33.4	283.3	18.4
	2001	10332.3	22.8	360.0	2.0	3743.3	32.8	254.9	16.5
	2002	9938.5	21.7	501.6	2.9	3540.8	29.2	221.0	13.4
	2003	9392.8	21.8	359.2	2.2	3250.9	28.1	172.3	11.2

续表

地区	年份	粮　食		稻　谷		玉　米		大　豆	
		产量	占全国	产量	占全国	产量	占全国	产量	占全国
长江中下游5省（湘、鄂、赣、苏、皖）	1980	8712.5	27.4	6117.0	43.9	270.0	4.4	115.0	14.6
	1985	11558.4	30.5	8187.7	48.6	423.8	6.6	186.2	17.7
	1990	12568.2	27.8	8991.8	46.9	526.8	5.3	167.4	15.1
	1995	12629.8	27.1	8724.1	47.1	740.7	5.8	217.5	16.1
	2000	12179.7	26.4	8404.5	44.7	806.1	7.6	273.0	17.7
	2001	11881.2	26.2	8139.7	45.8	856.0	7.5	268.4	17.4
	2002	11769.9	25.8	8078.0	46.3	930.6	7.7	318.9	19.3
	2003	10500.7	24.4	6140.3	38.5	760.3	6.6	260.3	16.9

表2　东北三省全部国有及规模以上非国有企业轻工业产值构成情况　单位：亿元

	三省总数		吉林		黑龙江		辽宁	
	总产值	增加值	总产值	增加值	总产值	增加值	总产值	增加值
轻工业总计	2111.3	615.0	507.2	166.8	586.1	172.1	1018.0	276.1
农副食品加工业	579.6	132.5	165.4	44.5	158.8	34.7	255.4	53.4
食品制造业	165.5	49.8	16.1	4.7	101.2	30.2	48.2	15.0
饮料制造业	168.9	68.8	45.3	17.1	67.1	26.5	56.5	25.3
烟草制造业	66.1	32.0	27.1	12.4	13.7	6.8	25.4	12.8
纺织工业	169.1	41.3	30.4	7.6	31.2	9.3	107.5	24.3
纺织服装鞋帽制造业	78.1	22.4	8.0	2.6	1.4	0.3	68.7	19.6
皮革及其制造业	27.8	8.3	0.6	0.2	1.4	0.5	25.8	7.6
木材加工	111.3	36.7	42.2	14.5	28.7	10.2	40.4	11.9
家具制造业	40.6	12.1	4.0	1.1	13.8	4.1	22.8	6.8
造纸及纸制品	91.1	22.9	18.0	6.3	37.7	9.0	35.4	7.6
以农产品为原料的轻工业合计	1498.1	426.7	357.0	111.1	455.0	131.5	686.1	184.2
占轻工业总计比值	71.8%	69.9%	70.4%	66.6%	77.6%	76.4%	67.4%	66.7%

注：资料来自东北三省2004年统计年鉴，其中吉林省为500万元以上工业企业指标，黑龙江省为整个工业企业指标，辽宁省为全部国有及年产收入在500万元以上非国有工业企业指标。

表3　　　　　　　　　我国各大区域水、地资源对比情况

类型	水资源量（亿 m³）	土地水资源（万 m³/km²）	人口（万人）	人均水资源（m³/人）	耕地面积（千 hm²）	耕地水资源（m³/亩）	总播面积（千 hm²）	播面水资源（m³/亩）	人均耕地（亩/人）
全国	27737.6	28.9	128453	2159	125930	1468	154636	1196	1.47
东北3省	1550.5	19.6	10715	1447	21429	482	18355	563	3.00
长江中下游	5355.6	66.1	30558	1753	22496	1587	37296	957	1.10
东南4省	4280.5	97.2	16775	2552	7248	3937	11522	2477	0.65
3大都市	80.3	22.4	4055	198	1041	514	1342	399	0.39
黄淮海3省	916.6	18.0	25430	360	22328	274	33343	183	1.32
青藏2省区	4960.7	25.8	796	62320	971	34053	727	45477	1.83
西北6省区	2243.0	6.2	14417	1556	26317	568	22262	672	2.74
西南5省区	8350.2	61.3	24772	3371	24100	2310	29790	1869	1.46

注："长江中下游"是指湘、鄂、赣、皖、苏5个粮食主产省份；"东北3省"是指黑、吉、辽3个粮食主产省份；"黄淮海三省"是指河北、河南、山东3个粮食主产省份；"西北6省"包括陕、甘、宁、晋、蒙、新；"西南5省区"包括云、贵、川、渝、桂；"东南4省"包括闽、浙、粤、琼；"三大都市"包括京、津、沪；"青藏2省区"包括青海、西藏。

表4　　　东北地区农田机械化水平与其他地区比较（2001年统计数）

单位：千公顷,%

地区	机耕面积	机耕率	机械播面	机播率
全国	61652.8	48.3	40582.9	26.1
东北3省	13281.0	61.8	10910.4	57.9
长江中下游5省	12575.6	55.3	4193.6	11.2
东南4省区	2792.8	38.0	26.7	0.2
3大都市	768.3	72.6	433.9	30.5
黄淮海3省	15929.9	70.5	13863.7	41.5
青藏2省区	410.7	40.2	361.6	47.6
西北6省区	12161.9	45.0	9526.0	43.7
西南5省区	2827.6	11.6	413.4	1.4

表5　　　　东北三省区粮食作物单产波动系数及其与全国和其他区域对比情况

地区	东北3省	全国	长江中下游	东南省区	3大都市	冀鲁豫3省	青藏区	西北省区	西南省区
单产年增率	2.26	2.02	1.72	1.36	2.02	2.61	2.51	3.40	1.49
单产波动系数	522	161	219	215	205	158	191	189	200

注:"单产年增率"为1980~2003年粮食作物单产年均递增率;"单产波动系数"为单产相对波动系数计算结果。计算过程: $RR = \sum_{i=1}^{n} \left| \frac{D_i - \bar{D}}{\bar{D}} \right| / n \times 100$; $D_i = \left(\frac{a_i}{a_{i-1}} - 1 \right) \times 100$; $\bar{D} = \left(\sqrt[n]{\frac{a_n}{a_0}} - 1 \right) \times 100$; RR 为相对波动系数, D_i 为第 i 年与前一年相比的粮食单产增长率, $\bar{D}$ 为整个时期内粮食单产年平均增长率。 n 表示时期长度, 即年数, a_i 表示第 i 年的粮食单产, a_n 表示期末单产, a_0 表示期初单产。

分报告之六：现代服务业发展科技支撑战略研究①

北京麦肯桥咨询有限公司课题组

———————————

① 北京麦肯桥咨询有限公司：吴玲
中国信息协会：高新民
中国物流与采购联合会：戴定一
国务院发展研究中心：郭励弘
国家发改委经济体制综合改革司：李占五
北京麦肯桥咨询公司：薛景照

一、前　言

1. 现代服务业的内涵。

服务业是国际上通行的产业分类概念，指那些以提供非实物产品为主的行业，在我国归为第三产业。我国于 1985 年才开始建立第三产业统计体系，第一次对我国第三产业做出明确划分，并将第三产业增加值计入国民生产总值。1997 年 9 月党的十五大报告中首次提出"现代服务业"的概念；2000 年 10 月十五届五中全会关于"十五"计划建议中，明确了"要发展现代服务业，改组和改造传统服务业，明显提高服务业增加值占国内生产总值的比重和从业人员占全社会从业人员的比重"。

国家中长期科技规划战略研究现代服务业专题首次对现代服务业进行了定义：在工业化比较发达的阶段产生的，主要依托信息技术和现代管理理念发展起来的、信息和知识相对密集的服务业。在此基础上，本报告对现代服务业进行了狭义和广义之分：从狭义来讲，现代服务业是相对于"传统服务业"而言的，它伴随信息技术的应用和信息产业的发展而出现，是信息技术与服务产业结合的产物。具体包括两类：一类是直接因信息产业和信息化的发展而产生的新兴服务业形态，如计算机和软件服务、移动通信服务、信息咨询服务等；另一类是通过应用信息技术，从传统服务业改造和衍生而来的服务业形态，如金融、现代物流、电子商务等。

从广义来看，现代服务业是一种现代化、信息化意义上的服务业，它是指在一国的产业结构中，基于新兴服务业成长壮大和传统服务业改造升级而形成的新型服务业体系，体现为整个服务业在国民经济和就业人口中的重要地位，以及服务业的高度信息化水平等方面。如图 1 所示。

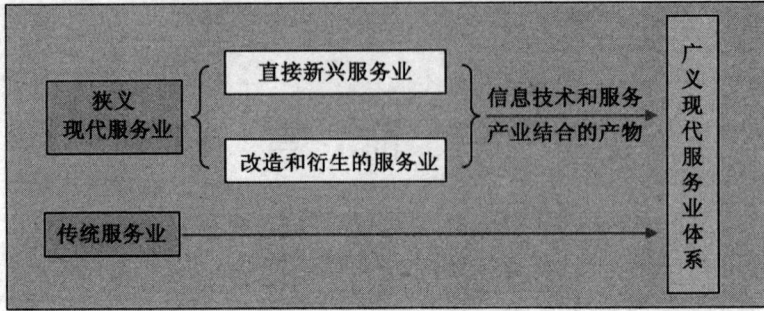

图 1　现代服务业内涵

2. 东北现代服务业的研究重点。

服务业共包括四大类：基础服务、生产和市场服务、个人消费服务和公共服务。

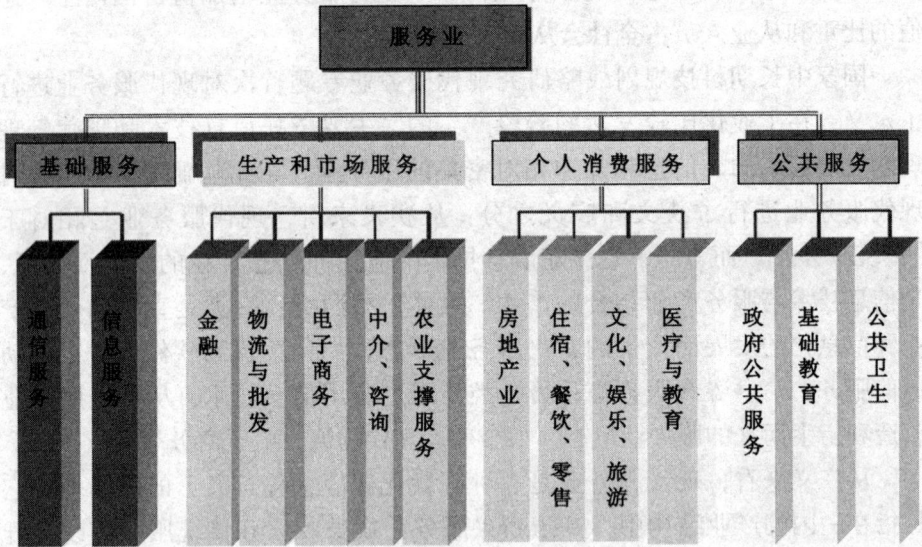

图 2　服务业分类构成

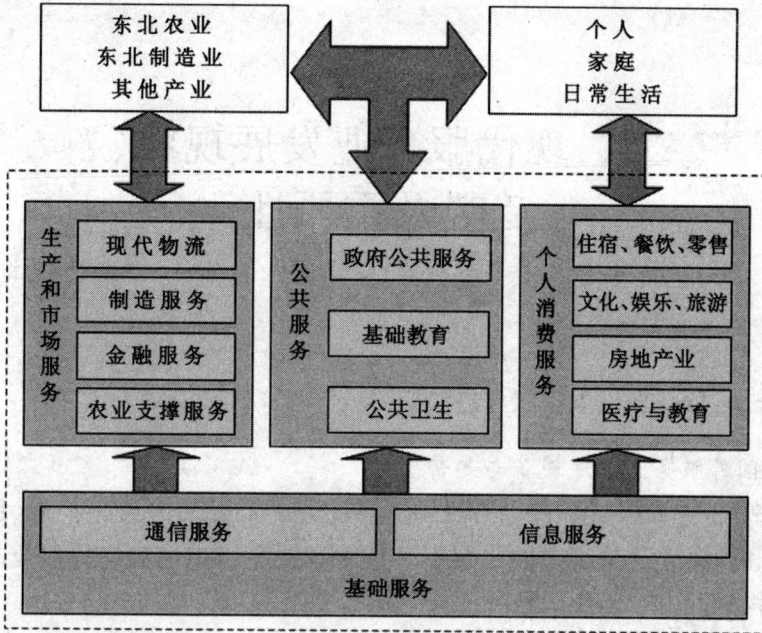

图3 服务业各构成之间的关系

在图3所示内容中，生产和市场服务业是支撑老工业基地振兴的重要内容，同时也是东北地区服务业发展的薄弱环节，是此次研究的重点方向，结合东北地区的实际情况和突出问题，确定现代物流和制造服务作为课题研究的重点内容。

3. 现代服务业发展的科技支撑内涵。

现代服务业的科技支撑具有应用性、集成性和系统性的特点。东北地区现代服务业发展的科技支撑，不一定是具有前瞻性的高科技内容，更多的表现在对现有成熟技术和科技资源的整合和集成，是应用性和操作性要求更强的支撑。它不仅包括以信息化、标准化为代表的现代技术支撑，还包括科学理论与方法的指导、科技条件与科技人才的支撑，以及科技政策和创新环境的保障等内容。

二、现代服务业发展现状、
趋势及重要性

（一）服务业发展现状与趋势

1. 国外服务业发展现状与趋势。

自 20 世纪 60 年代初，主要发达国家经济重心开始转向服务业，服务业在就业和国民生产总值中的比重不断加大，逐步居于绝对优势地位，全球产业结构呈现出"工业型经济"向"服务型经济"转型的总趋势。

（1）服务业占 GDP 比重不断上升。据世界银行《世界发展报告》公布的资料，1960～2000 年，美国服务业占 GDP 比重由 58% 上升到 74%；英国由 54% 上升到 70%；日本由 42% 上升到 66%。

2000 年，全球服务业增加值占 GDP 比重达到 63%；主要发达国家达到71%，中等收入国家达到 61%，低收入国家达到 43%。发展中国家如印度、菲律宾、乌克兰、智利四个国家服务业增加值占 GDP 的比重也分别达到48.18%、52.94%、46.6% 和 56.81%。印度服务业从 20 世纪 90 年代占GDP 的 41% 提高到 2003 年的 51%，增幅 10%。

表 1　　　　部分发达国家服务业增加值占 GDP 的比重变化　　　　单位：%

国　家	1950 年	1960 年	1970 年	1980 年	2000 年
美国	50	58	62	64	74
英国	48	54	53	55	70
加拿大	49	61	60	58	67
法国	—	51	62	67	71
德国	42	41	48	—	68
日本	32	42	47	54	66

资料来源：世界银行发展报告。

表2　　　　　　　　不同收入国家服务业增加值占GDP的比重　　　　单位:%

年　份	1980	1998	2000
全世界	56	61	63
低收入国家	30	38	43
中等收入国家	46	56	61
高收入国家	60	68	71
与我国经济接近国家			
印度	36.64	45.81	48.18
菲律宾	36.1	51.6	52.94
印度尼西亚	34.31	36.69	35.93
乌克兰	31.3	49.63	46.6
智利	55.30	57.68	56.81

资料来源: OECD。

（2）服务业吸收就业比重不断增加。从20世纪60年代以来,服务业吸收劳动力占社会劳动力的比重逐年提高。到1997年,多数国家服务业吸收就业劳动力人数已经超过第一产业和第二产业吸收就业劳动力的总数,西方发达国家服务业就业比重普遍达到70%左右,少数发达国家达到80%以上。[1] 1997年,OECD国家服务业就业劳动力占全部就业劳动力的比重平均达到64.1%,其中,美国达到73.4%,法国为69.9%,德国为60.2%,日本为61.6%,韩国为57.7%。1999年,大部分发展中国家达到40%以上,如菲律宾为48.7%,巴西为64.5%,马来西亚为52%。

_____

① 参见联合国开发计划署组织撰写:《2003年人类发展报告》,中国财经出版社,2003年10月。

表3 发达国家服务业就业比重 单位:%

	1987 年	1997 年	增长
OECD 国家	—	64.1	—
欧盟	63.9	65.2	4.3
美国	69.9	73.4	3.5
法国	62.2	69.9	7.7
德国	55.4	60.2	4.8
日本	57.9	61.6	3.7
韩国	45.5	57.7	3.7

资料来源:OECD。

表4 1999 年部分发展中国家服务业就业情况 单位:%

国别	在服务业就业的男性占男性总就业人数的比重	在服务业就业的女性占女性总就业人数的比重	平均就业比重
马来西亚	45.9	57.8	52
菲律宾	35.8	60.7	48.7
印度尼西亚	40.0	42.0	41
捷克	48.2	68.6	58.4
阿根廷	65	89	77
巴西	48	71	64.5

资料来源:OECD。

（3）生产性服务占重要地位。在服务业内部结构中，通信、金融、物流、批发、农业支撑服务、专业服务等生产性服务比重增加，成为服务业的重要组成部分，主要工业国达 50% 以上，1998 年，美国达到 54.8%，欧盟为 52.3%，日本为 54.5%。生产流通领域的专业化服务尤其是外包服务成为服务专业化的重要特征。

（4）国际服务贸易增长强劲。经济全球化和分工的日益细化在推动对外贸易发展的同时，更使全球对服务贸易的需求大增。1980～2000 年，世界服务贸易额增长了近400%，年均增长率为7.1%，而同期货物贸易额增长不到300%，年均增长仅5%。服务贸易在国际贸易中的比重由1980年的16%上升到2000年的19%。2000年，发达国家服务贸易出口占全球总额的74%，其中西欧为45%，北美占22%。①

目前，发达国家服务业国际转移已蔚然成风，涉及软件、电信、金融服务、管理咨询、芯片、生物信息等多个行业，涵盖产品设计、财务分析、交易处理、呼叫中心、IT技术保障、办公后台支持和网页维护等多种服务类型，具体的形式有项目外包、业务离岸化、跨国直接投资和收购兼并等。以国际项目外包市场为例，美国《财富》所列500强企业一半实行离岸外包，不少中小型企业也开始考虑外包部分服务。据联合国贸发会议等机构估计：2004年全球外包服务市场为3000亿美元，未来几年将以30%～40%的速度递增，到2005～2007年将增至5850亿～1.2万亿美元。全球IT服务项目外包是服务业国际转移的热点，仅软件项目外包每年就有1300亿美元的规模，到2007年，美国整个IT行业23%的就业都设在海外，远高于2003年的5%。发达国家金融服务业目前的1300万个工作岗位，在今后5年里将有200万个转移到新兴市场国家。

（5）服务行业信息技术的投资强度大。1991年美国IT投入主要集中在服务行业，达到了82.6%。据美国商务部《数字经济的崛起2000》的报告：1996年，美国IT投资的份额占全国设备投资总额的45%，其中通信、金融等服务行业的IT投资占该行业总设备投资的比例达到3/4。

表5 　　　　　　　　**1991年美国IT投入比重的产业分布** 　　　　　单位：%

	制造业	全部工业	金融、保险、物业	全部服务业
IT投资比重	16.5	17.4	25.2	82.6

（6）以知识密集型为特点的中介与咨询等专业服务业成为服务业的重要组成部分。中介咨询等专业服务是以提供信息和智力服务为特征的新型产业，主要承担决策咨询、专业资质认证、高级专业代理等社会功能，重点包括会计、审计、评估、法律、技术研发、策划、市场调查、高级专业

---

① 资料来源：世界贸易组织：《国际服务贸易统计和健康服务贸易》（2002）。

代理以及各类咨询等服务业。西方发达国家早在 20 世纪中期就已经形成产业规模。20 世纪 90 年代初，美国咨询业产值高达 2030 亿美元，占国民生产总值的 2%，近年来还在以每年 10% 的速度递增 。①

（7）高度重视服务业标准化工作。国际标准化组织（ISO）从 1996 年就开始了服务标准的研究和制定，主要领域涉及金融服务、运输服务、邮政服务、旅游服务、国际展览管理服务标准等。一些发达国家正积极开展服务标准化工作。欧洲各国把服务领域的标准化工作作为强化本国服务产业的重要手段。近年来，欧洲标准化委员会（CEN）已成立了相应的服务标准化工作委员会。发达国家服务标准化工作所涉及的标准类型有：服务业基础标准、服务业质量体系标准、服务业管理标准、服务业资质标准、服务业设施标准、保护消费者权益的标准等。

2. 我国服务业发展现状与差距。

改革开放以来，我国服务业有了较大发展，但与发达国家乃至部分发展中国家仍然存在较大差距。

第一，服务业增加值占 GDP 比重，由 1978 年的 23% 升至 2002 年的 32.28%，但仍然偏低。2000 ~ 2002 年，我国服务业增加值占 GDP 的比重始终在 33% 左右徘徊（见表 6），年度、季度增长速度也低于同期 GDP 和第二产业的增长速度，在较低发展水平上就出现了停滞不前的迹象。

表6　　　　　　　　2000 年以来我国服务业发展情况　　　　　　单位：亿元,%

年份	GDP		第二产业		第三产业		
	增加值	增	增加值	增	增加值	增	占 GDP 比重
2000	89404	8	45488	9.6	29704	7.8	33.2
2001	95933	7.3	49069	8.7	32254	7.4	33.6
2002	102397	8.0	52981	9.90	34532	7.30	33.7
2003	116694	9.1	61778	12.5	37669	6.70	32.28

资料来源：国家统计局。

从前述中低收入国家服务业占经济总量比例的上升幅度明显高于高收入国家这一特点可以看出，服务业在整个经济中的比重与经济发展水平密

———————————

① 资料来源：经济合作与发展组织（OECD）。

切相关，我国服务业发展显然在平均水平之下。同时，国际经验表明，服务业加速发展期往往出现在整体经济由中低收入水平向中上等收入水平转化的时期。显然，我国服务业的发展并没有符合这一国际发展规律，在理论上应该进入加速发展时期却陷入数年的调整之中。

第二，服务业就业劳动力占就业劳动力的比重有大幅度提高，由1978年的12.1%升至2002年的28.6%，但仍远远低于大多数发展中国家的水平。"九五"期间全国从业人员共增加3203万人，第三产业吸收了其中的84.8%。尽管服务业已经成为吸纳劳动力就业的主渠道，但从创造就业能力来看，"九五"期间吸纳的就业人数，只相当于"八五"期间的54%。据统计，2001年以来批发和零售贸易、餐饮业的就业人员比上年大约减少了135.3万人。[①]这表明，传统服务业吸纳就业的能力在衰退，而目前劳动力的素质状况又难以满足知识和技术密集型为特征的现代服务行业发展的需求。

大部分发展中国家服务业吸收就业劳动力总数占就业劳动力总数的比重在1999年已达到40%以上，而我国目前还不到30%。

第三，服务业发展迅速，但服务业总体技术含量不高，服务业附加值低，内部结构不合理，服务业劳动生产率仍然较低。2000年，美国、日本、欧盟的服务业从业人员人均生产率在60000美元以上，我国服务业劳动生产率仅为1700美元左右，2002年也仅为2000美元。

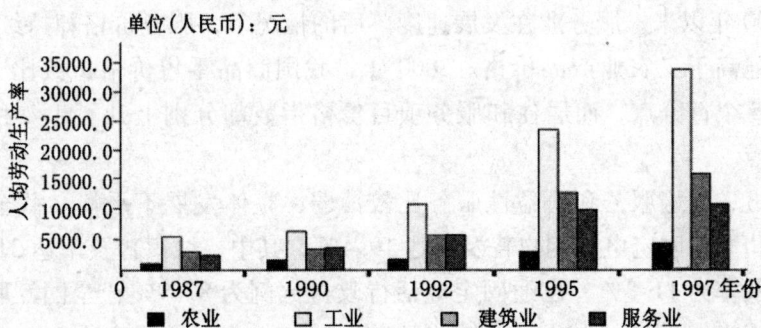

图4　我国各产业劳动生产率比较（1987～1997年）

---

① 资料来源：国家统计局。

服务业内部结构也不合理，生产性服务比重小，仅占服务业内部总量的28%左右，而发达国家达50%以上。目前，我国已经成为世界第四大制造生产国，但由于服务业与制造业发展的关联度还比较低，生产性服务发展不足，流通成本居高不下（我国社会物流总成本占GDP的比重高达20%，比发达国家高出一倍；衡量经济活跃程度的指标之一——银行支付清算交易额与GDP之比：2003年我国为7；而英国是49.7；美国是69），高昂的流通成本已成为中国制造业发展的新的重大"瓶颈"。①

以知识密集型为特点的中介与咨询等专业服务发展缓慢。表现在信息渠道不通畅，信息壁垒问题严重，有70%左右的信息资源集中在政府各部门及其所属实体手中，真正能流通起来被利用的不足10%。同时，缺乏丰富的专业数据库资源，能提供的信息太少。从数据库生产数量和容量看，1995年美国就已建成数据库5882个，许多数据库容量超过千GB，而我国同期建成数据库1038个，数据库容量在10MB以下的占33%，容量在10～100MB占42%，容量大于100MB的仅占25%。② 在我国数据库结构上，又以自然科学居多，而经济、商业、社会科学的数据库与国外相比，规模和数量差距甚大。

第四，在我国服务业中，市场开放不够，竞争不够充分。2002年国有经济投资占服务业总投资的比重从1998年的53.39%下降到49.19%，仅仅下降了4.2个百分点，服务业投资在所有制结构上的转换仍然缓慢。

2000年以来，服务业在发展速度落后的情况下，服务价格却持续走高，涨幅明显高于工农业产品价格。2000年，我国商品零售价格指数比上年下降了1.5个百分点，而居住和服务项目价格指数却分别上升了4.8和14.1个百分点。

第五，普遍服务和公益性服务比较薄弱，整体发展不平衡。截至2003年8月，全国固定电话用户普及率达19.4%，其中，城镇普及率达31.2%，农村普及率为11.3%，已通固定电话行政村比例为87.9%；全国互联网用户普及率为4.23%，其中，城镇普及率为11%，农村普及率为0.14%。信息网络的普遍接入严重不平衡；农村和边远地区学龄儿童和青少年受教育的比例和承担受教育支出的能力远远低于城市水平；农村金融、医疗卫生

---

① 资料来源：国家信息中心。
② 资料来源：国家统计局、国家信息中心：《数据库调查报告》。

等服务领域的普及程度也远远低于城市。城乡二元化带来的普遍服务和公益性服务的严重失衡，也制约了我国服务业协调发展。

第六，服务业标准体系尚未建立，影响和制约了服务业的发展。在服务业领域虽然已经制定了一些国家标准，但是远不能适应发展的需要。很多新兴服务标准空缺，如银行、保险、证券、电信、旅游、零售业服务、会计、医疗、审计、资产评估、交通运输业、货运代理等领域。

当然，我国服务业的发展也具备一些有利条件。在政策环境方面，随着国家对服务业发展的不断重视，推进服务业发展的有关政策和发展规划陆续出台。如已颁布实施的《"十五"期间加快发展服务业若干政策措施的意见》及十六届三中全会提出的要加快推进垄断行业改革等方面内容，为服务业在进一步改革开放中加快发展提供了政策基础。在需求市场方面，随着我国社会化分工日益细化，经济水平、居民收入、消费结构的飞跃发展和城镇化进程的不断推进，将形成巨大的生产与个人消费的服务需求和庞大的服务业市场。同时，伴随着国际服务贸易的持续增长，以服务业国际转移为特征的新一轮国际化分工日益发展，我国凭借劳动力等比较优势资源，在承接服务业国际转移方面潜力巨大。

（二）现代服务业未来发展展望

1. 现代服务业将成为未来服务产业发展的重点。

首先，基于信息产业和信息技术的新兴服务业将成为主流。一方面，源于为信息产业服务的大量服务行业迅速崛起，成为一支重要的"服务大军"，如计算机和软件服务、互联网信息服务、电信服务等。并且，随着信息技术向其他领域渗透和扩散的加强，这些服务形态已经不再局限于为信息产业服务，而是服务于国民经济的各行各业。另一方面，由于上述服务业产业链延伸和专业化分工的需要，出现了多种类型的信息咨询服务业、信息内容服务业等，提供更深入、更具个性化的定制信息服务。

其次，由于信息技术的应用，从传统产业衍生而来的服务行业成为经济生活中的"主角"，传统服务业逐渐发展成为现代服务业。在未来的经济社会中，大量传统服务业的内容仍将保留和延续，但信息技术的普遍应用，则会大大推进传统服务形式向现代服务业的转变：一方面，信息技术的应用将改进传统服务业的提供方式，扩大服务的内容和服务的领域，使以往单一领域中的服务行业能够跨越多个领域提供服务，使传统生产性服务、消费性服务和公共性服务之间的界限变得模糊；另一方面，由于服务业的特性决定了其发展对于信息的依赖程度远大于其他产业，信息技术在传统服务业中的推广应用，为服务业中信息的快捷、畅通流动奠定了基础，在人们日常熟悉、频繁发生的服务活动中添加了便捷、高效的成分，有助于推动服务业信息化水平的提高，促进服务业效率和效益的增长，实现传统服务业的改造和升级，因此，能够迅速成长壮大。如在商贸、流通等领域，人们通过电子商务购物、通过电子银行付款等将日益普遍。

2. 现代服务业将成为未来经济的主导产业。

首先，在信息技术的推动下，服务业将获得迅猛发展，并将逐渐成为占国内生产总值比重最高的产业形态。这在一些发达国家已经有所体现，在广大发展中国家，服务业增加值占 GDP 的比重也在持续提升。

其次，从长远看，发展现代服务业是缓解就业压力的基本途径，是未来吸纳就业最主要的渠道。自 20 世纪 80 年代以来，全球范围内服务业吸收劳动力占社会劳动力的比重逐年提高，到目前为止一些国家服务业吸收就业劳动力人数已经超过第一产业和第二产业的总数，发达国家体现得尤为明显，到 2001 年，大部分发展中国家服务业就业人数所占比重也已超过40%，随着服务业进一步的发展，它将成为创造就业机会的最佳领域和从业人员最多的产业部门。

最后，现代服务业成为推动国际贸易的主角。随着服务业在国民经济中主导地位的确立，在未来的国际贸易中，以提供服务为主的对外贸易不仅将以高于货物贸易的速度快速发展着，而且交易金额也有望超越货物贸易，成为主要的外贸形式。而且，信息技术的广泛应用使服务贸易的内容和结构也在逐渐发生变化。未来服务贸易将从依托产品的服务为主逐渐向依托信息的服务为主转变，服务贸易的科技含量和附加价值将日益提高，使现代服务业日益成为推动国际贸易发展的主角。以英国为例，1992～2002年的 10 年间，英国各类服务贸易中，以"计算机与信息服务"的进出口额增长率最高，均超过 20%。

3. 现代服务业将成为带动其他产业发展的关键因素。

首先，现代服务业成为第一、二产业发展的重要推动力。这是因为在未来的工业和农业发展中，由于市场需求的变化，无论工、农业产品本身还是组织形式都将从单一的大规模生产变得越来越精巧和个性化，从而需要各类服务的支持；资源枯竭问题的凸显使工、农业生产将尽量减少对不可再生资源的消耗，增加可再生资源的使用，服务将更多地作为中间投入融入工农业生产中；信息技术在工、农业生产中的普遍应用，也增加了两大产业对相关服务的需求；而为工农业提供中间服务的金融、物流、批发、各类专业服务等服务业的发展直接影响国民经济素质和运行质量。这些都使未来工业和农业成为"服务密集型"领域，出现"产业服务化"的现象，即一些工业或农业部门的产品是为提供某种服务而生产的，知识和技术服务将随产品一同售出，服务还将引导工、农业部门的技术变革与产品创新。

其次，现代服务业将成为以信息产业为主的高新技术产业发展的主要带动因素。一方面，现代服务业将直接服务于高新技术产业的发展，通过提供大量专业化、高效率的服务给予高新技术产业以支撑；另一方面，现代服务业也将成为高新技术产业最重要的应用领域之一。服务业的现代化就是服务业信息化的过程，现代服务业的发展离不开先进技术的应用，因此现代服务业的发展壮大将为高新技术产业的发展提供广阔的市场空间，同时也带动了高新技术产业的不断创新和突破。

4. 发展现代服务业是增强国际竞争力的必然选择。

首先，服务业的发展、服务业信息化水平的提高，有助于整体经济实力的增强，以及国民经济和社会信息化的推进，而一国的经济实力和信息化程度是该国竞争力的重要体现。

其次，国际竞争的胜负越来越表现在核心竞争力的高低上，要形成核心竞争力，企业必须专注其所长之处。现代服务业的发展为产业分工的深化提供了可能，使企业能够通过外部采购服务业产品，达到缩减成本、增加效率，集中力量提高企业核心竞争力的目的。

再次，由于各种信息服务的发展以及信息技术在教育、科技等服务领域的应用，国家的知识、技术创新能力将大大提高。

最后，利用信息技术加速服务业发展，提高服务业出口产品的品种和科技含量，有助于提高本国的服务贸易水平，增强国家的对外贸易实力。

（三）发展现代服务业的重要性

现代服务业是衡量经济、社会现代化水平的重要标志。发展现代服务业是促进经济增长、优化产业结构、创造就业机会、提高生活质量的重要途径，是坚持以人为本，实现经济社会全面、协调、可持续发展的战略举措。发展现代服务业的战略意义主要体现在以下六个方面：

第一，发展现代服务业是实施国民经济可持续发展战略的需要。研究结果表明，按照我国现有工业发展模式推测，到 2020 年，环境污染和资源消耗都将达到非常严重的程度。现有粗放式利用能源和资源的模式已不可能支持中国的 GDP 再翻两番，必须要走资源节约型、信息化带动的新型工业化道路。发展现代服务业，有利于实现产业结构优化，减少对自然资源的依赖，减轻对环境的损害，是我国这样一个人口密集、人均资源短缺的大国经济可持续发展的必然选择。

第二，发展现代服务业是实现跨越式发展的有效途径。服务业科学技术问题的特点是应用性、系统性和集成性。即使国家的整体科技水平还没有达到世界最先进的前沿，也可以实现先进技术在应用层次上的跨越发展。利用先进的信息技术推动现代服务业的发展，关键是要开发适合国情的服务品种和门类，以创造效益为根本出发点，培育出一批崭新的产业。在我国全面建设小康社会历史阶段，利用发展现代服务业的契机实现跨越，存在很大的发展空间，是一个可以大有作为的领域，将为国家带来巨大的发展机会。

第三，现代服务业是全面建设小康社会时期国民经济持续发展的主要增长点。当前，我国主要工农业产品已相对充足，但相当部分服务产品仍供给短缺。面向多领域、多层次消费群体，积极开发服务门类，扩大服务产品，完善服务业结构体系，提高服务质量，扩大服务消费规模，将会使服务业成为重要的经济增长点。

国际经验表明，服务业加速发展期一般发生在一个国家的整体经济由中低等收入水平向中上等收入水平转化的时期。这是社会分工细化，城市化步伐加快，消费需求升级，消费结构变化所引起的必然结果。今后 15 ~ 20 年，我国也将会发生类似产业结构的变革。

第四，从长远看，发展现代服务业是缓解就业压力的主渠道。与西方发达国家和绝大部分发展中国家相比，我国服务业吸收就业劳动力的比重仍然很低，吸收就业的潜力非常大。我国作为发展中国家，当前实行劳动密集型、技术密集型、知识密集型服务业并举的方针，对各种层次的劳动力可以提供大量的就业岗位。从长远看，大力发展教育、文化等服务业有利于从根本上改变劳动力素质结构，促进我国由人口大国转化为人力资源强国。

第五，发展现代服务业是提升国民经济素质和运行质量的战略举措。

为工农业提供中间服务的金融、物流、批发、各类专业服务等现代服务业的发展直接影响国民经济素质和运行质量。现代服务业的发展不仅对服务业本身，而且对提升其他产业竞争力，改善我国投资环境将发挥重要的推动作用。当前，全球服务业正处于结构调整和产业转移期，发展现代服务业，提高我国服务业的知识和技术含量，有利于扭转我国服务贸易逆差局面，提升我国服务贸易竞争力。

第六，发展现代服务业是促进经济社会和人的全面发展，走向知识社会的必要条件。加快发展现代通信、现代传媒、信息服务、教育、医疗保健、文化娱乐、体育、旅游等现代服务业，是坚持以人为本，全面贯彻、协调、可持续的科学发展观的集中体现。发展全民教育和知识型服务产业，提高国民素质将是走向知识经济社会必不可少的基本条件。

三、东北现代服务业发展现状、差距及原因分析

（一）东北现代服务业发展现状与差距

1. 总量发展不足，与国际差距明显。

2003 年，东北三省共实现增加值 12957.3 亿元，其中辽、吉、黑三省各占 46.33%、19.46%、34.21%；其中服务业实现增加值为 4807.6 亿元，占到东北 GDP 总量的 37.10%。

（1）东北服务业占 GDP 的比重达到 37.1%，略高于全国水平，但与国际差距仍然较大。2003 年东北地区三大产业的比例为 12.57∶50.33∶37.10，与全国同期的比例 14.58∶52.26∶33.16 在结构上基本一致；服务业在 GDP 中所占比重略高于全国平均水平，但与国际公认标准差距较大。

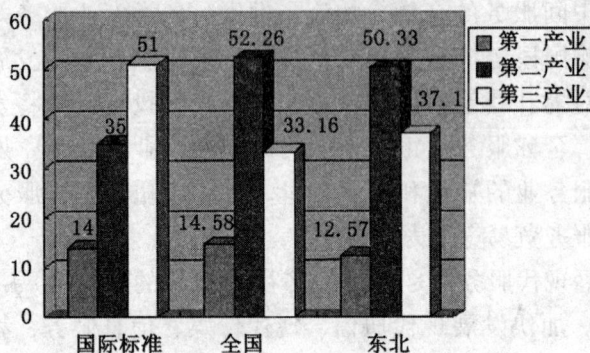

图5 东北地区三大产业比例与全国对比

注：国际标准是国际公认的人均GDP达到1000美元左右时的结构标准。

（2）东北服务业就业率达到33%，略高于全国水平，但与国际差距较大。2003年东北地区三大产业就业比例为12.57∶50.23∶37.1；与全国平均水平14.58∶52.26∶33.16相比，结构基本一致，服务业就业水平较全国略高，但与国际差距仍然较大。

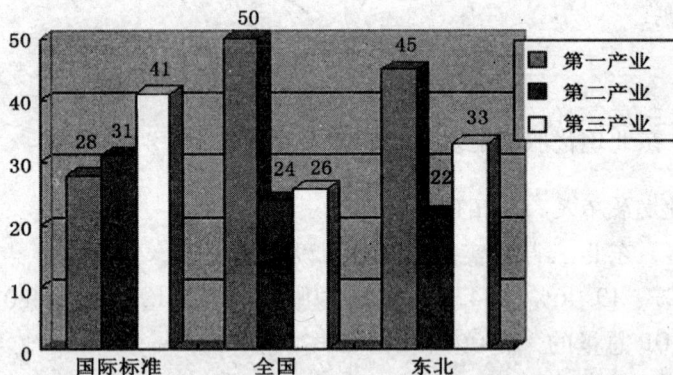

图6 东北地区三大产业就业比例与全国对比

注：国际标准是国际公认的人均GDP达到1000美元左右时的就业标准。

2. 内部结构不合理，传统服务业发展较快，现代服务业发展不足。

东北服务业内部结构不合理状况主要表现在，传统服务业居多，现代服务业规模较小，在结构方面的改善明显滞后。以服务业相对发达的辽宁省为例，2002年该省服务业所创造的增加值中，批发和零售贸易、餐饮业共完成760.89亿元，占到服务业总值的33.7%，排名第二位的行业是交通运输、仓储及邮电通信业，占总量的18.8%，这两大类基本上全部属于传统服务业，两者之和已达到服务业总量的一半以上，而电子商务、金融保险等现代服务业所占比例很小。

与OECD国家相比，2002年，东北金融、保险和房地产的比重比OECD国家低10多个百分点，而属于传统服务业的交通运输、仓储、邮电通信业与批发零售贸易、餐饮业，则比OECD国家分别高出7个和12个百分点。这些数据表明东北传统服务业所占比重仍然偏高，主要集中在批发零售、餐饮、运输邮电等行业，而面向生产和市场的东北制造服务以及中介咨询等附加值高的知识密集型服务业，比例偏低，发展滞后，服务业与制造业发展的关联度还比较低。

表7　　　　　2002年辽宁省服务产业各主要行业增加值完成情况表

行　业	增加值（亿元）	同比增长（%）	占服务业总量比重（%）
总计	2258.4	11	
批发和零售贸易、餐饮业	760.89	12.2	33.7
交通运输、仓储及邮电通信业	424.48	6.1	18.8
金融保险业	137.69	5.3	6.1
房地产业	126.80	11.5	5.6
其他行业	808.58	13.7	35.8

资料来源：辽宁省统计资料。

3. 东北服务业整体竞争力较弱。

2002年，根据服务业的规模竞争力、结构竞争力、成长竞争力、创新竞争力、管理竞争力等指标，人民大学对我国31个省市服务业的竞争力进行了比较分析。从东北各省的情况来看，辽宁省排在全国第10位，接下来是黑龙江第18位，吉林最低为第22位。就东北整体而言，东北地区服务业的竞争力指数应为42.77，占到16~17位之间，基本上相当于江西省和安徽省的水平。

表8　　　　　　　　我国 31 个省市服务业竞争力评价排名（2001 年）

地　区	综合竞争力		地　区	综合竞争力		地　区	综合竞争力	
	得分	排名		得分	排名		得分	排名
上海	79.3	1	河北	48.55	12	吉林	36.29	22
广东	78.04	2	湖南	46.56	13	海南	35.43	23
北京	77.46	3	重庆	46.45	14	陕西	34.12	24
江苏	72.2	4	江西	44.87	15	内蒙古	34.1	25
浙江	67.7	5	安徽	42.62	16	甘肃	33.72	26
山东	66.73	6	河南	41.97	17	青海	33.05	27
福建	59.84	7	黑龙江	39.9	18	山西	32.44	28
天津	57.33	8	云南	38.92	19	宁夏	31.05	29
四川	54.76	9	广西	38.71	20	新疆	30.86	30
辽宁	52.14	10	西藏	37.2	21	贵州	29.3	31
湖北	48.77	11						

（二）原因分析

按照市场经济的发展规律，影响现代服务业发展的因素主要包括供给状况、需求因素以及影响产业发展的整个宏观环境等内容，据此，东北现代服务业发展问题将从这几个方面予以展开，如图7所示。

1. 在宏观方面，管制过多、改革滞后、规划不足与监管不力，造成现代服务业发展的外部环境缺失。

第一，管制过多，竞争不足。我国服务业宏观管理体制改革步伐相对缓慢，在服务业的部分领域，市场准入限制较多，竞争不足。如银行、保险、教育、医疗、交通、通信等行业。政府往往出于经济安全、行业规范、行业管理等多种考虑，设置种种市场进入障碍，或限制外资企业进入，或限制非国有企业进入，有些领域甚至其他行业的国有企业也难以进入。其结果，一方面，垄断企业的既得利益得到保护，在没有竞争压力的情况下行业发展的活力与动力低下；另一方面，导致大量的投资和生产要素被排除在服务业之外，在很大程度上制约了服务业的发展。由于服务行业缺乏竞争，市场机制不能发挥有效的调节作用，使新兴服务业或新服务项目的发展缺乏动力。

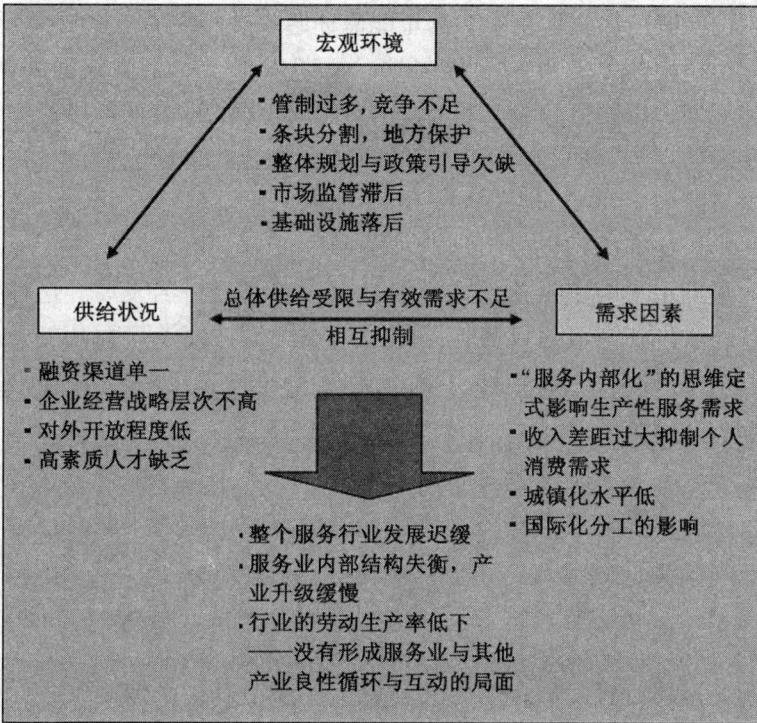

图7 影响东北服务业发展的因素框架

政府控制资源的比重过高。一方面，增大了当事人"寻租"的可能性，会造成资源分配的不公，影响到地区经济的发展；另一方面，这种局面会阻碍市场化的进程，增大了外部资本进入东北地区的谈判成本。

第二，条块分割，地方保护。受到行业管理中条块分割和地方保护的影响，服务业发展困难重重。以物流为例，铁路、公路、港口、堆场、仓库各自归属不同管理部门分头主管。由于条块分割、部门分割，对物流资源整合与优化设置了障碍，增加了物流管理和协调工作的难度，不能形成东北统一规划，制约了现代物流服务业的发展进程。

在商业连锁经营方面。"地方保护主义"抑制了连锁业异地开店经营，阻碍了连锁业规模发展的速度。这主要表现在税收、人脉关系、行政管理等方面，造成东北批发零售贸易业在国内生产总值的比重提升缓慢。

同时，这种体制也造成了信息渠道不通畅，信息壁垒问题严重，使与服务业依存度较大的社会公共信息资源不足，约有70%的信息资源集中在政府各部门及其所属实体手中，真正能流通起来被利用的不足10%。

第三，整体规划与政策引导欠缺。长期以来，在条块分割的体制下，缺乏整体规划。以物流为例，目前，铁道部、交通部均有各自的物流中心或枢纽建设的规划，但是缺乏相互的衔接和整合。以物流为例，在东北三省向国家发改委所递交的报告中，几乎都提出了要建立东北物流中心的规划，并列出了详细的建设方案，这种关于物流业发展规划的雷同，很可能会导致大量低水平的重复建设，最终会阻碍东北经济的发展。这种整体规划的欠缺还表现在港口建设与铁路建设的不配套，使港口吞吐能力超过疏散能力，致使大部分港口船只压港，停泊、装卸能力闲置，使提倡多年的多式联运进展缓慢。

由于受非物质生产劳动不创造新价值的观念影响，对服务业的政策引导与支持力度不够。这表现在对基础设施，如物流配送中心、货物采购配送、统计结算等相关电子设备的投资以及信贷政策、税收政策、运输等收费制度等方面。这种认识上的偏差以及由此出发确立的规划、制定的政策，导致服务业许多领域处于无主次、无重点的发展状态。

第四，市场监管滞后，缺乏交易诚信。在原有经济体制下，存在许多由于认识等方面的原因所造成的对行业监管的影响。如对教育科研、文化体育等，过于看重其社会公益性的一面；对金融、广播电视、新闻出版等，过于看重其作为国家调节经济、社会活动工具的一面；对医疗卫生、后勤服务、市政服务等，过于看重其社会和单位福利的一面；等等。而随着改革的不断深入，一些领域将逐步走向产业化，但如何区分这些领域中的商业性与公益性、公共服务的不同机制，进而采取相对应的监管手段，是亟待解决的问题。目前，在事业单位和公共服务机构改革过程中所存在的商业化服务与公共服务、公益性服务运行机制混淆，监管规则不清晰等问题，已直接影响到整个服务业的规范发展。

随着信息技术和知识经济的出现，催生了新型的企业经营方式，进而创造出许多新型的专业服务行业，而且传统服务机构也不断进行分化、组合，出现了跨部门、跨行业之间融合、重组的新趋势，如会计与评估之间的界限越来越模糊，物流与连锁经营之间的衔接也愈加深入，而对于这些领域如何调整以往的监管模式，如何对这些机构在新的形势下进行有效监管，也已经成为一项十分重要的课题。

另外，在诸如银行、保险、证券、电信、旅游、零售业服务、会计、医疗、审计、资产评估、交通运输业、货运代理等服务领域，行业标准空缺，行业管理和市场规范不完善，缺乏有效的服务质量认证与监管措施，使得消费者的利益难以有效保障，也影响了服务业在健康有序的环境下发展。

第五，欠发达地区的基础设施建设相对滞后。虽然服务业本身创造的是无形产品或服务，但其发展仍需要完善基础设施的支撑。中心城市及沿海等发达地区基础设施已相当成熟，而受投资环境、基础条件等因素的限制，东北广大农村及经济不发达地区，在交通、通信、文化、教育、医疗卫生等基础设施方面还相当薄弱，严重制约了这些地区服务业的健康发展。

2. 在有效供给方面，投入总量不足且以国有投资为主、开放程度低以及高素质人才缺乏等因素，制约了现代服务业供给的数量和质量。

第一，投资总量不足，结构上还是以国有投资为主。目前，在服务业领域的投融资体制的改革相对滞后，投融资渠道和方式有限，资本市场发展不足，在行业直接投融资和项目融资的过程中，限制较多，并仍以国有投资为主。统计资料表明，2001 年，吉林省国有经济的从业人员占全部从业人员数这一比例降到 23.0%，但还是高出全国平均水平。从投资来看，服务业投资基本还是以国有投资为主，2002 年国有经济投资占服务业总投资的比重从 1998 年的 53.39% 下降到 49.19%，仅仅下降了 4.2 个百分点，服务业投资在所有制结构上的转换仍然缓慢。在服务业 44 个大行业的固定资产投资中，除餐饮、房地产、旅馆、租赁、娱乐业 5 个行业外，其他 39 个行业国有投资都占到 50% 以上，甚至有的行业高达 90% 以上。这限制了社会投入要素的进入，造成了服务业整体投入不足（除通信、金融等少数行业外）。

凡是在投资放开较早的部分领域，发展结果令人刮目。以住房改革为例，随着城镇住房制度改革的推进，东北房地产业近几年来发展迅猛，不仅带动了建筑业，而且还在很大程度上促进了物业服务、金融等服务产业的发展。这一事实说明，只要我们把一些可以产业化、社会化的服务领域真正按产业来对待，许多服务领域或服务业务会从无到有、发展壮大，服务业创造的 GDP 会大幅度增加。

第二，高素质人才缺乏，不能人尽其才，人才成为发展"瓶颈"。服务业既包括传统服务业又包括现代服务业，能吸纳不同层次、不同素质的就业人员，发展以知识和技术密集型为特征的现代服务业，要求以大量高素质的人才作为支撑。东北的人才总量从统计上也许还存在一些优势，但其人才结构和发展态势所具有的以下特点不容忽视：一是人才总量泡沫化。最主要的表现是，很多人才不在工作岗位上。东北人才很大一部分集中在国有企业及国有控股企业。但是，一些国有企业处于停产、半停产状态，处于其中的人才也在下岗、待业。另外，东北是中国产业工人形态最为完备、人数最多的地方，而最新的统计显示，辽宁技术工人的缺口已经达到50万人。二是高素质的人才集中在机关和事业单位。有数据称，专业技术人员74.31%在事业单位，只有25.69%在企业；高级职称专业技术人员78.95%在事业单位，只有21.05%在企业；其中正高级职称的人才96.9%在事业单位，仅有3.1%在企业。日前，辽宁省科协公布的公众科学素养调查结果显示，企业单位负责人具备基本科学素养的比例仅为4.54%，列在离退休人员和商业及服务人员等之后。三是人才结构与经济结构匹配性较差。文科性质的人才较多，企业家、工程师较少。理科人才中基础性学科人才多，应用型人才较少。

东北服务业以传统服务业为主，在传统服务业吸纳就业的能力不断衰退的情况下，劳动力较低的素质状况又难以满足现代服务业的发展需求，日益成为现代服务业发展制约因素。以物流为例，现在东北物流企业从事物流工作的人员绝大部分是转行的，物流的理念、物流的运作技术、分析物流客户的需求、制作使客户满意的物流解决方案等，都需要大批高素质专业化人才，才能适应东北物流发展的需要。

第三，对外开放程度较低。东北服务业对外开放程度较低，外商直接投资比重不高。从近年来东北经济增长的动力来看，消费的作用最大，投资次之，进出口的作用相对较小。以2001年为例，辽宁、吉林、黑龙江的最终消费率分别为56.2%、63.8%、60%，资本形成率为32.3%、37.9%、32.2%，外贸依存度则只有10%左右，吉林是1.6%。在更新改造资金的外资利用率上，三省分别为6%、3%和1%。服务业44个大行业中，除零售、商业代理、房地产代理、旅馆、旅行社、娱乐、计算机服务等7个行业外，其他行业外商投资占总投资比重都不到5%，其中20个行业的外资比重尚不足1%。由于不能更好地引进外资及外国先进技术和管理，服务业的供给、服务质量和服务手段也就不可能像制造业那样迅速提高。东北对外开放程度的滞后，已在很大程度上影响了区域服务业的发展。

3. 在有效需求方面，传统的思维定式、日益扩大的收入差距以及发展较低的城镇化水平，抑制了服务业有效需求的增长。

第一，"服务内部化"的传统思维定式影响生产性服务需求。随着经济增长、劳动分工不断细化，作为第一、二产业的中间投入的服务活动逐步分离出来，形成生产性服务业的需求。但是由于长期在计划经济下所形成的"大而全，小而全"、"肥水不外流"等"服务内部化"的思维定式仍有很大的影响力，导致东北工业企业、事业单位内部自办机构、自我服务的现象仍然普遍存在，因此专业化分工和生产和市场服务业的发展处在一个缓慢的发育阶段。以物流为例，2002年中国物流与采购联合会与美世咨询公司的一项联合调查表明，目前物流外包的需求主要来自在华的跨国公司，国有企业使用第三方物流服务的比例很小。

第二，收入差距过大，导致个人消费服务业需求不足。一般来说，当收入差距较大时，平均消费倾向和边际消费倾向易于降低，直接影响个人消费需求增长。由于低收入居民收入增长缓慢，受收入预期的影响，抑制了购买力增长；而高收入阶层个人消费达到一定水平后，其收入将更多地转化为金融资产和投资行为。由此在一定程度上造成消费结构的断层，抑制了消费市场的发展，也影响到服务业的发展。国际经验表明，达到中等收入水平的"中产阶级"因其收入稳定，薪金丰厚，教育程度和消费观念的层次较高，其消费需求将成为市场的主流。当"中产阶级"成为社会消费主体的时候，个人消费将会呈现稳定的增长。

第三，城镇化发展水平相对较低制约了服务需求。城市化的水平决定了服务业基础设施的规模，也决定了服务的需求。服务业的一个重要特点是，绝大多数服务产品，其生产与消费在时间和空间上具有高度同一性，不可能如工农业产品那样，在一个地区生产，到另一个地区消费，因此需要有最低的人口的密集度，才能维持服务企业取得赢利的经营规模。这就是服务业往往主要集中在城市，特别是大城市的基本原因。东北地区城镇化进程也影响了整体服务业发展的不足。

四、东北现代服务业
战略需求分析

（一）东北振兴对现代服务业的战略需求

1. 提升"东北制造"对生产性服务业的需求。

第一，从专业化分工的角度来分析对提高东北制造业竞争力的需求。服务业特别是生产和市场型服务业是从制造业分化出来，并依存于制造业。因此，工业化前期，制造业先于服务业发展是符合规律的，制造企业的专业化分工，创造了生产和市场类服务业发展空间。最初，相当一部分生产和市场类服务业是在企业内部完成的，表现为一些辅助性功能，如运输仓储等物流作业。但当制造业发展到一定规模和水平时，特别是以形成买方市场的竞争性行业，制造企业竞争力的提升，整体制造业附加值的提高，已经不取决于生产制造环节本身，而在于研发、涉及的创新以及行销、品牌的经营。此时，一些制造企业将附加值较低的加工组装工序外包出去，以降低成本手段获取利润，这就形成全球范围内的制造业的大转移。而原来的制造型企业逐步演化为以研发、设计、品牌、营销为主的服务性企业。同时，涌现出更多的专业型服务企业，如中介、咨询、融资、工业设计等。这个过程就是发达工业化国家制造业比重下降、服务业比重上升，由工业型经济向服务型经济转变的微观基础，其内在动力就是追求高附加值。最近十多年，由于信息化的发展，网络通信日益便利，全球兴起业务外包活动（BPO），便是明证。一项通过对跨国公司在华投资企业进行的调研表明，服务业特别是分销、物流、融资和其他生产性服务业发展滞后是影响制造业竞争力的重要因素。

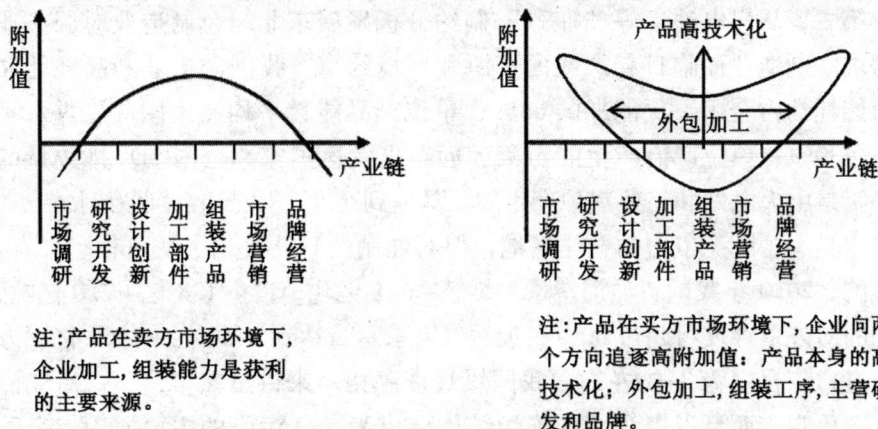

注:产品在卖方市场环境下,企业加工,组装能力是获利的主要来源。

注:产品在买方市场环境下,企业向两个方向追逐高附加值:产品本身的高技术化;外包加工,组装工序,主营研发和品牌。

图 8　现代服务业与制造业的演变关系

高增长产业的一个显著特点是,专业化分工程度的日趋深化。过去包容于一个企业内部的上下游生产环节,越来越多地分解在不同的企业之间,一个企业往往专注于产业链条中的一个环节,甚至是其中的一个部分,外部采购率因此而逐步提高。专业化分工深化后,产业链条的运转对现代生产性服务业的依赖显著加强。从时间上计算,一个产品真正处于生产制造环节的时间只占少部分,大部分时间处在研发、采购、储存、运输、销售、售后服务等阶段。东北地区是我国石油化工、钢铁、重型机械和发电设备制造、造船、汽车装备和制造基地。老工业基地的企业内大而全、小而全,企业间条块分割,形式上看,一个区域内集中着大批同行业企业,但专业化分工程度很低。由于专业化分工程度低,产品零部件配套的自制率高,因此批量小、设备和工时利用率低,必然导致产品成本高,缺乏市场竞争力,致使产品以低端为主,附加值不高。现代装备工业是对专业化分工协作有很高要求的产业,在技术含量、附加价值较高的电子通信、汽车等行业这一特点表现得更为突出。分工的日益精细化,能使东北广大制造企业在对上下游产业链依赖性增强的同时,增加其产品竞争力,从这一角度来看,发展东北制造业延伸而形成的现代制造服务业,及其他生产性服务的潜力很大,带动效果显著,能增加产品附加值,提供更多的高层次就业岗位。以汽车工业为例,汽车购置费用与服务收入的比例为1:8;1个汽车制造岗位带动25个服务岗位。

第二，从煤电油运等"瓶颈"制约分析发展东北绿色制造业对服务业的需求。制造业面临日趋严峻的资源和环境约束，我国制造业产品耗能和产值能耗约占全国一次能耗的 63%，单位产品能耗平均高出国际先进水平 20%~30%；单位产值产生的污染远远高出发达国家，全国 SO_2 排放量的 67.6% 是由火电站和工业锅炉产生的。具体到东北，以石化工业为例，三省都要建具有国际竞争力的石化基地，但石油制约日渐突出。从更长远来看，据预测，2020 年我国石油消费量 4.5 亿~6.1 亿吨，自供 1.8 亿~2.0 亿吨，石油的对外依存度将超过 60%；天然气需求总量达到 1450 亿~1650 亿立方米，进口依存度为 34% 左右；我国煤炭资源相对来讲虽然丰富，但后续储量不容乐观，而且以煤为主的能源结构已成为大气污染的主要原因，全国烟尘和 CO_2 排放量的 70%、SO_2 的 90%、氮氧化物的 67% 来自于燃煤。面对资源短缺、生态环境恶化的严峻局面，不断调整制造业的内部结构，着重发展附加值高、资源消耗少的诸如设计、品牌、营销等现代服务环节的比重，大力发展节约资源型和环境友好型的绿色制造业已成为未来发展的重要方向。

此外，现代服务业的整体特征就是消耗少、污染少。除运输服务业外，多数服务行业相对很少消耗自然资源和能源。对于知识密集型服务业，消耗少、污染少的特点更为突出。目前服务业发达的美国、英国、日本、法国等国家，除交通运输服务以外，以 8%~14% 的能源消耗创造了 60% 以上的 GDP。从长远来看，发展服务业有利于缓解能源、环境等"瓶颈"压力。

表9　　　　　　美、英、日各次产业的能源消耗结构（2000 年）　　　　　单位:%

国别	工业	交通运输	服务业	居民生活	服务业增加值占 GDP 的比重
美国	39	39	8	14	74
英国	25	26	14	31	70
日本	48	25	13	14	66

2. 改善市场环境，提高东北市场化程度对知识密集型服务业的需求。

第一，对中介服务业的需求。面向科技的中介服务是因应科学技术和经济的高度一体化发展而产生的新型经济服务活动。由于技术的加速进步，技术在经济增长中的作用越来越大，促使技术逐渐独立出来，成为独立的商品形态。但技术与普通的商品有本质的不同。技术是抽象而无形的，它是以信息形态存在的，它的流通需要专门的科技中介机构作为服务和营销的载体，需要技术、资金、设施和人才等各方面的集成。正是在这样的市场需求下，产生了各种功能和科技中介组织。一些国家和地区的经验表明，科技中介机构是促进科技成果商业化和技术创新的重要工具，是国家和区域创新体系的重要一环，对提高当地企业的竞争力有着日益重要的影响。

应该说，中介服务业与经济市场化程度是相互协调的。因为中介组织是市场经济的产物，它是在市场经济体制的框架下得到规范和发展壮大的；同时，市场经济也需要中介组织，中介组织的产生，又为市场经济的发展提供了更好的服务。中介服务业发展不足将直接影响到市场化的发展程度。

在对 2000～2002 年全国各省市市场化程度的统计分析中可以看出，在东北三省中，除辽宁省相对较高 2002 年达到 6.61，排在第 9 位以外，其他两省则较低，东北地区整体的市场化程度不高。

表10　　　　　东北三省市场化程度排序（2000～2002 年）

	2000	2001	2002	2002 比 2000 上升或下降
辽宁	9	9	9	0
吉林	20	19	20	0
黑龙江	22	22	21	1

表11　　　　　市场化指数总体评分（2000～2002 年）

	2000	2001	2002	2002 比 2000 上升或下降
辽宁	5.75	6.35	6.61	0.86
吉林	4.78	5.10	5.14	0.35
黑龙江	4.47	4.81	4.98	0.51

东北市场化程度偏低的主要原因，一是国有经济比重太大；二是市场中介组织发育不足。因此，只有大力发展中介服务业，增加对中小企业尤其是科技型中小企业的服务，促进非国有经济的发展，才能促进东北地区市场化程度的提高，也将推动区域投资环境的改善。

　　第二，对顾问、咨询服务业的需求。顾问咨询服务是实施科学决策的重要手段，黑龙江、吉林、辽宁的产业结构调整思路和发展目标仍然是立足于本省，有的地市甚至只将视线放在本地区。如在发展汽车业方面，吉林省要做大做强一汽集团；以15万辆吉利轿车、轿车发动机、轻微型汽车和商务用车等项目为重点，建设吉林市汽车工业园；利用省内外现有零部件企业，扶持50户小巨人企业。辽宁要使华晨集团成为具有国际竞争力的现代汽车制造集团；推进沈阳中顺工业园区建设，重点发展重型卡车、多功能商用车和吉普车，并适时开发和研制轿车产品，使之形成新的汽车制造基地；塑造丹东黄海、沈飞大中型客车新优势；加快发展混凝土搅拌车、泵车、垃圾运输车等专用车；建立沈阳、大连两个汽车零部件产业园区。黑龙江要建立新型微型汽车、轿车及发动机基地，形成微型汽车零部件产业群体。在其他省大上汽车项目之时，东北三省这种不注重分工合作，盲目投资的现象不能不让人忧虑。

　　再如石化工业，三省在建具有国际竞争力石化基地的同时，面对石油"瓶颈"的制约，油从哪来？面对多数炼化企业经营困难，扭亏任务繁重，投资几十亿元的项目以后怎么办？而现实中没有科学论证盲目上马的警醒例子已不少了。像吉林省"大液晶"项目、吉化的高碳醇装置项目等许多被冠以"天字号"工程、"一号"工程的项目在市场面前却跌了大跟头。在东北产业调整中所遇到的这些问题都需要进行相应的论证与咨询，需要咨询等社会中介服务力量的参与。

　　当然，包括各省各区域在内的产业调整与决策也同样需要科学的论证与决策支撑，如辽宁在鞍钢、本钢、特钢、凌钢、北钢、新抚钢等钢铁企业资源间的有效整合等问题。为确保实效，振兴老工业基地，既要有高度的热情，又要有科学的态度，从可持续发展的高度来考虑问题。上什么项目？上多少项目？资金投向何处？产业如何调整？这些决策都要经过严谨、科学的论证，发挥咨询等中介机构的重要作用，让市场机制发挥资源配置的基础性作用，做出理性的选择和科学的决策。

　　3. 振兴东北老工业基地对现代物流业的需求。

　　生产企业，特别是钢铁、机械、石油、化工等重化学工业企业，运输和装卸搬运成本占有很大比例。在国外，一般商品的物流成本占销售额的10%左右，我国要占20%。矿石、钢材、饮料等重量物品，其物流费用占总生产成本的比例更高。所以，如果这些生产企业，通过布局调整、资源整合、物流优化，如减少交叉运输、空车返程、压低库存，加强配送和信息网络，将能从中挖掘大量的第三利润，这是一个有巨大潜力的空间。只要企业生产成本降下来，产品售价降低，产品销路就会扩大，如果每个企业都能做到这一点，地区的市场就会活跃起来，地区经济也会繁荣发展。不过，这只是问题的一个方面，因为企业的物流搞得再好也是局部的，还必须有良好的宏观物流环境和现代化的物流基础设施做后盾。

根据发达国家物流业发展的经验，制造业物流占很重要的地位，制造业的发展离不开物流业的发展。对于重工业而言，其发展更需要物流业的配合，因为重工业较轻工业而言，对运输显得更为依赖，所以，东北物流业较其他地区物流业，有更为艰巨的任务，同时也拥有更为广阔的发展前景，东北地区老工业基地的振兴，或者说东北地区的经济发展离不开现代物流的支撑，东北物流业发展应进入中国重要的装备制造基地的战略布局。

据沈阳市贸促会相关负责人预测，东北地区约有45%的企业将在未来的一两年内选择新的物流商，其中75%的企业将选择新型物流企业，60%的企业将把所有的综合物流业务外包给新型的物流企业。所以振兴东北老工业基地蕴藏着对物流服务的巨大需求，引进与培育第三方物流企业，已成为改造与振兴东北老工业基地的重要内容。具体可分为如下几类：

（1）需要有针对性的配套物流服务。振兴东北老工业基地，包括装备制造工业、汽车工业、化工工业、造船工业、钢铁工业、粮食加工工业等需要的是针对企业特点、与企业密切配合的物流服务，尤其是能进行简单配套加工的物流服务将是企业所急需。

（2）需要专业物流服务。振兴东北老工业基地除需要上述产品物流服务外，还需要大量的专业物流服务，如矿石物流、石油物流、粮食物流、钢材物流。

（3）需要低成本、高效率的项目物流服务。按东北老工业基地振兴规划，大型国企实行股份制改造，投资多元化，实施大规模技术改造和引进国外技术装备提高产品竞争力，能够运作大型成套进口设备的物流企业将会受到市场欢迎。

（4）需要综合一体化的物流服务。工业物流一体化物流服务包括供应物流、销售物流、部分生产物流、逆向物流等。这些物流服务相对工业制造企业是副业，振兴老工业基地就必须实施主业和副业分离，使工业制造企业集中精力发展自己的核心竞争力，比如汽车、钢铁、石油、化工、机床等工业企业，它们需要提供高水平的综合物流服务。

（5）需要国际物流服务。振兴东北老工业基地和加入 WTO，外资会大量进入，中外合资与外商独资企业会大量进入东北市场，加上国有企业深化改革，加大开放的力度，提高产品的竞争力，必然会使进出口产品急剧增加，形成了巨大的国际物流服务需求，这给物流企业带来发展机遇。另外，中国加入 WTO 后，物流运作方面也要同国际接轨，对传统物流企业将带来巨大的冲击，加速向现代国际物流转型。

4. 提高东北信息化水平对现代服务业的需求。

现代服务业的发展加速了信息化的发展步伐。在工业发达国家，信息化主要围绕服务业而展开，目前许多发达国家包括欧盟各国、日本、韩国等均制定了各自的信息化发展战略，其战略规划的重点主要集中在服务业领域的信息化。20 世纪 90 年代以来，在信息化的发展时期，服务业的信息化发展速度尤其显著。在信息通信服务领域，到 2002 年，全球每百人拥有固定电话比例达到 18%，移动电话比例达到 18.77%，互联网用户比例达到 9.72%；电子商务在近年得到快速发展。据联合国《2002 年电子商务与发展报告》提供的数据，2002 年世界电子商务交易额比 2001 年增长了 73%；以知识密集型为特点的中介与咨询等专业服务业也是高度依赖信息化的领域，并已成为现代服务业的重要组成部分。现代服务业的发展及其对信息化的应用与带动，必将对东北制造业乃至整个社会信息化产生积极的影响。

5. 扩大东北就业对服务业的需求。

随着经济的发展，人均国民收入水平的提高，劳动力在第一、二、三产业中的比重，表现为由第一产业向第二产业、再由第二产业向第三产业转移的趋势，推动这种转变的动力是在经济发展过程中各产业之间的人均收入存在着差异，即佩蒂—克拉克定理。

在工业化过程中，随着生产过程精细化、自动化水平的不断提高，对低技能的劳动力需求呈下降趋势，逐步实现结构性失业问题。第一、二产业不再是就业的主渠道。随着人民生活水平的提高，对个人消费类服务的需求趋于旺盛，餐饮、旅游、物业、娱乐等服务行业获得发展空间，同时由第一、二产业专业化分工剥离出的生产和市场类服务业，如物流配送、各种专业技术性服务业蓬勃兴起，创造了对不同层次素质劳动力的就业岗位。因而，就业结构转向服务业的总趋势是必然的规律。

从国际发展情况来看，OECD 国家服务业就业比重由 1980 年的 55% 上升至 1997 年的 64%。服务业吸收就业能力超过了其他产业失去的就业岗位，使就业率保持下降趋势。1986~1998 年，OECD 国家按照产业划分年均就业增长率：农业为 −0.09%，工业为 −0.01%（其中制造业为 −0.06%），服务业为 +1.48%。美国 1993~1999 年，净增就业岗位 2000 万，90% 集中在服务业。

表 12　　　　　　　OECD 国家服务业就业比重变化　　　　　单位：%

国家或地区	1987 年	1997 年	比重变化
奥地利	53.7	63.8	10.1
捷克斯洛伐克	40.5	52.5	12.0
希腊	45.0	56.9	11.9
韩国	45.5	57.7	12.2
葡萄牙	42.9	54.8	11.9
西班牙	52.5	61.7	9.2
美国	69.9	73.4	3.5
G7 国家	63.9	68.2	4.3
欧盟 15 国	59.0	65.2	6.2
OECD 国家	—	64.1	—

从东北的情况来看，2002 年，在对全国八大区域各产业就业结构分析中，东北地区第三产业的就业人数占到了东北就业总数的 33.16%，在国内也处于相对较高的水平上。

1990~2002 年间，在对辽宁省各产业劳动力吸纳弹性的分析中，也可以看出服务业的吸纳弹性是最高的，达到了 0.253，远高于第一、二产业的数值。2002 年，辽宁第一、二、三产业的就业比重为 33:30:37，在第一产业就业有限、第二产业持续转出的形式下，服务业已成为安置就业的主要领域。

表 13　　　　　　　　　全国各大区域产业就业结构分析　　　　　　　单位:%

区　域	产业就业结构		
	第一产业	第二产业	第三产业
东北	44.80	22.03	33.16
北部沿海	47.00	25.83	27.17
东部沿海	36.30	32.05	31.64
南部沿海	42.77	25.71	31.52
黄河中游	58.45	18.54	23.02
长江中游	55.78	15.76	28.46
西南	62.75	11.98	25.27
大西北	59.01	13.57	27.42

表 14　　　　　　　　辽宁省 1990～2002 年劳动力吸纳弹性对比

年份	总的劳动力吸纳弹性	第一产业劳动力吸纳弹性	第二产业劳动力吸纳弹性	第三产业劳动力吸纳弹性
1990～2002	0.034	0.026	-0.170	0.253

　　近几年,东北经济以超出全国平均水平增长的同时,严重的失业问题制约着经济的长期发展。据 2002 年相关部门对全国各大区域劳动力市场职业供求总体状况的对比情况显示,2001 年东北地区的求人倍率是全国最低的,就业形势非常严重。由此也造成了社会保障压力的增大,三省统计公报显示,2002 年辽宁社会保障支出同比增长 43.8%,吉林增长 34.1%。

　　调查还显示,在按产业分组的对就业人员的需求中,服务业占到72.5%,居绝大多数。

　　在按行业分组对就业人员的需求分析中,服务业中的批发和零售贸易、餐饮业,社会服务业占到总数的一半左右。发展服务业已成为缓解东北就业压力,增加就业渠道的重要内容。

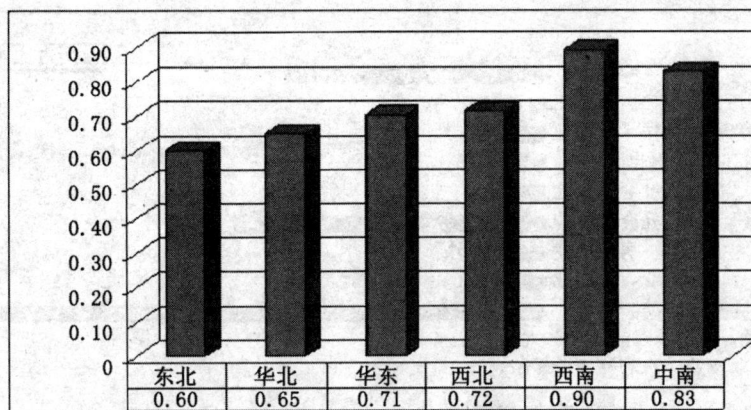

图9　2001年全国六大区域劳动力市场职业供求总体状况对比

	东北	华北	华东	西北	西南	中南
	0.60	0.65	0.71	0.72	0.90	0.83

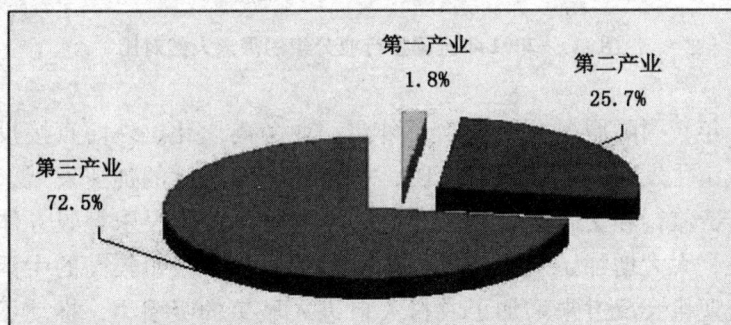

图10　2001年全国按产业分组的需求人数对比

6. 加快东北城市化进程，提高人民生活品质对服务业的需求。

研究结果表明，服务业主要集中在经济比较发达、开放程度和市场化程度比较高的大中城市。现代服务业的发展与城镇化成正比，城市化率越高的国家，服务业越发达。目前世界公认的国际化大都市，服务业增加值占 GDP 的比重大致都在80%以上，服务业就业人数占全部就业人数的比重都在70%以上。到2002年，城镇化率达到80%的国家和地区，其服务业增加值占 GDP 的比重基本在70%以上，日本服务业比重之所以低（66%）于其他发达国家，与其城镇化率（66%）相对较低不无关系。

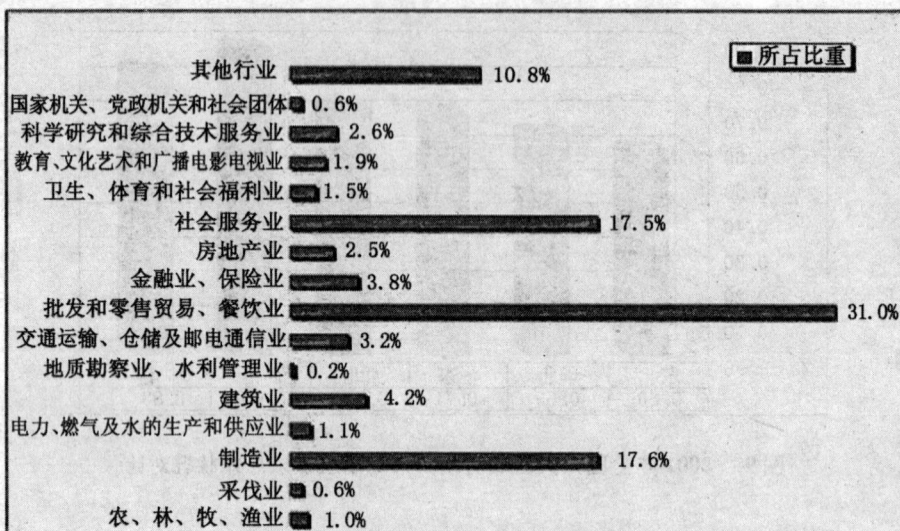

图11　2001年全国按行业分组的需求人数对比

近几年，国际服务业通过项目外包、业务离岸化、外商直接投资主要集中在城镇化发达的地区。这说明，一方面，城镇化的加速发展，需要加快房地产、旅行和交通运输、教育、医疗卫生、文化娱乐等服务体系的建设和发展，大大增加了对服务的需求；另一方面，城镇较高的生活质量和较多的就业机会反过来增加了农村人口进入城镇的吸引力，推动了城镇化的成长步伐，解决了大批农村剩余劳动力的就业问题。这样有助于国家加强对自然环境的保护，加强对自然资源和人力资源开发利用以及对国民经济和社会发展的宏观规划和合理布局，有步骤、有计划地推进全面小康社会建设和可持续发展战略。城镇化加快发展的趋势表明，现代服务业将获得巨大的发展机会。

从东北地区的具体情况来看，服务产业也主要集中在各大城市，其中沈阳第三产业占到全市 GDP 一半以上，达到 50.1%；长春相对较低，但也超过了 41.8%。仅以辽宁为例，在全省 14 个城市中，沈阳、大连、鞍山三市服务业增加值总量就占到全省总量的 68.9%。

表15　　　　　　　　　　　　**2002年东北四市产业结构比例**　　　　　　　　单位:%

城　市	第一产业	第二产业	第三产业
沈阳	6.0	43.9	50.1
哈尔滨	16.2	35.2	48.6
大连	8.4	47.0	44.6
长春	12.8	45.4	41.8

应该说,东北地区城市化水平在全国处于较高水平,但与国外相比差距较大,且城市功能不完备,城市人均 GDP 水平较低,直接或间接影响到服务业发展的规模和水平。

表16　　　　　　　　　　　**全国各主要区域城镇化水平比较**　　　　　　　　单位:%

区　域	服务业占全国比重%	城市化水平
东北	33.16	52.1
北部沿海	27.17	38.5
东部沿海	31.64	49.5
南部沿海	31.52	50.2
黄河中游	23.02	29.4
长江中游	28.46	31.6
西南	25.27	26.8
大西北	27.42	28.7

据《中国统计年鉴》(2002年)显示,2001年东北四个主要城市——沈阳、大连、哈尔滨和长春的人均国内生产总值与最发达的四个城市——上海、北京、广州和深圳有着巨大的差距。如拥有我国最大汽车工业基地的长春,其人均国内生产总值仅相当于上海的20%、北京的35%、深圳的51%。东北地区在未来城市化纵深发展的进程中,对服务业的需求是巨大的。

表 17　　　　　　　2002 年东北四城市国内生产总值与最发达四城市比较

排　名	城市名称	人均 GDP（万元/人）	其他城市与上海的比例	其他城市与北京的比例	其他城市与广州的比例	其他城市与深圳的比例
1	上海	4.4113	1.00	1.74	1.84	2.53
2	北京	2.5356	0.57	1.00	1.06	1.46
3	广州	2.3931	0.54	0.94	1.00	1.37
4	深圳	1.7412	0.39	0.69	0.73	1.00
12	沈阳	1.1017	0.25	0.43	0.46	0.63
13	大连	1.1010	0.25	0.43	0.46	0.63
15	哈尔滨	0.9981	0.23	0.39	0.42	0.57
19	长春	0.8937	0.20	0.35	0.37	0.51

资料来源：《中国统计年鉴》2002 年。

　　总之，东北老工业基地振兴对现代服务业存在着巨大需求。东北服务业尤其是现代服务业发展的滞后，已在很大程度上影响到东北主导与支柱性产业的创新与升级，影响到城乡居民收入及消费水平，已成为新形势下东北老工业基地振兴的严重障碍。积极发展支撑东北老工业基地振兴的现代服务产业，逐步建立与东北未来经济和社会相适应的现代服务业体系，已成为当务之急。

（二）东北现代服务业对科技支撑的需求

　　1. 科学技术特别是信息技术是现代服务业发展的重要支撑。

　　欧盟 2001 年对 90 年代后 5 年 OECD 国家生产力发展的研究表明，服务业是信息技术密集的领域。未来现代服务业的发展壮大离不开信息技术和信息产业的支持，信息技术的持续创新和信息产业的快速发展也将为东北现代服务业提供良好的基础和条件。

　　（1）数字电视、新一代移动通信和下一代互联网等新的信息网络系统和技术日趋成熟，正逐步走向实用和产业化；正在兴起的网络技术要把数据、信息和计算能力变为网上分布共享的资源，使它们像自来水和电力等公用事业一样，按需提供服务，这种基于 Web 服务和网络计算技术的整合，正在形成现代服务业核心竞争力和新的综合支撑平台。

（2）建立在现代信息网络基础上的现代物流与电子商务的出现，加快了传统物流、商业向以协同电子商务支撑下的现代物流与现代商业的转型，为加快经济一体化、发展全球制造业及其他产业价值链的延伸营造了可持续发展的良好环境。

随着射频标签（RFID）技术的逐渐成熟，在物流和商业领域开始普遍应用。这种基于无线射频和芯片制造技术的智能标签，随着用户的大量增加，成本的降低，将对物流管理、物品管理、销售模式、用户消费群体和特性的分析等方面以至整个服务业将带来深远影响。目前众多行业的许多公司，正在研究 RFID 或调查 RFID 的应用，如沃尔玛、联邦快递、福特汽车公司等。

同时，基于卫星定位系统和地理信息系统的各种定位服务技术也被大量应用。特别是在物流领域，通过一个集成化、系统化的调度台把储装货运过程的各种应用程序统一在一起，并且通过智能交通系统（ITS）服务收集信息，以便向调度主管随时提供最新的订货、车辆和交通状况数据。这类系统包括移动信息系统、车辆定位系统、货物识别系统、货物实时跟踪监控系统等都与定位基础服务相关。定位技术结合无线通信技术，可以实现对于货物的全程跟踪。

（3）标准化是除信息化外现代服务业又一大科技需求。服务业中的标准化是服务产业分工细化、产业规模化和生态链形成的先决条件，标准化技术成为现代服务业非常重要的组成部分。现代信息技术中的标准制定，多采用开放式参与、企业创新为主体、政府支持和协调管理的新机制。

此外，随着计算机体系结构的变化，从注重速度的翻新转向增强计算机的智能化和多功能处理能力；集成电路将更显著地向微型化和集成化方向发展，所有这些技术上的重大突破既有助于早日构筑起统一、高效的服务信息网络平台，也能在促进大量新型产品出现的同时，促进更多相关服务业的兴起和壮大。

2. 现代服务业的科技发展与创新，有赖于"软环境"的建设与优化，通过转变观念，转换政府职能，加快体制与机制持续创新，以及高素质人员培养等途径，最大限度地消除制约科技创新的各种不利的因素，创建良好的体制环境和市场环境，是实现现代服务业科技支撑的重要保障。

（1）有赖于进一步解放思想，转变观念。计划经济体制下长期形成的滞后的思想观念束缚着东北的发展，必须进行观念创新。改变某些地区过分重视产值、单纯追求 GDP 增长的倾向，树立以质量、效益、技术层次、竞争力的提高求发展、求振兴的新发展观念；要深入开展解放思想、转变观念的教育和宣传，引导老工业基地广大干部职工牢固树立主要靠改革开放、靠市场机制、靠自力更生、靠艰苦奋斗实现振兴的思想，牢固树立全面、协调、可持续的科学发展观，振奋广大干部群众的进取精神和创造精神，以新的思想观念指导老工业基地振兴战略的实施。

（2）对政府效率和服务水平的需求。东北老工业基地的振兴，面临的问题千头万绪，内外制约因素错综复杂，政府应当肩负重任又不能干预过多。要在继续搞好经济调节、加强市场监管的同时，更加注重履行社会管理和公共服务职能。真正把政府经济管理职能的着力点转到主要为各类市场主体服务和建立健全与市场经济相适应的体制、政策、法律环境上来。首先是规划政策指导功能，明确发展目标和方向，积极支持某些重点领域的发展。其次是改善投资环境功能，包括硬环境（基础设施）和软环境，通过完善投资环境，增强对投资的吸引力。换句话说，政府的"产品"是什么？就是投资环境。最后是组织协调功能，要求各级政府要站在全局的高度，研究如何整合各方面的力量，如何避免各自为政的重复建设，如何打破行政区域的界限、建立各地的分工合作体系等。对于企业的生产经营活动，以及企业技术改造和引资项目等投资活动，应由企业自主决策，独立承担责任，承担风险。政府主要是积极提供服务，而不是直接干预。

此外，加强组织领导和协调配合。东北三省要根据党中央、国务院的部署和要求，抓紧编制本地区调整改造和振兴的总体规划和专项规划，并要加强对组织实施东北地区老工业基地振兴战略工作的领导，提出工作目标，明确任务和责任，狠抓贯彻和落实。

（3）有赖于管理体制与运行机制的不断创新。东北受传统计划经济体制影响很深，国企改革步履艰难，因此必须加快体制、机制创新。要改革国有经济成分比重过大的局面，在积极推进国有企业转轨建制的同时，大力发展非国有经济。国有经济比重过大，是东北三省难以走出困境的重要原因。对此，应按国有资产战略性调整的要求，把国有独资企业压缩到最低限度，如保留事关国家经济命脉和安全、机密的国有独资企业。国有资本集中使用，才能发挥它的最大效用，体现国有资本的主导地位。多数竞争性企业力求尽快实现规范化的股份制，实现投资主体多元化。应该利用国际资本、民间资本的力量，使之与国有资本相互融合渗透，形成新的混合经济，这既是发展多元经济，也是改革国有企业的有效途径。国际资本常常会带来新的技术和现代管理，民间资本则会带来新的活力，要大力发展非公有制经济。

（4）对用人机制、用人环境和人才的需求。科技进步与创新，离不开人的因素，高素质的科技人才是科技发展的动力源泉。要树立以人为本的新发展观，使人的积极性、创造力充分迸发出来，这是促进生产力发展、振兴老工业基地的最大动力。人是经济活动的主体，也是经济发展的目的，经济发展归根结底是为了人，为了人们生活质量的提高，为了使社会全体成员得到全面发展。经济体制改革就其本质来说，是为了创造出让亿万人民聪明才智得以充分发挥的机制和环境。坚持以人为本的发展观，要求我们必须把经济发展与就业增长、收入提高进行统筹考虑，要求经济效益、社会效益、生态效益的统一，要求经济与社会、文化、科学、教育、生态环境协调发展，要求人与自然环境的和谐等。同时，要破除狭隘的就经济研究经济的旧观念，在积极引进资金、技术的同时，要更加重视开发人力资源。创造让优秀人才脱颖而出的体制和环境，留住人才，引进国内外优秀人才，以人兴企，助人创业。推进事业单位改革，鼓励专业技术人员进入经济建设主战场。

（5）有赖于法治保障力度的不断加强。相关法律体系的建设尚不完备，一些地方不能坚持依法行政，政出多门、管理经济随意性较大等问题依然存在，政府职能部门与企业之间、企业与企业之间经济信用有待改善。特别是在知识产权有效保护方面，加大立法、执法力度。同时，彻底清理阻碍市场开放、影响生产流通的地方法规和部门规章，打破地区封锁和市场分割。

（6）东北振兴有赖于进一步的对外开放。推进全球化战略背景下的对外开放，以开放促发展，促振兴，有效利用世界范围内的技术、知识、资本、人才、信息和市场资源，提高国际竞争力。东北地区处于东北亚经济圈的中心，但这一得天独厚的区位优势尚未充分发挥，东北地区进出口贸易依存度和外商直接投资比重，均低于全国平均水平。新时期新任务，迫切要求我们加大开放力度，把对外开放推向一个新的更高的阶段。东北三省应依据与东北亚经济圈各国的互补关系，广泛开展多领域、多层次的国际合作，吸引日、韩等国的先进技术、人才和资本。这既有一定的基础，又有良好的机遇，有关国家又都有开展经贸合作的愿望。建议采取一些特殊的措施和政策，如建立对韩、对日开放的自由贸易区和科技园区，建立招商引资的服务中心等。

与此同时，还应广泛开展与欧、美、亚、非地区的多方面经贸合作，把自己融入世界经济体系之中。按全球化竞争的要求，按国际规则和国际技术标准组织经济活动，在国际经济的奥林匹克竞赛中提升自己。

五、东北现代服务业发展的科技支撑战略

东北老工业基地的振兴，不仅仅是工业的振兴，同时也是服务业的振兴，东北现代服务业的发展要从东北振兴的总体部署和整体战略目标出发，以东北振兴的战略需求为导向，树立并深化其作为东北"生锈地带"润滑剂的地位认识。

现代服务业将为东北振兴注入新的活力，大力发展现代服务业将是推动东北地区产业的高级化，带动区域经济整体素质提高的必然选择；将是加强东北三省的经济合作，优化资源配置，促进要素合理流动，密切产业分工与协作，增强区域整体合力与实力，最终形成东北经济一体化的必然选择。

（一）东北现代服务业科技支撑的特点

现代服务业科技支撑的基本特点体现为三性："应用性、集成性和系统性"。

一是应用性。欧盟研究表明：服务业企业的创新能力不完全取决于是否有自己独立的研发体系以及投入多少研发资金，而更多是体现在成熟技术的应用水平上，在应用上有所创新。

二是集成性。只有多种技术的应用集成和配套，才能发挥整体的服务效益。例如，现代物流服务是在集成计算机技术、网络技术、地理信息系统、定位跟踪技术、标准化技术等科技的基础上形成的，从而支持了物流服务中信息、资金、物品三者间的有序流动。

三是系统性。现代服务业的科技支撑是个系统工程。仍以物流为例：需要有系统论、运筹学用于物流规划、优化；信息化、标准化技术促进系统集成、一体化服务方式；设备的自动化、智能化提高运营效率；现代包装技术和材料提高物流质量、效率和某些特殊功能；此外，良好的政策环境和体制机制创新也是现代物流发展的重要保障。

（二）东北现代服务业科技支撑的战略思想

1. 东北现代服务业的发展，要实施两大战略，即"信息化带动战略"和"体制机制创新推动战略"。

（1）"信息化带动战略"：现代服务业的主要特征之一是信息技术密集。国际经验已经证明，信息技术在现代服务业中的应用，较之于其他产业，效益更为明显，直接导致产业格局发生革命性变化。以信息化带动现代服务业发展，首先，应加强信息网络基础设施建设，尽快提高普遍接入率，实施普遍服务。其次，科技要优先支撑与第一、二产业关联度紧密的生产性服务业和知识密集型等现代服务业的发展，突出现代服务业科技的优先地位。最后，要以整个东北振兴的战略需求为导向，以当前亟待解决的现代物流、制造服务为切入点，逐步实现现代服务业的快速发展。

（2）"体制机制创新推动战略"：信息化带动现代服务业发展的过程中，必须与体制机制创新同步，体制机制创新推动是实现现代服务业发展的必要保障。关键的问题是进一步清除要素流动的体制障碍和政策壁垒，形成产业合理转移、分工和互补，比较优势充分发挥的良好市场环境，让市场机制在现代服务业发展的资源配置中起基础性作用。

2. 东北现代服务业，要按照"两高、两好"的原则确定发展的战略重点，即"附加值高、就业率高、关联带动效应好、生活品质好"。

（1）优先发展现代物流、设计研发等与东北主导产业关联度高，支撑与综合带动效应好的生产性服务业。

（2）重点发展中介咨询、信息服务等附加价值高，对东北具有前瞻性和先导性影响的知识密集型服务业。

（3）积极发展旅游、房地产等就业率高，吸纳就业效果好的新兴服务业，以及现代医疗保健、社区服务等提高人民生活品质的个人消费服务业。

3. 东北现代服务业的科技支撑，要坚持"以人为本，面向市场，务实创新，重点跨越"的指导思想。

（1）"以人为本"就是要树立以服务对象为中心的服务理念，坚持"人人受益"的普遍服务原则，以现代服务业促进人的全面发展。

（2）"面向市场"就是发展现代服务业的科学技术要以市场需求为导向，发挥市场机制配置资源的基础性作用，同时由于服务业的行业特征要特别加强市场监管的技术支持，以保护消费者和服务提供者的合法权益。

（3）"务实创新"就是开放创新，统筹协调，坚持在开放环境中自主创新的原则，加强跨部门、跨地区的统筹协调、整合共享资源，力求取得投入少、产出高的实效。

（4）"重点跨越"就是围绕国民经济发展中最紧迫的任务，优先发展与其他产业关联性强的生产性服务业；带动信息技术创新和产业跨越式发展，同时要注意突出科学技术中的重点和优先领域，有所为，有所不为。

（三）重点任务与关键项目

1. 重点任务。

面向现代服务业的科技支撑，要解决现代服务业面临的共性关键科技问题，应在三个层次上开展工作，即下一代网络基础设施建设、面向现代服务业的信息服务支撑平台以及重点服务行业的重大应用与开发。

在网络基础设施层次，根据需要发展面向发达地区的先进通信网络、面向不发达地区的农村通信网络以及数字广播网络，实现多网间的融合，作为发展现代服务业的信息网络基础设施。

在信息网络综合支撑平台层次，需要通过开展创新研究，突破现代服务业所需的共性关键技术，如共享技术、大规模处理技术、协同技术、安全保障技术等，为现代服务业的行业应用系统提供一个通用的开发和运行平台。遵循下一代信息技术的开放标准，实现各种服务资源，如信息、计算、存储、知识、设备的标准化和开放化，通过高速信息网络实现对这些资源的统一访问，为实现不同行业、不同部门、不同组织之间信息系统的无缝集成奠定基础。

在现代服务业应用层次，需要结合本行业的特定技术需求，利用网络综合支撑平台提供的通用功能，通过重大项目的开发，解决行业自身的关键技术问题，建立既有行业特点又能够相互共享和协同的各种行业应用系统。

东北现代服务业的科技支撑应主要集中在后两个层面上。

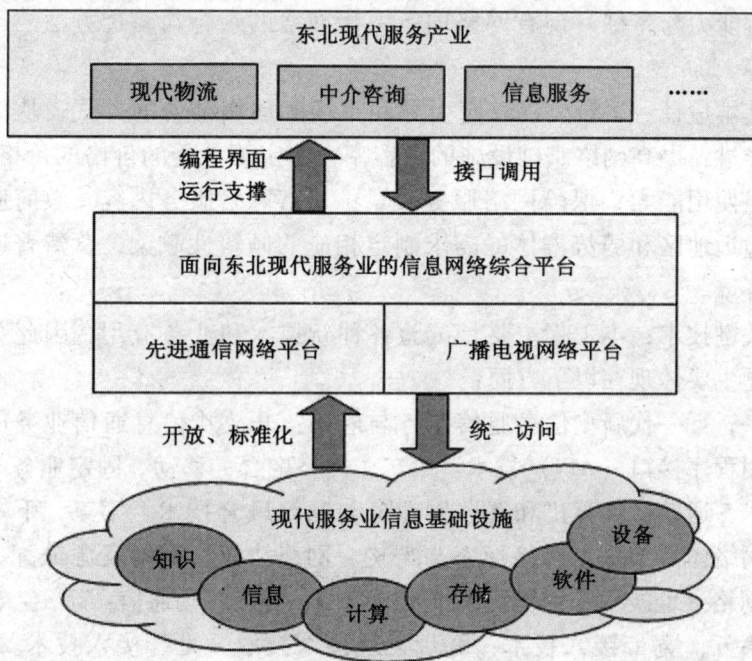

图12　支撑现代服务业发展的科技层次模型

2. 关键项目。

（1）建设以"普遍服务，人人受益"为目标的面向服务业的先进信息网络综合平台是发展东北现代服务业的基础。

①主要内容：信息网络平台的建设是实施东北现代服务业"信息化带动战略"的基础。努力提高网络的普遍接入率，满足信息网络"普遍服务，人人受益"的基本要求，使人人都能够用得上、用得起，从而构建起东北现代服务产业的信息化基础。

②基本目标：通过建立下一代综合信息示范网络，解决未来15年各类先进信息与通信技术及其业务应用可能面临的科技问题，实现城镇居民信息通信"户户多媒体、服务移动化"的战略目标，为政府和社会各行各业提供高速、优质、安全、可靠的基础网络平台。内容包括下一代综合信息网的体系架构与标准、关键技术、重大业务应用、支持现代服务业重点应用的关键能力与特征、现有网络向下一代网络的融合与演进方法、运营管理模式等。

③基本途径：平台要以政府引导和市场驱动相结合的方式，从以下五个方面推进：提高网络基础设施的覆盖率；制定可承受的价格的价格政策；提升网络使用能力；保障网络服务质量；丰富网络服务内容。政府应针对农村及边远地区和弱势群体的需求制定相应的倾斜性政策，营造普遍服务的外部环境。

④关键技术：本工程主要是试验各种新技术和业务应用，因此关键的科技问题主要体现在以下方面：

第一，下一代新型信息通信业务与应用：开放式信息通信业务应用开发与应用程序接口（API）技术。第二，网络融合：移动、固定业务与网络融合技术，通信、计算机和互联网业务与网络融合技术。第三，下一代综合信息网络体系架构：网络形态与架构、网络协议、网络资源分配、基于IPv6的网络寻址技术、网络路由技术。第四，宽带移动通信：超3G（B3G）技术。第五，宽带接入技术：宽带无线接入技术、光纤接入技术。第六，宽带多媒体技术：软交换技术、流媒体技术、内容分发技术、质量保障技术等。第七，超高速智能光通信技术。第八，智能终端与数字家庭网络技术。第九，下一代信息通信运营管理与支撑技术。第十，网络安全与应急保障技术。第十一，卫星定位技术应用。第十二，下一代信息网络组网与优化。

（2）构建区域物流商务网络信息系统，为未来大规模物流、信息流和资金流的发展需求奠定坚实基础。现代物流主要是指综合物流和供应链物流，以成本、效率、服务为根本，以一体化管理为核心，以信息化为手段。

从物流投资与效益回报的角度来看，当前对于物流投资有这样一个模型：

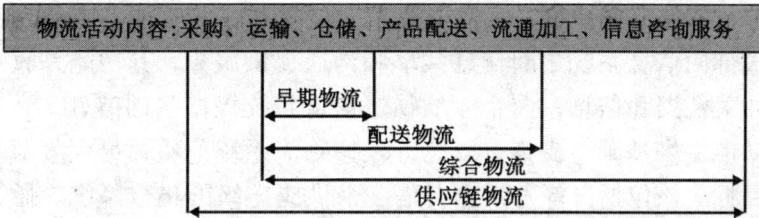

图 13　现代物流服务框架图

从模型上可以看出基建投资占比重最大而回报率最低，而投入到现代化管理和信息管理系统建设上，投资比重较小而回报率较高。

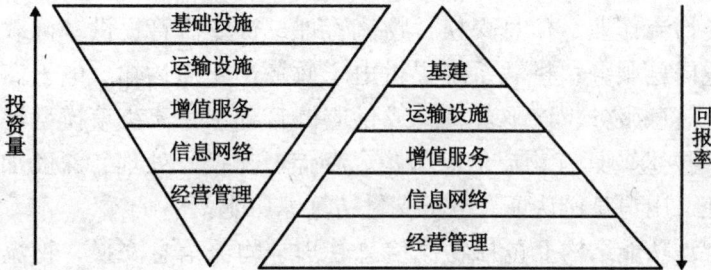

图 14　物流投资与效益回报示意图

①项目背景：物流包括物品、资金和信息三个要素，三者的有机交互和有序流转构成物流服务业。在整个物流的运作中，信息流一直伴随着各项物流活动及其他行政支持活动的进行。物流商务网络信息系统的建立，使现代物流所必需的大量信息和资金的快速有序流动得以实现。物流商务网络信息系统通过集成客户端管理系统、合作伙伴管理系统、物流中心管理系统和电子商务平台，可以及时、准确地保证物流、资金流和信息流在

整个供应链的上、下游之间顺畅地传递。信息系统的建设决定信息传递效率，而信息传递效率直接影响物流服务水平，物流服务水平又决定了区域物流服务业的竞争力，进而影响到制造业等相关产业的竞争力。

②目标设定：全面整合区域物流信息网络资源，建设东北区域物流商务网络信息平台，其服务对象为物流用户、物流企业、政府部门等。它不是替代企业中的物流信息系统，而是通过建立一套行之有效的数据采集、存储、分析和共享的机制，实现数据的及时更新，为企业物流信息系统与政府相关部门信息系统之间信息共享和沟通提供服务，其功能是收集物流活动的相关数据和信息，向企业的物流信息系统提供基础信息，为其完成相应的功能提供基础与支撑，以充分发挥物流系统的整体最大效益。具体来讲，目标应该包括：首先，应当是一个供应链级的集成系统。通过该系统，应该可以把以物流中心为核心的供应链上的上、下游合作伙伴连接在一起，实现业务流的集成（包括信息流、工作流、资金流等内容）。其次，应当是一个区域级的整合系统。在横向上，涵盖黑、吉、辽三省的物流信息及区域资源；在纵向上，包括工业物流、粮食物流等专业物流的协同运作。

③基本内容：该信息平台由基础平台及其搭载系统两部分组成。基础平台为各类物流作业、信息交换、物流管理、行业监管提供基础载体及部分物流作业信息服务；搭载系统提供电子政务、交通运输、电子商务等各类专项物流信息服务。该平台将集成供应链管理、物流决策模型等现代物流信息管理技术，具有物流信息采集、存储、交换、处理、深度加工、系统安全管理、用户身份认证、电子支付结算等功能。

该平台在功能结构上包括物流信息管理、物流信息交换、物流信息操作三个层次。物流信息管理层：主要是对流经物流信息交换平台的信息，以及物流活动中产生的各类业务信息（物流的载体、流量、流向、流程、方式等）进行提取、收集和综合加工，形成有价值的管理信息。为政府管理、决策、跟踪服务提供可靠依据。为社会各界和企业提供物流信息增值服务。物流信息交换层：以实现政府部门之间、企业之间、政府与企业之间数据交换为手段，统筹分配各类平台用户所提出的物流业务需求和信息需求、调拨平台体系各类资源。物流信息操作层：集中体现具体物流业务的操作，包括物流园区、物流关键节点、企业物流管理等信息系统。另外，还应有信息服务功能，除了一般查询服务，还可考虑信用记录服务等。

④关键技术：只有建立起了一套行之有效的业务流程模式，才会有一套合适的信息管理系统与之配套。

第一，在模式设计方面，应重点考虑：网络规划与优化的理论与方法、供应链理论和模型的研究、物流监管与控制等。

第二，在信息系统设计中，应重点考虑：电子订货系统EOS、电子数据交换EDI、无线定位和跟踪系统、地理信息系统的应用，以及物流标识与条码技术、无线射频系统及电子标签技术、新型包装技术与材料、各类自动化、智能化的关键物流设备技术等。

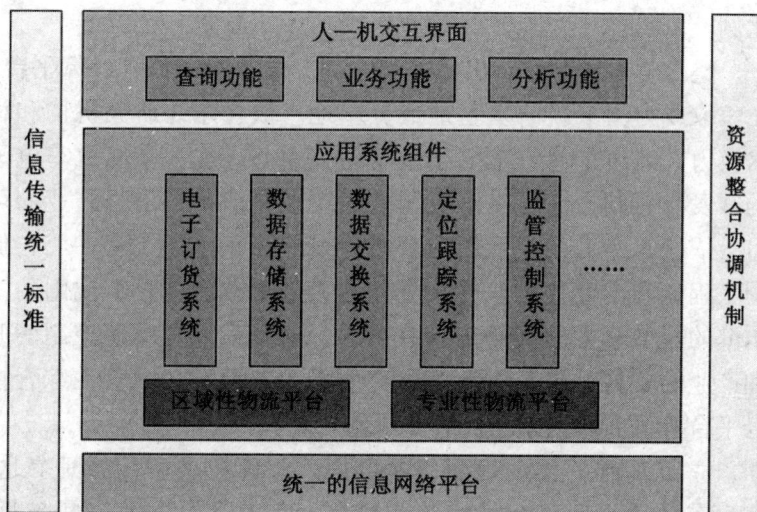

图15 区域物流商务网络信息系统

（3）建设面向"东北制造"的支撑服务平台。

①参与"国家汽车计算平台"工程。在汽车电脑化和智能化的趋势下，我国两大支柱产业，电子信息产业与汽车工业通过融合，将在未来3~5年内形成每年4000亿美元产值的汽车电子信息产业，形成新的重大经济增长点。目前我国"国家汽车计算平台工程"的目标为攻克汽车控制、驾驶、信息处理、智能交通、传感、执行等重大核心技术，突破关键技术，实现我国汽车工业的自主创新能力。

第一，积极配合国家实施汽车计算平台工程。政府相关职能部门紧密协调，互相支持，建立与国家实施汽车计算平台工程配套的协调机构和咨询机构，切实协调解决工程实施过程中的问题，加强工程实施中的上下沟通联系；在争取国家政策支持和资金扶持的同时，建立地方配套的政策和发展资金，并在用地、税收、对外招商等方面优先给予帮助和引导。

第二，以整车需求带动汽车电子信息产业发展。面对整车日益向电子化方向发展的国际潮流，东北汽车电子要紧跟整车的技术发展趋势，以市场和应用需求带动汽车电子信息产业发展，强化整车与汽车电子配套、协调、互动发展，共同提高技术水平，扩大市场占有率。鼓励整车企业与汽车电子生产厂家进行联合、兼并、重组，实现开发资源、技术及信息共享，实现汽车电子产品与整车同步协调发展，逐步提高整车中地产电子产品与系统的比例。

第三，整合有效资源，突出优势和特色。以"国家汽车计算平台工程"为契机，争取成为国家级研发基地或分基地。依托东北研究机构和相关高校的技术实力，组建东北汽车电子技术研究中心，加快东北汽车电子产品和系统的开发与研制，储备汽车电子技术产业化成果，增强产业的可持续发展能力；依托有实力的企业，配套组建东北汽车电子工程中心，促进研究成果的工程化和产业化。长春有全国最大的汽车制造厂，沈阳的汽车零件和哈尔滨的轻型车生产都是全国有名的，这将为汽车电子控制的开发提供技术和产业的支持。坚持有所为，有所不为的原则，力争在综合控制平台、信息平台等方面体现东北优势和特色。

第四，立足基础，长远规划，项目切入，科技兴业。根据东北实际，配合国家汽车计算平台工程的实施，修订、完善汽车电子信息产业规划，调整东北汽车电子产业的结构，通过汽车电子工业带动新型电子元器件产业的发展，形成较为完整的汽车整车、电子零部件配套体系。组织若干研发和产业化专项，争取政府资金、社会资金和国外资金的支持，坚持科技支撑产业发展的道路。

第五，依托技术标准和国家法规，培育健康市场。强制性技术标准和国家法规将成为汽车计算平台应用市场的"敲门砖"和保护神。强制性技术标准是合理利用 WTO 规则，有效保护民族汽车工业和新兴汽车电子信息产业、对国外同类产业形成技术壁垒、减轻国外产品对国内市场冲击的重要手段；强制性国家法规可加快培育和规范汽车电子信息产业的应用市场。政府牵头，各相关企业及科研机构配合，发动和利用各方面力量，力争进入国家汽车计算平台工程布局，具备制定技术标准和相关政策法规的资格，以提高东北汽车电子产业在国内的地位。

②建设面向中小型企业的制造服务平台（Application Service Provider, ASP）。

第一，ASP是随着信息技术和网络技术应用的深化而出现的一种新型的服务运营模式，它指通过Internet或租用专线使客户接入中央式服务平台，并在租赁协议下为用户提供应用服务的商务模式，外包是其主要的服务形式。对于中小型企业，因资金较少、企业内部网络建设薄弱、信息化专业人才缺乏等原因，使得在中小型企业内部建设自身制造信息服务平台困难重重。由于投资大型软件，如企业资源规划（ERP）和制造服务平台等，存在着巨大的风险，而ASP模式的出现则为中小型企业的发展提供了一种新的解决方案，企业只需按其所需来租用第三方平台的应用服务来处理自身的事务，所以不需考虑服务的实现细节。

第二，平台上应集成一系列包括制造资源服务能力描述、制造资源服务过程配置、制造资源服务能力评价和基于合同的项目管理模式等在内的应用服务，包括制造资源信息配置与管理、制造能力评价、网上电子合同协同谈判与签署、制造状态在线报告和用户权限管理等功能用户可通过租用应用服务的方式在平台中处理自己的事务。针对客户的制造需求，按不同层次选择出能满足其需求的最优供应商/制造商，并在基于电子合同的项目管理模式下对该项目进行跟踪管理，直至项目完成。最后，通过在平台中进行轴加工的各项业务（如制造任务提交、电子合同谈判与签订、制造物流状态报告等）对原型系统进行实例分析，表明该系统可为中小型企业充分利用自身资源、增强快速响应市场能力提供新的途径。

它构建了一种基于服务的ASP型制造模式，是对当前制造模式的一种新的探索。对于中小型企业快速抓住市场机遇，降低运作成本，提高自身竞争能力都具有十分重要的意义。

（4）建设创业服务的信息化平台。

①项目内容：信息一体化是区域经济一体化中的根本通道，公开、透明的信息平台最终将提高整个区域的经济竞争力。以目前三省四市联合参与的"东北技术转移公共服务平台"建设为契机，以加强东北地区科技创新能力及成果转化水平为目的，通过统筹规划和合理布局，整合东北地区科技资源，以建立共享机制为核心，重点建设创新资源共享网络体系，沟通大学、科研院所、工程中心、重点实验室等创新源，网络生产力促进中

心、创业中心、技术市场、大学科技园和风险投资公司、金融服务等中介机构，构建技术与资本相结合的区域性信息共享平台，以提高科技资源的利用效率，让全社会参与科技创新，通过虚实结合，完善科技成果转化中介服务网络体系。

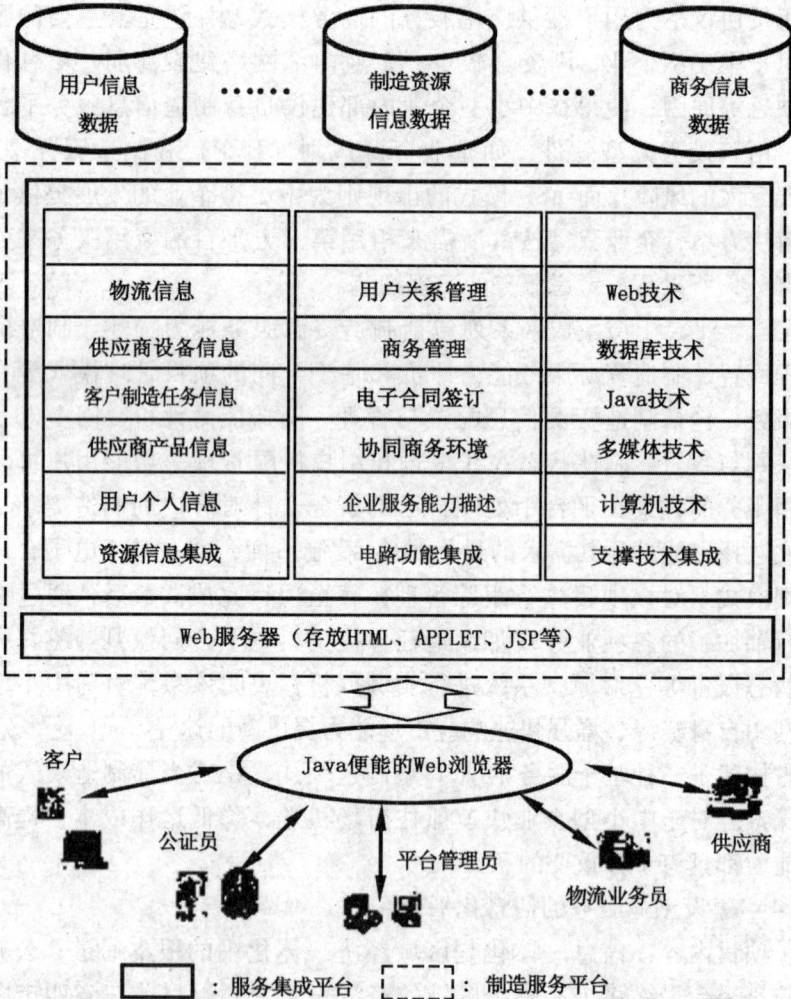

图 16　制造服务 ASP 平台的体系结构

②关键环节与基本途径。首先，通过加强区内信息系统建设的合作，实现区域公共主干信息传送网、卫星传送网、信息运用系统的联通。其次，打造区域科技信息共享平台，建立集成化、网络化的信息服务网络。通过综合性和专门性信息交换平台的开发建设，逐步实现科技资源共享。此外，整合现有的中介服务资源，形成科技创新服务网络。

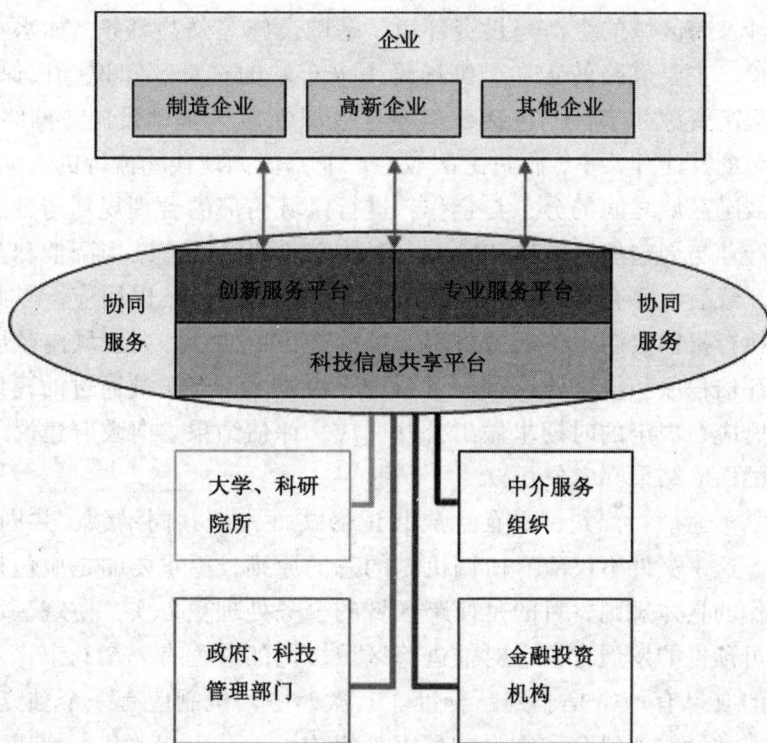

图 17　科技信息共享平台及创业服务网络

（5）建立区域协调与科学决策的长效机制。

①项目内容：东北是否需要一个区域协调机制，需要怎样的协调机制，正成为东北地区经济一体化进程中的焦点。长三角、珠三角都有诸如联席会议制度等区域协调的特设机构，加强区域的统筹管理，建立相互间的长效协调机制，已势在必行。首先，同级区域政府间的协调机制的作用是有限的，上一级政府的参与必不可少。对于东北来说，应在中央政府的参与

协调下，省部联动，共同协调区域利益关系。其次，协调机制不应以政府为主导，而应采取市场各方利益主体共同参与，并对政府形成一定约束的评议会形式。评议委员除了各级政府代表外，还应包括各区域主要行业的企业或行业团体代表及专家学者。

②目标设定：跨区域协调机制是必不可少的，但也不是万能的，其功能只能是对行政和法制的一种补充，并达到以下目标内容：首先，这一机制主要涉及跨区域的生活与投资环境、基础设施等公共事务，如水资源管理和保护、主要道路的走向、机场码头火车站的选址、知识产权保护等。其次，提高资源共享性。包括积极推进区域性重大基础设施、网络平台、科技资源的共建和共享，促进跨区域性产业部门如现代物流等的共同发展。再次，鼓励区域之间的分工与合作。进行区域内部的合理规划与分工，促进部分产业与周边地区扩散和融合，加快东北地区经济结构调整和产业结构升级。最后，要有对政府的建议权，政府应有义务予以回应，以此形成互动。执行机构定期对跨区域协调的进程进行评估，并向区域内政府提出建议，评估程序和提出建议程序可引进表决制度，对于被通过的建议，区域内政府应在规定的时期里做出公开回应。评估结果、向政府建议的内容和政府的回应结果都应公开。

③基本途径：首先，要有达成共识的文件，如共同纲领、共同宣言、协议等。这一文件不仅应有协调机制的总的原则，更重要的是应包括协调机制运作的具体规则，目的是使跨区域的事务处理更务实，使跨区域协调有一个可预见的发展方向，对推进跨区域协调的进程有一个约束，对跨区域协调的成果有一个是非判断标准。其次，协调机制应有一个独立机构，主要由非常设的评议会和常设的秘书处组成，人员由相关各方构成，运作经费按一定比例分摊，推动区域协调机制的不断完善机制。

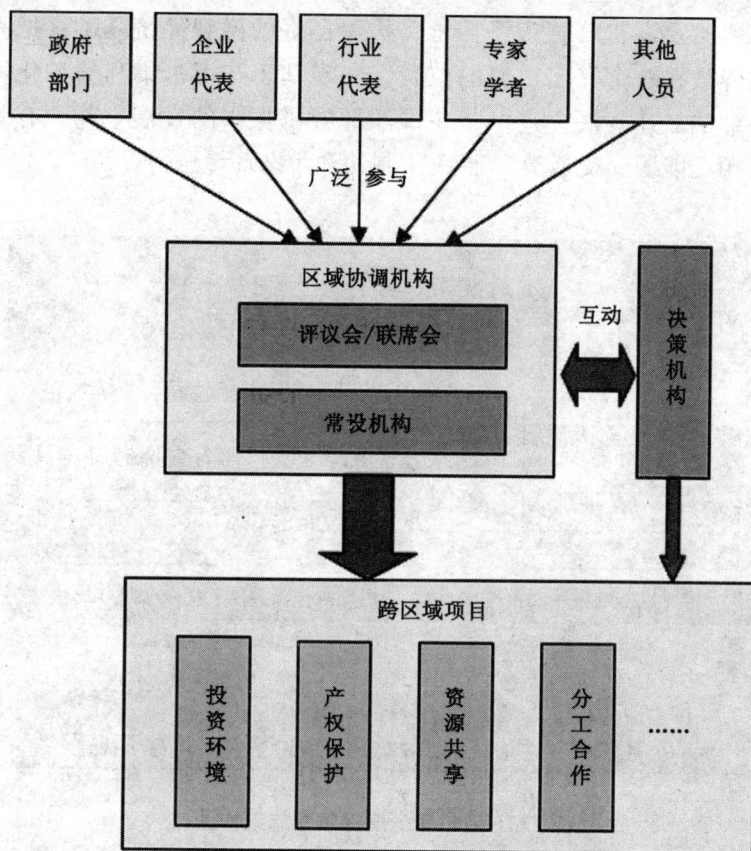

图 18   区域协调与科学决策机制模型

六、保障措施与政策建议

作为东北老工业基地振兴的关键一环，应该把加快发展现代服务业放到实现"五个统筹"发展、全面建设小康社会、提前基本实现现代化的战略高度来看待，通过打破垄断，促进政府职能转变，改善宏观经济环境；

通过增加供给要素，培育市场需求，构建良好的微观经济基础；把高素质人才的培养放在一个突出重要的位置，实现基于知识密集和信息化手段的现代服务业的加速发展，进一步拓展东北经济振兴的发展空间，有效缓解就业、资源、能源、交通等"瓶颈"制约和生态环境压力。

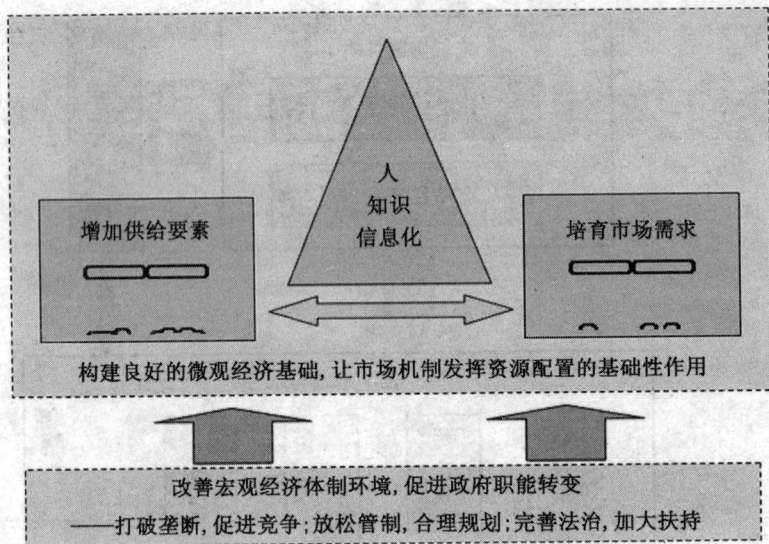

图19　　现代服务业保障措施架构图

1. 打破垄断，放宽市场准入，促进充分竞争。

第一，加大垄断行业的改革力度，引入市场机制，增加多元化的市场主体，为服务业发展奠定充满活力的微观基础。第二，除个别涉及国家安全和必须由国家垄断经营的领域外，其他所有第三产业均应允许非国有资本（外资和民营资本）不同程度地进入。对于一些具有自然垄断属性的行业，对可以实行竞争的服务环节和服务项目，应当积极地撤除进入壁垒，开放竞争（如金融服务业中的交易所服务）。第三，实行公开、透明和宽准入、严管理的政策。第四，有效抑制地方保护主义，彻底拆除区域内贸易壁垒，建立东北统一市场，形成健康的市场竞争环境。

2. 合理规划，统筹发展。

以优化服务业内部结构为目标，围绕目前已得到较好发展的传统服务业以及在信息技术推动成长下的知识密集型服务业等新兴服务业，按不同类型，制订区域性行业发展总体规划。进行体制创新，统筹服务业发展的各个相关部门，加强各部门之间的衔接与配合，合理制定各领域的整体发展规划，避免部门间规划冲突或重复。

3. 加大政策引导和扶持力度。

服务业的发展在坚持市场化导向的同时，在有些领域需要运用国债、信贷、税收等优惠政策进行适当扶持和引导。一方面，对于一些原先由财政负担的事业型、福利性服务单位转向企业化、产业化和社会化经营，需要付出一些改革成本，加快推进这个过程；另一方面，对一些吸纳就业能力强、从业人员投资能力弱的小型服务企业的发展，也需要在资金、税收、用地等多方面予以支持。同时，加大面向东北制造的生产性服务的发展和培育力度，对于咨询等知识密集型服务业，逐步规范政府体系的服务采购制度，加大政府采购力度，加快服务市场的培育。

4. 增加居民收入，完善保障机制，培育个人消费需求。

逐步消除制约城镇化进程的体制与政策因素，加快农村人口向城镇转移的步伐，加快城镇化进程，逐渐缩小收入差距，不断培育社会中产阶级和持续扩大服务业的消费群体，为服务业的扩张提供更广阔的需求空间，极大促进商业、餐饮、医疗、社区服务等生活服务的发展。现阶段收入分配改革的重点是扩大中等收入人群比重，实施"扩中、保低、调高"战略，形成"中部大、两头小"的橄榄形新分配格局，促进中产阶级市场容量的迅速增长。同时，进一步完善社会保障体系，使人们的消费预期得到有效改善，释放潜在消费需求；及时清理和废除抑制消费的政策，制定更加积极的消费政策。

此外，城市经济的进一步繁荣和社会分工的细化，也将带动金融保险、信息、运输、广告、法律、会计等生产服务和专业服务的发展；城市基础设施及城市功能的完善，将带动房地产、物业管理、公共服务等行业的发展。

5. 主动承接服务业的国际转移。

目前，发达国家服务业国际转移已蔚然成风，涉及软件、电信、金融服务、管理咨询、芯片、生物信息等多个行业，涵盖产品设计、财务分析、交易处理、呼叫中心、IT技术保障、办公后台支持和网页维护等多种服务类型，具体的形式有项目外包、业务离岸化、跨国直接投资和收购兼并等等。东北地区与日、韩、朝、俄等国相邻，与各国有较好的贸易基础，服务贸易也日渐扩大。承接服务业国际转移有助于缓解东北就业压力，促进以制造业为主的经济向服务经济升级，推动增长方式向集约化发展。应把加速东北服务业发展和承接服务业国际转移结合起来，实现国内服务市场和国外服务市场联动，并积极推动知识产权保护，促进市场规范化，多方吸引服务业转移。

6. 扩大服务业对外开放。

加快服务业的对外开放能提高服务业的竞争力，促进其加快发展。与制造业相比，服务业对外开放会产生更为明显的示范和带动作用，因为服务业所有的业务都要通过对客户的服务来实现，很难进行技术保密；母国公司与海外子公司的技术水平基本相当，不可能像制造业那样，将技术水平高的业务留在母国公司，只将中低水平的业务转移给海外企业。可以预计，服务业的扩大开放将推动服务业不断提高竞争力。扩大开放的领域不仅包括金融、保险、贸易、零售商业等外资已经进入较多的行业，而且也应包括通信、会展、旅游、专业商务服务等以往开放程度较低的行业，以带动服务业整体水平的提高。

7. 建立和完善服务业人才的培养机制。

由于服务业的价值创造主要来源于从业人员的技能，所以发展教育、开发人力资源，是服务业发展的最重要的基础。各地需要将人力资本积累政策提高并落实到比高技术产业政策更重要的地位，从以国内外"猎头"为主转向建立更基本的人力资本自我积累机制，建立多渠道竞争的人才培养机制，逐步实现由政府、企业、个人（家庭）共同承担人才培养的成本。一方面，加强职业教育和基础教育，培育大批素质高、知识面广的人才，特别是那些在解决疑难问题、沟通和协调合作方面得到特殊训练的高素质人才；另一方面，对于那些拥有丰富知识的人而言，重要的不在于加强职业培训，而在于加强适应工作环境、与他人合作共事的训练，如革新、创新、思想、沟通方面的基本能力。

总之，加快东北服务业发展要依靠进一步的深化改革和扩大开放，制定有利于服务业发展的政策和规划，让市场机制发挥配置资源的基础性作用，最终形成服务业与其他产业间的彼此促进与良性循环。

分报告之七:振兴东北老工业基地中的高新区发展战略研究[①]

科技部火炬高新技术产业开发中心、北京大学课题组

---

① 科技部火炬高新技术产业开发中心、北京大学:邹德文、陈要军

　　中国东北地区地处东北亚，包括辽宁、吉林、黑龙江三省，与日本、韩国、俄罗斯、蒙古、朝鲜等国家接壤或邻近。东北地区总面积为 80 万平方公里，2003 年总人口达到 1.07 亿，国内生产总值为 1.296 万亿元，人均国内生产总值 1.21 万元。

　　东北是新中国成立以后首先建设的产业结构以重工业为主、所有制结构以国有经济为主的工业基地，是新中国工业的摇篮，为中国工业化和现代化建设，为建设独立完整的工业体系作出了历史性的贡献。

　　自改革开放以来，我国经济发生重大战略变革，市场经济体制逐步建立，使东北地区原有的经济结构、经济体制、增长方式难以适应市场竞争的需要，在全国经济中的领先优势逐步削弱。产业转型和经济体制转轨成为东北经济发展中最主要的任务。

　　近十几年来，东北地区不断地进行调整和改造，取得了一定效果。2002 年，中央提出了"支持东北地区老工业基地加快调整和改造"的重大战略决策，为东北地区发展提供了难得的历史机遇。2003 年和 2004 年国家又出台了一系列具体的政策措施。加快东北地区等老工业基地调整改造，是中国着眼于全面建设小康社会作出的一项重大战略决策。

　　根据国家振兴东北战略以及国际国内形势的深刻变化，为抓住经济全球化新阶段产业转移、研发转移以及区域经济一体化等重大历史机遇，在振兴东北过程中，必须发挥国家高新区的主导作用，实施以高新区为重要基础的东北振兴战略，把东北国家高新区建设成为技术创新的核心区、新型工业化基地、改造传统产业的辐射源，成为振兴东北的重要引擎和制高点。

一、振兴东北老工业基地需要高新区做什么——东北发展中的问题和振兴东北对高新区的基本要求

（一）传统产业比重较大，需要高新区大力培育新型产业

东北地区产业结构性问题突出，传统产业比重大。这主要表现在东北的产业结构中，重工业是主体、传统产业是主体、大中型国有企业占据主导地位，工业企业技术、装备和产品老化，一些传统产业处于停滞或萎缩状态，第三产业发展滞后，水平低，走的是一条比较典型的依赖原材料消耗、依赖投资拉动的传统工业化道路。东北地区的振兴，需要走出一条依靠产业创新，依靠高新技术产业和新型产业不断生产和发展壮大的发展道路。

（二）国有经济比重较大，需要高新区大力培育民营经济

从经济结构看，东北主要是体制性问题突出，国有经济比重大，企业的生存发展对国家的依赖比较大，还没有从根本上调整到依赖市场、依靠自身竞争力提高的发展导向上，创新的基本动力比较缺乏。目前，东北地区规模以上工业增加值中，国有及国有控股企业占80%，公有制实现形式单一、国有企业冗员多、债务重、社会负担大、生产成本高、自我积累与自我发展能力不足。东北的振兴，需要大力发展民营经济，并通过民营经济的发展，进一步培育和完善市场机制，增强经济发展的活力。

（三）技术进步的贡献率较低，需要高新区大力培育创新能力

东北老工业基地的企业，大部分都是20世纪50年代和60年代建立起

来的，相当一部分老企业的设备更新和技术改造滞后，严重影响了企业在市场经济环境中的竞争和发展能力，企业技术创新能力比较低，效益差，主要表现在老工业基地的企业和产品普遍缺乏竞争力；企业自我发展潜力不足；构成老工业基地的城市普遍存在产业结构单一，新型产业培育和生成的能力不够，城市功能不完善；老工业基地的传统产业优势不断丧失。东北的振兴，需要进一步发挥技术进步在经济增长中的作用，并逐步形成依靠创新驱动的经济发展机制。

（四）传统体制的束缚较重，需要高新区大力进行观念和体制的创新

东北的工业主要是在计划经济体制下建立起来的，并长期在中央集权的模式下运转，在经济管理体制转轨的过程中，由于国家政策的断层，已积累了大量的矛盾和问题，经济的市场化程度低，行政手段配置资源的程度比较高，缺乏发展活力和市场竞争力，不少政府投资或政府主导的重大项目，投产之日就是停产之日，浪费了极其宝贵的资本资源。人们的思想观念、企业的市场经营意识、市场功能发育和政府的行政管理等方面，习惯于依靠政府的政策来推动，还不能完全适应市场经济的要求。非公有制企业比重小、发展迟缓。开放程度低，经济外向度不足10%。东北地区除大连外，其他地区外资企业数量少，利用外资规模小。企业经营管理落后，产品市场竞争力不强。市场体系不完善，市场功能不健全，市场机制对经济的调节作用弱，经济发展缺乏持续的内在动力。

（五）人力资源优势发挥不够，需要高新区大力营造人才强区环境

东北老工业基地荟萃了众多科技、教育、文化、体育、卫生人才，也集聚了一大批经营管理人才。但同时，人才资源的结构性矛盾也很突出，人才的作用不能得到很好的发挥，流失严重，人力资本在经济发展中的作用还不突出。从人才的结构看，一是传统产业的人才利用率下降，新型的高层次、高技能和复合型人才相当匮乏；二是人才分布不均衡，人才主要集中在钢铁、石油化工、机械制造等几个支柱产业以及教育、科研、卫生、体育等部门，新兴行业、高新技术产业等部门的人才比较缺乏。人才资源结构性矛盾的背后是还比较落后的人才观念和体制性障碍。人才的选拔运用机制落后，人才观念落后，不能很好认识人力资本的重要作用，讲资历、

排辈分、求全责备,人为限制太多,很难发挥人力资本对经济的驱动作用,由此导致中青年技术骨干流失较为严重,高级专业技术人才后继乏人。此外,人才市场覆盖面较窄、功能不完善、社会化服务程度不高、管理不规范,相当数量的人才和很多用人单位游离于人才市场之外,高级人才难以在当地通过人才市场实现其价值。

(六)资源型城市转型问题突出,需要高新区大力发展接续产业

东北地区有50多个资源型城市,石油、森林资源衰退,可采储量急剧减少,开采成本增加。资源型城市产业结构单一,接续产业规模小,难以弥补采掘业下降带来的增长缺口。资源型城市生态环境恶化,煤矿城市采煤沉陷区问题突出,油田植被和地质环境破坏严重,土地"三化"、水土流失加剧,林木蓄积量减少,森林生态功能减弱。城市基础设施欠账多,功能不完善,人居条件亟待改善。

(七)城市化、工业化的进一步发展需要大力发展高新区,提高城市化的效益

东北地区的城市化、工业化水平相对较高,今后仍然面临着进一步推进城市化、工业化的历史任务。在这一历史进程中,扩大城市规模,特别是扩大城市的用地规模是不可避免的,而通过建设高新区、工业园区等方式推进城市化、工业化,可以大幅度地降低城市化的成本。实践证明,国家高新区的土地利用效率、投资效率、整合资源的能力较强,通过发展高新区推进城市化的进程,可以实现土地的集约利用,可以实现各种资源的集约利用,提高城市化的效益。

二、振兴东北老工业基地中高新区能做什么——高新区：区域经济发展的源动力

（一）现代科技已成为经济增长的核心竞争力，科技工业园正在成为经济发展源动力

当前，全球经济正在从工业经济形态向知识经济形态过渡。在工业经济时代，制造业是竞争力的主要源泉；而在知识经济时代，技术创新和知识生产则是竞争力的主要源泉。科技工业园区是知识经济的发源地，正在成为全球经济发展的先导区域、高新技术产业发展的先导区域，带动了其他区域的发展，打开了产业向上发展的空间。因此，从某种意义上讲，主导世界经济的力量正在从工业区向科技工业园区转移，科技工业园区正成为知识经济时代的增长极和原动力。

目前，世界各国都非常重视科技工业园区的发展。特别是在美国，从20世纪80年代开始，通过实施信息高速公路计划、实行政府和国防采购、引导全球资本集聚、发展风险投资、推动全球高新技术产品自由贸易等一系列重大举措，推动了美国高新技术产业以及科技园区的发展，特别是美国硅谷，创造了高科技产业发展的伟大奇迹，成为高科技的标志。目前，美国各种类型的科技工业园区约为800个，由硅谷主导的美国高科技产业已经成为推动世界经济发展的重要因素。

中国虽然仍处于工业化的中期，由于中国抓住了世界制造业转移的机遇，发展成为世界制造业大国，但是我们必须清醒地认识到，中国能够成为制造业大国，也是发达国家和地区为积极迎接知识经济挑战、摆脱物质生产的束缚、主动进行产业结构调整和制造业转移、集中力量从事技术创新和知识生产的结果。提高技术创新能力、发展高新技术产业是中国21世纪提升国家竞争力的战略选择。而国家高新区作为发展高新技术产业和技

术创新的主要基地，是中国今后经济核心竞争力的主要标志和重要组成部分。

（二）中国社会经济发展正经历着深刻的转型期，创新能力成为推动经济发展的关键因素

2003 年，中国的人均 GDP 已经超过 1000 美元，进入了向人均 GDP 4000 美元过渡的发展阶段，这一发展阶段是中国的经济体制、社会结构的一个重要转型期。在这个转型阶段，既存在快速发展的条件，也存在诸多发展的障碍。按国际发展经验，当人均 GDP 从 1000 美元向 4000 美元迈进时，往往是产业结构剧烈变化、社会格局剧烈调整、利益矛盾不断增加的时期；也是发展的关键时期，是一个国家经济竞争力和人们的生活水平均将发生质变的时期，结构、体制、生产及生活方式的剧变，既酝酿着巨大的发展机遇，也隐藏着巨大的挑战和不稳定性。发展的机会把握得好，就有可能像韩国、新加坡等国家和地区一样，会实现经济的起飞，否则就有可能像拉美一些国家，陷入发展的怪圈，停滞不前。

这一发展阶段，面临着许多深刻的变化，必须实现多方面的转变。从发展的动力来讲，需要实现由要素驱动向创新驱动的转变。在新的发展阶段，生产要素价格低廉将不再成为全球化进程中的主要竞争优势，决定竞争的是自主知识产权、核心竞争力、制度创新的优势。发展中国家的增长在初始阶段，主要依赖于劳动力廉价优势和其他生产要素价格的较低水平，由此支撑了这一阶段的高增长。现代产业发展已经从大规模生产转向大规模定制，而现代企业竞争也从成本和价格转向核心竞争力。事实上，从中国的发展来看，现在低工资并不是我们的明显优势。以 1998 年为例，美国的平均工资是中国的 47.8 倍，但是考虑到生产率因素，创造同样多的制造业增加值，美国的劳动力成本只是中国的 1.3 倍。日本这两个数字分别是 29.9 和 1.2；韩国分别是 12.9 和 0.8，劳动力成本反而比中国还低 20%。与发展驱动因素的转变相对应，社会经济形态要实现由工业经济向知识经济的转变，研发和技术创新应当成为起主导作用的生产方式，而制造业在国民经济中将逐步处于被支配的地位。从经济体制上来讲，要实现由计划经济向市场经济的转变，让充满活力的新体制成为发展的突破口，在制度创新方面，政府要构造良好的经济发展环境，不断降低经济发展的制度成本和社会成本，即重点是构筑宽畅舒适的人流、物流、资金流、信息流环境，构筑为民、便民、亲民、安民、富民的综合服务环境，建设竞争、廉洁、高效的服务型政府，构建与市场体制和国际惯例相适应的小政府大社会大服务格局。

（三）建设创新型经济，国家高新区能够发挥主导作用

中国的科技、教育与经济发展长期存在着脱节的问题，由于计划经济体制下的部门分割、地区分割等造成的科技、教育资源分割的问题还没有得到较好解决，难以通过行政手段进行融合，难以形成合力，科技资源不能有效集成，科技投入的效率低，科技发展不够与科技资源利用效率低下的问题并存。实践初步证明，高新区是一种有效解决地区分割、部门分割的机制，能够超越地区、部门的界限，主要通过市场机制有效地融合科技、教育、经济资源。由于国家高新区位于科技、教育力量比较集中的地区，通过高新区的机制，营造良好的环境，运用市场的力量，能够调动有关高校、科研机构、龙头企业特别是一些大型企业的积极性，有效集成科技资源，可以形成技术创新的良好机制。特别是在中国今后的经济、社会转型，国家高新区将发挥先导作用。

目前，国家高新区经过十多年的发展，正在成为我国高新技术的源头、技术创新的核心区域，在国家振兴中担负着重大的历史使命。国家高新区集聚了一大批大学、科研院所、重点实验室、工程中心等创新资源，正在形成具有竞争优势的创新集群，成为高新技术和技术创新的主要源头。2003年，国家高新区企业年 R&D 投入 420 亿元，占全国企业 R&D 投入的 50%，高新区成为我国技术创新的主导力量。到 2003 年年底，我国共有创业服务中心、火炬计划特色产业基地、火炬计划软件产业基地、大学科技园、留学生创业园等各种类型的科技企业"孵化器"489 家，其中 281 家在高新区内。国家高新区正在成为我国技术创新的核心区、国家技术创新体系的重要组成部分。此外，国家战略高科技产业的发展以及国家创新体系的建设，必须以国家高新区为重要依托。

东北地区要迎接 21 世纪的挑战，同样必须把建设国家高新区放在提高技术创新能力、发展高新技术产业的主要位置。通过高新区的建设，集聚创新资源，形成知识经济的增长极，东北地区区域经济发展的源动力。

三、东北高新区在促进东北发展中的
主要成就和问题

高新区是我国改革开放的产物，也是知识经济发展的客观要求。1991年3月，国务院批准设立第一批26个国家高新区，其中有沈阳、长春、哈尔滨、大连4个东北地区的高新区；1992年11月，国务院批准设立第二批25个国家高新区，其中东北地区的有大庆、吉林、鞍山3个高新区。至此，东北地区共有7个国家高新区。这7个国家高新区的建立，不仅推动了东北老工业基地的改革和发展，而且在国家振兴东北老工业基地战略中，必将发挥主导作用，成为振兴东北的重要引擎。

（一）东北高新区在促进东北发展中发挥了领头作用

东北7个高新区自成立以来，经过14年的发展，现在已经基本成为所在城市新的经济增长点、高新技术产业和技术创新的主要基地、区域发展的重要增长极、市场经济体制的先行区，是带动整个东北地区发展的重要力量，为整个东北地区的发展作出了重要贡献。

1. 高新区经济规模迅速壮大，正在成为所在城市经济增长的引擎。

1992～2003年，7个国家高新区技工贸总收入年均增长速度高达40%。2003年，东北地区7个国家高新区共实现工业总产值2136.8亿元，同比增长29.3%，高于东三省增幅（9.45%）19.9个百分点；工业增加值581.9亿元，同比增长35.8%，占东三省工业增加值的12.95%。其中长春、吉林高新区的工业增加值占所在城市工业增加值的比重高达30%和55%，其他几个高新区的工业增加值一般也占到所在城市工业增加值的20%左右，是城市经济增长的重要引擎。

2. 高新技术产业迅猛发展，改善了所在城市的经济结构和产业结构，正在成为东北老工业基地进一步发展的主要接续产业。

2003 年东北高新区 R&D 投入达到 35.6 亿元、拥有授权的发明专利数量 905 项，均占整个东北地区的 40%以上，其中长春高新区占到整个长春市的 60%以上。目前，高新区已经培养了一批支撑整个东北地区发展的高新产业，其中沈阳高新区的计算机、先进装备制造、生物制药、新材料，长春高新区的生物医药、光电子、汽车电子，哈尔滨高新区的机电一体化、现代制造，大连高新区的软件产业等已初具规模，这批高新技术产业正在成为支撑高新区所在城市甚至整个东北地区发展的支柱产业，推动了整个东北地区新型工业化的进程，在国内外的影响进一步扩大，代表了新时期东北经济发展的新形象。

3. 高新区的经济发展探索出了一条不同于传统城区、传统产业的发展道路，正在形成主要依靠技术创新和制度创新推动的经济增长机制。

东北地区是我国受计划经济体制影响最深的地区之一，民营经济发展的环境较差。东北高新区在建立和发展过程中，不断完善市场机制，大力发展民营高科技企业，成为东北地区民营科技企业的重要栖息地。2003 年东北高新区民营科技企业数量达到 3442 个，销售收入超过 500 万元的企业达到 1174 个。目前，7 个国家高新区内的经济结构以民营企业为主，民营企业占主导地位；产业结构以高新技术产业为主，高新技术产业占据主导地位，整个经济结构和产业结构充满活力。

4. 高新区创新资源流动活跃，已经成为国家创新网络的重要组成部分。

分布在全国的 53 个国家高新区是我国技术创新和体制创新的示范区，是我国实施科教兴国战略、走新型工业化道路的先导区，全国高新区在发展过程中，正在逐步形成全国性的创新网络。通过全国的高新区网络，东北高新区形成了与其他高新区的信息交换和创新资源流动机制，既可以接受来自全国各地的创新资源，还可以接受先进高新区的机制和体制辐射，成为一个学习型、创新型的高新区。

5. 高新区正在成为东北地区国际化发展的新平台，成为东北亚经济圈科技经济融合的重点区域。

高新区在发展过程中，逐步构筑了利用国际资本和技术、引进国际人才、开展国际经济技术合作交流的招商平台、创业孵化平台、技术合作平台等一系列国际化发展平台，吸引了我国港台及日、韩、俄、欧美的技术和资本，推动了东北亚经济圈的形成，成为东北地区国际化发展的重要突破口。

分析十多年来东北高新区发展的基本特点，可以发现东北高新区走的是一条制度创新的道路，是一条依靠市场机制的发展道路，是一条依靠人力资本和技术创新的内生的、可持续发展的道路。

（二）东北高新区存在的主要问题

东北国家高新区尽管在所处城市处于领先水平，并在东北发展中发挥了重大作用，但与全国先进高新区相比，还存在着一些不足：

一是东北高新区国有经济和国有企业的比重仍然较高，国有经济占20%以上的比重（全国为6.8%），高新区的龙头企业中，一般以国有及国有控股企业为主，这在全国也是比较突出的。

二是东北高新区的技术创新的基础设施比较少，创新能力建设比较落后。在"孵化器"建设方面，大部分高新区在全国处于中下游的水平，哈尔滨高新区有几家，大庆、大连、鞍山、吉林高新区都只有一家，为中小型科技企业创造的条件还比较差。在R&D投入、获得的专利和知识产权方面，也在全国处于落后的位置。高新区的经济规模占全国高新区的13.3%，但是R&D投入只有全国的8.5%。在产业化基地建设方面，东北高新区建立的特色产业基地很少，目前只有3家，而全国高新区有70多家。

三是东北高新区的辐射带动作用不够，在经济和产业发展方面，高新区的先导性作用还没有有效发挥。当前，高新区还没有充分发挥自身的创新优势，开拓产业链上游的能力还比较欠缺，与其他地区存在低水平竞争的问题，高新区与外部的产业分工和协作还不完善；高新区在产业发展方面，与国内外先进水平相比，大都处于产业链低端，与其他地区存在靠优惠政策争夺资源、争夺项目的矛盾。

四是东北高新区国际化程度比较低，吸收利用国际人才、资本的能力比较差，企业走出去的能力差，出口创汇水平低，在全国处于中下游的位置。比如，2004年上半年，东北高新区的外贸是负增长。

五是在对外经济活动中，区位优势和比较优势发挥不够，还没有很好地形成利用日、韩、俄等海外及周边市场、人才、技术、资本的渠道和机制。

此外，东北地区长期把工作重心集中在效率不高的国有企业的改造，资源大都向国有企业、传统产业倾斜，而效率高、机制灵活的非国有经济、高新技术产业和高新区获取资源受到计划经济体制的限制，不能很好地利用社会资源，限制了高新区的充分发展。

四、东北高新区发展的指导思想、战略目标及功能设计

（一）指导思想

东北国家高新区的发展，必须树立全面、协调、可持续的科学发展观，落实党中央提出的"支持东北等老工业基地加快调整和改造"的重大战略决策，成为国家实施振兴东北战略的重要支撑和平台，成为振兴东北的重要突破口。为此，东北国家高新区的发展战略，要遵循以下指导思想和原则：

一是要以创新能力建设为基础，实行经济社会发展与高新技术产业发展、技术创新能力建设、人力资源开发并重，经济发展、高新技术产业的发展建立在技术创新能力不断提高的基础上，要走出一条通过技术创新推动经济发展、高新技术产业发展的道路。

二是必须依托高新区人才、技术、教育资源密集优势，要通过制度创新、技术创新，实现科技资源的充分利用，构筑高新区的核心竞争力，形成新的竞争优势。

三是要抓住经济全球化进程中研发转移的机遇以及区域经济一体化、东北亚经济圈形成过程中的资源重组以及向东北地区转移的重大历史机遇，在更大范围、更深程度上整合国际资源，加快园区发展的国际化进程，力争成为国际先进的、有国际特色的科技园区群体。

四是要抓住中国的城市化、工业化、市场化等重大社会经济转变的机遇，成为推动东北地区社会、经济转型的主要力量。

（二）战略目标

总体目标：技术创新基地和区域经济发展的原动力。

东北高新区发展的三大具体战略目标是：积聚创新资源、建设创新的国家公共基础设施、提高技术创新能力，使创新成为产业和经济发展的根本动力，成为创新的核心区；进一步壮大高新技术产业，改造传统产业，培育接续产业，成为新型工业化基地；扩散技术、产业、机制，提升传统产业，成为老工业基地改造的辐射源。

（三）高新区的功能设计

1. 技术创新功能。

技术创新功能是高新区的根本，是高新区的核心竞争力和生命力之所在，是推动高新区和区域经济发展的源泉。高新区要成为制度创新、技术创新的先导区，高新技术的源头，高新技术产业的培育区。

2. 产业集聚功能。

建设技术创新能力的根本目的是加快高新技术产业发展，建立一种新型的依靠创新驱动的经济增长方式，加快经济发展，从根本上提高经济发展的质量和效益。因此，要在技术创新功能的基础上，具备产业集聚功能，形成集群竞争力，通过高新技术产业发展推动经济的快速发展。

3. 国际资源集聚功能。

高新技术产业的发展必须始终坚持国际化的方向，走在国际化的前沿。为抓住国际化以及东北亚经济圈形成的机遇，高新区要在东北亚经济圈中发挥重要作用，成为东北地区国际化的新平台，所在城市对外合作的重要窗口，国际人才、技术、资本的集聚地，有效承接国际研发转移，特别是要发展成为全国重要的对日、韩、俄合作的中心。为此，高新区还要重点培育国际资源集聚功能。

4. 创新创业文化培育功能。

文化是高新区发展的基本动力之一，高新区要成为创新创业型社会的先行区，培育创业人才、培育企业家的摇篮，培育创新创业文化的基地。

5. 体制和技术扩散功能。

建立基于市场机制，高新区与传统城区、高新技术产业与传统产业协作互动的机制，使高新区成为技术扩散、体制扩散、观念扩散、文化扩散的动力源，促进老工业基地的改造。

通过上述功能的建设和培育，使高新区成为技术创新环境优越、高新技术产业发达、经济活跃、现代城市功能完善的科技新城区、老工业基地改造的辐射源。

五、东北国家高新区的战略重点及区域特色——实施差异化的区域、产业发展战略

（一）战略重点

1. 创新基地建设及创新链的培育。

创新基地建设是高新区发展的基础。通过创新基地的建设，形成完善的创新链。一是要重点加强创业中心、大学科技园、软件园、专业"孵化器"、海外留学生创业园以及国家重点实验室、工程中心的建设，完善技术创新的基础设施和公共平台，培育创业人才。园区每年用于这些创新基础设施建设的经费不应低于园区可用财政收入的30%。二是要加强和扶持企业技术创新能力的建设，通过财政税收等政策，扶持有条件的企业建立企业技术中心或研发机构，使企业逐步成为技术创新主体。特别是要支持有条件的企业把主要力量集中在研发和技术创新环节，形成以创新为主的新型生产运作方式，使这类企业以专利等知识产权生产为主。三是加强企业知识产权工作，提高技术创新的效率和产出能力。四是在软件、汽车关键零部件、装备制造、中医药、石油化工等行业实施一批重大技术创新专项，迅速提高技术能力。五是加快市场化、规范化的中介服务体系建设。

2. 高新技术产业基地建设及主导产业的产业链培育。

发展高新技术产业，建设新型工业化基地，实现经济可持续快速增长是高新区的重要目标，要加快高新技术主导产业的产业链培育。一是按照比较优势及"有所为、有所不为"等原则，各高新区选择少数基础较好的

产业作为重点产业，以技术创新为基础，通过自主创新和招商引资相结合的方式，加快形成主导产业的产业集群。二是东北各高新区要发挥特色，在装备制造、机电一体化、软件、生物医药、新材料等领域建设一批特色产业基地，培育一批新型产业。三是在技术创新和规范化、市场化运作的前提下，国家给予重点支持，实施一批重点高新技术产业建设项目。

3. 高新区的规划及现代城市功能建设。

要根据高新技术产业发展的需要，合理扩大高新区区域范围，高标准地搞好高新区的规划。高新区要进一步完善高新技术产业发展所需的现代城市功能，重点是研发基地、企业地区总部基地、人才交流中心、现代物流、国际化平台、风险投资、中介服务体系等现代城市功能，营造人才、技术、资本集聚的优势。

4. 创新创业文化建设。

高新区的发展从本质上看，也是一种文化的发展，一种创新创业文化的发展。高新区要加强对创业活动的支持，营造崇尚创新创业氛围，发展创业文化，逐步把高新区建设成一个创业型的社区，提升高新区的软实力。一是高新区在发展定位以及具体的规划建设方面，要贯彻以人为本的发展理念。在园区的规划建设上，要强调人的发展，突出人居环境建设，追求生态化、宜人性，追求文化品位；在创业环境建设中，要形成一种鼓励创业、宽容失败的氛围；要改变政府的管理方式，变管理为服务，建设廉洁、高效、亲民政府。二是要加强各具特色的组织文化建设，包括企业文化、校园文化、院所文化、机关文化、社区文化的建设，形成各自特色。三是要吸收海内外先进的高科技文化。

5. 辐射机制的培育。

建立高新区的体制扩散、技术扩散、产业扩散机制，把传统的老工业基地的优势发挥出来，促进东北地区老工业基地改造，促进东北地区发展成为我国重要的现代装备制造业、新材料产业和重化工基地等新型工业化基地。一是要支持机制灵活、有实力的高新技术企业重组、购并传统工业企业，充分利用传统工业资源发展高新技术企业。二是促进高新技术产业、传统产业的协作与分工，形成合作紧密的产业链、价值链，特别是要支持有核心技术、有经营能力的高新技术企业通过 OEM 方式组织生产，盘活、做大做强产业链上、中、下游的企业。三是高新区与传统城区要加强领导干部、人才、资本交流，扩散高新区的高效管理体制。四是高新区要积极主动转移一些传统产业到其他地区。

（二）区域特色

人们记住一个地方，总是首先记住那里最具特色的东西。资源的全球配置，正是通过区域特色的凸显和合理分工实现的。特色是区域经济的名片，是东北高新区走向世界的通行证。东北高新区如何打造自己的特色呢？

1. 中心城市主导产业的自主创新及产业孵化基地建设。

沈阳、长春、哈尔滨、大连等中心城市的国家高新区是当地的科教文化中心，这些城市要发挥区域经济的龙头带动作用，在经济社会的深刻转型中，建立完善的高新技术产业和新兴产业的自动形成机制，永葆经济、社会发展的活力。为此，要发挥这些中心城市的科教文化优势，建设完善的主导产业的自主创新体系和新兴产业孵化体系，实施产业自主创新立区战略。

（1）创新体系建设的目标。东北中心城市主导产业的自主创新及产业孵化体系建设的总体目标是：力争用10年左右的时间，各高新区要围绕城市高新技术主导产业的发展，打造成为东北地区创新要素集聚区、创新创业示范区、高新技术产业先导区，使之成为东北地区知识经济的高地、东北高新技术产业化的龙头、东北地区创新体系的中枢，在振兴东北地区老工业基地中发挥重要的创新极、增长极和辐射极作用，高新区的创新能力要达到国内一流、在国际上具有一定影响的水平。为此，东北高新区要把创新体系建设作为高新区发展的一项核心任务，力争在2015年形成完善的创新体系和产业孵化机制。

①到2007年，进一步调动高校、科研机构、龙头企业和政府部门的积极性，整合各部门的资源，初步建成以企业为中心、各类创新主体有机结合、创新公共平台完善、创新资源优化配置、支撑环境优良的高新区主导产业创新体系框架。企业、大学、研究机构、政府等创新主体之间的协同创新能力得到全面提高，在利用高新技术改造提升东北传统产业过程中发挥重要的主导和辐射作用。

②到2010年，基本建成从基础研究、应用研究、工程技术研究到产业化的较为完善的主导产业技术创新体系。围绕各高新区主导产业核心技术和重大产业化项目，建成一批国家级研究开发中心和产业化基地，培育出一批创新能力强、成长速度快、发展规模大、在国内外市场具有较强竞争

力的高新技术企业群体，以及一批国内外知名的自主创新品牌，在各高新区的主导产业上具有国内领先的自主创新能力，在重点技术领域达到国际水平，成为东北地区以信息化带动工业化、发展高新技术产业、建设新型产业基地的示范区。

③到 2015 年，建成要素齐全、结构优化、功能完善、作用突出的区域性主导产业创新体系。在装备制造、光电子信息材料、软件、生物医药、汽车、铁路客车、发电设备、造船等领域，形成以自主知识产权核心技术为支撑，以重点产业化大项目为龙头，与世界高技术产业链条高位衔接，具有国际竞争力的高新技术产业集群。使高新区成为东北老工业基地全面振兴的发动机、东北区域经济快速增长的重要引擎、东北亚高新技术产业带的中心，长春、沈阳高新区要成为国际一流的高科技园区。

（2）创新体系建设的重点任务。四个中心城市高新区创新体系建设的重点任务是构筑"六大公共支撑平台"，即知识创新平台、技术研发平台、创业孵化平台、中介服务平台、开放创新平台和投融资平台。通过建立"六大公共支撑平台"，为各类创新主体低成本、高效率地获得各种创新资源提供便利条件，为加快科技成果转化、重大项目产业化提供全方位的服务，为鼓励科技人员创业，加强官、产、学、研、金合作提供更宽广的舞台和空间。

在知识创新平台建设方面，要充分发挥大学、研究机构在创新体系建设中的基础地位和关键作用，大力推进主导产业应用基础研究和核心技术、关键技术研究，引导高校、科研单位与企业共同开展重大技术开放性研究，积极实施知识产权和人才战略，扩大创新知识储备，着力推进源头创新和原始创新，为主导产业发展提供持续的知识和智力支撑。

在技术研发平台建设方面，一是要逐步构建以企业为中心的技术研发体系，强化企业的创新主体地位，最大限度地激活企业创新能力，逐步从"引进吸收"型向"自立开发"型转变，争取多数企业技术中心能开发具有自主知识产权的核心技术。要通过壮大和强化技术中心等企业研发机构，进一步提高企业对新知识、新技术的学习应用和转化能力；通过加大工程技术中心和重点实验室建设力度，强化技术的基础性研究和工程化研究，为各类创新主体特别是中小科技企业搭建功能完备、资源共享、快捷高效的产业公共技术研发平台。二是要加快工程技术研究中心建设，鼓励科研院所、大学与企业共建工程技术中心，支持企业自建工程技术中心。要结合重大科技专项的实施，选择在国内外市场具有较大竞争优势、有骨干企业和知名品牌支持的行业，重点建设一批省级以上工程技术研究中心，其中国家级工程技术中心争取达到 40 个以上。三是要加快各类技术转移中心建设，主要是以"863"等重大科技成果转化为重点，积极开展中科院与地方的合作，建立一批科技成果转移中心、国家"863"计划产业化促进中心等技术转移和产业化促进平台，并争取和吸引更多的"863"、科技攻关计划等重大成果进入高新区转化、产业化。四是加快重点实验室建设。要发挥多方面力量，采取合作共建等形式建设国家级重点实验室，支持区内高校、科研机构进入国家基础研究体系。围绕重点行业，采取政府部门、高新区、企业以及有关单位共建的办法，建立一批省级开放式重点实验室。五是在区域大型仪器设备使用上引入开放、共享、竞争、服务新机制，解决部门所有、资源分散、重复浪费等问题，推动科技条件资源共享。

在创业孵化平台建设方面，一是要以各高新区的创业服务中心为主体，积极推进与多元投资主体共建孵化基地，实现"孵化器"建设多元化、多样化。在完善现有综合"孵化器"，促进软件、新材料、汽车电子、汽车关键零部件、生物疫苗、光电仪器等专业孵化器。在继续加强对处于中试和产业化初期中小企业支持的同时，设立初创期科技型中小企业专项孵化资金，进一步加大对处于中试阶段之前、高风险的种子期、初创期企业的资助和支持力度，分担原创性科技企业的创业风险。二是要建设一批火炬创新创业园建设。按照"多元化建设、市场化运作、企业化经营、规模化发展"的原则，加大火炬创新创业园建设进度，通过火炬创业园建设，促进"孵化器"的集聚，吸引国际性研发机构、大型企业技术研发中心、相关中介服务机构的入驻。同时建设不同规模的、不同产业特征的办公厂房，吸引不同阶段的企业进驻，为中小科技企业创造良好的成长环境。三是加快建设大学科技园，完善院校科研成果孵化体系。把东北大学科技园、哈工大科技园、大连理工大学科技园等建成国内一流、国际上有一定影响的大学科技园。

在中介服务平台建设方面：一是要重点培育和发展一批专业化程度高、组织形式先进的中介服务机构，形成以人才交流、产权交易、成果转化、企业策划、信息咨询、资本运营、法律法规、行业协会等为主要内容的服务体系，满足中小企业发展和科技创新活动的需要。二是要加强科技资源信息服务，着重开展主导产业专利信息的收集、整理和加工，面向区内企业、大学和研究机构，提供专利信息检索、查询、评估、培训等多项专业服务，形成完善的专利信息服务平台，为区内企业实现专利信息共享、缩短技术研发周期、降低研发成本创造条件。三是要完善产品检测、产权交易、技术交流等配套服务，为企业提供产品试验、检测服务，为科技成果与产权交易提供桥梁和纽带。

在开放创新平台建设方面，要注意充分利用国内外科技资源和市场，走建立在国际开发平台之上的自主创新、联合创新、模仿创新等多种路径，积极参与跨国科技合作与分工，承接跨国公司研发中心的地区性转移。通过技术和产品的辐射，以及市场主体的对外开放，将创新体系尽可能地向外延伸，使高新区创新网络逐步成为全球创新网络中的一个重要组成部分，在更广阔的范围内实现创新要素的集成配置。为此，一是要建设一批与俄罗斯、乌克兰、日本、韩国以及欧美合作的中外科技合作基地、科技园，并以此为载体，引进跨国公司地区总部和区域性研发中心。二是要鼓励企业通过联合攻关、双向交流等多种形式，加强与国内外企业和研究机构的合作。要组织高新区内的企业、大学和科研机构利用专有技术积极开展跨国技术合作，努力拓宽自主创新项目的国际化空间。要通过与国外大企业进行高位嫁接，有选择地引进一批高精尖大项目、关键技术设备。要支持有条件的企业在国内外技术的前沿地区设立自己的研发中心。

在投融资平台建设方面，要根据不同发展阶段高技术企业对资金的不同需求，尽快建立起以政府投入作引导，企业投入为主体，金融信贷作支撑，广泛吸引社会资金和境外投资的多元化、多渠道投融资体系，为技术创新活动提供有力的资金保障。为此，一是要逐步扩大政府专项扶持资金规模，建立国家、省、市科技投入体系，重点壮大"科技三项费用"、"海外学人创业风险金"、"专利发展基金"规模，逐步扩大省、市对国家资助项目的地方匹配额度。设立主导产业的专项产业发展基金。高新区管委会每年用于直接支持技术研发的支出，要达到年可支配财政收入的10％，主要用于技术创新和高新技术产业化项目的股权投资、贷款贴息、无偿资助和信贷担保。探索新的政府投入机制，如政府把减免一定的税收作为政府对研发活动的风险投资。二是要进一步壮大风险投资规模。要加快建立有利于科技人员初始创业的天使基金、种子基金。要引导风险投资企业探索以担保换期权等多种方式拓展投资途径。积极吸引国内外大型风险投资公司到东北高新区设立机构从事风险投资活动。鼓励企业、非银行金融机构和个人组建风险投资公司，形成多元化的风险投资群体。将创办风险投资基金的机会向民间机构开放，鼓励有条件的民营科技大企业进入这一领域。积极培育一批高素质的风险投资家队伍，使那些既有科学技术、市场、金融等综合知识，又有管理经验的人进入到风险投资机构中去，以提高风险投资的成功率和运作效率。三是要进一步扩大金融机构对科技企业的信用投资。要积极引入社会信用、金融信用、经营信用等信用评价机构，建立完善的信用评价体系，通过进行区内重点高新技术企业的信用等级评定工作，树立一批资信优良的企业典型，打造信用品牌、信用企业的整体形象，密切银企关系，扩大金融部门对企业的授信投资。四是要充分利用国内外资本市场开展融资，推动高新区主导产业骨干企业在海内外资本上市。

2. 吉林市、鞍山市高新区围绕主导产业的新型工业化基地建设。

吉林市、鞍山市等国有大企业作用十分突出的省级副中心城市的高新区，要依托城市主导产业，继续推进体制创新、高新技术产业的融资创新，要大力推进公共创新平台的建设，大力发展企业技术中心，建立以大型企业为中心的技术创新体系。依托老工业基地的基础，建设新型工业基地，重点发展精细化工、精品钢材和新材料、电子信息、冶金自动控制、生物医药等新兴产业。

（1）吉林市高新区。吉林市高新区要围绕高新区二次创业的目标和吉林市老工业基地调整改造《实施方案》，重点发展精细化工、汽车零部件、电子信息、生物医药和软件产业基地。

在精细化工产业方面，要充分利用吉林市国家化工基地的条件，重点建设精细化工产业基地，以充分发挥石化工业结构调整潜力大、化工产品种类多、对市场适应性强及技术先进等比较优势。采取多元投资的办法，与中油公司、国际跨国公司和民营大企业合作，重点发展油、气、生物三大化工系列工程，创建一个新园区，再造一个新吉化。实施中，将以100万吨乙烯工程为"龙头"，优化发展乙烯、丙烯、合成汽、芳烃四条主线产品。

在汽车零部件产业基地建设方面，紧密依托一汽集团吉林轻型车厂30万辆轻型车扩能改造、德国大众公司与一汽合作生产12万辆T4和T5高档商务车等整车新建项目，加大为之配套项目和企业的招商引资，提升汽车零部件配套产业的整体技术档次，建立一批技术领先、质量稳定、供货及时的零部件企业，形成以整车生产为主、零部件生产相配套的汽车产业群。

在电子信息产业基地方面，以华微电子、吉林科龙电器为支柱，通过招商引资和技术引进，吸引一批电子信息和家电类的项目和企业进入深东路两侧区域，最终形成具有一定区域影响力、较强产业辐射、聚集作用和市场竞争力的电子信息及家电产业带。

在生物医药园产业面，依托东北虎制药、康乃尔药业、吉尔吉制药、卓怡康纳制药等生物医药产业骨干企业，以国家各类新药制剂的产业化、有明显技术进步的化学原料药和医药中间体的产业化、中药现代化为重点，进行改造提升，并通过新上一批生物医药项目，形成具有一定影响力的生物医药园区。

（2）鞍山市高新区。鞍山整个城市的兴衰，与鞍钢的发展关系极大，今后一二十年，尽管钢材市场存在着一定的风险，但由于我国仍处于工业化进程的中期阶段，对钢材的需求仍将稳定增长，这为鞍钢的进一步发展打下了基础。鞍钢作为国有特大型、鞍山规模最大的钢铁企业，无疑是鞍山经济和社会发展的一支重要力量。鞍钢经过"九五"和"十五"改组改造，已跃入世界最具竞争力的钢铁企业行列，在世界钢铁企业中排名第8位。2003年鞍钢实现钢产量1017.7万吨，铁产量1024.7万吨，实现销售收入300亿元，增加值110亿元，成为辽宁省国有企业纳税大户50强之首，实现了历史性跨越，基本实现了振兴目标，成为鞍山最有希望、最有后劲、最有发展潜力的经济增长源。鞍山高新区要围绕钢铁这一城市主导产业，发展相应的配套精品钢材、冶金成套设备、自动化等产业，培育一批中小企业群体。

为推进依托鞍钢优势带动高新区加快发展，实现振兴鞍山老工业基地制高点的目标，要重点抓好以下工作：

①要强化专业分工和延伸辐射。现代工业是以专业分工的高度化为特征的。高新区应围绕专业分工要求，通过供销关系、协作关系和各类行业组织，在企业之间按照市场规律的要求，建立起产、供、销密切联结的关系，形成大中小企业紧密配合、专业分工与协作完善的网络体系。上下游关联企业可以就近配套、采购生产所需要的各种零部件、原材料，把采购半径和采购成本降到最低限度。通过垂直一体的生产和水平联系的合作与竞争，实现优势互补，提高整体效率和竞争力。要依托鞍钢优势带动鞍山高新区的发展，必须发挥高新区内运输成本低、信息快捷、便于服务等特点，努力开发为鞍钢生产服务的配套产品，发展产品的精深加工。鞍钢经

过多年的改造，虽然产品质量和附加值大幅度提高，但多数仍作为原材料，还不是最终产品，精、小、细、薄加工的空间仍然很大。发展产品的配套和精深加工，应以鞍钢产品为基础，向上下游延伸扩散，形成具有特色的钢铁产业链。一是在鞍钢生产的预备阶段，即从矿山采掘到原、燃、辅材料及备品备件上进行配套。据不完全统计，鞍钢每年采购的原、燃、辅材料共八大类1100多种，备品备件共六大类560多种，每年的采购总额近30亿元（不含成套设备），在这些产品中地方可生产和加工的占70%以上，目前地方产品仅占鞍钢采购份额的20%左右，双方产品市场的互换潜力巨大。对于地方而言，鞍钢是一个相对稳定的大市场，地方相关企业应加强各自产品的竞争力，发挥地方企业就近就地，便于提供服务等优势，努力开发为鞍钢生产和改造服务的配套产品，稳步提高在鞍钢采购市场的份额。二是在鞍钢生产的实施阶段，即从选矿、冶炼到轧制成材上互为补充。这一阶段为鞍钢的生产核心部分，鞍钢通过"九五"改造，生产能力和装备水平得到大幅提升，鞍钢瞄准跻身国际先进钢铁企业目标，以板材和特种大型材为产品发展方向，建设了全国最大的板材生产和加工基地。结合鞍钢的发展目标，配套企业要按照钢铁产品分布和市场需求，拉长建筑型钢、汽车用钢、工程焊管、镀涂薄板、精密带钢、应力线材、煤系化工、废渣利用等产业链。同时，要支持鞍钢通过多种形式并购、重组地方企业，盘活资产存量，实现低成本扩张。此外，鞍钢在产品调整过程中，淘汰了小型材等传统产品，可以探讨鞍钢能以鞍钢的品牌和设备作为投入与地方民营钢铁企业进行合作。地方民营钢铁企业也可以投资参与鞍钢的项目建设，使地方民营企业和鞍钢在产品上形成互补，避免重复建设和资源浪费，形成地区钢铁产业的梯次布局。三是在鞍钢生产的后续阶段，即包括钢铁产品的流通和钢铁产品利用等环节接受辐射。如引进宝钢的包装钢带生产设备，利用鞍钢的原料生产高强度包装钢带，以替代鞍钢使用的进口钢带产品。还可以结合鞍钢信息化建设，积极探讨促进鞍钢与地方企业在现代物流管理方面的合作，以实现鞍钢供应链管理的科学化、现代化。

②做大做强优势产业。在高新区与鞍钢产业发展战略中，应按照以500万吨精品钢材项目为依托，扩充为鞍钢服务的产业和拉长鞍钢产品产业链的新兴产业为两翼，研究与开发、生产与制造，销售与服务紧密结合，面向国际国内两种资源和两个市场的新兴产业集群。当前重点要做好以下几项工作。一是支持鞍钢做大做强钢铁主业。目前，鞍钢已经形成了钢铁双

超 1000 万吨的历史性突破。目前鞍钢正在建设投资 70 亿元，新建集炼钢、炼铁、连铸、热轧于一体，年生产能力 500 万吨的精品板材基地。对于这样一个事关鞍钢和鞍山未来发展的大项目，高新区要先行、打头阵，建立投资促进中心、生产力促进中心、社会事业服务中心、高新区建设发展中心，提供平台与鞍钢展开全方位的合作，在高新技术研发，技术信息服务上与鞍钢规划部紧密联系，将高新区的信息、创新功能融入到支持鞍钢的发展中，成为鞍钢的一个动力部。二是在推动鞍钢非主体国有企业转属改制过程中壮大高新区主导产业。根据国家对国有大中型企业改革的规定，鞍钢在今后的改革中，必须进一步精干主体，逐步对矿山、冶金、轧钢、研发、供销以外的非主体企业进行分离，改制成为产权主体多元化的具有独立法人资格的股份制企业。对于实业发展总公司、机械制造公司、电气公司、钢绳厂等鞍钢附属企业，要改制分流。对此，高新区要参与做好企业转制的服务工作，尤其是要利用这些企业原有的产品和技术基础，通过改制赋予新的活力，壮大高新区先进装备制造和电子信息等产业。三是协助鞍钢推进所属集体企业分流改造。鞍钢附属集体企业利税渠道在地方，管理关系属鞍钢，由于体制的、历史的诸多方面原因，经营比较困难。这些企业现有 10 万富余职工，仅解除职工劳动合同的经济补偿金和清偿职工内欠就需资金 10 多亿元，企业无力承担，地方和鞍钢也难以承担。解决鞍钢附企的问题，在加强地方和鞍钢密切配合，努力争取国家和省的支持的同时，通过高新区企业扩张消化分流职工就业。同时，充分利用高新区科技"孵化器"功能，鼓励和支持有条件的创业者入园创业，在帮助解决鞍钢困难的同时，实现与鞍钢的紧密合作。

③把依托鞍钢优势与为鞍钢发展服务有机结合起来。鞍钢作为企业，发展是依据市场规律原则。高新区管委会作为政府的派出机构，具有产业指导与服务的功能，依托鞍钢优势带动高新区发展，高新区应将工作重点放在高新技术研发、技术信息服务上。一是高新区与鞍钢的信息部、规划发展部及所属企业的技术部门融为一体，逐步在企业创新、技术改造、信息资源共享等方面融入到鞍钢的发展中去，成为企业智能发动机的组成部分。二是高新区应营造良好发展环境，发挥其在产业政策指导上的作用，从政策上支持鞍钢在高新区的发展，与鞍钢企管部密切配合，共同研究国家、省市的有关政策，为鞍钢的发展创造条件。三是高新区要发挥政策指导和衔接作用，在区域产业优势形成过程中，担负起政策指导职能，做好

信息沟通和协调工作，真正培育起区域性的品牌优势。

④建立统一、开放、有序的流通平台。开放型的高新区需要健全的市场和强大的物流业的支撑。高新区中企业的原材料购进、产品售出，都是通过市场来实现。借助鞍钢的优势带动高新区的发展必须加快市场建设。一是大力发展现代流通业。加快建设和改造公路、铁路、机场等货运枢纽，适应即时、快捷、优质、多样化运输的需要。利用现有资源和新建物流体系相结合，物流园区和大、中、小型物流中心相结合，改建传统仓储业，新建一批物流中心，形成布局合理、结构优化的物流服务体系。二是建立专业市场。就鞍山的情况看，完全有必要也有可能建设一个国家级乃至世界级的钢铁及其制成品的大市场。不仅可以做现货交易，也可做期货交易；不仅可以提供本地产品，也可以提供外地产品；不但可以做内贸，也可以做外贸，成为一个国内外重要的钢铁产品商贸中心、集散中心、报价中心。此外，还要建立技术、人才、信息、资本等专业市场。通过市场建设，打造数字化、规模化、多元化的专业市场平台，发挥产销互动作用，为鞍钢与高新区的发展提供稳定的市场空间和畅通的流通渠道。三是完善的市场环境。加强对市场的整顿治理，严厉打击假冒伪劣行为，破除行业、区域壁垒，消除妨碍高新区内竞争的障碍，保护企业、投资人和职工的合法权益。制定并执行严格的产品、安全和环境标准，发展独立的产品测试、认证以及对高新区内的产品或服务的评级，推进企业强化管理，不断提高产品质量和技术水平。四是建立诚信体系。高新区企业间的"信用网络"是支撑企业集群的基础网络。只有在适当的人文环境下，才能在高新区内激发"价值链与技术传递链"的整合机制，形成企业间关系的高度协同，实现高新区内的资源禀赋提升、产业组织提升和技术水平提升。离开这种人文环境，"同质"企业之间的恶性竞争就会迅速滋长蔓延，精细的专业化分工将难以为继，高新区的整体对外竞争力也将丧失，高新区的区域经济发展也就无从谈起。加强诚信体系建设，重点要推进中小企业信用与担保体系建设，加快建立和完善中小企业信用征集和评价体系工作，鼓励发展各类担保机构，建立诚信的褒奖机制和对不诚信行为的惩戒机制。

⑤提高科技创新能力。鞍山高新区的发展，必须使产业发展与提高技术创新能力并举，要在钢铁的配套产业等领域的科技水平，保持在国内外的领先地位，不断强化产业的核心竞争力，提高科技创新能力。一是继续加快建立公共创新服务平台，在钢材深加工等领域培育具有自主知识产权

的技术研发体系，提升鞍山市的技术开发和高科技成果转化能力。鞍山市围绕钢铁产业形成的科研力量十分雄厚，从矿山、热能、焦化、耐火，到冶金、轧钢，具有完善的科研组织基础，通过进一步的整合和发展，构建有效的科技创新平台，形成良好的区域创新体系。在高新区内建立生产力促进中心、技术研发中心、检测中心、试验中心等机构，继续发展和完善冶金工业自动化平台建设。为众多中小企业提供技术服务，为鞍钢与高新区共同发展提供强有力的技术支撑。二是增强企业技术创新能力。鼓励和引导有条件的企业建立企业技术中心，支持企业加大技术改造投入，引进国际先进设备，加速淘汰落后设备。建立高新区技术创新基金，运用财政贴息、税收返还等政策手段，引导企业跟踪世界先进技术，逐步增加研究开发投入，加大新产品研发和技术改造力度，加快产品的升级换代，发挥企业技术创新主体的作用。三是加强产学研联合，搭建技术开发、交流、协作平台，以钢铁和相关产业为核心内容，鼓励高新区同高等院校、科研院所联姻，吸引更多的名牌科研院所、实验室、新兴的民营科研机构和国外研发机构落户高新区，或建立分支机构；积极规划建立高等教育的社会实践和实习基地，建立各种专业的博士后流动站；围绕重大主题，组织产学研联合攻关等活动，为区内企业突破重大技术难关，增强企业与国内外的教育科研机构的联系牵线搭桥，提供服务。

3. 大庆资源型城市转型中接续产业的培育。

大庆等高新区要在资源型城市转型、老工业基地振兴和高新区"二次创业"中找准自己的位置，探索出一条新路。重点是继续集聚和引进大学和科研院所，集聚创业人才，依托石油资源，发展石油产品深加工、新材料、装备制造、信息、生物医药等产业，辐射和提升传统产业，建成大庆接续产业主导区、可持续发展先行区、高科技现代化城市示范区，推动大庆城市转型、产业升级、体制转轨及可持续发展。

大庆高新区是依托石油、石化资源及其产业优势创建的特色科技园区，要围绕大庆"大力发展接续产业，努力实现可持续发展，合力建设高科技现代化城市"这一二次创业的主题，努力建设成为大庆接续产业主导区、可持续发展先行区、高科技现代化城市示范区。为此，要重点建设"五个基地"，即提升大庆技术创新能力的基地、聚集大庆高新技术产业的基地、培育大庆接续产业的基地、推动大庆对外开放的基地、建设大庆生态园林城市的实验基地。

在高新技术产业发展方面，从资源优势、现有基础、大庆发展接续产业和调整产业结构的实际出发，在未来发展中，集中精力、整合资源，突出做大做强石化产品深加工产业，着力培育壮大新材料、农产品精深加工、电子信息、装备制造、现代医药等产业，形成产业梯次发展格局，构筑主导产业框架。

（1）发挥现有石化产业基础优势，努力构筑石化产品深加工产业群，把石化产业培育成为大庆高新区最具优势的支柱产业。重点在六个方向上实行突破：一是炼油新技术，重点发展高档润滑油生产等新技术，增产优质润滑油、清洁燃料油和石蜡等产品；二是乙烯、丙烯新技术，优化原料结构，提高乙烯生产能力和下游产品的市场竞争能力；三是有机原料，采取乙烯、丙烯、天然气为原料的工艺路线及先进生产技术，重点发展甲醛、甲醇、醋酸、苯酚、丙酮、4－丁二醇、壬基酚、甲乙酮等产品；四是精细化工，重点研制、开发、生产塑料助剂、橡胶助剂、润滑油和燃料油添加剂、炼油和石油化工催化剂、纺织化学品助剂、三次采油所需要的超高分子量聚合物驱油剂、耐高温和耐盐聚合物驱油剂、新型驱油用表面活性剂、中长输油管线所需的高效清防蜡剂和降凝降黏剂、原油破乳剂等，建成全国重要的助剂、添加剂生产基地；五是天然气化工，大力发展以天然气为原料和燃料的化学工业，形成产业链，重点发展天然气制乙烯技术和天然气液化技术，大力推广液体天然气燃料；六是化肥农药，化肥重点发展复合肥、混合肥、专用肥、有机肥等，农药重点发展高效生物农药、高活性合成农药、高效安全除草剂、农药残留降解等技术。

（2）发挥原料、市场、人才、技术等优势，培育一批现代化、高科技的大型新材料企业集团，力争建成国家级新材料高技术产业化示范基地。一是围绕塑料、橡胶、化纤三大合成材料及后加工，研制、开发、生产高附加值专用料、改性料和塑料合金等合成树脂，顺丁橡胶、丁腈橡胶、丁基橡胶等合成橡胶，聚酯纤维、氨纶、腈纶、丙纶等合成纤维；二是大力开发生产新型建材，以节能、环保、特色建材为主，突出发展化学建材、环保利废建材、新型墙体建材、节能建材、装饰装修材料等；三是包装新材料，重点发展双向拉伸聚丙烯薄膜、可降解包装材料、流延聚丙烯薄膜等新型聚酯薄膜等；四是农用新材料，重点发展着色地膜母料、保温棚专用料、可降解农膜、高性能防雾滴棚膜等。

（3）发挥大庆及周边农牧资源丰富的优势，重点发展以牛奶为主的乳产品深加工，以大豆、玉米为主的粮食深加工，以龙江特有的果蔬原料为主的果蔬深加工产品，延长农产品深加工产业链，培育农产品深加工新兴产业。

（4）坚持自主开发与引进、消化、吸收相结合，突出开发具有自主知识产权的软件产品，实现软件产业发展的新突破。依据现有基础和今后发展的需求，重点研制、开发医疗信息软件、勘探地震解释软件、远程数据采集和处理软件、石化设备和工艺控制软件，同时积极发展软件开发平台、嵌入式操作系统、网络管理系统等软件开发和系统集成，建设高速宽带数据网络，大力发展电子政务、电子商务、远程教育等，构筑大庆经济社会快速发展所需要的信息化技术设施平台，推进大庆信息化进程。

（5）依托现有技术和市场，引进国际国内知名企业，努力打造先进装备制造产业群。发展石油石化装备制造、环保设备、电力装备、工程机械等制造业，开发生产计算机辅助设计和计算机辅助制造、数控数显机床等开放式数控系统、计算机集成制造系统、虚拟制造和柔性制造系统。

（6）发挥大庆化工原料和周边地区中草药资源优势，培育新型医药产业。大力发展化工医药中间体及化学合成药和以北药为代表的现代中药，积极开发医疗保健品，重点发展以蜂产品、蛙产品、蚁产品、芦荟等为主的动植物源保健品，建设一批符合 GMP 标准的现代化医药企业集团。

4. 促进中俄合作的科技产业化基地建设。

哈尔滨、沈阳、长春、大连等高新区还要突出实施促进中俄科技产业化合作发展战略，建设成中国开发区对俄科技产业化合作的桥头堡，充分利用俄国的科技优势以及其经济快速发展的机遇，大力引进俄国的科技智力资源，建立对俄科技合作中心、对俄自由贸易区、俄罗斯科技项目"孵化器"、俄罗斯工业园区等，并在俄罗斯有条件的地区建立中俄国际"孵化器"，建设对俄企业的平台。以中俄合作为突破口，加快高新区利用国际科技资源的进程。

其中，哈尔滨高新区的对俄合作已经取得初步成果，已经与俄罗斯科学院远东分院、圣彼得堡国立技术大学等科研院所建立长期合作关系，与俄重点科研基地新西伯利亚科学分院技术园区结为友好园区。2002 年与俄新西伯利亚科技园签署了在中俄两地互建国际"孵化器"的协议，哈尔滨高新区从创业中心划拨 3000 平方米场地用于对俄项目孵化。目前，已有 27 家对俄合作企业落户哈尔滨高新区（占全区科技企业总数 3% 左右），注册资金总额为 2.3 亿元人民币；已引进和正在引进的项目达到 31 个，其中新材料领域 9 个、生物医药领域 4 个、新能源和节能领域 6 个、环保领域 4 个、机械和电子领域 8 个。已达到产业化阶段的有 18 个项目，对俄高新技术项目已经成为哈尔滨高新区高新技术产业的一个重要支柱。对俄科技合作产业化基地建设，要重点抓好以下几项工作：

一是建设一批对俄合作的专业"孵化器"。为了更广泛地加强对俄科技合作，哈尔滨高新区为了更好地促进对俄科技合作成果产业化，哈尔滨高新区同俄罗斯新西伯利亚科技园签署了双方互建国际"孵化器"的协议。根据协议，专门提供 2000 平方米场地，专门用于对俄科技合作项目孵化，将哈尔滨高新区创业中心的服务网络延伸到进驻"孵化器"的中俄科技合作项目。为他们免费代办入门服务、融资服务、培训服务、信息服务、物业服务等。为了进一步加速对俄科技成果专业化进程，哈尔滨高新区还在工业集中区规划出 25 万平方米对俄科技产业化合作基地，以哈工大项目为主，重点安排对俄产业化项目。目前，哈工大全自动机器人码垛生产线、水路两用多用途轻型飞机、半导体集成电路芯片等 14 种俄科技合作项目已落户基地。今后，要继续抓好"孵化器"的建设，重视孵化项目的产业化发展，"孵化器"建设成为哈尔滨高新区开展对俄科技产业化合作的一个新亮点。有关高新区要借鉴哈尔滨的经验，建设专业的对俄科技合作"孵化器"。

二是要进一步优化对俄科技产业化合作服务环境。深化东北高新区对俄科技产业化合作，必须要有一流的项目服务环境，不断降低企业成本；努力为入区项目提供全过程一站式的服务；要积极帮助企业申报项目，获取资助。有条件的高新区要设立专门的中俄科技合作项目资金，对有关项目进行资助，提高合作项目的成功率。

三是要培养一批高素质的专业人才队伍，完善人才管理体系。对俄科技产业化合作必须要有一批高素质的人才队伍来实施。为了进一步专业化地推动对俄合作工作，有关高新区可以考虑设立专门推动的对俄合作的机构，比如哈尔滨高新区设立了专门推动的对俄合作的机构——对俄合作局，下设对俄合作中心，在俄罗斯海参崴设立了办事处。主要负责对俄罗斯的招商引资以及经贸和科技方面的合作，工作的侧重点是引进俄高新技术项目与区内企业对接，壮大和发展哈尔滨高新区支柱产业。

5. 面向日本、韩国和欧美的国际软件产业基地建设。

大连、沈阳等高新区要加快软件产业园的发展，重点加强与日本、韩国和欧美软件产业的合作与分工，使东北高新区成为我国重要的软件产业基地和软件外包基地。为此，要采取以下措施：

一是国家要集中力量打造软件产业国际化的国家品牌。企业在与国际软件巨头进行商务往来的时候，单独去开拓市场，耗费的成本十分巨大。在争取订单的过程中，也往往处于弱势一方，面对的都是霸王条款。因此，建议科技部牵头，联合商务部等政府部门，组织国内外包企业共同来打造国家品牌，就会形成整体效应，大大降低市场的沟通成本和时间成本。具体来讲，这方面可以做如下工作：①组织国内软件外包企业年度展览会；②在国外设立办事处，宣传推广国内软件外包企业，沟通国内外市场信息；③与国际软件巨头合作，培养高级软件外包人才；④树立和宣传我国软件产业国际化的品牌。通过这些工作，将会有效地在国内企业和国外市场之间建立起一个桥梁，也让国际软件企业走进来、国内软件企业走出来有了一个方便的通道。

二是支持企业转向建立软件外包的基础环境。有关高新区要加强软件产业园的建设，改善软件园内通信、电力等环境，保证软件外包有良好的基础设施；要逐步建立大规模的共享技术平台、测试平台、开发平台、资源库与信息平台等；此外，还要建立统一的开发规范与质量保证体系。

三是重点抓好软件外包人才的培养。目前，东北的几个软件园区，无论是对日外包，还是对欧美外包；无论是刚起步的外包企业，还是已经有一定历史的外包企业，都严重感到人才不济，特别是在项目管理人才和中高层经营人才方面。如果适合要求的人才数量上不去，人员工资就会大幅上升，软件外包也就成为空谈。当前，大学培养出来的软件人员脱离了企业的实际需求，能力达不到要求。因此，在抓软件人才培养方面，可从以下方面入手：①出台优惠措施，鼓励企业与学校共同培养项目管理等中高级人才；②鼓励民营的社会化软件培训学院发展；③开展软件外包紧缺人才培养工程；④与国外软件巨头合作培养国内软件外包人才；⑤启动软件人才出口工程，每年选派部分软件人才去日本或美国进修。

四是以各火炬软件园为主体，协调有关政策的落实，充分调动和发挥各当地政府和软件园的积极性和能动性，鼓励各软件园探索适合自己特色的软件外包之路。

五是建立软件外包专项资金，集中扶持一批龙头外包企业。在资金使用上，应改变目前分散使用的方式，集中起来支持一批重大外包项目，扶持一批龙头外包企业。这样，既便于监管，也容易产生一些重大的创新成果，带动整体突破。软件外包专项资金，宜集中起来去解决我国外包发展的"瓶颈"、具有产业共性的项目、技术平台与基础环境。通过专项基金的支持，建立全国软件外包企业的共享信息平台；建立全国软件外包企业通用的构件库、开发规范及平台；在各软件园建立共享的实验室、测试环境及高速通信设施；支持研发具有突破性技术的软件出口产品；用于外包人才培养的补贴。从这些方面，去培养我国软件产业外包的人才、技术与信息环境，从而为所有软件外包企业提高核心竞争能力提供肥沃的土壤，也为提高我国软件外包的层次打下第一步坚实的基础。

六、促进东北国家高新区
发展的战略措施

1. 根据创新链培育和高新技术产业集聚需要，抓住中国工业化、城市化进程的历史机遇，适当扩大高新区范围，增加高新区数量，发挥园区经济对东北振兴的推动作用。

实践证明，在区域经济竞争中，发展迅速的地方大多是由科技工业园区推动的。在国外，硅谷推动美国、班加罗尔推动印度已成典范；在国内，苏州、成都、西安、重庆等城市的推动主要依托科技园区，都是很成功的例子。振兴东北，同样需要大力发展园区经济，通过园区的发展，培育新的增长点，带动整个区域的发展。为此，要从政策上解决制约园区的发展空间问题。

现有国家高新区的范围，大都是高新区成立初期划定的，范围都比较小。随着高新区的发展壮大，需要扩大区域范围，以进一步加强创新基础设施的建设、高新技术产业的集聚。土地是高新区发展的载体，是高新区发展的重要投入要素。在土地利用中，国家高新区的土地利用效率是最高的，面对土地资源极为紧缺的国情，为充分发挥土地的利用效率，国家的土地利用政策应当向国家高新区倾斜，保证国家高新区发展所必需的土地供应。根据需要，要适当扩大高新区的范围，新增土地主要是完善创新创业环境，重点是建设火炬创业园，促进高新技术产业集聚，以及解决发展高新技术产业所必需的配套现代服务业发展的需要。

另外，中国以及东北地区处于工业、城市化进程加快发展的历史阶段，扩大工业用地、扩大城市用地是历史趋势，高新区具有集约、高效利用土地的特点，从国家节约和利用土地的角度出发，应充分利用高新区，高起点、高水平地推动中国的工业化、城市化进程。

2. 进一步完善高新区"充分授权、集中管理、追求高效"的管理体制。

当前，东北地区计划经济的影响仍然比较重，民营经济仍然比较落后，为在高新区创造民营高科技企业良好的发展环境，需要进一步理顺管理体制，解决高新区存在的多头管理、管理混乱以及体制复归、管理效率下降等突出问题，进一步完善高新区"充分授权、集中管理、追求高效"的管理体制。

为此，要通过立法等形式，赋予高新区的管理机构享有政府的行政管理职能，并赋予国家高新区省、市级的管理权限，省、市政府各职能部门涉及开发区内的管理权、审批权、检查权、执法权、处罚权等权限，按《行政许可法》的规定，能下放的下放，能授权的授权，能委托的委托，完善高新区集中统一、封闭式的管理体制。要保证开发区管委会在规划、建设、土地、财政、工商、税务、项目审批、劳动人事、进出口、经贸、公检法等方面享有充分的自主权，并坚持"小政府、大服务"的原则设置机构，最大限度地提高政府服务效率。

3. 建设创新创业的国家公共基础设施，完善创新创业链。

在创新体系建设中，既要强调企业的重要地位，但不能只强调企业的主体地位，还要发挥政府、大学、科研机构、风险投资的作用。特别是对于中国这样一个技术水平还很落后的发展中大国，必须发挥国家的引导作用，既要充分运用市场机制，又要充分有效运用行政手段，加快建设创新创业的国家公共基础设施，完善创业链。要以产业化服务平台建设为主要内容，在政策上，向建设创新公共平台倾斜，营造民营高科技企业发展的良好环境。为此，要重点建设以下平台：一是建立以大学、科研机构、重点实验室为支撑的知识创新平台，加强主导产业的应用基础研究和核心技术、关键技术的研究，扩大知识创新储备，提升原始创新能力。二是组建一批以工程技术中心、企业技术中心、技术转移中心、产业化促进中心为支撑的成果转化平台，吸引包括"863"计划在内的科技成果进入高新区转化。三是建立以创业中心、火炬创业园为依托的产业孵化平台，重点培育创新型中小企业和新型产业。四是建立创新服务平台，完善中介服务体系，完善产品检测认证、产权交易、培训等配套服务，加强科技资源信息化建设，促进大型仪器等科技资源共享。五是开放合作平台，加强跨国科技合作，重点建立对俄罗斯、韩国、日本的科技合作基地，引进跨国公司的地区总部、区域性研发中心，承接全球研发转移，促进跨国公司研发的本地化。

在创新基础设施建设中，要加强东北创业网络的建设，通过东北科技创业网络的建设，充分整合东北地区以国家高新区和创业中心为重要依托的创业资源，为东北以及到东北的科技创业者提供信息支持和帮助，并为他们搭建共享的资源信息平台。并且在条件成熟的时候，实现与全国其他国家高新区，甚至与海外有关专业机构的创业资源共享。

4. 支持组建产业技术联盟，增强技术创新的能力。

产业联盟是全球技术创新中一种很普遍的组织方式。有些技术创新面临巨大的市场风险和技术风险，一般单个企业难以承担，除了政府给予必要的支持外，企业之间还必须通过有效合作，建立产业和技术联盟，共同投入，实现技术和知识产权共享，降低技术创新的风险。

东北高新区在发展中，要加快实现技术创新的突破，必须促进企业之间的合作，在先进装备制造、新材料、软件、精细化工等领域，由龙头企业和核心技术企业牵头，逐步形成一些产业联盟，增强联盟的技术创新能力，调动有关企业技术创新的积极性。

对于一些涉及国家的战略性高技术领域，如软件、激光、新材料、机器人、先进制造等领域，东北高新区有优势，建议科技部等部门牵头，组建高技术产业联盟，东北高新区的有关企业和机构积极参与。

5. 积极进行融资创新，完善金融支持体系。

东北高新区要大力开展金融创新，建立完善的金融支持体系。要充分利用主板、中小企业板融资。要大力引进各类基金和金融机构，大力发展各种类型的风险投资基金。要通过兼并、重组等方式，促进生产要素向高新技术产业流动，促进科技企业与资本市场对接，促进国有企业的改造。要积极利用债券市场融资，优化企业资本结构。要建立中小型科技企业信用担保体系，促进科技成果的产业化，并解决中小企业融资难的问题。当前，还要重点建设好东北技术产权交易中心，建立东北统一的技术产权交易市场。

6. 建立高新区与传统城区的新型经济联系，发挥高新区的辐射作用。

要从根本上改变高新区与传统城区争夺资源的竞争性关系，建立高新区带动传统城区发展的新型关系，建立高新区的体制扩散、技术扩散、产业扩散机制。一是要发挥高新区的创新优势，培育和发展高新技术产业，往产业链的中上游发展，打开整个产业发展空间。二是要支持机制灵活、有实力的高新技术企业重组、购并传统工业企业，充分利用传统工业资源发展高新技术企业。三是促进高新技术产业与传统产业的协作与分工，形成合作紧密的产业链、价值链，特别是要支持有核心技术、有经营能力的高新技术企业，以自己的核心技术和核心零部件为龙头，通过 OEM 方式组织生产，带动中游、下游制造、装配企业的发展，做大做强产业链上、中、下游的企业。四是高新区与传统城区要加强领导干部的交流，扩散高新区的高效管理体制。五是高新区要不断提高项目进入标准，以技术创新能力与产业技术水平作为入驻高新区的主要条件，把一般项目留给其他城区，并积极向其他地区转移传统产业。

7. 将国家战略高科技计划与东北国家高新区发展有机结合，实现战略高科技领域的重大突破。

我国的"863"等高科技计划有力地推动了高科技的发展，实现了在某些技术领域的重大跨越，但在产业化方面，还有许多工作要做。建议国家战略高科技发展与国家高新区有机结合，充分利用高新区的产业孵化平台，促进国家战略高科技的产业化。东北高新区在国家战略高科技的许多领域，具有一定的优势，以东北高新区为主要载体和依托，实施国家高科技发展规划、国家重点科技计划项目，调动高新区内的大学、科研院所、龙头企业和核心技术企业的积极性，加快国家战略高科技的发展。

附表：东北高新区基本情况

附表1　　　　　　　东北国家高新区 2003 年主要经济指标　　　　单位：亿元

	技工贸总收入	排序	工业总产值	排序	工业增加值	排序	净利润	排序	上缴税费	排序	从业人员	排序
长春	625.38	1	623.79	1	178.17	1	45.33	1	63.67	1	113812	1
沈阳	500.42	2	253.86	4	65.92	5	25.64	3	24.25	3	57657	6
哈尔滨	325.9	5	278.17	3	70.02	4	17.48	4	18.45	5	91567	3
大连	339.99	4	251.73	5	71.43	3	29.51	2	19.76	4	107601	2
吉林	420.02	3	410.16	2	113.9	2	14.08	5	26.33	2	89371	4
大庆	202.45	6	188.52	6	42.53	6	9.43	6	11.43	6	43256	7
鞍山	154.19	7	130.58	7	39.9	7	6.51	7	9.32	7	62122	5
合计	2568		2136		581		147		173		565386	

资料来源：《中国火炬计划 2003 年度报告》。

附表2　　　　　　　2003 年东北高新区"孵化器"建设情况

	面积（万平方米）	在孵企业数	企业人数	总收入（亿元）	工业总产值（亿元）	净利润（万元）	上缴税金（万元）
长春	21.5	320	6959	6.67	4.33	11334.5	3982
沈阳	19.5	262	3600	6.5	6.5	5100	1700
哈尔滨	15.37	285	3780	8.5	4.6	4500	4300
大连	12	315	5600	8.3	6.7	6200	4000
吉林	4.41	406	4900	4.07	2.95	391	1897.5
大庆	11.92	207	3997	4.12	3.53	3183.5	1710.5
鞍山	6.9	262	4456	12.4	15.3	3850	1200
合计	91.6	2057	33292	50.56	43.91	34559	18790

附表3   2003 年东北高新区利用外资和出口创汇情况比较   单位：亿美元

	长春	沈阳	哈尔滨	大连	吉林	大庆	鞍山	合计
实际利用外资	1.82	4.3	1.4	2.2			0.3	10.2
出口创汇	5.07	8.53	2.25	6.65	0.5	0.24	0.22	23.46

分报告之八：东北区域创新体系发展战略研究[①]

中国科学技术促进发展研究中心课题组

① 中国科技促进发展研究中心：周元
　　清华大学经管学院：吴贵生
　　清华大学经管学院：魏守华
　　中国科技促进发展研究中心：王海燕
　　中国科技促进发展研究中心：龙开元
　　中国科技促进发展研究中心：巨文忠

一、引　言

东北区域创新体系建设就是从根本上致力于科技与经济的紧密结合，使科技更好地服务于东北经济和社会的发展，以提高东北地区的创新能力，形成区域竞争优势，因此，本报告重点研究和回答东北区域创新体系建设的两个问题：一是如何提高东北老工业基地的创新能力？二是如何促进东北三省之间的科技合作？

在开展研究之前首先要明确和界定区域创新体系的内涵。区域创新体系是指区域内相互关联的技术创新行为主体，以及相应体制和机制构成的开放性网络系统。那么，东北区域创新体系是在东北范围内通过加强创新主体自身能力建设和通过加强创新主体之间的互动，实现创新要素的新组合或者高效配置，以提高区域创新能力和产业竞争力，促进经济社会协调发展（见图1）。

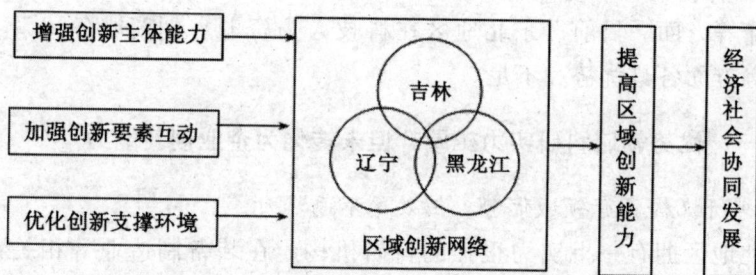

图1　东北区域创新体系建设的结构与过程图

区域创新体系由主体性要素、资源性要素和环境性要素构成。主体性要素指地方政府、企业、科研机构、大学、中介机构等参与技术创新活动的行为主体；资源性要素指技术创新所需的资金、人力和知识资源；环境性要素包括硬环境和软环境两个方面，硬环境主要为科技基础设施，软环境包括市场环境、社会历史文化和制度环境和机制等。

东北区域创新体系建设的最终目标是科技引领和支撑经济社会发展，目标能否实现取决于三类要素自身能力的提高和它们的协同效应，包括主体性要素的创新能力和投入产出效率；资源性要素的存量、结构与利用效率；环境性要素对技术创新和产业发展的支撑能力。

在明确区域创新体系的概念的基础上，我们从创新主体（如企业、科研机构、大学等）、创新资源（如人才、资金、技术等）、创新环境（如制度等）、产学研合作、产业发展与创新、空间布局6个角度展开对东北区域创新体系的研究。

二、东北区域创新体系
现状的若干特征

东北区域创新体系建设是一项系统工程，涵盖企业、高校、科研院所、政府和中介机构间的互动机制建设、人才吸引和培养、制度环境建设、产学研合作等方面。目前，东北地区在科技人力资源、创新服务体系、产学研合作等方面各具优势和不足。

（一）优势领域科研实力雄厚，但未转化为企业创新能力

1. 科研机构具有领域优势，但效率不高。

东北地区拥有一批实力很强的科研机构，在装备制造业等相关科研领域内建立起了较强的优势。例如，黑龙江信息产业部49所是全国最大的传感器技术研究基地；航空工业集团627所是我国第一个拥有风洞实验室的空气动力学研究基地；中国船舶重工集团703所是我国最大的舰船燃气轮机及新型动力研究基地；中国机械研究院哈尔滨焊接技术研究所是我国实力最强规模最大的焊接技术研究基地等。

2002年东北中直、部属和省属科研和开发机构共502家。其中中直院所有34家，省级以上工程技术研究中心69个，省级以上重点实验室126

家，其中黑龙江和吉林分别有 3 家和 8 家国家级重点实验室，辽宁则更多
（见表 1）。

表 1　　　　　　　　　　科研院所情况（2002 年）　　　　　　单位：家

	中直、部属和省属科研和开发机构总数	省级以上工程技术研究中心	省级以上重点实验室（国家级）	中试基地
辽宁	284	33	33	
吉林	71	28	67（8）	46
黑龙江	147	8	26（3）	44
东北总计	502	69	126	

资料来源：《中国科技统计年鉴》，中国统计出版社，2003 年。

科研院所中从事科技活动人员全时当量为 39828 人，科技经费支出总额
达到 43 亿元，承担研发课题总数为 5130 项（见表 2）。

表 2　　　　　　　　科研院所科技活动情况（2002 年）

	从事科技活动人员全时当量（单位：人）	科技经费支出总额（单位：亿元）	承担研发课题总数（单位：项）
辽宁	18790	23	1972
吉林	9977	12	1618
黑龙江	11061	8	1540
东北总计	39828	43	5130

资料来源：《中国科技统计年鉴》，中国统计出版社，2003 年。

总体来说，东北的科研机构具有很强的科研和开发能力，但也存在一
些问题，例如，庞大的科研机构规模带来了科技经费分散、人均科技经费
太低、政府财政压力大、效率低下等弊端，科研力量布局分散，机构和专
业设置大量重复，各科研机构彼此之间缺乏联系，管理难以协调。以全国
31 个省区高等院校 R&D 活动人员全时当量的人均论文数量作对比研究（见
图 2），东北三省的吉林、黑龙江和辽宁在全国分别处于第 12、13 和 17 位，
总体效率仅略高于全国平均水平。

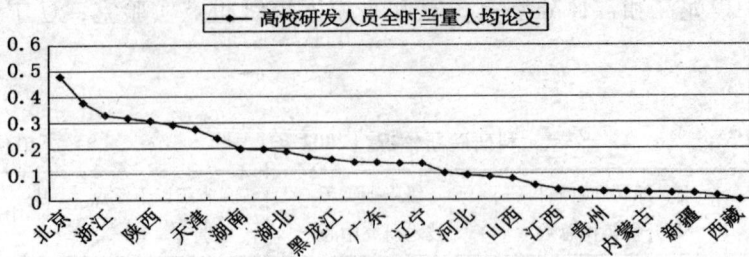

图2　高等院校 R&D 活动人员全时当量（人·年）的人均国际论文数

资料来源：《中国科技统计年鉴》，中国统计出版社，2003 年。

2. 国有企业居于主导地位，但创新能力不强。

（1）国有企业在经济科技活动中居于主导地位。按所有制类型把企业划分为国有及国有控股企业、三资企业和其他企业①三类，表3 为东北地区不同类型企业数量、产值和从业人员数量。从表3 可以看出，东北地区国有企业产值占到工业总产值的 2/3，从业人员也占到将近 1/2，国有及国有控股企业②占有明显的主导地位。

表3　东北地区不同所有制类型企业数量、产值和从业人员数（2002 年）

指　标　　　类　型	所有企业③	国有及国有控股企业	三资企业	其他企业
数量（个）	11182	4187	1647	5348
产值（亿元）	9546.82	6723.19	1694.2	1129.43
从业人员（万人）	1985.1④	927.7	49.4	1008

资料来源：《中国科技统计年鉴》，中国统计出版社，2003 年。

---

①　为便于计算和避免统计交叉，本报告未采用一般的按注册登记类型的划分模式；国有及国有控股企业包括国有企业、国有资本占多数的国有与集体联营企业、国有独资公司、国有控股的股份有限公司和有限责任公司等；三资企业包括港澳台商投资企业、外商独资企业及中外合资、合作企业中外商控股占主导的企业；其他企业包括私营企业、股份合作企业、个体企业、部分集体企业以及民营控股的股份有限公司和有限责任公司等。

②　主要为国有大中型企业。

③　此处"所有企业"是指国有及规模以上非国有企业，国有及规模以上非国有企业是指全部国有企业及年产品销售收入在 500 万元以上的非国有企业，小规模非国有企业相关数据难于统计，且其数据不会对结果带来很大影响，因此忽略不计。

④　此处统计城镇就业人口。

另一方面，比较东北国有企业在全国同类指标上的比重（见图3），可以看出东北地区国有企业在各项指标中的比重几乎是全国平均水平的两倍，东北地区国有企业在本地经济中所处地位明显高于全国平均水平。

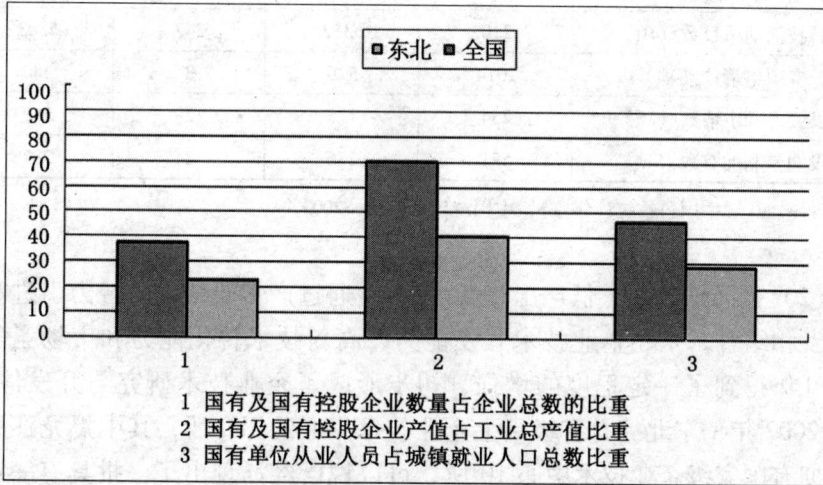

图3 国有企业各项指标东北所占比重与全国对比图

资料来源：《中国科技统计年鉴》，中国统计出版社，2003年。

表4给出了不同所有制类型的企业在企业科技机构、科技活动人员、科技活动经费、科技活动项目及专利等几个方面的情况，各项指标中国有及国有控股企业的比重都在50%左右，科技活动经费支出国有企业比重更是达到了2/3，可以看出东北地区的国有企业参与科技活动的人员、经费投入以及获得的科技产出要多于其他所有制类型的企业，是经济活动的主导者和带动者。

表4　　　东北地区不同所有制类型企业科技活动参与状况（2002 年）

	所有企业①	国有及国有控股企业	三资企业	其他企业
企业科技机构（个）	568	287	27	254
科技活动人员（人）	152306	82047	4130	66129
科技活动经费内部支出（万元）	1179303	730430	18743	430130
科技活动项目数（项）	12102	6352	247	5503
专项申请数（项）	1014	526	8	480
发明专利申请数（项）	254	115	2	137
发明专利拥有数（项）	581	286	8	287

资料来源：《中国科技统计年鉴》，中国统计出版社，2003 年。

（2）创新低投入、低产出、低效率。②通过产学研结合、智力引进和自主开发相结合，东北企业技术开发能力、高新技术转化能力和市场竞争力在近几年得到了一定程度的增强，初步形成了企业技术研究与开发体系。截至 2002 年，东北拥有省级以上企业技术中心约 280 所，其中黑龙江和吉林各拥有国家级企业技术中心 10 所，可以说已经涌现出了一批具有一定研发实力的企业（见表5）。但三省有科研机构的企业占所有企业的比重分别为 21.3%、21.9%、23%，低于全国平均 25.8% 的水平。

表5　　　　　　省级以上企业技术中心情况（2002 年）　　　　单位：家

	大中型企业	省级以上企业技术中心（国家级）
辽宁	约 670	107
吉林	566	98（10）
黑龙江	565	75（10）
东北总计	约 1800	约 280

资料来源：《中国科技统计年鉴》，中国统计出版社，2003 年。

---

①　所有企业仍指国有及规模以上非国有企业，不包括小规模非国有企业。

②　本报告中大中型企业主要指国有大中型企业。

通过微电子设备占生产设备的比重、大中型企业科技活动人员占从业人员的比重、科学家和工程师占企业职工数比重、科技活动经费占产品销售收入的比重等四项指标与全国平均水平的比较来衡量东北企业技术创新投入情况，通过新产品产值占工业总产值比重、新产品销售收入占总销售收入的比重、新产品销售利润占总销售利润的比重三项指标与全国平均水平的比较来衡量东北企业技术创新产出状况，可以发现，东北大中型企业在科技投入与产出上呈现低科技投入、低科技产出的特征（见图4）。

从图4中可以看到：在创新投入方面的几个指标上，吉林、黑龙江两省均明显低于全国平均水平。[①] 其中吉林在人员投入、黑龙江在设备和经费投入上远远低于全国平均水平，这显示出东北企业创新投入不够，自主创新意识不强。在创新产出方面，东北企业创新活动带来的经济绩效不明显，新产品的产值、销售收入、利润比重均远低于全国平均水平。其中，黑龙江这三项指标分别只有5.2%、4.9%和1.6%，创新产出水平明显偏低。同时，东北大中型企业科技投入与产出的效率低于全国平均水平。图5比较了东北地区大中型企业创新投入与产出指标占全国的比重。

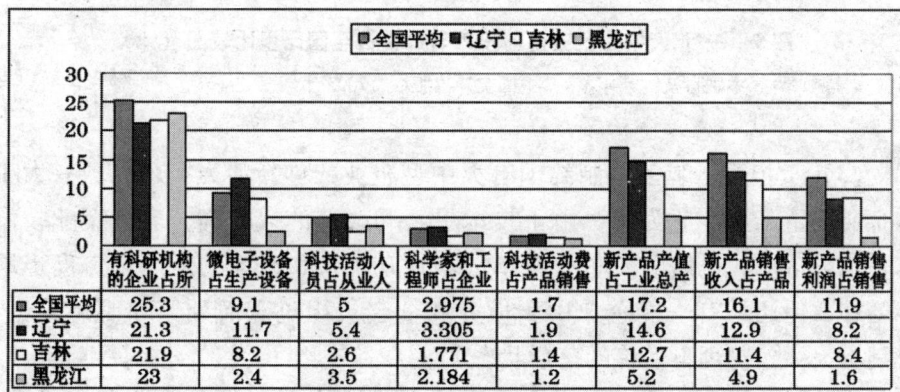

	有科研机构的企业占所	微电子设备占生产设备	科技活动人员占从业人	科学家和工程师占企业	科技活动费占产品销售	新产品产值占工业总产	新产品销售收入占产品	新产品销售利润占销售
全国平均	25.3	9.1	5	2.975	1.7	17.2	16.1	11.9
辽宁	21.3	11.7	5.4	3.305	1.9	14.6	12.9	8.2
吉林	21.9	8.2	2.6	1.771	1.4	12.7	11.4	8.4
黑龙江	23	2.4	3.5	2.184	1.2	5.2	4.9	1.6

图4 东北大中型企业创新投入与产出比较图（%）

资料来源：《中国科技统计年鉴》，中国统计出版社，2003年。

从图5中可以看出，东北地区大中型企业的科技投入占全国科技投入比

---

① 辽宁省设备、人员、经费投入水平略高于全国平均。

重在11%左右，其中R&D经费支出所占比重略低，为7.52%；科技产出几项指标分别占全国比重的10.97%、9.07%、6.19%，低于科技投入相应比重，其中发明专利所占比重尤其偏低，科技产出没有达到应有水平；创新的经济产出几项指标占全国比重均在6%~7%之间，远远低于科技投入相应比重，经济产出也没有达到应有水平。这表明东北地区大中型企业创新投入不能带来预期的效益，企业创新效率偏低。

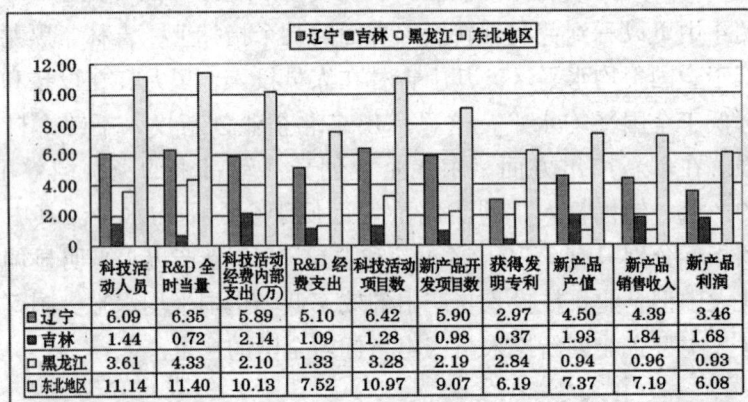

	科技活动人员	R&D全时当量	科技活动经费内部支出(万)	R&D经费支出	科技活动项目数	新产品开发项目数	获得发明专利	新产品产值	新产品销售收入	新产品利润
辽宁	6.09	6.35	5.89	5.10	6.42	5.90	2.97	4.50	4.39	3.46
吉林	1.44	0.72	2.14	1.09	1.28	0.98	0.37	1.93	1.84	1.68
黑龙江	3.61	4.33	2.10	1.33	3.28	2.19	2.84	0.94	0.96	0.93
东北地区	11.14	11.40	10.13	7.52	10.97	9.07	6.19	7.37	7.19	6.08

图5　东北大中型企业创新投入与产出占全国比重比较图（%）

资料来源：《中国科技统计年鉴》，中国统计出版社，2003年。

（3）负担重、装备差制约国有大中型企业的创新活力。东北国有大中型企业以重工业企业为主，由于技术更新和改造的成本高，多数企业技术水平比较落后。虽然国有企业改革的步伐在加快、改革的广度和深度也同步增加，但还是有一些企业由于债务和社会负担过重而处于体制不健全、机制不灵活、管理不完善的落后状态。

当前阻碍国有大中型企业创新能力的一个主要问题是企业负担过重，"企业办社会"现象还没有根本改变。例如，黑龙江省16户重点装备企业中有子弟学校将近80所，职工医院17所。仅2000年，用于社会福利和保障的支出就高达3.6亿元，这些企业离退休职工共计6.2万余人，每年费用支出额超过4亿元；而吉林的国有及国有控股工业企业有2100多个社会职能机构，每年需支付约35亿元的资金。

过重的负担使多数国有大中型企业在人才、资金等多个方面受到了限制，影响了其在技术创新和科研开发活动中的投入，降低了企业技术创新能力，阻碍了企业的进一步发展。另外，在企业技术装备方面，多数国有大中型企业技术装备老化，由于多数工业企业自身投资能力弱，缺乏技术改造资金的投入，进一步制约了技术装备的更新换代。据2002年资料显示，吉林省工业企业技术装备中达到90年代水平的只有15%，而七八十年代水平的技术装备则达到60%以上，无法适应国际市场的激烈竞争；① 沈阳市工业企业技术装备属于国际先进水平的仅13.4%，国内先进水平的仅19.2%，两者之和不到1/3；② 哈尔滨市工业企业设备服役年龄超过20年的约占23.8%，30年以上的也占了9.2%，全市还有1/4以上的企业仍然沿用20世纪60年代陈旧落后的装备。③

3. 民营企业创新动力强，但缺乏科技支撑。

与国有大中型企业发展状况形成鲜明对比的是，东北地区的民营企业近几年发展迅速，展现出了相当的活力，并呈现出了以下几个方面的特征：一是民营企业的规模不断扩大，市场应变能力越来越强；二是民营企业的资产状况良好，资产负债率有所下降；三是民营企业提供了大量的就业机会，为社会稳定作出了贡献；四是民营企业科技含量逐步提高，高科技民营企业的群体不断扩大，参与国有企业改造初见端倪；五是高科技民营企业自主研发积极性逐渐提高，参与技术创新活动愈发频繁。

课题组调研的沈阳大陆激光、哈尔滨威克科技、哈尔滨四海集团和吉林修正药业等民营企业都在近几年得到了较快的发展（其中，吉林修正药业的发展速度位居全国民营企业中的第二位），几家民营企业体现出一些共同的特点：科技含量普遍较高，技术创新的积极性和主动性较高，自主研发或与高校、科研院所合作研发的活动也较为频繁。但是另一方面，民营企业的快速发展又加大了其对现代技术的需求，迫切需要区域技术研发与服务体系的支撑和引领。

---

① 《吉林省老工业基地科技发展战略研究》，2003年9月30日。
② 《辽宁省老工业基地振兴规划（草案）》，2004年2月22日。
③ 《黑龙江省振兴老工业基地科技发展规划》，2004年3月29日。

（二）人力资源丰富，但结构失调、活力不足

1. 科技人员总量规模大，但创新效率较低。

从整体上看，东北科技人力资源较为丰富，特别是在制造业方面，如黑色金属冶炼及压延加工业、普通机械制造业、交通运输设备制造业等领域，科技人才充足。2002 年东北地区从事科技活动人员总数为 35.2 万人，平均每万人中有科技人员 31.7 人，其中辽宁省从事科技活动人员总数为 19.7 万人，居全国第 5 位。在黑色金属冶炼及压延加工业方面，仅辽宁科技活动人员达 19744 人，占全国（109948）的近 1/5，居全国第 1 位；普通机械制造业方面，辽宁科技活动人员达 7140 人，仅次于江苏和上海；交通运输设备制造业方面，辽宁省科技活动人员达 15075 人，仅次于陕西、湖北、江苏。在高层次人才方面，东北地区总量也不少，如辽宁拥有中国科学院、中国工程院院士 44 人，黑龙江拥有两院院士 28 人。

表6　　　　　　　　**2002 年东北地区科技人力资源**　　　　　单位：万人

指　标	全国总量	东北总量	辽宁	吉林	黑龙江
科技活动人员	336.65	35.16	19.7	6.4	9.06
科学家工程师	229.15	25.52	14.2	4.8	6.52
万人口科技活动人员	10.8	31.67	47.0	24.0	24.0
R&D 人员	105.17	11.85	6.47	1.96	3.42

资料来源：中国科技统计网，http：//www.sts.org.cn。

但东北地区科技人员创新产出并不高，特别是大中型制造业企业的科技人员创新产出更低，无论从发表国际论文、专利申请与授权以及新产品价值等，与东北科技人力资源大省地位是不相符的。从整体上看，2002 年东北地区的科学家与工程师占全国的 11.75%，而专利申请授权和国外收录论文（2001 年）仅占全国的 7.26% 和 9.32%；大中型企业的科学家与工程师占全国的 11.70%，而所产生的专利申请仅占全国的 4.76%；大中型制造业企业的科学家与工程师占全国的 9.20%，而所产生的专利申请仅占全国的 2.92%（见表7）。

表7	东北地区科技人员及创新产出占全国的比重							单位：%
	整　体		大中型企业			大中型制造业企业		
	科学家和工程师	专利申请授权	国外收录论文	科学家和工程师	专利申请	科学家和工程师	专利申请	新产品产值
东北地区	11.75	7.26	9.32	11.70	4.76	9.20	2.92	7.37
辽宁	6.54	4.06	3.89	6.27	1.71	5.63	1.22	4.51
吉林	2.21	1.34	2.98	1.65	0.62	1.78	0.63	1.93
黑龙江	3.00	1.86	2.45	3.79	2.42	1.79	1.07	0.93

资料来源：国家统计局、科学技术部：《中国科技统计年鉴》，中国统计出版社，2003年。

　　另外，尽管东北地区科技活动人员总量较大，但近年来增长缓慢，甚至在某些年份出现负增长，尤其是研发机构的科技人员数量已出现持续负增长。根据1997~2002年科技人员统计数据，东北地区科技活动人员数基本呈现出不稳定的缓慢增长态势，年均增长率为4%，其中1998年和1999年出现负增长；研发机构人员数则持续逐年减少，从1997年的93911人减少至2002年的56586人，年均增长率为-11%。研发机构人员的减少将会大大降低东北地区的创新能力。

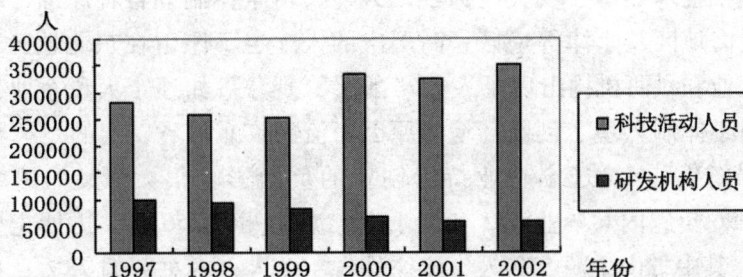

图6　1997~2002年东北地区科技活动人员及研发机构人员总量变化态势
资料来源：《中国科技统计年鉴》（1998~2003年），中国统计出版社，2004年。

　　2. 企业家资源紧缺，数量增长缓慢。
　　东北产学研结合面临的最大问题是企业家特别是科技型企业家资源短缺，民营科技企业增长缓慢。民营科技企业数、新注册企业数及其增长率反映了一个地区的企业家总量以及企业家增长的速度：辽宁民营科技企业的增长率居全国第 10 位、吉林与黑龙江的增长率分别居全国的第 23 位和第 17 位；辽宁新注册企业数增长率居全国第 12 位、吉林与黑龙江的增长率分别居全国的第 19 位和第 21 位。表明东北地区的企业家特别是管理科技型企业的企业家数量较少，增长也缓慢（见表 8）。

表 8　　　　　　　　　**2001 年东北地区创业水平全国排名**

	辽宁	吉林	黑龙江
民营科技企业数（个）	7	20	9
2001/2000 年民营科技企业增长率（%）	10	23	17
每 10 万人平均新注册企业数（个）	7	20	16
2001/2000 年新注册企业数增长率（%）	12	19	21

3. 熟练技术人才及高层次人才流失严重。

在东北，熟练技术人才，特别是掌握关键技术、拥有核心技术攻关能力的拔尖人才和管理类人才流失相当严重，部分科研领域及企业已经出现了科技人才青黄不接的现象。课题组在调研过程中，人们纷纷反映："近年来东北地区已成为全国各地的人才培养基地和输出基地"。东北地区过去培养的一大批技术熟练、攻关能力强的人才，由于体制等各种原因，纷纷流向东南沿海地区及京津等地区；高层次的人才也不愿留在东北地区，相当部分的企业和科研机构出现了人才"断层"现象。如辽宁大量企业技术研发人员由于体制环境、创新环境等原因而流向广东等省，走的是"精英"，来的是"新生"，对辽宁企业持续创新的负面影响很大；又如黑龙江省 1992~1996 年省内共毕业 802 名博士生，流往外省 556 人，占博士生总数的 69%，其中省内生源 579 人，流往外省 451 人，占总数的 78%；硕士毕业生 7700 人，流往外省 5540 人，占总数的 72%；1992~1999 年黑龙江省共毕业博士、硕士生 13444 人，留在省内工作的只占 36%。[①]

（三）服务体系初具雏形，尚需推进系统优化

创新服务体系问题一直是制约东北地区创新创业活动高效开展的重要

---

① 黑龙江区域创新体系建设规划。

因素，主要表现在：政策法规制度不健全、金融市场体系不规范、技术服务体系不完善、社会保障能力不足等几个方面。这些问题使创新创业活动无法得到有力的支撑和保障，导致社会创新创业高成本、高风险。

1. 政策法规体系不够完整，执行力度有待加强。

在制度环境建设方面，东北三省政府正致力于制度创新和完善重点科技计划支撑体系，在促进高技术产业发展主体多元化和投融资多渠道体制建设方面取得了长足的进步。例如，吉林省先后制定了《关于加快发展高新技术产业若干政策规定》、《吉林省促进科技成果转化条例》、《关于进一步鼓励企业技术创新的若干政策规定》等。但总体来说，东北目前的科技政策法规环境尚有欠缺，主要表现为：科技政策、法规在对象上针对性不强，缺少对不同对象的专门规定；总体上科技政策法规体系框架未形成多层次、多维度的高效结构等。在调研过程中，一些科研院所和企业纷纷表示在现今激烈的市场竞争环境下，需要政府进一步改善政策法规环境，并提出了相关政策需求，包括安置离退休职工的优惠政策、技术创新引导和支持政策以及有利于成果转化和推广的优惠政策（例如对销售费用的税收鼓励政策）；吉林修正药业也针对自己在新药研发和技术市场推广过程中所遇到的问题，提出政府关于知识产权的保护力度还不够，导致中医药行业的知识产权侵权问题屡屡发生。这些例子说明，东北地区的政策法规环境还远未健全，政府在营造良好市场环境、规范市场竞争秩序、引导企业技术创新和推动技术成果转化方面依然有许多工作要做。

同时，东北地区现有的一些政策法规也未得到充分落实。调研过程中我们发现，政府针对院所转制而制定的相关优惠政策有许多并没有得到落实。例如，黑龙江电工仪表研究所反映一些关于技术装备改造的优惠政策并没有得到兑现，从而导致其不得不放慢技术装备改造的步伐；而沈阳一家高科技民营企业大陆激光也表示，由于相关优惠政策未得到落实，使他们在与长三角部分企业的竞争中处于不利地位，只能在艰难中谋求发展等。从以上例子我们可以看出，东北地区相关政策的制定和落实有一定程度的脱节，导致部分政策并没有起到实效，政策法规的执行力度和相关监督机制有待于进一步加强和健全。

2. 金融市场体系急需改善，风险投资发育不足。

在金融市场环境方面，东北地区风险投资服务体系不够完善，风险资金退出机制尚未健全，导致较大部分风险投资资金闲置，企业创业创新难于获得必要的风险投资支持，以政府投入为引导，全社会积极参与的多元化、多渠道的科技投融资局面尚未形成。

3. 技术服务水平较低，中介服务有待健全。

在技术服务与支撑环境方面，东北地区已有一些中介服务机构和技术成果转化机构，主要从事技术交易、人才交流、项目推介、评估认证、法律咨询、工程设计等方面的中介服务活动。截至 2002 年末，东北地区建立生产力促进中心共计 147 家，在企业辅导、教育训练、CAD 技术推广应用等方面为企业发展服务；吉林设有 12 个常设技术市场来推动技术成果产业化。但已有的一些服务机构能力不强，对政府的依赖性大。社会化科技中介服务体系仍不健全，服务人员素质、服务水平还有待于进一步提高。缺乏技术中介服务机构和技术评价仲裁机构，企业较难识别有市场潜力的技术，大量技术因此闲置，难以实现商业化。

另外，东北地区咨询机构数量少，规模小，缺少大型专业性强的综合类咨询公司。例如，黑龙江省咨询机构仅 161 家，从业人员 2180 人，与国内其他省市（上海 7000 家，从业人员 5 万人；北京 5000 家，从业人员 10 余万人；江苏 1227 家，从业人员 3.5 万人）相比差距甚大。并且，现有咨询公司多偏重于技术服务和法律咨询等方面，关于企业管理、经济咨询、信息咨询的机构很少。

可以看出，东北地区中介服务和咨询服务的发展尚处于初级阶段，技术创新的服务与支撑环境有待于进一步改善。

4. 社会负担日益沉重，社会保障能力明显不足。

社会保障问题是东北地区的重要问题。随着经济结构的调整，企业下岗职工增加和农村富余劳动力的转移，新创造的就业岗位满足不了实际需要，就业和再就业矛盾突出，大量的下岗、失业人员需要安置，东北三省下岗职工一度占到全国的 1/4。在调研过程中发现，2002 年吉林省下岗失业人员总数已经超过了 100 万人，另外有 105 万国有企业离退休人员。而同时东北地区社会保险参保面小、覆盖面窄。城市中有权享受养老、医疗、失业保障待遇的人员只占城市总人口的小部分，相当多的城市人口被排斥在社会保障覆盖范围之外，难以保障最需要保障的脆弱群体的基本生活。

随着社会保障负担日益沉重，当前东北地区的社会保障能力很难满足社会需要，加之社会保障体系还很不完善，东北地区面临着很艰巨的社会保障任务；日益突出的社会保障问题，又使得人们害怕承担风险、害怕

"丢掉饭碗"。人们无暇顾及创新活动的开展，而大胆创业更是无从谈及，进一步制约了社会整体的创新创业能力。

（四）产学研合作进展积极，机制有待健全

1. 产学研合作取得进展。

东北地区产学研合作已取得一定的成绩，2002 年东北地区技术市场交易总额已达到 68 亿元。通过举办大型的产学研合作项目洽谈会，把数以千计的工业企业和许多高校、科研院所组织在一起，进行大规模的技术合作洽谈，并安排专项资金，扶持洽谈会上成交的重点合作项目，以此来推动产学研合作的深入，取得了很好的成效。东北地区多数大中型企业现已与科研院所、大专院校建立了技术合作关系。例如，哈尔滨工业大学、大连理工大学、东北大学等高校与企业建立了校企合作委员会，并取得了实质性进展。大连理工大学已与一些重点企业合作开发了一批项目，组建了一批校企共建的技术中心，提高了企业的技术开发能力，并在科技成果转化、解决企业技术难题等方面取得了一定成效。1998～2001 年，东北大学与辽宁省工业企业的技术合作项目总数达 277 项，合同金额 3553 万元。

但是总体来看，东北地区产学研三方关联度仍然较低，与沿海地区的差距仍然很大。2002 年，辽宁、吉林和黑龙江高校和科研院所科技经费筹集总额中来自企业资金的比重分别为 0.11、0.12、0.03 与全国先进水平（如天津，其比重为 0.3）还存在较大的差距。东北地区国内科技论文合著次数为 7364 次，其中，辽宁 3133 次，居全国第 8 位，黑龙江 2346 次，吉林 1885 次，分别排在全国第 13 位和第 16 位；在国际合作次数排名中，辽宁合作次数为 210 次，位于第 7 位，黑龙江和吉林分别为 97 次和 91 次，位于第 10 位和第 12 位。东三省用于购买国内技术的经费为 1850 亿元，占全国的比例为 7.6%，仅相当于长三角的 35% 和广东的 28%；从技术市场成交合同额看，东北三省技术市场成交合同额为 711357 亿元，占全国总额的 8%，与珠三角基本相当，但仅为长三角的 1/3。可见，东北地区产学研合作还有待大力加强。

2. 科技成果成熟率不高。

目前，科技成果转化成功率较低，其主要原因在于目前的科技成果大都是科技人员在实验室条件下取得的，或由于受高校、科研院所科技人员知识的制约，在研究开发时对工艺方面考虑不够；或由于样品、样机的研

制和产品的批量生产之间本身存在着差异，往往在效率与效益方面难以过关。在实践中发现，东北地区企业虽然每年都在大规模地引进技术，特别是工业生产技术和装备，但科研机构和高等院校能够向企业提供的通常都是单项的甚至是不成熟的技术和产品，不能满足企业大生产对技术的需求，技术供给能力不足成为制约产学研合作的重要"瓶颈"之一。因此，尚需高校或科研院所的科技人员与企业技术人员之间加强紧密合作和知识优势的互补。

3. 合作机制不够完善。

对于科技成果的推广、应用、选择合作伙伴、沟通信息等介于企业、高校和科研院所之间的协调管理缺乏有效的制度和机制。产学研三方都有自己的政府主管部门，各个职能部门都希望推进产学研合作，但又都希望保护自己所属基层单位的利益；而各部门运行机制不一样，对于企业、高校和科研院所之间各种合作的协调管理缺乏有效的制度和机制，甚至包括政府对产学研合作的机制，如管理机构、管理程序、管理制度和政策等都不尽完善。

同时，军民两大研发和产业体系之间长期处于分离状态，造成两大创新体系的割裂和封闭。一些重要的研发活动往往在军民两个体系之间重复进行，不适应当今军民技术日趋融合、高新技术两用化的趋势。另外，目前东北地区跨行政区划的产学研合作项目还很少，跨行政区划的产学研合作亟待加强。

分报告之八 · 499 ·

（五）制造业科技投入强度大，但创新效率不高 [1]

除原材料工业外，东北地区的制造业创新效率明显低于全国平均水平。

1. 制造业总体创新效率低于全国平均水平。

（1）用对比法计算，东北地区制造业科技投入在全国的比例为 9.5% ~
10.2%，但是科技产出比例只有 3.6% ~9.1%，略低于全国平均水平（见
表9）。就三省内部来看，辽宁省和黑龙江省的科技投入效率低于全国平均
水平，吉林省大致与全国平均水平相当。

表9　　　　　东北地区制造业的科技投入与产出对比（在全国的比例%）

	科技投入比例				科技产出比例				
	科技活动人员	R&D 人员全时当量	科技活动经费支出	R&D 经费支出	科技活动项目	新产品开发项目	专利申请	发明专利申请	发明专利授权
辽宁	6.13	6.47	5.68	6.68	6.01	5.92	1.22	1.67	2.25
吉林	1.25	0.58	2.19	1.59	1.11	0.97	0.63	0.66	0.34
黑龙江	2.24	3.01	1.49	1.93	1.96	1.99	1.07	0.77	1.49
东北地区	9.62	10.06	9.37	10.20	9.08	8.87	2.92	3.10	4.08

资料来源：《中国科技统计年鉴》，中国统计出版社，2003 年。

（2）用区位商进行计算和评价，计算结果如表10。从总体优势看，东
北制造业的总产值区位商低于全国平均水平，目前的专业化程度还不够；

---

[1]　本报告在参考相关文献的基础上将工业分为采掘业、制造业总体、原材料工业、一般加工
制造业、装备制造业和高新技术产业（其中高新技术产业与相关产业属于交叉计算，主要是为了突
出高新技术产业）。本报告的指标分三组数据：科技投入（人力包括科技活动人员和 R&D 人员全时
当量，财力包括科技活动经费支出和 R&D 经费支出）、科技产出（科技活动项目、新产品开发项
目、专利申请、发明专利申请、发明专利授权、新产品产值和新产品销售收入）、经济指标（包括
工业总产值和产品销售收入）。本报告采取两种计算方法：一是对比法，通过分别计算区域科技投
入与产出占全国的比重，再进行比较，确定产业科技投入与产出的效率，主要是由于科技产出的形
式有多种类型，如果进行标准化处理则对比的样本又不够，所以对于不同类别的指标主要采取这种
方法。二是引入区位商的概念。区位商用来衡量某一行业在一特定区域的相对集中程度，如果高于
100 则成为专业化部门，越高则专业化程度越高，表明该区对这一行业的吸引力越大。计算区位商
可采用经济指标（包括工业总产值和产品销售收入）和产业的技术进步指标（新产品产值和新产品
销售收入），前者表示该区对这一行业的总体吸引力（或总体优势），后者表示该区这一产业的技术
进步水平（或竞争优势）。

而从竞争优势看，东北的区位商接近全国平均水平。如果考虑小企业，则东北的各项指标区位商都可能低于全国总体水平。就三省内部来看，辽宁和吉林无论在总体优势或竞争优势上都与全国持平，而黑龙江竞争优势明显高于总体优势。

表 10   东北制造业产值、新产品产值和新产品销售收入的区位商

	制造业产值区位商	制造业内新产品 产值区位商	制造业内新产品 销售收入区位商
辽宁	99.73	100.24	100.20
吉林	103.86	100.07	100.08
黑龙江	56.53	98.86	97.90
东北地区	88.48	100.02	99.87
全国	100	100	100

资料来源：《中国科技统计年鉴》，中国统计出版社，2003 年。

综合考虑对比法和区位商，可以判断东北制造业科技投入效率略低于全国平均水平（本报告将东北制造业分为原材料加工制造、一般加工制造和装备制造三类分别研究）。

2. 原材料工业创新效率高于全国平均水平。

原材料工业包括造纸及纸制品制造、石油加工及炼焦业、化学原材料及化学制品制造业、化学纤维制造业、橡胶制品业、塑料制品业、非金属矿物制品业、黑色金属冶炼及压延加工业、有色金属冶炼及压延加工业、金属制品业共 10 个行业。

（1）用区位商进行分析。对上述 10 个行业的大中型企业工业产值、产品销售收入、新产品产值和新产品销售收入的区位商分别计算，计算结果（见表 11）显示东北的总体优势高于全国平均水平，而从竞争的角度看，东北与全国平均水平相比更具优势。

就三省内部来看，辽宁无论在总体优势或竞争优势上都明显高于全国平均水平，而吉林和黑龙江都低于全国平均水平，黑龙江的落后状况更为明显。

表 11　　　　　　　　　　东北原材料产业四项指标的区位商

	原材料产业产值区位商	原材料产业销售收入区位商	原材料产业新产品产值区位商	原材料产业新产品销售收入区位商
辽宁	159.84	159.39	185.83	196.49
吉林	70.12	69.84	64.68	64.13
黑龙江	73.76	67.17	48.02	43.37
东北地区	114.18	112.88	136.57	142.25
全国	100	100	100	100

资料来源：根据《中国科技统计年鉴》（2003 年）有关数据计算。

（2）用对比法分析。从图 7 中可以看出，原材料工业中科技投入与产出的效果略低于全国平均水平，主要是辽宁的科技产出指标比较低所致。

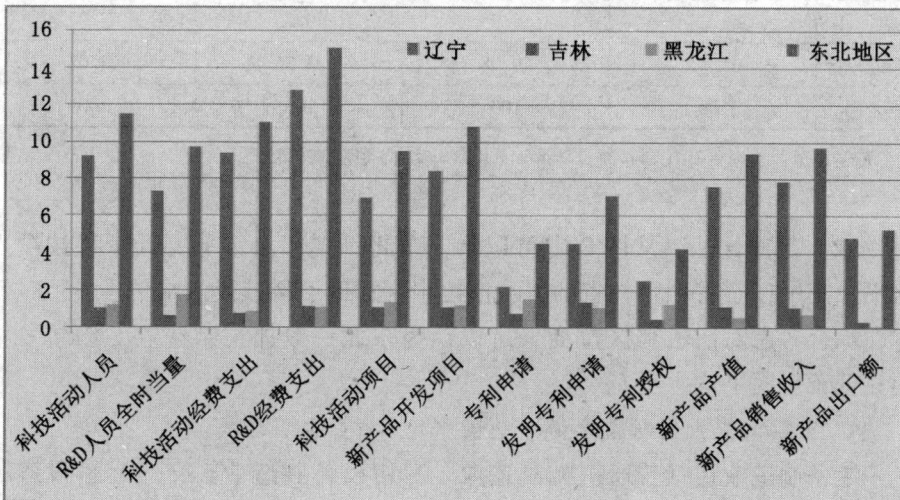

图 7　东北地区原材料工业的科技投入与产出对比（在全国的比例%）

资料来源：根据《中国科技统计年鉴》（2003 年）有关数据计算。

综合考虑对比法和区位商，可以认为东北原材料工业的创新效率高于全国平均水平。

3. 加工制造业创新效率明显低于全国平均水平。

一般加工制造业包括食品加工业、食品制造业、饮料制造业、烟草加工业、纺织业、服装及其他纤维制品制造业、皮革与毛皮等、木材加工等、家具制造业、文化体育用品制造业和印刷制品业，共11行业。

（1）用区位商进行计算，结果如表12。从总体角度看，东北一般加工制造业的区位商都比较低，而从竞争的角度看则更低，反映了无论是专业化水平，还是产业竞争力，东北的一般加工制造业在全国处于不利的竞争地位。就三省分别与全国水平相比，辽宁和吉林总体优势低，竞争优势更低，黑龙江两者大致相当。

表12　　　　　　　　　　东北一般加工制造业四项指标的区位商

	一般加工制造业产值区位商	一般加工制造业销售收入区位商	一般加工制造业新产品产值区位商	一般加工制造业新产品销售收入区位商
辽宁	43.53	41.49	16.06	17.84
吉林	60.18	58.02	24.41	27.53
黑龙江	56.34	54.95	56.25	53.09
东北地区	51.11	49.08	23.36	25.02
全国	100	100	100	100

资料来源：根据《中国科技统计年鉴》（2003年）有关数据计算。

（2）用对比法，从图8中可以看，东北科技产出水平要低于科技投入水平，其中辽宁省和吉林省的科技产出水平远低于科技投入水平。

综合考虑对比法和区位商，可以认为东北一般加工制造业的创新效率明显低于全国平均水平。

4. 装备制造业创新效率低于全国平均水平。

装备制造业包括普通机械制造业、专用设备制造业、交通运输设备制造、电气机械及器材制造、电子及通信设备制造、仪器仪表与办公用机械设备制造6个行业。

（1）用区位商进行计算，结果如表13。从总体优势角度看，东北的区位商低于全国平均水平，从竞争的角度看与全国平均水平相当，显示出东北的装备制造业在全国竞争中并不占有优势。

就三省内部来看，吉林无论在总体指标，还是竞争指标上都具有优势，发展速度将高于全国平均，专业化程度将进一步增加；黑龙江虽然在总体指标上很低，但显示出一定的竞争力，辽宁的竞争优势指标高于总体指标，但都低于全国平均水平，说明在全国竞争中处于劣势。

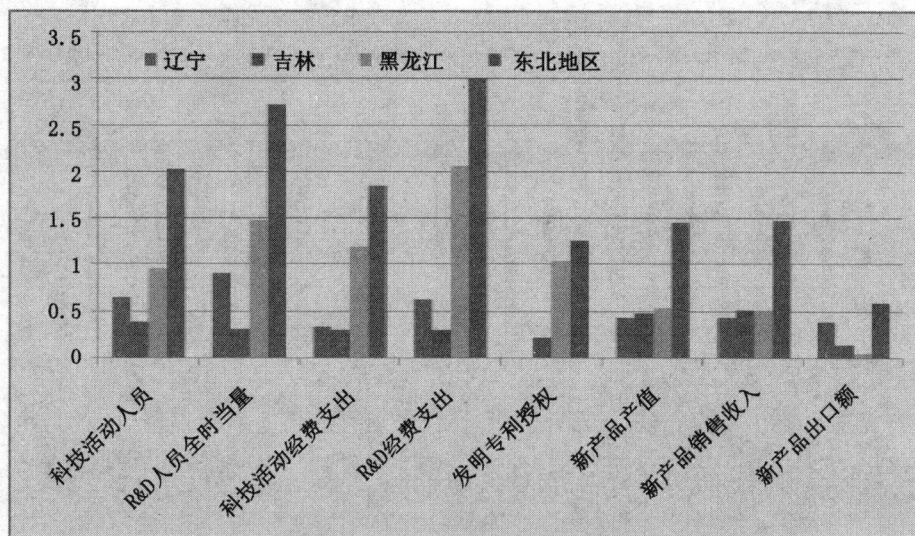

图8　东北地区一般加工制造的科技投入与产出对比（在全国的比例%）

资料来源：根据《中国科技统计年鉴》（2003年）有关数据计算。

表13　　　　　　　　　东北装备制造业四项指标的区位商

	装备制造业产值区位商	装备制造业销售收入区位商	装备制造业新产品产值区位商	装备制造业新产品销售收入区位商
辽宁	78.04	75.44	89.70	86.16
吉林	160.74	168.07	120.03	120.46
黑龙江	34.21	32.86	114.84	109.51
东北	85.26	84.97	100.84	98.03
全国	100	100	100	100

资料来源：根据《中国科技统计年鉴》（2003年）相关数据计算。

（2）用对比法，从图9中可以看，与全国相比，东北装备制造业的科技投入比重高，但科技产出的比重低，其中辽宁属高投入、低产出，吉林和黑龙江则属低投入、低产出。

综合考虑对比法和区位商，可以认为东北装备制造业的创新效率低于全国平均水平。尽管东北的装备制造业是东北的主导产业，但是科技投入与产出效率低于全国的平均水平，这说明振兴东北老工业基地的难度不可低估。

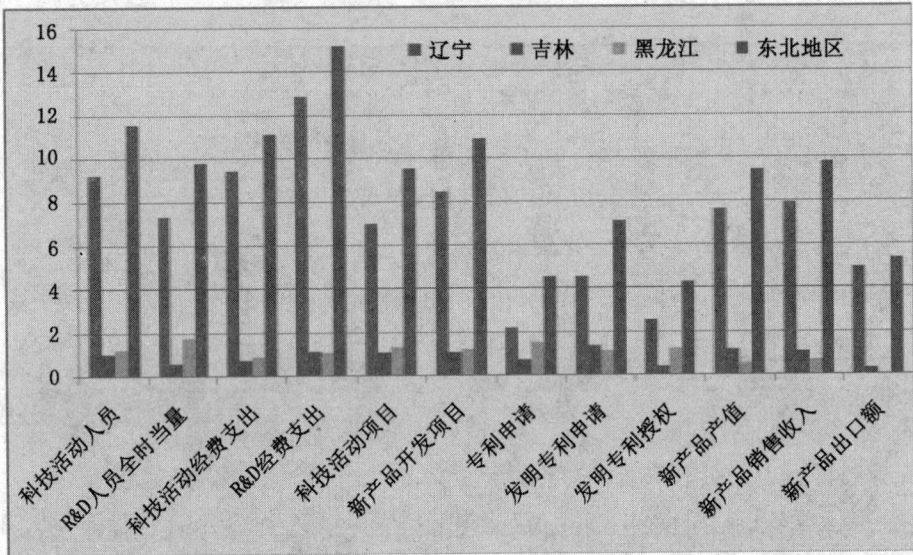

图 9　东北地区装备制造业的科技投入与产出对比（在全国的比例%）

资料来源：根据《中国科技统计年鉴》（2003 年）有关数据计算。

（六）创新资源高度集中于哈—大轴线，形成梯度分布格局

1. 创新资源具有高度集聚特征。

图 10、图 11 和图 12 分别对比了辽宁、吉林和黑龙江三个省区地级市科技实力和经济实力的空间分布情况，三省区都具有以下相同特征：

（1）科技资源和经济资源集中在极少数城市。如辽宁集中在沈阳和大连，吉林集中在长春和吉林市，黑龙江集中在哈尔滨和大庆。

（2）科技资源的集中程度比经济资源的集中程度更高。从图中可以看出，经济资源的空间分布趋于平衡，而科技则表现更大的非均衡性。

（3）研究开发人员的全时当量和研究开发经费的支出在空间上的分布具有很大的相似性。

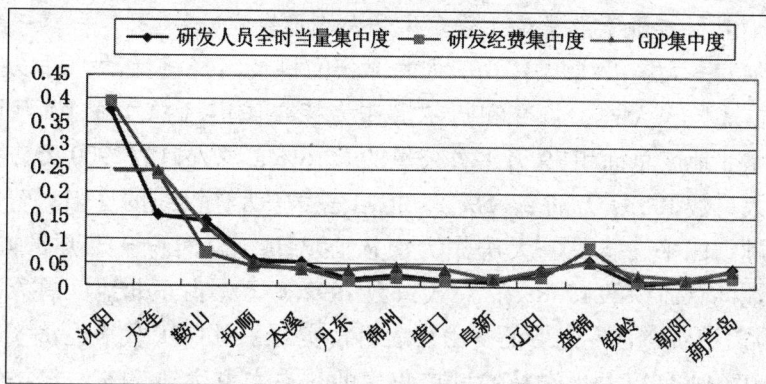

图10 辽宁省区地级市科技与经济集中度对比

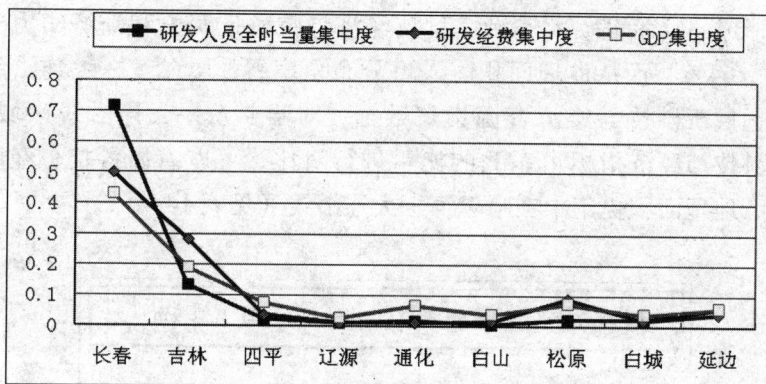

图11 吉林省区地级市科技与经济集中度对比

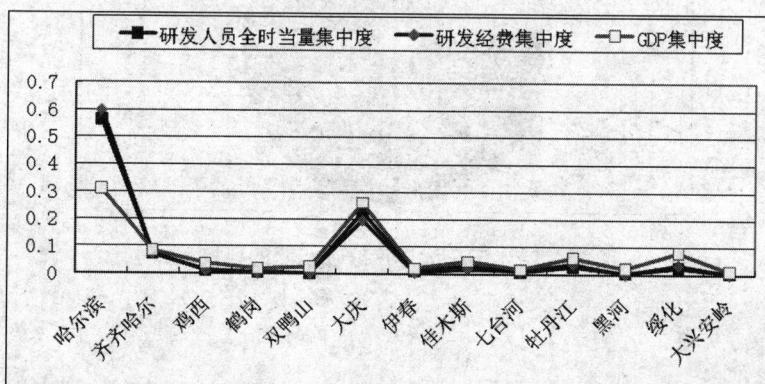

图12 黑龙江省区地级市科技与经济集中度对比

2. 科技、经济资源集聚于哈尔滨—大连沿线。

哈尔滨—大连沿线集中了东北大部分的科技与经济活动，可以把四个主要城市沈阳、大连、长春和哈尔滨作为核心城市（总面积 10 万平方公里，占东北地区总面积 79 万平方公里的 12.6%，总人口数 2900 万，占东北地区总人口数 10537 万的 27.5%），把哈尔滨—大连沿线的辽阳、营口、鞍山、抚顺、四平、吉林、大庆作为次核心城市（总面积 9.3 万平方公里，占东北地区总面积的 11.8%，总人口数 1992.8 万，占东北地区总人口数的 18.9%）。用研究开发经费的支出代表科技实力、用 GDP 代表经济实力，从图 13 和图 14 可以看出在核心城市集聚的科技实力达到 59%，经济实力达到 43%；在次核心城市集聚的科技实力达到 18%，经济实力达到 21%；两者之和形成的哈尔滨—大连沿线科技经济带在科技实力和经济实力分别达到 77%、64%，而从地理面积、人口分布角度看，哈尔滨—大连沿线对应的数据远低于科技与经济资源集聚数据，对哈尔滨—大连沿线区域人口、面积、科技与经济指标占东北的比重进行对比，可以看出科技、经济资源较人口、地理面积更集中在哈尔滨—大连沿线（见表 14）。

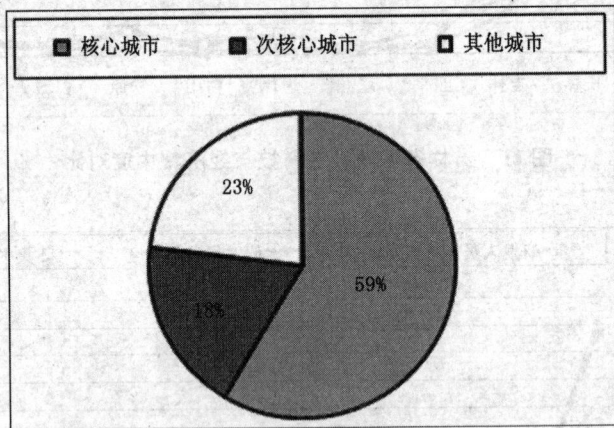

图 13　哈尔滨—大连沿线在东北的科技实力

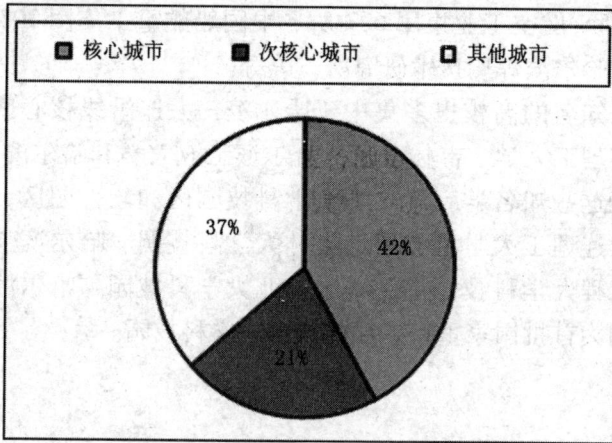

图14 哈尔滨—大连沿线在东北的经济实力

表14　哈尔滨—大连沿线人口、地理、科技与经济要素在东北的比重　　单位:%

	人口所占比重	地理面积所占比重	经济实力所占比重①	科技实力所占比重
核心区域	27.5	12.6	43	59
次核心区域	18.9	11.8	21	18
哈尔滨—大连沿线	46.4	24.4	64	77

　　哈尔滨—大连沿线核心城市沈阳市一度曾是东北地区经济活动的中心，在普通机械制造业等领域具备较强实力；大连市是东北地区对外开放的窗口，在造船和电子及通信设备制造业等领域实力较强；长春市是我国汽车制造业的发源地，在食品加工和光电子领域具备一定实力；哈尔滨市则是全国装备制造业和电机、锅炉、汽轮机生产的重要基地。

　　东北地区许多在全国具有影响力的企业多集中于该核心区域，如哈尔滨电机集团、哈尔滨东安动力、长春一汽、长春铁路客车制造厂、沈阳机床厂、沈飞客车制造厂、东北药业、东大阿尔派、大连大显、大连造船厂，等等。

　　哈尔滨—大连沿线核心区域也聚集了一批实力很强的科研机构，包括信

---

① 人口、面积资料来源:《中国区域经济统计年鉴》，中国财政经济出版社，2003年。

息产业部 49 所、航空工业集团 627 所、中国船舶重工集团 703 研究所和中国机械研究院哈尔滨焊接技术研究所，等等。

东北地区知名的高校也多集中于哈尔滨—大连沿线核心区域，包括东北大学、大连理工大学、吉林大学、哈尔滨工业大学和哈尔滨工程大学等，近年来，围绕这些知名学府建立了大学科技园区和软件园区，包括东北大学科技园、大连理工大学科技园、吉林大学科技园、哈尔滨工业大学科技园、哈尔滨工程大学科技园等，其中东北大学科技园、哈尔滨工业大学科技园等还被列为首批国家重点建设的国家大学科技园。

三、东北区域创新体系建设的若干基本判断

在总结与分析区域创新体系现状与特征的基础上，本报告将东北区域创新体系建设需要解决的若干关键问题归纳为以下五点。

（一）强化企业的技术学习能力是主体性要素建设的重点

总体上看，东北地区虽然科技资源较为丰富，其中科研院所的创新能力比较强，政府的服务与工作效率正逐步提高，科技中介机构正在逐步发展，企业作为创新主体的核心地位已经确立，但是企业的技术创新能力总体比较薄弱，这是东北地区与经济发达的长江三角洲、珠江三角洲较大差距的根源。

造成这种差距的原因是在产业技术升级的过程中，东北地区一个普遍存在的问题是，许多企业还难以走出"落后—引进—淘汰—再引进"的恶性循环，技术的主导权始终掌握在国外企业的手中。国内企业始终处于被动的地位，其中一个关键原因是企业缺乏学习能力，如汽车制造是一个最典型的例子，企业有着十几年的学习经历，至今却仍然没有解决这个难题。这种现象还普遍存在于机械制造、医药制造等多种领域中。

企业技术创新能力有待提高，离自主创新的阶段还有一段距离，所以

东北区域创新体系建设中的关键，就是如何通过学习，积累知识，掌握创新的技巧和途径。提高企业技术学习能力，首先，要有学习的意识，引进技术是为了更好地学习和提高，其目的不仅是为了掌握技术，更重要的是在此基础上实现技术跨越；其次，还要有学习的压力和动力，这就需要通过制度的变革。

（二）构筑人才高地是资源性要素建设的核心

在资源性要素中，随着国家加大对东北扶持的力度、外资的引进和南方民营企业对东北的扩张，资本要素有望部分缓解，比较而言，人才是东北区域创新体系资源性要素的关键。

相比于其他地区，东北地区科技人才和工程技术人才的资源总量上较为丰富，主要由于东北地区作为我国老工业基地，在工业技术研发、生产等方面具有相对较强的优势，同时高校和科研院所实力较强，但是，东北科技人才结构性需求与供给矛盾突出，表现在科技人才和工程技术人才流失现象非常严重；由于体制改革滞后、市场发育不足等原因，东北地区的科技型企业家、科技中介人才较为缺乏。

总体上，东北创新性人才主要涉及以下四方面：一是科技人员，在大学、科研单位和企业中的科技人员从事基础性和应用性的研究，提出新思想、新设计、新产品、新技术流程等，是产生创新的第一步；二是企业家，企业家是将成果与产业结合的中枢；三是工程技术人员，将创新成果产品化，离不开工程技术人才在模具设计、制造等方面的协助和配合；四是中介人才，广泛活跃于技术转让、风险投资、企业策划、法律咨询、项目咨询、会计事务等领域。

因此，在人才队伍建设方面，东北地区的主要任务是在稳定和加强科技人才和工程技术人员队伍建设的同时，突出强调对企业家和中介人才队伍建设的培育。

（三）制度优化是环境性要素建设的关键

相对于创新的硬环境而言，软环境在东北区域创新体系建设中不仅问题突出，而且尤为迫切。区域创新体系的制度环境包括正规制度和非正规制度环境两方面。正规制度包括企业体制、科研体制、创新主体之间的关系、有关技术交易的法律法规等，非正规制度包括有关创新的价值观念、习俗等文化因素。东北区域创新体系建设中制度环境的缺陷体现在以下 5 个方面：

（1）东北地区国有企业所占比重很大，尽管许多国有企业人才云集、设备先进、技术储备丰富，具有很强的技术底蕴，但由于体制制约，导致人才流失、企业创新动力不足，使丰富的创新资源还难以发挥出效应。例如，沈阳鼓风机厂是东北地区最具创新活力的国有企业之一，但是由于体制问题，企业难以通过跨地区的资产重组、难以与国外技术先进企业结成技术联盟，与国外一些大公司如西门子、通用等的竞争中处于劣势。

（2）大学与科研机构是创新的知识源头，东北地区在装备制造、石油化工、制药、电子信息、机电一体化、新材料、农作物育种及栽培、乳品加工等领域拥有一批具有较强实力的大学与科研机构。但是由于市场机制不活，许多大学与科研机构还普遍存在着重论文轻开发、重理论轻应用等问题，存在科研成果与市场脱节的问题，因此，借助科研院所转制的政策，进一步深化改革。改革大学的科研运行机制，促进产学研的合作、加强技术成果转化，是激活东北地区创新潜力的重要方向。

（3）在如何形成三省联合的东北区域创新体系方面，体制障碍表现得最为突出，如分税制使地方政府片面追求地方利益最大化，国有企业所有权问题阻碍企业跨地区开展资产重组、建立技术联盟，劳动力市场分割、金融体制等问题阻碍技术、人才、资金创新生产要素通过市场实现最优配置。

（4）在有关技术交易的法律法规方面，最突出的是技术要素是否可以参与分配的问题，虽然东北地区普遍制定了相关的法规政策，但实施过程中却面临许多难题。这种障碍严重影响科技人员创新创业的积极性，形成一条科研与市场之间有形的鸿沟。

（5）作为非正规制度的习俗、价值观等文化规则也影响着人们的创新思维与行动。由于多种原因，保守僵化、不敢为天下先成为束缚东北地区企业、社会创新活动的重要因素。因此，东北区域创新体系建设必须注重创新文化的建设，形成鼓励冒险、鼓励开拓的文化氛围。

（四）打造哈—大创新轴是跨行政区合作的基础

由于东北地区经济联系不强，区域创新体系发展的内在动力不足，科技基础设施共享的程度不高，而且科技资源和创新活动在空间分布上高度不均衡，区域创新体系还处于发展的初级阶段，因而需要借鉴区域经济学的非均衡发展理论，在创新体系建设中选择重点、分层次进行。

选择重点就是重点支持最具有创新资源和创新活力的地区。在东北地区，有一条明显的由铁路、公路、光缆等贯通起来的南北轴线，其中包括大连、沈阳、长春、哈尔滨4个中心城市，形成物资流、技术流、信息流等立体的空间网络。这条轴线聚集着东北地区绝大部分创新资源，要围绕这个轴线集聚与汇集科技资源，加强科技经济联系，提高科技资源利用效率。

分层次就是在创新体系建设中以此轴线向腹地进行技术扩散和技术转移。同时，利用东北的沿边优势积极吸纳东北亚地区和俄罗斯远东地区的技术转移，积极利用国外创新资源。

（五）提高产业创新效率是创新体系建设的重要目标

推动产业发展与创新是区域创新体系建设的根本性内容，首先，产业创新效率是一个区域竞争力的主要体现；其次，经济发展的核心问题是结构能否实现转换，而实现产业转型、结构转换关键取决于是否具备较高的产业创新效率与能力。

东北地区是我国工业化启动较早的地区，城市化和工业化的水平在我国位居前列，但是改革开放以来，东北地区经济发展速度慢、产业转型停滞不前，甚至出现了许多衰退性产业区。目前，各级政府都把装备制造业和高新技术产业作为东北老工业基地振兴的主导产业来抓，但是研究表明东北在全国有竞争力、科技投入与产出高的产业还是采掘业和原材料工业，而装备制造业和高新技术产业的产业创新效率和产业竞争力并不强，发展规划与现状之间存在矛盾和冲突。

装备制造业和高新技术产业的产业竞争力是东北能否振兴的关键，而根本途径就是要提高这些主导产业和新兴产业的创新效率。产业创新效率的提高需要多管齐下，需要从企业技术创新能力、科研机构的产品创新能力、市场开拓能力、多种产业的融合能力等多种渠道共同推进。产业创新要求企业突破已结构化的产业的约束，运用技术创新、产品创新、市场创新等来改变现有产业结构或创造全新产业的过程。产业创新是技术创新、产品创新、市场创新等的系统集成，是企业创新的最高层次和归属。

四、东北区域创新体系建设的
指导思想、原则和目标

（一）指导思想

建设东北区域创新体系，必须以"科学技术是第一生产力"、"三个代表"重要思想和党的十六大精神为指导，树立全面、协调、可持续的科学发展观。按照国家创新体系的总体安排，全面落实党中央提出的"支持东北地区等老工业基地加快调整和改造"的重大战略决策；以加强企业的学习能力为重点，以提高产业创新效率为核心，以打造"人才高地"和优化制度环境为举措，以加强三省之间的经济科技关联度为建设方向，突破封闭的行政区划的限制，运用市场经济手段，实现各种资源的合理配置，以企业作为创新的主体，以跨行政区的研发平台、孵化平台、中试平台和产业化平台建设为载体，以区域优势产业为核心和突破口，构筑起具有东北特色的，联合、开放、布局合理的区域创新体系，最大限度地发挥区域互补的整体优势和综合比较优势，形成参与国家分工和竞争的合力，为把东北地区建设成为新型工业化基地提供强有力的科技支撑。

（二）基本原则

1. 服从国家目标的原则。

东北区域创新体系是国家创新体系的重要组成部分，区域创新能力是构筑国家创新能力的重要支柱。构建东北区域创新体系必须遵从国家创新体系的整体设计，站在国家的战略高度，把增强东北区域创新能力作为建设国家创新体系的重要内容，使东北区域创新体系在服务于地方经济和社会发展目标的同时，也要符合国家总体战略目标。

2. 突出东北特色的原则。

针对东北地区经济和科技发展的特点和基础，在推进东北区域创新体系建设中，突出东北地区特色和优势，大力培育和发展地方产业集群，振兴东北装备制造业和原材料工业，搞活国有大中型企业，形成以促进创新和发展为核心的新型空间格局。

3. 强化三省联动的原则。

推进东北区域创新体系建设应打破省级行政区划的界限，注重培育跨省区域创新协作网络，实现大联合、大协作、大创新。按照优势互补、利益共享的原则，整合、集成三省科技资源，推进各种创新要素的互动，形成总体创新优势，推动整个东北地区科技进步和经济社会的健康、持续、快速发展。

4. 整体推进与先行示范相结合的原则。

区域创新体系建设是一项复杂的体制创新工程，各个区域要根据自身的发展条件，探索出适合本区域特色的区域创新体系建设之路。因此，在东北区域创新体系建设中不能搞"村村点火、户户冒烟"的"大跃进"模式，而是要选择那些条件成熟、发展基础好的城市或行业进行区域创新体系建设的区域试点或产业示范，以便总结成功经验，为其他区域或产业的推进提供示范。

（三）建设目标

到 2010 年，东北区域创新体系将成为一个结构合理、机制灵活、整体功能完备、特色鲜明的现代化、开放型的具有持续创新能力的网络体系；各创新主体功能明确并形成良好互动；创新资源利用效率高，资源配置基本优化；技术创新的机制和政策环境基本完善；形成具有东北特色的产业集群，成为有效推动东北产业结构优化和促进东北区域经济发展的强大支撑，到 2020 年使东北地区成为与长三角、泛珠三角、京津唐鼎足而立的我国四大创新群之一。具体表现在以下方面：

（1）企业的技术学习能力大大增强，国有大中型企业要成为创新的主导者、民营企业要充满创新活力、重点企业要具有较强的自主创新能力，培育出一批在主导行业中具有一定影响力和竞争优势的龙头企业和名牌产品，形成若干体现东北老工业基地特色、具有国际竞争力的创新型企业。

（2）充分利用和发挥东北地区作为全国"技术人才培训基地"的优势，不仅能留住本地人才，而且要成为能够聚集高素质人才的"人才高地"。

（3）形成有利于科技创新的体制政策环境和三省既公平竞争又通力合

作的科技运行机制，充分调动东北人的创业与创新精神，同时利用资源和能源丰裕的优势，吸引国内外企业向东北转移和集聚。

（4）围绕"哈—大"轴线，形成东北区域创新体系空间的核心格局，共建一批工程中心、重点实验室、孵化器等创新载体，打造科技资源共享的基础条件平台，并积极向周边地区技术转移和技术扩散。

（5）产业创新效率大幅度提高，联合突破一批三省共同面临的共性关键技术问题，全面提升东北地区科技资源配置和科技活动的"聚合质量"，不仅在采掘业和原材料产业具有竞争优势，而且在装备制造和高新技术产业内依托技术创新形成国际竞争力。

（四）实施步骤

1. 战略设计与规划制定阶段（2004 ~ 2005 年）。

该阶段的主要任务是对东北区域创新体系建设的战略规划进行总体设计并制定具体行动方案，筹建东北区域创新体系建设的行政协调机构，签署东北区域创新体系建设合作协议，争取国家有关部委对东北区域创新体系建设的政策支持。

2. 全面推进阶段（2006 ~ 2010 年）。

该阶段是克服旧体制弊端的转轨阶段，主要任务是体制创新与基础条件平台建设、科技中介网络建设、区域政策一体化建设、高新技术产业园区一体化发展、创新人才培养与引进工程的实施、四大创新源建设。经过该阶段建设，初步建成功能完善的区域创新的软环境和硬环境。

3. 整体快速提升阶段（2010 ~ 2020 年）。

该阶段的主要任务是完成科技创新活动由跟随模仿向自主原始创新模式的转换，建成跨行政区划的东北区域创新体系，在重大任务和项目的运作上实现三省的合作攻关，形成三省一体化的科技资源配置体系、科技成果评价体系和科技政策法规体系，使东北地区成为东北亚地区科技创新活动的中心之一。

五、东北区域创新体系建设的任务

（一）实施企业学习能力提高工程

企业学习指以企业团队学习为主，个人学习和区域学习为辅的企业技术学习与技术创新能力提高的过程。提高企业学习能力首先要培育企业学习的动力、机制和学习环境，提高企业的素质和能力；在此基础上，要针对东北企业的具体情况，对各类企业分类指导，加强与实施企业学习工程；此外，东北企业还应该遵循技术创新的演进规律，根据自身的创新能力而选择切合实际的技术创新与技术跨越道路。

1. 培育企业学习动力。

（1）加强企业激励机制建设。学习离不开激励机制的驱动。要通过建立公平竞争的激励机制，使学习成为企业职工的自觉行为，应从三个方面入手：一是建立目标激励机制。通过制定企业目标、团队目标、班组目标、个人目标，使每一个企业职工明确企业目标和自身的知识技能水平离实现目标的距离，从而激励企业职工努力超越自我，增强学习的原动力。二是建立竞争激励机制。要进一步深化干部人事制度改革，实行公平的择优机制；进一步改革用工制度，实行全员动态用工机制；进一步完善工作绩效考核制度和方法，实行工作绩效和薪酬挂钩机制；实行项目招标责任制，等等。三是发挥好榜样示范效应。在企业内部培育典型、塑造典型，以先进典型所具有的那种爱岗敬业、技术革新与探索的精神来影响和带动其他职工积极进取。

东北的企业以国有大中型企业为主，计划经济中平均分配的烙印影响还比较深，虽然大部分企业已经有了很大的改善，但是国有企业的产权关系、委托—代理等深层次问题难以在短时期内完全解决，所以与市场经济下的激励机制还有差距，东北企业迫切需要以完善的激励机制调动员工的学习和技术创新的动力。

（2）加强"共同愿景"的培育。"共同愿景"就是共同的目标理想和共有价值观，是指建立在组织及所属员工价值取向一致基础上的能激励人奋发向上的愿望或理想，它是企业学习的基础与核心。建立了"共同愿景"，在追求共同目标实现的过程中，所有员工会自然而然地激发出潜能，从而使组织发展产生不竭的动力。

在个人学习的基础上，确立"共同愿景"，弘扬企业精神，认清企业技术学习与技术创新对企业发展的重要性，树立以技术创新为企业灵魂的思想，构筑起企业技术学习与为技术创新奋斗的风气，发挥组织保障机制和激励机制等的作用，促进企业技术创新。

目前多数东北企业在市场竞争中处于不利状态，加上社会负担重、资源成本增加甚至枯竭等不断恶化的条件，有些企业采取消极的态度而等候国家的扶持。树立"共同愿景"就是依靠企业学习，紧紧抓住技术创新作为发展的动力，树立以创新制胜，重新获得竞争优势的理念、信心和决心。

激励机制更多表现为"看得见"的物质激励—惩罚关系上，而"共同愿景"更多表现为看不见的自我学习、团队不断进取的氛围中，激励机制和"共同愿景"是"一实一虚"、"一软一硬"相辅相成的两方面。

2. 形成企业学习机制。

（1）建立教育培训机制。建立完善的教育培训机制，教育培训是企业不断创新和员工是否具备创新能力的必备需求。一是加大教育培训的力度，建立与企业发展战略相配套的培训开发体系；二是要建立健全各类学习制度，帮助、督促企业职工进行有效学习；三是在教育培训的内容上要有全方位的体现，要在高度重视知识技能教育的同时，做好理想信念教育和思想道德教育。

各企业要根据自身的情况建立员工培训规划，坚持对员工进行脱产培训和业余培训，把职工继续教育作为最大的福利，要着眼于长远，重点加强对高层次、复合型人才的培养。多方面创造条件让企业技术骨干及重点岗位的、有潜力的员工到国内对口院校进行学习或继续深造，进一步促进人才结构的成长优化，把员工的教育培训融入企业发展的大目标中。

（2）建立创新引领—民主监督互动机制。创新引领机制就是要求领导者（企业经理和总工程师）对创新、技术变革要发挥舵手和设计师的作用，通过宣传、动员和学习，激发起企业职工的学习热情。企业创新引导者在把握与确定技术创新大方向与大格局的前提下，激发员工创造性思维，激励员工提出新见解和看法，促进员工对问题的思考，并对员工的意见及时地提供反馈；组织提供员工的冒险和实践精神，支持员工进行不懈的尝试，允许员工犯错误，并把错误看成是最好的学习机会。

民主监督机制要解决的主要问题，是企业领导的决策失误和企业内部的隐患。建立民主监督机制，要丰富和完善企业职工参政议政的途径，要形成常规制度，就要用制度保证企业内部的信息反馈渠道畅通、形式多样。

（3）以企业为中心建立"官产学研"网络学习机制。网络学习机制就是以学习为动力的形成官、产、学、研以及科技服务中介的关系网络，通过主体之间相互学习、借鉴、互动，实现以企业为中心的科技经济关系网络，而且还要加强跨行政区联系，在更大的空间层次上为企业技术学习提供服务和支撑。如东北地区要充分利用大学与科研机构科技实力较强的优势，为企业的技术创新提供支撑，特别是加强国家重点实验室（包括国家级教育部级、省级重点实验室和工程技术中心）、重点高等院校（如国家"211"高校）、中央属、省直属科研机构等与东北的区域特色和主导产业的结合。再如东北地区要加强科技中介建设，加大科研机构改革的工作力度，积极推进并尽快完成公益类科研机构的分类改革，促进和带动科研工作的市场化、企业化和专业化，为企业和科研院所之间的沟通搭建好"桥梁"，为提高企业学习能力服务。

3. 优化企业学习的环境。

（1）构建企业学习的平台。企业应进一步健全完善多项培训基地设施，如微机室、多功能室、图书阅览室、高标准教室、开辟网站、修建"信息高速公路"，推行读书量化考核机制，建立自己的"学习室"、"阅览室"，为职工学习创造良好的条件和环境；还要与行业内外多家科研院所、大专院校保持密切的合作关系，并派出多批人员到全国一些知名企业和先进单位进行学习和考察，实现资源共享；聘请专家、教授来作报告，座谈交流学习经验，共同分离尖端科技知识；收集、学习国内外先进科技信息，不断满足职工求学、求知、求新的要求，增强职工的创新求变意识。

（2）畅通信息渠道。有畅通的信息渠道才能保障企业组织内的部门（团队、小组）和个人获得工作所需的各种信息，主要应加强纵向、横向及矩阵式三种渠道的信息沟通。纵向信息沟通即沿着组织的指挥链在上下之间进行的信息沟通，如中、高层管理者之间，组织内部同一部门（团队、小组）的较高层次人员与较低层次人员之间定期召开会议，将有关信息传递给下属，同时反馈信息，这样使领导同其下属成员之间保持信息畅通。

横向信息沟通，指的是部门（或团队、小组）之间，以及部门（或团队、小组）内部成员之间这种同一层次人员间所发生的沟通，如营销部门向生产部门提供市场供求信息，向研发部门提供客户对产品款式、功能等方面的需求情况以及研发部门向营销部门了解社会对新产品设计质量的反馈意见，主要是为了使不同系统（部门、团队、党小组）之间的协调配合和相互了解。

矩阵式信息沟通，即不同系统、不同层次人员之间的沟通，如质量管理部门、技术部门的领导与生产部门的员工就产品质量、加工技术等方面事项的信息沟通。而及时有效则是指所传递信息恰是接收者工作所需要的信息，信息接收者对信息的理解与信息发出者传递的信息的含义相同或近似，这样使接收者才有可能充分了解当前的情况和今后工作的趋势。

（3）知识共享的氛围。美国硅谷创新型企业的经验表明：知识共享有益于企业和个人的发展，因此东北企业甚至是东北区域要形成公开交流、分享经验、共享知识的风气。企业员工要积极地参与业务学习，常常通过非正式方式（或场合）交流成功的经验，探讨业务技能和创新，互相帮助去学习所需的新技能。这样，在组织内部，形成了动态的知识流，由个体的知识转化为集体的，完成了从隐性知识到隐性知识、隐性知识到显性知识、显性知识到显性知识、显性知识到隐性知识的转化，在转化中不断产生新的知识，实现知识创新。

4. 加强企业学习的分类指导。

针对东北地区企业总体创新效率不高，能力薄弱的现实问题，东北区域创新体系建设要进一步强化企业在创新体系中的核心主体地位，要紧密围绕东北的支柱产业和主导产业，加快建设与完善以企业为主体的技术创新及科技成果转化和应用过程，同时对不同类型企业，分行业、分类别采取相应的建设重点。

（1）对重点行业的企业要加大扶持力度。对东北在全国具有竞争优势的主导产业，如成套装备制造、汽车工业、机电设备、石油与化工、冶金工业、森林工业、中医药产业等的前沿技术、核心技术、关键技术和共性技术的研究与开发要予以高度重视，用高新技术、先进技术改造提升支柱产业和传统产业，培育壮大高新技术产业，以信息化带动工业化，不断推进东北支柱产业和主导产业的优化升级。

（2）提高国有企业的竞争力与技术创新能力。充分利用和集成东北老工业基地企业内外的各种要素和资源，紧密结合国有企业改革，引导企业提高创新意识，按照市场经济规律和企业发展的内在要求，尽快建立企业技术创新体系及有效运行机制，逐步形成一批具有国际竞争能力的大公司和企业集团。对于这些有竞争力和有实力的大企业，要以"一站（博士后工作站）两中心（企业技术中心和企业工程中心）"建设为带动，积极鼓励支持国有或国有控股大企业建立独立研究开发机构或技术中心，采取多种措施引导企业加大技术中心建设和技术创新投入的力度，同时要提高"一站两中心"在省区内、行业内技术创新的带动作用。

（3）大力扶持民营科技企业的发展。民营科技企业是区域技术学习和技术创新的新生力量，而且将在企业技术创新中发挥越来越重要的作用，但是东北的民营科技企业相对于东南沿海经济与科技发达的省区处于滞后状态，因而需要推动其广泛开展技术创新活动和不断增加对科技的投入，使其尽快成为企业技术创新的中坚力量。

（4）扶持中小企业的技术学习与技术创新。中小企业在技术创新过程中存在着资金、人才等普遍性问题。要借鉴东南沿海利用行业技术创新中心的方式，通过加强中小企业之间相互联合、与高校和研究院所合作，依托行业协会和社会化的创新服务机构方式，提高企业技术水平。政府应根据企业需求以及财力状况，建立中小企业技术创新基金，提供融资担保、投资服务等，引导帮助与扶持个体、私人经济科技型中小企业成长。

（5）大力吸引区外和国外企业，带动产业技术的升级。大力吸引江浙、广东等发达地区的民营企业来东北创业和改组东北的国有企业，同时利用东北在东北亚的地缘优势，积极吸纳以日本、韩国为主的外资企业，另外对于重点国有企业，如一汽、哈飞、哈电机等要重点推动吸引大型跨国公司的合作开发技术，以此带动和提高本地区产业升级和技术升级。

（6）支持企业跨行政区的技术学习与创新活动。要打破行政地域界限，大力促进产、学、研的结合，支持企业跨行业、跨地区与大学、科研机构共同建立实验室或研发机构、共同承担国家科研任务，积极开展以东北老工业基地调整、改造、振兴为取向的研究开发与产业化项目的联合创新，促使企业能够充分利用东北大区域的创新资源，更好地进行技术创新。

（二）打造东北振兴的创新人才队伍

1. 实行技术要素分配机制，调动创业积极性。

建立健全知识产权制度。知识产权制度是市场经济条件下，推动科技创新和高新技术产业化最重要的动力机制。继续大力推行技术要素参与股权和收益分配，鼓励和支持企业、高校、院所和科技人员申报专利，加大专利执法和知识产权保护力度，充分调动各类创新主体的创新动力。充分发挥在东北的两院院士、博士生导师、教授、高级工程师在科研和人才培养中的带头作用，并在组织实施科技项目过程中发现人才、培养人才。继续实施各类优秀人才计划，加快培养各类科技人才。以留学生创业园、各类科技园区和基地、重点实验室为主要载体，加快引进各类科技人才。鼓动大学、科研机构的在职人员，尤其是学术带头人创办或领办高新技术企业，凡是具有高级专业技术职称的人员创办的企业，其注册资金可采取分期到位的灵活方式，企业创办前三年可享受高新技术企业的税收优惠。

2. 推进市场化进程，加快企业家人才的培养。

启动企业家人才工程。选送综合素质好、有培养前途的中青年拔尖人才赴国外进行培训或研修，或到国内一些知名高科技企业进行学习和锻炼。

3. 开展技能培训，培养技工人才。

建设职业技术学院，大力发展高职、中职和职业教育。引导高校、科研院所和高新技术企业、企业集团紧密携手，建立凝聚人才和培养人才的机制。鼓励汽车、装备制造企业到全国重点高校委托培养优秀人才，对拟于毕业后到汽车和装备制造企业工作的在校大学生，可由用人单位资助学费。培养实用型人才，要突出"新技术、新技能、新知识"，促进知识的更新，在老工业基地调整改造中发挥主力军的作用。

4. 多种方式推动科技中介人才队伍建设。

科技中介是沟通科研人员和企业家的桥梁，对科技成果转化和市场需求向科研人员的反馈，起着十分重要的作用。而人才问题始终是提高和保证科技中介服务质量和水平的突出问题，他们不但要求懂技术，也要求懂经营，还要懂金融等，我们需要的应该是一种"高精尖"的全才。我国加入 WTO 后，我国技术咨询市场和中介经纪行业迎来了大发展的机遇，急需大批中、高级中介经纪人才作为咨询市场的中流砥柱。

建立中介经纪人制度。试行建立技术中介服务人员资格证书管理制度，加强业务培训，形成一支科技咨询、评估、风险投资家队伍。

培育与鼓励更多的民间科技中介人士。现有的科技中介机构多数是从政府部门分离出来，或是事业单位改制而来，运作方式没有从根本上改变原来行政部门、事业单位的思路，服务内容、服务方式缺乏创新，运作机制不活；同时，工作人员素质也不能适应当前科技发展的需要，服务质量较低。

开展对科技中介的培训。科技中介机构一般规模不大，但对经营管理者和专业人员的素质要求很高。科技中介服务是一种非常专业的工作，往往需要具有技术、营销、法律专长和良好产业关系的人组成的团队才能胜任。因此，开展科技中介培训非常重要，通过培训，可使科技中介人才学习科技创新理论，掌握科技中介知识服务的一般方法，提高促进科技成果产业化的能力和水平。培养科技中介知识服务后备人才，逐步实现科技中介社会化、专业化、规范化。系统学习科技成果转化理论，全面掌握科技创新和科技企业发展的基础知识和运作方法，具有独当一面的科技中介执业能力和水平。

5. 实施东北地区特色产业人才培训计划。

围绕东北地区装备制造业、医药、农业发展的战略需要，确定重点人才的培养目标，制订规划、统筹安排，建议实施"万人产业人才培训工程"，重点培养面向装备制造业、医药、农业发展的学术、技术带头人、优秀企业家、高级技工。

6. 形成无障碍人才流动机制。

改善传统人才流动机制中的种种限制，进一步优化人才流动模式。突破人才流动中户籍问题的障碍，尽快推进户籍制度改革，建立区域内统一的居住证制度，为人才正常合理流动和人才的柔性流动创造良好的环境。打破人才主体的观念障碍，通过大力宣传人才流动的积极意义，让人才主体充分认识到人才流出、人才流进，是寻求人才的德才与工作岗位最佳结合点的过程。要大力提倡"人才不设防"的理念，把人才流动作为市场重新配置人才资源的过程，为人才流动营造更加宽松的环境，如改善传统户籍转移的烦琐手续以及种种限制等。

（三）构筑三大区域创新平台

为了使东北的区域创新体系能够支撑和引领区域经济社会发展的力度，需要加强三大平台建设即科技成果产业化平台、产业技术支撑平台和科技基础条件平台。

1. 科技成果产业化平台。

科技成果产业化平台是科技创新成果产生和转移的基础，对科技成果的转化和科技型企业的孵化具有重要意义，包括科技成果转化基地和科技企业孵化基地两大部分，前者主要依托大学科技园区、高新技术产业开发区和国家（省）级工程技术中心等，后者主要包括科技型零部件企业孵化器、生产力促进中心、产权和技术交易市场、风险投资机构等（见图 15）。

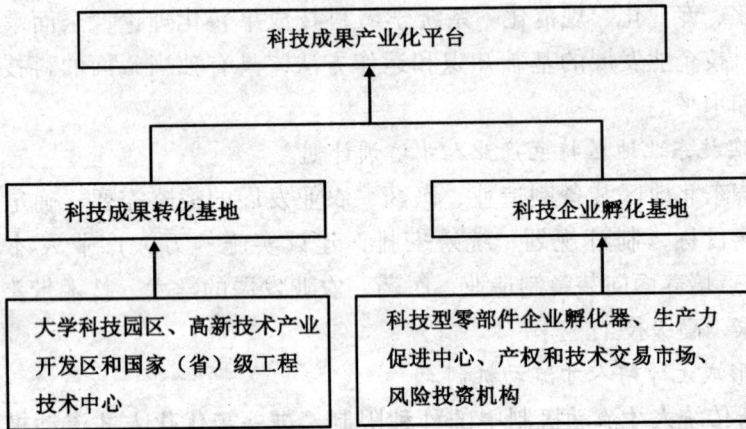

图 15　科技成果转化平台结构

大力推动以强化技术创新能力为核心的高新区的"二次创业"。在全面规划、合理布局的前提下，按照规范化、网络化、国际化的发展方向，适当集中资源，培育沈阳、大连、长春、哈尔滨、鞍山、大庆等国家级、具有示范作用、各具特色的高新区，以此引导、提升和激活其他各高新区的聚集、扩散、辐射、带动功能，提高高新区整体发展质量。积极推动区域内优势企业更多地向高新区集中，促进各具特色的优势产业集群在高新区内形成，为区域创新体系建设发挥更大的作用。

加快建设东北企业孵化器网络。以现有沈阳国家高新技术创业服务中心、沈阳市高科技创业中心、大连市高新技术创业服务中心、哈尔滨高新技术创业服务中心、吉林高新技术创业服务中心、长春科技创业服务中心、大连市海外留学人员创业园、东大软件园等科技企业孵化器为基础，统一协调、整合资源、互联互动，形成具有鲜明产业特色与区域特色的企业孵化器网络，加快东北地区科技创新成果转移与产业化。

围绕三省具有一定优势的高新技术领域，以项目为纽带，组织三省科技人员开展重大高新技术研究，大力发展具有突破性和带动作用的高新技术产业，创立新的经济增长点，形成生物工程与制药、光电子、软件及新材料等具有区域优势和较强国际竞争力的若干高新技术产业集群，全面提升区域整体竞争实力。重点抓好两个基地和一个中试平台建设。

（1）中国北药研发与产业化基地建设：充分利用吉林、黑龙江种类多、蕴藏量大的药材资源（特别是长白山特优中药材），充分利用辽宁的沈阳药科大学、辽宁中医学院、辽宁省医药工业研究院、大连医科大学、吉林农业大学中药材学院、吉林省中医中药研究院等机构研究力量，充分利用黑龙江哈药集团、庆安制药、圣泰集团等，吉林通化东宝、修正药业、敖东药业等药业开发企业的产业化能力，形成技术创新、成果转化的一体化平台，联手打造集资源开发、科研与产业化一体的东北亚国际中药与生物药科研、生产和贸易中心，建成中国北药基地。

（2）光电子研发与产业化基地建设。联合中国科学院长春光学精密机械与物理研究所、长春理工大学（原长春光机学院）、东北大学材料冶金学院等机构的研究力量，通过华禹光谷股份有限公司、长春机电国有资产经营有限公司等企业的产业化，发展信息显示器件及上下游产品，拓展光电子器件与材料、光电仪器仪表与设备、国防光电子产品三个重点领域产品，形成以光学仪器生产基地与光机电产品研究开发中心为支撑的"东北光电联合舰队"。

（3）东北地区中试平台建设。中试平台是科技成果产业化的必需途径，是实现基础研究—应用研究—中间试验—批量生产—销售服务—基础研究的良性循环的关键环节。中试平台作为一种常设的进行中试活动的机构和场所，其运行需要科技成果、信息、资金、原材料和政策等外部条件的支撑。

考虑到中试平台良好运行的基本前提（技术优势）以及中试平台的产

业化功能，结合东北地区四大创新群的特点和重点城市的功能以及定位，以长春国家光电子产业基地、大连光产业园和中科院长春光机所为依托，在长春和大连建立光产业中试平台；以哈尔滨工业大学、大连理工大学、中国科学院大连化物所、吉林大学、大连西太平洋公司、大连石化、吉化为依托，在哈尔滨、吉林、大连建立石化产业中试平台；以东北大学、大连理工大学、中国科学院沈阳计算机研究所为依托，在沈阳、大连建立电子产业中试平台；以哈尔滨工业大学、东北大学及各研究所和东北输变电集团、哈尔滨电站设备集团等企业为依托，在沈阳、哈尔滨建立电力设备中试平台；以吉林大学、吉林省药物研究所以及通化东宝、东北制药、吉林敖东等企业为依托，在长春和通化建立中医药中试平台。

2. 产业技术支撑平台。

区域产业专业化的发展不仅使企业要发展企业技术创新平台，而且区域内的政府、行业协会、社会中介服务组织、企业还需要联合，共同组建行业技术创新平台和公共技术创新平台（公共技术创新平台是指东北经济区内，三个地方政府联合行动，形成大区域内的产业专业化，在东北特别要加强老工业基地的装备制造产业及其公共技术研究与开发平台）。

（1）公共技术创新平台：由于基础研究的不确定性、科技的多方面关联性、投入的庞大、成果的共享性，使得对产业发展将产生深远影响的公共物品类科技活动需要政府，不仅需要东北三个地方政府参与，还需要争取中央政府的积极支持，建立公共创新平台，支持产业和产品的创新。

（2）行业技术创新平台：由于现代产品创新的复杂性，需要集成多方面的资源集中攻关，单靠单一企业难以完成，需要与产业发展有关的各个部门的参与，如行业协会、产品质量检查机构等，形成地方特色产业发展的创新平台。

（3）企业技术创新平台：企业进行产品或工艺创新的平台，其中大型企业国家（省）级技术工程中心发挥着重要作用。企业技术平台是建立面向企业的技术服务体系，通过建立开放的研究基地，为企业尤其是中小企业、民营科技企业提供技术信息、技术咨询、技术培训，并共享有关实验设备等。

公共技术创新平台是基础，围绕它形成一系列行业技术创新平台，再扩展到企业技术创新平台。公共技术创新平台作为全社会应用技术研究平台，应为社会提供共性技术的支撑和服务。这方面可以借鉴上海建设应用技术研究院的方案，同时也可以借鉴韩国、德国、荷兰和中国台湾省建立应用技术研究院的模式。

行业技术平台是根据三省支柱产业发展的需求，侧重在石化、冶金、能源、大型装备及汽车制造领域，开展对重大关键技术的联合攻关，并广泛采用国内外最新科技成果，加强对重点产业、重点企业的改造，促进传统产业结构的优化与升级，推动东北地区形成石化产业、现代装备制造产业、汽车产业、优质钢铁产业等产业集群。同时，发挥三省生态优势和自然地理条件优势，集成三省农业科技资源，通过持续不断的联合创新，推进优质、高产、高效、生态、安全的现代农业发展，促进传统农业向专业化、标准化、特色化和规模化的方向转变，把东北地区建设成我国重要的粮食安全基地和食品安全基地，成为国内实力最强、国外知名的生态型绿色食品加工基地。

重点构建五大行业技术平台（中心）：①成套装备制造行业技术平台（中心）。以沈阳、大连、哈尔滨、齐齐哈尔的装备制造企业为依托，组成由企业、全国优势科研机构与高等院校共同投资的工程技术研究中心，重点对数控机床、大型冶金设备、大型石化装置、大型电站及输变电设备、重型矿山机械设备、农用机械等所需的关键技术进行研究。该中心可以根据不同的技术要求和不同的科研机构和高校的科研优势进行组合。②交通运输机械制造行业技术平台（中心）。以一汽集团、哈飞集团、长春客车、沈阳金杯、丹东大客、大连造船、大连机车、齐齐哈尔铁路车辆集团等企业为主体，联合区域内外的科研机构和高等院校组建交通运输机械制造业行业技术平台（中心），重点对汽车、船舶、铁路机车和客车等各类交通运输机械等所需的关键技术进行研究开发。③石油化学工业行业技术平台（中心）。以哈大齐牡石化产业带、吉（吉化）吉（吉林油田）石化产业基地以及环渤海（大连、抚顺、锦州、葫芦岛、盘锦、辽阳等）石化产业聚集区的企业为主体，联合区域内外的科研机构与高等院校组建石油化工产业工程技术研究中心。合力开发采油新技术、原油深加工技术、油气高效利用技术化工产品绿色生产技术，加快高分子材料等产品技术国产化，优化生产工序和工艺流程；重点对合成材料和精细化工产品生产技术进行研究开发。④精品钢材行业技术平台（中心）。以鞍钢、本钢为主体，联合区域内外的科研机构与高等院校组建精品钢材产业工程技术研究中心，重点研究优质板材、各种合金钢的冶炼技术和生产技术，以及钢材深加工技术。

⑤现代农业行业技术平台（中心）。以东北地区大型农业企业为主体，联合区域内外的科研机构与高等院校组建现代农业工程技术研究中心，重点对农、林、牧业生物工程与实用技术，种子改良及新品种选育技术，重大病虫害及疫病防治技术，林木改良与利用及天然林保护等技术进行研究开发。

3. 科技基础条件平台。

（1）构建东北区域创新载体。联合共建创新载体，全面提升整体创新能力。本着科学规划、合理布局的原则，充分发挥三省人才、技术与科技基础优势，依托重点高校、科研院所等单位，在三省分别联合建立一批具有国际水准的实体或虚拟性的研发机构和科技中介机构，包括研究中心、工程中心、重点实验室、生产力促进中心和博士后流动站等，在提高区域整体创新能力的同时，促进人才、技术等科技要素的聚集。

（2）构建东北区域创新资源共享平台。加强科技创新基础条件平台建设，促进科技资源的开放和共享。坚持开放性、分布式资源共享，有规划、有重点、分层次地进行资源共建共享基础设施建设，搭建起技术手段先进、应用便利快捷的共用科技创新基础条件平台。

第一，依托三省科技情报研究机构，联合高校和科研院所，建立由图书文献信息资源体系、文献传送系统和高度完备与枢纽化的文献信息检索系统组成的文献信息共享网络，以及能够针对三省有关政府部门、科研单位和企业的不同需求，提供快速、高效咨询服务的决策支持系统。第二，联合共建东北科技教育信息网，使其不仅成为科技文献信息资源网络服务的支撑平台，而且成为覆盖全东北、辐射全国的科技信息集散地；规划建设高性能宽带信息网3TNET示范网，加速东三省信息交流，提高信息利用水平；建立内容广泛的专业化科技基础数据库，包括专家、学者数据库，大型科学仪器数据库，实验动物资源、标本数据库，科研条件供求数据库，东北地区自然资源数据库等，通过三省科技信息网的传播，实现全社会的共享。第三，构建东北区域大型科学仪器协作共享网络。在科技部推动建设的沈阳科学仪器协作共用网、吉林科学仪器协作共用网等大型科学仪器协作共用网的基础上，建立东北地区大型科学仪器装备的协作共用网络；在原有国家大型科研仪器中心的基础上，加强三省共用的各类大型科学仪器中心的建设；以实现地域间的资源共享，全面提高东北三省大型仪器装备社会化水平。第四，开发网上专家咨询系统软件平台，为社会各界提供全方位、多层次的便捷的科技信息咨询服务，并以此实现三省科技计划项目的异地跨省评审；加快促进科技成果转化的各类中介与咨询信息网站建设，为全社会提供一体化服务。

（3）构建东北区域技术交易合作网络。第一，各省区进一步建设好自身的技术交易市场，鼓励高校、科研院所、企业和科技人员积极参与技术产权交易。结合三省技术市场发展现状，东北地区应以沈阳技术产权交易中心、大连专利产品—技术产权交易中心、哈尔滨技术市场和长春技术产权交易中心为主体，组建东北地区技术产权交易中心，并依托沈阳技术交易网、哈尔滨技术交易市场网，建立东北地区技术产权交易网。第二，在各省技术交易市场的基础上，建设共同的网上技术市场，可以借鉴浙江省交易市场网站建设的过程与经验，三省联合举办各类科技成果交易展览会等，积极推进和开展各种形式的技术交易，特别是组织三省区的科研院所、高校和企业在网上发布科技成果、优势研究领域、学科方向和企业技术难题等信息，参与技术难题的招投标。

（四）实施以哈—大线为轴心的创新体系梯次推进战略

东北区域创新能力建设是一个动态的、渐进的开放体系和过程，不同的城市和区域根据不同的条件，可采用区域经济发展中的非均衡发展战略，以哈—大线为主，实施科技创新的点轴发展战略，围绕点轴战略分层次推进，具体分为以下四个层次：

1. 构建创新轴。

充分利用沈阳、大连、长春和哈尔滨的科技、人才和主导产业优势，坚持高水平技术引进和自主研发两手抓，加强不同领域、不同来源的技术集成，逐步形成较高的渐进自主创新能力，并就主导东北区域经济社会发展的重大共性技术进行联合攻关，积极培育和提升突破性技术创新能力，将沈阳、大连、长春、哈尔滨建设成为体现东北特色和优势的知识创新基地和知识源头；将大连建设成为国家船舶制造研究与开发中心和产业化基地，东北地区计算机软件研发设计与产业化基地，东北地区高新技术产品交易展示中心，中国北方石油石化研发中心和产业化基地；将沈阳建设成为国家基础装备制造业研发中心和重要产业化基地；将长春建设成为国家汽车工业研发中心和产业化基地，东北地区光电子产业研发中心和产业化基地；将哈尔滨建设成为国家发电成套设备研发中心和产业化基地，东北地区高新技术农业研发中心和产业化基地。

2. 培育专业化优势区域。

积极发挥哈—大轴线附近具有专业化竞争优势产业的、具有一定经济实力的第二梯队城市的作用，如营口、鞍山、抚顺、四平、大庆等，加强技术引进、技术模仿、技术学习和技术集成能力，逐步将这些城市建设成为技术扩散中心，并逐步培育其技术研究中心、工艺开发中心的能力；产业发展一方面要加强专业化产业集群建设，另一方面以"中下游"为主，加快对第一层次的高新技术的吸收，用高新技术产业改造和提升现有主导产业。结合东北区域创新轴建设，重点发展装备制造业、石油化学工业、精品钢材、制药工业、现代农业、高新技术六大产业带。

（1）装备制造业产业带。以一汽集团、哈飞集团、长春客车、沈阳金杯、丹东大客、大连造船、大连机车、齐齐哈尔铁路车辆集团等装备制造企业为骨干，以哈尔滨工业大学、吉林大学、大连理工大学、东北大学等高等院校为其技术支撑体系的核心，改变传统生产方式和运营模式，积极采用高新技术和先进适用技术，推进企业空间集聚和企业重组，培育出若干国内龙头企业，形成一批在国内乃至世界具有重要影响的先进装备产品，提升东北装备制造产业带整体水平。

（2）石油化学工业产业带。充分利用东北地区石油化工产业先天的资源优势（大庆油田、吉林油田、辽河油田）、良好的产业基础（大庆石化总厂、吉化、辽化、锦州石化、大连石化、大化、西太平洋）和雄厚的研发实力（大庆石油学院、抚顺石油学院、吉林大学、大连理工大学、大连化物所、长春应化所、抚顺石化研究院、吉化研究院、大庆石化研究院、大连光明化工研究院等），建设包括哈大齐牡石化产业带、吉（吉化）吉（吉林油田）石化产业基地以及环渤海（大连、抚顺、锦州、葫芦岛、盘锦、辽阳等）石化产业聚集区。

（3）精品钢材产业带。以鞍钢、本钢为龙头，以鞍本集团、辽宁特钢、凌钢、北钢、新抚钢为依托，以鞍山科技大学、东北大学、中科院沈阳金属研究所、鞍钢钢铁研究所等院所为核心培养基地和精品钢材技术研发基地，扶持鞍山钢铁生产力促进中心等民营技术开发中心，发展高校高技术园区、留学人员创业园区等形式多样的产学研基地，发展优质板材、各种合金钢、建材用钢等钢铁材料及制品，从而在辽宁中部地带形成全国重要的精品钢材生产基地。

（4）制药工业产业带。该产业带北起哈尔滨，南至本溪，沿途经过长春、通化、沈阳，包括以哈尔滨制药集团、吉林敖东、通化东宝、东北制药集团和本溪三药等为主的骨干制药企业。主要依托哈尔滨医科大学、吉林大学、中国医科大学、吉林省药物研究所等大专院校和科研机构及医药企业，建立天然药物、生物基因工程、化学新药制剂等研究开发中心，促进东北地区医药企业与院校、企业与科研机构、企业与企业之间的技术合作与交流。

（5）现代农业产业带。该产业带包括以吉林中部为龙头，以黑龙江中西部、辽宁东南部为两翼，主要特征是以玉米、大豆生产与精深加工技术的研发和产业化应用为核心的绿色种植业及其深加工产品产业带。以辽宁中北部、吉林中东部为主的畜产品生产及加工产业带。以辽宁、吉林、黑龙江三省西部地区为主的主要从事土特产品生产加工的产业带。在加强和哈尔滨工业大学、东北农业大学、吉林大学、中国科学院东北地理与农业生态研究所等高等院校和科研院所之间的合作，提高农业综合技术水平的基础上，将东北地区建设成为我国重要的粮食安全基地和食品安全基地。

（6）高新技术产业带。以沈阳、大连、鞍山、长春、吉林、哈尔滨和大庆七个具有示范作用的国家高新技术产业开发区为主体（包括辽宁、齐齐哈尔等多个省级高新技术产业开发区），以哈尔滨工业大学、吉林大学、大连理工大学、东北大学等高校为研发基础，引进国内著名研究机构和跨国公司研发中心，以软件、光电子、电子信息、生物技术和新材料产业为产业发展重点，形成东北高新技术产业带。

3. 发展技术辐射区域。

区域内一般性地市级城市，主动接轨创新能力较强的第一层次和第二层次，充分利用第一层次和第二层次城市的知识和技术辐射作用，以多种形式的技术服务中心和生产力促进中心为基地，充分把握好第一层次和第二层次产业升级、产业转型和技术转移机会，加强技术引进与技术学习，围绕本地特色产业积极吸引新知识、新技术、新信息和科技人才向本区扩散，充分发挥城市在依托资源优势（资源型城市）、地缘优势（沿边开放城市）形成在制造业或其中价值链环节中的优势，加快高新技术和信息技术等改造传统产业，促进产业升级和产业结构优化。

4. 开发基层创新网络。

这主要是指发展县（县级市）基层科技和农村科技，包括城市社区和农村科技工作，通过提高广大干部群众的科技素质，推进科教兴省战略的深入实施。

（1）农村科技工作。充分发挥农村各类技术服务、教育、卫生、文化、计划生育网络和农民专业技术协会、乡村干部、乡土能人的作用，加快先进适用农业技术的推广普及，提高广大农民依靠科技致富的能力。实施"百万农民培训工程"，建设综合性"专家大院"，使科教兴农经常化、专业化，逐渐形成良好的运行机制。主要围绕东北的大豆、玉米、小麦、马铃薯、畜牧业及其深加工、森林及其加工业等东北资源优势的特色农业，通过农业科技园区、绿色食品生产试验示范基地和无公害蔬菜生产试验示范基地等，推广农业新品种、加强农业技术推广、扩大农产品深加工等，使东北的大农业在全国发挥更大的作用。

（2）城市社区的科技工作。充分利用社区科技、教育、文化、旅游资源和政府组织体系，把科普工作广泛地渗透到社区各种社会化服务网络中；同时积极培育东北的创新与创业精神，向广东、浙江等省学习，鼓励企业员工或广大群众转变过分依托国有企业的陈旧思想，开展创业活动，大力发展各种民营中小企业，形成类似于浙江、广东等发达地区的块状经济或专业化乡镇，不仅可以提高东北的工业化水平，更可以解决就业难题，提高居民的实际收入水平。

（五）强化制度创新、完善服务体系

制度环境是东北区域创新体系建设的重要制约"瓶颈"，必须下大力气改善东北的创新与创业环境，重点要加强以下几个方面的建设。

1. 建立高效能服务型政府。

（1）加速地方政府职能的转换，加快"政企分开"进程，政府要充分发挥宏观管理和政策引导作用，将主要精力转移到为企业创造良好环境、完善基础设施、制定发展规划和政策、协调各种关系等方面来，真正实现科技规律、经济规律、政府意志的统一；改进政府管理工作的方式和方法，着重解决好思想观念、思维方式、工作作风和发展思路等方面存在的问题，尽快完善市场经济体制，以市场机制推进科技工作为老工业基地的振兴提供有效支撑。

（2）推进地方政府间合作。加速政府观念的转变，彻底打破行政区划的束缚，摈弃地方保护主义，树立东北"一盘棋"的新理念，真正实现东北三省的大联合、大协作、大创新。

2. 强化科技中介服务机构建设。

（1）在大力鼓励和促进综合性非营利科技中介机构发展的同时，促进专业型中介公司在市场竞争中大量出现和成长。目前东北的科技中介服务机构还带有一定的计划经济的烙印，一些中介机构如创业服务中心、生产力促进中心、技术推广机构、孵化器等由于归属不同部门管理，受到行业条块限制，业务范围往往受到明确限制，服务范围小、服务手段单调，应该促进其向综合方向和规模方向发展。对于专业型中介机构，如专利服务机构、科技评估机构、科技项目咨询机构等应鼓励其走商业化发展模式，政府应逐步减少乃至取消对其扶持和干预，通过强化行业管理，建立市场经济的各种规章制度，促使企业产生对中介机构服务的需求。

（2）提高科技中介机构的服务水平和服务质量，不断创新服务方式和服务手段。由于计划经济影响较深的原因，一些机构主要业务范围多局限于原有的行政管理范围，对政府的依赖性强，服务内容单一，系统服务能力不足。东北的科技中介必须清醒认识到这种问题以及与沿海市场化程度较高地区的差距，要不断创新服务方式、服务手段和组织形式，不仅要服务于创新活动的下游，把大学和科研院所的创新成果商业化，还要向创新活动的中上游延伸，直接参与到大学和科研机构的创新活动当中，从研究开发活动开始，就与大学和科研机构建立长期的合作伙伴关系。

（3）引导科技中介机构建立良好的信誉体系。由于东北的科技中介机构发育程度较低，为扩展客户，迫切需要建立信誉体系。要积极探索依托行业协会开展信誉评价和监督工作，以科技中介机构为对象，以用户为中心，以服务为重点，采用科学、实用的方法和程序，对科技中介机构的服务能力、服务业绩和社会知名度、内部管理水平、遵纪守法情况、用户满意程度等进行客观、公平、公开的评价，并公布于社会。信誉评价工作要以公平、公开、公正和自愿参加为原则，不得以营利为目的；要建立信誉评价信息发布和查询制度，推动信誉监督管理社会化；要与科技中介机构从业人员培训计划的实施相结合，促进人员素质的全面提高。

（4）依托地缘优势或行业优势建立一批权威性骨干科技中介机构，加强区域和国际合作。针对区域经济和科技发展的特点及优势，培育和发展具有行业优势、地缘优势的产业集群，相应地构建一批专业性强、权威性强的骨干科技中介机构，辐射更大区域范围以及加强国际合作，如继续加强黑龙江省的"中俄科技合作及产业化中心"、"对俄工业技术合作中心"、

"对俄农业技术合作中心"等，开展和国外的科技成果交流、展示、合作开发、人才交流与培训等合作。

积极培育和建设与国际服务规范接轨的各种科技中介服务机构，尽快建立起背靠政府，面向企业，依靠区域内外的大专院校、科研院所，服务于三省的技术支持、技术推广、技术贸易、信息服务、评估咨询等科技中介机构，为企业特别是中小企业提供技术、人才、信息和高科技产品孵化等系列服务，加速企业技术创新及其成果转化进程。

（5）以产业为依托发展区域性生产力促进中心网络体系。为促进技术成果向传统产业转化，提高这些产业的技术水平，东北地区应在现有生产力促进中心的基础上，组建若干个行业生产力促进中心，包括装备制造业、石化工业等行业中心。同时，现有的生产力促进中心应加快提升服务功能，重点围绕资本、技术、人才、标准等方面培育核心服务能力。另外，东北地区各生产力促进中心应加强合作，撤销或并购一些长期亏损的中心，组建跨区域的多级生产力促进中心网络，最终初步形成"组织网络化、功能社会化、服务产业化"的生产力促进中心体系。

（6）整合优势资源，形成布局合理的科技企业孵化器网络。在科技企业孵化器建设中，东北地区必须注重加强与大学和科研院所的结合，充分利用当地高等院校和研究院所的科技资源条件，为在孵企业提供优质、方便的科研信息、研究设施和培训服务，同时也鼓励科研人员带着成果到孵化器中创业，推动在孵企业与研发机构建立产、学、研合作关系，加快科技成果的产业化进程。科技企业孵化器必须要为产业发展服务，针对东北地区产业发展需求，在现有孵化器的基础上，可以逐步发展以专业科技园区为依托的专业型孵化器。按照创新群、产业带建设的战略构想和高新园区专业化发展的趋势，建设光电子、生物制药、新兴原材料、现代农业、环保等专业孵化器，同时构建专业技术平台，逐步形成具有"专业孵化定位、专业技术平台、专业孵化队伍"的特色孵化器群体。

3. 构建东北区域创新投入支持体系。

（1）建立稳定的科技投入机制。参照国际通常做法，建立与国民经济发展相适应的财政科技投入的稳定增长机制，保证财政科技投入按照高于财政经常性收入增长速度 3~5 个百分点的速度稳定增长，省、市、县科学事业费和科技三项费用占财政支出的比例分别达到 7%、3%、2%。

改革财政投入方式和投入方向。集成同级财政科技经费纳入统一预算管理，统筹安排科技创新经费。重点支持创新示范工程和创新薄弱环节建设。进一步优化财政经费投向，提高资金使用效率，加大对公共科技基础设施建设、产业共性关键技术研发、新产业创业引导、公益研究与服务事业等的支持力度。

加强财政、税收等政策引导，鼓励企业加大研发投入，成为创新投入的主体。深化投融资体制改革，进一步拓宽技术创新的融资渠道，积极推进投资主体多元化，设立中小企业技术创新基金和民营科技企业贷款担保基金，积极扶持高新技术企业股票上市融资，加快建立新型的市场化的高新技术风险投资体系，鼓励和支持社会力量创办风险投资业，吸引国外资金来东北风险投资和创业，开辟高新技术企业产权和技术交易场所，完善风险投资退出机制。

要营造技术创新的投资环境，大力实行财政扶持政策。实行对技术创新企业的研究开发补贴和税收优惠，研究开发补贴应主要用于支付企业的研究开发活动，通常是高技术企业的研究开发活动，政府激励创新的金融政策要着重解决创新风险分担和新建科技企业的融资问题。要逐步引导有实力的民营企业、有筹资能力的上市公司、经营良好的金融机构积极参与，设立风险投资公司和风险投资基金。培养风险投资管理人才，培育和孵化符合风险投资标准的项目资源。完善项目市场、资本市场、以产出能力为资产主要评价标准的产权交易市场和高信用基础的经理人市场与投资人市场。加快建设高水平、高服务质量的风险投资中介机构。

政府引导性投资是提高技术创新能力的重要措施，要加大政府的引导性投入，整合金融资源，集中现有各部门用于技术开发和技术攻关项目经费形成合力，全力支持和创建技术创新体系，提高技术创新能力。

（2）大力发展风险投资，设立"东北装备制造业风险投资基金"。高新技术产业发展要解决的关键问题之一是创新要素与金融资本的结合问题，这个问题不解决，高新技术企业的持续创新和产业化就难以实现。然而，由于高新技术投资的高投入、高风险、投资与收益的时间不对称性等特征与现实的资金融通渠道体制存在尖锐矛盾，因此，必须建立以风险投资为中心的新型投融资机制，国内外的实践证明，仅靠风险投资这一种融资手段远远不能满足高新技术产业化的资金需求，必须以风险投资作为引导性资金，形成一个有政府政策性资金、民间的产业成长资金和银行信贷资金共同参与的科技创新融资链条。该融资链还必须依托产权交易市场和二板市场，构成科技创新体系的完整的投融资平台。

应当进一步鼓励和引导企业、个人以股份制或有限合伙制形式，组建风险投资公司或创业投资公司。落实风险投资有关政策措施，建立健全激励机制和风险防范机制，拓宽撤出渠道。鼓励和引导风险投资公司更多地投向处于初创期和成长期的高新技术项目。积极探索建立科技型中小企业信用担保体系，鼓励和支持有条件的地方建立科技型中小企业信用担保公司，引导金融机构加大对科技型中小企业的贷款投入，加速科技成果转化和高新技术产业化。

六、政策与保障措施

（一）建立区域科技合作协调机制

在"国务院东北办"和科技部的指导下，成立由三省政府及其科技管理部门领导共同参加的东北三省创新体系建设领导小组或联席会议制度，定期召开会议，研究商讨有关合作事宜。领导小组下设若干专项小组，具体负责落实和组织合作项目的实施；建立东北区域创新体系建设办公室，随时沟通三省政府有关合作进展情况，推动三省创新体系建设的联动。

具体协调形式可以包括以下几种：一是"国务院东北办"和科技部"东北办"的统一协调模式。这种协调属于国家层面，往往涉及一些重大决策，是最高层次的协调模式。二是东北区域创新体系建设领导小组会议模式。这种协调模式属于省级层面，由国家有关部门和三省政府主要领导参与，会议每年举行一次，主要是研讨协商有关重大问题。三是联席会议制度模式。这种协调模式由三省主要领导和有关部门参加，可以是就一个或几个专题进行协调研讨，会议每年举行一次，在建设领导小组会议之前举行。四是东北区域创新体系建设领导小组办公室会议模式。这主要是针对一些日常协调工作，主要由涉及需协调问题的相关部门负责人参加，不定期举行。除了以上政府协调模式之外，还可以通过组建区域性的民间协调机构，如东北科技协会以及各产业发展协会等，对东北地区科技发展和产业发展进行协调，这类机构独立于政府之外，由企业、高校、科研机构与政府人员组成。几种协调模式的关系如图16所示。

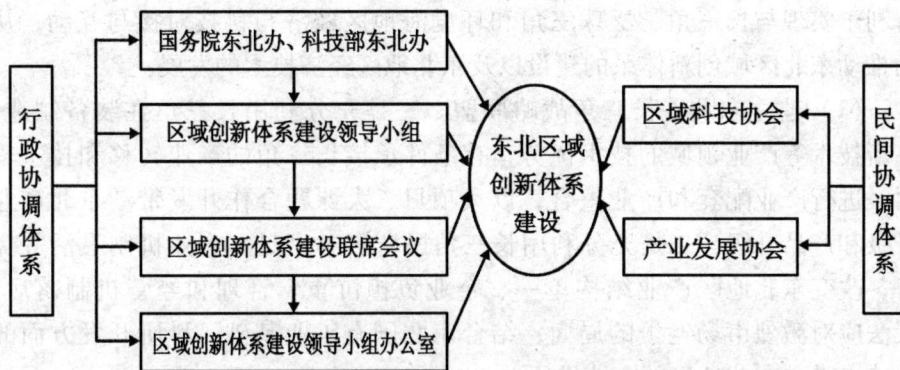

图16 东北区域创新体系建设协调系统

资料来源：东北课题组提供的研究材料。

（二）建立东北科技计划联动机制

1. 联合开展东北科技发展战略和规划研究。

在科技部和三省政府的指导下，三省科技部门围绕东北整体经济社会发展需求，研究制定东北科技发展战略和中长期发展规划；同时要联合建立和发展高新技术产业分工体系、装备制造业、石油化工、中医药、信息通信、农业等技术创新和产业分工体系，协同制定科技支撑和引领东北主导产业发展的科技规划，逐步形成各具特色、优势互补的高新技术和主导产业的格局。

2. 联合组织科技攻关计划。

围绕东北经济社会发展中的重大的关键技术、共性技术，组织三省科技人员开展联合攻关。每个省区每年可以排出一批重大科技项目，组织公开招标，联合研究开发一批具有自主知识产权的新产品、新技术、新工艺；鼓励三省的高校、研究院所、企业等相关单位，联合申报国家重大科技项目和国际科技合作，参与东北的制造业信息化、主导产业技术创新与升级、共同的能源与资源开发、生态环境等重大科技工程和区域支柱、主导产业重大科技攻关专项。

3. 建立三大经济技术发展战略联盟。

长三角、泛珠三角和京津唐地区作为我国经济科技实力最强大的三个区域，东北地区与其结成战略联盟，加强与这三大区域的合作与交流，将有利于实现与长三角、泛珠三角和环渤海地区经济与科技对接与互动，从而推动东北区域创新体系的建设以及东北地区经济技术的发展：

（1）建立东北—长三角战略联盟。一是充分利用长三角在装备制造、高新技术等产业领域的技术优势，有条件承接长三角的产业转移和技术辐射，进行产业配套和产业整合，以大项目、大课题合作开发带动东北产业升级和产品升级。二是充分利用长三角民营资本富足和企业机制灵活等优势，改变东北地区产业结构单一、企业负担沉重、管理和经营机制落后、无法应对激烈市场竞争的局面，结合东北国有工业基础、科研开发方面的优势，带动东北地区的企业发展。

（2）建立东北—泛珠三角战略联盟。一方面，充分利用泛珠三角金融资本优势，与东北地区的产业资本进行合作；还可以通过合资合作、企业购并、建立产业基金等方式加强资本合作。另一方面，泛珠三角轻工业发达，但它的上游产业，原材料、装备制造业等重工业发展则较为缓慢，而东北的重工业需要大量泛珠三角的配套轻工产品，可将两大区域的优势互补，实现产业对接，从而达到"双赢"的效果。

（3）建立东北—京津唐战略联盟。一是利用京津唐地区的科技优势，使东北成为其创新成果的产业化基地，带动东北地区技术进步和产业结构优化。二是积极与京津唐各港口合作，进一步增强环渤海港口群的凝聚力。

4. 大力开展国际科技合作。

从全球科技经济一体化的战略高度，从全球的视角，积极推进东北地区与国际间的科技合作和交流。加强与周边国家在能源、原材料、电子、机械制造等领域的合作；努力建立服务于区域发展和老工业基地调整改造，参与国际分工与竞争，参与符合市场经济规律和科技发展规律的国际合作体系。集中东北精干科技力量，密切跟踪国际前沿高科技及相关理论发展动态，加强国际交流与合作，充分利用区外、国外相关知识创新成果，进行应用的前瞻性研究，培育技术源泉。在提高自主创新能力的同时，围绕科技发展的重大技术问题，引进国外先进技术、装备和产品，加大对引进技术的二次开发。对重大国际科技合作、引进技术的消化吸收和再创新项目，联合进行重点支持。

优化资源组合，打破地区封锁和市场分割，实施全方位、多层次的对外开放。通过共同举办国际科技论坛、学术交流会、展销会、博览会，联合申报和承担国际科技合作项目，共同争取国际组织对重点技术与经济项目的支持等多种方式，积极拓宽对外科技合作与交流的渠道，促进东北科技完全融入国际大环境之中。

（三）制定和落实《东北装备制造业振兴条例》

三省政府要积极落实中央政府的东北老工业基地振兴战略，认真制定《东北装备制造业振兴条例》（以下简称《条例》）和《东北推进先进制造业基地建设纲要》（以下简称《纲要》），不仅要优势互补，还要强强联合，制定措施打破地方保护主义，促进区域间科技要素及其他生产要素的自由流动；同时中央政府也要对跨区域科技合作重大科技攻关等项目实施倾斜性政策，对跨区域科技合作的计划、项目予以优先支持，特别是有助于加强装备制造和先进制造业的相关产业；另外，在《条例》和《纲要》的实施中，可先由条件成熟的计划（项目）开始，积累经验，逐步丰富，最终形成跨省区产业技术合作体系。

（四）建立促进东北科技创新的投融资体系

三省出资，共同设立中小企业创新基金、科技基础条件平台建设资金等专项资金，支持合作创新项目的开展和科技基础设施的共建；联合建立和发展东北地区风险创业投资协作网，实现三省风险资本的融合，提高支持新兴高技术企业创建与发展的能力，加速三省高新技术产业化进程；在东北率先建立产权柜台交易市场，进行试点，促进东北科技创新的产权交易。

同时，在现有税收优惠政策与财务制度规定的基础上，还可以从以下几个方面考虑优惠政策：实行低税率的增值税，特别是对装备制造业实行低税率可以在一定程度上减轻装备制造业的成本负担，增强装备制造业的持续创新能力和国际竞争力。继续实行和完善出口退税政策，如实行出口产品零税率增值税等，促进东北地区机电等产品出口。实行加速折旧制度，对科研单位和企业研究开发、实验用的机械设备、设施以及装备制造业的固定资产实行加速折旧。

（五）强化科技人才管理政策

坚持科技以人为本思想，加快实施人才战略，确保东北老工业基地科技、经济和社会发展对人才的需要：

（1）深化人才培养制度。一是针对东北地区高新技术领域优秀中青年学科带头人和高层次科技企业家匮乏的现状，由政府牵头建立旨在资助人才外派考察、留学等的核心科研人员和企业家培养基金；二是由政府与企业共同出资建立专门技术人才培养基金，重点培养一批技术创新中急需的技术和产品开发、工程设计、工艺设计等创新型人才，特别是工程技术带头人；三是通过建立科技服务体系，大力培养技术转让、风险投资、企业策划、法律咨询等相关科技中介服务人才，形成一支熟悉技术和市场，善于推广和服务的专业科技中介人才队伍；四是针对东北地区制造业相对发达，对技术人才需求大的特点，鼓励企业与区域内外的高等院校联合建立职业技术学院，大力发展高职、中职和职业教育，培养一大批具有较高素质的技术工人队伍；五是实现教育资源共享，鼓励高校、科研机构和企业合作培养各类急需人才。

（2）制定人才流动政策。以人为本，深化用人制度改革，建立区域人才无障碍自由流动制度框架。加快专业技术职务任职资格互认、异地人才服务、公务员互派以及人才异地认证等工作；建设区域性网上人才市场，建立人才诚信评价机制与担保机制；树立不求所有、但求所用的用人观念，吸引国内外优秀人才到东北地区开展合作研究，鼓励各类人才在区域内的合理流动。

（3）完善人才引进激励机制。深化分配制度改革，积极鼓励技术要素参与分配，对知识产权质押贷款采取更为灵活的政策。同时，建立和完善人才评价机制，以"品德、知识、能力、业绩"作为衡量人才的标准。鼓励企业构建积极有效的人才激励机制，加快研究并推行包括薪酬、股票期权等物质激励和荣誉、制度等精神激励结合的多元化员工激励体系。由三省政府共同出资建立企业家、科研人员、高级技术人员建立基金。

（六）落实科技中介服务运行的保障措施

加紧研究制定促进和规范科技中介机构发展的政策法规体系、逐步明确各类机构的法律地位、权利和义务、组织制度和发展模式，理顺政府与科技中介机构的相互关系，形成法律定位清晰、政策扶持到位、监督管理完善、市场竞争平等的良好政策、法律法规环境。

结合科技体制改革，加快制定促进科技型非营利机构的有关政策，利用科研机构结构调整中分流的一部分基础和条件较好的研究机构的资源，建立一批非营利中介组织，并制定有关政策，特别是在税收、资金管理等方面的优惠政策，加快民营非营利科技中介组织的发展，在此基础上，探索对营利性和非营利性中介机构进行分类管理，促进东北科技中介服务体系的运行。

鼓励多元投资，推进机制创新。机制创新是科技企业孵化器健康发展的不竭动力。东北三省应积极支持、引导和鼓励各级政府、大学、上市公司、房地产公司、民营企业及个人参与孵化器、生产力促进中心以及社会中介机构的投资，积极推广大连市民营科技企业创业中心的经验，改变过去科技企业孵化器、生产力促进中心等的建设资金主要来源于政府、投资主体单一、缺乏活力的现状。

分报告之八—1:跨行政区创新体系建设初探

中国科学技术促进发展研究中心课题组

一、跨行政区创新体系的
核心特征

（一）跨行政区创新体系概念的提出

大量学者就区域创新体系的主体属性、联系、创新过程以及影响因素等作了相当深入的研究，但大多数区域创新体系研究是基于行政区划的，其研究对象主要限于行政区域内部，难以解释全球化下大区域创新中出现的一系列问题，如某一行政区内各创新主体之间的联系与合作可能不如不同行政区域内创新主体的合作与联系等。因此，必须引入跨行政区创新体系的概念，以更深入地理解和研究创新体系中多区域合作与多区域创新互动等问题。

本报告中的跨行政区创新体系是指跨行政区划的一种区域创新体系，是由不同行政区划内的有着密切联系的企业、科研院所、大学以及政府在具有统一创新环境下相互作用、不断创新而形成的一种跨行政区划的区域创新体系。如跨二省一市的长三角 10 多个地区组成的创新主体间形成密切的创新联系与合作后，我们可称为长三角创新体系，是一种典型的跨行政区创新体系。它与基于行政区划的区域创新体系的主要区别在于其创新主体特别是政府的多元化、跨行政区划的密集联系、多行政区创新活动的明确分工。

（二）跨行政区创新体系的核心特征

1. 创新主体的多元化。

由于跨行政区创新体系的各类主体从属于不同的行政区域，同一类型、同一层次的创新主体呈现多元化。如跨行政区创新体系中的政府是多元化的，跨行政区创新体系的不同行政区域要辖于多个政府主体。而且，从属于不同行政区域的创新体主体是平等的，不存在管理与被管理的关系，其关系主要表现为"水平关系",而不是"垂直关系"。

2. 跨行政区划的密集联系。

不同行政区划的创新主体间有着密切的联系,包括创新链、产业链上的联系、文化的同质性以及市场的统一性等,特别是企业在创新链与产业链上的创新联系与相互作用。具体的表现形式主要是由于创新合作与联系而产生的跨行政区划的人流、物流、资金流、知识流、信息流等,这种密集的联系是跨行政区创新体系形成的基础。

3. 多行政区创新活动的明确分工。

多元化的同类创新主体以及跨行政区创新内的不同行政区在协作与竞争中会形成合理而明确的创新活动分工,既包括横向分工,如创新活动的行业分工等,也包括纵向分工,如创新活动在价值链上的先后分化等。例如,在长三角跨行政区创新体系雏形中,上海致力于世界级的科技创新与贡献,在信息技术、生物技术和纳米技术等领域发展与积累核心技术,而长三角苏浙部分的主要目标在于加强省级高新技术企业研究中心的建设、做好创新成果转化等。

二、跨行政区创新体系的
作用与意义

（一）打破行政壁垒,加强创新协作

行政壁垒主要包括户籍和社会制度方面的壁垒、行政监管与执法方面的壁垒、金融服务方面的壁垒、产权市场方面的壁垒等,这些壁垒阻碍了创新主体和创新资源有序流动,不利于地区之间创新资源互补与创新合作。跨行政区创新体系的形成将有利于加强区域之间的创新合作,加快创新要素的流动,有利于打破行政壁垒,优化大区域创新资源的配置,提高大区域创新体系和国家创新体系的整体效率,增强大区域科技创新国际竞争力。

（二）整合和优化配置资源，推动集成创新

如同一个地区没有必要形成一个完整的产业体系一样，一些地区无法形成区域创新体系，也没有必要形成一个完善的创新体系。几个区域形成跨行政创新体系可在更大范围、更广领域和更高层次上整合和优化配置创新资源，更为充分地利用与发挥各地区优势。并且，跨行政区创新体系的形成，可以集中力量大创新，推动集成创新，形成某些领域上的超前创新优势。

（三）有利于应对创新全球化与复杂化的挑战

在创新和竞争日益国际化、全球化的时代，一个区域的创新体系也许无法拥有全面优势，多区域合作而形成的跨行政区创新体系有利于整合创新资源，增强大区域的整体创新能力，应对国际竞争与挑战。

同时，创新的日益复杂化要求多区域、多部门的合作。一个地区也许无法完成一项创新或无法形成一条完整的创新链，但多区域联合而产生的跨行政区创新体系可以集中资源（包括人力、物力、资金、环境等）推动创新的形成。

三、跨行政区创新体系的
形成与发展

（一）跨行政区创新体系建设基本框架与主要内容

1. 总体协调机制与系统。

跨行政区创新体系建设的首要任务是突破政策壁垒，主要通过总体协调来完成。在宏观上则要依靠各地方政府根据利益统一协调的原则，通过协商达成共识，有计划地推进。建立由各地方政府参加的制度化的跨行政区协调机制成为跨行政区创新体系的必需。跨行政区协商机制可包括以下

几个层次：①

（1）成立由上级政府与本级政府共同参加的协调领导小组，负责制定大区域发展战略和政策，协调解决区域整合中的重大问题与关键问题，特别是共同基础设施建设、跨行政区城市体系规划等问题。

（2）建立由各地区创新主体共同参加的运行协调制度，负责解决创新活动中创新要素自由流动以及创新合作与互利问题，负责解决科研、教育资源的共同开发和利用等问题。

（3）组建地区性的行业协会和其他中介机构，例如，建立大区域的联合商会和主要行业协会等，负责解决各产业、各行业创新整合问题。

（4）建立全区域性的合作与发展论坛，组织区域内甚至国内外官、学、商界的代表人物和专家学者为跨行政区创新体系的建设献计献策，提供思路，以及在各种重大合作问题上达成共识。

2. 共同市场与环境。

创新主体特别是企业的共同市场的建设，对于跨行政区创新体系至关重要，没有共同的目标市场，无法形成一个系统。共同的创新环境也是各地区创新主体合作与交流的基础。

加快建立、健全创新要素自由流动和优化配置的市场环境。要大力深化科教体制改革，为各类人才自由流动、各类科技力量的整合和科技成果的转化创造宽松良好的政策环境。要建立高水平的统一的产权交易市场、资产评估市场、技术交易市场等有利于创新要素自由流动的市场体系。②

多区域联动，创造一个公开、公正、公平竞争的共同的创新环境，要规范各地区政府的管理、行政和司法行为，努力做到高效管理、依法行政、公正司法，打破地方保护主义，打破部门垄断和行业垄断，不断扩大开放领域，允许和鼓励各类创新主体的依法进入与公平竞争。优化服务环境，建立、健全统一高效的创新创业服务体系。主要包括：市场信息服务体系、产业孵化基地、融资担保服务体系、科技援助服务体系、科技型中小企业园区建设、中小企业法律援助和权益维护中心等。③

---

① 《从全球角度看长江三角洲地区的经济一体化》，http：//channel. eastday. com/epublish/gb/paper425/1/class042500004/hwz922539. htm。

② ③《长、株、潭产业一体化研究》，http：//channel. eastday. com/epublish/gb/paper420/index. htm。

3. 地域分工与协作机制及其网络。

根据地区优势与不足，各地区联合制定全区的地域分工，明确自身的行业定位和在产业链、创新链与增值链中的定位，避免重复建设与恶性竞争，提高创新绩效。

建立与强化各地区创新主体之间的联系：提高大学人力资源培养的力度，为大区域的企业与科研机构培养人才；促进大学与科研机构技术的扩散，使技术资源为更多的企业所运用；加强企业间信息联系，积极推动企业技术的合作开发；协同制定跨行政区高新技术产业发展规划等。

（二）跨行政区创新体系运行与发展

跨行政区创新体系的形成与演化可能经历以下几个阶段：

1. 跨行政区创新孕育阶段。

在跨行政区创新体系形成之前，跨行政区创新合作与联系较少，各相邻地区的创新活动比较独立。由于相邻地区经济发展水平与科技发展水平的差异，不同行政区的创新体系发育水平可能存在着较大的差异，有的行政区内已形成了比较完善的创新体系，而有的行政区正处于建设阶段，还有的行政区可能由于创新要素的缺失而无法形成完整的区域创新体系，也有可能相邻行政区的创新体系发育水平相当。

但是，随着全球化和信息的日益深化，各地区都将直接面对全球范围内的竞争，即使是已建成区域创新体系的地区也难以保证有全面的竞争优势，各地区基于日益增加的竞争压力，都加快了区域联合的步伐。同时，产业转移进一步加强了各地区的社会经济技术联系，为区域之间的科技合作提供了客观条件与基础，而随之的技术扩散更是直接促进了区域之间的科技交流与合作，特别是知识与技术等的邻近扩散对相邻地区的科技合作与交流更是作用巨大。

在各种主观需求与客观条件的作用下，各区域的政府等都开始寻求多区域合作（其中一个重要的方面就是区域科技合作），以提高区域竞争力；各地区的企业也开始寻找合作伙伴，加强合作与联系，以增强企业竞争能力；而大学与科研单位主要为本地区科技服务，可能也有少量的跨行政区合作，但主要限于理论研究。这些合作与联系都将在事实上促进更大的区域创新体系的形成与发展（见图1）。

2. 跨行政区创新结网阶段。

产业联系的日益加强，人才流动日益频繁，科研合作的日益密切，各地方政府在相互合作的基础上，制定多区域共同的合作与交流的标准、规则、目标与行动计划等，① 并大力改善市场条件，创造良好的投资环境，不断降低交易成本，保障各创新主体能在良好的市场环境进行创新活动，以实现多区域合理分工、优势互补，如体制改革，增强人才的流动性，使科研技术人才在政府、科研单位、企业间自由流动，以促进知识与技术的扩散与流动。企业更加有目的地整合各种创新资源，提高生产水平，降低生产成本，扩大市场，增强竞争力。大学与科研单位也有组织地开展科技条件平台整合、科研联合攻关、联合专利开发与申请以及科技人员的流动②等（见图1）。

3. 跨行政区创新体系化阶段。

随着相邻行政区域的创新主体之间的联系进一步加强，各创新主体的创新活动实现了网络化，一个行政区域的政府、大学、科研单位、企业与相邻行政区域的政府、大学、科研单位、企业形成了多向的、紧密的联系，不仅使不同行政区域内同类创新主体形成紧密联系，不同类型的创新主体也会跨行政区发生自由联系，如某行政区域的科研单位对另一行政区域的企业的科技服务如同对本区域的科技服务一样，创新主体与要素能够达到充分、自由流动。特别强调的是：政府的作用已经从支持合作伙伴的建立和启动合作转向创新网络的运行与管理。③这时，相邻行政区的创新主体以及产生创新联系与创新活动等形成了一个整体、一个系统——跨行政区创新体系（见图1）。

① European Commission. Methodology for Regional and Transnational Technology Clusters：Learning with European Best Practices ［R］. 2001. 3.

② 柳卸林：《21 世纪的中国技术创新系统》，北京大学出版社，2000 年。

③ Federal Ministry of Education and Research（German）. Networks of Innovation in International Perspective ［R］. 2002：1 – 29.

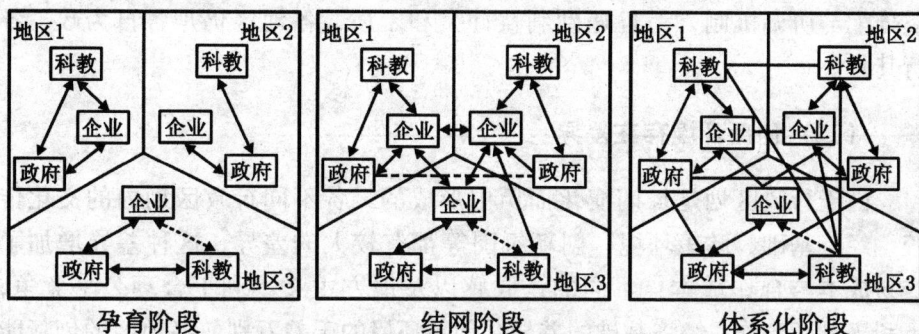

图1 跨行政区创新体系发展阶段①

四、跨行政区创新体系建设的障碍与问题

（一）行政壁垒突出

区域创新体系的核心在于知识的流动，在于创新联系与相互协作。但随着市场经济的发展，地方政府市场观念和地区竞争意识在逐步加强，为加快地方经济发展，各级地方政府都在努力向本地吸引资源和资本、技术和人才等生产要素，政府体系中实际上表现出极为明显的竞争性，②特别是辖区间政府的横向竞争。这种竞争在一定程度上形成了一定的行政壁垒，阻碍了知识的流动，隔断了创新联系。例如，长江三角洲15个地级以上城市分属二省一市，行政隶属关系非常复杂，地区之间的协调难度很大，长期的条块分割管理助长了各自为政的不良风气，严重干扰了地方创新协作。同时，即使在经济一体化发展势头较好的地区，也由于没有形成良好的利

---

① 图中的"科教"指的是大学、科研单位以及其他教育科研单位。

② http：www. unirule. 029. cn／Acadmia／meibu01 - fergxingyuan. htm，冯兴元：《中国辖区政府间竞争理论分析框架》。

益分配与协调机制，一旦遇到利益冲突和矛盾，各地区仍是各自为政，各行其是。

（二）创新环境存在差异

由于行政区划是长期演化而历史形成的，各不同行政区划内的文化传统、经济基础、政策环境、创新氛围等都有较大的差异，这种差异增加了交易成本与合作成本：不同的认同感以及地方主义不利于合理公平竞争，不利于创新合作；经济基础的差异、创新环境的千差万别使各地区的创新能力差异较大；政策环境的差异也增加了创新协作的难度。

（三）共同环境建设薄弱

总体而言，跨行政区的共同基础设施还不够强大，没有形成整体布局。区内基础设施的通达性要远远高于区间，跨地区基础设施往往限于国道、铁路等，相邻地区还没有形成高速通达的交通网络。这对于创新主体与创新资源的流动是非常不利的。

共同市场建设也需时日，大部分大区域还没有形成统一市场的框架，创新要素与资源的自由流动受到影响，集批发、零售、现货和期货于一体的多功能、高层次统一的市场体系远未形成。而且，区域大都没有形成共同的政策环境，各地区政策各异，创新主体在创新合作中不能实现无缝合作。

五、建立跨行政区创新
体系的主要措施①

1. 联合开展跨行政区创新发展战略研究和规划。

围绕跨行政区整体经济社会发展需要，研究制定跨行政区的创新发展

---

① 本部分参考了较多科技合作、创新体系与区域合作等方面文献的政策措施。

战略和中长期发展规划，从长远角度推动跨行政区创新合作，逐步形成跨行政区创新体系。

2. 建立跨行政区创新体系协调机构。

组织制订和发布跨行政区共同的各项规划与计划，统一供国内外市场信息，统一对外宣传，为跨行政区创新体系各区的企业寻找国际合作伙伴，提供各区企业的技术开发信息和技术可获性信息①等。

3. 加速互通互连基础设施建设。

加快铁路、公路等交通基础设施的统一协调与建设，保证各创新主体的通达性与互通性；要特别加强信息通信基础设施的建设，② 加快跨行政区信息高速公路的建设，加快跨行政区信息交流，提高信息利用效率。

4. 实行科技资源的相互开放和共享。

相互开放国家级和省级重点实验室、中试基地、技术标准检测机构、科技信息机构、科技经济基础数据、动植物标本、水文资料等科技基础条件。联合共建科技教育信息网、大型公共仪器设备服务网、高技术信息库、国际技术标准库和专家库，实现联网共享。

5. 共建创新载体。

充分发挥各自优势，科学规划，合理布局，联合建设一批研究院、工程技术研发中心、重点实验室、中试基地、生产力促进中心或区域创新服务中心和博士后流动站（工作站）等各类研发机构和科技中介服务机构。

6. 联合共建技术贸易市场。

联合共建一些技术市场和技术产权交易中心。联合举办各类科技成果交易展览会和国际性科技学术会议、专业性科技会展。

7. 开展重大科技项目的联合攻关。

共同研究确定事关跨行政区经济社会发展的重大科技攻关专项，开展联合攻关。联合组织推进重大科技成果转化和高新技术产业化。联合创建一批科技园、科技企业孵化器等科技成果转化基地。

---

① European Commission. Methodology for Regional and Transnational Technology Clusters：Learning with European Best Practices ［R］. 2001. 3.

② Philip Cook et al. Regional innovation system：Institutional and organizational dimensions ［J］. Research Policy. 1997（26）：475－491.

分报告之八—2：跨行政区创新体系发展过程及运行机制研究

中国科学技术促进发展研究中心课题组

一、前　言

　　全球化竞争实质上是区域的竞争，而且区域与企业竞争越来越依赖于科技力量的竞争。在产品生命周期越来越短、市场竞争压力越来越大的情况下，我国各地区及企业为了应对国际竞争，开始联合共建跨行政区创新体系，共同争取国家支持。更大范围整合科技资源，合理区域创新活动分工与合作，深化产学研一体化进程，以集中力量打造具有国际竞争力的产业、企业与产品及其核心集聚区。

　　目前，我国学者对跨行政区科技合作和产学研合作方面的研究很多。对各主要大区域的科技合作的障碍和影响因素等都有相当深入的探讨，但在跨行政区科技合作方面主要研究跨行政区科技层面的宏观层次合作，缺乏微观层次的科技合作运行机制研究，对科技合作与经济社会合作的相互作用研究不够。在产学研合作方面，对其合作的内在机制、模式等都作了深入探讨，但缺乏对跨行政区产学研合作的研究，同时对宏观层次的社会经济合作的考虑不足。对跨行政区创新体系的研究日益成为热点，但主要限于概念形成、情景描述等方面，而对跨行政区创新体系运行机制方面几乎没有研究。本文试图从跨行政区创新体系建设与运行的影响因素的角度来探索跨行政区创新体系运行的规律，其成果将对跨行政区创新体系的规划与持续运行有一定的意义，有利于促进区域合作的进一步深化。

二、跨行政区创新体系的
概念与特征

　　跨行政区创新体系是指由不同行政区划内的有着密切联系的企业、科研院所、大学以及政府利用创新资源在共同创新环境下相互作用、不断创新融合而形成的一种跨行政区划的区域创新体系。如跨二省一市的长江三角洲十多个地区的创新主体间形成密切的创新联系与合作后，我们可称之为长三角区域创新体系，是一种典型的跨行政区创新体系。它是各行政区实现创新"共赢"的重要手段，也是国家创新体系的骨干支撑。

　　它与基于行政区划的区域创新体系的主要区别在于：①平等创新主体行政属性的多元化。跨行政区创新体系的各类主体从属于不同的行政区域，同一类型、同一层次的创新主体呈现多元化。从属于不同行政区域的创新主体是平等的，不存在管理与被管理的关系，其关系主要表现为"水平关系"，而不是"垂直关系"。②跨行政区划的密集联系。不同行政区划的创新主体间有着密切的联系，包括创新链、产业链上的联系、文化的同质性以及市场的统一性等，特别是企业在创新链与产业链上的创新联系与相互作用。具体的表现形式主要有由于创新合作与联系而产生的跨行政区划的人流、物流、资金流、知识流、信息流等，这种密集的联系是跨行政区创新体系形成的基础。③多行政区创新活动的明确分工。多元化的同类创新主体以及跨行政区创新内的不同行政区在协作与竞争中会形成合理而明确的创新活动分工，既包括横向分工，如创新活动的行业分工等，也包括纵向分工，如创新活动在价值链上的先后分化等。①

---

　　①　龙开元：《跨行政区创新体系建设初探》，《中国科技论坛》，2004 年第 6 期，第 50 ~ 54 页。

三、跨行政区创新体系
运行机制分析

（一）跨行政区创新体系的建设与发展过程

跨行政区创新体系的建设、运行与演化可能经历三个阶段：孕育阶段、结网阶段和体系化阶段。

在跨行政区创新体系建设之初，跨行政区创新联系合作较少，各相邻地区的创新活动比较独立。在全球化、信息化压力下，由于产业转移和技术扩散等力量的推动，各区域的政府等都开始寻求多区域合作（其中一个重要的方面就是创新合作）。各地区的企业也开始寻找合作伙伴，加强合作与联系，以增强企业竞争能力；大学与科研单位主要为本地区提供科技服务，也可能有少量的跨行政区合作。这些合作与联系都将促进更大的区域创新体系的形成与发展。

随着产业联系的日益加强，人才流动日益频繁，科研合作日益密切，各地方政府在相互合作的基础上，开始制定多区域共同的合作与交流的目标与行动计划、规则等，[①] 并大力改善市场条件，创造良好的投资环境，不断降低交易成本，保障各创新主体能在良好的市场环境下进行创新活动，以实现多区域合理分工、优势互补，企业更加有目的地整合各种创新资源，提高生产水平，增强竞争力。大学与科研单位也在有组织地开展科技条件平台整合、科研联合攻关[②]等，跨行政区创新体系开始建立起来。

相邻行政区域的创新主体之间的联系进一步加强，各创新主体的创新活动逐渐实现了网络化，一个行政区域的政府、大学、科研单位、企业与

---

① European Commission. Methodology for Regional and Transnational Technology Clusters：Learning with European Best Practices ［R］. 2001. 3.

② 柳卸林：《21 世纪的中国技术创新系统》，北京大学出版社，2000 年版，第 173~212 页。

相邻行政区域的政府、大学、科研单位、企业形成了多向的、紧密的联系，不仅是不同行政区域内同类创新主体形成了紧密联系，不同类型的创新主体也会跨行政区发生自由联系（特别强调的是：此时政府的作用已经从支持合作伙伴的建立和启动合作转向创新网络的运行与管理 ①）。跨行政区创新体系开始走向成熟。

（二）跨行政区创新体系建设与运行的影响因素分析

1. 政府作用。

政府是跨行政区创新体系建设与运行的重要推动力量，特别是在创新体系孕育期，政府作用是至关重要的，它是跨区域创新体系的最为主要的推动力之一。它通过区域政策、联合项目等多种形式，促进多行政区区域的创新合作，随着跨行政区创新体系的建立和运行，政府逐渐从具体项目中退出，主要为创新合作提供良好的创新合作政策环境与基础设施等。

值得注意的一点是，政府并不是万能的，政府的过度干预会对跨行政区创新体系产生负面影响。目前，由于各种因素特别是体制因素的影响，主要由政府推动和大量参与的创新合作的效果并不理想。

2. 利益分配机制。

利益分配问题是跨行政区创新体系建设与运行的关键，各行政区联合建设跨行政区创新体系的主要目的是促进本地区社会、经济、技术发展，而对其他地区的发展并不真正关心，因而在创新合作过程中，十分注重个体利益，甚至是短期利益。对于需要牺牲目前利益的项目以及长期项目，可能采取拒绝态度，以至于形成坚实的行政壁垒，主要表现在以下几个方面：①阻碍产业转移，限制了企业的进一步发展，如一些省市为了维持本地区的经济实力，想方设法阻碍企业搬迁转移到更适合其发展的地区。②技术研发仅面向本地区科研单位和大学。如各地的科技计划项目主要是向本地大学与科研单位招标，极少面向其他地区。③阻碍非本地区企业兼并本地区企业，即使在市场竞争中告败，当地政府也会极力维持，而不允许非本地企业兼并重组。④阻碍生产力要素资源（包括科技资源）的流动等。

因此，要实现跨区域创新合作，必须打破区域壁垒，形成互惠互利的

① Federal Ministry of Education and Research（German）. Networks of Innovation in International Perspective［R］.2002；1-29.

利益分配机制。好的利益分配机制是跨行政区创新体系建设与运行的持续动力，不断推动跨行政区创新体系向更高层次发展；利益分配不合理，则跨区域创新合作难以维持，跨行政区创新体系运行受阻甚至解散。

3. 共同创新环境。

共同环境是跨行政区创新体系形成的基础，共同环境包括共同的政策环境、创新氛围、创新服务体系、基础设施等，一致性强的共同环境可以加快科技资源的流动，减少科技创新合作交易成本，有利于创新合作的快速持续进行。而不同的认同感以及地方主义不利于合理公平竞争，不利于创新合作；创新环境的千差万别使各地区的创新能力差异较大；政策环境的差异也增加了创新协作的难度。

跨行政区创新体系运行的不同发展阶段，其共同环境的建设内容与所起的作用是不同的。在初期阶段（孕育阶段），共同环境建设的重点是共同基础设施建设，实现创新主体、创新资源的互通互连，推动跨行政区的创新合作，而在中期阶段（结网阶段）和高级阶段（体系化阶段），完善共同环境的重点在于创新政策与创新氛围的多区域融合，随着创新政策、创新氛围的进一步融合，创新主体与资源实现自由流动，资源配置更为高效，创新效率进一步提高，跨行政区创新体系更趋于成熟。

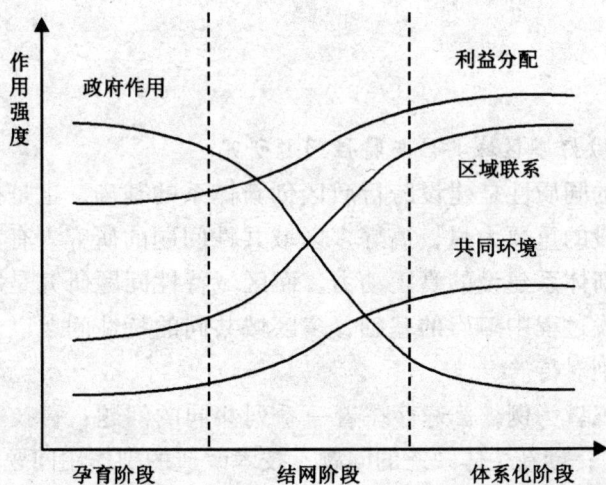

图1　影响因素作用曲线

4. 区域创新联系。

区域联系（特别是产业联系）是催生跨行政区创新合作的重要动力。各地创新主体在相互联系、交流的过程中会不断产生运用具有相对优势的外部力量解决本地力量难以解决的问题的设想，创新合作因此而不断产生，推动跨行政区创新体系的形成与发展。而区域联系少的区域之间，由于相互交流不多，创新合作较少，跨行政区创新体系建设缓慢甚至难以形成。

产业创新联系是跨行政区创新体系的核心联系。产业创新联系包括产业公共技术的联合开发、产业创新资源的交流、技术人才的流动等，产业创新联系的发生、发展极大地推动了区域之间的创新合作：在跨行政区创新体系建设初期，产业创新联系较少，主要是基于产业链上下游分工与合作，其形式主要是产品—原料供应关系，而随着跨行政区创新体系的建设与运行，产业创新联系愈加密切，不仅是上下游企业的创新联系更加紧密，而且同类企业也开展技术联合攻关、人才交流等，产业创新联系的发展实现了创新的多个行政区一体化。

四、需要重点关注的几个问题

1. 需要做好多区域共性与特性问题研究。

多区域的同质性是建设跨行政区创新体系的基础，也是推动跨行政区创新体系建设的重要力量，搞好多区域共性问题的研究，有利于找到推动跨行政区创新体系建设的真正动力。而区域特性问题研究是解决跨行政区创新体系建设过程中障碍的基础，多区域共同的特性问题以及各地区特性问题需要区别对待。

以东北三省为例，普遍存在着一系列共同的问题：科技与经济两张皮的"断裂症"；创新主体缺乏的问题；技术改造的副作用问题；技术引进的依赖性问题；主导产业竞争力不强的问题；创新动力不足、自主性不强的问题（是一种他组织行为）；意识问题等。同时，东北三省的创新融合具有其独有的特征，必须区别对待：珠三角是一个省内的融合；长三角地区的融合中上海是龙头，部分江浙地区是其经济腹地；京津冀地区中北京是其名副其实的创新核，具有较强的协调能力。东北创新融合是三个独立而且实力差别不大的省份的融合，组织协调的难度要远远大于珠三角、长三角和京津冀地区。认真研究东北地区的共性问题与特性问题是加快东北区域创新体系建设的重要基础。

2. 需要建立强有力的跨行政区创新体系协调机构。

在跨行政区创新体系建设与运行初期政府力量十分重要，特别是对创新的多区域创新融合有着巨大的推动作用。建立强有力的跨行政区创新体系协调机构有利于建立形成互惠互利的利益分配机制、打破区域壁垒等，并能进一步加速跨行政区共同的各项规划与计划的制定和发布，能够更有效地统一提供国内外市场信息，统一对外宣传，为跨行政区创新体系各区的企业寻找国际合作伙伴，提供各区企业的技术开发信息和技术可获性信息①等。

3. 需要加速互通互连基础设施与服务体系建设。

互通互连的基础设施是加速区域创新联合的基础，加快跨行政区创新体系建设、提高跨行政区创新体系运行效率需要加快铁路、公路等交通基础设施的统一协调与建设，保证各创新主体的通达性与互通性；要特别加强信息通信基础设施的建设，② 加快跨行政区信息高速公路的建设，加快跨行政区信息交流，提高信息利用效率。

---

① European Commission. Methodology for Regional and Transnational Technology Clusters: Learning with European Best Practices [R]. 2001. 3.

② Philip Cook et al. Regional innovation system: Institutional and organizational dimensions [J]. Research Policy. 1997 (26): 475–491.

分报告之八—3：人均GDP 1000～4000美元时期发达国家企业政策分析及其对我国的启示

中国科学技术促进发展研究中心课题组

一、前　言

（一）人均 GDP1000 ~ 4000 美元时期：①国民经济社会发展的战略机遇期

按国际发展经验，人均 GDP 从 1000 美元左右向 4000 美元左右时期是产业结构剧烈变化、社会格局剧烈调整的时期。经济结构特别是工业结构升级加快，重化工业、金融业、房地产业等加速增长，一批具有相当强的国内和国际竞争力的企业将形成，各个产业领域将逐步形成"寡头竞争"的市场竞争结构。全国经济一体化和市场的对内、对外开放度均大幅提高，市场经济体制逐步趋于成熟，资源配置的宏观效应和微观效应都将明显提高。消费结构加快升级，由"吃穿用"为主的消费结构开始明显地向"住行"及相关产业为主的消费结构转换；特别是在人均 GDP 达到 2000 ~ 3000 美元后，小汽车等高档耐用消费品步入大众消费阶段。②

人均 GDP 1000 ~ 4000 美元时期也是发展的关键时期，发展的机会把握得好，经济就会平衡成长，否则就可能出现停滞不前的局面。一些地区比如拉美的一些国家，在人均 GDP 达到 1000 美元后，经济便不再保持高速发展的态势，而是增长低迷，通货膨胀加剧，外债危机频发，并伴有严重的社会动荡。如阿根廷从人均 GDP 1000 美元跨越到人均 GDP 2000 美元用了31 年（而发达国家一般为 6 ~ 13 年），而且至今仍是一个经济困境多于经济

---

① 人均 GDP 1000 ~ 4000 美元只是模糊标志，表示经济发展态势（包括产业结构、消费结构、经济增长质量等）发生重要转折的一个特殊阶段，不是一个绝对的数量区间，不同的国家这一经济发展转折时期的人均 GDP 可能稍微有所不同，但一般而言，经济发展转折时期大体发生在这个时期，本文以此作为这一阶段的标志。
② 《1000 美元之后：增长还是衰退》人民网—中国经济周刊，2004（13）。

机遇的国家。①

　　但一般而言，大多数国家国民经济在人均 GDP 跨过 1000 美元之后开始进入高增长时期。研究表明，在跨过 1000 美元这个发展的关键阶段之后，人均 GDP 水平存在着加速提高的趋势。而且较晚进入经济起飞阶段的国家，提升的速度相对越快，如 20 世纪 50 年代末期进入起飞期的德国，人均 GDP 每增加 1000 美元所用的时间分别是 9 年、6 年和 3 年，快于较早时期开始经济起飞的英国和法国（均是 13 年、7 年和 3 年）；60 年代后期开始经济起飞的日本又快于德国，人均 GDP 每增加 1000 美元所用的时间分别只有 6 年、3 年和 2 年。可见，随着经济的发展，后起国家或地区可以通过借鉴别国或地区的经验、引进先进技术等手段加快发展，形成所谓后发优势。

表1　　　　　　　　　　部分国家（地区）人均 GDP 变化趋势　　　　　　单位：年

	人均 GDP 1000 美元起始年	人均 GDP 1000～2000 美元经过的时间	人均 GDP 2000～3000 美元经过的时间	人均 GDP 3000～4000 美元经过的时间	人均 GDP 4000～10000 美元经过的时间
美国	1942				
法国	1953	13	7	3	7
英国	1955	13	7	3	9
联邦德国	1957	9	6	3	7
日本	1966	6	3	2	10
韩国	1977	8	4	2	9

　　资料来源：北京市统计应用研究所：《人均 GDP 3000 美元后北京市经济发展特点与趋势分析》。

　　2003 年，在经过长达 20 多年的艰苦奋斗之后，中国的人均 GDP 终于超过了 1000 美元。面对人均 GDP 1000 美元的关口，中国经济该如何避免出现衰退而继续加速发展？

（二）学习发达国家对应阶段的企业政策经验有利于发挥后发优势

　　企业作为市场经济的基本单元，在我国社会主义特色市场经济发展中

---

　　① 科学发展观与江苏发展道路选择．http：//www. xhby. net/xhby/content/2004 - 06/06/content_ 450424. htm。

占有重要的地位。在人均 GDP 1000 ~ 4000 美元这一关键性时刻，国家应该如何扶持和发展企业发展、企业政策的重点是什么，这些问题都是迫切需要研究和回答的。

在经济理论本身尚未能对政策实践如何在国家干预主义和经济自由主义之间获得平衡做出令人满意的解释的情况下，考察发达国家相应发展阶段国家企业政策的背景、原因、形式和效果，借鉴发达国家对企业发展的政策经验，对更好地促进我国企业的快速发展具有重要作用。表 2 表示了我国与国外对应发展阶段的年代，研究这些发达国家相应阶段的企业政策有重要意义。

表 2　　　　　　　　　**发达国家对应可借鉴阶段政策的年份**　　　　　　单位：年

	人均 GDP 1000 美元起始年	人均 GDP 2000 美元起始年	人均 GDP 3000 美元起始年
美国	1942		
法国	1953	1966	1973
英国	1955	1968	1975
联邦德国	1957	1966	1972
日本	1966	1972	1975
韩国	1977	1985	1989

资料来源：浙江省委政策研究室资料。

二、国外相应政策分析

（一）美国政府的企业政策分析

美国 1942 年人均 GDP 超过 1000 美元，但考虑到"二战"这样特殊的历史发展背景对经济的影响，在学习的时候要充分考虑其历史的特殊性和一般性。因此，我们应该拉长历史的视野，考察在更长时间阶段上美国的企业政策对我国的借鉴意义。据世界银行的数据显示，美国 1942 年人均 GDP 达到 1000 美元，而到 1960 年其人均 GDP 达到 13000 美元。①所以，我们大概可以借鉴的是美国 20 世纪 40 ~ 50 年代的政策。

1. 间接调控宏观经济。

1932 年罗斯福上台后，摒弃了自由放任主义的传统原则，运用国家政权的力量干预经济和社会生活，在财产占有形式、生产调节方式、生产管理体制等方面向更高层次调整，为生产力的进一步发展开发了较大的空间。作为政府大规模干预经济生活的实验，具有深刻的长期影响。第二次世界大战以后，美国的经济实力达到鼎盛，实施宏观经济调整，更多的是采用间接调控的方式。当经济出现萧条时，政府通过扩大开支、减税和降低银行利率等方式来刺激需求，促进经济繁荣，而经济过度膨胀时，则实行减少政府开支、增税和提高利率等措施以防止过热。

2. 促进产业结构升级。

美国根据不同时期经济发展状况，有目的地调整部门结构，促进产业结构升级。如在"二战"后至 20 世纪 50 年代，主要是推动发展港口、铁路、公路、煤炭和钢铁等部门；在 60 年代，重点是加强专业化调整，扩大产品规模，提高产品竞争力；70 年代中期以后，主要是推动传统工业结构向新科技产业结构方面转移和发展。②

特别值得注意的一点是，美国政府为美国软件业最初的发展提供了一个支点，1942 ~ 1962 年，美国软件业萌芽时期，两大政府巨型项目 SAGE 和 SABRE 成为美国"程序员大学"，奠定了美国软件业至高无上的地位。③

3. 增加中小企业管理机构职能，促进中小企业发展。

美国小企业管理局（SBA，Small Business Administration）的前身是 1932 年胡佛总统为应对大萧条而设立的复兴银行公司（RFC），主要向在经济危机中受到损害的公司提供联邦贷款，其职能在此后的罗斯福总统任内得到了进一步强化。随之，"二战"期间国会 1942 年设立的战时小企业公司（SWPC）将其向私人企业直接提供贷款，或鼓励金融机构把发放小企业

---

① 资料来源：www. cec. org. cn/news/doc/xiefuzhan040819. doc。
② 《发达国家的发展经验对我们的几点启示》，http：//www. gjmy. com/list. asp？articleid = 2449，经济学阶梯教室．2004 - 9 - 8。
③ 《国家导向不明确 政府采购何以保护国产软件》，http：//www. hr. com. cn/人力资源。

贷款的主要职能移交给 RFC。后来商务部成立的小企业办公室（OSB），将其对小企业家的培训工作的职责移交给 SBA。朝鲜战争期间，国会创建的国防小企业管理局（SDPA）也将主要职能——评估小企业的能力推荐给 RFC，由后者决定是否发放贷款。随着 RFC 职能的不断扩大，其在国民经济的作用也在不断增强。在艾森豪威尔总统的推动下，《小企业法》于 1953 年 7 月 30 日正式实施，接替 RFC 和 OSB 主要职责的 SBA 也在同一天成立。国会通过《小企业法》赋予 SBA 的职责是：尽可能地帮助、援助、维护、保护与小企业密切相关的利益，并要求 SBA 确保小企业在政府采购合同和国有财产转让中获得合理的比例。

目前，SBA 在全美各地设有 65 家分支机构，员工总数超过 3000 人，其向小企业提供的支持包括资金援助、技术援助、政府采购、教育培训、灾难救助、市场开拓（特别是国际市场）等。半个世纪以来，SBA 直接或间接援助了近 2000 万家小企业，真正成为全美 2300 万家小企业的"娘家人"。事实上，SBA 已经成为美国最大的金融支柱之一，在美国（也许是全球）范围内没有其他任何一家金融机构能够在小企业融资方面承担如此重大的责任，[①]特别是 SBA 著名的 SBIC 项目已经成为联系风险投资家和小企业主的纽带，并成为全球范围内"公共—私人合作关系"之典范。据统计，自 1958 年启动以来，该项目发动的风险投资累计超过 300 亿美元，由其扶持后成长为大公司的有 Apple、Compaq、Intel、AOL、FederalExpress 等。

（二）日本政府的企业政策分析

1. 利用产业政策加快经济增长。

日本高增长时期产业政策对于日本经济增长起了巨大的促进作用，特别是作为产业政策主要手段的政府资金、租税特别措施、《外汇法》（外币配额制度）等措施极大地促进了日本经济的发展。

首先，日本政府通过产业政策促进"夕阳产业"、新兴产业以及能源交通业的协调与持续发展。到 1965 年，日本政府削减了许多产业的补助，但仍然维持了对能源（如煤炭）、农业等"夕阳产业"的高投入（补助），减缓了产业结构急速变化的冲击，同时，作为政府财政投融资金供给渠道之

---

① 《美国政府小企业政策及其启示》，www. stats - zh. gov. cn/column/cankao/007200403007. htm。

一的日本开发银行还兼顾了电子工业等新兴产业的发展，通过"刺激经济的政府投资效应"，推动新兴产业的发展，另外，对于电力、海运等部门的放贷启用了较之标准利率更低的特别利率。其次，特别租税措施加速了产业结构高级化的进程。特别租税措施主要包括三种：免税收入、各种准备金和基金以及特别折旧制度。一些产业的总收入中最高免税比例高达51%，化纤、肥料等部门免税收入的比例高，大企业法人比中小法人企业的免税比例高。尤其是对钢铁、有色金属、石油和煤炭、化学、汽车、机床、电气通信机器等重化工业的主要部门实行特别折旧制度，①大大提高了企业的预期收益率。另外，20世纪50年代的外币配额制度推动了进口替代工业化的发展，也振兴了出口。

随着日本经济的发展，产业政策的局限逐渐浮出水面，经济高增长中期开始，日本政府的产业政策转向以间接调控为主，如1959年有关引进技术的审批标准从进口特别认可产品目录转为限制进口产品目录。同时，产业政策尽可能向推迟微电子类战略性部门的自由化进程方面倾斜，为国内新生产业发展争取时间。

2. 政府极力支持大企业发展。

"二战"以后，日本政府极力保护大多数重要制造业的国内市场，以保护本国制造商的利益。与其他主要的工业化强国相比，日本政府更多地限制外国跨国公司的活动，即使在资金严重匮乏的情况下，日本政府仍然态度坚决地拒绝美国和欧洲跨国公司的直接投资，只有像IBM和得克萨斯仪器公司以及Caltex能源公司这些高技术公司的投资才能进入日本，而且仅有的这几家公司是经过严格审查才允许在日本投资的。

同时，日本政府比其他国家更全面、更明智地规划了本国产业的特定发展阶段：首先建立初级制造业，然后逐渐增加生产越来越复杂的产品。这为大企业的腾飞奠定了坚实的产业基础。

鼓励与引导大企业引进技术，通过技术引进管制促进了其国内技术的飞速发展。如日本以《外资法》为依据，迫使IBM于1960年与日本7家企业签署了专利使用合同以及IBM与日本IBM的技术援助合同，帮助日本企业实现了使用计算机技术的目标，使日本企业得以立足于计算机生产竞争

---

① 王沛芳主编：《战后日本经济运行机制》，上海社会科学院出版社，1990年，第148～188页。

的起跑线上。

另外，在 20 世纪 50～60 年代由于资金匮乏需要合理调整信贷的艰难时期，日本政府给予了行政上的指导。与此同时，日本政府千方百计鼓励储蓄和投资，并通过各种方法系统建立起与市场相符的激励机制。在企业间及社会共识及经济环境变化的刺激下，从 1950 年开始，日本大型工业企业把他们的资源全部用于固定资产投资进行重建，如东芝公司从 1957～1961 年其固定资产投资从 56 亿日元增长到 295 亿日元，持续的投资确保了日本大企业的竞争优势与公司成长。[①]从此，日本大企业得到了迅速发展，新的大企业不断涌现，1960 年以来，其大公司越来越多，在全球的名气也越来越大。

3. 多方位扶持中小企业。

设置政府机构管理和扶助中小企业。1948 年日本政府在通产省设置了"中小企业厅"，根据有关法律和政策（并不是直接进行领导和管理），运用经济手段对其进行必要的扶植和指导，来诱导它们按政府规定的方向发展。为把中小企业厅的工作推向全国，在通产省下设九个地方派出机构的通商企业局内，设立中小企业课，分别统辖地方中小企业，与中小企业厅的工作相对口，从而形成自上而下的管理机构。

制定法律保护中小企业利益，用经济立法形式扶持中小企业。日本政府针对本国中小企业发展特点，因势利导，采取了一系列的扶植措施和政策，并通过法令予以保证，如《中小企业协同组合法》、1957 年的《中小企业团体组织法》、1967 年制定的《协业组合法》，其中以 1963 年制定的《中小企业基本法》为典型代表，它们对中小企业的发展起到了良好的作用。

运用财政、税收、金融等经济杠杆扶持中小企业的发展。为解决中小企业不能从民间金融机构得到足够贷款的问题，日本政府专门成立了实行优惠贷款的金融机构，如企业金融公库、国民金融公库、环境卫生金融公库，向中小企业发放大量贷款，这是日本中小企业筹措外部资金的重要渠道之一；此外，日本成立的中小企业集团也有向中小企业贷款的业务。

注重信息情报、新技术和新产品开发、咨询、人员培训等方面为中小企业的发展创造条件。建立许多中小企业社会团体和企业联合组织：中小企业事业团、中小企业团体中央会、中小企业经济事业团、商工会议所和

---

① A. D. 钱德勒：《大企业和国民财富》，北京大学出版社，2004 年，第 534～558 页。

商工会等。这些团体在扶持引导中小企业发展时，各司其职，为中小企业提供情报、培养人才、促进技术开发、开发中小企业国际交流活动，向政府有关机关建议发展中小企业的方针、政策，进行技术指导、举办展览会，促进国内外工商业者成交，改善中小企业经营等。①

（三）德国政府的企业政策分析

1. 国家有限干预市场经济，兼顾"效率"和"公平"。

在长期的发展过程中，德意志联邦共和国政府遵循有限干预的原则，推行"社会市场经济模式"，以自由竞争为核心，以市场经济为基础，将其经济纳入世界经济体系，推向国际自由竞争，国家通过政策法令，为竞争制定规则，保障它得以公平进行。但也强调国家对经济生活实施一定程度的干预，以保证市场的有效竞争。国家实施干预主要采取符合市场规律的手段，通过货币、信贷、财政、税收和外贸政策进行总体调节，但必要时，为了政治和社会的稳定，也会采取行政措施，一些涉及国计民生的重要经济部门，如农业、铁路、城市交通、邮政、住房建设等，受到国家保护，完全不参加或者只是部分参加竞争。联邦德国的社会市场经济模式较好地兼顾了"效率"和"公平"两大困扰人类发展的难题，它同其他各种因素一起，推动联邦德国经济较快发展。从 1951～1971 年，联邦德国的国内生产总值年均增长 6.1%，增长速度仅次于日本。②

2. 联邦德国对中小企业的扶持。

20 世纪 50 年代，联邦德国对中小企业的发展政策和基本思路主要集中于一点：把它们作为一支最重要的力量而推动自由竞争局面的形成。对于处于初级发展阶段的中小企业实行了保护和扶持政策，出发点是限制大企业通过垄断手段对中小企业实行吞并，1957 年制定了《反限制竞争法》，并于 1958 年成立了联邦卡特尔局，对于妨碍、限制竞争的企业行为处以罚金或其他制裁。

20 世纪 60 年代是德国经济高速增长期，中小企业对于推动这种高速

---

① 《发达国家支持中小企业技术创新的措施》，《中国乡镇企业报》（财富周刊）（2002 年 7 月 30 日）第二版。

② 《发达国家的发展经验对我们的几点启示》，http：//www.gjmy.com/list.asp？articleid = 2449，《经济学阶梯教室》，2004 年 9 月。

增长起到了决定性的作用，因此，联邦政府更加坚定了发展中小企业的信念，1965 年对《反限制竞争法》进行了修订，主要包括强化联邦卡特尔局的权力，建立企业联合备案制度、大企业登记制度，鼓励中小企业联合等内容。①

20 世纪 70 年代，政府树立了对中小企业发展实行经济上综合开发的政策思路，从各个方面采取一系列政策措施扶持中小企业的发展。实行税收优惠和补贴。60 年代末到 80 年代中期，为促进中小企业经济结构的合理化，给中小企业创造良好的经营环境，政府先后在各种条例和规定中给中小企业提供了 180 种优惠。如降低所得税、对小企业免征周转税、为新建中小企业提供补贴及优惠贷款等 。② 同时，调整政府中小企业规模政策、技术支持政策等，为中小企业的发展提供多方位的支持与帮助。

（四）英国政府的企业政策分析

自"二战"结束英国开始了"非工业化"进程之后，从 1970～1995 年，改造速度最为迅速且成效显著，这期间英国产业工人减少了一半还多。在英国工业改造的过程中，电子通信、生物工程、软件等行业比重日益增加，传统的纺织、采矿、钢铁、机械制造等所谓"夕阳产业"则逐步萎缩或停滞。

但是，英国的企业界并没有简单地把传统工业等同于"夕阳产业"而加以冷落，而是依托不断的技术改造、创新和经营改革，使这些行业获得生机，实现新的腾飞。英国政府也从宏观上予以政策引导和鼓励，采取具有针对性的引导投资政策，以促进某些传统工业衰落地区（如曼彻斯特等）的工业改造和区域振兴，并把发展高科技与改造传统工业有机结合起来，逐渐形成一套适应新经济发展的较为合理的生产布局。

英国的钢铁制造业是这方面的一个重要典型。1967 年，政府把该行业的 90% 收归国有之后的第二年，便开始了一项投资 30 亿英镑进行现代化改造的 10 年计划。在这期间，新的科研成果不断应用于冶炼与轧制、设计与生产、管理与营销等方面。新技术的应用，极大地提高了劳动生产率，到

---

① 张锐:《德国中小企业的发展政策及其借鉴》。

② 李宏勋、李新民:《美、日、德发展中小企业的扶持政策、措施及其借鉴》,《经济师》2002 年第 7 期，第 88～89 页。

1980年，就业人数从国有化时的26.8万减少到13万，效率超过了任何欧洲国家的钢铁制造业，产品质量极大提高 。①

三、政策比较与启示

综合各国对不同产业、不同企业所采取的政策，其中成功的政策是基本共同的，其作用也是十分明显的。各发达国家政府积极地运用各种宏观调控手段来规范市场运行，在政策的实施中也注意运用市场的手段。同时，针对企业在制度管理、金融借贷、科技服务等方面均有配套的政策和措施，培育企业发展的土壤。这些政策及措施是值得我国借鉴的。

（一）加强能源交通业以及新兴产业的扶持，加速产业结构调整

美国在"二战"后至20世纪50年代推动发展港口、铁路、公路、煤炭和钢铁等部门，在60年代重点加强专业化调整，扩大产品规模，提高产品竞争力；70年代中期以后推动传统工业结构向新科技产业结构方面转移和发展。英国则依托不断的技术改造、创新和经营改革，对采矿、钢铁、机械制造等进行改造。

同时，美国政府1942～1962年的两大巨型项目SAGE和SABRE奠定了美国软件业至高无上的地位，通过SBIC项目对Apple、Compaq、Intel、AOL、FederalExpress等公司创业阶段的扶持使其成为公司的"巨无霸"。日本也依据《外资法》迫使IBM等大企业转让技术，使日本企业得以立足于计算机生产竞争的起跑线上。

对比美、英、日等国的政策，我们不难认识到现阶段政府对某些产业特别是新兴产业的企业进行扶持的必要性。因此，我们应该正确认识我国政府保护本国软件企业的做法所受到的美国的强势抨击从而在我国企业政

---

① 刘桂山：《英国：政策引导改造传统工业》，http://www.ce.cn/hgjj/gjbd/t20030905_100396.shtml，中国经济网，2003年9月5日。

策上有所坚持。

（二）限制大企业垄断，促进大企业竞争与技术改造

美、日等国的经验表明，这一阶段部分企业容易在一些领域形成寡头垄断，不利于企业竞争，此时，政府应该限制大企业的垄断，促进大企业的竞争，并鼓励大企业利用固定资产投资进行技术改造。美国的政策总的来说是限制大企业的权力的，大力反对大企业形成垄断；美国政府对企业的发展的促进作用与其他国家不同，集中表现为诸如反托拉斯法和证券等间接地起着促进作用的一系列法律。

同时，由于经历了长时期的经济积累，部分大企业设备已经老化，各发达国家都加大了对大企业固定资产投资和技术改造方面的支持。如日本从 1950 年开始引导大型工业企业把它们的资源全部用于固定资产投资，并促进大企业引进国外先进技术，促进大企业的技术改造与创新，确保了日本大企业长时期的竞争优势。

（三）大力支持中小企业发展与技术创新

发达国家在这一阶段普遍关注中小企业的发展。发达国家的经验表明，在人均 1000 ~ 10000 美元的高增长时期，中小企业的发展是各国国民经济增长的重要力量，对于推动经济高速增长起到了决定性的作用。事实说明，在技术开发、高新技术产业发展方面，中小企业有着不可替代的独特作用，许多高新技术产业就是由中小企业推动而迅速发展的。在欧盟国家，中小企业人均创新成果是大企业的 2 倍，研究与开发的新产品是大企业的 3.5 倍。①发达国家政府在这一阶段对中小企业发展与技术创新给予了全方位的支持，尤其支持中小企业技术创新。

1. 制定专门法律，保护中小企业利益，保障对中小企业的扶持。

通过立法手段制定一整套扶持中小企业发展的法律法规是发达国家发展中小企业的一个显著特点。美国通过《小企业法》（1953 年）赋予 SBA 的职责是尽可能地帮助、援助、维护、保护与小企业密切相关的利益。日本政府制定了《中小企业协同组合法》、《中小企业团体组织法》（1957年）、《中小企业基本法》（1963 年）等一系列法律，为中小企业发展以及

---

① 陈艳丽、梁文武、朱军：《发达国家对中小企业的政策》，《经济管理者》，1994 年第 7 期。

技术创新奠定了基础。

2. 设立中小企业专门管理部门，管理、引导与规范中小企业发展。

发达国家大都成立了国家级的中小企业管理机构，统一归口管理各类行业、各种经济成分的中小企业，协调有关中小企业发展及技术创新活动的法律、政策和管理等问题。美国早在 1942 年就组建了中小企业军需公社，1951 年设立中小企业国防企业厅，1958 年改为中小企业厅，直到今天中小企业厅仍是美国中小企业的最高政府管理机构。日本 1948 年设立的中小企业厅，隶属通产省，在全国各地有派出机构，指导企业推进技术现代化。英国于 20 世纪 70 年代设立中小企业管理局，负责制定中小企业咨询服务、技术革新、经营者培训等政策。法国也设立企业创设厅，鼓励兴办中小企业，成立中小型工业技术委员会，为中小企业提供技术服务。

3. 通过资金、税收等手段，鼓励中小企业技术创新。

政府采取多种措施帮助中小企业进行直接和间接融资。法国规定，新建高新技术开发与应用的中小企业，可以向所在地区的财政部门提出申请，进行评估并通过后，就可以获得经济部中小企业管理局的财政资助。当中小企业遇到技术开发难题时，可向国家科研推广局申请财政补助，同时建立共同风险基金，对中小高科技企业进行融资。还成立风险资本保险公司，对高科技中小企业的商业贷款提供担保。日本则成立国民金融金库，对缺乏资金的知识密集型中小企业提供低息、长息、抵押贷款。

税收优惠是激励中小企业技术开发与创新的最有效方式之一，内容包括减免、加速折旧、纳税扣除等形式。日本政府规定，年利润低于 62 万美元的中小企业按 28% 的税率缴纳。在美国，中小企业可以把用于贸易或与商业活动有关的研究、试验支出，直接作为可扣除费用予以抵扣。1995 年，法国政府向中小企业征收的利润税也相应下降。韩国政府对中小企业技术创新在税制上也给予优惠，规定在首都范围内的技术密集型中小企业从获得收益时算起，4 年内减少 50% 的所得税和法人税，此后两年内减 30%；在首都范围以外，则连续 6 年减征 50% 的所得税和法人税，在创业初期，减征财产登记税、财产获得税、财产税、土地税等。①

4. 建立服务体系，促进中小企业技术创新。

向中小企业提供信息技术服务、人员培训等，是发达国家的成功经验。

① 陈艳丽、梁文武、朱军：《发达国家对中小企业的政策》，《经济管理者》，1994 年第 7 期。

美国的中小企业局作为各中小企业的担保机构，组织全国各地一大批以退休专家、专业技术人员为主的科技咨询人员抓咨询与培训，共设立面向中小企业的咨询服务组织 700 个，从业人员 1.3 万多人；此外，中小企业局还统筹组建 950 个中小企业发展中心，给中小企业较大的专业性和学术性帮助，同时提供科技商业咨询。德国为推动中小企业进行科研和技术革新，在各地政府部门开办了对中小企业职工进行知识更新或改行培训的职业教育中心，大部分经费由政府支出，有时甚至帮助一些中小企业到就近有条件的大企业去培训职工。法国的中小企业技术工业委员会经常协助中小企业培训科研人员，政府还利用现代通信技术给予中小企业信息咨询服务，督促中小企业提高产品质量的技术水平。

四、政策建议

（一）对我国目前所处发展阶段与背景及企业政策现状分析

1. 我国目前所处发展阶段与背景分析。

近阶段的各种宏观指标和结构变化趋势表明，中国经济正在向新一轮加速增长周期转折。预计"十一五"和"十二五"在"九五"和"十五"结构调整不断深化和取得进展的情况下，经济增长将加速，两个时期 GDP 年均增长率将达到 8.5% 和 9%，"十三五"将会明显减速（7% 左右）。据此估计，2010 年中国 GDP 总规模接近 20 万亿元，到 2015 年将达到 30.8 万亿元，2020 年则达到 43.2 万亿元。人均 GDP 和人们的生活水平将迈上一个新台阶。多数地区人均 GDP 在 2010 年将达到或接近 1500 美元，2010 年则达到 3000 美元左右。目前全国人均 GDP（按地区数据汇总计）已超过 1100 美元，沿海和东北省份大多已经超过人均 GDP 1000 美元的门槛，个别省份和直辖市甚至超过了 2000 美元（见表 3）。其中最发达的三大沿海都市圈人均 GDP 为 1740 美元，预计到 2020 年三大都市圈人均 GDP 将超过 7000 美元，进入大众消费时代。

　　同时，我们将要经历的发展阶段，与已经走过这一阶段的国家和地区相比，其发展的背景和环境已有很大不同。发达国家主要属于市场经济国家，到达人均 GDP 1000 美元基本是在 20 世纪 50 ~ 60 年代，许多政策带战后快速恢复的色彩，经济发展主要依赖重化工业，发展条件具有较多的特殊性；而现阶段我国企业发展环境已有较大的不同，由于经济全球化、世界多极化、新技术革命、国际资本流动以及我国加入 WTO 等多方面因素的影响作用，我们既面临着难得的发展机遇，又会遇到更加激烈的竞争和严峻的挑战。另外，我们必须清醒地看到，经济快速稳定的增长态势不是直线上升型的，一定年份也会出现波动，更不是自然生成的，需要努力去争取。对此，我们要进一步研究如何根据发展环境的变化，建立经济运行的预警和监控机制，把握大趋势，抢抓新机遇，不断提高驾驭经济全局的能力和水平，推动经济持续稳定健康发展。

表3　　　　　　我国各省按人均 GDP 所处的发展阶段（2002 年）

地区	人均 GDP（美元）	地区	人均 GDP（美元）	地区	人均 GDP（美元）
全国	991.24				
北京	2743.26	上海	4044.31	重庆	770.92
天津	2474.97	江苏	1750.21	四川	682.99
河北	1104.57	浙江	2038.45	贵州	375.27
山西	744.22	安徽	684.24	云南	625.99
内蒙古	885.79	福建	1641.36	西藏	734.59
辽宁	1577.94	江西	705.23	陕西	673.33
吉林	1011.18	山东	1411.74	甘肃	544.24
黑龙江	1237.11	广东	1819.70	青海	783.50
湖北	1009.64	广西	618.71	宁夏	699.47
湖南	795.68	海南	914.14	新疆	1019.43
河南	779.72				

　　注：人均 GDP（美元）按 1 美元 = 8.23 元人民币计算。
　　资料来源：由《中国统计年鉴（2003）》整理。

2. 我国企业政策现状分析。

目前，总的来看，中国绝大多数中小企业无论是产品专业化、工艺专业化，还是地区专业化，发展程度都还比较低，同巨型企业在生产上的联网不仅数量少，而且协作程度不深，更缺乏制度化。社会化服务体系尚处于初创阶段，距发达和完善还有相当的距离。融资难度较大，据国际金融公司对中国私营企业的抽样调查，90% 以上的被调查企业在创业阶段依靠的都是自筹资金，而美国中小企业的这一比例仅为 30%。信用担保也仍然是杯水车薪，难以解决全国 1000 多万家中小企业的融资问题。而且，绝大多数中小企业对中国加入 WTO 之后面临的机遇和挑战都认识不深，这不仅使它们不能充分利用机遇，也不能有效地应对挑战 。[1]

为了促进我国中小企业的发展，我们已经不断加强了对中小企业的政策支持。1993 年以后由于非公有制经济被提升到了"共同发展"的地位；1999 年全国人大修订宪法时进一步明确了私营经济的法律地位。2000 年 8 月国务院办公厅转发的国家经贸委《关于鼓励和促进中小企业发展的若干政策意见》，大力推进中小企业的结构和布局调整；鼓励中小企业进行技术创新；加大财税政策的扶持力度；积极拓宽融资渠道；加快建立信用担保体系；健全社会化服务体系；创造公平竞争的外部环境；健全机构，协调政策。2002 年 6 月 29 日审议通过并于 2003 年 1 月 1 日起正式实施的《中小企业促进法》标志着我国促进中小企业发展走上规范化和法制化轨道，明确了社会主义市场经济体制下各种所有制和各种形式中小企业的法律地位及管理体制；明确了扶持中小企业发展的资金来源；着力于缓解中小企业融资难的问题；提出了促进中小企业发展的税收优惠措施。[2]

但与国外对小企业的政策相比，我国过去实施的小企业政策，在某种程度上仍带有计划经济的色彩，政策目标起点不高、政策措施有些零散。这一情况虽然已经有了明显的改善和提高，尤其是小企业的担保体系是我国再次从战略高度认识小企业发展的重要政策措施，但仍然需要借鉴发达国家经验，进一步加大对中小企业的扶持力度。

---

① 戎殿新：《中国中小企业政策的演变及存在的问题》，old. iwep. org. cn/pdf/2003/rongdianxin_ zgzxqyzodybjczdwt. pdf。

② 《新时期中小企业发展的里程碑——〈中小企业促进法〉》，http：//www. cnfpc. com. cn/politic/lichengbei. htm。

（二）政策建议

1. 顶住国际压力，加快产业结构调整，扶持新兴产业与企业发展。

从国际经验看，在人均 GDP1000～4000 美元发展阶段，产业结构升级加快，尤其是装备制造业、重化工业和高新技术产业比重呈明显上升趋势，高加工度化十分明显。装备工业和重化工业是一个国家工业化水平和经济实力的标志。发展装备工业和重化工业是提升产业结构，增强综合实力和国际竞争力的紧迫任务。同时，国家必须借鉴发达国家的经验，坚决顶住国际压力，在高新技术产业成长阶段，从资金、技术环境等多方位扶持其发展，以培育一批具有重大带动作用的先导性、战略性高新技术产业和在一些领域具有国际竞争能力的高新技术企业。

2. 超前发展，大力加强能源交通等基础设施建设，保障企业持续竞争能力。

国际经验表明，随着经济快速发展，对能源、交通等生产要素的需求将大量增加。世界银行根据 1990 年的数据研究表明：人均 GDP 每增加 1 个百分点，则基础设施总量增加 1 个百分点，居民获得安全饮用水增加 0.3 个百分点，铺砌的公路增加 0.8 个百分点，电力增加 1.5 个百分点，电信增加 1.7 个百分点。目前我国电源建设和电网改造滞后，导致电力供需矛盾日益突出，其他如交通、供水、用地等生产要素也存在供给不足的问题，成为经济发展与企业竞争力持续提高的"瓶颈"。因此，为了保障和提高我国企业的持续竞争能力，今后 20 年需要对能源、交通、供水、用地等要素供给做出长远的规划和安排 。[①]

3. 推动企业充分利用外资政策，引进、消化和吸收国外先进技术。

从国际经验看，人均 GDP 1000 美元后，对外贸易和利用外资规模将显著扩大。随着全球化进程加快以及我国加入 WTO 各项承诺的兑现，经济外向度将不断提高，我国利用外资的规模将会持续扩大。我国应充分利用外资进入的大好时期，提高外资利用质量，大力推动国内企业引进、消化和吸收国外技术，提高自主知识产权的拥有率，不断提高国内企业的核心竞争力。

---

① 《人均 GDP 2000～3000 美元发展阶段的国内外经验比较及浙江发展趋势》，（浙江省）省委政策研究室。

4. 引导企业加大固定资产投资和技术改造力度。

从人均GDP1000~4000美元时期，各国已经形成大企业，其中相当部分大企业经过多年的生产，设备已经老化，生产效率低下，需要设备更新和技术改造，大部分发达国家都对大企业进行了大量固定资产投资，引导其进行技术改造。目前，我国的一些大企业设备老化的现象十分严重，国家需要资助或引导这些大企业加强设备更新和技术改造，大量固定资产投资和技术改造是确保大企业持续竞争优势的前提。特别是东北老工业基地更需加大技术改造力度，以重新获取竞争优势，实现"二次创业"。

5. 强化中小企业司职能，落实《中小企业法》，多途径促进中小企业发展。

目前，我国已充分重视了中小企业在国民经济发展中的作用，成立了发改委中小企业司，颁布了《中小企业法》，但我国的中小企业政策需要进一步加强与落实。要充分运用《中小企业法》，强调依法保护中小企业的权益；要强化中小企业司的职能，统一归口管理中小企业，协调有关中小企业发展及技术创新活动的法律、政策和管理等问题；加大资金、税收等方面的支持，缓解中小企业融资难的问题；健全中小企业的服务体系，向中小企业提供信息技术服务、人员培训等多方位的服务。

分报告之九：东北资源型城市产业转型的科技支撑战略研究[①]

中国社会科学院工业经济研究所课题组

① 中国社会科学院工业经济研究所：魏后凯、刘楷、安树伟、石碧华

（一） 东北资源型城市产业转型面临的主要问题

目前，资源型城市产业转型面临的主要问题有：

（1） 资源枯竭。东北矿产资源型城市，在经历多年的大规模开采后，大多面临着资源枯竭的问题，其中约有 1/3 的矿业城市所拥有的可供开发的后备矿产资源已经不多，或者很快就要开采完了。如大庆油田的可采储量只剩下 30%，仅有 7. 45 亿吨，到 2020 年年产量只能维持到 2000 万吨左右；即使是可再生的森林资源，绝大部分林区都出现了无林可采或严重过伐的局面。

（2） 产业接替困难。资源型城市第二产业中的采掘业与配套产业作为主导产业形成了紧密的产业链，产业关联度大，配套产业的依附性强，整个城市经济发展对资源具有高度的依赖性，城市产业结构难以对资源型产业的衰退产生缓冲作用，产业转型的基础薄弱，第一、二、三产业协调发展的格局尚未形成，一旦资源枯竭就会对城市发展产生严重影响。

（3） 人员"转型"难度很大。资源型城市的大多数从业人员受教育程度低，技能单一，适应能力差，转移到其他行业就业的难度大，面临着沉重的就业转移压力。如辽宁省阜新市 2002 年下岗失业人员达 15. 15 万人，占市区人口的 20%，实际失业率高达 30. 6%。许多资源型城市管理、人才、技术不足，需要政府在科技、就业、培训等方面给予支持。

（4） 科技支撑力度不够。东北资源型城市由于地方财力有限，普遍存在科技经费投入不足的现象，地区科技创新能力较低。1995～2002 年除少数城市和少数年份外，东北典型资源型城市地方财政预算支出中科学事业费支出比重大都低于全国地级以上城市平均水平，也低于东北三省地级以上城市平均水平。

（5） 环境问题突出。资源的大规模开发极易导致环境破坏，东北资源型城市的环境问题有"三废"排放、占用和破坏耕地、诱发地质灾害等。这些城市矿山塌陷地治理和生态恢复的任务十分繁重。

（二） 东北资源型城市产业转型的思路和原则

东北资源型城市大都具有资源型城市和老工业基地的双重特征。因此，其产业转型既面临着加快调整和改造的任务，又面临着发展接续产业的重任。对东北资源型城市来说，其主要目标就是要通过调整改造和产业转型，改变过去长期形成的以资源开采为主的单一经济结构，逐步建成产业适度多元化、市场竞争力较强、人居环境良好的新型产业基地。显然，东北资源型城市要实现这种产业转型将是一个长期的过程，不可能一蹴而就。当前，重点是要以扩大就业和提高竞争力为核心，大力发展接续产业，积极培育新兴产业，走适度多元化的道路。一是依托资源优势，搞好资源精深加工和综合开发利用，不断延长产业链条，逐步形成一批优势主导产业群；二是以市场需求为导向，大力发展接续产业，使之成为未来支撑地区经济增长的新一代主导产业；三是积极培育高新技术产业，使之成为地区经济发展的先导产业。这样，通过新老主导产业的顺利交接，逐步实现资源型城市的产业转型和地区经济持续稳定快速发展。

当前资源型城市实现产业转型的基本思路是：大力推进新型工业化进程，促进资源型城市的再工业化，而不能单纯把转型的重点放在农业和第三产业方面；积极发展新兴产业和高新技术产业，培育接续产业，处理好资源性产业和非资源性产业的关系，促进产业结构的多元化；以科技和制度创新为动力，以提升产业竞争力为核心，加快产业结构的调整和升级，实现高起点产业转型；加强资源和环境保护，大力发展循环经济，创造良好的人居环境，走新型城市化的道路。为此，在产业配套、管理、科技创新、人才、就业培训和开放等方面，东北资源型城市应进行相应的调整和配合，以便为实现产业转型创造有利条件。

为顺利实施科技对产业转型的有效支撑，必须把握好以下主要原则：

（1）实行区别对待、分类指导的原则。针对不同地区和不同类型的资源型城市，采取不同的产业转型科技支持战略和政策，促进产业转型的顺利推进。

（2）加大国家科技支持与发挥市场机制作用相结合。一方面，国家要加大科技资金的投入力度，加快科技体制改革的步伐，并为民营科技企业发展和企业科技创新创造一个好的外部环境；另一方面，要充分发挥国家支持的导向作用，将国家的支持作为撬动产业转型的杠杆，充分发挥市场机制的作用，吸引各方面的资金和力量投入产业转型中，不断增加国家投入的效果。

（3）正确处理好中央和地方之间的关系。一方面，要处理好中央政府和地方政府之间的关系；另一方面，要处理好中央企业和资源型城市经济增长之间的关系。

（4）科技支撑要依托于产业转型和重大项目。深入研究矿产资源城市的产业特征及发展方向，通过选择对产业转型具有重要意义的项目，围绕项目进行深入研究，进而确定科技支撑的内容，以起到事半功倍的效果。

（三）东北资源型城市产业转型的科技需求

资源型城市产业转型不是权宜之计，科技支撑是转型的灵魂，接续产业如果没有科技含量，就意味着在未来缺乏竞争力，资源型城市的产业转型也不能取得良好的效果。因此，必须着眼于未来，把科技支撑这条主线贯穿到资源型城市产业转型的各个方面，实施高起点转型。东北资源型城市产业转型的科技需求主要有：

（1）接续产业的培育。资源型城市产业转型需要培育接续产业，但是发展什么接续产业则是其产业转型顺利推进的一个难题。煤炭城市培育接续产业的领域有煤化工、煤层气利用技术的研究与开发、煤共伴生矿物及煤炭副产品和废弃物的开发利用、洁净煤技术；石油城市培育接续产业的领域有天然气化工、装备制造业、电子信息产业、现代中药和保健品产业、农产品加工业；森林城市培育接续产业的领域有木材精深加工、多用途开发森林资源，包括生产绿色食品、开发北药、发展生态畜牧业和发展森林生态旅游等。

（2）生态环境的治理。利用科技创新寻求解决环境治理的新方法和新思路。煤炭城市生态环境治理的科技需求有阜新海州露天矿大坑的治理和利用；通过污水治理新技术和新工艺研发，减少污水排放量，实现清洁生产；依靠科技进步减少污水处理厂的建设投资，提高处理效率等，实现从末端治理向源头治理和全过程控制相结合方向转变，逐步实现污染零排放。石油城市生态环境治理的需求主要是土地盐碱化治理。森林城市的重点领域主要是生态系统保护、开发利用技术、天然林动态监测及评价技术、森林主要病虫鼠害防治技术、林火预报及控制技术、森林资源培育的技术创新等。

（3）人才的利用与培训。建立有利于发挥本地已有科技人员作用的激励机制；建立外部优秀科技人力资源的引进和使用机制；完善梯级培训体系和科技培训协作网，系统培训科技管理干部、科技人员、管理人员和企业家；搞好当地下岗职工的就业培训，提高他们的转岗就业能力；加强科普场馆等基础设施的建设；编写系统科技培训及技能培训教材等。

（4）区域科技合作与交流。特别是东部沿海经济发达地区的合作，包括高水平的科技交流、科研合作、高新技术的转移等。

（5）科技工业园区、现代农业科技园区的建立和完善。

（四）东北资源型城市产业转型的科技支撑措施

东北资源型城市的产业转型是一项长期的艰巨任务，既需要资源型城市发挥自力更生、艰苦奋斗的精神，也需要中央和东北三省政府在资金投入和政策上给予相应支持。为促进东北资源型城市的产业转型，当前国家必须加大对资源型城市产业转型的科技支撑力度，并采取切实有效的具体政策措施，以为东北资源型城市的产业转型提供一个强有力的科技支撑。

（1）加强对关键技术和共性技术的联合攻关研究。建议将东北资源型城市资源综合开发与生态环境建设的关键技术研究列入国家重大科技攻关研究计划，组织跨部门、跨学科的科技力量联合攻关，为东北资源型城市优势资源的综合开发与环境保护提供强有力的科技支撑。同时，要组织各方面力量，建立健全机制，强化对资源综合开发、生态环境保护和产业转型中的各种共性技术的联合开发。

（2）加大对资源型产业的技术改造和科技支持力度。一方面，要加大对资源型城市优势资源的地质勘探力度。尤其要加大地质勘探、边缘找矿的资金和科技支持，研究开发在原有矿床周围和深部加大勘探开发力度及寻求发现新矿点的新技术和新工艺。另一方面，要通过科技支撑强化对资源的综合开发利用。

（3）加大对接续产业发展和培育的科技支持。当前重点是要促进接续产业的关键技术研发和科技成果产业化，提供产业转型的技术扶持等；要鼓励国家重大科技项目和高新技术项目在东北资源型城市率先进行产业化，以为其接续产业发展提供强有力的科技支撑。

（4）进一步强化产业转型的科技和人才培训。根据产业转型的目标和任务，积极抓好科技人才、技术和岗位培训，并提供相应的资金支持，特别是要培育一批懂技术会管理的高级复合型人才，强化企业职工尤其是下岗工人的岗位培训。

（5）加强对矿山塌陷地整理和恢复的科技支持。今后在土地整理和恢复的过程中，应加强对矿山塌陷地的地质灾害和生态恢复的科技支持，提高综合矿和伴生矿有用组分综合利用技术和清洁化生产技术的研究与应用，建立绿色矿山，大力发展循环经济，提高资源就地转化收益率。

（6）大力推进资源型城市科技制度的创新。要积极推进科技三项费用的改革，一方面，中央财政要增加对东北资源型城市的科技三项费用支出，增加的份额直接面向地、县一级科研机构；另一方面，要探讨采用股份制等新的办法，充分发挥财政资金的诱导作用，广泛吸引社会资本参与科技开发，提高财政科技资金的使用效率。此外，应打造一批促进科技创新和成果转化的公共平台。

（7）建立一些有特色的国家和省级工程技术中心。要针对东北资源型城市的特点和产业转型的需要，在冶金、石油、煤炭、森工等资源型城市，建立一些有特色的国家和省级工程技术中心，加强对优势资源综合利用、深度开发和接续产业发展技术的研究开发。

（8）开展东北资源型城市产业转型科技服务计划。建议由科技部牵头，联合教育部、农业部、中国科学院、中国工程院、中国社会科学院等有关部门，开展东北资源型城市产业转型科技服务计划，为东北资源型城市产业转型提供全方位的科技服务。

在我国50多年的社会主义经济建设中，东北地区的资源型城市发挥了功不可没的巨大作用。这些城市大多是在传统的计划经济体制下形成的，它们不仅为国家现代化建设提供了大量的石油、煤炭、铜、钢铁、水电、木材等重要的生产原料，为国家贡献了巨大的利润和税金，而且对带动地区和全国的经济社会发展起了重要的作用。但是随着资源的枯竭，受资源型城市"建设—繁荣—衰退—转型振兴（或消亡）"发展规律的作用，以及我国加入WTO、开放性资源经济体系逐步形成，再加上这些城市传统观念、体制和机制所形成的固有矛盾，许多资源型城市陷入困境。国内外的实践表明，资源枯竭型城市要摆脱困境，实现可持续发展，除转型之外，别无他途。

针对东北资源型城市存在问题的严重性以及产业转型的紧迫性，我们对东北三省进行了实地考察，并对鞍山、阜新市、大庆、鹤岗市、伊春、珲春等城市进行了重点调查，着重探讨煤炭、石油、森工等资源型城市产业转型的科技支撑战略问题。

一、资源型城市的特点及产业
转型中存在的问题

（一）资源型城市的类型及分布

资源型城市是因自然资源的开采而兴起或发展壮大，且资源型产业在工业中占有较大份额的城市。这里所指的自然资源大部分为矿产资源，也包括森林资源；资源型产业既包括矿产资源的开发，也包括矿产资源的初加工（如钢铁工业和有色冶金工业）。按照城市经济发展所依赖的自然资源不同，资源型城市可以划分为矿产资源城市（矿业城市）和森林工业城市，其中矿产资源城市又可以进一步划分为金属矿产资源型城市、非金属矿产资源型城市和能源矿产资源型城市三类；按照发展阶段的不同，可以分为成长期资源型城市、鼎盛期资源型城市和衰退期资源型城市，即通常所说的幼年资源型城市、中年资源型城市和老年资源型城市。

1. 矿业城市的类型与分布。

东北地区矿业城市（镇）共有37个，其中地级市14个，县级市13个，县（区）和建制镇10个。从发展阶段看，处于幼年期5个，中年期24个，老年期8个；从地域分布看，辽宁15个，吉林14个，黑龙江8个（见表1）。

表1   东北地区矿业城市（镇）的分布

省	幼 年	中 年	老 年
辽宁（15）	铁法市	鞍山市、本溪市、葫芦岛市、盘锦市、大石桥市、海城市、瓦房店市、宽甸县、凤城市	抚顺市、阜新市、南票区、北票市、清原县
吉林（14）	松源市、八道沟镇、刘房子镇	白山市、辽源市、盘石市、桦甸市、舒兰市、珲春市、蛟河市、九台市、通化县、郭家店镇、红旗岭镇	
黑龙江（8）	七台河市	大庆市、双鸭山市、阿城市、嫩江县	鹤岗市、鸡西市、呼玛县
总计（37）	5	24	8

从资源类型看，东北地区矿业城市（镇）中有非金属矿业城市（镇）9个，化工矿业城市（镇）2个，黄金矿业城市（镇）3个，煤炭矿业城市（镇）11个，冶金矿业城市（镇）2个，石油矿业城市（镇）3个，有色金属矿业城市（镇）5个，综合矿业城市（镇）2个（见表2）。

表2   东北地区矿业城镇的类型

类 型	幼 年	中 年	老 年
非金属（9）	八道沟镇、刘房子镇	大石桥市、海城市、瓦房店市、蛟河市、九台市、郭家店镇、阿城市	
化工（2）		宽甸县、凤城市	
黄金（3）		桦甸市	清原县、呼玛县
煤炭（11）	铁法市、七台河市	舒兰市、珲春市、双鸭山市	抚顺市、阜新市、南票区、北票市、鹤岗市、鸡西市
冶金（2）		鞍山市、本溪市	
石油（3）	松源市	盘锦市、大庆市	
有色（5）		葫芦岛市、盘石市、通化县、红旗岭镇、嫩江县	
综合（2）		白山市、辽源市	

2. 森林工业城市的分布。

东北地区共有森林工业城市 17 个，主要分布在大小兴安岭和长白山地，其中吉林省 8 个，黑龙江省 9 个（见表 3）。

表 3　　　　　　东北森林工业城市的地区分布

省	城　市
吉林（8）	敦化、珲春、桦甸、蛟河、松原、舒兰、临江、和龙
黑龙江（9）	伊春、五大连池、铁力、尚志、海林、穆棱、宁安、虎林、黑河

（二）资源型城市的特点

1. 经济结构单一。

从产业结构看，一二种资源型产业占资源型城市工业产值的相当大的比重。如黑龙江七台河煤炭工业占工业产值的比重高达 80.2%；鹤岗为 50.2%；大庆石油采掘业占工业产值的比重是 72.8%；伊春木材及木材加工业占工业产值的比重是 86.4%。

与产业结构单一相伴随的是就业结构的单一性特征。阜新煤炭工业从业人数占城镇总就业人数的 29.9%；鸡西为 38.4%；鹤岗为 43.3%；七台河为 50.1%；大庆石油采掘业就业人数占城镇总就业人数的 25%；伊春木材业就业人数占城镇总就业人数的 49%。

从所有制结构看，国有经济占相当大比重。阜新国有及国有控股工业占工业总产值的比重为 80.1%；鸡西为 66.0%；鹤岗为 69.6%；七台河为 82.0%；大庆为 91.6%；伊春为 70.1%。

2. 城市形成具有突发性。

东北绝大多数资源型城市是在矿产资源勘探、开发利用的基础上，由矿区演化而来。由于开发矿产资源的需要，国家在较短时间内将大量的人力、物力和财力迅速注入矿产地，使原来只有几户人家的小村子或一个荒无人烟的地方骤然变成了一个城市。如大庆市，在油田开发之前是一片荒地，在开发大庆油田之后才形成了今天的大庆市。相当多的城市设立与资源开采时间相差时间不长（见表 4），这些城市的形成往往具有突发性，并且多数是缘矿建城。

表 4　　　　　　　　　东北部分资源型城市的设市时间

城　市	开矿时间（年）	设市时间（年）	城　市	开矿时间（年）	设市时间（年）
抚顺	1901	1937	鹤岗	1918	1949
阜新	1905	1940	鸡西	1926	1957
铁法	1958	1981	双鸭山	1929	1956
辽源	1927	1948	七台河	1958	1970
白山	1938	1959			

3. 城市布局的分散性。

资源型城市缘矿而建，而矿产资源的分布一般具有不连续性的特点，这就决定了资源型城市布局的分散性特征。另外，为了避免地表建筑物压矿，城市建设要尽量避开地下矿产资源区，这进一步强化了资源型城市分散布局的特点。如伊春市的 85 万市区人口分布于市区总面积为 19600 多 km^2 的 15 个区，人口密度仅 43 人/km^2；大庆市的 111 万城区人口分布于市区总面积 5100km^2 的 5 个城区，人口密度 217 人/km^2；鹤岗市的 70 万城区人口分布于市区面积 4550km^2 的 6 个城区，人口密度 153 人/km^2。

4. 城矿关系不顺。

由于历史和体制的原因，资源型城市政府和城中矿业企业之间的关系没有完全理顺。对于城市政府而言，作为矿业工业基地，既承担一般城市经济社会的综合服务职能，又承担发展工业的产业支柱功能；对于矿业企业而言，既要抓生产经营，又要办社会，履行生产和社会服务的双重职能。从而派生出两个履行城市功能的主体，由此导致市政重复建设，效益低下，运行不畅。个别城市，如伊春，除伊春区和西林区外，其余的 13 区仍然实行政企合一的体制。

5. 城市综合竞争力在下降。

东北的多数资源型城市，由于各种原因，在国内外市场的竞争中处于不利地位，城市综合竞争力在逐步下降。

（三）资源型城市产业转型面临的主要问题

1. 资源枯竭。

矿产资源为非可再生资源，随着矿业的持续发展，资源必将面临枯竭。

东北的资源型城市尤其是矿产资源型城市，在经历多年的大规模开采后，大都面临着资源枯竭的问题，其中约有1/3的矿业城市所拥有的可供开发的后备矿产资源已经不多，或者很快就要开采完了。如大庆油田的可采储量只剩下30%，仅有7.45亿吨，到2020年年产量只能维持到2000万吨左右；辽河油田原油开采已动用探明地质储量的77.1%，天然气则已动用了82.6%，油气产量明显下降。黑龙江省鹤岗、鸡西、双鸭山、七台河4大煤炭生产基地现已面临煤炭资源枯竭或大量关井的局面。辽宁省在未来10年内现有35座国有重点煤矿将报废11处，煤炭生产量将大幅下降；铁矿石主要矿山如鞍山、大孤山、眼前山、歪头山等也均处于矿山开采后期阶段，生产能力逐年下降。即使是可再生的森林资源，由于多年来重采轻育，使得实际可采成过熟林的比重显著下降，绝大部分林区都出现了无林可采或严重过伐的局面。

2. 产业接替困难。

资源型城市是因矿业开发而兴建或发展起来的城市，矿业在城市产业结构中占据主导地位。第二产业中的采掘业与配套产业作为主导产业形成了紧密的产业链，产业关联度大，配套产业的依附性强，整个城市经济发展对资源具有高度的依赖性，城市产业结构难以对资源型产业的衰退产生缓冲作用，产业转型的基础薄弱，第一、二、三产业协调发展的格局尚未形成。如2002年的工业增加值中，大庆市非油产业只占5.9%；伊春、大兴安岭两地非林产业只占33.3%；鹤岗、鸡西、七台河、双鸭山四个煤城非煤产业只占32.5%。煤、木、油产品产值与延伸加工产值之比为1:0.69，而全国为1:2.84。一旦资源枯竭就会对城市发展产生严重影响。

3. 人员"转型"难度很大。

从国内外的经验看，资源型城市产业转型最大的难点是人员的"转型"。这是因为资源型产业大多数从业人员受教育程度低，技能单一，适应能力差，转移到其他行业就业的难度大。资源型城市的下岗失业人员主要由三部分组成：第一部分是由于资源的枯竭或资产重组而造成的资源性企业减员；第二部分是因资源性企业的萎缩而萧条的关联企业和缺乏竞争力的其他企业所产生的失业人员；第三部分则是因城市经济缺乏新的增长点而形成的新增劳动力的失业。如辽宁省抚顺矿区拥有占全市人口1/3的职工和家属，现有12.25万人需要重新安置；阜新市2002年下岗失业人员达15.15万人，占市区人口的20%，实际失业率高达30.6%；大庆市石油、石化六户大企业在重组分产中将有 6.5 万职工解除劳动关系，同时每年还有 4000 多名大学毕业生、2000 多名转业军人和 2.1 万名新增劳动力需要重新安排就业。目前这些城市大都面临着沉重的就业转移压力。在这种转型过程中，目前许多城市管理、人才、技术等难以跟上，需要政府在科技、就业、培训等方面给予支持。

此外，由于下岗失业人员多，资源型城市相当一部分职工生活困难。如目前辽宁阜新市处于最低生活保障线以下的特困人口接近 20 万人，黑龙江鸡西、鹤岗、双鸭山、七台河四大煤城则达到 30 万人。因此，东北资源型城市安置就业、维护稳定的压力日益增大。

4. 科技支撑力度不够。

从科技投入看，东北资源型城市由于地方财力有限，普遍存在科技经费投入不足的现象，地区科技创新能力较低。从表 5 中可以看出，在 1995 ~ 2002 年，除少数城市和少数年份外，东北典型资源型城市地方财政预算支出中科学事业费支出比重大都低于全国地级以上城市平均水平，也低于东北三省地级以上城市平均水平。东北资源型城市工业企业研发投入占销售收入的比重也较低，绝大部分都缺乏自主创新能力。由此，严重影响了资源型城市的产业转型和结构升级。

从人力资源看，大部分资源型城市不仅人才总量不足，而且普遍存在结构性人才短缺现象。现有各类科技人员大都集中在矿业和资源性产业方面，而新兴产业和高新技术产业人才储备严重不足。而且，各类经营管理人才、企业家以及会经营、懂技术的复合人才更是缺乏。更重要的是，资源型城市的职工素质一般不高，这些职工大多来自周边农村，受教育水平低，技能单一，转型难度较大。

从科技基础设施看，资源型城市高等教育机构不多，各种科研设施严重不足，各类中间机构不发育，难以自主培养适应市场经济发展和产业转型所急需的大批高层次人才；也由于资源型城市工作、生活环境明显劣于发达地区，不仅难以引进人才，而且本地人才大量外流。

表5 东北典型资源型城市地方财政预算支出中科学事业费支出比重 单位:%

城市名称	1995 年	1996 年	1997 年	1998 年	1999 年	2000 年	2001 年	2002 年
鸡西	0.45	0.34	0.43	0.44	0.76	0.63	0.60	0.45
七台河	—	0.46	0.55	0.59	0.49	0.41	0.45	0.46
抚顺	0.77	0.71	0.41	0.51	0.56	0.50	0.45	0.50
阜新	0.50	0.54	0.87	0.65	0.42	0.47	0.31	0.32
大庆	0.61	0.44	0.54	1.76	1.64	1.69	1.81	0.16
伊春	0.47	1.17	1.09	0.78	0.71	0.72	0.66	0.53
黑河	1.51	1.15	0.71	1.08	0.92	0.76	0.34	0.32
东北三省	3.06	0.60	0.68	0.68	0.62	0.68	0.70	0.47
全国	1.10	0.64	0.73	0.83	0.69	0.77	0.91	0.67

5. 环境问题突出。

资源的大规模开发极易导致环境破坏,据统计,每开采万吨原煤将塌陷土地 3 亩,塌陷区面积约为开采面积的 1.2%,最大下沉值为煤层采出厚度的 70%~80%。资源型城市的环境问题主要包括:"三废"排放,占用和破坏耕地,诱发地质灾害等。在这些城市,矿山塌陷地治理和生态恢复的任务十分繁重。如辽宁省 7 处较大的采煤沉陷区,总面积达 333km²;黑龙江双鸭山市矿区 8 个采煤沉陷区总面积达 133km²;而鸡西矿区采煤沉降面积达 156 km²。大庆市目前的森林覆盖率仅有 9% 左右,草原退化、盐碱化和沙化的面积已经占总面积的 84%,严重破坏了生态平衡;全市每年工农业生产、生活用水需求量为 26 亿吨,但可利用的水量只有 22 亿吨,由此导致地下水严重超采,形成了大范围的地下漏斗。

资源型城市在环境方面的劣势也限制了高新技术产业、旅游业和绿色农业的发展。高新技术产业要求空气清新、温度湿度适中,同时良好的环境也是吸引和留住人才的重要前提。

二、产业转型的基本思路
及科技支撑原则

（一）资源型城市产业转型的基本思路

东北资源型城市大都具有资源型城市和老工业基地的双重特征。因此，东北资源型城市的产业转型，既面临着加快调整和改造的任务，又面临着发展接续产业的重任。党的"十六大"报告明确指出："支持东北地区等老工业基地加快调整和改造，支持以资源开采为主的城市和地区发展接续产业。" 2003年10月5日中央、国务院在《关于实施东北地区等老工业基地振兴战略的若干意见》中进一步提出，经过一段时期坚持不懈的努力，"将老工业基地调整改造、发展成为技术先进、结构合理、功能完善、特色明显、机制灵活、竞争力强的新型产业基地，使之逐步成为我国经济新的重要增长区域"。

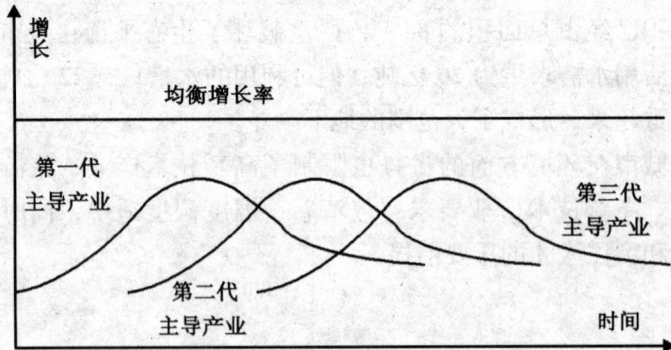

图1　资源型城市主导产业更替与均衡增长

对东北资源型城市来说，其主要目标就是要通过调整改造和产业转型，改变过去长期形成的以资源开采为主的单一经济结构，逐步建成产业适度多元化、市场竞争力较强、人居环境良好的新型产业基地。显然，东北资源型城市要实现这种产业转型将是一个长期的过程，不可能一蹴而就。当前，重点是要以扩大就业和提高竞争力为核心，大力发展接续产业，积极培育新兴产业，走适度多元化的道路。一是依托资源优势，搞好资源精深加工和综合开发利用，不断延长产业链条，逐步形成一批优势主导产业群；二是以市场需求为导向，大力发展接续产业，尤其是那些具有一定优势和潜力的新兴产业，使之成为未来支撑地区经济增长的新一代主导产业；三是积极培育高新技术产业，使之成为地区经济发展的先导产业。这样，通过新老主导产业的顺利交接，逐步实现资源型城市的产业转型和地区经济持续稳定快速发展（见图1）。

总体上讲，当前资源型城市实现产业转型的基本思路是：①大力推进新型工业化进程，促进资源型城市的再工业化，而不能单纯把转型的重点放在农业和第三产业方面；②积极发展新兴产业和高新技术产业，培育接续产业，处理好资源性产业和非资源性产业的关系，促进产业结构的多元化；③以科技和制度创新为动力，以提升产业竞争力为核心，加快产业结构的调整和升级，实现高起点产业转型；④加强资源和环境保护，大力发展循环经济，创造良好的人居环境，走新型城市化的道路。为此，在产业配套、管理、科技创新、人才、就业培训和开放等方面，东北资源型城市应进行相应的调整和配合，以便为实现产业转型创造有利条件。

（二）实现产业转型科技支撑的主要原则

资源型城市在实现产业转型的过程中，科技支撑是转型的灵魂，接续产业如果没有科技含量，就意味着在未来缺乏竞争力，资源型城市的产业转型也不能取得良好的效果。但由于产业转型涉及上至中央，下至地方，加之各地区的现状差异又较大，因此，东北资源型城市的产业转型实际上是一个复杂的系统工程，要将这一复杂的系统工程顺利实施，需要各方面的努力。我们认为，为顺利实施科技对产业转型的有效支撑，必须把握好以下主要原则：

1. 实行区别对待、分类指导的原则。

东北资源型城市在产业转型过程中所面临的问题和发展方向，虽然总的来看，具有相当程度的共性，但也存在明显的差异。这种差异主要体现在以下两方面：

第一是地区之间的差异。从地区看，辽宁的资源型城市，由于转型工作开始较早，并且得益于辽宁相对完善的工业体系以及较好的经济基础和区位优势，辽宁的转型工作应该说已取得了明显的阶段性成果，转型的基本构架已经初步形成，并且已有一定的基础，今后的科技支撑应侧重于将现有的产业体系完善、深化。而对于黑龙江，产业转型则相对滞后，特别是煤炭资源城市，产业转型工作虽然开展较早，但由于缺乏资金，产业转型工作进展缓慢，因此，对于黑龙江的资源型城市，我们认为，产业转型的关键，是要迅速建立起若干具有竞争力的大项目，通过大项目的发展，来推动产业转型的不断深入。

第二是行业之间的差异。东北的三类（煤炭、石油、林业）资源型城市虽然在某些方向上，如加快农产品加工业的发展、大力发展北药产业等方面有一定的共性，但在发展的重点上，各自应有所侧重，如煤炭资源型城市在转型中应侧重于煤化工产业的发展，石油资源城市的转型应侧重于石化产业链的延伸，而林业城市则应把重点放在林产品的深加工和速生林种的培育方面。

因此，东北资源型城市在产业转型的过程中，应特别贯彻区别对待、分类指导的原则，针对不同地区和不同类型的资源型城市，采取不同的产业转型科技支持战略和政策，促进产业转型的顺利推进。

2. 加大国家科技支持与发挥市场机制作用相结合。

促进东北资源型城市的产业转型，既要充分发挥市场机制在资源配置中的基础性作用，又要加大国家的支持力度，发挥政府的规划和引导作用。国家对资源型城市产业转型的科技支持，主要体现为加大科技资金的投入力度，加快科技体制改革的步伐，并为民营科技企业发展和企业科技创新创造一个好的外部环境。东北资源型城市多年来牺牲了地方自身利益，为国家经济建设作出了巨大贡献，而自身的财政积累却很少，自我发展能力很差，完全依靠市场机制，很难吸引科技项目和科研资金投入到产业转型中。因此，在东北资源型城市的转型过程中，国家必须给予一定支持，特别是资金的支持。但国家对产业转型的科技支持能力同转型的科技需求相比毕竟有限，因此，充分发挥国家支持的导向作用，将国家的支持作为撬动产业转型的杠杆，充分发挥市场机制的作用，吸引各方面的资金和力量投入到产业转型中,不断增加国家投入的效果,是东北资源型城市转型的关键所在。

3. 正确处理好中央和地方之间的关系。

解决好中央和地方之间的关系,对东北资源型城市的顺利转型具有重要意义。首先,要处理好中央政府和地方政府(省级)之间的关系。资源型城市曾经为国家经济建设作出了重大贡献,因而,加快资源型城市的转型,不单纯是地方政府的事情,中央政府在资金、政策和项目上也应给予支持;但毕竟中央政府的支持,更具有宏观的特点,地方政府应将中央的政策深入细化,落实到实处,这样才能起到良好的效果。同时,省级政府也应尽最大的努力,如在资金配套、人才培养等方面支持地方的产业转型。

其次,要处理好中央企业和地方(资源型城市)经济增长之间的关系。东北资源型城市转型中存在的一个突出问题是,资源型城市中的中央大企业,具有人才和技术方面的优势,但这些优势向地方辐射的力度却很小,地方养育了中央企业,而这些企业对地方的回馈却很少,这一问题在石油资源型城市中特别明显。因此,充分发挥中央企业的科技人才优势,加强中央企业同地方经济的联系,为地区经济转型作出贡献,对东北资源型城市转型具有重要意义。

4. 科技支撑要依托于产业转型和重大项目。

在资源型城市建立健全的科技创新体系,是资源型城市转型中科技支撑不可缺少的重要组成部分,它可以为资源型城市产业转型提供良好的科技创新环境。另外,产业转型的增长点来自于重大项目,项目实施的结果对产业转型至关重要,科技支撑只有依托于项目,这样才能使科技支撑落实到实处,使项目发挥最大的效益,科技支撑也有了深化的方向。因此,在转型过程中,一定要深入研究矿产资源城市的产业特征及发展方向,通过选择对产业转型具有重要意义的项目,围绕项目进行深入研究,进而确定科技支撑的内容,则可以起到事半功倍的效果。

三、煤炭资源型城市产业转型的
科技支撑战略

煤炭城市是资源型城市的重要组成部分，在东北资源型城市中数量最多，历史上曾为我国的经济建设作出过巨大贡献，但随着市场经济的发展，计划经济体制下形成的单一产业结构、单一城市功能的弊端日益凸显，有些甚至由于资源日趋枯竭而面临衰亡，急需国家有关部门及地方政府加大扶持力度，通过转型实现可持续发展。下面主要从东北煤炭资源型城市产业转型中面临的突出问题入手，分析产业转型的科技需求，提出促进煤炭资源型城市产业转型的科技对策。

（一）煤炭资源型城市产业转型及面临的主要问题

1. 东北煤炭资源型城市的数量及分布。

煤炭城市通常是指通过采掘煤炭资源而形成和发展起来，且煤炭工业尤其是煤炭采掘业在城市经济结构中占有主导地位的城市。根据煤炭产业的增加值占城市 GDP 的 10% 以上、煤炭产业从业人员占城市全部就业人员的 15% 以上的标准衡量，东北地区共有煤炭资源型城市 12 座（见表6），占全国煤炭资源型城市的 8%。

根据煤炭资源的开采程度和煤炭城市的发展状况，煤炭资源型城市大体可以划分为成长型、成熟型和枯竭型三种，东北有成长型煤炭城市 2 座，成熟型煤炭城市 3 座，枯竭型煤炭城市 7 座，分别占全国的 11.8%、2.8% 和 26.9%。① 其中，辽宁省的 6 座煤炭型城市中枯竭型城市就有 5 座，在东北地区乃至全国均是最多的。可见，东北地区尤其是辽宁省的煤炭资源型城市在全国占有相当重要的地位，探索煤炭资源型城市产业转型的科技支撑，不仅对于振兴东北老工业基地有重要的意义，而且对于全国其他地区

---

① 全国有成长型煤炭城市 17 座，成熟型煤炭城市 107 座，枯竭型煤炭城市 26 座。

的煤炭资源型城市的产业转型也具有重要的借鉴价值。

表6 东北地区煤炭资源型城市的分布及发展阶段

省　份	城市名称	发展阶段	省　份	城市名称	发展阶段
黑龙江	鹤岗	老年	辽宁	抚顺	老年
	七台河	幼年		阜新	老年
	双鸭山	中年		本溪	老年
	鸡西	老年		调兵山	幼年
吉林	舒兰	中年		南票	老年
	珲春	中年		北票	老年

2. 煤炭资源型城市产业转型面临的主要问题。

(1) 经济增长滞后，居民生活普遍较低。煤炭城市的煤炭产业在青春期曾给城市经济带来了勃勃生机，但是进入市场经济之后，特别是当煤炭资源枯竭时，城市经济突然失去了有力的支撑，结构单一的矛盾突出表现出来。加之市场竞争异常激烈和世界经济一体化进程的加快，迫使东北地区一大批煤炭城市陷入了困境。如"九五"期间阜新 GDP 平均增速只有2.7%，北票则呈现负增长，①双鸭山市也只有2%，不仅低于全国平均水平，而且远低于西部地区的经济增长速度。这一方面直接导致地方财政入不敷出，城市基础设施建设滞后，特别是破产矿区基础设施改造欠账十分严重；另一方面受整个城市经济发展缓慢的影响，居民生活水平普遍较低。如阜新目前全市处于最低生活保障线以下的特困人口达 19.98 万人，占市区人口的 1/4，离岗职工每月平均生活费只有 85.6 元，仅相当于低保标准的54.9%；黑龙江的鸡西、鹤岗、双鸭山、七台河四大煤城目前低于最低生活保障标准（每月 117 元）以下的居民数量达到 30 万人，而且特困人口还有加大的趋势。

(2) 经济总量不足，地方财政拮据。随着煤炭资源的逐渐枯竭，煤炭产业日益衰退，而接续产业尚未形成，导致城市经济总量严重不足，地方财政拮据，难以维持城市的正常运转。2002 年阜新市人口占辽宁省的

① 辽宁省发展和改革委员会：《辽宁省资源型城市经济转型专项规划》，2004 年 8 月，第 3 页。

4.6%，而地区生产总值只占 1.6%，多年来阜新财政一直靠上级补助维持运转，全口径财政收入仅占辽宁省的 1.6%，其中 2000 年全市地方财政一般预算收入 4.2 亿元，人均 217 元，相当于辽宁省平均水平的 34.5%。而双鸭山市虽然有着地级市的财政供养框架，却只有一个县级市的经济实力。2002 年双鸭山市地方财政一般预算收入 2.6 亿元，人均只有 173 元，仅为黑龙江省平均水平的 26.5%，在全省 13 个地（市）中名列倒数第二位。这种财政状况保"吃饭"已经非常艰难，根本无力发展经济和各项社会事业。

（3）生态破坏加剧，环境污染严重。长期以来煤炭工业发展所造成的生态破坏和环境污染十分严重，一方面造成大面积地表塌陷。如目前辽宁省共有 7 处较大的采煤沉陷区，总面积 333km²，涉及住宅面积 630 万 m²、居民近 11 万户、[①] 32.8 万人。黑龙江双鸭山市矿区的 8 个采煤沉陷区总面积达 133km²，最大下沉值 10.95m，沉陷区工业受损社区和村屯 27 个；到 2002 年年底，黑龙江省鸡西矿区地下采空面积达 214km²，地面沉陷面积达 156km²。另一方面，产生的众多煤矸石带来了严重的水体和大气污染。阜新城区及周边地区现有大小排土场、矸石山 23 处，累计堆放量 20 亿 m³，压占土地面积 32km²；阜新煤炭资源开采每年产生工业废水 3000 万吨，大部分未经处理直接排放到农田、河流中；双鸭山市年废水排放总量为 19070 万吨，由于没有城市污水处理厂，水质维持在 V—VI 级水平；市区大气总悬浮颗粒年平均值超过国家二级标准，在冬季是国家二级标准的 10 倍以上。

（4）就业岗位不足，社会矛盾突出。在煤炭城市，以煤炭企业为主体的庞大的职工队伍，随着转型的不断深入，下岗和失业职工急剧增加，矿区职工转移再就业的压力相当沉重。如 1998 年以来阜新市累计下岗人数达到 24 万人，大约有 15 万人（占下岗总数的 63%）实现了再就业，其中稳定就业的只有 3.5 万人（占就业人数的 23%）；2004 年全市下岗职工失业人员达 15.6 万人，实际失业率达到 1/3 以上。2002 年双鸭山市下岗职工和失业人员高达 8.2 万人，其中煤炭行业下岗职工达 3.9 万人，且城市每年新增就业人口 0.6 万人，还有 7.9 万农村剩余劳动力需要转移，劳动力的就业形势非常严重。由此而引起的社会不稳定事件（集体上访、卧轨、堵塞交通等）时有发生。

（5）科技人才缺乏。东北煤炭资源型城市中拥有专业技术专长的劳动

---

① 辽宁省发展和改革委员会：《辽宁省资源型城市经济转型专项规划》，2004 年 8 月，第 4 页。

力总数并不低，但多数劳动力从事采掘、加工和维修等工作，缺乏在市场经济条件下懂经营、善管理的复合型人才；除科技人员、管理人员和部分技术工人从较大范围迁入以外，煤炭资源型城市的相当一部分劳动力来自农村，文化教育水平普遍偏低，技能单一，煤炭资源型城市大多存在结构性人才短缺现象。同时，煤炭资源型城市的教育基础薄弱，缺乏必要的人才培养、职工培训等科研教育机构，难以自主培养适应市场经济发展和产业转型所急需的大批高层次人才；由于煤炭资源型城市大多处于偏远地区或欠发达地区，落后的交通通信、艰苦的生活工作条件及较低的工资福利待遇，均难以对人才产生吸引力，加之，在人才自主择业、自由流动的条件下，不但难以从外界吸引人才，还出现本地人才大批外流的现象，如黑龙江双鸭山矿业集团已有 5 年没有采煤专业的大学毕业生分配到企业工作。①这些削弱了现有的人力资本存量，使本来就人才匮乏的城市更是雪上加霜，增加了产业和城市转型的难度。

（6）科技投入较少。一方面，煤炭资源型城市科学事业费支出增速低于全国平均水平。2002 年与 1995 年相比，全国财政预算支出中科学事业费增长了 170.2%，而东北多数煤炭资源型城市低于这一速度，其中个别城市如鹤岗不仅没有增加，反而有所降低（见表 7）。从图 2 中可以清楚地看出，除双鸭山外，东北其他煤炭资源型城市地方财政预算支出中科学事业费支出的增长指数都低于全国平均水平。另一方面，煤炭资源型城市科学事业费支出占地方财政预算支出的比重低。如果以科学事业费支出占当年地方财政预算支出的比重来衡量地方政府对科技事业的支持力度，则 1995 ~ 2002 年东北典型煤炭资源型城市该比重大都低于全国地级以上城市的平均水平，也低于东北三省地级以上城市的平均水平（见表 8）。科技事业费支出比重低也是影响煤炭资源型城市产业转型、结构升级和可持续发展的重要制约因素。

---

① 双鸭山市人民政府：《双鸭山市振兴老工业基地总体规划（2003 ~ 2010）》，2003 年，第 3 页。

表7　　东北煤炭资源型城市地方财政预算支出中科学事业费支出　　　　单位：万元

城市名称	1995 年	1996 年	1997 年	1998 年	1999 年	2000 年	2001 年	2002 年	2002 年比 1995 年增长的%
鸡西	116	119	163	188	272	260	311	240	106.9
鹤岗	130	74	64	70	67	74	81	112	－ 13.8
双鸭山	40	40	40	82	77	111	143	186	365.0
七台河	—	81	105	126	121	110	157	179	121.0[1]
抚顺	1150	1024	654	894	1122	1140	1190	1340	16.5
本溪	484	509	459	451	434	485	529	637	31.6
阜新	277	331	596	350	494	437	512	533	92.4
全国[2]	302	349	409	439	544	576	703	816	170.2

注：[1] 为 1996 ~ 2002 年的增长幅度；[2] 科学事业费支出的单位为亿元。

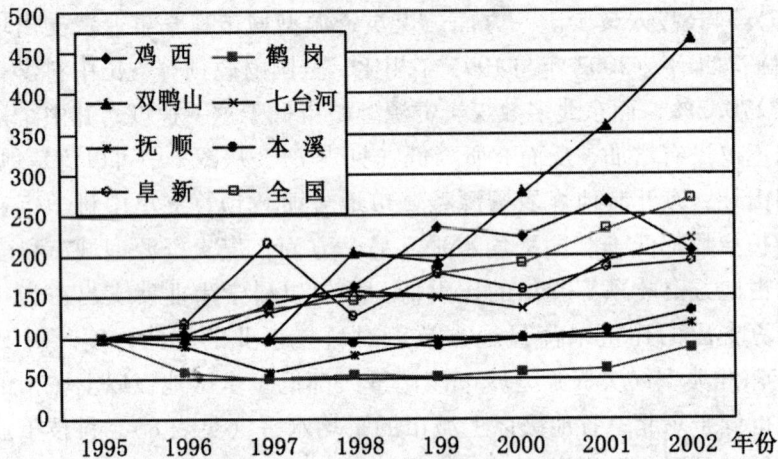

图2　东北煤炭资源型城市地方财政预算支出中科学事业费支出增长指数

表8　　　东北煤炭资源型城市地方财政预算支出中科学事业费支出比重　　　单位:%

城市名称	1995 年	1996 年	1997 年	1998 年	1999 年	2000 年	2001 年	2002 年
鸡西	0.45	0.34	0.43	0.44	0.76	0.63	0.60	0.45
鹤岗	0.56	0.29	0.23	0.21	0.16	0.18	0.15	0.19
双鸭山	0.19	0.18	0.17	0.34	0.25	0.33	0.34	0.37
七台河	—	0.46	0.55	0.59	0.49	0.41	0.45	0.46
抚顺	0.77	0.71	0.41	0.51	0.56	0.50	0.45	0.50
本溪	0.45	0.51	0.42	0.40	0.29	0.30	0.27	0.32
阜新	0.50	0.54	0.87	0.65	0.42	0.47	0.31	0.32
东北三省	3.06	0.60	0.68	0.68	0.62	0.68	0.70	0.47
全国	1.10	0.64	0.73	0.83	0.69	0.77	0.91	0.67

3. 对煤炭资源型城市产业转型效果的评价。

煤炭城市是东北资源型城市矛盾比较集中、比较突出的地方,因此提出转型的时间比较早,但是目前看来,转型效果并不理想:

(1) 东北煤炭资源型城市真正完成转型任务的几乎没有。除抚顺之外,多数煤炭城市并没有从根本上解决接续产业问题,只是通过各种渠道解决了部分下岗职工就业的燃眉之急。[①] 由于接续产业没有发展起来,煤炭产业虽然已经衰退,但仍占据着城市经济的主导地位,致使经济发展举步维艰。

(2) 有的煤炭资源型城市从表面上看已经完成了转型任务,但产业转型的根本问题并没有得到解决。如2002年本溪市已将矿井全部关闭,煤炭产业已经从城市中消亡,但是接续产业并没有发展起来,弥补不了原来煤炭产业所创造的价值;一大批下岗职工的再就业非常困难;环境治理的欠账也比较多。

(3) 有的煤炭资源型城市面临矿竭城衰的威胁,引起了各级政府的高度重视,正在开始转型。如辽宁省阜新市曾是新中国最早建立的煤电生产

---

① 以“煤都”著称的抚顺,早在20世纪60年代就从以下三方面对工业结构进行调整,取得了较为成功的经验:一是在油页岩的基础上建立炼油厂,大力发展基于石油资源的替代产业,目前原油年加工能力超过1000万吨,近年又建成50多个生产石化产品的工程;二是建设坑口电站;三是发展冶金工业。1995年抚顺的石化、冶金、电子等工业产值占全市工业总产值的46.9%,而煤炭采选业仅占6.5%,昔日的“煤都”现已发展成以石油、化工、电力、冶金、机械、电子、建材等部门为支柱的综合性工业体系,成为辽中南的综合性城市。

基地之一，"一五"时期国家的 156 个重点项目中就有 4 个能源项目安排在
阜新。到 2000 年年底，阜新共为国家发电 1500 亿 kW·h，累计生产原煤
5.3 亿吨。近 20 年里阜新 14 座煤矿相继报废，78 万人的城市下岗人员达到
15.6 万人，到 2005 年将超过 20 万人。阜新的产业转型思路是退出第二产
业，进入第一、三产业，进军现代农业、设施农业，用生产工业品的方法
生产农产品，做强第一、三产业，解决矿区下岗职工再就业，实现资源枯
竭后的经济转型。

（4）一些煤炭城市虽然感到煤炭资源日益萎缩的严重性，但对转型缺
乏足够的认识，没有紧迫感。

（5）处于成长期的煤炭城市，虽然会遇到一些矛盾，但对转型并没有
引起重视，甚至根本没有考虑，这些城市目前是加紧开采，使煤炭产业越
做越大，而不是未雨绸缪，提前培育接续产业，存在明显的短期行为。

（二）煤炭资源型城市产业转型的科技需求

煤炭资源型城市产业转型不是权宜之计，必须着眼于未来，特别是接
续产业的发展，将影响到未来十几年甚至几十年区域经济发展的后劲和质
量。因此，要把科技支撑这条主线贯穿到煤炭资源型城市产业转型的各个
方面，实施高起点转型。

1. 接续产业的培育。

煤炭资源型城市产业转型需要培育接续产业，但是发展什么接续产业
则是煤炭资源型城市产业转型顺利推进的一个难题。1993～1997 年辽宁省
煤炭局争取到 11.3 亿元贴息贷款发展多种经营，先后上了 177 个项目，但
运行至今，已有 75 个关闭破产，33 个亏损经营，余下的则在苦苦挣扎。其
中最关键的原因是市场问题，由于所上项目多数为大路货产品，必然导致
竞争力缺乏。开发新产品，发展高新技术产业，需要雄厚的科研力量和高
素质的职工队伍，而相对而言煤炭资源型城市人才、技术力量薄弱，由此
产生科技需求。加大科技进步的投入力度，积极开发新技术、新工艺，将
有助于煤炭资源型城市的产业转型。这些新技术和新工艺主要体现在如下
几个方面：

（1）煤化工。我国富煤少油，2002 年原油进口量已达到 10269.3 万吨，
天然气资源也有限，但煤炭资源可采储量居世界第二位。因此，充分利用
煤炭资源，大力发展洁净煤技术和新一代煤化工技术，对煤炭进行深加工

的研究和应用，对我国有效利用能源和促进经济可持续发展具有重要的现实意义，对保护国家安全具有深远的战略意义。将煤炭作为燃料销售和将其作为化工原料销售以及加工成化工产品销售，其价值相差上百倍、上千倍。① 21 世纪煤化工发展的主流是发展煤炭洁净利用技术，发展洁净煤利用最关键的技术（包括醇燃料和烃燃料）及多联产工艺技术。其产业化重点应放在发展量大面广、在能源安全和环境保护上最具影响的煤制马达燃料和洁净煤发电技术。为了谋求生产过程的污染最低、能量利用效率和经济效益最高，在有条件的地区发展煤电化一体化多联产集合或组合技术。

此外，还要推进煤炭液化和气化技术的开发和应用。继续做好煤炭地下气化试验，探索煤炭开发和利用的新途径。

（2）加强对煤层气利用技术的研究与开发。东北 2000m 以浅煤层气资源量为 24798 亿 m^3，占全国的 7.6%，相当于 34 亿吨标准煤。我国政府在财政、税收等方面制定和出台了一系列扶持政策和产业优惠政策，把煤层气的开发利用列入鼓励外资投资产业目录和当前国家重点鼓励发展的产业与技术目录之中。国际上天然气化工利用研究的战略目标是为 21 世纪全球能源和石油化工原料结构的转变做技术储备，研究重点是天然气直接或间接转化生产液体燃料、烯烃、芳烃和含氧有机化学品四大领域。天然气化工传统产品新技术的研究开发转向以节能为中心的技术开发，集中体现在合成氨和甲醇的节能新工艺及装置大型化的开发上。若干年来，我国天然气化工的发展主要还是依靠引进技术，国内研究单位着重研究开发催化剂、助剂等消化引进配套研究项目，缺乏组织总体工艺、关键设备及工程放大的研究开发。目前，我国天然气化工还未摆脱引进技术的局面。

煤层气化工今后研究开发的重点是：煤层气制合成气新工艺、新催化剂；煤层气制甲醇（二甲醚）生产装置大型化；煤层气制烯烃；煤层气制乙炔旋焰炉技术及联产乙烯技术。

（3）开发利用与煤共伴生矿物。加强煤系地层中共伴生矿产资源，如高岭土（岩）、膨润土、油页岩、蒙脱石、石膏、硫铁矿、硅藻土、耐火黏土等矿物的开发和利用，合理配置矿区生产力要素，发展共伴生资源的深加工，开拓新的经济增长点，提高企业经济效益。

---

① 有关资料表明，如果将煤焦油炼成苯、增效剂，产值分别增长 42.5 倍和 200 倍，再深加工成染料、医药和化纤产品，产值可分别增长 500 倍、750 倍和 1750 倍。

（4）加强对煤炭副产品和废弃物（如煤矸石、煤渣、洗煤泥等）综合利用技术的研究与开发。如根据煤矸石的不同特性，可用于回填塌陷区、铺路、制砖、生产水泥、供热、发电、生产化工产品等，这就提出了不同的技术要求，通过不同技术层面的研究与开发，并应用于生产和生活，既可以减少对环境的污染，又可以变废为宝，增加效益。

（5）研究并提供洁净煤技术，提高煤炭的洗选加工水平。目前我国原煤入洗率只有24%，今后应逐步向100%的入洗率过渡。据估算，在正常情况下，每入洗1吨原煤可以去除0.15～0.2吨煤矸石，减少50%～70%的天然硫，同时还可以获得20元的利润。

（6）研究开发在原有矿床周围和深部加大勘探开发力度及寻求发现新矿点的新技术和新工艺，增加资源储备量和延长矿山的生命周期。

2. 生态环境的治理。

利用科技创新寻求解决环境治理的新方法和新思路，这方面国内外已有成功的经验可以借鉴。如德国鲁尔区通过"造地复田"、"复垦绿地"以及综合利用等方式，许多报废的矿井得到了重新修整，大都成为传统教育或培训实习的基地。鲁尔区的埃森市则凭借其广阔的森林和湖泊，成为当地的休闲和服务中心。当地民众还将废弃的厂井和炼钢厂改造成博物馆，将废弃的煤渣山改造成室内滑雪场，甚至还利用废弃的煤气罐、矿井等开发出了一条别具特色的旅游路线。黑龙江七台河市在治理塌陷的同时，积极探索沉陷治理的新路子，在全国首创塌陷学科，并成功在沉陷区建成了抗塌陷一条街；安徽省淮北市以复垦复绿为基础，对塌陷区进行综合治理，走"宜农造田、宜林植树、宜水养殖、宜工办厂"的多元化开发之路，使塌陷区治理成为"全国土地复垦示范区"。这些都说明了科技在煤炭资源型城市生态环境治理中的重要作用。

东北煤炭资源型城市生态环境治理的一个特殊的科技需求是阜新海州露天矿大坑的治理和利用问题。海州露天矿是"一五"时期我国建设的第一个露天矿，2005年因资源枯竭将闭坑，由此留下一个面积达 $8km^2$ 的大坑。届时失去人工维护的大坑，每年将有 800 万～1200 万 m^3 的各类水涌入，这将带来一系列的水文地质问题。有可能水灌高德矿，也可能渗入目前正常生产的孙家湾煤矿；随着地下水向矿坑的汇集，将使原来的疏矸边坡成为冲水边坡，致使边坡岩体强度弱化，浮脱力增加，恶化周边地质环境，加速地质灾害的形成……这些都迫切需要进行研究。

此外，还有通过污水治理新技术和新工艺研发，减少污水排放量，实现清洁生产；依靠科技进步减少水处理厂的建设投资，提高处理效率等，实现从末端治理向源头治理和全过程控制相结合方向转变，逐步实现污染零排放。

3. 人才的利用与培训。

从目前看，东北煤炭资源型城市的教育培训、科普事业的发展都需要系统规划和长远部署，投入短缺、人才流失、科普创作后劲不足等问题比较突出，这些都需要给予高度重视，从根本上加以解决。

在科技人才建设、培养与国民教育方面，东北煤炭资源型城市需要抓好如下工作：建立有利于发挥本地已有科技人员作用的激励机制；建立外部优秀科技人力资源的引进和使用机制；完善梯级培训体系和科技培训协作网，系统培训科技管理干部、科技人员、管理人员和企业家；搞好当地下岗职工的就业培训，提高他们的转岗就业能力；加强科普场馆等基础设施的建设；编写系统科技培训及技能培训教材；等等。

4. 区域科技合作与交流。

东北煤炭资源型城市与外部其他区域，特别是东部沿海经济发达地区的合作需要在以下几个层次上进行：

（1）高水平的科技交流。通过双方共同攻关科研项目，培养科研机构的合作协同意识，有助于东部经济发达地区的先进技术和思想通过知识流动、人员流向煤炭资源型城市，从而有助于提高当地科技人员的素质。

（2）科研合作。东部沿海发达地区有许多高水平的科研成果，但由于各种原因难以开展中试，制约了科技成果向生产的转化，东北煤炭资源型城市可以吸引与本地有关的技术进行合作研究和试验。

（3）高新技术的转移。东北一些煤炭资源型城市（如阜新、抚顺等）具有一定的科技实力，可以与其他地区通过兼并、重组或以资本、技术等生产要素参股等方式，优势互补，强强联手。

在区域科技合作与交流方面的需求主要有：在煤炭特色技术领域建立联合开发研究的机制；建立有效的适用技术转移机制；形成有利于科技交流和合作的良好环境等。

5. 科技工业园区、现代农业科技园区的建立和完善。

从某种意义上讲，主导世界经济的力量正在从工业区向科技工业园区转移，科技工业园区正在成为知识经济时代的增长极和原动力。东北部分煤炭资源型城市（如阜新等）建有科技工业园区，这些科技工业园区作为煤炭资源型城市发展高新技术产业的主要基地，是东北煤炭资源型城市重要的高新技术研发、孵化和产业化平台，是重要的区域经济增长点，是今后东北煤炭资源型城市核心竞争力的主要标志和重要组成部分。

目前，这些科技工业园区面临的主要问题有：企业的创新能力比较弱，普遍缺乏核心技术；竞争对手的全球化，使比较优势面临挑战；科技工业园区的行政主体地位不明确，管理权限授权不够，落实不足；中介服务体系的地位没有得到充分肯定，作用没有得到充分发挥。为此，必须寻求新机制、新动力，进行"二次创业"。由此产生的科技需求有：科技工业园区的规划及现代城市功能的建设；技术政策与产业政策的融合途径；加快科研成果的产业化与商品化；协调政府、企业和研究机构各方资源；优化创新创业环境；创新基地的建设及创新链的培育；高新技术产业基地建设及主导产业的产业链培育。

阜新是我国重要的煤炭基地，目前进入了煤炭产业衰退、接续产业没有形成主导产业的空当期。阜新农牧业资源丰富，开发潜力大，气候、光照条件好，未受污染的地下水和地表水资源丰富，整个地区具有宜农优势，适合发展现代农业和畜牧业，生产绿色食品优势明显。丰富的粮食、肉类为食品工业的发展提供了一定的物质基础。因此，阜新选择了发展现代农业作为接续产业。2001年9月科技部正式批准在阜新建立"辽宁阜新国家农业科技园区"（全国试点园区之一），这也是辽宁省唯一一家国家级农业园区。在农业科技园区的建设完善、改造东北地区传统农业方面的科技需求有：积极引进、开发农业新技术和新品种；加快农业科技园区和农业科技中介服务体系建设；培育农产品精深加工龙头企业；加强农业领域交流与合作；建立高效农业科技管理体系等。

（三）促进煤炭资源型城市产业转型的科技支撑对策

1. 制定煤炭资源型城市产业转型的总体规划。

东北煤炭资源型城市大多面临着"矿竭城衰"的威胁，必须对这些城市进行超前研究和科学规划，使其向着积极和有效的方向转化。国家有关部门应在搞好阜新转型试点的基础上，尽快制定《东北煤炭资源型城市产业转型的总体规划》，明确地域范围、转型的目标和任务、战略重点、实施阶段、配套设施以及中央和地方的责任等，根据煤炭资源型城市的不同发展阶段，实施差异化的转型战略。对于新建的煤炭资源型城市，要从可持续发展的高度对资源开采方式、用工制度等进行科学规划，在新矿区（井）开采伊始就充分考虑、估计相似资源城市或地区遇到的环境、就业、替代产业等诸多问题，即从源头上规避转型的发生；对于处在成长和鼎盛期的煤炭城市要走多元化发展道路，必要时控制主导产业规模，避免为单纯追求产值和政绩而过度消耗资源，为转型赢取时间；对于枯竭型的煤炭城市，要重点帮助其解决发展接续产业、恢复环境、劳动力再就业等问题。总之，要通过国家规划，对东北煤炭资源型城市的转型进行统筹安排，明确国家对不同类型城市的支持政策，使之公开化、规范化和制度化，防止头痛医头、脚痛医脚，使煤炭资源型城市的产业转型有计划、分阶段地推进。

2. 加强勘探工作，寻找新的资源开采地或加强资源的深部开发，延长矿山的服务期限。

（1）适当延长产业链和资源开发期限。任何城市的产业结构都有很强的发展惯性，尽管市场变化和资源枯竭已成为煤炭资源型城市经济危机的根源，但在短时间内完全抛弃资源产业也是不现实的。资源开发型企业的挖潜和创新，将为煤炭资源枯竭型城市产业转型和多元化发展提供相对充裕的时间和资金。对于政府而言，要为国有大中型企业和培育新产业创造最有利于市场竞争的外部环境，并建立规范的企业退出机制。

（2）加强东北地区公益性、基础性地质调查工作，为东北地区经济振兴提供基础性和先导性资料。加强关系到国计民生和国家安全的战略资源和国家重大工程建设的前期地质勘察，优先部署东北重要经济区的综合地质调查、战略性矿产资源的勘察评价。重点加强东北矿产资源潜力的调查评价，为制定东北地区矿产资源勘察规划和社会经济发展规划提供依据，为东北地区经营性矿产开发提供基础信息服务，以降低企业的投资风险。鼓励利用多渠道社会资金开展以市场需求为导向、以经济效益为目标的商业性矿产资源勘察工作。鼓励在边远及少数民族地区等经济欠发达且具资源潜力的地区进行适应市场需要的矿产资源勘察；鼓励矿山企业在矿区，特别是资源耗竭矿区的周边和深部开展矿产资源勘察，增加后备资源，减缓产量递减。

3. 用高新技术培育接续产业。

把科技支撑贯穿到煤炭城市产业转型的各个方面，通过加速科技成果转化和实现科技产业化等途径，扶持开发一批高新技术产业，推广一批高新技术成果，培育一批高新技术企业，扶持一批民营科技企业，培养一批复合型人才。要加强与国内外科研院所的交流与合作，加快具有配套的现代管理机制和科学研究体系、科研成果转化基地的建设。要用高新技术和先进适用技术改造传统产业，促进结构优化和产业升级，以信息化带动工业化，走新型工业化道路。具体而言，一是发展资源型高新技术产业，通过高科技作用于资源开发和多层次加工并获取高附加值；二是用高新技术改造传统产业；三是率先进入高科技产业中劳动力使用比较多的区段。通过上述途径，利用煤炭资源型城市与发达国家和地区的技术差距，以引进先进技术为主、自主研发为辅来取得技术创新，使自身最快速地积累资本，最快速地提高要素禀赋结构、产业结构和技术结构的水平。

4. 大力推进科技工业园区和现代农业科技园区发展。

（1）开展科技工业园区政策研究。研究新时期适合科技工业园区发展的切实可行的相关政策，研究有利于区域经济发展的科技工业园区的政策需求。

（2）积极协调有关部门，根据实际情况调整和适当扩大科技工业园区的建区面积。主要用于高新技术创新、创业以及技术含量高的产业化示范项目；支持在科技工业园区的周边拓展相应的城市新区，接受科技工业园区的辐射和带动，并为高新技术产业化的发展创造完善的环境。

（3）加强科技工业园区创新创业环境和创新服务能力的建设。大力推动科技工业园区的法制、体制及人文环境建设，重点支持创业中心、大学科技园、海外学子创业园等各类孵化器服务平台建设。

（4）设立专项扶持资金和给予专门的财政贴息。重点支持科技工业园区内一批在经济发展中起到带动作用的高新技术项目，加大对区域经济发展的拉动作用和对传统产业的辐射作用。

（5）促进民营科技企业发展。引导民营科技企业进入科技工业园区，通过中小企业创新基金、农业转化资金等向科技型民营企业倾斜。

（6）加大科技对现代农业的支持力度。积极引进和开发一批经济效益高、增产潜力大、覆盖面广的农业、畜牧业、林业、水产等新品种和新技术，全面提升东北地区农业品种质量，提高农业良种覆盖率。加大对重点育种基地以及转基因制种基地的扶持。加快东北地区农业特产资源业的发展。

（7）整合东北农业科技资源，建设东北农业科技创新中心。建立农业科技信息交流、科技成果转化和农产品交易平台等现代农业科技服务网络体系。

（8）发挥科技的示范作用。实施农产品深加工专项，扶持一批科技型农产品加工重点龙头企业，建设一批农业科技创新基地和产业化示范基地。

（9）继续加大对阜新国家农业科技园的支持。

5. 建立一套完善的人才引进机制，营造良好的人才使用环境。

（1）建立一套完善的人才引进机制。加大高层次人才的培养力度，重点加强对中青年技术创新人才、外向型人才、管理型人才和企业家队伍的培养，通过到国内外高校培训深造，到发达地区、科研院所校挂职锻炼等多种途径，使其尽快成为各个方面的带头人；加强对信息、金融、企业管理、法律等专业人才的培养，积极培养熟练技工类人才队伍，优化人才结构；着力引进一批能跻身国内外领先水平的学科和技术带头人。采取聘用技术顾问、挂科技副职、招标科研项目领头人等多种形式，重点引进高科技创业人才和专业技术人才；鼓励优秀企业与国内外高校、科研院所合作，设立博士后工作站或博士生实习点，鼓励归国留学人员、国内培养的硕士生、博士生等到煤炭资源型城市落户创业；拓宽人才培养思路，积极与国内高等院校联合为转型定向培养高层次人才。如 2002 年辽宁省阜新市通过与中国农业大学、沈阳农业大学和辽宁工程技术大学签订协议，在阜新招收 240 名定向本科生，毕业后回阜新工作。特别是借用了辽宁工程技术大学坐落于本地的优越条件，经双方协商，辽宁工程技术大学及时增加了转型急需的生物技术、生物工程等 4 个新专业，以适应阜新发展现代农业的需要。

（2）营造良好的人才使用环境。制定优惠政策吸引高科技人才参与煤炭资源型城市的经济建设，抢占市场制高点，增强经济竞争能力；逐步建立流动、开放、竞争的用人机制和激励约束机制，营造"引得进、留得住、来去自由"的创业环境；对引进的高层次人才，在编制、职务、职称、住房、报酬等方面依据经济建设需要和个人能力、贡献大小给予特殊优惠政策，对其亲属随迁、就业、子女上学等方面从优安置；支持科技人员以技术入股、技术服务等形式获取合法收益；制定人才奖励政策，设立人才发展专项资金，对研究生以上人才给予生活津贴，提供科研和创业补助经费，对有突出贡献的人才给予重奖。

6. 发挥科技教育的先导作用，重视技术进步和人才培养。

无论老企业的改造，还是新企业的建立和发展，都必须把提高科技含量、科技成果转化为生产力放在第一位。采取有效措施，培养和集聚高素质的科技人才、管理人才和经营人才，努力提高矿业城市的科技含量；优化科技组织结构，建立、健全企业技术创新体系，促进科技经济一体化。为提高煤炭资源型城市的科技水平，既要加强自主研发与自主创新，又要扩大开放，吸引发达国家的新技术、新设备、新工艺，改变矿业开发中传统的粗放经营方式。

加强人力资源的开发与管理。既要创造条件吸引高学历的人才，也要通过转岗培训培养专业技术人才，逐步建立地方自己的专业化科技队伍，建立科研、开发、生产、营销紧密结合的机制。从国内外的经验看，煤炭资源型城市产业转型最大的难点是人员的"转型"。这是因为资源型产业的大多数从业人员受教育程度低，技能单一，适应能力差，转移到其他行业就业的难度大。因此，必须搞好就业培训，为此：一是根据煤炭开采寿命周期曲线运行的规律，对煤炭产业不同发展时期的岗位需求作出科学的预测，然后有步骤、有计划地组织培训，逐步将部分矿工转移到其他产业，这样就可以避免出现因煤矿关闭而导致矿工大批下岗的被动局面；二是大力加强转岗培训，根据新产业发展的需求和个人意愿，开展有计划的职业技能培训；三是通过提供创业支持和优惠政策，鼓励转型人员个人创业和自谋职业，在社会上形成良好的个人创业环境和氛围；四是引导下岗职工树立自主择业及流动就业的观念。

四、石油资源型城市产业转型的科技支撑战略

东北石油资源型城市主要有黑龙江的大庆和辽宁的盘锦，两市所面临的问题既有相似性（如后备资源不足、非油产业薄弱等），同时也存在较大的差异。差异主要体现在两个方面：一是由于大庆的石油开采规模远远高

于盘锦，因此也造成大庆转型的难度较大；二是盘锦的区位优势（如具备港口）和周边的工业基础，是大庆所不具备的。因此，大庆面临的转型压力更大、更具有代表性，同时，大庆的相关资料更加丰富。因此，这里我们主要把研究着重点放在大庆产业转型的科技支撑战略上。

（一）石油资源型城市产业转型面临的主要问题

1. 后备资源不足，储采比例失衡。

截至 2003 年年底，大庆油田累计探明石油地质储量 56.8 亿吨，探明可采储量 23.1 亿吨；累计生产原油 17.74 亿吨，已采出地质储量的 36.3%，可采储量的 76.7%，剩余可采储量仅有 5.4 亿吨。目前，大庆油田已进入高含水后期（一些主力油田综合含水达到 90% 以上），可采难度越来越大，有的已接近经济极限。近几年每年提交的可采储量只有 2000 万吨左右，储采失衡的矛盾进一步加剧。

2. 非油产业薄弱。

2003 年，大庆实现工业增加值 918 亿元，而非油工业仅为 184 亿元，占 21%。大庆经济的 64%，来自于石油开采业，地方财政收入的 72% 来自石油经济。作为接续产业的石化工业，虽然具备一定规模，但产业链短，加工层次低，而且还受到原油加工量不足，化工原料严重缺乏的制约。盘锦市的现状也基本如此。2002 年，全市 GDP 的 65%，财政收入的 80% 来自于油气开采及相关产业。

3. 生态环境退化，生态治理任务艰巨。

大规模、长时间的石油开采等生产活动，使大庆付出了沉重的生态代价。目前，大庆森林覆盖率仅为 9.1%，比全国平均水平低 7.5 个百分点，草原退化、沙化、盐碱化面积已达 84%，特别是油田开采区由于钻井等机械活动，一些地方已经寸草不生，草原荒漠化程度高达 95%；耕地沙化、碱化严重，已有 50 万亩不适合耕种；由于油田生产大量用水，大庆水资源严重匮乏，地下水年超采量接近 1 亿立方米，大庆西部已形成 5500 多平方公里的区域水位降落漏斗。恢复和保护好大庆的生态环境，任务相当繁重。

4. 科技投入不足，地方政府对产业转型的科技支持力度较小。

如大庆近年来市本级财政每年预算列支科技三项费 3800 万元，而真正用于科技创新的不到 1500 万元。2003 年全市高科技企业数量仅占全部工业企业的 16%，高新技术产业增加值仅占全市工业经济的 2.9%；全市 12.3

万名科技人员中，有65%集中在石油石化领域。

（二）产业转型科技需求的重点领域

1. 做长石油工业。

通过上一批加大开发勘探力度、联合开发外围四低油田、做大天然气产业等方面的项目，延缓石油生产开采期，实现以气补油，以多补油，把油产业的寿命延长。通过老油田采用先进开采技术，提高采收率，延长老油田生命周期。利用现代的勘测技术，对大庆周边油田加大勘测力度，发现更多的可采储量。

2. 做深石油化工产业。

（1）将石油化工基础原料做大。目前，大庆已初步规划了百万吨乙烯、百万吨聚丙烯、百万吨复合肥、百万吨甲醇、百万吨醋酸项目，这些项目完成后，对完善大庆的石化产业链，具有重要意义。

（2）做长做深石化产业链。在完善石化基础原料生产的基础上，应发展石化下游产业，重点发展工程塑料、汽车塑料、汽车橡胶等产品，还应大力发展精细化工产品，如表面活性剂、医药农药及中间体、生物化工、炼油催化剂、润滑油添加剂等产品，形成精细化工企业群。

3. 发展天然气化工。

随着国际能源形式的变化，天然气在国民经济中所起的作用将越来越重要，在我国以往的天然气消费结构中，天然气主要作为燃料加以消耗，作为化工原料的比重较小。今后，应充分利用大庆油田和辽河油田的天然气资源，发展天然气化工及其相关的精细化工产品，将是今后油田城市产业转型的另一重要方向。

4. 大力发展非油产业。

非油产业是石油城市经济转型的重要支撑，东北的石油资源型城市的非油产业可以包括以下几个方面：

（1）装备制造业。可以依托东北机械工业基础，结合多年来油田开发形成的石油机械制造的基础，做大做强石油和石化机械制造业，把大庆建设成中国石油石化装备制造中心。

（2）电子信息产业。特别是大庆，已有一定基础，应充分利用依托北方软件园，加快北方软件园建设，通过技术创新及先进技术的引进，扩大自主知识产权，初步建成以企业为主体，产、学、研、用有机结合的信息技术创新体系。在网络通信、计算机、新型元器件、应用电子产品等领域生产出拳头产品。

（3）现代中药和保健品产业。东北地区丰富的北药资源，具有巨大的开发潜力，特别是以北药资源为主体保健品的开发具有广阔的市场前景。目前，北药资源的开发，基本处在空白状态，应抓住这一机遇，充分利用现代生物技术和中药提取技术，高起点、规模化，发展以北药为中心的现代中药和保健品产业，使现代中药和保健品产业成为东北石油资源城市转型的重要支撑。

（4）农产品加工业。依托东北的自然优势，发展规模养殖奶牛、生猪、优良畜种的培育和繁殖技术，同时大力发展乳制品、豆薯制品、禽畜产品、玉米和大豆深加工产业。重点拉长和壮大乳业链、玉米链、大豆链和肉制品链。

5. 生态环境治理。

油田多年的开采，对油田环境产生了较为严重的影响，如大庆的土地盐碱化现象比较严重，应在环境治理上加大投入，使油田真正实现可持续发展。

（三）加大产业转型科技支撑的战略措施

1. 建立以国家投入为主体的资金支撑体系。

东北石油资源城市为国家作出了重大贡献，但由于体制方面的原因，这些城市在发展采油的同时，地方工业发展缓慢，因而造成地方财政收入有限，难以完全依靠地方自身积累实现产业转型。因此，对石油资源城市的产业转型，国家必须在资金上给予相应支持。

第一，应由中央财政，拨出专款建立石油城市转型科技支撑专项资金，直接面向地、县一级科技厅（局），支持石油城市的转型。

第二，中央政府应保证科技三项费用足额到位，并逐年增加，加强地方科技创新能力，保证地方科技创新水平的不断提高。

2. 建立具有石油资源城市特色的科技创新体系。

第一，要加快产学研的联合。支持各类企业与国内外知名高校和科研院所开展技术创新、成果转化、人员培训等方面的广泛合作，实现大学与企业结合，科学家与企业对接；推进高新技术产业化，重点应搞好科技园、创业园等孵化器建设，促进科技变项目，项目变企业；用先进技术改造传统产业，加强重大关键性技术攻关，搞好共性技术的推广普及，大力推进信息技术在传统产业中的应用，重点提高装备和工艺水平，提升产业层次；建立技术创新服务体系，通过资金、政策扶持，建好中介组织机构和信息服务网络，为科技与经济融合提供宽广平台。

第二，推进体制创新。尽快打破科研单位与生产企业各自为政、中直与地方企业科技成果难以交流、科技人员条块所有的现状，放开搞活高校和科研院所的技术开发型、服务型机构，通过重组调整、人才分流，充分释放全市科技潜能；结合存续企业深化改革，促进其科研机构走向市场，使大企业的科研力量和科技成果，由内部封闭循环变为全市通用共享；加快建立有续、透明、开放的科技市场，发挥市场在科技资源配置中的基础性作用。

第三，加强人才队伍建设。一方面，国家应在人才培训方面给予支持，建议国家以大庆高新区为依托，整合人才资源，在大庆高新区设立并优化人才培训体系，加强培训的软硬件建设和多层次的人才培训能力；另一方面，国家应在吸引和稳定人才方面给予政策，鼓励、支持掌握高、精、尖科研项目的高层次人才，到高新区进行科技成果产业化，积极引导两院院士到大庆高新区进行科研项目研究和科研成果转化，将他们的研发基地放在大庆高新区，鼓励院士到大庆高新区组建科研院所，用高新技术改造大庆老石油工业基地的传统产业。

3. 进一步完善科技资金投入体系。

探索科技资金使用与管理新机制。由过去科技资金无偿投入，向贴息贷款、周转金与无偿投入相结合的方式转变，运用市场化机制不断增加政府的有效投入，用政府少量投入吸引社会资金大量跟进，起到"四两拨千斤"的作用，更好地发挥科技资金的投资效益和扶持作用。同时应鼓励企业上市融资，发展高科技项目，壮大科技竞争实力；引导各类商业银行支持企业技术创新；发挥工商投资公司和中小企业担保中心作用，解决民营科技企业资金"瓶颈"。

4. 建立国家级的实验室和工程中心，提高区域自我创新能力。

大庆在石油化工领域有大量的专门人才和专业研究机构，在城市转型中应充分利用这一优势，并联合国内相关的知名科研院所，以大庆为龙头，建设若干国家级的实验室和工程技术中心，作为石油开采、石油化工方面的研发基地，建议科技部在国家级实验室和工程技术中心审批时，对大庆给予一定照顾。

5. 落实大庆市的地级财政权益，增强地方财政实力，促进大庆高新技术产业发展和城市功能建设。

目前大庆市财政仍然不是独立的一级财政，大庆市中省直企业主体实现的增值税全部上缴国家和省里，市财政享受不到税收分成。大庆油化产业占全市 GDP 的 70% 以上，GDP 和工业增加值的转移，形成大庆特有的高效益与低财力的矛盾，造成大庆市财政压力大，接续产业发展资金不足。建议切实落实大庆地级市的权利，打破所有制界限，中省直企业与地方企业的税收在中央地方分配上一视同仁，在有可能的情况下，当前中省直企业增值税留给地方的比例尽可能高一些，以支持大庆产业转型的顺利推进。

6. 国家在项目审批上给予适当倾斜。

资源型城市的产业转型，离不开新的产业项目的支撑。国家在计划和宏观决策时，应适当放宽对资源型城市发展接续产业方面的政策限制，给予更多的支持，特别是将对经济转型有较强牵动作用的产业项目列入重点项目盘子，在国债资金、资源配置以及其他配套政策上给予支持。比如，在石油资源型城市优先布局一些重大基础设施建设项目，如水利、交通、生态环境建设、城市基础设施等项目。

此外，科技部可以在中小企业创新基金中划出一块作为东北专项，支持东北地区发展高新技术产业和区域性科技创新，对资源型城市如大庆发展石油化工、新材料、电子信息、装备制造等高新技术产业给予重点支持。

7. 改革石油、天然气等化工原料的计划统管体制，地企联合发展新石化产业。

石油资源的深度开发利用是振兴大庆乃至黑龙江经济的一个重要战略选择，石油化工是大庆最具发展前景和发展优势的接续产业。而目前由于计划体制的限制，大庆缺乏发展石油化工所需的资源。建议国家放开部分原油计划，用于发展大庆石油深加工产业，促进大庆地区可持续发展。

五、林业资源型城市产业转型的科技支撑战略

东北的森林资源很丰富，其中位于小兴安岭腹地的"祖国林都"伊春，是我国最大的专业化林业资源型城市，也是东北大型资源型城市之一。随着森林资源的日趋枯竭，伊春市也面临着经济结构转型的迫切要求。伊春市在转型时期存在的一些问题，明显带有东北地区其他资源型城市的共性特征。

（一）林业资源型城市产业转型中存在的问题

1. 资源相对枯竭，森林生态系统整体功能下降。

东北有我国最大的林区，森林资源的特点是存量小、分布不均、森林质量下降、结构不合理、经营管理水平较低、林木生长量不高。近些年虽然森林覆盖率在增加，但可采森林资源总量在减少，质量在下降。

伊春是东北地区以林木资源开发为主的森林工业城市，围绕森林资源的开发，形成了以规模化的营林、木材生产、木材加工、人造板、林产化工为主的支柱产业体系。虽然森林资源具有可更新的特点，但由于多年来重采轻育，使得实际可采成过熟林的比重显著降低，根本无法继续支撑现有的庞大的生产能力，仅仅靠着"竭泽而渔"的采伐方式才使现有的企业规模得以维持。到 2004 年，伊春林区林木蓄积量和可采成过熟林储积量分别比开发初期下降了 55% 和 98%。现林管局 17 个林业局已有 12 个无林可采，其余 5 个林业局严重过伐。

长期的过量采伐林木，也使得森林的防风固沙、水源涵养、水土保持等作用日益降低，旱、涝、风沙灾害日趋严重，森林的屏障作用逐渐减弱，导致了整个区域的生态环境恶化。

2. 产业结构单一，替代产业发展不足。

虽然 20 世纪 90 年代以后，国家缩减了森林采伐规模，并大力推进天然

林保护工程，伊春的林业开始由采伐为主向营林为主转变。产业结构经过了几次大的调整，冶金、建材、电力、食品加工、制药等工业部门发展较快。但是，在产业结构中，工业的比重仍然偏高，在全省仅次于大庆市，有50%以上的就业人口集中在工业行业。在工业内部，木材的采运业产值仍占工业总产值的40%，以木材生产、加工、家具制造为主的林产工业产值仍占工业总产值的近2/3，主要的多元化产业部门也仍然大都依托着当地资源特别是林业资源，进行资源的开采和初级加工。主要产品比如板材、中药材、山野菜、水泥、钢铁等，均科技含量不高，附加值比较低，经济效益差。主导产业发展较慢，接续产业发展滞后，新兴产业还没有形成规模，缺少对全市经济具有较强拉动作用的大企业和企业集团。

3. 经济结构不合理，国有企业比重过大。

国有企业在伊春经济中的比重仍然很大，企业多元投资主体尚未形成。因此，企业活力显得不足，林区经济发展缓慢。在经营管理上，也存在一般国有企业常有的经营管理粗放、效率较低，片面追求产出，不重视市场等特点；企业退出市场的机制还不完善，一批浪费资源的企业没有关闭；在社会职能方面，资源型国有企业承担的社会职能更多，负担更重，企业大而全、小而全问题更突出，企业办社会问题还没有根本解决。

从近几年的发展情况看，伊春经济总量虽然仍在增加，但发展速度却明显缓慢。主要工业企业特别是国有企业的亏损面持续增大。从行业来看，除采掘工业稍有利润之外，主要的原材料、加工工业企业全部亏损，特别是制造业亏损面较大。经济持续低速增长，经济效益下滑，社会发展呈现衰退迹象。

4. 依靠科技进步，推动林业经济发展的能力不强。

目前，我国林业还是以粗放经营为主，我国现有的林业技术水平同林业发达国家相比，仍有较大的差距。科学技术对林业经济增长的贡献率仅为21%。林业发达国家林产工业产值已占到林业总产值的90%以上，而我国的林业生产至今仍以原木为中心。

东北林产工业的装备和技术水平普遍比较落后。木材加工业，特别是人造板制造业普遍存在规模小、设备落后、技术力量不足、生产效率低、产品质量差的问题。加上生产管理水平跟不上、木材价格偏高和原料生产浪费严重等原因，造成人造板工业与世界水平的明显差距。造纸企业生产规模小，生产技术落后，生产设备陈旧，生产效率低、品种少、质量差，企业包袱沉重，经济实力不强。因此，难以与国外同行企业和产品竞争。

同时，东北林业资源型城市大都面临科技投入不足，技术人才匮乏的问题。技术进步对经济增长的贡献率低，工业企业更新改造投资少，发展高新技术产业和培植新经济增长点少。人才的流失和短缺，使企业发展受到严重影响。

（二）林业资源型城市产业转型的科技需求领域

经济转型离不开科技支撑。当前，东北林业资源型城市产业转型的科技需求领域主要集中在以下几个方面。

1. 保护和发展森林资源。

坚持森林生态资源利用和保护相结合，加快天然林保护及可持续经营，林业遗传改良及新品种选育，工业用材林及经济林和药用植物培育，林业生态工程建设及生态系统恢复，森林病虫害防治及森林资源保护等技术的研究开发，大幅度提升产业层次和水平。

（1）生态系统保护、开发利用技术，天然林动态监测及评价技术，森林主要病虫鼠害防治技术，林火预报及控制技术。包括：加强森林防火工作，努力降低森林火灾可能造成的影响和损失；积极开展森林病虫鼠害防治，严禁危险性病虫鼠害的入侵和蔓延；利用遥感、信息、计算机等现代化技术和手段，建立快捷、有效的监测评价和信息管理体系，为管理者的决策提供准确、及时、科学的依据。

（2）森林资源培育的技术创新。包括：保护重点公益林，以集约经营为手段，定向培育符合市场需求的速生丰产用材林和经济林；在速生丰产林建设中，要发挥"科技是第一生产力"的保障作用，推行科技兴林战略，建立具有良种繁育、用材林速生丰产、森林保护、水土流失治理、森林生态效益与补偿机制研究；加大科技投入，建立起林木种子生产、种子储存与苗木繁育协调发展的繁育体系。

科技开发利用的重点需求领域有：适用性广，抗逆性强的优质种苗新品种，阔叶、速生、经济树种优质品种；林业遗传改良及优良种苗新品种选育技术，优质种质资源保存技术；工厂化育苗配套技术；珍贵阔叶树种造林技术，经济林人工培育技术，人工用材林优良品种扩繁和优化栽培技术；优质用材林高效利用技术，高出材率和高附加值制材技术，林业信息化技术，林业能源新技术。

2. 木材精深加工。

在木材精深加工方面，当前应重点研究开发以下技术领域：优质环保人造板、高档家具、精品木制品及环保胶漆等辅料生产工艺技术；木材功能性改良，木材重组、复合材料开发。首先，提高人造板产品技术含量。其主攻方向是提高原料的利用率，开发新原料品种和扩大木基复合材料的应用范围，在生产上解决工艺自动化、连续化、高效节能方向发展，并应用计算机、过程逻辑控制和产品质量控制技术。其次，要引进先进技术开发新产品。

3. 多用途开发森林资源。

林下资源丰富，如山野菜、山野果、山药材、食用菌、经济动物等，还有在森林的庇护下，林区内的大气、水体、土壤、生物等要素构成的适宜发展种植业和养殖业的生态环境。以林下资源为依托，开发出山野菜、食用菌、矿泉水、野生浆果、坚果、蜂蜜、花卉等绿色食品和人参、刺五加、五味子、林蛙制品等山药材，以及以森林环境为依托所种植、养殖、采集的无污染、无公害、高营养的鲜活产品。

（1）生产绿色食品。绿色食品是潜力巨大的朝阳产业。森工企业发展绿色食品具有得天独厚的资源优势和环境优势。当前重点是抓好以下工作：①建立健全绿色食品生产标准体制、质量监测体制、检测体系和质量认证体系。②建设一批符合国际标准的绿色食品原料生产基地。③建设一批具有较强牵动力的绿色食品加工龙头企业。④发展生物有机肥料、生物农药、生物添加剂、无污染包装物、储藏保鲜等相关产业。如经济动植物、山野菜、食用菌等食品类制品及保健品系列制品、脱水蔬菜、速冻蔬菜、保鲜蔬菜、即食调味蔬菜、果蔬饮料等。

（2）开发北药。北药种类繁多，已入药典的有100种左右，可用于开发的达1000种左右，且蕴藏量大。北药开发具备较强的竞争优势，已作为林业资源城市产业结构调整的重点。当前应依托野生北药资源优势，建设生药和半成品出口基地。以建立规范化的北药种植和养殖基地为目标，积极发展无公害药材，发展具有区域特色和优势的北药深加工产品。积极开发科技含量高的新产品。采取引进消化与联合研制相结合的方式打造新产品，加快自主知识产权新产品的研制，为开拓国际市场打下良好基础；发挥传统中草药的食疗保健特点，推进保健食品、功能饮品的开发和研制工作，初步形成具有地方特色的北药优势产业群，开拓国内外市场。

（3）发展生态畜牧业。其重点发展方向是：常规养殖的牛、羊、兔；特色养殖的蛙、鹿、狐、野猪等优质高产新品种繁育及规模化养殖技术；高产奶牛、羊繁殖（超排、性控、胚胎移植技术）；高档冷却肉，特色低温熟制品；液体鲜乳、功能性免疫乳、低聚糖发酵乳、保健乳系列制品。

（4）发展森林生态旅游。森林生态旅游是旅游业中增长最快的行业，是世界旅游业的发展方向，将成为21世纪林业的重点发展领域和新的经济增长点。在发展特色旅游的同时，积极开发森林旅游产品，培育一批具有竞争力的森林旅游企业。

（三）林业资源型城市产业转型的科技支撑对策

（1）进一步深化森工科技体制改革，建立起符合市场经济规律和森工发展战略要求的科技创新体系。加强森工企业依靠科技创新和科技成果转化来增强市场竞争力的意识。全面实施科技兴林的战略，促进产学研的结合，推动森工经济快速发展。迅速提高森工企业自身的科技开发能力，促进森工企业的技术进步，提高产品的科技含量，积极参与国际国内的竞争。

（2）加大对林业的科技投入和管理。适当加大对林业的科技投入，设立林业基金制度。对在林业科学研究方面成绩显著的单位或个人，要给予奖励。要加强林业的科技计划管理。由科技界专家参与对政府林业科技经费使用状况和国家重大科技计划的执行情况进行评估审议。

（3）加强林业科学研究，不断提高林业科学技术水平。不断加强科技项目研发和科技成果转化，为资源型城市经济转型提供技术支撑。组织产学研联合攻关，实施关键技术重点突破，形成配套科研能力。不断促进产业升级和技术进步；建立一批以科技为先导的支柱产业和林业科技企业；不断完善科技服务支撑体系。对一些重大项目，组织超前研究。在森林资源的培育，森林火灾防御和控制以及重大森林病虫害预测和防治，森林资源的经营管理，经济林丰产与加工，工业用材和竹林的定向培育与利用等关键技术领域实现重大突破。

（4）注重林业先进技术的推广。加强林业科技推广工作。着力推广适合东北地区森林资源发展的优良种苗繁育及其造林技术，大力推广森林病虫害防治技术、经济林产品加工技术、木材综合利用技术，林化产品加工技术等。不断宣传科技成果，树立对发展科技的正确认识，增强民众的科技意识，推动先进技术的运用。

（5）加强科技队伍建设，培养林业科技人才。科技人才是第一生产力的先行者，是科技创新的主体。在科技队伍建设的过程中，要大力培养具有一定专业知识和实践经验的技术人员从事科技工作，选拔一批优秀的科技工作者进入领导岗位。加强不同层次的职业技能培训，不断提高林业工作者的专业素质。

（6）扩大对外技术交流与合作。要加强与国内外知名高校、科研机构、大型企业的联系与合作；在重视国内自主研究与开发的同时，适当引进国际上先进的森林工业科技成果和技术，加速发展。积极开展国际间的合作研究，组织国内外科研机构的联系，保持与发达国家研究机构、大学与工业界研究机构建立较为固定的合作研究关系。此外，利用地缘优势，注重对俄科技交流与合作。

六、加大国家科技支撑的
主要政策措施

东北资源型城市的产业转型是一项长期的艰巨任务，既需要资源型城市发挥自力更生、艰苦奋斗的精神，也需要中央和东北三省政府在资金投入和政策上给予相应支持。为促进东北资源型城市的产业转型，当前国家必须加大对资源型城市产业转型的科技支撑力度，并采取切实有效的具体政策措施，以为东北资源型城市的产业转型提供一个强有力的科技支撑。

（1）加强对关键技术和共性技术的联合攻关研究。建议将东北资源型城市资源综合开发与生态环境建设的关键技术研究列入国家重大科技攻关研究计划，组织跨部门、跨学科的科技力量联合攻关，为东北资源型城市优势资源的综合开发与环境保护提供强有力的科技支撑。同时，要组织各方面力量，建立健全的机制，强化对资源综合开发、生态环境保护和产业转型中的各种共性技术的联合开发。

（2）加大对资源型产业的技术改造和科技支持力度。一方面，要加大对资源型城市优势资源的地质勘探力度。尤其是要加大地质勘探、边缘找矿的资金和科技支持，研究开发在原有矿床周围和深部加大勘探开发力度及寻求发现新矿点的新技术和新工艺。另一方面，要通过科技支撑强化对资源的综合开发利用。比如，要加快研究开发综合矿和伴生矿有用组分回收利用的适用技术，以及矿渣和尾矿资源化利用等新技术；加强对主要矿产副产品和废弃物综合利用技术的研究与开发，实现清洁生产。

（3）加大对接续产业发展和培育的科技支持。积极发展和培育接续产业是加快资源型城市产业转型的关键和核心。接续产业的发展必须实行高起点，以科技创新为支撑。当前，重点是要促进接替产业的关键技术研发和科技成果产业化，提供产业转型的技术扶持等。要鼓励国家重大科技项目和高新技术项目在东北资源型城市率先进行产业化，以为其接续产业发展提供强有力的科技支撑。

（4）进一步强化产业转型的科技和人才培训。东北资源型城市的产业转型，需要科技、管理和人才等相应跟上。目前，资源型城市的科技、管理和人才还远不能适应产业转型的需要。这样就需要根据产业转型的目标和任务，积极抓好科技人才、技术和岗位培训，并提供相应的资金支持。特别是，要培育一批懂技术会管理的高级复合型人才，强化企业职工尤其是下岗工人的岗位培训。

（5）加强对矿山塌陷地整理和恢复的科技支持。近年来，国家对资源型城市矿山塌陷地的恢复和整理已经做了大量工作，也取得了较大成效。今后在土地整理和恢复的过程中，应加强对矿山塌陷地的地质灾害和生态恢复的科技支持，提高综合矿和伴生矿有用组分综合利用技术和清洁化生产技术的研究与应用，建立绿色矿山，大力发展循环经济，提高资源就地转化收益率。

（6）大力推进资源型城市科技创新制度的创新。要积极推进科技三项费用的改革，一方面，中央财政要增加对东北资源型城市的科技三项费用支出，增加的份额直接面向地、县一级科研机构；另一方面，要探讨采用股份制等新的办法，充分发挥财政资金的诱导作用，广泛吸引社会资本参与科技开发，提高财政科技资金的使用效率。此外，应打造一批促进科技创新和成果转化的公共平台。

（7）建立一些有特色的国家和省级工程技术中心。要针对东北资源型城市的特点和产业转型的需要，在冶金、石油、煤炭、森工等资源型城市，建立一些有特色的国家和省级工程技术中心，加强对优势资源综合利用、深度开发和接续产业发展技术的研究开发。

（8）开展东北资源型城市产业转型科技服务计划。当前，东北地区有一大批资源型城市亟待进行产业转型。这些城市有许多既是资源型城市又是老工业基地，因此，在产业转型的过程中，亟须科技部门提供强有力的科技支撑和科技服务。为此，建议由科技部牵头，联合教育部、农业部、中国科学院、中国工程院、中国社会科学院等有关部门，开展东北资源型城市产业转型科技服务计划，为东北资源型城市产业转型提供全方位的科技服务。

后　记

　　针对振兴东北老工业基地的科技需求和"十一五"期间科技如何支持东北老工业基地等重大问题，科技部于 2004 年启动《振兴东北老工业基地的科技支撑战略研究》课题研究计划。课题组主要成员单位有：中国社会科学院工业经济研究所、中国科学技术促进发展研究中心、科技部火炬高新技术产业开发中心、中国农村技术开发中心、国家新材料行业生产力促进中心、辽宁省科学技术厅、吉林省科学技术厅、黑龙江省科学技术厅、吉林大学、辽宁省科学技术信息中心。

　　本课题包括九个专题：辽宁、吉林、黑龙江三省振兴东北老工业基地科技支撑战略研究、东北现代制造业科技支撑战略研究、东北现代农业科技支撑战略研究、东北现代服务业发展科技支撑战略研究、振兴东北老工业基地中的高新区发展战略研究、东北区域创新体系发展战略研究、东北资源型城市产业转型的科技支撑战略研究。在各专题报告的基础上撰写了"振兴东北老工业基地的科技支撑战略研究"课题的总报告。本书是各专题总报告成果的汇总。

　　参加本书撰写的作者是：总报告：吕政、李海舰、李晓华；分报告一：刘晓东、栾福森、牟瑞、吴超群、郑文范、姜健力、刘风朝、吕杰、刘晓峰、林木西、薛丰、霍长龙、佟春杰、敖培、李鉴；分报告二：赵树宽、陆晓芳、巩顺龙、陈丹、沈莹、姜红、孙育昌、张卫宁、罗振峰，分报告三：冯晓、吴大辉、丁云龙、李伟光、李洋、刘鲲；分报告四—1：刘戒骄、史丹，分报告四—2：吴玲、石力开、李克健、黎懋明、史冬梅、王滨秋、李自祥、薛景照、张文军，分报告四—3：吕铁；分报告五：吴远彬、余健、陈兆波、王学勤、孙传范、张富、吴文良、梅旭荣、陈印军、刘玉满、陈阜、刘凤权、成升魁；分报告六：吴玲、高新民、戴定一、郭励弘、李占五、薛景照；分报告七：邹德文、陈要军；分报告八：周元、吴贵生、魏守华、王海燕、龙开元、巨文忠；分报告九：魏后凯、刘楷、安树伟、石碧华。

　　在课题的研究过程中，得到了国家科学技术部、东北三省的有关领导和科技厅、企业的大力支持，中国社会科学院工业经济研究所的李维民副所长、科研处谷玉珍副处长承担了大量的课题联络工作，在此对他们表示感谢。

编　者
2008 年 6 月